国家出版基金项目
NATIONAL PUBLICATION FOUNDATION

中央苏区革命史
调查资料汇编

卷四

吴永明 / 主编

孙西勇 / 编

江西人民出版社
Jiangxi People's Publishing House
全国百佳出版社

本卷说明

　　本卷资料主要是由江西省档案馆馆藏编号为X014-1-118、X014-1-119等原始档案资料整理汇编而成。

　　本卷资料汇编的目录架构采用"总—分"结构，"总"是指全面介绍永丰县苏维埃革命斗争的史料汇编和永丰县苏维埃革命亲历者罗国倬、聂克中的访谈记录。"分"是指苏维埃革命时期永丰县下辖的潭头乡、龙冈乡、沙溪乡、君埠乡、上固乡、罗坊乡、恩江镇、汉下乡、上溪乡、石马乡、中村乡、南坑乡和江头乡等13个乡的苏维埃革命亲历者的访谈记录。

　　本卷资料以永丰县及其13个乡镇苏维埃革命为叙事基点，以众多苏维埃革命亲历者的访谈为主要内容，全面、详细、鲜活地呈现永丰县苏维埃革命波澜壮阔的历史篇章。这里涉及永丰县苏维埃革命早期发起者的英勇事迹、打土豪分田地的丰富过程、地方苏维埃政权的建设（包括苏维埃政权的建立、组织机构、人员构成、主要职能、政权发展与挫折的艰苦历程等）、各种社会团体的建设（包括团体的建立、组织机构、人员构成、运行情况等）、艰苦卓绝的苏维埃革命军事斗争、创新发展的苏维埃经济建设、民主高效的苏维埃基层社会治理、效果显著的苏维埃文化教育建设、全民皆兵的苏维埃革命动员等，为主流中央苏区历史叙事展开一幅磅礴宏阔、主题鲜明、脉络清晰、情节丰富、人物鲜活的历史画卷。

　　档案资料是在 1958 年末至 1959 年初由众多学者对苏维埃革命亲历者的访谈整理记录而成，当时正是繁体字和简化字转化的过渡期，所以档案资料中繁体字与简体字，特别是不规范的异体字混杂在一起，增加了资料整理的难度。在资料整理、输入、编纂的过程中，我们本着对资料负责的态度，同时兼顾读者的阅读习惯，采取了如下举措。其一，在字形统一方面：一是把所有的繁体字转化为标准汉字，如議/议、裡/里、產/产、區/区、縣/县、捲/卷、駐/驻、偽/伪、莊/庄等；二是把所有简体字、异体字转化为标准汉字，如灴/赣、沄/潭、苐/第、彐/雪、仴/个、昌/图、挿/插、丼/警、峯/峰、舒/拿、仪/信、□家/国家等。其二，在人名考证方面：一是对历史名人名字的考证，以经典史料和著作为依据，例如在档案史料中有各种"张辉占""张辉玷""张辉赞"的写法，我们依据《毛泽东年谱》《中央革命根据地词典》的记载，统一将之改为"张辉瓒"；二是对永丰县苏维埃革命中比较突出的英雄人物名字的不同写法，如本卷资料中的段户凤、段启凤、段啟凤，李贻茂、李仁谋、李预谋、李绍九、李绍久、李韶久等，我们根据《中央革命根据地词典》和地方志等基本史料记载，统一改为段起凤、李贻谋、李韶九；三是对永丰县苏维埃革命基层组织中出现的普通干部名字，存在前后不一的时候，我们会作恰当的标注，便于读者前后对照判断。其三，在地名考证方面，档案资料中一些苏维埃革命时期的永丰县地名存在用异体字、别字、同音字替代的现象，如荇田/藤田、沙洒/沙溪、沄城/潭城、西圹/西塘、葛洒桥/葛溪桥、汗下/汉下、龙州/龙洲等，我们以 1985 年出版的《江西省永丰县地名志》（内部资料）作为参考标准进行修改。其四，在时间考证方面，主要事件，特别是涉及毛泽东同志的重要事件，我们参考《毛泽东年谱》进行对照比较，修正了一些明显错误的时间。其五，档案资料中夹杂着一些具有鲜明地方特色的方言，我们会照录，并标注其基本意思。比如"放下禾镰冒米煮"中的"冒"

为"没有"或"无"的意思。

在本卷资料编纂过程中,我们认真录入、仔细辨别、反复推敲、小心求证,错误与不足仍在所难免。这或许就是学术求真道路上的筚路蓝缕。不管如何,我们抱着坦诚的态度,求教于方家。

本卷资料的查询、搜集、整理、录入和校对工作,主要由孙西勇,南昌大学历史系研究生赖海燕、郭祥宇,江西师范大学历史系硕士研究生江志斌、李时民,南昌航空大学马克思主义学院硕士研究生田婷等共同完成。

编者

2022 年 10 月

目 录

永丰县 ^① 民间调访资料

---

① 中共永丰县委和永丰县苏维埃政府沿革

（1）中共永丰小组—中共永丰县委—中共永丰中心县委—中共永龙县委

中共永丰小组：1926年4月，中共吉安特支委派党员聂作汉回永丰，将共青团员帅开甲等转为中共党员，成立中共永丰小组。隶属中共吉安特支，小组长聂作汉。

中共永丰县委：1927年11月成立中共永丰区委，袁振亚任书记。1930年3月在藤田成立中共永丰县委，先后隶属于中共赣西南特支东路行委、江西省行委赣东行委、赣西南特区委东路分委。1931年6月隶属中共永吉泰特委，11月后直接隶属中共江西省委。书记先后为：傅家珍（胡珍）、胡益寿、邓子万（邓继美）、吴江、罗焕南、余泽鸿、李福槐。副书记阙祖信。

中共永丰中心县委：1933年8月成立中共永丰中心县委（撤销中共公略中心县委），书记李福槐。隶属中共江西省委。机关先后驻永丰藤田、石马、上溪等地，领导公略、万泰、龙冈、新淦、峡江（河东）等县委和永丰县的10个区委。

中共永龙县委：1934年10月，中共龙冈县委和中共永丰中心县委先后被迫转移至洋礤（现属宁都县）。根据中共江西省委指示，中共龙冈县委和中共永丰中心县委合并成立中共永龙县委，钟长才任书记。隶属中共江西省委。机关驻洋礤。12月底，永丰全境被占领，县委被迫解散。

（2）永丰县革命委员会—永丰县苏维埃政府—永龙县苏维埃政府

永丰县革命委员会：1928年1月成立，吴立仁任主席。6月11日领导了永丰藤田、石马、沙溪等武装暴动。

永丰县苏维埃政府：1930年1月底，毛泽东、朱德领导的红四军攻克永丰县城，3月成立了永丰县苏维埃政府，吴立仁任主席。从1930年3月至1933年6月，永丰县先后召开了6次工农兵代表大会，主席先后为：吴立仁、吴泷水、邱慈良、罗贤辉、李文焕等。先后隶属赣西南苏维埃政府和江西省苏维埃政府。

永龙县苏维埃政府：1934年10月，中共永龙县委成立的同时，永丰和龙冈两县苏维埃政府合并成立永龙县苏维埃政府，主席李干香，副主席潘家苑。1935年春在游击战争中被打散停止活动。

见《中央革命根据地词典》，档案出版社1993年版，第156—157、187页。

（一）罗国倬谈话记录

1. 罗国倬第一次谈话记录

一

我是吉安新安人，今年（1958 年）61 岁。9 岁时父母双亡，10 岁时就拜师学作缝衣。1924 年阴历五月，吉安县总工会委员长梁一清找我参加革命工作。梁是吉安陂头人，知识分子。我就在工会搞工人运动工作。

1925 年在富田组织了工会，当时富田革命组织有资产阶级的党部和工会、农民协会。

1926 年二月我加入中国共产党。当时入党要缴 80 个铜板，要两个人介绍，还要念辞（宣誓）：（1）服从组织；（2）坚决革命；（3）由党支配；（4）革命到底；（5）牺牲个人；（6）永不叛党。念完后告诉我写 CCP 字样并教授姿势：左手叉腰表示共产党，右手握拳，手臂弯曲，把拳摆在额前以示抓政权。党费证是四方本子，每月缴党费一个铜板；党证是三角形状，悬挂在身上。

1926 年旧历六月，在吉安召开"反对北洋军阀、打倒列强、反对蒋介石〈裁兵大会，当时武汉大屠杀为'武汉事变'〉工农商示威大会"，地点是吉安中山场。参加会议有各行业工人、农民、士兵、学生、商人，裁缝工人就拿剪刀，木工就举斧头、锯子，泥水工就执泥刀，农民扛锄头，商人背算盘，学生出黑板报，在吉安大街游行，游到中山场就不准出来。吉安县县长周亭怀叛变，总工会委员【长】梁一清被捕，到会群众四处窜逃。我们逃到河边，【见】河边有些船，就坐船来到水南。吉安这次叛〔事〕变是因为全国开始了右派杀左派，我是共产党员，也是被杀对象。我躲在水南和老表一道做扁担生意，他也是党员。在水南做了一年多扁担生意，附带我又做做裁缝工作。

1927年古历四月中，我外出做扁担生意，路遇一个穿长衫的算【命】先生，要跟我〈我〉算"八字"。我说"我做我的扁担，你算你的八字"。后来他告诉【我说】他是井冈山来的，要我带他到水南去，我领他到家去，他拿了四块钱买我的扁担，并拿了钱叫我们买鸡吃。后来我才知道他就是毛泽覃同志。次日，我带他到水南。这时水南住有两个司令，一个叫何玉山，一个叫马文山，同是反蒋逃至水南，又是结拜兄弟，人们通称为何司令、马司令。两个人各有一个干儿子，一名大水，一名小水。毛泽覃同志要去水南就是找大水、小水。我们到水南这一天没有找到，通知叫坐〔于〕×日×酒店中相会。至这一天，毛泽覃同志就和他们两个在酒店喝酒，我来到店门张望，大水、小水就问我是什么人，要赶走我，毛泽覃同志才告诉他们，我是他们的带路人。毛泽覃同志问我会不会去东固，我说"会"，我又带他们去到东固。

就在毛泽覃同志见了大水、小水后，发生了"双水杀父"事件。大水拿着手枪向马司令说："伯父，怎么我的手枪上不进子弹？"马司令接过枪去上好子弹，大水一接过手枪就扣下扳机，把马司令打死【了】。小水听见大水把他干爹杀死了，就枪杀了何司令。其实这都是计，人们称这一事件为"何马反变，双水杀父"。

1927年古历九月，毛泽覃同志领大小【水】到东固。有400多支枪。

1927 年古历十二月，把大、小水队伍组成七、九纵队①，大水领七纵队，小水率九纵队。

1928 年正月，七、九纵队佯攻吉安。

原在东固一带活动是赖振〔经〕邦，有几十支枪，进行打土豪、组【织】农协工作，到大、小水过来后人员增多，打土豪的钱物不足付用。在毛泽覃同志主张下，由赖振帮〔经邦〕出面发行东固票子，开设"东固银行"。东固票子是七月烧给鬼用的大钱，谁有大钱就算与红军接上了关系，谁要有银圆就要打土豪。结果从龙冈、水东、陂头、富田等地，送来很多银圆大钱。

自七、九纵队成立之后，各地都成立了很多七、九纵队，先后有万安、泰和、吉安、永丰、宁都、兴国、吉水等地，各地七、九纵队都是四根枪两发子弹。富田请〈了〉木匠做了 400 多把"驳壳枪"，把上吊着红布条，露在裤头外边，专门用来吓人的，开起会来都挎上。外人看见都说"红军枪多"，其实都是木头头。抓住土豪也可以用它来写款，有时土豪蛮顽固，死不肯多出款，晚上我们就抓他出去假装枪毙，到了半路上就把人做好，说："不要枪毙吧，他会出款。"真到此地此时，土豪也就顾命不顾财了。这些枪也出过蛮多款哩！

1927—1928 年开始打龙冈。【民国】十七年八月龙冈开始暴

---

① "七纵队"是江西工农革命军第七纵队的简称。1928 年 2 月，东龙游击队和永（丰）吉（水）游击队以及吉安、永丰、吉水等地部分工农在东固合编为江西工农革命军第三师第七纵队。吴江任队长，赖经邦任党代表，共 100 多人，80 余支枪。1928 年 9 月与第九纵队合编为江西工农红军独立第二团。见《中央革命根据地词典》，档案出版社 1993 年版，第 236 页。

"九纵队"是江西工农革命军第三师第九纵队的简称。1928 年 2 月，在吉安延福将油田、塘东二支游击队和当地部分赤卫军编为江西工农革命军第三师第九纵队。李育青任队长，金万邦任党代表。全纵队共 200 余人，160 余支枪。1928 年 9 月与第七纵队合编为江西工农红军独立第二团。见《中央革命根据地词典》，档案出版社 1993 年版，第 236 页。

【动】，龙冈一暴动后就打沙溪，后潭头、藤田、陂头、杏严、固园、七都、鹿冈，顺递暴动后去打吉安。吉安组成了八乡联防，团长是罗炳辉。我这时在工人纠察队。工人纠察队分八个大队，我是六大队队长，水东是第一大队，值夏是第二大队，陂头是三大队，新树是四大队，新安是五大队，富田是六大队，东固七大队，五沙八大队。大队下面是中队，中队下面是小队。联防团长把我们六大队追到水东，又追到富田，烧掉了我们列宁台（戏台）。我们〈就〉在富田捡到他6条枪、6挂子弹。一挂子弹70排，把它送到东固，奖了一块写了"奖军挂帅"的红布。

1928年二月，毛泽东同志来到了东固，带了140个人，在东固做了140套列宁装。这些人就编在七、九纵队当领导和骨干。

我把在富田捡到的罗炳辉的枪弹送到东固去时，毛泽东同志在场，他说有谁能来争取罗炳辉过来，再加奖金。这个任务交给工人纠察队，8个队长就我姓罗，大家都要我去做这个工作。我有点怕，毛泽覃同志就找我谈话："老罗，你是不是共产党员？"我说："是呀！""共产党员应该怎样工作？"我说："是呀！革命不怕死，怕死不能革命。"就这样接受了这个任务。

我就找到我一本家罗达光，他是都长，要他帮忙。他要我答应他三个条件才行：①不打他的土豪；②不杀他的劣绅；③不没收他的东西。我说等我回去问问东固人。回到东固把这个情况反映【给】毛泽东、毛泽覃同志。毛泽东同志一看见我回来就问我："你可不可以搞来？"我说："我是搞不到，都【长】是搞得到。"毛泽东同志宽慰地告诉我："没关系，你去，罗炳辉是共产党员，不过是面子问题。"我还是说："我是不敢去，达光公敢去。"毛泽东同志就说："谁？他去吗？"

我就给罗达光背了一个钱袋去，罗炳辉在张家图弄下房间，笑着来迎接都长。

罗达光一屁股坐下就没好气地说："炳辉呀，东固敌人怎〔这〕么多，组织了农会什么的，你又烧了他们的列宁台，我都有危

险！"罗炳辉说："烧了列宁台，我方斗〔付〕了钱给他。"达光
一听就问："那么你是打算投靠红军？"罗炳辉说："投靠红军要依
我三个条件：①有官就官；② 100 银洋 1 条枪；③到东固要一路欢
迎。"我感到白匪工作蛮容易呀！一回来就向毛泽东、毛泽覃同志会
〔汇〕报。毛泽东同志对我说："你去告诉罗炳辉，第一个欢迎他当
军长，第二个条件依他，第三个条件最好，马上派人。"我从富田
担了 1000 银洋到新安，银洋实在重得背不起了，罗达光就给我背
了 200。一去罗达光就告诉了罗炳辉东固的决定。银洋包好是 150
块，罗达光两百两百算给罗炳辉，1000 块一点不少。罗炳辉接了银
洋后，叫来身边亲信士兵出去传达命令："叫四连三班进来！"兵
士两脚一靠，"咔喳"一声应了个"是！"就出去了。三班长带了
10 个战士来到罗炳辉的房间，报到以后，罗炳辉就叫他们把机枪卸
下。据说这一班人都是党员，罗叫他们自后只放内哨不准外出。我
接到 10 个〔支〕枪，一路上心情非常忧郁，准备回东固"挨骂"。

　　毛泽东同志问："枪拿来了吗？"当时我们是不讲究什么礼貌
不礼貌，【我】很粗鲁地回答他："搞到一条 ×，就只拿到 10 个机
皮。"毛泽东同志看说："愚崽，缴枪就是缴机皮。"我高声若狂的
再问一句："缴机皮行得呀？"他说："做得！"千斤担子秒瞬间御
〔卸〕下。

　　一个团的枪支是要银圆拿的，我们在值夏搞到了一些土豪，马
刀咔啦一声响，吓得土豪们打罢〔摆〕子一样斗〔抖〕起来，钱也
就抖出来了。花了几个月工夫才把钱搞齐，460 条长枪，一个副团
长，一个〈什么属〉副政委，一个有支手枪，化〔花〕了一对金串
子换一支。罗炳辉过来，我们从值夏到兴树到新安，满街都贴着
"欢迎罗炳辉当军长"的标语。当时吉安是唐山这个家伙坐守，在
吉安大小街上我们也贴满了"欢迎罗炳辉当军长"的标语。我们根
本就不缺军长，罗一过来就当三军四团团长，直到黄公略同志牺牲
时他才当三军军长，是自己人当然不会计较这些，对外是为了宣传
口号。这是 1928 年五月的事。

1928 年十月，七纵队编在四军编制中。东固工人纠察队过河西到了苍背岭，准备打泰和，找不到人带路，靖卫团就来了。毛泽东同志就站起来对大家讲："同志们，子弹有眼打不死人，梭镖更快。"大家在他的鼓舞下，把国民党匪军杀得赣江都红了，永新佬最猛，杀得靖卫团"哇哇"叫，杀了他们 300 多，朱国章躲到厕所里躲过去了。

泰和城内有国民党一个团，待我们到时，城门四团〔闭〕。我们扎楼梯就准备爬城墙攻城，爬到个半高度，泰和那些大老板们从城墙上把菜刀丢下来，杀〔伤〕到我们很多同志。后毛泽东同志告诉大家戴谷箩，箩下面塞稻草。这一来国民党就开西城门跑马家洲去了。

我们一直在河溪高沙、禾埠一带游击，至 1929 年九月前，农民曾七次攻吉安；同时九纵队改成二、四团①，编成了二十军②。

---

① "二、四团"是江西工农红军独立第二团、江西工农红军独立第四团的简称。

江西工农红军独立第二团，于 1928 年 9 月，在吉水阜田，由中共赣西特委将江西工农革命军第七、九纵队合编而成。李文林任团长兼政委，段月泉任副团长，刘泽民任参谋长，曾炳春任政治部主任。该团以东固为大本营，活动于赣西南地区。1930 年 1 月，与江西工农红军独立第三、四、五团合编为中国工农红军第六军。江西工农红军独立第四团，于 1929 年 2 月，在兴国莲塘，根据赣西、赣南特委决定，由赣南十五、十六纵队和江西工农红军独立第二团部分指战员合编而成，在赣西南地区开展工农武装割据斗争。团长段月泉，政委金万邦，政治部主任鄢日新，参谋长刘泽民。1930 年 1 月，与江西工农红军独立第二、三、五团合编为中国工农红军第六军。见《中央革命根据地词典》，档案出版社 1993 年版，第 239 页。

② "二十军"是中国工农红军第二十军的简称。1930 年 6 月，根据中共赣西南特委决定，在吉安陂头由永新、吉安、吉水、安福、莲花、泰和等县的红军游击队和地方武装赤卫队合编而成，辖 4 个纵队，归红一军团指挥。军长曾炳春，军委书记兼政委刘士奇。1930 年 10 月 4 日该军配合红一军团攻克吉安后，军长刘铁超、政委曾炳春、政治部主任谢汉昌。12 月因错误肃反造成"富田事变"，1931 年 7 月该军于都平安村被解散，并取消番号。见《中央革命根据地词典》，档案出版社 1993 年版，第 216 页。

1929年九月第八次打吉安，打吉安有二十军配合，鼓动口号是：红军打仗真英勇，手拿梭镖打冲锋，打开吉安捉反动，捉到反动有钱用。吉安没有打开，我们打下富田、塘东，又打峡江，吉安、峡江都是五十一师邓英部队。打峡江阵势是：红四军七纵队打右翼，二十军打左翼，工人纠察队、赣西南红军学校打【正】面。本来规定打法由右到左，正面才可以冲锋，晚时6：30〈分〉开火，结果到了7点钟还没有打起来。敌人【在】山林里抽鸦片，在讲南腔北调，树上打一开〔串〕洋钉，枪就挂在钉子上。我们六大队木匠〈又〉多，爬到他们树上〈就〉偷了40多条枪。一、二、三大队看到这样做，也要去，四大队一去就用马刀杀了100多人，正面再一冲冲进去缴了100多支枪，战斗才开始打响。战斗结束，打了他一个团，缴下400多支枪。我们队伍回到富田、塘东，零打碎打【打】邓英，一个团打垮了三个团。

1930年正月，下到富田、塘东整理队伍，准备打长沙。

二月，队伍出发，到了武功山传令叫"就地坐下"，把红领章、袖章拆下来，连、分队长以上干部开会。毛主席说："国民党孙连仲有两个团在这里造假花边，我们要搞掉他。大家回去把在峡江缴来的国民党军队衣服穿起来，打起五十一师团旗。"我跟着毛泽东同志，他骑着马装枪扮邓英，战士们装成白匪狗。

军队摇摇摆摆来到武功山，白匪哨兵就叫"什么人"，我们就说"邓英部队"。又问"做什么？""找你们团长。"两个匪团长都来了，毕恭毕敬的叫"邓英师长""邓英师长"。毛泽东同志就问他："你们哪个部分？"匪团长说："××师××团，造法币。"经过一翻〔番〕应付之后，两团匪军集合，请"邓英"师长训话，毛泽东同志就讲："弟兄们，我们奉蒋委员【长】命令，镇守吉安，土匪来得太多，吃了一些败仗，特来向你们借兵，打下东固以雪此仇。"匪军说可以，毛泽东同志说如果可以就请弟兄们检查武器。匪军御〔卸〕下"红子"，毛泽东同志并说看到过一些匪军来交钱。这时我们后面两团士兵赶到，毛主席叫他们"立正"以示"敬意"，一叫"稍息"我们战士就每人夺取匪军枪一支，两个团不战而下，两个匪团长都捉到了。

在宜春新坊也有白军一个团，我们在鸡啼时赶到，白匪已跑。部队经袁州在万载与四、三、二十二军集合，过萍乡、浏阳至长沙城郊宿营。

1930 年五月二十九【日】是第三次进攻长沙。①

长沙国民党军团〔固〕守，从城墙下起，每隔一里围一层铁丝网，围墙高有四尺，网后有壕沟，宽 7 尺、深 4 尺，刚好伪军能藏在里面向外面打枪。最外一层铁丝网外有 9 尺宽，是铁钉、竹钉交织成的梅花形钉子保护道，铁钉、竹钉是交织着钉。钉子都是两头尖，露在外面的不仅尖，而且有个刚〔钢〕钩，一穿进脚去，要把它拉出来，就要一块肉。钉子上面铺着匀平匀平的细沙，脚下去，沙落钉出。我们一到长沙城外，就冒失地冲了一次，伤了一部分人就撤退出来。我的脚也撤〔刺〕两个眼。两个眼是最幸运的，钉子钉得很密，一脚下去多的鉴〔嵌〕进三四个。

根据这种情况，非得软攻不可。毛主席指令一面办侦察训练，一面派人往后方买水牛。我就派到去当侦察员，先进行了学习，学习怎样侦察。为了便于在长沙落脚，我们目标寄在讨吃的告〔叫〕化〔花〕子、东西行和小贩之类下等市民身上。因还要学习各种不同业务，组织叫我去装东西行，所以东西行的行话都要学，还要学会做街。比如你要与他们接头，就必须学会行话。西行叫老兄（囗），东行叫老兄，东西行遇到日行有招待住宿、饭食或收落义务。利用这种关系，我们就可以工作。到了街上，我们就问他："老兄？"如他不是东行而是西行，他就会说："不是老兄，老囗。"我们就再问："高帅（高姓）？"如果他姓李就会告诉你"独脚柴"。

① 原文如此。红一方面军二打长沙，于 1930 年 9 月 3 日开始。红军进攻长沙，采用"火牛阵"。9 月 12 日停止进攻，撤离长沙。见《中央革命根据地词典》，档案出版社 1993 年版，第 37 页。

他又会问我："你高帅？"我就告诉他："竹丝柴。"我就问他住在那〔哪〕个地方，他就说："搞闹完了，我引线。"（做完了街我带路）要跟着他一道做街，就不得不学会这一套。比如到了一家豆腐店就要这样唱：

> 竹□打得响连连，今日来到豆腐店。
> 豆腐老板古怪又古怪，豆子作出豆腐卖，
> 一滴豆子圆丁当，先剥皮来后磨浆，
> 磨出浆来白茫茫，要经历就窝豆浆，
> 少煎浆石膏帮，水豆腐水洋洋，
> 黄豆腐黄双双，煎豆腐皮笼样，
> 插板豆腐水板样，豆腐基摇巾样，
> 豆腐水洗衣掌〔裳〕，豆腐渣中〔喂〕猪羊，
> 豆腐花作菜帮，五香豆腐满街香，
> 不到午时就卖得一扫光。
> 老板养猪养得肥又壮，一年卖肉几千斤。
> 赚钱发才〔财〕买田庄，买田买到湖南长沙去。
> 一连买了流水塅，年年良田不上算，
> 还要赚钱做屋场，要做一个九栋十八厅。
> 左边做起屯仓库，右边做起万石仓，
> 前有双狮把水口，后有龙九结村庄，
> 雕龙画凤、麒麟狮子家，油漆粉画放豪光。
> 年年富贵添丁，子子孙孙满祠堂。

有些人不等唱完就会拿钱要我们走，有些人则不愿拿，到了差不多时，我们就要进攻了，又唱：

> 唱得久，口会干；站得久，腿会酸。
> 如何好话说了千千般，老板眼珠不放光？
> 快快拿钱我过别方。

有时他还不拿钱，我们就要骂人了，我们也得和他和骂：

> 老板做事过得意，好像水没老牛皮；

老板牛皮龙灯不放光，水浸牛皮都绷得几丈长。

总之要相机行事，是什么唱什么。我们到了东西行窑子里，就跟他们闲扯。先从长沙一般情况谈起，我们说是从萍乡来的，萍乡给红军占了，就问问他们长沙军队多不多。东西行人结交很广，也晓得一些情况。同时日【子】久了，我们可以发现其中因生活所迫而并不甘愿屈在这些窑子里的人，启发阶级觉悟之后，他可以帮我们工作。进长沙侦察任务是侦察敌人军情，有多少人多少枪、驻扎在那〔哪〕里、援军有无。在那【里】搞个〔了〕18天，通过一手托一手的办法，他【我】们探清了长沙只有一师在长沙外，湖南省政府有一师人，多少枪都基本搞清了。在这期间，毛主席经常化装成少老板，着长衫戴水晶眼镜；或者化成卖油货小商，顶着一个油货盘在头上，东转西转秘密工作。第18天，他就通知我们第18天要出城。我们还利用东西行的关系探清了长沙大商人住址，因为大商家为了避免东西行人"吵、烦"，合拿钱"入行"。在与东西行人生活时间，我们又宣传红军好，能使穷人家翻身，很多人就响〔向〕往。利用这东〔种〕机会，就叫他们为我们调查〈工作〉。我们出来侦察有60人，分3组，出来时交待要保守秘【密】〈组织〉，发展组织。到了成熟时期，我们就说"我们有一个共产党朋友"，他们就要见，见了这个朋友，就说也要入党，这个朋友就叫他们更好工作，甚至发展个别为党员。第18天晚上，我们说"送东西行朋友回萍乡"，一起出城，交待里面骨干分子待我们红军进城时组织迎接。

买牛的从苏区和白区买了一些牛，原计划买4000头，没有买到这么多，买了3000多头，从四处运来了一些，我们就开始准备战斗。牛的角上绑上一把刀，一只牛上挂上一挂须，把眼睛朦〔蒙〕上，画得花花绿绿，身上也用红布绿布缠着，尾巴上扎一把棉花放到洋油里浸。另外又砍伐了一些大木头，做成园〔圆〕的并放在地上滚动，套在牛身上。黎明时，把牛尾巴点燃，火烧屁股发急，水牛一阵风【似地】一直往前冲，把九套铁丝网冲破，后托木滚就把钉子压到土里去了。白匪狗被铁丝网搞伤的搞伤，牛踩死的踩死了，从战壕里爬出来失魂失魄的大叫："不得了，苏维埃老虎来了！"扛着枪往城里跑，又不看我们在那里，"咔喳碰〔砰〕""咔喳碰〔砰〕"乱开上天枪。我们拿起梭镖往他背上刺。打进城去占领了湖南兵工厂，我们几千梭镖换了几千枪。打长沙，我们阵营布置，前卫是四军，本队是五军，后卫是二十二、十二、三军，赣西南工人纠察队，红军学校，少先队和农民赤卫军。

我们侦察时有很多是与小贩打交道。进了长沙城，我们由东西行小贩指引，搞到 4000 多担银洋和很多中央法币、地方币和铜板〈，是由东西行和小贩在我军撤军时给他们〉。到了长沙，毛主席【的】意见【是】一天半就要退出，可是李立三同志一进城就到省府去了。不出三天，国民党就从武昌调来 30 万岸〔援〕兵和 80 架飞机、千条兵舰。我们这时已退出长沙，纵路指挥李立三同志派通讯员来，要【我们】去援助他们过河。结果，纵路指挥部船只过来了，我们被国民党包围了，而且很逼近。国民党兵【像】两把三八式刺刀指在我们腰上，夹在萍乡至长沙铁路上，喊着"土匪缴枪吧""一把枪 60 个壳子（铜板）"，我们就喊"白匪狗，投降吧，一把枪 400 块银洋"。

包围了到第十天，一半炒米饭吃完了。出长沙时一个士兵发了 400 块银洋和 400 块伪中央指〔纸〕币，部队在这个时候发起了一个"抢渴运动"，说："谁能把 800 块钱用掉，〈800〉钱【谁】就是打长沙好汉。"国民党包围得我们连水都没处喝，唯一的办法就是打通白兵。我们在这个时候还进行宣传工作，说"穷人不打穷人，士兵不打士兵"。大家都唱《向白军士兵宣传歌》：

红军士兵笑嘻嘻，走向前来深深敬个礼。

白军士兵弟兄们，你们坐将下来我们有话告诉你：

蒋介石这只狗东西，

借外债，做军费，混战争权利，

蒋桂阎冯闹得中国昏天黑地，

好多白军枉死炮火里，

人人都是父母所生的，

你在外面受痛，你父母妻儿子女在挂念你，

你想想是真还是假的。

蒋介石欺骗你，要你打仗就相爱又相亲，

不要你打仗就把你不当人。

想去回家扫着你母亲①，就说你开小差是坏②东西，提到荒野就枪毙。

你想想会不会出眼泪。

三民主义放狗屁，

民族主义投降帝国主义，

民权主义禁止民众来开会，

民生主义加重苛捐杂税。

蒋介石完全把三民主义〈完全〉反过来，放狗屁。

国民会议是假的，

代表都是指派席，

有钱资本当代表，

工农分子无名义，

请饭三天选主席。

蒋介石不想作中国皇帝，

要你打仗是维持他的权利。

打胜仗是军阀升官的，

打死了士兵弟兄们，枉送性命是真的。

你们过去是工农出身的，

为着豪绅地主压迫换不起，

无可奈何当兵谋生计，

---

① "扫着你母亲"，原文如此。

② "坏"，原文意为"坏"，后文作此意时写作"坏"字。

当初是想赚钱回家里，养活你们父母妻儿子女，

听知道① 你们今天无钱剃头和洗衣。

头生发，无钱剃，一寸多长；

有了病，无药吃，喊爹喊娘；

死人后，无人埋，烂肉烂脏；

带了花，在战场，无人来扛。

白军弟兄们，

你们快快觉悟起，

调转枪头来到我们红军里，

官兵伙一律平等的，

放你回家，转去都是打土豪分田地，

自由婚姻不要钱，都是文明平等的。

士兵弟兄们，赶快觉悟起，

调转枪头打死你们的反动官长，

插起红旗到我们红军里，

我们红军伙官兵一律平等的，

你们好好思想，回去好好准备，

我们就在半路迎接你。

白军一听，很多【人】眼泪剥落剥落〔啪嗒啪嗒〕往下掉，嘴巴又不服输，说"红军土匪就是会吹牛皮，说是说得好"，自后自刀② 也软下来了，偷偷给〔放〕我们往塘里打水喝。"枪渴运动"一开，我们就拿钱给他们去买东西，买来了两个人吃，一块银圆买得到一个馒头、一包哈德门香烟、一盒火柴、一包葡萄籿③、一壶水。国民党兵总是官长吃冤枉④，士兵见到【钱】就眼红，我们有的就是

---

① 原文如此。

② 原文如此。

③ "籿"，意不详，此处推断为"籽"的意思。

④ "吃冤枉"，贪污的意思。

钱，让他得点便宜他们高兴做。后来国民党禁止买东西，白匪军就化装去买，士兵心在动了。国民党兵准备把我们活捉，困死我们，上级就下令不准吃多了馍馍，要准备节省下来坚持。至被包围第13天下令进行抢兵，钱是有这么多，枪就不知道【了】。上级〈就〉告诉我们，我们就要白军〈就〉买东西吃。他把衣服换掉，把枪交给我们，我们等他一走，就把机皮拆下来，放在袋子里。他回来就问"你把我枪拿来"，我们就说"不要作声"，从袋子里抓出一把钱给他，"我给你钱，枪给我"。后来就不要通过买买手续，直接可以"卖买了"。抢到后面没有银圆就用纸币，全用纸币后，卖枪士兵就忌妒，我们就把他拉拢过来，一半银圆一半纸币，大家都满意。一共抢了4000多支枪，7000多人。我们前头部队仍在与国民党打。是夜我们就突围出来了。在退出长沙时，国民党飞机轰炸，放了很多毒瓦斯炸弹，搞得我们7000瞎子出长沙。这是"左"倾路线的错误。

我们突【出】包围圈，国民党又追在后面，到了醴陵、萍乡交界山岭上，毛主席叫大家都扑下，然后宣布，凡是今天得了钱的白军士兵组织起来，不组织起来钱就要没收。这样就把他们集合在一起，然后老兵起来，向他们敬礼。毛泽东同志就说，要白军去打一仗，打了仗再发100银圆，然后要回家就回家，有500块回家，可以安家立业。士兵都高兴。我们就把枪交给他们，登上山顶，国民党就在山下。他们机关枪在下面压阵，士兵在前面冲锋，军官在最后面，反正他们都是尽义务。冲锋兵冲到半山，机关枪打到半山，白匪狗像白蚁一样滚下去，反正是死别人崽。我们打了一个排枪就冲锋，赤卫军队担枪，赢了一仗去萍乡。

在萍乡休息了13天，7000瞎子治好了4000多，作〔做〕好事也捉来那十多个洋医生[1]，后来搞AB团也是这伙人。到了萍乡，宣布到袁州自由3天，大家都高兴死了。

---

[1] 原文如此。

一到袁州就宣布，吃东西先付钱；彭德怀又宣布，大家要听到号声、哨声，这个自由就真自由了。[①] 一个小鬼听说自由，到外面嫖女人，回来后，毛泽东同志罚了他带着枪站在日头下晒了一天。

袁州靖卫团多，他【们】来打我们，我们一个机关枪连长，拖了一挺机枪，往东门打死了他 400 多人。毛主席不肯打，要他退出子【弹】来，弹膛里剩下一颗，反出来打着他的生殖器，牺牲了，结果全军挂孝。休息了 13 天，又喊要去打长沙，要轻装前进，衣服丢了一些给老百姓，经济集中。结果队伍开到分宜去了，【再】从分宜开到吉安，我们扎在吉安松树坪，四军在罗子山，红二十二军在金珠山，五军在天马山，三军在神岗山，苏区人民在青原山。

1930 年古历八月十三日，〈就〉打吉安邓英部队，【他】进〔前〕脚到三脚滩，我们就追到三脚滩，二十军就造谣，"一二三，吃两餐，打开吉安无饷关"。刚刚一集合，发三根油条，说要进到三脚滩。

部队回到吉安过中秋。在吉安，工人纠察队〈就〉改成工人师，赣西南红军【学】校也编进去了。工人纠察队有一部分又要退伍，我被评为半残废，发了 20 元钱，还决定每年有 60 块钱发，上半年 30 元，下半年 30 元，我们又得了 30 元钱。我当时是不愿意退伍的。

二、1931 年五月第二次战争 [②]

二次战争公秉藩在富田，我们红军的主力在东固。公秉藩来打东固，一团人占据中村的九寸岭。我们三军一师的一个连冲九寸岭，可是一齐都冲完了。以后回东固开会，把区委书记都组织去当侦察员，我也当侦察员，区里的干部组织群众抬担架。我们红军由

---

① 原文如此。

② 1931 年 4 月，蒋介石调集 20 万兵力，以何应钦为总司令，对江西中央革命根据地进行第二次"围剿"。见袁竞主编：《毛泽东著作大辞典》，中国国家广播出版社 1991 版，第 620 页。

新安插到富田的背后，从王金钰和公秉藩之间打。因为王金钰在吉安白沙这边，正是公秉藩的背后，可以作公秉藩的援兵。我们的一连人（尖兵）进了富田，公秉藩的兵以为是王金钰的援兵来了，等他发现我们是红军时，我们就全部包围了他们，俘虏了公秉藩全师人。公秉藩因为待士兵比较好，所以他混在俘虏兵中两三天【也】没有暴露，最后恐怕他还得了5元银洋（优待俘虏，不当兵的，开5元钱，回家的路费）走了。结果白区同志在吉安知道公秉藩到了吉安，说我们打了一个大胜仗，怎么公秉藩却走掉了，才知道公秉藩跑掉了。打了公秉藩以后，就上白沙，缴了王金钰一师的枪。国民党的兵失败的原因，是因为国民党的兵穿棉裤、皮靴，穿得一身狼狼梆梆，像一个东〔冬〕瓜，〈因此〉【而】山地作战【山】又高，草又滑，总是跌交〔跤〕，一跌交〔跤〕，就是人向下滚，枪落在岭脑上，所以我们的一个儿童缴过三支枪，一个妇女缴过五支枪。在白石打了王金钰，又到藤田打一仗，打败了郝梦麟，接着又到广昌打胡祖玉，打死了胡祖玉（师长），吓得孙连仲赶快跑，随后又过建宁打刘和正[①]〔鼎〕，结果刘和鼎败仗身亡（逃走）。结束了第二次战争。

这次战争每次胜利，都开一个胜利大会，开奖，从这次开始发物资奖，每个英雄都奖几块银洋，还有一只五角星〈表示五大洲〉。

三、1931年七月三次战争

三次战争【时】白匪在莲塘、城岗、良村等地，我们的红军在龙冈。

在良村打了一仗，打仗〔败〕了蔡廷锴、蒋光鼐的兵。朱旅长（国民党的旅长）因为在良村打仗败了，【被】撤了职，调后方送南昌坐班房。朱说："不但我打红军坐班房，你们去打都要坐班房。"

良村打了，又在宁都、黄陂打败了毛炳文两个团，打败了毛炳

---

① "刘和正"，疑为"刘和鼎"，后文写作"刘和鼎"。见刘和唐主编：《民国人物小传》（第9册），上海三联书店2015年版，第408页。

文就攻南安，接着进攻赣州。因为赣州三面是水，一面靠陆，地势好，打了三日三夜没有打进去。

四、1932 年六月四次战争[①]

这次在宜黄、乐安间的东陂打败了李明、李炳生两个师，李炳生被我【军】打死了，李明也【被】杀了。后来又在草鞋沟梅子岭活捉了陈时骥，陈时骥是一只烟麻子，所以我们说"打死李炳生，杀了李明，活捉一条花机关"。

江西省委和省苏的组织是：

省委书记李富春（1934 年 10 月北【上后】，由曾山担任），省委组织部长刘术贤，妇女部长蔡畅，省委宣传部长钟兴太，省苏主席曾山，省肃反委员会主席徐达志，省保卫局局长娄梦甲，江西军区司令员陈毅。[②]

1932 年参加一次省苏代表会。

扩大红军一百万。

[①] 1933 年 2 月，蒋介石纠集 50 万兵力，兵分三路对中央革命根据地进行第四次"围剿"。见《中央革命根据地词典》，档案出版社 1993 年版，第 79 页。

[②] 苏区中共江西省委，于 1931 年 11 月上旬成立，书记原定由卢永炽担任，卢未到职，由陈正人代理。1932 年初起由李富春担任。1934 年 10 月，省委书记李富春和蔡畅随红军主力长征，由曾山代理省委书记。省委组织部长先后为陈正人、刘启、刘球贤；宣传部长先后为谢佩兰、邓小平、肖瑞祥；秘书长廖信中；白区工作部部长蔡畅（兼）、罗孟文；妇女部长先后为蔡畅、谢玉钦；监委书记蔡畅。见《中央革命根据地词典》，档案出版社 1993 年版，第 132 页。

江西省苏维埃政府于 1930 年 10 月 7 日在吉安城成立，主席曾山。1933 年 12 月，江西省第二次工农兵代表大会选举刘启耀为省苏主席，曾山、徐达志为副主席。见《中央革命根据地词典》，档案出版社 1993 年版，第 175—176 页。

江西军区于 1932 年 1 月 9 日成立，2 月 1 日正式通令成立军区总指挥部，指挥机关先后设在兴国县城和宁都七里村。先后任总指挥（司令员）的有：陈毅、蔡会文、李赐凡；政治委员有：陈毅（兼）、李富春（兼）、彭雪枫、曾山（兼）。见《中央革命根据地词典》，档案出版社 1993 年版，第 204—205 页。

在叶坪①召开省代表会，全体报名参加红军。

龙冈组织一连邱慈良做连长（1934 年）。

1930 年八月（阴历）在吉安过了中秋，毛泽覃同志提名我当选工人纠察队的工人代表，出席吉安第一次工农兵苏维埃代表大会。

八月二十一日，吉安代表大会开幕，预计开会一个月，结果因为张辉瓒追来了，就只开了 12 天。开会期间吃得很好，一日吃九餐，因为各地来慰劳的很多。会上彭德怀作了关于打袁州、打长沙、打吉安的胜利的报告，大会选出了委员，成立了吉安办事处，我也被选为委员。

九月初，张辉瓒追来，真是追得我们鸡飞狗上灶，我们就随赣西南办事处撤退到永丰的君埠，由吉安到君埠只化〔花〕了四天的时间，在这四天的时间里，白匪也追得很紧。陂头、新安、顺化、富田等地革命群众跟我们走的有几万人，因为各地的群众很多，要吃饭，所以需要组织。因此，在富田成立了富田办事处，我被选为委员。同时又成立新安乡，我又被选为委员（共七个委，几天工夫一共当了三个委员）。当了委员但是不晓得应该到那里去吃饭，这里一餐那里一餐，饿得要死，当的是饿饭委员。

白匪张辉瓒分三路追赶我们：一路由八都—永丰—固元—藤田—沙溪，一路由吉安的水东—值夏—陂头—新安—富田—东固，再一路是吉水—值夏—水南—白沙—潭头—上固。主力集中到龙冈，我们当时是让强打弱，没有就与白匪打，白匪在龙冈待了一个多月。

毛主席决定要打张辉瓒，张辉瓒号称铁军、钢军。龙冈的口子很好，毛主席说"我们不是打痒他，要打痛他"。

五、打龙冈活捉张辉瓒

张辉瓒到龙冈时，我们红军的主力四军全军集中在宁都的黄

---

① 原文如此，疑为"陈家祠"。1932 年 5 月 1 日，江西省第一次工农兵代表大会在兴国县城召开。见《中央革命根据地词典》，档案出版社 1993 年版，第 175 页。

陂、小布。打龙冈时，我们红军四面包围了龙冈：三军（黄公略指挥）由吉安方向来占上固，五军（彭德怀指挥）由兴国方面来占蓝石、芭蕉头，十二军、二十军、二十二军（陈毅指挥）占空坑，四军（朱德、毛泽东指挥）占王竹岭、小别，我们共有三四万人。

打仗的前两天，我们的两个侦探（赣西南办事处派出）扮成农民，在小别碰到张辉瓒的便衣探子，探子问我们的农民侦探龙冈、君埠这些地方有没有"土匪"，我们的侦探告诉他们没有"土匪"，石黄陂、龙冈是"国军"，他们就要我们的侦探第二天带路去潭头（或东韶）。当日倍〔陪〕他们到了龙冈，当晚与他们同睡，探到了他们在龙冈的军队，并了解他们就要派一团人去宁都东韶与谭道源的军队联系。半夜我们的侦探就偷了他们一条军毡走了回来（君埠），第二天又去探明了那一团白匪开动的时间。

打火〔仗〕前（阴历十一月间），四军就埋伏在张辉瓒要去东韶的道路〈的〉两旁的山上，埋伏的这段地带是离龙冈四五里的张家墩到小别，相距九里的峡谷地段（在龙冈的南西方向）。这一段形势险要，其中只有一条进出的山石小道，道路两旁是几十公尺高的小别山，山上树木丛生，利于隐蔽。两山之间的地带呈狭长而弯曲的袋形，前后相距九里。前一段从张家墩到大拱桥为袋颈，约四里，其间只容一条山石小道和依路而流的小别河。后一段从大拱桥到小别的摇钱牌为袋腹，约五里，后段比前段稍宽撇〔敞〕，其间除由张家墩延进的小路和小别河外，还有稻田间居其间。而两山相隔〔距〕最宽的空间地带（摇钱牌处），也只不过 150 公尺左右。

打仗这天天还未亮，白匪一团人就开进了我们的伏地，钻进了口袋。天快亮时，白匪一团官兵全钻进了我们的口袋，摇钱牌的红军便开了枪，袋颈上埋伏的红军就截断了它的退路和援兵，开始打起来。激战到早上九点便结束了战斗，袋子里的白匪全团被俘【歼】。这次战斗白匪死伤很多，当时红军战士说："摇钱牌，摇钱牌，打死白匪没哪埋。"

与小别战斗的同时，三军、五军由蓝石、上固、芭蕉头和十二军、二十军、二十二军由汉下空坑，向龙冈压进至张家塅。白匪这师铁军全部缴械被俘（被俘9000人），红军战士说："张辉瓒是铁军，到了龙冈哇是钢军，打一下是我卵军。"

白匪张辉瓒没有即时被俘。第二天我们集中俘虏讲话，毛主席对俘虏演【讲】时说到："张辉瓒还没有捉到。"俘虏〈兵〉说不捉到张辉【瓒】不回家，毛主席就接口说：谁能捉到张辉瓒，奖100银洋。当时马上有一个兵出来应道：包捉得到。他接走了100银洋，带我们去捉张辉瓒。原来这个兵是一个伙夫，张辉瓒与他换穿了衣服，并叫他第二天晚上去带他出龙冈。但是每个兵都非常恼恨他，因为他对兵不好，九个月都没有发饷。结果带到毛家坪后面的湾弓山的一个庙后边横薯窖里（生了好多芦雉草），捉到了张辉瓒。当时毛主席、朱德都到那里，张辉瓒看到他们便跪倒磕头说："毛师友，毛师友，对不起。"毛主席叫他起来。

捉到了张辉瓒并没有马上杀了，还把他解到宁都—乐安—宜黄—石城—寻乌—瑞金，在瑞金开〈开〉了第一次全苏大会，后又解到兴国，从兴国又解到东固。他的兵坚持要杀掉他，表示不杀张辉瓒不革命，不杀张辉瓒不编队，一路总是跟着。到东固时是二次战争结束，三次战争开始的时候，一天开士兵大会，黄公略军长在列宁台上演说："国民党的飞机十二架来了。"黄公略军长被国民党的飞机的机关枪打死了，当时的子弹由黄公略军长的太阳穴进，从后脑出，抬到七分医院边【包】上纱布就边落气。这边黄军长被打死大家都很紧张，没有关顾到张辉瓒（张辉瓒梆〔绑〕在列宁台的柱子上），所以他的士兵就把他的头砍下来了。当真杀了张辉瓒，他们就编队了。张匪的头是我们回富田恢复工作的人用桶角箩子（张匪很胖，一只头恰恰装满了一桶角箩子），挑到了水东，用一块木板把它顺水推过吉安去的，木板上插了一面旗子，上面写"十八师该死的张师长"，吉安接到头就打起爆竹来吊孝。

在围歼张辉瓒师的这次战斗中，红军本无损失，但在结束战斗清扫战利品时，从空坑方向来的二十军就无故打枪（这天又起朦），打死了四军近 100 人，这是二十军叛变行为。二十军一部分是反水军反革命（军队里的 AB 团就是二十军发生的），所以一次战争结束后，在黄陂集合，检讨二十军搞"富田事变"，这次在战场上又无故打枪，结果就在宁都的黄陂，二十军的士兵解散，连长以上的干部就枪毙了。

这次战斗得到了革命群【众】的热烈帮助，如送水送粥和组织担架队等。

打完张辉瓒后，各军都在黄陂集合，过东韶打谭道源。

六、参加第二次中央全苏代表大会

1932 年四月在瑞金开第二次中央全苏代表大会。我是以公略县代表的身份参加的。到会代表有几千人，开了十多天，大会由罗迈主持开的。

这次会议的内容，我记得最清楚的是我们江西代表反对李锡〔韶〕九的肃反阶级线路，李韶九是中央肃反委员会的主席。

开会时，李韶九在大会上报告了肃反的成绩，【讲】一共肃清了七万多。

李韶九报告完了以后，江西省代表团团长曾山（江西省苏主席）上台讲话说：我对李韶九的报告有两点意见，第一，肃反是正确的；第二，〈反对〉肃反的阶级路【线】不正确。然后各代表团展开讨论。

江西有 90 多个代表，70 多个是共产党员。讨论中只有 30 多个拥护曾山的意见，其余都在中间，不表示意见。后来曾山发了火，说杀的一大半都是我们江西人，我们这些代表，这一次打得官司赢，就可以保住江西好多人。打不赢，你们为了保护江西工农群众跟着我曾山，死了也是光荣的，跟我曾山走的就是江西代表，不跟我走，就取消你们的代表资格，然后又增加到 70 多人拥护曾山。其余的还不敢拥护他，怕李韶九是肃反委员会主席，会杀掉他们。

讨论后又开会，曾山上台说明理由。他一上台就说主席团要记住他的意见只有两句话：肃反是正确的，〈反对〉肃反的阶级路线不正确。他说怎么说肃反的阶级路线不正确呢？指出报告（李韶九的报告）中说杀了七万多人，其中杀了三万多农民，二万多工人，一万多知识分子，土豪劣绅几乎一个都没有杀到。

这个问题大会无法处理，罗迈也没有办法解决，这个问题马上就在沙洲坝开会的台上通电俄罗斯苏维埃共和国主席。没有回电来以前，我们江西代表都非常紧张，我和曾山都在中央总工会，工会主席是吉安人，姓刘。曾山对工人主席说，这次我们会杀头，你要给我起墓碑啊！工会主席说不会杀头！闹了（开玩笑）很久。曾山就说，老罗你不怕，去问问毛泽东同志，我们会不会杀头。我就当真走得去，在路上碰到了毛主席，他是去找曾山的。我就说：毛主席，你是不是要〈要〉我们江西代表去死啊？他说那个要你们去死，你这癫子（自始以后我就被叫做癫子）。他问我曾山在那〔哪〕里，带我去找他。我带他到总工会。曾山见了又说我们死得成么？毛主席说：怎么会要死呢？官司你们打赢了。曾山说不要哄我，毛主席说：我还哄你，去开会。我们江西代表知道【高】兴死了。开会宣布了俄罗斯苏维埃联邦共和国主席的回电："俄罗斯苏维埃联邦共和国主席同意曾山肃反是正确的，反对李韶九肃反的阶级路线不正确的意见，赶快政治转变，允许自首自新。"

宣布通电后，对李韶九没有动静。主席团只给我们江西代表加餐，多吃一倍菜，吃八盆。大家说不吃，倒了它，曾山说吃四盆，那四盆让群【众】倒去吃。过端妇① 恶得死，跑得来拿起盆子说"不要了吧"，不等答应就倒，把我们吃的菜也倒走了。加餐搞得我们没有菜下饭，气死了。当时我们心里都有气，心里总认为，要杀了李韶九，就作为官司打赢了。如果我们没有打赢，李韶九就会要我们的命。我说要杀了李韶九。后来罗迈向我们解释，说李韶九本人不是反革命，只是他杀反革命杀昏了头，把大家看作反革命。同时又表扬了我们江西代表说："江西代表的觉悟最高，加菜奖励他

_____

① 原文如此。

们，他们却不吃，足见他们不是为了吃，是为了革命。"

第二天听说开会还是李韶九司仪，大家气死了。我说他司仪，我就上台剥他的驳壳枪下来。曾山说你敢剥他的驳壳枪，我就扯掉他的主席团证。开会时果然他司仪，我就走得上去剥了他的驳壳枪。我说你有什么资格背驳壳枪，曾山也当真上台扯了他的主席团证，说你有什么资格当苏维埃的主席团（大会），毛主席坐在台上，看了〔着〕我们笑。

结果撤销了李韶九的主席团资格，留党察看六个月。开了会，罗迈带他去俄罗斯共和国学习。

七、在富田当二个月区委书记

1931 年七、八月间，在顺化召开党代表会，决定顺化、富田分开，成立富田区委会。我被选为区委书记。

区委会的组织机构：区委书记、组织部、宣传部、少共书记、〈组织部、宣传部、〉妇女部。

富田区划分为东固、新安、富田，区委区苏都设在富田。

我在富田工作【了】两个月，当时的主要工作是：消除"富田事变"的影响和罗焕南（AB 团头子）杀 AB 团所造成的恐怖情绪。

当时罗焕南在东固当区委书记时，杀 AB 团很残酷，大人几乎杀光，七岁以上的儿童都杀了好多。有一次一担畚箕挑了四个小孩（足见是很小的小孩），他怎么〈样〉杀了这么多的儿童呢？原来他见到小孩子就问你们是儿童团还是 AB 团，小孩听不懂，见大人问他也会害怕，小孩应事总是跟着最后一句话应，所以多般〔半〕说：是 AB 团。这些家伙听到哇〔说〕是 AB 团，就捉去杀【了】。在一都洞（泰和县管，当时属东固区）桥头岗 37 户人家被罗焕南杀光了，只剩了 3 个老者。他在东固杀了后，又到潭头来杀，从潭头杀〈到下〉到白沙，到沙西〔溪〕。在沙西〔溪〕搞了一队什么上将女军（百多人，目的是搞腐化，尽拣一些标致的去），结果毛泽覃和我带领公略独立营，晚上去打他的上将女军，我们放了一个排枪，过〔百〕多【个】上将女军就吓得走都走不赢，在田里过鞋，足带就满田都是。^① 这次捉住了罗焕南，捉到东固，又解到富田、白沙，到处群众都要拿刀来割他。他【在】白沙被割了两只耳朵，结果在潭头【被】杀了。在富田，我们对那些被害的家【属】进行安慰，把牢里关到的什么"AB 团"一齐放了出来，允许自首自新，实行政治转变。

其次是巩固后方的工作，主要是把粮食搬到东固去。

组织富田游击队，扩大了 180 个红军（送三军），得了一个玻璃框子的时钟。

八、在公略县的工作

一次战争之后开第一次中央全苏代表大会，之后吉安办事处改为公略县，县苏主席胡发兴（富田陂下人），县苏政府设在水南街上。

公略县成立后两个月，召集了公略县党代表会，成立了公略县委会，县委书记毛泽覃，副书记罗国倬，组织部长李福怀，妇女部长贺怡。县委会设在水南天主堂，公略划为 13 个区：白沙区、寇山区、水南区、富田区、罗田区、陂头（即顺化）区、乌江区、水东区、值夏区、东固区、湖潭区、苦富区、四家边区。

公略在这年冬天〈就〉分田，是以村为单位分配，先算好多少田多少人，打好满盘数，平均分配。干部会把好田挑开，要求分给自己。当时不分男女老少，除了豪绅以外都可以分一份田（富农分坏田就是）。当时的口号是"打土豪，杀劣绅，解富农"。分田的办法是"以农协（村）为单位，你村你分，我村我分，平均大家分，干部另外分（优待红军家属和干部，反动【派】冒分）"。

---

① 原文如此。

2. 罗国倬同志补充的材料整理

一、关于龙冈的补充材料

1. 五县党代表（永、公、龙、太〔新〕、万）会议的召开和内容

1933 年八月，省委指示召集永、公、龙、太〔新〕、万五县党代表〈会〉开会。① 这时正是四次战争结束，准备五次战争的时候。这时万太〔泰〕的河西已被敌占领，万太〔泰〕县一级机关搬到河东来了，公略也由水南搬到了富田，敌人对我们的抢拢也非常厉害。所以五县代表会是在战争环境中召集的，因为是这种环境，会议的主要问题就是准备战争，布置后方的问题〔工作〕。

五县代表会是公略、永龙、万泰三县的代表共 100 人左右，【其他】各县三十几个〔人〕。记得带公略县委开会的工作人员在内共有 15 桌左右人吃饭，省委代表是刘木贤同志（组织部长），陈毅（省军区司令员）、刘毅（副司令员）列席参加。

公略是中心县委，书记钟纯〔循〕仁（永丰县委书记是李福槐，万泰县书【记】是我），会议由公略县委召集，开会地点是在富田（公略县委在富田）。

原来准备永龙、万泰都分开，所以叫五县代表会（后因泰和河西全被敌人占领了，范围小了，所以万泰仍未分开）。

当时开代表会没有国家开支，不像现在这样，但是吃得很好，都是各地来欢迎慰劳。我从万泰带代表，就牵来了三只牛（都是老牛），永丰就扛来了猪，公略欢迎得最多。

战争环境开这个会，前方布置了警戒，后方有守卫，还有瞭望

---

① 1933 年，永丰、公略、万泰、新淦、龙冈五县党代会决定撤销公略中心县委，成立中共永丰中心县委。见《中央革命根据地词典》，档案出版社 1993年版，第 155 页。

哨（防空哨，见飞机来了就敲锣），很紧张。

代表不是由选举产生，都是由县委召集区里联席会议研究决定的，没有审查代表资格这一套。到了公略，只要由县委书记代表总的报到，领代表证就是。

开代表大会之前开了一个准备会，由中心县委召集，各县县委书记、县苏主席、保卫局长和省代表参加，开准备会议的〔是〕绝密的。准备会议决定开会几天，每天做什么和研究好主席团的名单，开会期间吃什么菜等。主席团人选研究好了以后，不是在会上提名，而是要在大会上起作用，由各县提出来，再表决通过。当时要求是纪律要严密，又要民主，因此在讲话方面都要注意，因此选主席团只能这样说："现在我们来选主席团，要一县一县提名。"说了这句话，就让他们自己提名（当然有人在起作用），不能指名某县提。提出来了，主持选举的人也只能喊"赞成不赞成"，不能说"举手赞成"。若这样说，就会有人说"我是不赞成，他叫我举手呃"。赞成不赞成由代表自己哇〔讲〕、举手（未提出名字来以前还是可以交带〔代〕怎么选举〈的方法〉的）。参加准备会的人不能也不敢露出一点马脚，如跟人家说话时拉天（吹牛的意思）说"明天做什么，怎么不晓得，明天是做某样呀"等等。露出马脚，代表知道了就会闹场，会说：你们先就哇〔讲〕好了，还开什么会，耽误时间……选主席团是由宣誓的（司仪）主持，主席团是15个人。记录也要选举，一县一个，共选出了5个。大会不印文件，各县就是这分〔份〕记录做根据，要印回去印。

选好了主席团和记录才正式开会，开会每天都要有秩【序】单，秩序单是这样：

（1）大会开始；

（2）鸣炮（打几响土炮）；

（3）唱国际歌；

（4）向革命领袖敬礼（有马、恩、列、毛和少共领袖的画像）；

（5）主席报告开会理由；

（6）省代表刘术贤同志报告；

（7）各县工作报告；

（8）自由演说；

（9）散会。

其中除主席报告开会理由和省代表报告外，每天要【像】第一天那样进行。

开会的界限（规矩的意思）很多，不管是谁做报告或者自由演说，都不能站到讲台桌子中间的后面，而要站到前面或侧边来。如果站在讲台后面的中央，就马上有人说："喂，你站到那里去！"因为后面的中央是革命的领袖坐，所以不能站过去皮〔屁〕股向到他们。上台讲话都要向革命领袖敬个礼。主席团也不敢坐在中间，要坐在两边侧边。主席团每天开会推一个主持开会的主席，其他主席团的人都要在会场上走动，维持会场。不能说"维持会场秩序"，如果说"秩序"就不对，因为当时说"秩序"就是阶级，捣乱秩序的人就要杀头；如果说"维持秩序"，就会有人【说】"秩序不好，不会来开会"。

刘术贤的报告内容：一、战争形势（讲各次战争的胜利）；二、今后工作（扩大红军，准备战争，布置后方，带领群众，政治鼓动）。

各县工作报告：讲打了多少胜仗，捉了多少俘虏等，不讲打败仗等泄气话；党员人数、白区工作不报告。

当时大会讨论是自由演说。自由演说很踊跃，都是说我怎么坚决完成任务等，很简单，也没有什么总结。

以后分县讨论执行决议，也很简单，县委书记讲一下，大家就说做得到，不像现在这样你也要发言我也要发言。

决议要一个一个通过。过去开会都是工农分子，拳头股表决的力量大，通过了就执行，没有什么讨论来讨论去，讲认识很实在。

第一个决议是扩大红军的决议。

第二个决议是准备战争、布置后方的决议。

　　第三个决议是带领群众、供给群众，要和群【众】在一起。政府迁移要带到〔上〕群众，这样又可以封锁敌人的消息。供给群众要发挥互济会的作用，到哪个地方靠哪个政府。

　　第四个决议是政治鼓动。

　　大会选举了我担任龙冈县委书记，钱恩龙担任万泰县委书记。

　　龙冈县的区划、省委指示并在五县代表会的准备会上讨论决定：原属永龙（再三问明，未分开前叫永龙县，说老百姓当时有三种叫法，下永丰叫永丰县，藤田人叫藤田县，因为县的机关在藤田，上永丰、龙冈人就叫永龙县，而当时的印章实在是永龙县，叫永龙县苏维埃政府、中共永龙县委会、少共永龙县委会）的下永丰（大脑岭以下）归永丰县管，原永龙大脑岭① 以上归龙冈县管，原归兴国管的枫边区划归龙冈管，原洛口县的洋磜、南林乡划归龙冈管，龙冈共管八个区。

　　五县代表会开了五天（是五天还是七天不记得了）。

　　永龙分开是因为龙冈是后方，龙冈靠近东固，龙冈出〔离〕东固近，而东固又是苏区的基地，所以要大力布置后方，因此要加强龙冈的工作。

　　2. 藤田党代表会议

　　开完五县代表〔会〕，就回藤田开永龙代表会议，会议名称就叫做永龙分开代表会。参加会议的代表没有另外召集，还是参加五县代表会的永龙代表，也不是全部，只是其中的干部、乡支部书记和区干部（党员群众代表没有参加），共20多个代表。再加上永龙县的事，而主要是决定区一级干部，成立龙冈县。只有我和梁德真（总务处长）和邱慈良（永龙县苏副主席分配给龙冈做副主席），其他县一级干部是各区调上来的，枫边区调上来的最多。会议中就是李福槐做了一个报告，谈成立龙冈的事。决定区一级干部，划分区

① 　"大脑岭"疑为"大岭脑"，后文写作"大岭脑"。见《江西省永丰县地名志》（内部资料），1985年版，第294页。

是在会上大家讨论的，没有开准备会。

3. 龙冈县的成立工作与执行五县代表会的决议

龙冈县各级机构和训练各级干部的工作只一个多月就组织起来，并配备了干部。成立县的工作很多，除了成立机构、训练和配备干部及分乡以外，还要与兴国、洛口接洽移交工作，移交文件、花名册，并研究分新乡等。经济工作没有什么移交，因为此时是经济集中上交到省，所以没有什么财产接交，只有经济工作。与永丰县也是这样。

当时龙冈全县有多少人口、田岭不晓得。8个区18000多党员，龙冈区只有400多（因为龙冈人少，很多跟反动【派】走了，城功几十户人只留了三家人），党员主要是枫边、南坑、良村三区多，尤其是枫边，枫边是兴国的模范县划过来的，党、团化了。

龙冈县委会的组织有县委会（这时县委还有一个党务委员会，其组成有省委指派来的主席一人，是李思远，和县委书记、县苏主席①、少共县委书记以及县委各部部长。党务委员会主席的工作主要是监督县委的工作和县委干部的工作、思想作风，再就是审查县的文件。县苏照文件做事，搞错了县苏负责；文件错了县委负责；是党务委员会主席改错了由他负责。县委一级干部在党务委员会中过组织生活，没有定期。谁的行动、思想不对，他就会管。党务委员会的主席随同县委上省委开会，这个机构是在1934年四月始设立的，在万太〔泰〕、公略时没有）、各部（前已谈过）、区委会、乡支部，支部下面各村（几村或一村不定，视情况而定）成立小组。

当时没有像现在这样的组织生活，但会议很多，每逢有事有任务，支部和小组都要开会。对党员要求很严格，要求每个党员起带

---

① 1933年8月，五县党代会决定在瑶岭以南成立龙冈县，书记罗国倬，县苏主席邱慈良、潘家苑。见《中央革命根据地词典》，档案出版社1993年版，第157、187页。

头作用，就是群众不做的我们做，群众不去的我们去；要求党员要有牺牲自己，抛头颅洒热血的精神，革命不怕死、怕死不革命；一个共产党员要经得起千锤百炼。我们当时的口号是："党内无情斗争，党外说服教育。"谁犯了错误，在党内就开会斗争，整哭了要转笑，斗争直到改正才算了。比如，要是派到党员抬担架，不能推迟下次去，更不能说不去，如果谁说不去，就说："不去可以，马上开支部（或小组）会讲一讲，是不是可以不去。"开会就进行斗争，很凶，就问你是真心革命还是假意革命，是不是要捣乱，等等。【一】直要斗到他答应去了才算了，才作算是改正错误、接受意见，没有什么等他考虑考虑的，非常现实。

党内的组织处分，只有三种：警告、严重警告、留党察看。一般没有开除党籍，开除党籍政治生命就死亡了，政治生命死亡肉体生命也就差不多了。

龙冈的武装组织，县里有一个独立营，营长欧阳榜杰，政委是枫边人。独立营有一百多人，全部都有枪。营有一个营部，营里党的组织是支部，政委是支部书记。各区有一个游击队，受独立营的指挥，经常调动打游击、打靖卫团。游击队党的领导是指导员，游击队由各区供给。

在龙冈，执行五县代表会的决议就是龙冈的工作。

关于准备战争、布置后方，在开五县代表会时，永龙县的代表在一齐〔起〕研究如何布置后方、准备战争，把县的地区划分为牵制敌人、抵抗敌人和后方三类地方。

永丰的七都、鹿冈、固严、藤田牵制敌人，上溪、严坊、杏塘抵抗敌人。龙冈的上固、龙冈牵制敌人，潭头、沙溪抵抗敌人，枫边、良村是后方。

牵制敌人的工作，是准备在那些地方打游击。1934 年正月开始就筑堡垒阻止敌人，牵制它。

我们主要的工作是布置后方的工作，这主要是把政府的文件档案和粮食集中到后方（枫边、良村）。准备到后方的物资不能乱搞得吃，动用这些物资要省批准，县、区、乡都只有保管权和保管责任，没有开支的权力。米谷的来源是全部的累进税（1933 年收谷，不收钱），1934 年又有借粮得来的谷，以后省和中央都是吃兴国和龙冈的谷。

二、关于扩大红军的工作

在五县代表会规定龙冈扩大红军 300 人，结果完成了 1300 人的任务。

扩大红军的工作主要是三件事：

①党团带头。扩大红军的任务到了以后，自上而下地报名，县一级机关的干部、县委书记，也是一村全部都报名，最后由党务委员会批准。扩大红军的任务很紧，所以县委书记就只有一个马夫跟班了，其他两个（勤务兵、通讯员）都要动员去参加红军。县一级报名后，马上到区，区里的干部也报名，乡里的干部也全部报名。之后就开党团支部大会，党团员开会报名。报了名，还要接受扩大红军劳动，几个人参加红军的任务。支部报了名以后，在群众大会上抢先报名，带动群众。

②做好扩大红军的宣传工作。任务到了乡，乡苏政府和支部就马上召集妇女代表开会。妇女代表都要提出宣传多少人参加红军的保证。她还要革命竞赛，表示要宣传自己的老公去、儿子去，甚至打破封建，说我有几个爱人，一共要宣传几个去等（野老公，当时讲自由，有爱人差不多是公开【的】）。妇女代表回去就组织宣传队（都是妇女），宣传大家也是那样做保证。当时参加红军不但要全家〔本人〕自愿，而且更要全家自愿。当时有总的和个别的宣传，总的宣传是乡政府召集群众大会宣传，宣传队就做个别宣传。个别宣传先要宣传好男子（本人）后，再宣传他的爸爸、妈妈、老婆。家庭生产困难，马上告诉乡政府，乡政府马上就派人优待。也有的宣传男子自己回去打通父母的思想、安慰自己的老婆，宣传的同时要结合做优待红军家属和欢迎的工作。

③彻底优待红军家属。在宣传中，如果听到说某项事没有做

好，没有人挑水、砍柴烧等，便马上报告乡政府，乡政府马上派
人优待。优待红军家属，要自己带饭吃，种田不收种子（带种子
去种）。县委和县政府的干部，白天都去做优待红军家属【的工
作】，晚上办公。

答应报名参加红军的，乡政府也马上派人去优待。探听说"你
参加了红军，就要去当红军了，真是光荣……"等，"你不要去做
事，好好休息几天"。又有妇女炒好花生、豆子，拿壶酒去，欢迎
说："我们是革命的亲爱，你要去当红军，好光荣，没什么你吃，
炒了点花生、豆子你吃……"表示欢迎他当红军。

宣传好了就召集大会报名。每次报名都是掺田掺地，报了名就
在规定的日子打锣打鼓送到乡政府（到了乡政府，他们自己就编好
班，选好班长）。到乡住一天送到区，【区】住一天到县，在县里编
好连营送兴国收兵处。在乡里、区里、县里都要搞餐敬酒。地方上
还好欢送，有的送得喜欢，有〈有〉的送得出眼泪。

1933 年隔年完成了扩大红军（一团）200 多的任务，县苏副主
席邱慈良当团长，欢送他们的一天，龙冈街上锣鼓都震天震地，爆
竹啦啦叫。到〈到〉1934 年的五月就完成了 1300 的任务（连以前
的 900 在内）。

去参加红军的算枫边区最多，完成任务最好最快。兴国也帮助
在枫边做扩大红军的工作，我们送了旗给兴国县，谢谢他们。

从四次战争结束起，发展党的组织是采取公开征集党员的方
式。征集党员也结合工作进行，党支部召开会议就邀积极分子参
加，他们可以在会上报名参加党，党支部就给他登记起来，并给他
工作，考验他普通不马上就发展的党员。[1] 在扩大红军时（指 1933
年五次战争开始时）报名参加红军，要求参加党团都可以，并给他
填表（征集党员登记表），介绍到收兵站。开始公开征集党员以后，

---

[1]　原文如此。

每次乡区党组织的会〔汇〕报都有这几项，征集党员多少，扩大红军多少，长期担架多少，短期担架多少，运输多少。

三、富田暴动

东固的大革命没有失败，赖经邦从兴国的党部搞到了7条枪（1927年兴国右派打了左派的党部，党部有14支枪，赖经邦搞到7条），在东固组织了东固游击队，一直在东固四周打游击打土豪。

1927年的五、六月间，东固游击队扩大了七八百人，经费很困难，决定邱〔印〕东固票子，号召用银洋来换东固票子，就作算〔算作〕暴动，有钱的不会打他的土豪，好多地方背银洋来换，解决了经济的困难问题。六月底富田有80多个绅士背了100多银洋来东固换东固票子，曾明春把他们一齐杀了，杀了这些豪绅，并组织了农民协会。七月一日在富田，开富田农民协会成立大会。这一天东固游击队、七、九纵队，赤卫军都参加富田的成立大会，在富田摆接（游行），吓得土豪蹦蹦跳跳，引起新安的土豪都走吉安去了。

富田暴动作【用】很大。富田是一个有几千粮口的大地方，暴动起来了，就有好多群众；它又在东固的口子上，东固就更隐〔稳〕固了。当时说："暴动了富田，吉安可拿。"

四、各时期入党的手续

大革命时期加入中国共产党，要一个人介绍，缴80个铜圆的入党费，没有宣誓，也不知道有无批准，不过入了党就领得到一个五角洲（中间有斧头镰刀）的证章，都挂在胸前。国民党的是八卦子园〔圆〕证章，彼此都认得。我碰到毛泽覃，以后带他到我住的地方，我就领了证章。

土地革命时期，入党要引进人（介绍人），是秘密发展。秘密发展主要是发展工人、雇贫农，先慢慢一次一次谈话、教育，发展他了就叫他参加党的会议，给他做工作，以后又要念词（宣誓），是干部就有一张干部表填，可以填明是不是党团员。秘密时期，通知开会，在有人的场合是做手势，捏一下鼻子，手向开会的方向一摆，就表示开会到什么方向去找。新党员自培养到加入党有一段时期，通知开会都是介绍人教育他，告诉他一切不知道的事情，都是个别发展，所以当时说："引进为师父，念词为徒弟。"

第四次战争结束时，开始就公开征集党员。

民国二十三年正月间，省委指示县委组织地下党，工作由党务委员会主席领导（其他的党务委员会的委员，只晓得要做这件事），要求组织秘密支部，区里有一个秘密特派员。组织地下党是把群众不晓得的党员和没有参加工作的党员发展为新的坚强忠诚的党员。因此，各区有一个明特派员，一个暗特派员，乡有一个明支部，一个暗支部。秘密支部平时不动，不暴露自己，埋伏在群众中，敌人来了就进行秘密侦查工作，把敌人的消息往上报，地方上谁做了邦〔帮〕助反动的事也一点都能掌握，恢复了就一点也晓得。

秘密支部在民国二十六年被国民党破获了。破获是因为水南的秘密支部中有叛徒叛变了，所以民国二十六年国民党在各地大杀暗杀，龙冈杀了10多个，以后秘密支部都停止了活【动】。这个是我了解的大概情况，我自己没有参加。

五、党内的整风运动

反罗明路线：第三次战争中，罗明、萧克在福建沙县打败了芦定邦①，缴到了2000多支枪，很多胜利品。萧克写信给瑞金中央，要人去拿枪，罗明不给，把缴来的枪发给自己的兵。因为换枪耽误了时间，放松了对敌人的防备，因此被广东的军阀改组派陈济棠打败了，不但把枪2000多支缴回去了，而且吃了败仗，失了好多枪，因此，调萧克到中央反罗明路线。这时我在公略县担任县委副书记，毛泽覃叫我去瑞金开会（不记得时间，是三次战争结束后就是），我到瑞金开会，就是反罗明路线。罗明路线就是轻视敌人，

① "芦定邦"，疑为"芦兴邦"，后文写作"芦兴邦"。见中共福建省建阳地委党史办、福建省建阳地区档案馆：《闽北党史文献（第1集）》（内部资料），1983年版，第117页。

对自己保守。我回到公略县来传达，联系毛泽覃。毛泽覃当时在军事上把游击队调到赣江边上的水南、值夏等地，而把模范营、独立团放在东固，湖田没枪。整顿对敌人麻痹，而对自己的干部就不信用〔任〕，过分紧张。就在他先我去瑞金开会反罗明路线的那天，我从水东回到湖田，他就拿枪对准我，问我从那〔哪〕里来。我说"你连我罗国倬都不认识了，我们从秘密到公开你还不晓得我"。贺怡也说他，他就拿枪对着贺怡说："要警惕呀！"我说："【我】也有白朗宁，我也会警惕你呀！"当时回来我也检讨了他这个事，说他也合得上罗明路线，贺怡也这样说他。不久，中央提出罗明路线，在江西反对罗明路线，毛泽覃也反到了，调到中央去了。这时我已经到万太去了。

六、洛口县一级机关在五次战争中撤离迁移的情况

由小沅—麻田，以后随省一级机关到高排—小布—树陂—磜下—下朝—上朝—长坑—枫树坪。①

七、新建立龙冈县的工作

1933 年八月十几，在富田召开永、公、龙、万、太五县党代表会议，会上决定永龙划分，分一个龙冈县。这个会开了五天，我被选为龙冈县委书记。

五县党代会后到藤田开永龙党代表【会】，会上决定县级干部：

龙冈县委副书记是吴功资，组织部长是毛玉三，宣传部长是邱洪濂（龙云社人，现还在），少共书记李日刻，妇女队长梁清华。

龙冈县苏主席是潘家园，副主席是邱子良②，儿童局是陈年和。

龙冈县划分了八个区：沙溪区（九个乡）、潭头区（七个乡）、

---

① 　原文疑有缺失。

② 　1933 年 8 月，龙冈县苏维埃政府成立，主席邱慈良；11 月，改选潘家苑为主席。所以，"潘家园"应为"潘家苑"，后文写作"潘家苑"；"邱子良"应为"邱慈良"，后文写作"邱慈良"。见《中央革命根据地词典》，档案出版社1993 年版，第 187 页。

上固区（五个乡）、龙冈区（〈七、〉九个乡）、枫边区（十一个乡）、良村区（七个乡）、南坑区（六个乡）、君埠区（七个乡）。

藤田开党代表会到空【坑】开党代表会成立龙冈县委会和县苏，决定区级干部，同时训练各部门的干部。

县委起初设在空坑，后移到龙冈（九月二十二日到龙冈）—桥头—温松—枫树磜。

在龙冈的主要任务是扩大红军，做堡垒，第一个是马鞍石（在小瑶岭），第二个是清背，韶源一个、上固一个。这个堡垒，规定的任务是七天七夜完成，结果用六天六晚的时间就筑好了。在这个堡垒里储备了三年的伙食，油、盐、菜蔬，一连人守，143支枪，埋38个地雷，还有许多龙冈兵工厂造的马尾炸弹。敌人（薛岳的部队）刚过河到上固，守这个堡垒的一连人就退出来了。这次退出使国家受了损失，在战争上帮助了敌人，所以把这个连的指导员（刘××）和连长李凤生都枪毙了。

因为上固的堡垒没有守住，所以龙冈就紧张地加紧筑龙冈堡。当时西方军（军长陈毅）要我们三天三晚就做起来，做这个堡垒动员了10万人，每天有3万人上工，结果二天三晚筑起了龙冈堡。在这个堡垒里我们储备了三年的粮食，3000多斤油，5000多斤盐，1200多斤干菜。堡内放进了24只大缸，18只禾桶。龙冈挖有三层壕沟，堡内可以直通河下取水，堡上面安有竹筒，以作传讯设备。外面发现情况，只要在竹筒上拍几下，下面便知道有什么情况。

在筑龙冈堡时，敌人就到了对河的张家车，因此外面筑堡是边打边筑的，西方军在两边山上掩护。龙冈堡自1934年五月坚持了近半年，打垮了薛岳三个师（五十九、七十三、八十七师）。

在龙冈的时期是最残酷、最艰苦的时候，国民党完全封锁了我们。因此，自1933年十二月起，中央就停止了对地方政府的伙食供给，干部要自给，只是离家百里外的干部每天才有六两米三分菜金费。我们干部只有我和梁德真是百里以外的干部有菜金费，我们两人合伙吃，上午吃我的米，下午就吃〈起〉【他的】米。

阴七月我就调到省委去了（在宁都大路口的五里坪），接我做龙冈县委书记的是刘贤芳。

八、在洛口争取反水群众的斗争

1933 年九月由省调洛口县担任县委书记，主要任务是到那边去做争取反水群众的工作。

洛口县委书记罗国倬，副书记钱恩龙，洛口县苏主席钟识昌，保卫局长曾汶平。

洛口县分九个区：洛口、蔡江、黄陂、小沅（县委、县苏设小沅）、大布、南团、琳池、吴村、小田。

我一被调到省委的时候，〈冒事〉组织部就要我去调查阶级。我就在五里坪一家一家问，一家一家登记。他们家里的男子不是去当红军，就出去生产了，因此家里只有妇女。我问她们：你家是什么阶级？她们就说："我妇娘人家，不晓。"宁都话我又不懂，我就以为是"我富农人家，不晓得"。认为她家是〈只〉富农，这样就一连问了 20 多家，都是这样，就登记 20 多户"富农"，没有一家贫雇中农。刘术贤看到我，问我调查了几多。我说怎么这里一家贫雇中农都没有，尽是一些富农？他问怎么搞的，我告诉他，他笑死了，我晓这下又跌了教〔跤〕。他说："她是说，我妇女人，不晓。"

九月组织部就调我去洛口县做党县委书记。组织说那里的群众受反动派的欺骗，反水走掉了 3000 多群众，小布、黄陂这边有国民党军队，现在是去把反水群众争取过来。我说去洛口是可以，要给我一班人就是。九月我带了一班人就去洛口，还冇到洛口，离洛口不远的地方，我们忽然听到呼呼叫【的声音】。站住来一看，不见什么，再听，觉得在禾草的后面作响。我们就扫一排枪过去，打死了一只大蛇，一称有 37 斤半。这一下把洛口赶圩的群众吓死了，听到一排枪响就吓冒了魂，乱跑乱撞，一街的油锅子、油粿、果子、什货摊子的什货打了一地，踩了一地，一些妇女、小孩就吓得汪汪哭哭。这我工作还没有做，就吃了群众一告，说一个囗子（瞎了一只眼睛的）书记罗国倬一来就乱打枪。洛口当墟〔圩〕，打掉了许【多】东西，踩伤了好多人，要我赔偿。省委派人来调查，我说："我到这里来，人地生疏。这大一只〔条〕蛇，搞得呼呼叫，人都会吓死。白匪这四块①的事，我不要提高警惕呀。我一打枪，他们自己没有维持好秩序，乱跑，怪得我？"结果省委派来的人与干部群众一解释，说人家一个县委书记，人地生疏，到你们这里来，你们又不派人去联系接，又没有维持好秩序，自己乱跑，这怪不得人家，只怪得你们乱跑。这一次结果冒②一点事。

争取反水群众的工作很困难。吴村、小田、南团、洛口、琳池、东韶的群众受了国民党的欺骗，他们见我们被封锁啦〔了〕，经济、物质上很困难，冒盐吃，他们就宣传反水群众，可以去买盐不要钱等。在后方（地名）〈就〉驻了两团国民党的兵，在唱戏、开赌等引诱群众去，去了就送他们半斤盐不要钱。这样，吴村、小田就反掉了3000多群众。争取反水群众，我采取了两个办法。一个办法，当是〔时〕正是割晚禾，我们就一方面组织红军（游击队），一方面宣传反水群众回来割禾没关系。我们的游击队又给反水群众割禾、打好、晒好放在他们家里的楼上，一粒都不动；这边传人去要他们回来收谷。他一个个回来，看到当真高兴、感动，这样一传就都回来了。再一个办法，他们回来了，就叫他们做生意，要他们杀猪去白区换盐。当时苏区一块钱（苏票）只能买到三钱盐，而一块钱可以买到七斤肉；到白区，一斤肉的钱可以买到半斤盐，利息很大，反水群众高兴极了。这样一天都有十多只猪杀到白区去，换回好多盐，又解决了我们苏区冒盐的一些困难。而他们白区，因为是反水群众，国民党又在唱戏，不会去关顾他们，所以很

---

① 原文如此。
② 冒，方言，"没有"的意思。

方便。这样，反水群众就不走了，算把反水群众争取过来了。这个工作省里奖给我们一块奖牌，上写"争取反水群众的光荣"。

第二件事是省里说要消灭掉后方（地方名）的两个团国民党兵。1934年十一月打的。省一级派独立营从大路口到头陂开来，我们洛口的游击队配合打。白匪在后方唱戏、猪〔赌〕博，花天酒地，认为有两团人不怕，不关顾我们。我们的游击队晚上摸得去，曾次平在哨口打死了他们两个哨兵，俘虏了两个带路。我们进去了，白匪还睡了，我们的游击队就偷了他100多支枪。独立营一到，一打就全部缴了他们的枪（1000多支，其中我们游击队缴到300多支），还得到了400担布。这些布又解决了我们没有布的困难，解决了寒衣问题。这次又得了一面奖旗，写的是"后方胜利"。

1934年十月，李富春、蔡畅同志都走了，曾山同志就〈曾〉任江西省委书记。省委在1934年十一月移到黄陂，而小布—树陂—上朝—长坑—李树坪，各县都在向省一级机关移动，苏区就乘〔剩〕下高排、奶头、金竹坑、礤下、上潮、下潮、长坑、上坪、下坪、草鞋沟、梅子坪、石公窝、李树坪等周围几十里地。敌人到处是碉堡，我们准备冲出封锁线。

在竹高岭、天高地一带，敌人有七师两旅兵，我们一共只有1万多人、3000多条枪。地方武装有宜乐独立第一团、永公龙独立第二团、兴大〔泰〕万独立第三团。宜乐独立第一团通过宜黄、兴大〔泰〕万【独立第三团】过兴国，我们掩护省一级机【关】，曾山同志要我们死守公龙。我当时是永公龙独立第二团政委，薛林生是团长，战士们一直坚持战斗，没有子弹就用马刀杀，准备了死的。到1935年二、三月间，薛林生在永丰空坑山岭叛变到九十三师薛岳【的部队】，本来我们这时还有几百人、十多根枪，就这样散掉了。我们十多人躲在五竹岭住了十多天，我们说决不能回家去，永丰李朝香说，我们是没有老婆子女，坚决要回去，一回去就给国民党杀了，最后只剩下我和叶良梅被李一才看见了。他原是石〔君〕埠区土地部长，就叫我躲到他情妇家里去，叶良梅就在他家作长工，他本人是因为家族做乡保，要保好标的。我后来就在现在住的这个地方扎一个茅棚。国民党查漏了，把我捉到君埠，我化名李招山，因为可以借〈借〉百姓关系，李一才用全家八口把我保出来，他说我是东山坝【的】，是〈李〉惹不得【的】，惹得将来放命都放不落。

自后我就在这里"定户"，每天开荒，开了一年，第二年又被主人要回去了。屋前屋后三充四坝都是我开垦起来的，共有 30 亩之多。我一斤米吃过三天，把米磨成粉，自己种的青菜搞它一锅，撒上几撮米粉，吃几碗又去劳动，但不经饱，一天吃八餐，到君埠、龙冈是不敢去【的】。

在这一带能够立脚下来，是当地人民好，我们党员对我关照〈我〉。

我们住这里一直盼望着党和毛主席来。当时贺怡同志负责这一带地下党的活动，他派了老肖老刘来找我。前三次我都不敢出来，后来我去见了老肖，因为他讲我姓罗的，我就装着姓罗的去找他。他问我是不是罗国悼，我〈就〉不敢认；他们问我认不认识贺怡，我也说不认识；他就说你要不要贺怡写几个字给你。后来老肖带来了贺怡同志的字条："你是这个名字：'四国卓，加贝一'。"老肖并传达了贺怡的话，"要继续革命，不要半途而废，毛主席一定会回来"。在公略时她教我认字，她的字我当然熟悉，我是回了她一个条子，我就是在君埠。从此我又有了领导，贺怡同志经常通过老肖（卖布等）、老刘（卖鸡）指示我们活动。

1938 年国民党想借刀杀人，要过去在苏区工作过的人做保长。得到贺怡同志指示后，我们就有邱风连担任第一保保长，毛光辉担任第二保保长，范文和【担任】第三保保长、陈××担任第四保保长、胡为香担任第六〔五〕保保长、黄××（外号"毛老"）任第六保保长，我们就利用职权进行抗兵运动，一要抽兵，我们就先通知【有】名字【的】"壮丁"走。

快解放时，贺怡又要我们组织指示委员会。我们就找到铲共游击队管理员，毛文叶去各个在解放后能划地主的人家写款，地主晓得红军厉害，大军一到，在君埠就集活了很多米油盐柴，借军队吃。后来军区派人来找罗国倬，我们还没有出来，因为贺怡有指示，要到第三次才能出来。后来〈是〉还是李一才讲的，其他都不晓得我是罗国倬，他就说："罗国倬，不就是那个裁缝？"就这样我又重新回到革命的战斗队伍中，回到党的怀抱。

（二）聂克中谈话记录

1. 第一次访问聂克中材料整理

聂克中，1923 年组织图书集览部、恩江学会，负责共青团；1924 年 8 月国民党区党部负责人；1925 年入党，成立共产小组；1927 年"三七事变"被捕，释放后去南昌活动；1927 年在恩江组织五月暴动，后去乐安大金竹等地活动；1928 年脱离革命队伍；解放后任卫生局副局长；现任〔为〕中医。

永丰革命活动于 1923 年开始，最初由青年知识分子发〈展〉起，宋大勋、袁佐龙、薛佐唐、黄欧东、聂克中当时都是小学生。宋大勋、薛佐唐、钟兆祥在吉师学习，黄欧东在南昌读书（现除聂克中、黄欧东外，均为烈士）。他们看到社会黑暗，赌、吸鸦片盛行，感到人民不好【好】生活，自己也无出路。

宋大勋思想最初先进，在吉安第七师范时就与党发生了接触（不是刘九峰就是罗△冰）。1923 年暑假期间，宋大勋回家，他同我说（当时我小学毕业后在小学教书）："吉安有了些组织，永丰也可以搞起来。"因而我们�〔凑〕起来了一些钱买了书：《东方杂志》《小说月报》（沈雁冰等编）、《三民主义》等。1923 年成立"图书集览部"，同时创办"恩江学会"，内有共青团组织，陈兆坤也在里面。

我负责发展团员和"图书集览部""恩江学会"工作。

帅开甲（知识分子）、邓继美（裁缝工人）、彭宪民、郑子民（均裁缝工人）、曾述、袁佐龙、聂克中、薛佐唐、宋大勋、钟兆祥为当时的团员。

民国十三年八九月，国民【党】改组，吉安来通知叫我们加入国民党，成立区党部，党部由我负责。

民国十四年，孙中山病逝北京。三、四月间永丰召开追悼会（地点：现恩江镇状元楼），参加【的】有几百人。我在会上借机宣传了三民主义等，同时成立区党部，属吉安党委领导。

宋大勋为"青年学会""青年团"领导人。

1925 年冷天成立缝衣工会（地点：恩江镇下西坊豆腐店），反对吃冤枉，说公道话，提出一些合乎人民的要求，因而得到一般人的拥护。

宋大勋民国十四年八月（或九月）在杭州、上海等地参观，回永丰途中死在新淦。一说吃牛肉得霍乱死（可靠一些），一说被国民党打死（这时宋大勋为党员），永丰开会追悼。

那时党本派我去黄浦〔埔〕军校学习，到吉安取介绍信时，郭华非说："黄浦〔埔〕军校不好，现在发生了中山舰事件，你回去发展党组织。"（我此时在吉安入党）回永丰后，先后发展了上述人员为党员，外吸收了工人、农民、知识分子，如刘连发（龙州人，知识分子）、帅金生、丁容光（龙州人，农民），成立党小组，1926年扩充为支部。

西山派反对广东政府，孙镜亚（永丰沙溪人，西山会议派秘书长）提出反共，回县后与孙采山成立临时县党部。我们以区部名义骂他目无组织、叛变孙中山。这时永丰分为两派，由陈椒崑、刘纯德领导的"少年学会"，由薛佐唐负责的"恩江学会"。恩江学会内有共产党组织，一般人称为"过激派"。

1925 年五卅惨案发生，永丰借机宣传反帝反封【建】（又说恩江学会此时未成立），党此时有《新青年》《中国青年》《向导》《党报》等书刊。永丰时我第一看《新青年》（在小学），随后有很多人买。

民国十五年国共合作北伐，八月间北伐军来永丰。我们同熊式辉党（师）代表接了头，从此公开党组织，建立中国国民党永丰临时县党部，曾达祥任国民党常务委员，薛佐唐、罗元凤（入了共产党）、谢魁元（教员，入了党）、张世杰为委员，薛佐唐当秘书。袁佐龙、黄欧东当时在上海大学学习（国共合作时党办的），陈独秀、彭述云（托派）曾找他们谈了话。

省委派袁佐龙做永丰、乐安、峡江、南丰、广昌特派员，我们同他接了头。永丰西山派以刘纯德为代表，要求加入国民党，我们叫他以发表反西山派宣言为条件，结果他不答应。我们成立"县总工会""县农协会"（罗国俊负责）。12月南昌国民党改组，段锡朋（永新人）做省党部组织部长。

袁佐龙想去南昌找工作，但未找到，回县后派去领导工会，黄欧东【在】区党委宣传部工作。

总工会有纠察队（几十人），保卫工人捉土豪劣绅罚款，有钱人称这时永丰是赤色恐怖，有钱人大多逃向南昌和其他各县。

1926 年十二月发生左右派【分裂】，他们说左派就是共产党。事实上多数加入了共产党，永丰〈约〉80% ~ 90%，农民很多也填表要求入党，最多的是二都、三都、四都地区。当时农村中党员约百人，恩江镇街上三四十人。

1926 年阴历十二月召开县党代表大会，正式成立县党部，负责人曾达祥等。黄欧东【任】共产党区委会书记兼国民党宣传部干事。

区党代表大会（1926 年十二月）召开，（地点：现公安局）参加人有几百，多数是知识分子，少数农民。大会进行了县党各部工作报告，各区工作报告，选举，反对西山会议派，组织工人、农民、宣传、商人部【等活动】。

当时北伐军打到南昌。

1927 年一月（或二月）总理纪念会上，蒋介石发表反动言论。

永丰西山派、逃跑地富认为机会到了，刘纯德等在南昌开始活动。段锡朋办"农民（党）训练班"，永丰人罗季清与他接了头。刘有莘（省教育厅科长）父刘济川办小学堂。段锡朋常说："江西各县党部靠不住，被共产党坝〔霸〕占了，尤其是吉安地区。"并策动推番〔翻〕各县党部。

1927年3月7日，永丰爆发了"三七事变"。党这时还年轻、幼小、力弱。农民协会的禁赌、捉鸦片烟引起了赌徒、烟鬼害我们，同时罗季清、宋居仁、刘纯德回永丰。

3月7日天未亮，县党部、总工会被包围（他们空手包围我们），他们在门外叫"开门做工夫"。当门一开，人就拥进来，把我们绑起来，拿走了行李、枪支十余支（枪是1926年我从吉安买来武装纠察队的），我、袁佐龙等【被】绑在街上游行，送入乡政府。流氓、地痞纠合几百人，开会（当时县长宁坤，人不很坏）写明聂克中、袁佐龙、薛佐唐、曾达祥要监禁，其余的人被释放。同时对被释放人说："你们不要听这四个人的话，回去后还可以进行工作。"进行引诱，但我们并未被他们拉过去。

事变后，工农在街上游行示威，要求释放聂、袁、薛、曾。

狱中原被我们关的流氓地痞骂我们："你们也有今天啦！"

薛世融原是教员，北伐时倾向革命，对我们好，我们就叫他当教育局长。"三七事变"时，我们想他缓和局面（"三七事变"他暗中参与）。他来时，表面上表示同情，派民团保卫我们（薛为民团团长），实际是软禁我们在花园内。（民团在北伐前就是地方武装，我们党派高载熙做指导员，队长邹××，不分〔反〕共，倾向革命，全团有几百人和几百支枪。事变前刘如急写过信叫民团按兵不动，由于指导员刚去，没有发生作用。）

1927年，武汉成立国民政府中央党部（国共合作），邓演达、汪精卫、毛泽东都在里面。永丰"三七事变"发生后，国民政府来县府电报说："聂、薛、袁、曾四人生命财产妥为保管，不得侵犯。"这样我们自由了。常与工农接触，接触中工农告诉我们，时局危急，不走有危险，结果薛佐唐、袁佐龙先走入乐安，我、曾达祥走入龙溪，藏在农民家里，后先后至峡江、新淦，在新淦找了国民党县党部，偶而〔然〕碰到袁、薛，去南昌的同船上，还有陈兆坤、罗元凤和国民党探子宋居仁。到樟树与总工会联系，押起了宋居仁。

在南昌，住在东湖旁学舍内，陈奇涵在楼上办公，代编《贯彻日报》（党报，原编辑舒味三）。

那时国内局势改变，李德和（省主席）逃跑，武汉政府派朱培德任省主席，但反动省党部还在南昌。1927年4月，我方领导了暴动，推翻了省党部（地点，现青少年宫）。暴动是这样的：我们在门口墙上画了一幅大画（内容不详），当时吸引了很多人去看，正是人群拥挤时，肖熟明（裁缝工人）先开一枪，一面拥进门内叫捉反革命，因而很多人挤进去，捉到了很多官员，推翻了省党部。

南昌学生邹奴（新干人）领导千余人到教育厅请愿，要求免除学费，结果捉到厅长程天放（省主席李协和）。当时朱培德同意了我们这样做，他对士兵说："这是群众的事，我们不要去管。"

当时我党负责人是刘九峰，在书店我与他接了头。

国民党改组后，朱培德做了省主席，20天后，省府派兵一连人送我们回来。未派兵护送前，我、帅开甲先回永丰，并于5月间在城内组织农民搞暴动。参加的有一两千人，赶走了反动派，打刘纯德民团（人走了）。民团此时百余人带到谭溪乡至峡江。同时省府派来四五十人援助。暴动第三天，我们与民团回县恢复了工作，发表了宣言，恢复了工会、农民协会、党部活动。共产党由石马人曾绍三负责，工会由我负责，农协张宪林负责。国民党改组由刘石麟任常务委员（黄欧东在南昌未回，薛佐唐任省总工会干事，曾达祥当南昌【一】小学〈一〉校长，一二月调农协会工作）。

1927年5月，朱培德叛变，南昌出现了反共标语："请共先生自动出境，不要我们动手。"并送邹鲁、刘一峰、李松风、王晁兴到武汉。当时党有指示，要搞好农民运动。我在县农协任组织部长，周兴在二、四都乡下走动，扩大党的组织。6—7 月，黄欧东回来，担任党的领导工作。

宁汉合一，汪精卫叛变。在九江杀死革命同志 20 人，永丰的反动派还不敢露面。八一南昌起义后，袁佐龙、薛佐唐写信回来，叫我们打掩护，表明不要永丰有共产党（但我们没有办法这样做）。起义队伍带到广东时，朱培德发令："捉到共产党，格杀勿论！"我们开会把枪撤到藤田、石马一带，同去的有民团百余人，纠察队二三十人。聂绍闻（纠察队长，上海体院回来）先带二三十人先走，恢复党部，其中捉到并枪毙反动"清党军"一连，至永丰企图剿杀我们，但我们分别把枪、枪托埋好。部分队伍和民团的一半约五六十人至永丰城当反动派（刘石麟不反动，后入了党）。

我们隐蔽了一个时期，纠察队被冲散了。10 月，党决定袁佐龙、邓芬园、吴岗〔江〕挖起枪组织第七纵队。队长梁麻子，初没有第七纵队名称，枪 100 多【支】。东固有老土匪几十至百人，我方吉安赖经邦与土匪头子段月泉是老俵〔表〕，两方合作后，段月泉又连结了兴国两三伙土匪，每伙二三十人。我这时离开队伍，到乐安招携、大金竹、小金竹、池头去了，与谭仁明、张英、邱汉七接触过，随后有吴岗〔江〕、袁佐龙。

十月张世杰、谢桂元、黄林昌、容炳林等人被抓，12 月【被】枪毙【于】河背桥头（恩江镇）。容炳林，糕饼工人，革命积极；黄林昌，纠察队班长。

以后外面同志在沙溪、藤田、龙冈、良村、九区一带从事地下革命工作，七纵队在各地打游击、打土豪。

1928 年藤田由袁佐龙领导【工】农暴动，杀捉土豪，在石马成立党支部（由藤田区委员领导），共二三十人，多属知识分子。在藤田杀了十几个反动派，在石马杀了一个姓郭的人，抓了几个罚款。6—7 月到处成立农协会。

6—7 月刘纯德（永丰人）带吉水、永丰、乐安几县民团四五百人进攻藤田（七纵队当时在七、九区），石马人何子贞①（党员，知识分子）〈被〉牺牲。

当时我得肝病，躲在石马深山中，得一个时期去乐安。永丰、石马、藤田通缉我等几十人，我看到后跑到大金竹、招携、小金竹隐蔽了一两个月。石马等地暴动吓坏了乐安农民，怕土匪来乐安枪〔抢〕东西、杀人。有一天晚上，我在茅棚中，有群农民上来，误认我是土匪，但一看又觉得我是读书人，不像土匪，所以还是没有出事。在乐安期间，我与张英、廖丕文、廖劲成接触。最初找张英是因在石马听人说：乐安有个张召明，人很开明，愿接待革命同志。结果我（当时我称老陈）去找他，对他说："现在我处在困难情况下，想来避避难。"他说："不要紧，就在这里住几天。"随后又到廖丕文那里（学校中）同他打麻将，混熟后谈起了一些革命的事，并逐渐找农民接触，宣传"我们为什么要革命"，农民说我们是为农民工作的，因而组织农协会。几个月后，永丰派人来乐安，见藤田等地人就抓，乐安反动派也动手抓。在这种情况下，我于1928年脱离了革命队伍，至高安教书。

（整理：元嘉训）

2. 第二次访问聂克中材料整理

聂克中，男，1900年出生于聂家，现年59岁，住永丰恩江镇，文化程度小学。1924年入团，任团小组长；1925年在吉安入党，任永丰县党小组长、支部书记、县党部委员兼工人部长、县总工会委员长；袁佐龙回永丰后，任总工会副委员长；"三七事变"与袁佐龙、薛佐唐等同时被捕。1927年5月领导恩江镇农民五月暴动，

---

① "何子贞"应为"何子珍"，后文写作"何子珍"。见张友南、肖居孝、匡小明著：《吉安革命史》，国家行政学院出版社2008年版，第63页。

1927 年年底因反动派通缉，逃到乐安大金竹等地活动。1928 年敌人来乐安抓人，因而脱离革命队伍往高安教书。解放后任县卫生局副局长，现做中医。

一、大革命前的社会状况

（一）政治情况

永丰是一个落后的偏僻的山区，社会政治非常黑暗。

当时的县长叫县知事，有钱有势的土豪劣绅最吃得开。当时吃鸦片烟的人很多，连很多青年都吃鸦片烟。李家祠公开聚赌卖鸦片，刘家有一个老妈子在街上卖鸦片，警察局都不敢去捉她。警察局的警士专门帮土豪劣绅讨债，如果哪个土豪劣绅要去取债的话，就要这些警士去，取债不到就派〔抓〕人，什么都由他摆布。

由于吃鸦片的人太多，有的弄得吃饭、穿衣都成问题。前一年冬天就卖新银子谷（生谷），谷的价钱很便宜，最高的价钱是一块现洋一担，有的还只有几毛钱一担。土豪绅士可以大买，他〈他〉们可以垄断一切。这时他们可以廉价收买新谷，以后就高价卖出，从中可以赚到很多钱。

由于社会很混乱，有很多土豪劣绅买官司打，在村庄上闹宗派，闹得很严重。打官司他们坐赢不输，他们有后台老板，同他们打官司的人就包上当，要吃大亏。当时刘状元家里有五六十个男的，没有一个戴斗笠的，他们这些人吃了没有什么事，经常挑拨是非，将事情弄大了就打官司，每次打官司都赢。

当时一般人对菩萨很信任，有病不请医生，拜菩萨。如果病没有好，就说没有敬好菩萨。

（二）经济情况

大革命前永丰处在一个经济极为落后的状况下，社会上很多人吃鸦片、赌博等，人民的生活非常坏，有的因吃鸦片、赌博而卖生谷，卖东西。土豪劣绅将经济命脉垄断了，使市面上很紧张。

永丰当时北洋军阀政府公开贪污的现象很严重。这时永丰分成

53 都，每都要交公粮，有的地方没有交清，县政府就派粮差去收。所谓粮差：一年到头不种田，到一个都去收粮，先拿一笔到县政府，到乡下收到有多的归他上腰包，从中可以发一笔洋财，这是一种公开的贪污。

粮差未下乡收粮之前，就把现金交给县政府，县府再给他数字，让他下乡去收粮。粮差到乡下如狼似虎，老百姓要巴结他，请他吃酒，同他说好话，将粮税减少些。如果你同他说得好，也可以免缴一部分。交给粮差的粮，有的折钱，一部分归县，由县知事没收，大部分归粮差。这是一种公开的贪污，公开地向老百姓勒索现洋。

（三）文化教育

大革命前永丰的文化教育很落后，当时只有2个小学，有1个县立小学，1个下西坊小学（是姓汤的办的）。县立小学有100多个学生，做教员的是叫优缺（最好），因为每年能得到240块钱现洋。教员，一定要有势力的，有靠背山的才能当，一般的人不要想。

永丰有一个教育局，里面有几种报纸：《申报》（上海出版）、《民报》（南昌出版的）。那时只有少数人去看报纸。除了一些土豪劣绅，就是我经常会去看报。因那时我没有钱买报纸杂志，只好天天去教育局看。

由于文化落后，永丰有很多人迷信，敬菩萨，请灵姑、道士等，有病不请医生、不吃药。有很多人因信迷信而伤亡生病，伤亡后还埋怨没有敬好菩萨。请道士灵姑、敬菩萨要花好多钱，有的请一个道士拜一次文书就要花四五十元，请一个灵姑要花三四【十】元，花去了钱，病还是没有好。

那时永丰种牛痘是请湖南来的苗先，他们在永丰很吃得开，种牛痘还要划范围，一个苗先要划四五十个人给他种，如果一家有2个小孩得了天花，就要花去三四十元。苗先要接到花童家里去，做酒给他吃，把他待成上等客。苗先治天花的方法：事先把天花壳剥下来养好（作为养花），到第二年时，将刀子割开来，放进一点去，这就是种天花。他认为这是以前的花来引现在的花，使花发起来。

当时永丰的封建礼教也较浓厚，以前有的信了教不能和没有信教的人结婚。结婚可不容易，那时那〔哪〕里像现在这样好。讨老婆没有钱是讨不到的，讨一个老婆至少要三四百块现洋才能讨到。如果你讨到大姓女子，花的钱更多。当死人时，凡是和女的稍微有一点亲的都要来吃酒，那真是大吃，一窝蜂的人来吃酒，弄得你办酒都办不赢，吃得你眼闪闪的；除了来吃酒外，还要送礼给他们。当时有很多人不敢讨大地方的女子，讨不起就只好打单身。

二、五四运动在永丰的影响

1919 年 5 月间的五四运动，主要是学生搞的。那天在现在的县人委的前面开了群众大会，参加的有几百人，没有群众参加。我当时参加了，那时我只有十八九岁。游行示威了一天，提出"外抗强权，内除国贼""惩办章宗祥、陆宗舆、曹汝霖"等口号。当时还派了学生代表去见良记太县长，县长还表示同情。同时提出抵制日货，要商店里人拿开外国货，不要卖。

宋大勋在会上讲了话（在县立小学读书），我也讲了话（香城小学读书），游行时图〔涂〕了三个国贼像游街。

五四后是新文化运动，永丰街上可以多买得一些书看，街上也有些宣传。

三、大革命时期活动

（一）宋大勋、袁佐龙、薛佐唐等革命领导人简历

宋大勋——1902 年生，父早死，只有一个寡妇母亲，花园村人，家庭成分贫民。曾在恩江镇香城小学、吉安第七师范读书。1923 年在吉安成立党的外围组织——青年学会。该年暑假回永丰召集聂克中等人组织"图书集览部""恩江学会"。1923 年在吉安加【入】共产党，担任吉安党团书记。1925 年在上海等地参观，回永丰途中在新淦因吃牛肉得霍乱病死，死后永丰开了追悼会。

袁佐龙——1901 年生，永丰佐龙乡人，家庭成分地主，但因为是小村庄，吃了花园村宋家的亏。在县立小学、吉安阳明中学读书，担任阳明中学党的负责人。后与黄欧东受党委托到上海大学读

书。1927 年北伐军打到南昌时，陈独秀找袁佐龙、黄欧东谈话说：
"你们去乡下，局势会兴起来，因为乡下有了大学生的活动。"回南
昌后被派做永丰、乐安、崇仁、广昌特派员，视查〔察〕各地工
作。杀 AB 团被〔时〕牺牲。

薛佐唐——永丰佐唐乡石塘村人，1899 年生，出身商家，家
庭兄弟多，在永丰香城小学、吉安第七师范学习。第七师范学期结
束后回县办县党部，任县党部秘书、县政府教育科科长，在吉安时
入党。宋大勋同我说：他初期倾向不好，经宋大勋在由吉安到永丰
的一路上劝了一天才说服了。薛佐唐文化程度好，说话好，当时在
永丰相当著名，做过赣西南特委书记，杀 AB 团时在分宜被杀。

刘石麟——永丰坑田村人，189× 年生，家庭成分中农。在第
七师范、杭州体育专科学校学习，在吉安教过书，"三七事变"时
加入中国共产党。"三七事变"时反动派想把他拉过去，他对我们
好，所以后来我们叫他当国民党县党部常务委员。1927 年与钟兆
祥在吉安一个房子中被捕，1928 年牺牲。

钟兆祥——永丰阆田村人，家庭做篾工，出身工人子弟。小时
我与他同学同班，坐〔读〕了第七师范，入党校后（吉安），我们
对他进行过很多说服工作。"三七事变"前任国民党县党部常务委
员（"三七事变"后刘石麟）。1927 年在吉安同刘石麟一起被捉捕，
1934 年在南昌【被】用电刑后牺牲（本来判了徒刑，因为红军打
到樟树，才把他害死）。

聂克中——（前已述，省略）

1927 年反动派抓我们革命同志，并向省里通缉四位革命领导
同志和 28 名"主将"，这些人各县都有名单，捉到就"格杀勿论"，
同时还受奖。

这四位领导人是袁佐龙、薛佐唐、钟兆祥、聂克中（另外刘
石麟很重要，他担任了县党部常务委员）。我是因为工会中工人纠
察队搞得凶，捉土豪劣绅，实行减租免息和打资本家，而引起了反
动派的不满。通缉的 28 名有：袁佐龙、薛佐唐、钟兆祥、聂克中、

曾绍三、张国俊、张士杰、谢奎元、吴江、郭施济、刘石麟、夏鼎彝、周兴、黄欧东、帅开甲、邓继会、邓芬园、聂绍闻、罗元凤、严玉如、李绣谷、杨正沅、刘泽民、金飚美、付炳崑等。

（二）起来革命的原因

当时政治腐败，社会黑暗，穷人子弟更冒出路，我们发生不满。1918 年我在乡〔香〕城小学订了《新青年》，它是陈独秀、胡适、李大钊、周作人等人办的，最初是搞一些新文化运动。当时我看到《狂人日记》，它暴露了社会的罪恶、人吃人的现象，因此对我感触很深。后来它成了党报，同时还办了《新潮》（北京大学办的）、《解放》、《妇女》杂志（这些杂志我订了几年），因而越感到社会需要改革。

苏联革命成功，报上称为过激派，我听到宋绍贞说（听说现在丰城县任副县长）："过激派好，将来世界有办法，人人有事做，人人有书读。中国以后也要照这样做。"他问我："这样好吗？"我说："好得很，但找不到。"

（三）大革命时期的革命组织

1."图书集览部"。宋大勋在吉安第七师范学习与党接了头，他这时入团，【任】青年团负责人。1923 年假期回永丰，我同他谈得很好，他同我说："吉安有这个组织（指青年团），永丰也可以搞起来。"在宋大勋发起后，袁佐龙、薛佐唐、钟兆祥等十几人的支持，因而我们集了钱买了《三民主义》、《学生杂志》（杨鲜刚编辑）、《共产党》等书刊，组织图书集览部，在中山场后面陈道坤家开了个阅览室，宣传革命的书多，后来加了《中国青年》《向导》等〈书〉。这些书我们自己看，阅览室每天有七八人来看，看书的人无所谓。书还可以借出去，阅览室有看书借书规则，借书的多半是学生，工人也有。当时政府不大干涉，他们不知道什么，有时《申报》内还夹了《中国青年》（这是《申报》工人搞的，可能内〔里〕面有共产党）。恩江学会成立后，书籍放在学会内（在〔之〕前，我家也放了一个时期）。恩江学会办了恩江小学，后书籍又搬进学校内，借书的也到学会去借。

2. 恩江学会：1924 年成立恩江学会，它是党团外围组织，由聂克中负责，宋大勋、袁佐龙、钟兆祥、薛佐唐、金飏美等人参加了组织。参加组织要填表，介绍人【介绍】，经恩江学会委员会（常务委员宋大勋，有几个委员）讨论通过。地址扎在儒学内，挂了牌子"永丰恩江学会"。会员多是知识分子，大多是南昌读书人，也有工人，共七八十人。当时个别同志说："学会是研究学问的，为什么又要工人进来？"宋大勋解释说："不一定要读过书的人就参加，没有读过书的人也可以来学习。"成员【中】国民党人士多，但一般较开明，我们是双重党籍。会员要会费，捐款。组织恩江学会的目的是宣传革命，宣传方式有看书、谈话、个别宣传。

利用袁佐龙妻兄钟兆新办恩江小学（原来他在阆田办小学，但死气沉沉），小学有学生几十至百把个。

平民夜校是吉安回来的学生办的，恩江学会成立后，夜校由恩江学会办的。平民夜校出了《平民报》，由那些吉安读书的人办的，出版不定期，有稿就出。报在吉安印，印了后寄回永丰。

恩江学会在国共分家后垮了。

3. 党部组织及其活动

国民党未改组时，民国十三年就有党部组织。孙中山死时，永丰开追悼会。1924 年永丰成立区党部，由聂克中负责，参加的人连恩江学会的人约一百人，稍微开明的人参加了，组织大半是公开的，从吉安带来的一些"三民主义"书都买了。1925 年孙振亚回来组织临时县党部，共有几十人，他们不承认我们区党部。孙采山是西山会议派，所谓西山派，即孙中山死后，他们在尸体前开会，参加会的人邹鲁、谢持等，他们开会反对国共合作。我们以区党部名义发表宣言反对他，讲他们投靠军阀帝国主义。

1926 年 9 月，北伐军来永丰，熊式辉是师党代表。袁佐龙、钟兆祥回来（穿了莪衣），我们同他接头。熊式辉指责他们。我们请他到恩江学会作报告，他承认了我们的党部。他们（西山派）也要加入我们的党（指国民党），但我们要他发表宣言反对西山派，结果他们不发表。同年 12 月，开县国民党代表大会，成立正式县党部，钟兆祥【任】常委。大会有【一】百多人，各区党部有人参加，计有藤田、沙溪、龙冈、潭头、潭城、二都、江口、良村、石马、古县。这些都是 1926 年搞起的，不过地下工作时就有党员。此时党员（国民党）分子很复什〔杂〕，但我们还是掌握了，一些中间派因为我们做了宣传工作，都在我们这一边。

"三七事变"县党部【被】冲散了，随后藤田、石马、良村、沙溪等地也发生骚动。1927 年阴历四月回县恢复党部，以后县党部改组，选刘石麟为常委，曾绍三【为】宣传部长，秘书郭施济，藤田严玉如、沙溪李绣谷也在里面。原来的老干部一个也不当（罗元凤不知在内干事没有），因为当时局势摇摆，但我们还是可掌握。当时刘石麟问我："为什么你们不负责做这样的事？"（我当时是永丰总工会委员长，后刘泽民、杨正沅，我即调永丰县农协会工作，同周兴下乡扩大党的组织，巩固农民协会。）

国民党代表大会：

① 1926 年阴历十二月北伐军来时开的，各地都有代表，并攻击了西山会议派，说他们是反党，我们应捉他们。

选张世杰、罗元凤、金飏美出席省党代表大会，省党大会选举结果不好，过去当事【者】都未搞到，段锡朋、程天放当选了。

他们回来后说大局不好，我们可能有问题发生，因此我们开始注意，感到没有武装不行，结果我们得到党的介绍信到吉安买枪。初是与罗△冰接头，罗△冰又介绍到县长周亭焕那里。他说可以买，结果我们挑了十余支好枪（50 块钱一支），来武装工人纠察队。

这时元旦（1927 年阴历），反动派在下西坊开群众大会，提出"打倒新式土豪劣绅"（我回来听别人说的）。这是香城小学学生演说的。反动派看到省党部反动派得了胜，就嚣张起来。我们看到这情况，就从巩固农民协会下层组织、发展共产党员着手。

②第二次国民党代表大会在 1927 年阴历五月召开，各区党部、

各农民协会、商会、工会（以国民党代表资格参加）代表共 100 多人。大会选举了刘石麟为常务委员，郭施济为秘书，严玉如、张士杰等人为委员。

大会还报告了"三七事变"的经过，恢复党的工作，谈了反动派的恶毒阴谋（此时反动派跑了）。恢复党、总工会、农民协会不久，我们发表了宣言（由钟兆祥在南昌起草）。宣言做得很好，只有几百字，宣言大概内容是说永丰是封建落后偏僻地区，反动派很顽固、【很】封建，屠杀革命。

入国民党也要介绍人、填表，由介绍人了解其情况。这时党员有好几百人。

4. 工会组织及工人运动

大革命以前（指 1925 年冬），地下工作时主要是缝业工会、南货工会，大革命以后各行各业都成立了工会组织。大革命运动是反对吃冤枉，说公道话。缝业工会由邓继会、邓芬园负责。1925 年五卅惨案发生，6 月间永丰工人捐款声援上海工人。1926 年我们成立县总工会，从此各行业有工会，聂克中任总工会委员长。"三七事变"总工会被右派包围，因而组织冲散了，聂克中、徐仁道等人被捉。事变中，工人与农民上街游行示威，表现很坚决，要求释【放】袁佐龙、薛佐唐、钟兆祥、聂克中等被捕人员，并且把事变中反动派贴的标语撕掉。事变中很多工人也挨了打，如邓继会等人，反动派〈并〉向工人软化，说我们"不是国民党而是反革命"，工人就同他辩驳，不听他们的话，当时就有一个反革命说："你们听多了聂克中、袁佐龙的话，就说他们说得对，其实是错了。"以后反动派又说过："工人实在无法。"

反动派另外的软化方法是成立工会，发工薪，结果一个都未拉过去。因他们懂得我们是为他们坐牢的，所以我们在牢内有很多人安慰，并在外面活动。我们在内面做的宣言，也由他们付印寄出去，去献出计策，报告敌情。

〈"三七事变"〉5 月工作恢复后，工人运动又搞得轰轰烈烈，街上工人加薪、停止解雇工人，捉商民协会头子副会长吴有如游街。吴有如是藤田人，在永丰城开酱油店。商民协会原本是我们领导，"三七事变"后我们就利用不了【了】。

当时老板很怕工人和工会，因为工人加薪，原十元就要加一二元，双方同意解雇的又要解雇金，并且工人常去捉土豪，甚至年（192？ [①]）三十晚都到徐家捉土豪，很少在店里做事，因而商人特别不满。

工人纠察队搞得这样轰轰烈烈，弄得县党部钟兆祥、薛佐唐对我们也有意见。

当时标语是"打倒土豪劣绅""反对帝国主义""惩治贪官污吏""减租减息"。

刘明凤县长在 1926 年想卖粮差，我们得到了密报，就把他叫来关起来了。

总工会有工人纠察队，备有枪支。

总工会要到各个行业工会作报告，重要的会就由我去，次要的会派一般干部去。

5. 农民协会及农民运动

1925 年成立永丰"县农民协会"（国共合作时），农会主席张国俊，由共产党领导，大部分农民都入了农民协会。1926 年 9 月到第二年 3 月，各地成立农民协会。成立农协要查名册，开会杀猪吃，选举组织领导人员，造册（要几份），一份送县农民协会。二都、四都农民觉悟高，有的农民这样说："反动派在世界做什么，把米谷吃掉了，不如弄到反动派就杀了头。"其他地方农民运动较落后，而我们的思想也落后于群众，认为捉到反动派就杀不好。

当时有人说湖南人搞得过左，走得太快，而江西太迟了。听有人还说："把湖南人（指干部）调江西，把江西人调湖南。"我们只是捉土豪劣绅罚款、坐班房、游街，农民没有全部起来。农协一般

---

① 原文如此。

分两个阶段。大革命一到，成立了农民协会，不捉地主。田多吃剥削的不得入农民协会，冒入农协的就很害怕。

二都、四都农协搞得好，是因为地方上原来很穷，头年冬天就要卖明年的新谷。

"三七事变"时县农协冲垮了，农民与工人在街上示威游行，要求释放我，并经常到牢里来看望。

1927年阴历四月间，聂克中与帅开甲先从南昌回来领导聂家、二都、四都农民暴动，攻进城内（即恩江镇），并运动民团不帮反动派的忙。

暴动是这样的：

聂克中、帅开甲在乡下召开〔集〕农民开会，说某天晚上几点钟集合到城内去。我们这样做是因为南昌局势有好转，反动派跑了。夜〔当〕夜我们进攻城内（这时宁县长走了，由科长代理县长）。

第二天孙采山、刘明德等反动派带武装举行反攻，我们带民团从东门走到四团。这时民团能被我们拿回是因为大局势对我们有利，民团队长是个姓邹的。

到了四都，我们想去坑田、上罗抓陈金香（陈椒崑），结果他跑了，只抓到了二等反动分子程道南（在营前抓来的）。当时反动派说："他还算不了什么，就这样凶凶，我们更不得了。"因而反动派都乱跑了。

"三七事变"党部、工会、农民协会工作恢复后，主要是搞巩固农民协会工作（同去的有周兴）。

农村农民协会领导农民运动主要是领导农民打土豪、劣绅，其次是提出"减租免息"口号，是二五减租。大部分地方是实现了，有的地方没有实行。

6. 学生运动

"三七事变"前，学生对革命有认识，大部分倾向于革命，他们宣传革命道理，写标语。街上有县立小学和下西坊一个姓汤的办了一个小学，金如柏、汤光辉当时就是在这些学校做学生。而一般学校校长、老师很反动。

7. 妇女运动：当时主要是放脚、剪发（大革命前也有放脚、剪发）。开会有宣传，但当时做法较粗鲁，有时在街上看到留发的妇女，就抓来剪掉。主要是工人纠察队搞的，我们这些人也在街上剪了妇女的发。

（四）党团组织及其活动

1924 年恩江学会成立时就有团的组织，但只是一个团小组。团员有郑子民、邓继美、曾述三①、刘田发、陈兆坤，谢魁元、罗元凤、刘连发等一二十人。团小组长聂克中，组织受吉安团组织领导（先为宋大勋，后是郭华靡②）。1925 年下半年，团小组扩大为支部，支部书记聂克中，组织委员可能是邓继美，同样受吉安领导，团组织经常有开会。（后来情况不清）

1925 年 8、9 月间，党（国共合作时国民党）派我去黄埔军官学校学习。到了吉安党部，找到〈一个〉孙光洞（当时党部负责人，还有张一道，郭华靡），问宋大勋在那里。我问了他几句，结果把我拖到房内去，告诉我宋大勋死了。后郭华靡找我谈话（宋大勋走去上海等地参观时，把共产党的责令交给他），他叫我入党，并要我回来把团员和一些进步的转到党里来，建立发展党的组织。回永丰后，我把团里面那十几个人都发展为党员，建立党小组，我做小组长。发展党员没有现在那样严，成员面向工人。入党也要填表，写申请书，拿去吉安批，无党证，不宣誓。那时周兴乱搞，袁佐龙瞧他不起，他文化程度好，我们同他读〔谈〕了后进步很大，革命坚决。我同他到乡下组织农民协会，对革命有贡献，以后还做

---

① "曾述三"疑为"曾绍三"。见中共中央组织部、中共中央党史研究室、中央档案馆编：《中国共产党组织史资料·第 1 卷·党的创建和大革命时期1921.7—1927.7》，中共党史出版社 2000 年版，第 481 页。

② 前文写成"郭华非"。

了总工会秘书。发展他入党，拿申请表去吉安批时，袁佐龙还老火我，因为后来他不清楚（入党申请本来是郭华靡批，但他对永丰不清楚）。

1926年大革命时期，共产党组织成为区委会，党员较【之】前多些，组织受吉安县委领导（宋大勋—郭华靡—罗△冰），当时龙州、喻工、谣上有党小组。"三七事变"后，藤田、石马有共产党支部，各支部十余人，各行业积极分子都是党员，但整个区委会所属党员都不上百人（估计当时全省最多有上千党员）。"三七事变"后组织恢复了，我调农协会工作，去乡下发展党的组织，巩固农协工作。我们填了很多入党申请表寄去吉安，还【还】未批下来，国共【就】分家【了】，党组织冲散了，党组织转到永丰去了。

几次党代表大会：

第一次：1926年召开，大会代表十几人，连列席的机关干部（只有几个不是，因为他们不是党员）共20余人。内容是：①发展党的组织；②讨论执行省国民党部指示，"死者不可复生""断者不可续""不可乱杀人"，革命缓和些指示；③开展批评与自我批评，但较缓和；④拼命发展农民协会组织。

第二次：1927年6（7）月召开，这时局面不好，汪精卫、朱培德叛变。我们大会主要是讨论向乡村撤退问题。本来我们想把民团撤走，民团中坏的弄去县政府当法警，我们派一些工人进去，好的农民也派一些进〈进〉去，想把这部分民团拉过来，但结果不行。

运动民团我们还想了这样一个方法：把民团开去四都上操，等上操把枪架起来时，就叫四都农民去抢。结果没有这样做。

（五）"三七事变"

1. 社会背景——右派的活动

1926年12月底正式县党部成立时，各地农协都已建立起来。当时西山派就说："我们冒过分，分一点权力给我们。"刘如节（1930年被红军捉到杀了）说："永丰与别地不同，不能实行共产。"我们说："我们还是搞三民主义，又不是共产。"大革命公开时，我们捉土豪劣绅、鸦片烟鬼、商家、赌徒，因而他们非常仇视我们，同我们敌对。

蒋介石在总理纪念周会上发表反动言论（我们看到报上的），说我们共产党不好，责备攻击我们。

这时南昌国民党改组，段锡朋说："江西各县党部靠不住，吉安地区党最要不得。"（他是省党部组织部长）改组后的省党部原来人员除邓鹤鸣外都调换了。

永丰西山派到南昌去了。南昌西山派办了"农民讲习所"，每县派人去学习，段锡朋找了各县人去谈话。永丰有西山派罗吉成在内学习。

刘有莘是当时教育厅的科长（厅长是程天放）。

永丰西山派，土豪劣绅与他们勾结，在南昌罗文蔚家里开会，计划推翻永丰革命（罗吉成与段锡朋接了头，罗吉成在南昌办了"法政学校"）。开会结果决定要宋居仁回来活动，因为宋居仁村里人多，宋居仁还可掌握人，离街上近，头脑简单，yú头yú脑①。

2. 爆发

我当时从吉安买枪回来，他们本想在路上准枪②（我们枪在路上上了子弹），下午五点钟到永丰，当时我们警惕不高，没有看到形势，又都是一些年轻人。7日快天亮时，他们叫开门做功夫（我住总工会），徐仁道出去打开门，结果几百人包进来。起初我们还以为只包围总工会，那〔哪〕晓得其他机关也被包围了，捉到戴高帽子游街。我同袁佐龙先被吊到商民协会，后来送到县政府，后来共捉来了39人。我们不知道发生了什么事，他说我们是"反革命，新式土豪劣绅"。捉去路上，在城墙门口（现永丰饭店）看到刘书田、薛颜松。刘书田说："发生了什么事？"（薛颜松是商民协会负责人，参与了"三七事变"，他这时去县政府）薛颜松不作声，走

---

① 原文如此。

② "准枪"，方言，意指不让走，把枪缴掉。

得很快，脸通红。共关了4人。

流氓、地痞开群众大会，要挟关起我拿〔拉〕去枪毙。我们的同志在外活动，工农群众举行游街示威，经常来看望我们，告诉我们消息。

我们在内〔里〕面做宣言，讲他们"推毁革命，承认我们【是】国民党忠诚党员"。打电【报】给中央政府。别县也打电【报】【声】援我们（有清江、乐安打了电【报】），同时发表了宣言。被关时，吉水县县长陈策带保安团几千人在水南背说"革命工作很需要人，你们不要这些人，我吉水很欢迎"（同县长说的），这是吉安党搞的。

在永丰监内，那些被我们关的土劣流氓骂我们。薛仁松表示同情，说："你们还是革命，到这里还受侮辱。"结果派4人软禁，随我们在内〔里〕面跑，不论县长和股长房间都可走，工人农民也可以进来。

在监内，工农献了很多计，我看透了当时社会，怕呆〔待〕在内面有危险，主张逃走。薛佐唐却说："我们这样出去，还要打爆竹坐轿子去。"袁佐龙、钟兆祥也都支持他的意见。由于我的坚持，暗中开会决定当夜走，结果袁佐龙、薛佐唐先走乐安，我同钟兆祥后一个多钟头走四都。

3. "三七事变"影响

"三七事变"后，各地也发生骚动，如藤田、石马、良村、沙溪等。

反动派抢我们个人用的东西（家里东西在国共分家后才抢），如文件、行李、铺盖。有些人家还罚了款，我家因为很穷，所以没有罚。

（六）南昌暴动和学生运动

9月到新干县党部（艾江宋负责），在楼上碰到薛佐唐。【一】次去〈去〉买南昌的轮船票，碰到宋居【仁】，他说："你们那天（3月7日）不是碰到我，真是会被打死。"他还想请我们吃酒，说了很多好话，真是仇人狭路相逢。

到樟树我们在【一】个寺内找到了总工会（负责人姓刘和姓罗的）联系，把宋居仁押在樟树公安局。

在南昌我们用文件向省党部报告了事件的经过，当时李协逃了，朱培德还未接事。

南昌暴动推翻省党部，我是袁佐龙叫我去□的，但未说明来意。朱培德兵士在附近，对我们未加干涉。

邹奴（原是邹鲁，因西山分子也有一个邹鲁，故改为奴）带学生抓程天放（卫戍司令）关起来。

在南昌我住在一个学舍内，陈奇涵在代编《贯彻日报》，有一个早上去厨房打水洗脸，他很慌张，经一个说是我们自己的人才变了色。我去那里住是文国琳介绍的，大革命时期做过永丰县长，因为很多人告他，才走了。

陈奇涵原在赖世璜部下搞政治工作，曾做过黄埔教员。

钟兆祥此时在南昌做小学教员，薛佐唐、袁佐龙为总工会干事。党本派我去乐平报上当特派员，报上还发表了，但我没有去，结果还是叫我回来。

省政府派了一连武器〔装〕送我们回来，到峡江时，我与帅开甲领导了二、四都农民在城内暴动（详细情况见前农民运动节）。

（七）革命中心移往农村——土地革命时期开始

1927年宁汉合一〔流〕、朱培德叛变后，我党召开了第二次党代表大会，决定把革命力量撤退到乡村。首先派聂绍闻带40余【支】枪走入永丰，带去的人都是一些工人和农民。后来我们【这】边人和刘石麟带民团到藤田、石马一带，我同罗元凤走湖西到石马、藤田一带。我在藤田几天，反动派艾行标、程××勾结民团，一夜突然对民团说："国民党捉我们，走！走！走！土匪来了！"就这样一个拖一个在这天晚上走了，有些人根本不知是什么事，民团结果只留下了少数几根枪。民团到了下面（城内）就打爆竹接，反动派这时组织"人民办事处"，钟宗城当办事处主任，结果抢农民协会的东西，见东西就拿走。办事处权力极大（余雨苍县长），黄欧东家罚款五百元；袁佐龙家罚款更多，他的后母还被吊起来打，几只〔家〕店也没收了；乡下老表的耕牛、猪也抢；东堡就是这次抢西堡的东西，两方面打起来了，刘泽民那村抢得没有渣。

民团叛变后，反动派经常来追。聂绍闻把枪埋掉了，我们队伍没有武装，因此维持不了，只得在地下活动，隐藏在藤田、杏塘一带。国民党派了一连"清党军"追我们，捉到了谢魁元等人。谢魁元在驼背桥打①了，同时还打了几个。张世杰在龙冈被余雨苍带的民团捉到，与谢魁元同时打在了驼背桥。

隐闭〔蔽〕了几个月，党内再暗中在城内召集工人，把埋掉的枪拿起来，组织了第七纵队，吉安这时也派了人到藤田活动。

1927年12月，袁佐龙召集了严玉如、吴江和一些工人等十几个在郭施济家开会，【讨论】怎样组织农民开会。此后吉安派莲花人刘企勋来永丰活动，刘企勋自己做了计划，分析了地方上情况，认为主要应搞农民运动。万安人张忠也到石马活动（后牺牲了）。

第七纵队后来搞了些土匪进来，如段月泉土匪，因为赖经邦与他是老表关系。段月泉"棒子会"有钱人、冒钱人东西都抢，苦得要死的人担些油卖，他们在路上也抢。经群众要求，第七纵队把"棒子会"消灭了，段月泉经我们教育也改变了。

这时党提出土地革命、打土豪分田地的口号。我经常跑在乐安、藤田、石马一带，在石马的同志有何子珍、曾绍三，后调藤田工作。

1928年四五月，刘企勋在藤田邱坊成立革命委员会，一个青年吴【姓】农民任革命委员会主席。搞了一个时期，革命委员会移到田西。1928年革命委员会成立几个月后，袁佐龙叫我在石马暴动（六七月），成立农民协会。稍为〔微〕早一点，把原来参加了"三七事变"的人成立党组织，一个姓邹的当会计。农民协会成立

---

① "打"，方言，意指枪毙、枪决。

后，石马组织了革命委员会，由黎长焕、张兆平（"三七事变"时他家被抢了几千元钱东西）负责。藤田、石马革命形势很大，藤田杀了很多人，石马只杀了一个反动派，在上溪还捉了雷溪凤。

那时工作忙，天热，搞农民协会时又杀猪，只【吃】一些肉，弄得人生病。结果躲在深山中，【被】反动派带民团追〈后〉，又逃到乐安。在乐安大金竹与张英联系，张英说："现在还搞得。"随后我还在招栖〔携〕等地活动过。

藤田捉我们的人到王陂去，我在路上当面与他们碰到，但他们不认识我，他们目的是来捉吴江。到王陂我落在一个店内，店内老板告诉我："快走，快走！慢一点有人来捉。"我怕别人知道告密，因而我又走了。到招携我得到了张忠牺牲的消息时，才离开乐安，走高安教书、行医，高安地方斗争缓和，冒有人牺牲。这是1929年的事。

四、抗日时期

第二次国共合作时，图书馆里摆满了《二万五千里长征》《新华日报》（四川出版）等很多书〈，放在里面〉。我天天去看，图书馆长说我为什么单看这些书。国共分家后这些书又搞掉了。

宋绍珍这时想起来活动，他同我谈了几次（宋这时在县上小学教书），我也到过他家。他说我们要搞起来，我说能搞起，但伪政府注意了。我同屋的王亚平警告我要注意。

县政府有个麻子督学，是我们方面的人，他同宋学珍①谈了话，然而国民党注意很厉害，所以无什么具体活动。

吴良才县长说宋学珍是共产党，宋学珍弄得没法就走了。

五、大革命前刘家状元府情况

刘译是道光时状元，他家是永丰的封建堡垒，男丁五六十人，没有一个戴过斗笠的。刘译有3个儿子，人们称为"老爷"。"大老爷"有2个儿子，二老爷七八个子〔崽〕，三老爷有10个子7个女。

---

① "宋学珍"，文中又写作"宋绍珍"。

全家收得千多担谷。大革命时新拔贡想办个"永丰县自治筹备处"，反动政府还拨了款。熊式辉来了后才把他放走，捉他时钟宗林都表示不同意，还写了字来。我们捉他时一些其他的土豪劣绅吓得要死，说："他都敢捉，我们更是啊！"

（访问整理：袁隆洋、袁志珍、元嘉训）

3. 聂克中第三次补充材料

一、五四运动及"五四"以后的活动

五四运动是看到北京、上海、吉安后搞起来的。当时我们感到不打倒卖国贼不好，可能会做亡国奴，像安南等地一样几家人共用一把刀。五四运动时我们可能成立了临时组织，游行那天拿了三个贼的像游行，同时画了三个贼的像在壁上。五四运动中表现最坚决的是王林（年纪20多岁，个子很高）、宋大勋。

恩江镇游行后，藤田、石马、沙溪、龙冈都可能游行了。

永丰五四运动中教师是一种赞助地位[①]，一般人反映〔应〕"亡了国就不得了"。

游行后还查过商家卖不卖外货，有卖的就叫他不要卖。顽固的商家要打掉他东西，一般商家不大拿东西卖，晚上还会偷卖。

五四运动后是新文化运动。永丰有很多书报杂志，最多的是《民报》《申报》。《民报》是叶楚苍办的。民刊的副刊《觉悟》[②]【使】我受了很大影响，它宣传三民主义、苏联的党活动。杨显〔贤〕江办的《学生杂志》我看了，它的文章左说右说是"中国有出路，就是共产主义"。

瞿秋白的《新俄【国】游记》、梁漱溟【的】《中西文化及其

---

① 原文如此。
② 原文如此。《觉悟》是上海《民国日报》的副刊。

哲学》我都看过。

永丰有个吃冤枉吃鸦片的金县长，他的文化程度好，带来了很多书，提倡新文化。他召集了永丰学界开会，作学习讲演，我也到听了，他对梁漱溟很崇拜，说的也是中西文化及其哲学类。

新文化运动对永丰的作用：一般人的思想解放了。尤其是青年认为社会太黑暗了，社会越搞越混乱，中国老封建靠不住了，如果不改革，中国社会会一天一天【坏】下去。但那时我希望孙中山胜利，看到孙中山北伐就很高兴。袁佐龙开玩笑对我说："如果你在北洋军阀中当团长，马上就会反过来。"新文化运动后学校里出题目都是用白话文做。

新文化另一影响是把一切礼教推翻了，主张自由平等。以前认为很贞洁，以后却认为需要这种改革。此外还推翻了迷信。

一般的老秀才当时是感到叹息，说中国以后不晓得要搞得怎么样，喜欢满清政府。对待白话文他们这样说："古话搞好了，白花兰花都搞得来。好像浓酒一样，要掺淡就容易，淡酒要弄浓就难。"也有些老秀才说："这是什么东西，你们、我们，那个也得来。"

永丰刘如隐父亲最初还同情孙中山，提出联共后就很讨厌。刘如隐在上海办了《三民主义周刊》，我看到就说他放狗屁，他自己认为是真正维护国民党的，实际上是反共。

二、1920—1922 间永丰恩江镇活动

"天脚会"由学生、老师搞的，人人都可以加入，但参加的多数是知识分子、商人。"天脚会"有章程，天脚会宣传人的手脚要做事，缠了脚有土匪、老虎来走也走不了，大家脚不要缠，等〔让〕它自然的生长。加入了天脚会的人家里，老婆女人都要放脚。

经过五四运动后，学生捉进过五六个卖鸦片的送到公安局去（黄欧东也捉了），他们【被】放【出来】了还到我家里来赖死。

三、恩江学会等组织

1922【年】间成立图书集览部，它先后扎在袁佐龙、陈兆坤、聂克中家里〈扎〉过，恩江学会成立后书移到内〔里〕面去了。

1923 年寒假成立共产主义青年团。

恩江学会是 1924 年成立的，入会的要介绍人，填志愿书。会员约有五六十人，青年团员参加了，它是党的外围地方性组织，不与吉安发生关系。恩江学会主要是宣传革命，看看书，开开会，讨论问题。内面的人也可以读，同时还可以借出去，但要遵守借书规则。恩江学会成立后，吴岗①在藤田也搞了个组织，但吴江本人不是恩江学会会员（吴江名字原来是梧岗，参加革命后改吴江）。

恩江学会成立后，有人议论这是过激派，不晓得什么共产党，一般群众无所谓，人心还好，认为他们只是读书，内面的人也还纯洁、公道，没有嫖，没有赌。香林学派对我们相当注意，以为我们内面有秘密组织。

四、人物简介

宋大勋

宋是恩江镇人，父亲早死，母亲做爆竹，有一个老弟。宋大勋人生得雪白，比我要高些、大〈喜〉些，平时生活朴素，穿上布衣服，对人态度好，少发脾气，喜欢打球。

他平时注意生活，社会上最顽固的人对他都还好，因为旧道德无聊事他们都不做。

宋大勋人很聪明，读书用功，坐在家里书不离手，注意力集中。他写信说我们，"你们一看一读就了解，但不能深入"，晚上要看到相当久时间。未坐〔进〕师范前喜欢看古文书，后多看文艺书，很少看传。由于他勤学，村子里人都对他有点照顾。过去一个邮政局长对他很好，每年有点钱给他，他还同我商量过钱接受不接

---

① "吴岗"应为"吴江"，后文写作"吴江"。吴江，原名天翘凤，名春珍，别号梧岗。1927 年 5 月任永丰县人民自卫团团长。1928 年任江西工农革命军第三师第七纵队队长。不久调回永丰，与袁振亚一起领导农民武装暴动，创立了永丰、东安边境区域武装割据。1930 年 9 月任中共永丰县委书记。1931 年 5 月被错杀。见《中央革命根据地词典》，档案出版社 1993 年版，第 468 页。

受，我说人家既然送给你，你就接受。宋大勋有时候看到郑振铎、郭沫若两派互相攻击，他说："郭沫若批评郑振铎我看不出什么，郑振铎说郭沫若迷信古诗，我觉得都还好。"

宋大勋文章写得很好，古文也不错，白话文就更好。我听吉安人说，吉安写革命文章就是宋大勋、刘企勋、郭华麋写得好。若不革命，在文学上可能有所成就；若不死，党还想要他主办《中国青年》。

宋大勋从前不大会讲话，人很沉静，在恩江学会成立时奇怪他讲得很好，其他组织能力、活动能力都很好。

宋大勋最初只喜欢文学，买了郑振铎的《文学周刊》和郭沫若的一些书籍。在家里时对国民党没有很关心，进了吉安师范后，接受了马列主义，倾向于社会主义。他有一次写给我的信上有"步趋苏俄"【几个】字。平时他和我、袁佐龙最好，他也晓得我性急，所以愿意给我谈谈。

宋大勋死前没有结婚，有个童养媳没有见过面，而且讨厌他〔她〕。

他去上海等地参观教育，与杨显刚会了面，在回来的时候死了（大概23岁时死的），死了后一般人感到可惜，恩江学会开了会追悼。王树坐（原本七师范学生，留学德国，起初很反动，后来转了方向）、王礼锡送了挽礼。

袁佐龙

原名杨学耕，【字振亚，】个人矮小，人很漂亮，比较爱漂亮，性情急躁。

家里是地主，父亲读了书，后母生了一个妹子，小学毕业后在家管家。宋大勋回来后同他说："你在家管家没有意思，你去吉安阳明中学读书（校长谢诗人，现为烈士）。"初期在家读书不很用功，文章也写得不大好，到了阳明中学就变了。袁佐龙喜欢接待朋友，永丰有些人说"这些革命人假期都在他家吃饭"（其实也不是这样），他经常和宋大勋在一块。

袁振亚起来革命，原因除受宋大勋等人影响外，他村也是小村，受大村的压迫，特别是宋家。

袁振亚判断能力强，做事果断，革命积极。一次宋家占了他村的岭，袁振亚带好多人去把枞树砍回来；袁家干塘①，宋恶坝〔霸〕去检〔捡〕鱼，结果罚了宋恶坝〔霸〕200多元钱。还有一次刘明凤县长想卖粮差，有人打了密告，结果袁佐龙把刘明凤叫来关起了，同时解除了他的武装。因为这些原因，"三七事变"时吃的亏更大。

袁佐龙到过上海大学读书（刘如隐在那里教〈了〉书，上海大学是传播马列主义的），回来后（1926年）做特派员，1927年去乐安，1930年富田事变时被陈正人警卫员打死。

薛佐唐

家庭【出身】是商人，【家里】开了店铺，收得一点租。他有四兄弟、一个女儿，老婆在革命中牺牲了，他父亲把钱看得很大一个。

薛佐唐个子矮小，人不很爱漂亮，喜欢吃酒，能力强，会说话。他同我在一个学校，我是丙班，他是丁班。他读书很拼命，晚上经常看到一两点钟，故背得一二百篇文章，但不一定解得通。最初有点不问政治，想在教育界出一点色，认为学生不要搞什么活动，后受了进步思想的影响。有一次他同宋大勋从吉安一起来永丰，宋大勋同他说了一天。因而后来革命积极，加上他活动能力强，会说话，古文写得好，比较有道德，所以在大革命时期他较著名，人家钦佩他。薛佐唐到过北京方炳武部下，民国十六年在永修搞党的工作，后在分宜杀AB团时死了。

钟兆祥

父是篾匠，他不〔本〕人身体还高，常生病，人很聪明，文章写得好，活动不大行。原来不大正经，只想搞教育工作，经宋大

---

① "干塘"，方言，指把池塘的水抽干捉鱼。

勋等人再三说服，对革命表现才好，当过国民党常委。"三七事变"时他写的宣言，虽然用白话文，但一般人认为很好。"三七事变"后，在南昌做校长，后在南昌被〈用〉电触死。

刘石麟

农家子弟，吉安师范毕业后到过体育学院学习，在北洋军阀大革命时当过督学，1925（1926）年当女子小学校长。开初是滑头滑脑，"三七事变"时对我们还好，所以党部改组时，我们决定他当常务委员。

吴江：知识分子，坐〔读〕了武昌大学，喜欢唱京戏。父亲很勇敢，看到吴江搞农民协会很高兴（其父后被反动派杀了）。吴江本人也很勇敢，对党忠诚，杀 AB 团被捉后，吴保芳叫他走，他说"我相信党"。

他们那边是大族，没有吴江，郭施济很难活动起来，外地人没有武装及他们本地人【支持】很危险。

五、工人运动

工人组织

街上有木工、泥水、杂货、缝业、糕饼等工会，连藤田、沙溪各地工会有两三千人。篾业工人有 800 多人，石马有双〔上〕百纸工（不知有无工会）。

工运

1926（或 1927）年元旦，由县党部召开群众大会，有很多工人参加，说要打倒北洋军阀。这个元旦与往年元旦不同，当时有个【做资方】解雇工人〈做资方〉的狗腿子，我们把它搞了。"吃牙癸〔祭〕"，原来规定牙癸〔祭〕时有四两到半斤肉吃，但有些资方不拿，后我们工会不肯。

停止资方解雇工人，工人开会又要参加。

工人生活

政治地位提高，资本家不敢打骂工人，打骂工人的要吊到街上游街，还要去工会受教育。银子工人，由于妇女剪了发、打倒了土豪劣绅，所以没有什么首饰做。缝业工人在土豪劣绅打倒后，生意也少，所以生活较苦。糕饼店工人 50 元钱一年，当时算得好（谷一般一元钱一担）。

工人中革命最坚决的是杨学林、容炳林、邓继美等人。

七、农民运动

农民协会在大革命时期各地都成立了。县农协下面有区农协，还〔凡〕是农民都可以加入，有些地方富农写了款以后也可以加入。农民协会有章程（油印的），违犯了要受处罚，再严重的要开除。农民协会实行了两年二五减租（有的地方未实行），抓土豪劣绅。我记得抓过这些人，第一个是新抓新拔贡。另外有聂家钟子源——他是老秀才，在新街开了店，养了很多痞子。他收得很多租谷和生谷，吃赌，到了年二十几就问人家债，还不起的要拿掉被【和】锅。在湖西抓了刘曙垣，【他】包打官司，政府有事就找他，本姓的女子死了就去遭文明①，有时自己不去叫别人去，问题解决后，可以得到一笔钱。此外还抓了一些人到班房里去，罚了他们款后就放了。

二、四都农民搞得好，因为那里没有地主，是最受压迫【的】地方。"三七事变"时龙州人表示要保护我们，买糕饼看我们；"三七事变"【后我们】从南昌回来经过那里，他们还派人放哨保护我们。

革命时农民生活好，土豪劣绅也不敢问我们【讨】债，他们都吓倒了，恶坝〔霸〕多逃了。

（访问：袁隆洋、袁志珍、元嘉训；整理：元嘉训）

---

① 原文如此。

永丰县各乡镇民间调访资料

（一）潭头乡调访资料

1. 潭头乡调访综合

前言：潭头乡的概况

潭头乡位于沙溪的西南，罗坊的东北，东接上固，西靠江头乡，是一个田多茶山多人少的山区，全乡方圆达 40 里，村庄分散，地广人稀。公社社员分居在 100 多个小村庄。交通很不方便，过一个村要爬【好】几个〔座〕山。

全乡分 8 个生产大队（原高级社），总人口 5007 个，农业人口 4703 个（男 2295 人，女 2408 人）。除潭头圩少部分从事工商业外，绝大多数都是以耕田为业。全乡共有稻田 15945 亩，每人平均达 3 亩 4 分，每个劳力负担最多的二十五六亩，最少的也有十多亩。

合作化，特别是"大跃进"以来，党进一步加强了对工农业的具体领导，在全乡 8 个生产大队建立和巩固了 8 个党支部，在生产中，起着核心堡垒作用。

随着生产的发展和生活的提高，全乡人民在党和政府的领导下，掀起了向科学文化进军高潮。在 1958 年 5 月，即在全乡范围内，普及了中小学教育。现在全乡有：中心完小 1 个，学生 198 人（女 41 人）；公办村小 4 个，学生 187 人；民办村小 13 所（班），学生 285 人；民办幼儿班 11 班，幼儿 169 个；民办农业中学 1 所，学生 20 个。农村业余戏团遍及每个生产大队。

解放几年来，在党和政府的正确领导和全乡人民艰苦奋斗下，重修了家园，战胜了各种自然灾害，克服了种种困难，攻破了技术关，取得了一年比一年更大的农副业增产。特别是在"大跃进"的1958年，全乡粮油获得了空前的大丰收，社员实现了吃饭不要钱，结束了几千年来愁吃尤〔忧〕穿、穷富不均的坏局面。今年年终分配，除五扣三留外，每个劳动日，能分到一角多到二角。

现在全乡人民又在乡党委的领导下，开展了一个声势浩大的群众性的兴修水利、突击积肥运动，为1959【年】更大增产做好了充分的思想和物质准备。

一、革命前夕的政治经济情况

（一）经济情况

1. 土地占有

潭头是一个田多、茶山多、人少的山区，95% 以上的人都是以耕田为业，大部分农民都占有或多或少的土地。农民依靠土地自耕自种，除少部分人外，都能维持最低限度生活。

由于军阀连年混战，农村经济逐步走向破产，加之反动派种种苛捐杂税，大部分农民虽终年辛勤劳动，但丢下镰刀就冒米吃。这时农村土地占有发生了很大的变化，土地被各阶级占有的情况大致如下：

（1）田。土豪平均每人占地15.6亩；富农平均每人占地5到6亩；中农平均每人占地2.5亩；贫农平均每人占地1.6亩，有的1亩也没有；雇农一般都没有田，有的也只是一点旱田或瘦田。

（2）茶山（以一般年成实收茶担计算）。土豪平均每人有茶山43 ~ 125担；富农平均每人有茶山22担；中农平均每人有茶山8担；贫雇农一般都没有茶山。其他农具、耕牛、房屋，绝大多数贫雇农都没有。

2. 剥削关系与剥削种类

土豪劣绅对农民采取下面几种主要剥削形式：

（1）田租。每年交 40%~50%。

（2）债务。银洋，年息 20%~25% 或 20%~30%；稻谷，年息 20%~30%，或 30%~40%，高的达 50%。

（3）买新（买青苗）。

买新油——每年三四月交款，照当时的物价折钱，如果到年终，要照交款时作价买。

买新谷——在春上向债主借一元二三角钱，冬里要交一担谷，不管当时价多少。

最重的还算是短期买新，一年可买几次，时间不作规定，这样一年可以得到几次重利。

潭头圩的土豪管春茂，全家 8 人有 425 亩之多，茶山一般年成可收茶挑五六百担，每年能收油租 800 斤左右，田租一百四五十担。家里有一个油榨，专门用来买新谷新油，因此越搞越发，在潭头街做〔开〕了大小七八只〔家〕店，每年能收租 800 多元，不劳动而且吃得好、穿得好。

地主管忠贵（潭头人）放债吃利最恶，一担谷田要交 3 桶租，10 担谷田要交 7~8 担租。何江贵地主在晚上故意放马去吃农民的稻谷、豆子。李左堂地主的马，吃了农民的谷，农民请他赔，他说："你姓何的谷还冒糠那样多。"见到农民有好田好岭，他就说你欠了他的债，冒钱【就】还把你的好田好岭强迫拿过去。真是村有"村王"，坑有"坑王"！

芹溪 100 多户〈人〉中，有三四户是富农，其余大多数是贫雇农。农民的生活好苦，大多数都要借田种，1 担谷田交 5 斗租，但是一石谷石〔田〕里收割只有 3 桶，一般只能收到 2 桶，交去 5 斗，所剩就很少了，所以许多农民家里过年谷也没有。农民段月朗家中 5 人吃饭，自己没有田，租了 50 石〔担〕田来耕，每年收入不到 40 石，却要交 25 石租，放下禾镰冒米吃。

穷人没有吃，只好向有钱人借，利息是加三或二四，多的到加五，即年春借 1 石谷，年冬要还 1 石 3 斗或 1 石 2 斗 4 升，利息重的要还 1 石 5 斗。

当时也有义仓，义仓的谷是靠募捐来的，由土豪叶纪东掌握。借 1 石谷，要拿出 3 桶谷价值的东西来抵押，农民有的将把也拿出来抵押。义仓是五六月发的，石谷 2 斗利息。

芹菜坑仙人桥的叶纪东，是个大土豪，有许多田岭租给别人去作，自己当万寿宫小学的校长，又管义仓，在芹菜坑这一带把总纲。请什么中人，老是请他，什么事都要经过他，只有他讲的话才能作数，农民叫他为芹菜坑的"坑王"。农民起来暴动后，七、九纵队捉到他，把他枪毙在坑头。

潭头圩的农民谢安庭，家中虽只 3 人，但无田无岭，全是借田作，每年借三十四五石〔担〕田，却要交二十三四石〔担〕租，自己辛苦一年，落不到十石谷，因此经常搞得冒米下锅，衣服要二三十年才能做一身，老是穿得破破烂烂。

（二）政治状况

1. 反动政治力量

永丰县知事以下设 3 个（藤田、沙溪、龙冈）司官管理地方，潭头属沙溪司官管辖。村坊上有士绅，是地方上的统治人物，农民不管是做什么事，都要经他许可才行。

司官又派出巡警去各地巡查工作。他们依靠地方上土豪绅士，什么事都要管一下，但无论管到那〔哪〕样工作、那〔哪〕样事，都要吃一笔冤枉。真是一天不吃冤枉，一天不得黑！

2. 封建家族制

村村有族长，房房有房长，族长管一族，房长管一房。农民中有什么大小事或纠纷，都要请房长来判理解决。

（以上据吴邦年、谢象河、温招来、叶宗元述）

二、革命的爆发与发展

（一）共产党领导人民酝酿革命

1927 年 11 月，赖经邦、段户凤[①]领导工农红军及农民在东固暴动，打土豪分田地，抗租抗债。穷人翻身，有吃有穿，冇吃的有吃，冇穿的有穿，穷人那〔哪〕个都喜欢。本地人从东固回来便会讲："东固分了田，把谷分给冇吃的吃，把衣分给冇衣的穿。"群众更加相信了，都希望自己这里也这样。（曾广元、叶宗元〈口〉述）

1927 年，东固已有革命委员会。1928 年，在石骨圻[②]设立"永吉办事处"，有 2 支短枪，1 支长枪，领导各处农民暴动和农民协会。办事处主任李贻茂[③]、文书是谢××，还有严玉如、姚振、欧阳岳等人。（沈扬炳、叶宗元述）

还没有成立农民协会前，严玉如、李贻谋、郭梅、袁佐、戴传早、谢月朗、吴江等人，每隔 12【天】或半个月，就要到东固去开会。去时是一个一个，陆陆续续地去，并化装做生意的，穿便衣，经过石陂、芹菜坑、坳上去东固；回来时，也是一个一个地走。石陂农协成立后，他们多半会在石陂罗复才、沈扬炳家里歇。（沈扬炳述）

东固成立革命委员会后，就开始组织农民协会，发动农民进行暴动，接着革命的火种逐级向罗芹方向蔓延。（曾真煊）永丰的段起凤、刘金华、曾名春、戴希贤从东固把革命火种带到永丰来。当

---

① "段户凤"应为"段起凤"，后文写作"段起凤"。见《中央革命根据地词典》，档案出版社 1993 年版，第 536 页。

② "石骨圻"应为"石古丘"，又名"石固丘"。后文写作"石古丘"。见《江西省永丰县地名志》（内部资料），1985 年版，第 199 页。

③ "李贻茂"应为"李贻谋"，后文写作"李贻谋"。见《中央革命根据地词典》，档案出版社 1993 年版，第 423 页。

时，在藤田方向领导革命的【是】严玉如、邓孝生、袁振亚、罗松山。（沈扬炳述）

1927年，红四方面军派来了一个四川人詹天龙，一来就驻到段起凤部。（林宏圣述）

段起凤接受改编红军后，即在罗芹、石陂、卧龙、官田、潭头等地先后发展和建立革命组织——农民协会，给当地的反动派有力的打击，在群众中产生了深远的革命影响。因此，群众编歌唱道："石山开花满山红，中国出了朱德、毛泽东，抗租抗债李韶九，起根发苗段起凤。"（林宏圣〈口〉述）

芹溪革命爆发后，很快向四周传布。半年内，石陂、官田（官田大山佬①有圣德张明玉与芹溪有联系），南坑、桃林、龙子下、曾家顿②都发生了革命。这时，革命的火就像烧烂疤一样，越烧越大。（曾广元、叶宗元述）

（二）各地革命的爆发，农民协会的建立

1. 芹溪革命

（1）革命前的活动

芹溪是大地名，包括芹菜坑、丝茅坪、会溪、仙人桥等大小15个村，其中以芹菜坑、会溪较大，共有100多户人家，方圆十几里，都是在深山中，与吉安东固仅一岭之隔。

当时，芹溪有7个青年人在东固简东小学读书。这7个人是：仙人桥的姚振、姚凡③、叶香早，斩木坑的欧阳岳，会溪的郭海平，万寿宫的姚泉香，筲箕窝的叶奇伦。除郭海平、姚泉香的家庭出身

---

① "大山佬"应为"大山脑"，后文写作"大山脑"。见《江西省永丰县地名志》（内部资料），1985年版，第203页。

② "曾家顿"，应为"曾家不"，后文写作"曾家不"，"不"念"dun"，上声，见《江西省永丰县地名志》（内部资料），1985年版，第200页。

③ "姚凡"应为"姚蕃"，后文写作"姚蕃"。见《永丰英烈》（内部资料），1995年版，第102—106页。

大约是中农，其余的 6 人家庭成分是富农。他们在学校内加入革命组织，姚振是共产党员，6 人是共产主义青年团员。1937 年冬，他们已开始在芹菜坑进行秘密的革命活动。

东固暴动后，芹菜坑的农民受了很大的影响，都希望自己这里快些搞暴动。这时，姚振等人，已回到家里来积极发动群众，秘密串联贫雇农，组织农民协会。第二年（1928 年）正月的一个晚上，农民协会的几十个人，到竹排木梓岭上开会。姚振说："我们要认清阶级，穷人是无产阶级，有钱人是有产阶级。穷人受豪绅剥削压迫，我们苦，他们发财……我们要团结起来，打土豪分田地。"

在姚振等 7 人回来活动之后，又有化名白振武及郭 ×× 的人来到芹溪，与他们一起进行革命活动。白振武到芹溪时，多在万寿宫一个贫【农】叶宗继家里。白振武经常找贫农叶宗元等人谈话，讲什么无产阶级、什么有产阶级、共产主义、资本主义，我们穷人要团结一致等等。2 月开始发展党组织，由白振武介绍入党的有叶宗元、叶宗继、黄开炳（都是贫雇农）。

注：

（一）1929 年靖卫团反攻烧杀时，姚香早叛变革命，写信回来说："共产党是吹牛皮的党。"

（二）白振武是湖南或湖北人，长得高大，但瘦，话听不太懂。郭 ×× 长得较矮，声音不大不小，也听不太懂。

（三）姚振等 7 人都与赖经邦有联系。刘金华是简东学校的校长，还有教师曾名春都是共产党人。

（2）革命的暴动

1928 年 2 月的一个上午，姚振等人到各村去喊人开会——农民协会。农协组织已经扩大了，有 100 多人（有男有女，有老有小）聚拢到芹菜坑（小地名）大坪上来，姚振便扯起红旗，公开成立"芹溪农民协会"，选举叶宗骥为常执委，叶启来、姚振、欧阳岳、叶宗元为执委。

附：红旗约有现在一般的国旗那样大，先交裁缝暗中做好。旗帜系红色，中间一个"五大洲"（红星当时叫五大洲），用白布做的五星中间又有用红布做好的镰刀斧头。（曾广元、叶宗元述）

附：（一张手画的红旗图。略）

2. 石陂

（1）起源

芹溪组织秘密活动后，石陂的沈扬炳、罗福才、罗云才、雷礼仪，在 1927 年冬开始成立秘密农协。（罗贤开）

雷礼仪是作田人，同段起凤打过棍子。但穷人不怕这些打棍子的人，因为他们都是打大户，一般的粮户，都和段起凤接洽。

雷礼仪又同卧龙的雷圣祥（种田）、黄宗赞（裁缝工人）有联系。（雷义圣述）

（2）暴动

1928 年上春，在沈扬炳等人的组织下，公开成立石陂农民协会，主席是叶宗吉。

革命的发展方向：

```
芹溪 ┬官田→南坑→上下坊→（罗坊）……
     └石陂┬卧龙→下固→上固……
          └石陂→坊坑→木杉→潭头……
```

（雷义圣述）

3. 卧龙

（1）石古丘农协的建立

芹溪仙人桥〈的〉姚振的姑姑是温招来的兄嫂，因为是亲戚，他常来温招来家。

1928 年春，他问温招来："你晓得我这一向（指芹菜坑）起了农民协会呢〔吗〕？"温招来说："啥个是农民协会？"他便说怎样〔什么〕是农民协会，有什么好处，并且说："我们是个贫雇农，户人（富农）剥削我们，我们吃了他们的亏，我们要结成一个团体……"又叫温招来去开什么常执委会，又要温招来去找那【些】

心里〔理〕稳定、不乱讲话、老实的贫雇工农。温招来首先在石古丘找到郑生州、曾新华（女），并同他们讲："我们穷光蛋受了痛苦，吃了富人土豪的亏，我们秘密组织起来，消灭这些人。"他们回答说："是啊！我们是吃了亏。"心里一致了，便同他们说："我们几个人结拜兄弟，不要去乱讲。"又叫他们去发展，要一个串通一个，我跟你讲得来，又叫你去开会，人多了便到一个房间来开会。开会时，对土豪、富农就躲躲闪闪，不让他们晓得；对贫雇农便没有什么，贫农来了，我们就招乎〔呼〕他们，请他们进来歇一下、坐坐，甚至请你〔他〕们参加会议。

开会时，参加同志常常是姚振、姚蕃和黄宗赞。他们总是这样讲："我们是穷人，贫苦工人，开了租（交了租）又要借，年终结算又没有了，白做了，把我们当牛马。土豪劣绅有吃有穿，有钱买东西，我们就没有钱买东西，累死也是邦〔帮〕他们做。我们穷人【人】多，我们有 10 个，土豪只有 1 个，10 个打 1 个打得赢，只要我们齐心。我们要打土豪分田地，作田不交租，借债不要还。"

同年 4 月，人发展多了，就公开成立农民协会，举行农民暴动。（温招来述）

（2）卧龙革命

芹菜坑的叶宗一和石陂的雷礼仪到卧龙来进行秘密组织，最初串通了黄宗赞、管文祥、管文荣、黄祖风、黄祖珍，晚上到山上去开会。

1928 年四五月，进行暴动，公开成立农民协会。（邹承郁）

4. 南溪

（1）横溪坪活动

1927 年的 2、3 月间，芹菜坑的姚振、姚蕃来到了大山脑。一到大山脑，首先找到张明玉、雷清山（南龙人，在大山脑住），在横坪村张明玉家里秘密组织农民协会。参加农协的有：张明玉、曾清山、周兴清、黄传有、孔祥材、孔祥伴等人，并由张明玉负责。（温腾芳述）

（2）官田暴动

官田最初有张明玉、周支连、周圣德去芹溪参加段起凤打棍子。后来白同志（振武，后又叫白营长）来了，才正式发展，发展了袁宝员（土雄）、黎广福、曾清山。常在大山脑和芹菜坑的姚振、姚番、姚泉香等人开会。3、4月间，成立了公开的农民协会。（刘名其、李贻发述）

1928年冬天，段月泉来到官田，在万寿宫召开了群众大会，到开〔会〕的二三百人，红旗插在天井边。段月泉在会上说："我们要抗租抗债，要打倒土豪劣绅。只有打倒了土豪劣绅，才能抗租抗债，分田分地。"同时还烧了许多契约借据。（谢兰英述）

5. 潭头

（1）南斜暴动

1927年开始有秘密活动。李贻谋、姚振、姚蕃、黄宗赞、熊黄山、赖经邦从东固来，找到徐连生、张福生、陈望才、吴水生、徐大英等人，要他们大力煽动农民、工人开会。有知识有钱的，不给他们晓得。1928年冬暴动，组织农民协会。南斜、高车同时暴动。（温家招述）

（2）高车革命

1927年，这一带有秘密活动（农协），开过几次会，多半是谈论革命道理，【讲】我们要闹革命、我们的组织是无产阶级的组织。

后来国民党清党军打过来，停止了一下活动。后来何司令又从东固开来，把那伙清党军赶走了。11月又恢【复】了农民协会，才公开活动。当时的农协设有常委、执委、宣传委员。（陈望才述）

（3）潭头革命前后

李道坤由东固发展到芹菜坑，再由芹菜坑发展到潭头。（陈望才述）

在1927年就有了秘密活动。

最初的秘密农协是在罗坑，农协主席是李道坤。

1928年正月，公开暴动，成立农民协会。（陈望才述）暴动的

负责人是李献计、李文景（　　）①。与暴动的同时建立了秘密党支部，有党员十多个。（陈望才述）

当时，串通扎根的方法：先找到对象（贫苦农民或长工），和你谈话时，总是先问你革命好不好，你怕不怕；如果你回答好，不怕，就会给你讲革命的好处，打土豪分田地的好处；最后，要你参加农民协会。（林宏圣述）

6. 山口

（1）革命活动

初来革命，在东固有赖经邦、芹溪有段月泉、龙冈有梁麻子（即梁仁杰）进行活动；在山口一带有李青山领导进行革命。（刘贤庭述）

1928 年夏，石古丘设有办事处，内有 7 人办公，下分组织、宣传、裁判、军事等部。办事处主席叶宗继，枪 19 条。他们在乡下搞农民协会。杨梅坑农协由陈时远组织，龙王坑农协由谭巩顺、管行春组织。（朱飞山述）

（2）组织农协

1928 年三月间起了农民协会，是赖经邦、姚振来这里组织的，刘贤庭也参加了。不久曾到打龙冈、枫边的靖卫团和土豪，本地方上还未打土豪。（刘贤庭述）

192× 年靖卫团来此，农协的组织散了约一年之久。

1930 年春天，又恢复起农协，本地方上增加了张家炳、李金山两人。（朱飞山述）

7. 下固

（1）革命前的活动

段月泉组织的"棍子会"（即三点会），头上扎个油灯，晚上专门抢有钱人的东西，灯火发出光束，使人看不清他们。

---

① 原文如此。

1928 年冬，朱德、毛泽东从井冈山下来东固后[1]，段月泉、李贻茂、谢月朗、梁麻子、何司令等 18 人，组织 18 兄弟。他们的武艺都很好，走得狗赢。（张玄米述）

1928 年，沙溪组织革命委员会，驻石古丘，内 50 个人，5 个姓王的，王会昌、李石民、李春生……最初有 19 条枪，进行秘密活动。后革命委员会变成永、吉、泰，队伍有百多人，百多支枪。（张儒春述）

1928 年（或 1929 年），沙溪李春生（木匠）、徐圣人（作田），沙溪汉下人李石民和王甫州（杀猪）、王会昌来杨古碜秘密组织农协。暴动前开过三次会，第一次在杨家堎，第二、三次在排仔上。会上说："共产党好，我们只有组织好，才会有吃有穿；不组织好，我们会受国民党打击，我们死都要死在这一边（红军这边）"（未占何述）

（2）组织暴动，建立农协

1928 年冬，李贻谋、王绍明、李石民、陈队长领导暴动。1929 年春，下固成立革命委员会。（张玄米述）

在排仔上，开过会后几个月，李春生在杨家堎开会组织暴动。杨家堎、坑口各有十几人参加，太沅洞有吴桂金、吴桂才参加。开会时，李春生说："穷人要组织好，跟共产党才有吃有穿，否则，白军靖卫团来了，又要死。"同时告诉大家要保守秘密。

开会后，吴桂金、吴桂才去太沅洞组织暴动，未占河[2]等人白天去沙溪侦探，发现冒靖卫团，晚上即去沙溪抓土豪。李石民抓过 2 次，未抓到人，搞到一些吃的东西。

暴动后，组织起农协（起在潭头），全部是农协会员，由吴桂

---

① 1929 年 2 月 17 日，毛泽东、朱德率领红四军抵达吉安县东固地区，与江西红军独立第二团、第四团会合。见中共中央文献研究室编：《毛泽东年谱 1893—1949》（上），人民出版社、中央文献出版社 1993 年版，第 285 页。

② 前文写成"未占何"。

金、吴桂才、温德兰、周立巧等人负责。（未占河述）

1928年春，李贻谋秘密组织农协，由7个人组成，有个常委、秘书张儒善。

暴动后，农协公开，即进行抗租抗债，焚烧文契票据。（张儒春述）

1928年，陈道坤在万寿宫开大会，组织农民协会，吴水生为主席，陈道坤为常委，张乃学是村苏通讯员。初来开会，都是秘密召开，多在芹菜坑举行。领导人一般都要化名，吴水生化名夏东仕，余顺瑶化〔名〕何兰芬。

秘密活动了2个月，组织了革命委员会后，就公开活动。（张乃学述）

8. 双梅

1928年六七月，陈队长在合龙圩活动，合龙圩那边的人，会到这边来叫我们去开会。秘密地组织乡村农民协会。到八九月，下固地区即公开了。

那时，杨梅江村农协常委是谢发贵，联合下固后由吴马其为常委，书记为杨依傅。

在这段时间里，下固十二坊都打了土豪。后来靖卫团打进这里，段月泉又带兵走了，因而活动停止了一年。（曾汤武口述）

附：靖卫团二次反攻

1929年正月初一，沙溪靖卫团的王亦华，带了反动武装人枪100多，从大山脑、官田过潭头进行扰乱。

同年五、六月间，龙冈靖卫团的罗同英（江头人）又带来百多反动武装，到曾家不一带进行"围剿"。本来想到石陂一带去，但听说石陂连七八岁的小孩都会打枪，因此不敢去。这一次，抢去了许多食物、衣着和耕牛，乡、村政府的人员大都跑到东固去了。后来，段月泉带兵回来，才把靖卫团赶跑了。（综陈望才、朱飞山述）

1928年，沙溪靖卫团来下固围攻，想捉李贻茂。（张儒春述）

三、苏维埃政权的建立和巩固

1928 年冬在东固（属吉安县）成立东固区苏维埃政府，主席是段月泉，设有社会保险、土地、粮食、文化、财政等 9 个委员。1929 年春在会溪成立东固区德吉乡苏维埃政府，包括有 3 个村政府：芹溪、石陂和罗坑口。芹溪村有芹菜坑、丝毛坪、会溪等 15 个大小村庄，石陂村有石陂、坊坑等村，罗坑口村有罗坑口、神口等村。德吉乡主席是叶宗继，各村有正副主任（副主任兼文书），一个妇女【主任】。成立村政府后，提出"打土豪、斩劣绅，一个不留情"的口号。

1929 年六、七月间，在潭头大丘陂举行"成立德吉苏维埃区政府代表大会"，有 100 多个代表参加。代表都是选出身好、工作好的，贫农要占多数，5 个贫农代表搭 1 个中农代表。大会开了两天半，选出工、农、兵代表各 1 人，组成德吉区苏维埃政府。主席是士兵代表郭善兴，委员是工人代表黄宗赞和 1 个农民代表。在最后一次会议上，枪毙了 4 个土豪劣绅，一个是芹菜坑的"坑王"曾玉书（杀后不久，他家里挑了几担银圆来赎人），另一个是流氓和牛贩子宁狗生，还有李寿谷和另一个人。

德吉区政府属东固临时特派委员领导，扎在潭头大丘陂夏家大祠堂，下分 3 乡，乡又包括许多区，一乡的范围很宽。

芹溪乡（乡苏驻官田陈家时改名为陈溪乡）：芹溪村（芹菜坑、会溪）、罗坑口村、石陂村、官田村、潭头村、山口村、卧龙村（卧龙、东坑、小鱼坑、泥栏坑、桐树坪）、石古丘村、神口村。

上固乡：高车村、上固村、下固村、杨枚〔梅〕江村、杨梅坑村、温坊村、长坑村、元头坑村（包括杨古磜）。

长埠乡：长埠村、罗田村、银山、游溪村、八石村。

1929 年十月，德吉区并入沙溪区，潭头派了大批干部去沙溪协助工作。潭头这里是一个薗，沙溪、古县、七都、新干都有许多潭头的干部在那里开展工作。

1929 年冬（临近元旦，天下大雪），在吉安陂头成立赣西南苏维埃政府。1929 年十二月，在潭头大丘陂苏老招的房屋里召开永丰县苏维埃代表大会，有代表八十几桌，开了三四天会，龙冈、沙溪、东固、南龙都有人来参加。在这次会上，成立了永丰县苏维埃政府。县委和县政府一同扎在潭头大圻陂①，约得〔有〕一年，到成立藤田区时，才搬到沙溪去了。

1930 年正月，因为沙溪区的范围太大，所以分区时分出潭头区。区主席是罗才宣，设有土地部、军事部、财政部（国民经济部）、内务部（工农检察部）、教育部、裁判部、少队部、妇女主任。潭头区下分十乡。

石陂乡：芹溪、石陂、曾家不、坊坑、木杉、罗家地、罗家山，乡苏设在石陂，后移坊坑。

卧龙乡：神口、卧龙、梅蓝坑、石古丘、江头（江头、新年排、土潭、黄泥鳅、车上、坪上、汉下）、坑头（其坑、坑头、白竹坑），乡苏设在卧龙万寿宫。全乡有两千多人。

潭头乡：罗坑口、左爽、潭头、虎形、田冬，乡苏设在潭头街上。

南溪乡：官田、白家边、下村、中舍，乡苏先后设在白家边书院和南坑口文昌阁。

龙州乡：棕溪、龙州、苏石、山口，乡苏设在龙州。

长埠乡：长埠、银山、北胡、朱坑，乡苏设在长埠。

高车乡：高车、南斜、杨梅坑、杨梅江、水陂，乡苏设在杨梅江。

下固乡：下固、温坊、礁下、长坑、元头坑，乡苏设在下固。

上固乡：桥背、少年、婆坑、焦坑、上固，乡苏先后设在上固、桥背等地。

潭斯乡：张斯坑、东郊、田西汗，乡苏设在东郊。

---

① 地名，前文写作"大丘陂"。

乡苏维埃政府中，干部住宿的（公家发给伙食费），只有乡主席、党支部书记兼文书，后来增加了少共书记为半住宿；非住宿干部有妇女主任、少队长、儿童团长。伙夫或有或无，工钱由乡干部出。石陂乡的乡主席〈是〉罗贤开、叶宗吉、叶宗书等人担任过，文书是叶宗吉，土地和粮食委员是周传林，少队长是黄才茂。南溪乡主席〈是〉胡承有、胡明元等人担任过，文书黎广福，裁判叶宽尧，妇女主任谢蓝英。

潭头区政府成立后，实行并村为乡，如卧龙、石古丘、江头、坑头 4 个村并为卧龙乡。并村之后，原各村苏维埃组织撤销，改设代表，50 个人（男女老少算在内）以上的村选 1 个代表，全乡设代表团，下分几个代表组，如芹菜坑和会溪联合成一个代表组。代表的选举是在群众大会上由几十个人提出，在"通议"时，问大家通过不通过，通过便举手。但怕村里会有顾虑，所以村里选了以后，介绍到乡里，开全乡群众大会考察，在大会上宣布 ××× 做 × 地代表，问群众有没有意见。群众对别村代表都可以提意见，不同意的便讲出他的历史，做了些什么坏事，也要防止报复。如果参加会议的大多数不赞成 ××× 为代表，就要该村去选过代表；若只有少数人不赞成，多数人赞成，便正式通过为代表。代表的任期是 1 年，每年 11 月改选。工作积极的、群众信仰〔任〕的代表，可以复选、连任；工作拖拖拉拉的、对群众〈发〉态度【不好】的代表，当了一两个月就会被群众撤换掉。中途调动了工作的代表，要临时补选。选出的代表中，妇女代表要占 1/3，每村至少要有 1 个。18 岁以下的儿童一般没有选举权和被选举权，因为他们还不大懂事，所以代表中成年人多。乡里干部的改选是每年 11 月改选代表之后，先由党支部研究，交代表讨论，最后在群众大会上通过。

区乡的会议，一种是活动分子会，由区政府召集，参加人是工作积极的贫苦工农、政府负责人、代表、党团员等，一般有 100 多人，几个月开一次，布置重要的任务，如扩大红军等。乡的群众大会，每逢纪念日就开，一年有好多次，每次会都要进行宣传。每次群众会前，必须先选出一个临时主席（又说是主席团），群众提出："××好，参加〔选〕临时主席，同意吗？"大家说同意便都举手，这个人便上台去做临时主席。临时主席专门维持会议秩序，会开得不好他要负责任。临时主席选出后，便鸣炮开会，会议的程序一般是以下几项：

1. 纪念典礼（向马克思、列宁敬礼，静默 3 分钟）；

2. 唱国际歌（最初是唱暴动歌）；

3. 临时主席报告开会意义；

4. 乡区主席工作报告；

5. 参加同志报告；

6. 自由讲演（随便哪个群众都可以上台演说）；

7. 临时动议（上级政府、群众有事要通过，如改选代表与乡干部，都在这一项中提出来）；

8. 高呼口号；

9. 散会。

开区、乡全体干部会或代表会，程序也差不多，只是没有临时通议，而在自由讲演之前加一项讨论。（综合陈望才、刘贤庭、温招来、张举福等述）

四、党团组织的建立和发展

（一）党组织的建立和发展

1927 年冬天，有化名白振武和郭×× 的人来到芹溪进行革命活动，发展党组织。白振武时常来芹溪，多在万寿宫一个贫农叶宗继家里休息，常找叶宗继、叶宗元谈话，讲什么无产阶级、〈什么〉资产阶级、共产主义、资本主义，我们穷人要团结一致等等。第二年一月的一个晚上，把叶宗元叫到楼上来开会。白振武对他说："我今天喊你到楼上来开会，讲些什么呢？你现在是大学生，大学生是共产党，中学生是共产主义青年团，共产党是 C.C.P.，共青团是 C.C.Y.。共产党是我们穷人的党，是无产阶级的党。要认清楚阶级……"由白振武介绍，叶宗继、叶宗元、黄开炳（都是贫雇农）参加了共产党。不要填表，只要宣誓就可以。开会时，同姚振（党员）和6个共青团员在一块开，由姚振负责。二月，有了3个党小组，石陂1个，芹溪2个；当时有3个人就可以成立小组。

1928年热天，李道神〔坤〕由芹溪坑到潭头来发展组织，在潭头成立了1个党支部（当时3个人就可以成立支部），有党员陈道神〔坤〕、李兴山、陈望才、陈望生等十多个人，支部书记是李道神〔坤〕。党支部都归东固领导。

1929年正月，东固有党的组织——曙光社，以文化工作印各色各样的油印宣传品为面貌出现，内中有一个党委，一个团委，党委书记是胡明光。党从东固发展到芹菜坑来，开始叫"赤潮社"，以后由于党组织扩大了，便改名为"红潮社"。1929年春德吉区尚未成立，红潮社便已有了，扎在港背，没有招牌，有"红潮社"三个字的印。红潮社的党委书记是罗金星，宣传委员是叶宗仁，组织委员是陈望才，还有一个伙夫叫黄一仁。戴团早、石兆钟也曾担任过红潮社的党委书记。此外，姚振、姚番、姚金香等人都在红潮社内工作过。当时党的组织还没有公开，文件上都用代号，红潮社代表德吉区党委（也有说是团委），"列宁社"代表沙溪区党委，芹菜坑党支部的代号是"郭开展"。

红潮社受东固领导，东固常派参加同志来检查工作。到了1929年十月，红潮社和沙溪的赤潮社合并，成立沙溪区党委，红潮社就没有了。

党组织秘密活动时期发展党员，先从观察着手，要成分好的贫苦工农，要工作坚决不会拖拖拉拉的积极分子；符合这些条件，然后去问他入不入党，愿意入党便由3个人介绍，填党员登记表；党支部大会通过以后，送到红潮社批准，然后进行入党典礼。誓词上面有CCP三个字，誓词共6句24字："服从命令，遵守纪律，阶级斗争，严守秘密，牺牲个人，永不叛党。"党员经常冒着生命危险打入敌人内部散发传单。有的传单被抛在地上，有的传单被贴在墙上。传单的口号多般〔半〕是"消灭靖卫团""打倒沙溪靖卫团""打土豪分田地""消灭一切苛捐杂税，实行抗租抗债""反对贪污""打倒蒋介石，活捉鲁涤平""拥护苏维埃，苏维埃万岁""打到南昌九江去"等。

1930年正月，由沙溪区分出潭头区，成立潭头区党委，区委书记陈望才，有党员170多个。区委有一个书记，一个组织委员，一个宣传委员，少共书记也在区党委一块。党支部有一个支部书记，一个组织委员，一个宣传委员。

1931年五月间，第二次战争后，党公开征收党费。开一个群众大会，就要向群众讲加入共产党的好处，拿出两张桌子，一张桌子上放征收党员的簿子，另一张桌子上放征收团员的簿子，愿意参加党的就在簿子上写上名字。由支部通过便交区委批准，不要介绍人，也不要举行入党典礼。这一年，潭头区有五六百个党员，每乡有一个党支部，共10个支部。单石陂一乡就有党员七八十个人，每村都有党员十多个。党组织这一年发展到最大。

党是领导机关，政府是执行机关。县委布置工作下来，区委就召拢各乡党支部书记开会，请区主席参加。区委把工作布置下去后，区主席便召拢各乡主席开会，计划工作，分配任务。乡党支书回去后，召开党员大会，请乡主席参加，把任务交待〔代〕。乡主席然后召集各村代表来分配任务，如要做多少双鞋子，要扩几个红军。党员是骨头〔干〕，要起领导作用，站在群众前面，吃得苦、上得当。一个党员要领导5个人去参加红军。

党内组织生活，最少一个月3次，逢五开（初五、十五、二十五），因为党员开会无论是秘密时期，或是公开时期，都是夜晚开，十五日月亮很光，正好引路。一次开会不来的受批评，二次开会不来的要停止开会的权利，三次开会不来的就开除党籍（经区委批准）。有事不能来开会，一定要向党支部书记请假。开会的内容是通过工作报告，谈那〔哪〕里有不好的情况，地富又表现好不

好等。党员要月月缴党费，一月 3 个铜板。党员有党证和党费证。（以上主要据陈望才述）

（二）团组织的建立和发展

1928 年二月，东固苦竹林黄启寿等在芹溪发展团组织，成立团支部，有团员 12 人，团支部书记是欧阳岳，组织委员是姚番，宣传委员是蓝子花（女）。十二月，发展到有 3 个团支部：芹溪 1 个，石陂的南坑 1 个，卧龙与下固 1 个。南坑团支部书记是闵贤照，宣传委员是崔敦伯。卧龙团支部有团员 5 人，支部书记是雷贤生。到 1929 年六月，德吉区成立时，有团员 40 多人，增加了潭头和官田 2 个支部，共 5 个团支部。潭头支部书记是刘世家，官田支部书记是刘奎喜。1930 年正月成立潭头区，有团员五十六七个，增加了高车支部，共 6 个团支部。二个月后，潭头区设"少共潭头区委会"，有团员 100 多人，每乡有一个团支部。每个团支部有支部书记 1 人，组织委员 1 人，宣传委员 1 人。组织委员管发展团员和组织少先队与儿童团。

团组织还没有公开时的发展团员，先是找青年个别谈话，问他"现在革命好不好？分土地好不好？怕不怕良户？"探他的思想。他答应说"革命好""不怕良户"，就可以填表。由一个人介绍，支部会上通过，送团委批准，再举行宣誓典礼。进行典礼时，先教新团员认识 C.C.Y. 三个字是代表中国共产主义青年团，然后举手念词："服从命令，遵守纪律，【阶】级斗争，严守秘密，牺牲个人，永不叛团。"这时还没有团旗，典礼时只挂党旗和马克思、列宁的像。

1931 年五月，在潭头街上义学里开了"潭头区第一次团员代表大会"，七到九个团员中选出一个代表，共选出代表十七八个参加大会，其中女团员代表有 1/3。大会开了 2 天。会议的主要内容是：前一段工作的总结报告，由团委书记刘锡明作；选举 7 个潭头区团委委员；提出今后的工作是发展组织、扩大红军（包括优属与生产）、巩固政权。当时提出"粉碎帝国主义军阀的侵略，扩大红军一百万"的口号，应当多发展团员，加强团的力量。经过讨论后，分了工并作出决议，"一定要完成任务"。

因为扩大红军数字很大，形势发展要求大发展团员。从第一次团员代表大会后，便开始了大发展时期。开一次纪念会，就写出招牌"征收团员处"，要加入团的自己来登记报名。在潭头开的会上有各乡的青年报名，团委就开名册给各乡团支部，支部考查后再填入团志愿书，成分、出身、历史、社会关系等都要写，不过比现在简单。区团委根据情况，真正贫苦工农出身的，工作好的，就会批准。成分好的差不多都可以入团，填了册报告，90% 的人会批准。地、富、土出身的不能入团。公开征收团员后，没有举行入团典礼手续，有的团员一进团便接到介绍信去参军了。

1931 年十二月，在潭头召开第二次团员代表大会时，〈就〉有团员五六百人，分 12 个支部，选出代表 100 多个。会议进行了 2 天，内容同第一次的差不多。

团的工作主要是扩大红军和优待红军家属。来了扩军任务，团支部便开会讨论，看哪个团员能带动青年多，就鼓动他去参军。每个团员要带动 5 个青年参军。团支部发动团员青年优待红军家属，比成年人做得更好。去得早，工夫做得好，又经常去慰问红军家属，问她们有什么困难，有困难就帮助解决，使红军家属安心，并要她们写信告诉前方的亲人，说家里生产搞得好，叫他们要安心在前方。

团是党的助手。团开会时要请党参加，团区委开会要请党委书记或委员参加，团支部开会要请党支部【书记】或支部委员参加，以指示工作。党委有事没开，就把当前的工作谈出来，让团内讨论执行。党内开会，有团书记或其他团干部到席，会后在团内传达，执行任务。（主要据雷义盛述）

五、苏区各项建设和政治措施

（一）土改和查田查阶级

1. 土改

1929 年五月间进行分田，有分田委员会，以村为单位，原耕为基础，抽多补少，抽肥补瘦，好坏搭配，每人平均分配，各村不等。溪头每人分 8 石，石陂每人分过 10 石（每石等于二分五）。红军家属和贫雇农分好田，土豪劣绅富贫〔农〕分坏田。茶山也要分，以茶子担数为单位，有的地方分 3 担，有的地方每人 5 担（如杨梅坑）。各家的要分开，挖沟或放石头为界。

农具耕牛没有分，没收土豪劣绅的耕畜农具，就分给没有的人，牛不够可以到政府去领。

房子只分了祠堂庙宇。

口号是团结贫雇中农，打倒土豪劣绅富农。

2. 查田查阶级

1930 年二、三月间，进行了查田查阶级。在分田时，有些干部对亲属的田加以隐瞒，还有些人家的田在山坑里或者是离本地很远的〈田〉也隐瞒了。在分田时，外地到本地来的人，都是分得坏田。经过查田后，划定新阶级，双梅查出了 2 户，龙珠查出了 20 多户，他们都是由中农升为富农。如雷礼春，他原是中农，有田在下固一带隐瞒了，查出后就升为富农。

查田后升为富农阶级的，原来的好田，都抽出来给客户。

查田查出来的田还留了公田，准备分来〔给〕红军到本地来安家落户用。

此外，还查出了一些地主、富农和坏分子打入机关工作，结果都清洗出去了。（以上魏占河①、温招来、朱飞山、沈阳炳②、邹

---

① 前文写成"未占河""未占何"。

② 文中又写作"沈扬炳"。

承郁叙）

（二）肃反

1.AB团分子的屠杀革命同志及人民的愤慨

从一次战后，中央和省政府提出了肃反（即杀AB团）的工作以后，真正AB团分子冒充革命者，诬指革命同志为AB团，并且大批的予以屠杀。反革命运用了许多毒椒〔辣〕手段，例如捉到你以后就用火烧，或者捆在登〔凳〕上毒打，逼打成招，讲出别人的名字（当然不是真AB团分子的名字，因为当时一般的人都并不知谁是真AB团）。那么，这些人又将处死，你本人还是同样要处死。由于这样，潭头有70%~80%的人是被杀错了的。那时罗焕南等捉了1004人，杀了1003人，只留1人。捉到他后，还发现有200多个名单是他要捉要杀的。

民众对反革命，地主、恶霸、坏分子极端愤恨，捉到了恶霸也就马上杀了。（以上张举福、刘贤庭、温招来叙）

2.罗焕南事件以及政治转变

甲、罗焕南事件

永丰县委书记罗焕南，捉到杀掉的都是革命坚决的。熊桂山（潭头区少共书记）看到不好，便同李继永（乡党支书）装做卖爆竹的和卖漆的，到兴国崇县（罗之家乡）去调查，找些卖烟卖爆竹的人，问清了罗焕南家几代都是做官的，是大土豪，罗本人当过五十联防防长、靖卫团团长。又去问那边的政府：罗焕南家里情况怎么样？搞清后又到东固去调查（罗是东固调过来的，听说在东固杀了好多人），"杀了多少人，家里怎样"也问了问。

问清以后，回来召集28个团员（林书记在内）开会，秘密的很，还放哨。熊桂山说："现在不好，罗焕南把我们一开头带领革命的都捉去杀了，怎么办？"（轻声地）"究竟是我们肃反呢？还是反革命分子杀我们？"接着他便一个一个地审查被杀的人，从公公老子问下来，有的祖辈是作田的，有的是知识分子、出身不好的，但一开始便是坚决地脱离家里很久。熊桂山又将调查出的罗焕南的家庭、历史、在公略县做县委书记的情况，杀了人、这些人都是些什么人，以及调查经过等，向大家作了报告。最后大家通过给特委的报告，每个人盖章，没有章的就盖手模。到会的人都表现得很坚决，每个人都表现得很坚决，每个人都拿了4两雅〔鸦〕片，李继永、熊桂山各带了8两鸦片，准备告不赢罗焕南就服土〔毒〕自杀。再会之后，熊桂山将"报告"送到在宁都州的特委（又叫省委），特委书记是毛泽覃。恰巧毛泽覃不在家里，他的妻子拿了报告看了看，等熊桂山洗完脚，便问熊桂山："你这个材料调查了多久？"熊桂山说调查了一个月。又问："可靠吗？"答道："材料确实，请上级派人去调查，我在这里不回去……"毛妻就说："这材料你们大家都是尽了艰苦搞得来的，实在确实。你先回去安慰这些人不要怕，等毛泽覃回来就马上商量解决。"并批了一张条子，要永丰县委在什么时间开活动分子会，叫熊桂山送去。熊桂山回来四五天后，特委组织部长余泽鸿便来了。

活动分子会在沙溪王家祠开会，参加会议的都是工作积极的村主席、党支书以上干部，少先队长、儿童团长也参加了。会议很庄严，有〔由〕余泽鸿带来的保卫局的人守门。罗焕南有3支枪：自己1支、老婆1支、勤务兵1支。这时他老婆没有来，勤务兵来了，但叫他到外面拿开水去了。刚刚开会，讲了一下撤××的职，就叫他放下武器，捆起来，宣布了他的罪状。会议后各村都进行了传达。过2天押到宁都去。（捉时是八九月）

第二年六月（三次战结束）在潭头开公审大会。永丰、公略有7个区参加了这次大会，这7个区是：潭头、沙溪、龙冈、东固、富田、水南、白沙。到会的人把大坪都站满了，密密麻麻的，万数万，历来开会就是这次人多。在会上宣布了他的罪行和宣布执行死刑。他还在会上说："有千多人死在我手下，我死也死得干〔甘〕心"。愤怒的群众用小宝（匕首）、镢子对他打去，最后用刀子把他破了肚子。（林宏盛）

乙、政治的转变

以后，政治大有转变，杀人不乱，机关人员不再发生恐慌，贫苦工农也放心大胆的做事。干部工作人员犯了错误，要严密审查才作处理。（温招来、刘贤庭、陈望才）

裁判工作。公审土豪、富农，要关、要管、要杀，先经过裁判部拟决，然后把犯人带回原村，召开群众大会，由裁判委员会宣布其罪状，怎样处决〔理〕，交由群众讨论，最后表决，作出最后判决。（温腾芳）

（三）经济建设

1. 累进税和调济局

甲、累进税

从起农民协会开始，有两三年的时间没有交纳过任何捐税。到1931年八月（月份是古历），为了发展苏区经济及支援前线，解决战费，继以前提出的"取消一切苛捐杂税"之后，提出了"实行统一累进税"的口号。

累进税很轻，每亩只要缴交3斤谷子，每年缴交一次。开始实行的那年也即1931年，是将谷折成钱交纳的。当时谷子每担值一块钱，因此每亩只要缴交3分钱。

1932年以后，开始累谷，就是说，每年以谷子去缴纳累进税，每亩仍缴3斤。不过，并不是一定要缴谷，有钱的还是可以缴钱。

累进税的征收，只限禾田，茶梓〔子〕山免缴。

乙、调济局

县区以上才有调济局，它相当于我们现在的粮食局。这是当时累进税的征收机关，在1932年冬开始设立。区局的积谷（老百姓叫累进税为积谷）较少，供区乡干部吃；县局的积谷较多，要运往前线【给】军队吃。

丙、累进税的免征

凡红军家属、老弱残废，而且生活确实困难者，可以申请免缴累进税，但必须经过乡干部会议审定批准，方才生效。（朱飞山、

刘贤庭、温招来）

2. 金融事业

苏区时期的纸币、铜板、银毫都是由中央银行发行（东固有造币厂）。

潭头区没有银行，只有区财政部，设部长一人。刘仁义曾经当过部长。各政府机关部门要钱用，问财政部长要；打土豪或其他方面榨〔筹〕来的款，也要交给财政部长统一管理。

那时发行下面几种钱币：

甲、"中华苏维埃共和国国家银行"发行的纸币，有1元（绿色）、5角（土红色）、1角（红色）、5分（绿色）共4种。

乙、苏维埃铜板，有1分（绿）、5分的2种。

丙、红军银毫，有2角（双毫子）、1角（单毫子）2种。

另外，在苏区可以通用，但不制造发行的还有银圆。在财政部里的银圆都是打土豪得来的，多半是使用于与白区交易。

在苏区，各种钱币的换价是1元纸币当1元银圆，1分纸币当1个铜板。不能将银洋的价值抬高。（刘贤庭、温招来、陈望才）

3. 公债

从1930年开始发行，每年的五月发下，在下一年起的每年五月发给利息，年息为五分。债券共有5角、1元、3元、5元、10元5种，分3、5、10年偿还。3、5年偿还的债券较多，10年还清的则较少。任务由县至区至乡至村至小组层层分下。

每次发行公债之前，要在大会上作宣传（大会一般是结合其他事情一起开，很少单独举行），通过与国民党统治时期群众生活的对比，〈又〉打通群众的思想。当时的群众除了累进税外，其他任何税都不要缴，生活很好，觉悟很高，在大会上那些会写字的人，个个都抢着在登记簿上认购公债，其他群众也很踊跃。

对于地主、富农，则不准许他们购买公债，因为购买公债不久就可以得回钱，而且又有利息，一般的是向他们写款券〔募〕捐等。

每年购买公债后，要出榜公布，以避免负责人暗中贪污。

那时购买公债少的 5 角,多的有二三十元的,如温招来等。以卧龙乡(当时属潭头区,现属潭头乡)为例,购买最多的年份达 500 多元,最少的也有二三百元,全乡人口八九百人,一般平均每人购买 5 角。(朱飞山、刘贤庭、温招来)

4.合作社

甲、组织形式和组织系统

1930 年冬起有潭头区合作社,下分卧龙、下固、石陂(与药店共营业)乡合作社,各乡合作社的货物由潭头区拨去。区社经理是宁××(又叫花招老板)。区社还设有屠案,由曾必达负责这项事务工作。工作人员多半是由党员担任,无工资,只供给伙食,家里有优待。

合作社是由贫苦农民集股办起来的,每股 1 块钱。每户最少得来一股,也可入几股。每年年终召集代表结算,然后分红。

乙、贸易

潭头每逢一、四、六、九日当街。区社的屠案都要杀猪卖,能销多少,即杀多少。每圩最少可卖两三只猪,最多的时候也即逢时节的时候可以卖完十几只猪,约三四千斤肉(包括一些私人屠案)。最先有个时期的肉价是 24 个铜板 1 斤,后来卖 33 个铜板 1 斤。养的猪由自己处理,自己宰杀或者杀给合作社卖都可以,而且不是〔需〕完税。

合作社的货物,例如白布、海带、墨鱼、中药,都是从红、白区交界的值夏办来,盐多半是从兴国(赤区)办来。

我们去办货是带少许银洋,多担茶油、黄麻、金介(中药用)、白子等到白区去卖,然后,将〔用〕所卖的钱买回我们所需要的布、盐等。初来,1 元银圆可以在白区买到 5 斤盐,【所】以 100 斤茶油能够换回 100 斤盐。1 担黄麻可以卖到 10 元吊钱。一块二角钱可以买 1 匹(48 尺的)一尺一宽的土白布。我们买进的布匹都是白土布,回来后,自己合作社再加工染成青、兰〔蓝〕色布匹,然后卖出(这里原来种有染料树)。在白区我们必须要用现洋办货，苏区老百姓一般的都是用苏币买卖。1932年二三月，刘贤庭、曾必祥等7人曾帮潭头区担6担油到樟树的黄土街和新淦的县城卖，后买回了6担白布，共费时20多天。

敌人第一、二、三次"围剿"时，我们的盐还是不大紧张，因为还可以从兴国办来，一块钱也可买到五六斤。到了1933年十二月至1934年三月间，敌人对我们封锁得特别严密，盐已经很缺了，布匹等也从白区买不到了，并且我们的茶油等也运不出去。盐价越来越贵，在1933年时1块钱还可以买到1斤（实际上也只有十〈零〉两），到这时只可买到一二两，甚至只能买到七钱。后来没有盐吃了，就吃硝盐。有的人到埋过了人的坟墓里去括那些肮脏的东西放在水中，用来熬"盐"，或者弄那些妇女生下孩子后的脏东西作为"盐"来吃，结果很多人都受不了这种毒气，烂嘴巴的很多。

由于盐的价格昂贵，其他东西也随之涨起价来。

到敌人第五次进攻，我们的合作社才散了。工作人员把款带走了，其他货物如布、盐等早已缺货，无须运走什么货物。在途中遇到了合作社人员的，那么他的入股金就都退回了，没有遇到的，就无法退回。（朱飞山、刘贤庭、温招来）

5. 红色饭店

在潭头、罗坊、下固等地都设有红色饭店。因为当时运输很忙，运输队路过临时搞饭吃，浪费了时间，设了红色饭店就方便，一到就可以吃，5分钱一餐。吃得菜多半是青菜、豆腐，好菜要自己到街上去买。参加互济会的人，如果身上没有钱，只要有会员证，就可以不要钱吃饭。红色饭店的床铺很多，都是打土豪来的，不要钱，可以睡觉。

红色饭店服务人员一般是5~6人，最多的有20多人。（温招来）

（四）文化运动

1. 列宁小学

全乡共有潭头、山口、卧龙、下固、石陂、中溪、官田、白家边、下坊 9 个列宁小学。学生除潭头有〈约〉百余人外，其他乡下小学的各校，有十多个的，也有二三十个的。教师除潭头有 3 个外，其他各校都只有 1 个。全区都没有高年级。

各小学都是白天上课，学生上午带饭吃，下午早点回去。

学生学习的科目以语文为主，初来还是读老古版书，自 1931 年 11 月第一次全苏大会后才有"共产儿童读本"。另外，还有唱歌、体育、算术科，低年级不开设，中年级才有，但也少上这门功课。

学生有时参加社会活动，帮助捉赌、禁烟。

教师待遇分两种：一种是每月得 1 箩谷、1 斤油、1 斤盐，但本人不可再得田；另一种是自己带伙食，可以得田，享受代耕优待，但不可再得油、盐、谷。

2. 识字运动班

一起农民协会，各〈自己〉村就都组织了成年、老年、【中年】男女人参加识字运动班，学习文化，人口稀散的地方才较少组织，以读夜校为主。

那时是以看图识字和捉手临摹为主。例如学认一个"鸡"字，在这个字的侧边就划〔画〕一只鸡；学认一个"树"字，在字旁边就划〔画〕一棵树。有的人在白漆板上练字，有的用树树〔枝〕在地上学划，但一般的还是用毛边纸，都用毛掌〔笔〕，无钢笔。

号召得紧些，读的人多有几个；放松一些，又会少起来。（刘贤庭、温招来、朱飞山叙）

六、武装斗争

（一）地方武装的建立和它所担负的任务

1. 赤卫队和游击队

成立农民协会之后，各地立即组织了赤卫军，潭头区组织了游击队和工人纠察队等。凡是在十八九岁以上，45 岁以下，并且无疾病的，都要编入赤卫军，共千余人。

赤卫军和游击队负有参战、保卫地方政权和参加生产的任务。每天的白昼与夜晚，直到天亮都要放哨。在隐蔽的地方搭有换哨篷，也即休息篷。放哨人要离远一些休息篷，以免敌人发现。晚上放哨时间以燃烧香为准，每烧完一枝香就下岗，下岗后就到休息篷里去睡觉。

2. 其他组织的相应建立

由于各地都有了赤卫军、游击队的组织，同时又有正规作战的红军，为了支援作战，各地又都有运输队、担架队、妇【女】洗衣队、慰劳队等组织，以帮助红军和游击队运输粮食和军需品，解决部队给养困难，帮助抬伤员和帮助驻军、医院伤病院〔员〕洗衣服，慰问伤病人员。

另外在需要时，组织破坏队到处破坏公路桥梁。路窄的把它挖断，路宽的堆放很多树枝，拆掉桥梁的一部分，使得敌人的汽车不能通行。再就是挖暗壕沟，有的达 18 尺深，底下放大的树，上面钉着好多五六寸长的竹钉，再〔在〕上面架些小树板，再铺上一层草，弄得像原样。敌人一踏上去，就〈被〉掉入沟内，踏〔压〕在钉上，有的钉穿了脚，有的弄破了肚。有时在正规军的技术员指导下，还会埋设地雷。做这些事情，原先几天会通知自己人从某天起不要到某地去，那里已挖了暗沟或埋了地雷，以免发生危险。

3. 工人纠察队

潭头区，由木匠、泥水、裁缝、理发、铁匠、篾匠等组织了一支工人纠察队（银匠不可以参加，他们是工商业者），共 120 人（一连），下分排、班，共有 3 排，各排 30 余人，每排 3 班，各班 10 余人，受区工会领导。

后来县里把各区的工人纠察队集中起来，变成"永丰县工人纠察大队"，队长姓何，石马人。下分中队、分队、班，中队就是区的工人纠察队，分队等于以前的排，班的为原来的班。（以上张举福、刘贤庭、温招来叙）

纠察队除维持地方秩序外，常开往前方与靖卫团作战，不打时组织地方工作组下乡去发展组织，成立工会，扩大工人纠察队。发展时要注意选好的，工人把头带、徒弟多和成分不好的，不能参加工会。（罗贤开叙）

4. 潭头区特务排

1930 年正月，潭头区成立后，由各区模范少队中选出三十几个优秀队员（一村只选一两个）组成潭头区特务排，排长李营茂，政委陈兴文。战时穿普通老百姓装束，臂上有红袖，上面有镰刀斧头，用的武器都是梭镖、铳和鸟枪。（王贵吾叙）

5. 游击队

潭头区特务排成立几个月后，又从各村模范少队调来几十个人，特务排就扩大改编为潭头区游击队，有 11 个班（火夫班在内），共百一二十人，队长是李金山（板塘人）。游击队的服装和武装同上述一样。它的任务是：防止靖卫团的进犯，保卫〈苏维埃〉根据地和苏维埃政府。平时放哨，一般都是放连哨（或叫排哨），隔不几远一个，有二三里长，有命【令】来就出发去打靖卫团。（王贵吾）

（二）扩军工作

潭头区编了四次独立团。第一次是 1930 年九月，将各乡好的赤卫军集中，有 300 多人，编成一个独立团开往前线。第二次是同年十二月，有 200 多人，不足一团。第三次，1931 年二月，集中 400 多人，共 4 连，大部分都是自动报名，名叫补充团。哪个队伍需要就开到哪里去，这一年的六月才走。第四次是同年十一月，有 350 多人，编 3 连，次年即 1932 年正月选出身体好的 230 多人，分 2 连编入二十军，其他身体弱的便解散了。

以后便是扩大红军，自愿报名。每次来了扩军任务，团支部就开会讨论，看哪个团员能带动更多的青年，便鼓励他去参军，以带动其他人。大概是每月搞一次，每次去几十【人】多的百来个，指定专人负责带头去。（雷义圣述）

（三）武装斗争

段月泉、梁麻子、何司令在东固组织七、八、九纵队，以后在龙冈以下、富田以上，以及下固、沙溪一带活动。1929年冬何司令的八纵队在富田反水[1]，以后剩下七、九纵队在下固一带活动。（王贵吾述）

1. 大打国民党龙冈党部

国民党龙冈党部有十多根枪。党部这伙人实在"严令"，戴个平顶帽子，穿着军装，挂枝〔支〕枪，威风凛凛，活像收租的人一样。欺侮老百姓，毒辣得很，群众要求打他们。

当时我们七纵队势力还小，有84条枪，104个人，子弹又少，只有一两排子得〔弹〕一支枪。各地老百姓当夜开会，南龙、陂下、巴罗锹、芹溪等来了四五百群众，拿着鸟枪、梭镖，深夜赶到龙冈去。队长命令一些党团员，"你带老百姓到×地去，你带老百姓到另×地去"，都拿了几枪〔支〕枪。队伍进攻的〔时〕，枪一响，老百姓在后面喊"打啊！杀啊！"，把国民党党部的人吓坏了。【他们】不知来了多少队伍，就把枪一丢，死命奔〔逃〕走了。我们冲进去，缴到11条枪，捉到一个俘虏（党部裁判部的）。

第二次在龙冈开了个七八百人的群众大会，向群众宣传打土豪分田地、抗租抗债、革命怎样好……对那个俘虏监视了几天，对他进行教育、宣传，也放了。

打龙冈是在×年四月间，打了龙冈，接着便打枫边。（马辉圣）

1930年，靖卫团经常会来扰乱我们，多半是从沙溪、下固、长埠三方面进犯，我们当然也总是在这三方面作战。我们的游击队

---

① 1927年12月底，活动在吉水县的白沙、冠山一带的北洋军阀残部，在共产党的争取教育下，接受收编，在吉水白沙成立江西工农革命军第八纵队，队长何金山。1928年3月，在攻打永丰县城的战斗中，八纵队不听指挥，经中共赣西特委批准，解决了其中的反动分子，撤销其番号，大部分士兵分别被编入工农革命军第七、九纵队。见《中央革命根据地词典》，档案出版社1993年版，第236页。

都没有枪，用鸟枪和铳贯〔灌〕硝与铁条，可以打六七十步远，蛮厉害。如果到了近边，就用梭镖杀，敌人很怕死，见到就退走。（王贵吾）

1930 年五月，张福生（当时是区的主席）带领了 1000 多人去打沙溪，在战争中将靖卫团逼退至死岭背，后发现我们没有多少人和枪支（只 30 多支），于是反攻，我们也就退回来。以后，边作田要边放哨，如不放哨，国民党的靖卫团来了被捉住会被杀头的。为了这个，赤卫军（主要是下固等靠〔近〕白区的一带）分成前后方两队，前方的放哨，后方的耕田，几天互换一次。

同年七月二十九日，准备第二次攻打沙溪。赤卫军几千人在下固沙洲坝上集合，准备出发，结果因为赤卫军内部的杨汉凡早就写了信向沙溪靖卫团告密，而靖卫团已从山上开了过来，幸有一排人放了哨在山上，与敌人抵抗了一下，才不至【致】遭受更大的损失。但是这次靖卫团还是杀掉 5 人，枪毙 2 人，淹死 1 人。另外，还打烂许许多多老百姓的东西，例如锅碗等，并且劫走了 40 多头牛和蚊帐以及其他的东西。集合在一起的人也冲散了，最后在鸡婆岭、水陂、卧龙一带吹集结号，人才集中起来，并且组成了赤卫军和游击队。（张如学）

1930 年某日晚上 6 点，潭头区游击队和东固开来的 100 多名红军（三军团）从潭头开差〔出〕，游击队与一部分主力由长坑包去，另一部分主力由下固包去，开到彭坊、水碑歇。未天亮就吃好饭，开到沙溪等天亮，快天亮的时间，前方部队就与沙溪靖卫团打起来了；白沙游击队二三十人（有几支步枪）也从北湖包抄过来了。此时，靖卫团还正在吃饭，听到枪声，碗一丢就往沙溪后面龙岭逃往藤田。我们跟着追上去，缴到 15 支枪，还有"封枪会"的 200 多根苗子梭镖，装了 5 箩担。（王贵吾）

不久，打下藤田，这一带的人很多都调出去当干部。（张如学）

1930 年五月，与成立沙溪区乡苏的同时，将潭头区游击队、白沙游击队及各地扩来的红军编成有五六百人、四百多支枪的永吉独立营，营长是罗焕南，政委是李贻茂。它的任务也是保卫根据地和苏维埃政府，专门在白沙的罗田、营山和藤田、杏塘、严坊一线作战。（王贵吾）

1931年靖卫团有时还会来这一带扰乱，到1932年才不敢来了。

第三次战时，丝茅坪20多户人家，除一两户姓段的逃往外地以外，全部〔被〕杀光，房子也全部〔被〕烧尽。（温招来）

第三次战中，每个村政府都曾经用大爆竹作为武【器】，缴获〈过〉敌人的几十支枪，有的农民用锄头甚至是空手，都能缴到敌人的武器。只要我们一叫喊，他们就会吓得要死（多半是掉队敌人）。

2. 潭头的失陷及部分农民的反水

敌人第五次"围剿"时，为了保卫区政府，以罗春林为队长，组织过一支新的游击队（1934年一月间），受区军事部领导（部长是罗贵生），共七八十人。发动群众在潭头屋仙栋修筑了堡垒，山上前面三条路各埋一个地雷〔雷〕，后面一条未埋，留作退路，以一个班守卫着，里面没有放多少粮食，水就储了很多（因为离水源较远）。其余的人都是跟着区政府打游击。堡垒约守卫了40天以后，1932年三月二十九日（月、日是古历）敌人进攻潭头，因为敌强我弱，抵抗不住便走了，全乡同时失陷。（朱贤庭叙）

后来在南龙跟上了区政府，到东固编入永龙独立营，在东固一带活动。

红军家属以及工作人员家属组成艰【难】民会，由乡苏主席温招来担任总指挥，跟着政府走，与区乡政府联系，找粮食吃。逃难路线是：潭头—南龙（好几个月，第二年二月才被占）—大屋山—枫边—石英—竹管筒—弱坑—鲜山龙（两个多月）—雪竹坑（一个多月）。到了雪竹坑，共历时一年。四面都有敌人，难民会，区、乡干部，文件都在那里，结果文件被遗失，难民会解散，中共书记兼区文书、乡苏主席孔祥福被杀。很多农民和一些乡干部持枪投降敌人，军事部长温贵生、少共书记李生相被反水农民用绳子捆紧丢

在水里淹死。(刘贤庭、温招来、陈望才)

(四)红色第一医院

1930 年一月,江西红色第一医院从赣州白鹭老爷盘迁来永丰。当时,医院是直接受江西军区领导的,工作人员大部【分】是外来的,调沈阳炳当院长,主要是他是本地人,地方情况熟悉,他可以通过地方关系解决医院的一些具体问题。医院初搬永丰时,困难很多,特别是病床、设备和医药缺乏,〈更〉感到【很】辣手,因此调一个本地人去是能解决一点困难的。

红色第一医院迁来永丰后,最初驻在潭头田中村,以后医院逐步发展,伤病员越多,田中不能容纳,只好搬来潭头街。全院分 3 所,一所驻在现在的小学内,一所驻在万寿宫,一所分散在潭头街上,但伙食是一个单位。伤病员有 300 多人。伤病员一多,床位就成问题。医院领导通过地方协助,利用旧木料制成简便病床。这种病床只用 4 根旧木,抖成 2 条小凳子,上面搭两块木板,铺点稻草便行。这种病床,既经济又简便。病床解决了,最大的问题是药。当时,西药上面发得非常少,因为西药要到白区去购买。在双方激战时,往往要冒着性命危险到白区去偷购,要到吉安、九江、湖南等地去,还要通过当地组织关系才能购到。为了解决这个困难,只好多用中药代,但中药贵,商人从中剥削,因此,潭头区便在潭头街开了一中药铺,一面供给红色医院,另外也卖给一部分群众,这样一来,两个最大的困难便基本上解决了。

医院用的纱布是由军区领下来的,但不多。因此,把用过的纱布用开水煮沸晒开〔干〕再用,要用它三四次才作废。

全院连干部工作【人】员共 40 人左右,1 个院长,1 个政治委员,只 1 个医生,2 个女看护,10 多个护理员。为了解决技术人员的困难,医院采取边工作边带徒弟的方法,全院招收 10 多岁的小孩 20 多个,他们一边工作,一边学习,医生工作完后,又要给孩子上课,传授技术。

医生戴济民,云南人,大个子,性急,但技术倒不坏,对工作也很负责。他原来在吉安国民党医院当医官，后跟罗炳辉过来，每月工资 60 多元。

政治委员谢含辉，兴国人，工作很踏实，态度又好，对人容易接近。他经常深入伤病员，了解伤病员具体困难，有时还会帮伤病员买东西。

医院的护理工作。由于医生护士少，只能对重伤病员每天煮稀粥、豆浆，如果重伤员要吃鸡吃肉，自己没有钱，医院要想办法支借。院长、政治委员、管理员，每天都要抽时间去慰问伤病员，问他们想什么、要什么吃、有什么困难，能解决的当时帮他们解决。

江西红色第一医院原来属军区领导，医院的一切东西都要到兴国去领，以后改在独立第五师领。但独立第五师是游击性部队，驻地没有一定地点，领东西很困难，因此，医院供应〈证〉经常中断，只好向地方政府〈供〉赊。军区领导了解这情况后，派人来院检查，协助解决，并带了 400 元帮医院还账。以后，又改在军区领。

红色医院在永丰驻了有半年时间，8 月迁乐安县招携，一个月后又迁青塘。在青塘改为二十二军野战医院，院长换了一个姓胡的（湖南人）。改为野战医院后，要经常跟部队到前方，专门接受前线伤病员。重伤重病的，就转到后方医院去，轻伤轻病的则留院治疗，像一个转运站一样。

江西红色医院之所以迁来永丰，主要由于永丰当时战争频繁，伤病员多，交通不便，转运困难，因此迁来永丰。在〔从〕战略意义上来讲，是有极其重要政治意义的。（沈阳炳）

（五）红军北上后苏区人民的革命斗争

五次战争结束，国民党占领了以后，我们就转入做地下工作，组织了一个地下通讯网（政治保卫局组织），有吴万传、余福堂和张如学三人，吴万传做组长。任务是打入敌人内部，侦探敌人在这一带的活动情况，看他们设有多少炮台，在什么地方等（化装去卖鸭子，借以观察敌情）。三个人经常开会，研究情况，所探到的情况经过我方扎在布海圳上的乡政府往上报告。活动进行了了〔两〕个多月后，便与上面失掉联系，三人都归家作田。（张如学叙）

七、群众组织

（一）工会

1929 年上半年就有工会和雇农工会的组织，它们合起来办公，每个区有一个工会，设在区政府。工会只有两个主任，工会选出来的主任为正，雇农工会选出来的主任为副。乡里只有工会代表，工会的主任经常调动，潭头区的工会主任黄忠瓒、赖玉清都先后担任过。村里有工会小组，3 ~ 5 人就可为一组。

工会的会员主要是裁缝、木匠、篾匠、泥水工人、理发工人。

雇农工会主要是雇农，靠打长工、月工为生的。

本地工人不多，都是外地人，会员只有八九十人。会员每月要开一两次大会，会上主要是说：工人是老大哥，是无产阶级，要领导农民革命，斗争心要强，要能吃得苦，要加紧生产，多替农民制造农具；青工学徒要起来与老板作斗争，改善自己的生活。

会员每月要缴 2 角钱会费。（温招来、刘贤庭述）

（二）妇女协会

妇女协会也是 1929 年上半年成立的，各区乡都有妇女协会，只有一个主任。潭头区的妇女主任经常调动，李玉英、雷慧清、罗秀珍都先后担任过。妇女协会有四个委员。

妇女协会除地主、富农、坏分子的娘子人外，都可参加。

妇女协会主要工作是组织拥军优属等工作。

宣传参加红军。宣传为什么要扩大红军，打通群众思想，要做到老婆送丈夫、爷娘送儿子去参军。如潭头乡的妇女主任蓝清华，带头宣传她的丈夫去【参】军，她对丈夫说："现在我们打土豪分田地，共产党领导我们翻了身，我们应当要去当红军。国民党、靖卫团经常来扰乱我们，只有你到前方去打敌人，消灭他们，我们才有好日子过。你去当兵了，爷娘我会照顾，你别挂念……"她这样一宣传，带动了好多妇女宣传自己的丈夫去参军。

组织青年妇女欢送参加红军的同志。村里送乡，乡里送区，区里送县，敲锣打鼓、披红挂采〔彩〕，替他们背包袱，并唱欢送歌：（女唱）我送红军到沙溪，各级机关来欢迎，县府请了欢迎酒，我把情歌好意比，当得做官来上任。（男唱）贤妹送我到沙溪，各级机关来欢迎，县府请了欢迎酒，我把贤妹好意比，当得从前老爷妻……使同志们高高兴兴地去参军。

优待红军家属。组织群众，帮助红军家属生产，红军家属有什么困难都要帮助解决，使红军家属的生活要比一般群众的好。还要派人帮助他家里担水、砍柴。要先搞好红军家属的生产，才能搞自己的生产。优属工作搞得不好，要受处分。优属工作做得好，才能保证红军不断地扩大。

慰问工作。组织洗衣队、慰劳队，洗衣队多半是中年妇女，慰劳队多半是年轻较活泼的人，经常轮换到伤病医院去慰劳和洗衣。慰劳队要募捐买果子、糖、猪肉、鱼等吃的东西去。慰劳时，唱慰劳歌：一路上来得快，不觉到了医院门，走上前来慰劳你，祝同志伤病快快好，早日归队杀敌人……使伤病员得到安慰。

红军作战时，要把慰劳品送到战场去鼓励战士勇敢杀敌。红军走这里过时，要烧开水、煮稀饭欢迎。

每个妇女每月要做两三双慰劳鞋。

此外还要对妇女进行宣传。过去妇女受封建压迫，男女不平等，被家娘折磨得要死，上下不走5里路，出了门就要被人家说闲话，被骂是俏货。现在妇女得解放，男女平等，婚姻自由，要剪发放脚，参加生产，参加红军，女人也是和男人一样也能当兵打仗。当时有人不愿剪发放脚，干部青年团员就带头，结果很多人都剪了发放了脚，连老婆子都剪了发，说是剪了发方便。

妇女每月要开一两次会。开会主要是讲：要把妇女本身工作做好，积极执行上级指示。开会时不能迟到，迟到了要受批评。

潭头乡的妇女工作搞得较好，主要是拥军优属工作做得好，参军人数多，每次都有几十个，参军人的成分较其他各乡好，都是雇、贫、工人。

会员每月要缴2~3分钱会费。（雷义圣、蓝清华述）

（三）儿童团

1928年暴动成立农协后，各地都组织了儿童团。除地主、富农、坏分子的子女外，凡8~15岁的儿童都可参加儿童团。身体长得高大又活泼俏皮的儿童，没有满8岁也可加入。10个人为一班，30个人为一排，全区共有700多个儿童入了儿童团，属少共领导，由少共委员兼任团长，团委员黄左风、刘生金都任过团长。儿童团员都有符号，用红布做成的手套，约四个指头宽，套在衫袖上，上面写了某区某乡某村某某名字。每个团员还有一根领带，是用2个指头宽的红带做成，3尺来长，交叉戴在颈上。有队旗，三角形，也是用红布做成，上面有五大洲，五大洲中间有镰刀斧头。每个人还有一根用木头做的假木枪，3尺来长。

儿童团的工作：

1. 放哨。是协助赤卫军做的，站在每条路的路口，凡是要过路的人都要有路条，没有路条的人不得过去，并要询问："你是哪里人？哪里来？往哪里去？去做什么？"问清楚了以后，还要拖到乡公所去，不去就说你是探子。有一回省里政治保卫局一个同志到乡公所来，他没有带路条，结果把它〔他〕捉到乡公所才得出来。戒严的时候和夜晚，就〈是〉由大人放哨。

2. 禁赌。经常到各地去巡查，探到了哪里有赌，就回来报告班长，计划商量去捉，多半是捉庄家，因为他钱多。捉来了就要罚钱，并且要写保证【书，保证】以后不再赌钱了，并警告要他们回去好好生产，再犯就不客气。罚的钱，儿童团可以抽一部分买东西吃，所以捉赌他们就更积极了。

3. 禁鸦片烟：见到吃鸦片烟的人就捉到乡公所去戒烟，最多的在乡公所戒过15天，最少的也戒过7天。放回家时要罚钱，要写保证书，保证以后再不吃鸦片烟了，吃了就要加倍【罚款】并戴高帽子游街，不讲情面。在进行宣传时，唱洋烟歌"……世界洋烟最无情，害死工农几多人，花了钱，损坏了精神……"喊口号，反对烟鬼、赌鬼。还要到烟馆里去进行宣传，劝他不要卖鸦片烟，看了吃烟的东西就没收，烟枪就〈拿得〉打烂；如果他再要卖烟，不仅要罚钱，而且要罚苦工。

4. 破迷信，烧菩萨。见到菩萨就拿到火里去烧，并对群众进行宣传：菩萨又不开声，又不会做工夫，我们要花钱敬他，浪费了时间，又浪费了钱，拿这些钱，给机关办公，建设国家多好。敬神的酒肉饭菜，他们见了就抢得吃，这时使好多人都不敢拿东西去敬菩萨了。有些老婆婆说："伢仔不懂事，菩萨又不碍你，烧掉做〈做〉什么？"儿童答："如果不烧掉，你们不又会去敬他。"

此外还要募捐，宣传群众去参军，优待红军家属。

当时卧龙乡的儿童团工作搞得最好，放哨恁真①，检查严密，对土豪斗争坚决，募捐时他不出，一定要他出。温和祖、温先祖两个儿童特别积极，捉赌禁烟三更半夜都去，放哨检查路条严格，没有就〈是〉不难〔能〕过，就是本村的人手续不清也不准过，铁面无情【面】讲，15 岁那年就带头去参军。（雷义圣、温招来述）

（四）反帝拥苏大同盟

第一次战争以后，敌人经常进攻苏区。在第二次战争开始的时候（1931 年七月间），成分较好的阶级组织反帝拥苏大同盟，意思就是要打倒帝国主义，打倒蒋介石，拥护苏联。中农以下的阶级就参加了这个组织，怀疑的人就不要〔让〕他参加，怕他口里参加心里不参加。会员经常开会，要结合生产进行工作，搞治安和肃反工作，检举坏分子。

会员每月要缴 2～3 分钱会费，缴费主要是使你不会忘记这个组织。

① "恁真"为方言词，意为"认真"。

反帝大同盟，每乡有一个部，部长由乡干部兼。（温招来、刘圣庭述）

（五）互济会

互济会是 1932 年二月间成立的，每区只有一个互济会主任，有 3 个委员（有一个姓吴的兴国人当过）。

会员都是干部、贫雇农和红军家属，会员要经过审查，会员的亲属如有土豪劣绅和坏分子【，则】不能参加。会员每人每月要缴 5 分钱会费，当时会员有 500 人左右。

会员有会员证，身上没有带钱，凭会员证可以到红色饭店吃饭。会员家里有人病了冒钱治，或者子女大〔太〕多了，生活办不来，可以申请补助，【但】要经过会员讨论审查。（温招来）

八、群众生活

冒革命以前，群众生活好苦，三股有两股以上的人冒吃，都是靠租田、打长工替〔赚〕吃。租二石谷田要一石租（一石等于 2.5 亩），借一元钱要还三元钱，穷人累一年到头，丢下镰刀冒米吃，欠了债一生世不得出身，到了过年，债主三十晚上三更半夜都要打火把来接〔讨〕债。如温招来家里，一家 6 口人只有 5 亩田，靠租富农的田耕，一年累到头，一半日子吃稀饭和菜煮饭，每年〈凡〉要欠十几担口粮，还要借十几元钱。

革命以后，打到〔倒〕了土豪劣绅，分了田、分了山，欠债不要还，作田不要交租、不要完粮。收得的谷子自己吃、自己用，吃不完就养头生（养猪）；分得的茶山木山，由自己处理，愿卖就卖、愿榨油就榨油。每个人每月至少吃一斤油，较好的人家吃两三斤油都有；每隔十天八天就可以吃上一次肉，较好的人家差不着〔多〕天天吃肉，因为自己养了头生，自己杀自己掩〔腌〕，热天杀猪怕吃不完就会出卖些。温招来家里 6 个人，分了 20 来亩田，还分了八九担茶山，每年可以收得 50 多担谷子，除吃以外，还要余十几担，多余的粮拿来养了 2 只头生，1 头牛，还有田枭，茶山收得的茶子用来自己榨油，每人每月可以吃上一两斤油，有一年全家吃了一百多斤油，十天之内可以吃上几次肉，街上天天有肉卖。一天除吃三餐白饭，〈我〉每餐还要吃酒，吃酒把它当开水喝。每年每人还可以穿上几身新衣服，生活的确是好。那个时候家【家】生活好，找不到讨饭【的】，找不到做贼的，叫化〔花〕子都穿起了新衣服。

在五次战争时，国民党封锁很紧，那个时候就是冒盐吃，每元钱只能买一两多些盐。

红军走了以后，国民党来了，穷人又回〔恢〕复到过去的生活，甚至比过去还要苦。分得的田拿回去了，欠的债要还，欠的租要交，利上起利。国民党反要门牌税，见〔按〕人丁算，每人每月要一吊多铜板，还要猪捐税、壮丁税，壮丁应征者要一半（每个壮丁要500元①钱）。参加了革命的人家生活就更苦，家里东西抢得一干二净。（温招来、刘贤庭述）

九、敌人的残暴统治

国民党占领潭头以后，到处烧山，怕有人或有东西藏在这里边。卧龙乡的山共烧了几天几夜，十几里路宽，无人敢打火，结果木樟树全烧光了。

在潭头还成立了联保办事处，建立了保甲制度，杀害我革命同志（办事处）五六十人。保甲长常常向参加过革命的同志逼款，做工〔过〕一些重要工作的还要写申购枪费（温招来赠〔曾〕写过6元钱），并且经常被骂作"土匪"。

国民党还要向群众征收门牌捐（叫户捐），每户要一吊多钱，有猪的还要征猪捐。

1936年国民党联保办事处的人还搞了暗杀队的活动，他们写了一张假的开会程序表，污蔑别人，结果乱捉乱杀。温招来也险些

---

① 原文如此。

被害，原来是曾经做过妇女主任的王玉英到办事处报告，说温招来和王张存他们在某路上和其他地方开过几次会。后来温被捉过堂受审，温说："我只以前和你工【作】的时候〈就〉开过会，以后并没有开会。"旁边温的哥哥也对王说："你要说实话，他开过会就开过会，没有就不要乱说。"结果王才说："我讲错了，是冒开过会。"这样温才不至〔致〕被杀。

国民党占领后，这里的群众就是在如此残酷的暴行统治下生活着，至今老革命同志剩下的已经为数不多了。（温招来、刘圣贤）

2. 潭头乡个别访问记录

曾广元，53 岁；叶宗元，55 岁（二人为主）；谢方才，53 岁；曾祯煊，67 岁。曾广元在 1927 年参加七纵队，任连长职，至 193□年回乡参加模范营。叶宗元于 1927 年至 1928 年在二团，以后回乡担任村文书工作，1928 年加入共产党。谢方才参加赤卫军、游击队。曾祯煊历任村苏主席、乡支书、区委书记、县委巡视员、中共中央政治局巡视员等职。

（一）芹溪革命

1. 革命前的社会状况

芹溪是大地名，包括芹菜坑、筲箕窝、丝茅坪、仙人桥、枫树杏、雷公坑、斩木坑、会溪、巷口、毛家段[①]、迳下、洁水塘、八节坳、磨刀坑、万寿宫等大小地方，其中以芹菜坑和会溪为大，共计 100 多户人口，方圆十几里，都是在深山中，与吉安东固仅一岭之隔。

---

① "毛家段"应为"毛家塅"，后文写作"毛家塅"。见《江西省永丰县地名志》（内部资料），1985 年版，第 202 页。

100 多户人口中，有三四家是富农，其余大多数是贫雇农。农民生活很苦，大多数要借〔租〕田耕。一石谷田交五斗租，但是一石谷田收得〈割〉到三桶，一般只能收到两桶多，交去一箩，剩下的就很少了，所以许多农民家里过年米也没有。农民韩月朗①，家中五人吃饭，自己没有田，租了 50 石田来耕，每年收入不到 40 石，却要交 25 石租。

穷人没有吃，只好向有钱人借，利息是加三或二四，多的加到五，即年春借的一石，年冬要还一石三斗或一石二斗四升，利息重的还有一石五斗。当时也有"义仓"，义仓的谷是靠募捐来的，被土豪叶纪东等掌握，借一石谷要拿出抵上三桶谷价值的东西来抵押，农民将耙也拿来抵押。义仓是五六月发的，【一】石谷二斗利息。

仙人桥的叶纪东，是个大土豪，有许多田岭租给人家去作，自己当万寿宫小学的校长，又管理义仓，在这一带把总纲，请什么中人老是请他，什么事都要经过他，他说的话才能作得数。农民暗中叫他为芹菜坑（芹溪）的"坑王"。农民起来暴动后，七、九纵队捉他到潭头枪毙了。

2. 共产党领导酝酿革命

芹溪有七个青年人在东固简东小学读书，这七个人是：仙人桥的姚振、姚蕃、叶香早，斩木坑的欧阳岳，会溪的郭海平，万寿宫的姚泉香，笃箕窝的叶奇伦，除郭海平、姚泉香的家庭出身大约是中农，其余的人家庭成分大概都是富农。他们同在学校加入革命组织，姚振是共产党员，六人是共产主义青年团员。1927 年冬，他们已开始【在】芹溪进行秘密的革命活动。

十一月，赖经邦、段起凤领导工农红军及农民在东固暴动，打土豪分田地，抗〔减〕租抗租，穷人翻身，有有穿的，有有吃的，

---

① "韩月朗"应为"段月朗"，后文写作"段月朗"。见钱其昭著：《东固暴动》，中国戏剧出版社 2009 年版，第 45—57 页。

有了穿有了吃，穷人那〔哪〕个都喜欢。本地人从东固来便会讲："东固分了田，把谷给冇吃的人吃，把衣服给冇穿的人穿。"群众更加相信了，都希望自己这里也这样。姚振等人这时已回到家里来积极发动群众，秘密串通贫雇农，组织"农民协会"。第二年（1928年）正月一个晚上，农民协会的几十个人到木子岭上开会，姚振说："我们要认清楚阶级，穷人无产阶级，有钱人是有产阶级，穷人受豪绅剥削压迫，我们苦，他们发财……我们要团结起来，打土豪分田地。"

在姚振等七人回来活动之后，又有化名白振武及郭××的人来到芹溪，与他们一块进行革命活动。白振武时常来芹溪，多在万寿宫一个贫农叶宗继家里睡。白振武经常找贫农叶宗元等人谈〈谈〉话，讲什么无产阶级，什么资产阶级、共产主义、资本主义，我们穷人要团结一致等等。一、二月的一个晚上，把叶宗元叫到楼上来开会，白振武对他说："我今日喊你到楼上来开会，话什么？你现在是大学生，大学生是共产党，中学生是共产主义青年团，共产党员是 C.C.P.，共青团员是 C.C.Y.。共产党是无产阶级的政党，是我们穷人的□路，要认清楚阶级……"一、二月间便由白振武介绍，叶宗元、叶宗继、黄开炳（都是贫雇农）参加了共产党。参加共产党不要填表，要宣誓，有二十四个字："服从命令，努力革命，牺牲个人……永不叛党！"开会时，同姚振及六个青年团员在一块开，姚振负责。

注：

（1）1929年靖卫团来烧杀时，姚香早叛变革命，写信说："共产党是吹牛皮的党。"

（2）白振武长得高大，是湖南或湖北人，话听不大懂；郭××长得较矮，声音不大不小，也不大懂。

（3）姚振等七人都与赖经邦有联系，黄金华是简东学校校长，还有教师曾名春、罗老诺等人，都是共产党人。

3. 芹溪革命的爆发

1928年二月的一个上午，姚振等人到各村去喊人，开"农民协会"。农协组织已经扩大了，100多人（有男有女有老有少），聚拢到芹菜坑（小地名）、大坪上来。姚振便扯起红旗，公开成立"芹溪农民协会"，选举时叶宗骥为常执委，叶启来、姚振、欧阳岳、叶宗元为执委。

附：红旗约有现在一般的旗那么大，先交裁缝暗中做好，旗帜系红色，中间一个"五大洲"（五星，当时叫五大洲），用白竹布做的，五星中间又有用红布做的镰刀斧头。如图①：

4. 革命的发展

芹溪革命爆发以后，很快向四周传播，半年内，石陂、官田（官田大山脑有朱德清、张明玉与芹溪〈有〉联系）、南坑、陶林、龙子下、曾家不都发【生】了革命。这时，革命的火就像烧烂疤一样，越烧越大。

东固已经成了革命委员会，这一带便成立办事处，设在曾家不，由李贴茂〔贻谋〕领导。1929年下春（八九月）又成立德吉区，书记是李贴茂〔贻谋〕，主席是黄宗赞。当时党组织还没有公开，文件上都用代号"赤潮社"代表德吉区党委。"红潮社"代表德吉区团委，郭开展便是代表芹菜坑党支部。一个月时候，芹菜坑成立了村政府。

德吉区成立只有两个多月，便分开了。在永丰的地方成立潭头区，主席是黄宗赞（卧龙人，裁缝工人），同时成立石陂乡。各村村政府便没有了，改设代表，50个人选一个代表。全乡设代表团，下面分代表小组，代表团有总代表，代表小组有小组长。芹菜坑和会溪联合，是一个代表组。

潭头区成立，"赤潮社""红潮社"便没有了，区委会公开了出来，打出招牌。

---

① 原文有手绘图，此处图略。

（二）七、九纵队与二、四团

1. 段起凤的出身、开始革命

段起凤从福建带来十多根枪，到处"打棍子"，有钱人怕他组织〈些〉农民，【便】欺骗他们，说"土匪"会抢东西，要农民在山上住篷守哨，有了"土匪"便打紧报告消息。穷人不怕他，有时还会救济，把些银【元】给穷人。

赖经邦在东固教书，与湖田王家打官司，有仇，来找段起凤。赖经邦对段起凤说："当土匪没有出路，要改为红军，打土豪分田地。"段起凤说〈得〉好，赖经邦便叫他把队伍改【成】红军。段起凤又怕部下不肯，会来害他。赖经邦便叫姚振等人在芹溪等地方找【来】40多个人，晚上当段部下睡熟时，【众人】一个箭步上去，便把枪夺下来，部下就没有办法，愿意改编。

段起凤接受革命后，1927年十月便在东固领导农民暴【动】（东固暴动），正式扯起红旗，红旗上是"工农红军"几个字。勾通段起凤的，除赖经邦外，还有黄启寿、段盛生、刘金华、曾名春等人，都是知识分子。黄金〔启〕寿是东固简东书院的教师。

2. 七、九纵队的发展

工农红军到处打党部，这里缴到几根枪，那里缴到几根枪，队伍渐渐扩大了，便于1928年上半年扩大改编，旗子打"江西工农红军第七纵队"，段起凤任纵队司令，赖经邦为参谋长，政治委员曾名春。七纵队有3个区队，每一区队3个班，共计100多人。这年夏天5月，打龙冈枫边，九纵队也来了，在枫边被敌人先埋伏在山上。我们一去，两边山上就打下枪来，吃了败仗。赖经邦带领群【众】退去，找不到吃的东西，便到山下去买番薯，被白区的人抓住，押送国民党靖卫团杀死。

枫边失败，八纵队（纵队司令姓何，湖北人）便反水，改国民党的旗号，向七、九纵队进攻。七、九纵队没有办法，便开下

〔往〕吉安下背盐禾乡，七月初十开到下河。九月初几在盐河乡^①，七、九纵队合并，编成"江西工农红军独立第二团"，分三连，有六七百人，三百多支枪。编的时候，是将二纵队排队，各队成单行，排在一起便是双行，互相穿叉〔插〕又成单行，便是这样打乱来分。二团副团长是段起凤，瑞金中央派了李韶九、詹天龙来这里领导，刘佩英担任团长或政委。

二团成立后，去黄陂打开兴国县城过年。毛主席军〈从在〉12月下山，来到东固后，写信到兴国城来，要我们去。正月初二便从兴国开差〔出〕，由江背洞、中村、连塘开到东固的罗坑。正月初五在罗村和井冈山下来的队伍联合开了个大会，朱德、毛主席都讲了话："我们要决心猛干，坚决向敌进攻。"井冈山下来的队伍有1000多人，每个人都有枪（步枪、手机关、重机枪⋯⋯），把〈了〉一架重机枪和一架水〔手〕机关给【了】二团。

井冈山下来的四军从东固开去宁都，正月打开宁都府，缴到不知多少枪，没有人去荷回来；消灭几百人，以后又到瑞金。在罗坑相会时，二团有300多【支】枪，上千人，后来这里打、那里打，人越来越多，实在多了，便编制成立十五纵队，后又编了一个四团。分二、四团后，二团有800多人，枪500多支，团长段起凤，副团长兼参谋长是刘佩美^②（永丰人），四团有五六百人，200多支枪。四团团长是瑞金人。李韶九原来在二团，这时也到四团来，他是瑞金派来的，开差〔会〕时便骑着马讲话。二、四团成立，仍然在这一带打游击。

附：

1.九纵队是下永丰人，刘崇美、邓子灰、邓子生、邓陶友、徐友生等领导的队伍，人少，势力小，听说上永丰有七纵队，便上来与七纵队联合。

---

① 前文又写作"盐禾乡"。
② 文中又写作"刘佩英"。

2. 编四团的又一说法：1928 年 11 月 29 日打开兴国县城，除〔收〕到 100 多新兵，才编四团。

（访问：王维继、詹义康；整理：詹义康）

3. 访问谢礼珠记录

谢礼珠，男，49 岁，党员，治保主任，石陂村人。苏区革命时曾任独立第二团挑夫、战士、传令班长、排长、连事务员。

（一）二团的发展

二团长是李韶九（富田人），政委曾名〔炳〕春（吉安贺枫坑人）。

1928 年十月二十一日入伍，当徒手——一班有一个，专门挑被褥等东西。十二月二十三日打水南，因为国民党增加了一营人，不敢去，调回部队到大军坑，被富田五十联防打败，回到东固养军山训练队伍。国民党七【十】二团来东固送死，说到东固"剿匪"过年，我们决心把这个团消灭。十二月十七日出差〔兵〕，包围他们。东固是根据地，我们的人多，地又熟，把他们打败了，缴到 200【支】枪，上次在大年坑损失的东西加倍得到了。捉到 100 多人，排长以上的官都杀掉，士兵放他们走。打这次胜仗时，我们只有 800 多人，300 左右【支】枪，还只有 200【支】打得。

胜利后，回转东固去兴国过年。过年后在兴国古龙冈、东村、樟木山、桥头一带打游击。在青梅、梅高义，国民党民团拿土枪土炮把守村庄，弄得我们不敢落屋，饿了三天三夜。二月十三日回转东固驻扎。得〔过〕了几个月，攻打藤田"红枪会"，我便上教导队学习去了。

江西工农红军独立第二团教导队在东固罗坑训练人才，上午上政治课，讲革命道理；下午上军事课，操枪，即"三操二讲"（早上、上午、下午各一操，上午、下午各一讲）。

1929年四月中旬毕业，当传令班长。此时队伍已增加了一连，为二营四连，1000多人，500来〔支〕枪，团长、政治委员照旧。又倒回兴国游击，在兴国与四团相会，同他们分工：四团包江西这一带，二团在九月间过泷流河，向万载、安福、新余前进，在湖南与黄公略接头，改番号为第六军，黄公略当军长（10月）。

1930年四月打吉安，没有打开，又向湖南发展，才改为三军，政治部主任曾日山（湖南人），政治委员蔡会文（湖南人）①，李韶九仍然是团长。

（二）肃AB团分子

1934年九月二十二日晚上，AB团分子数十人从各个店里走出来（进吉安后没有清查反革命），又叫又喊："杀啊！""冲啊！"想包围四军的军部。我们捉到他们二十多个人。第二天我们退到老革命根据地安福，在安福AB团分子又爆发，使我们未得到〈未到〉休息。进贵武乡山路，刚一进桥，又是枪嘭兹嘭兹的响，AB团叫"杀！"当时就杀了一大堆。敌人又进攻到安福，中央便【于】当晚〈上〉过龙冈、王〔黄〕陂，在王〔黄〕陂正式肃反，搞了【一】个多月。

打开吉安城，每人背三斤盐过河到东固下富田驻扎，军队里有四五个AB团分子在士兵中开会煽动："当兵，当兵，还要背盐，不要背盐！"

（三）打沙县与打鸡公山

1933年十月，第五次战争开始了，提出"向东行动"的口号："红军向东行，大家努力去杀敌。沙县有个芦圣邦，他是一个土匪头，我们红军为了他……不放走他一个！"一进福建便打沙县。芦

---

① 中国工农红军第三军，于1930年8月由红六军改称，属红一军团建制。军长黄公略，政治委员毛泽覃（代），不久改由蔡会文担任。见《中央革命根据地词典》，档案出版社1993年版，第239页。

圣邦是一个土匪团，不红不白，死守孤城。被我【们】打开，消灭芦圣邦一个团。

五次战争打鸡公山打了几个月，原因是传令兵送信，误了一个小时，结果被敌人先占领了鸡公山。传令兵被枪毙了。我们一、三、五、七、九军团都集中到了这里。

（访问与整理：詹义康）

4. 访问曾汤武材料整理

曾汤武，男，53岁，曾任村苏维埃执委、区特务连事务长、游击队事务长、区反帝拥苏同盟负责人。

1928年六七月陈队长在合龙市活动，合龙市那边的人，会到这边来叫我们去开会，秘密地组织乡村农民协会。到八九月下固乡地区即公开了，那时杨梅江村农协会，常委是谢发贵。联合下固后，由吴马其为常委，书记为杨衣传。我在村苏维埃当过执行委员，召集人来开会。在这段时间，下固十二坊都打了土豪。后来因为靖卫团打进这里，段月泉带兵去了，因而活动停止了一年。

到1930年，李△谋在这一带做领导，又【发】起农民协会——由东固经过会溪（罗芹一带）再到双枚。开初是夜晚开会，白天藏在家里，几个月后便公开起来。并且又先后成立了村乡农民协会，后来都是由两个两个乡成立政府。潭头成立一个区政府，区主席为夏才宣，以后邱兹亮、吴昌瑞、曹东志等都出任过，书记有陈望才、曹东志等人任过。

后来我到沙溪区特务连任事务长，半年后回家做老百姓；又过半年，在游击队任事务长。

1933年调藤田区政府反帝拥苏同盟做负责人（只设一名负责人），每个乡有几十个会员，我经常要到各乡召集会员开会，宣传反对帝国主义、拥护苏联的道理。每个会员要缴纳月费（每人缴铜壳子 1 角）。

1934 年二月，我自动报名参军，在独立第二团半年，团长为袁天胜（水南人）。7 月上火线即挂花，团长计划得不好，所以这次遭受损失，我在医院里听说他被撤职。在医院内三个月后病愈，十一月归队，十二月在上溪太平乡山岭上失败，被敌人捉住，结果放了回家。

附：成立过村政府的有下固、杨梅江、杨梅坑、高东、潭头、卧龙、石陂、芹洒[①]（芹菜坑）、南溪、山口。

成立过乡苏维埃政府的有高东、下固、卧龙、石陂、南溪。

（记录与整理：孙德胜）

5. 访问张举福记录整理

张举福，在土地革命时期曾任红军模范团团长。现任潭头团双梅营营长（原会计）。

（一）当地革命活动情况（苏区时期）

1929 年起革命，先在芹菜坑组织革命委员会，后组织农民协会，再后才成立苏维埃政府。

1930 年潭头成立了德吉区，包括潭头、高东、下固、上固、长埠、南溪、芹溪等乡。

政府组织后即平分田地，以原耕为标准，有多则抽出，少的则补进。以村为单位，平均每人约二亩田。富农、地主的好田多半要拿出，调换劣等与他们耕种。山岭也是这样的分法，每人分配可摘

[①] "芹洒"应为"芹溪"，后文写作"芹溪"。见《江西省永丰县地名志》（内部资料），1985 年版，第 203 页。

五担挑子的面积，中间开沟或放石头为界。房子有的要调换住。当时在农村里要按人口完累进税，除此以外，无其他税。

1932 年发行了公债，每人都要购买，中农、富农、地主要他们多购买。公债规定按五年、十年归还，后国民党进攻本地，所以在解放后才偿还。

在成立农协会的同时，反对〔帝〕【大】同盟、互济会也同时成立，党团员都要加入，并每月要缴几分钱的月费。

分完田即搞扩大红军、运输队、担架队、妇女洗衣队等，还要派人在家帮工、代耕（帮助红军家属），然后即搞扩大红军一百万的工作。那时永丰均〔尚〕未解放，县政府独立团、模范营都驻在藤田。打张辉瓒时还组织了工人纠察队，到〔去〕打过吉安（县里组织去的）。因为当时男子都已外出，家里的妇女都要耕种田地（以前是从不外出的）。由于经过革命，妇女可以不要缠脚，还要剪短头发等。

（二）个人简历

我 10—12 岁〈止〉在私馆里读书，13 岁放牛。

1929 年参加少先队，作队长，以后派我去藤田特务连看守坏人。

1930 年第一次战争后编入永丰警卫营。身体好的要选去参加第三军，我分在永丰县政府（驻藤田）看守坏人，以后跟着到过鹿江 [①] 等地。

1932 年改编永丰模范团，其任务是作战、保卫县政府，平时操练等，年轻人都在内（18—25 岁者）。年纪较多〔大〕的都在独立团。模范团初来驻在藤田小学，有 800 多人，500 多支枪，共分 7 个连，设 1 个团部（中间无营部），团长为章登发，政治委员为黄祖供（均良村人）。章团长调省政府以后，由我代团长，在七都地区。我有 3 连人，三军团方面还有人，共同打败靖卫团 1 个师，

---

① "鹿江"疑为"芦溪江"，后文写作"芦溪江"。见《江西省永丰县地名志》（内部资料），1985 年版，第 74 页。

活捉师长李向荣。几个月后生疮，有 4 个月之久，我即请假回来。以后未出去，在家生产。

（记录整理：孙德胜）

6. 曾祯煊访问记录

曾祯煊，男，67 岁，潭头乡罗芹社，在家种田（记忆好）。1927 年 10 月起在芹溪村任村主席，1930 年任石陂乡支部书记，1931 年至 1932 年间，在潭头区当区委书记，1932 年 8 月调龙田县委巡视员，1933 年 9 月调瑞金县沙洲坝苏维埃中央局巡视员。1934 年 11 月在宁都被围，脱离中央局。

（一）

1927 年冬，东固成立革命委员会，开始组织农民协会，发动农民进行暴动。接着革命的火种逐渐向罗芹方向蔓延。1928 年五六月成立芹菜坑农协。1929 年二三月，芹菜坑成立村苏，村主席曾祯煊，副支部书记叶宗元。

德吉区是在 1930 年成立【的】。1928 年夏天成立芹溪乡苏。1929 年 × 月石陂乡成立。

芹菜乡所管的地方：石陂、官田、芹溪三地。石陂乡所属地：罗家山、曾家不、神口、石陂、龙碟下、芹溪、会溪、坊坑、木杉、罗家地。

德吉区成立不久即改为潭头区，所属地只有卧龙、高车。所属乡（1930 年）：

卧龙乡——乡府设卧龙村，高车乡——乡府设双梅村，长郭乡——乡设下沙樟树谱，长坑乡——，神口乡——乡设神口村，南溪乡——乡设南溪白家边书院，潭头乡——乡设潭头街上，石陂乡——乡设坊坑村。

区长——孔祥福（南溪人）。

当时，石陂乡全乡有党员七八十个，每村有党员十多个。潭头区党员五六百人，后被国民党杀了大部分。

（二）

县委巡视员的工作，是深入下去检查各地工作，发展和帮助各地巩固党团组织，扩大红军。当时曾〈时〉提出口号：要扩大一百万〈铁〉的红军。

当时，曾山带了一部分兵在龙冈、兴国一带，经常劫夺国民党捉来的壮丁。劫夺来了后，好好给壮丁宣传解释，愿意当兵的留下来当战士，不愿当兵的给钱让其回家。因此，老百姓都叫【这】支队伍"救命团"。

永丰县开过几次各区乡书记、主席联席会，主要研究怎样进行肃反，扩大红军，打土豪、分田地，巩固苏维埃政权。

（三）

段起凤又名段月泉，永丰县潭头区石陂乡芹菜村丝茅坪人，中等人〔身〕材，胖的个子，兄弟五人，作田出生〔身〕。开初经常在晚上纠集人众，打劫富人家的东西，抢劫来的东西有时也会给贫困农民一点。因此，当地土豪对他恨之入骨，经常请近〔靖〕卫团捉他。段在本乡站不住脚，就远跑福建。1927年段起凤又从福建回来，同时带回来六根〔支〕枪，但还是在家靠打劫，棍子会。以后赖经邦几次劝他，才接受改编，参加红军。在1928年成立七、八、九纵队时，又担任纵队队长（七纵队）。毛主席下井冈山驻东固，段起凤到接毛主席，并送了许多粮食、银洋、弹药给毛主席朱德部队。1927〔1929〕年，段起凤任赣西南总指挥。以后发生湖〔富〕田事变，在公略县【被】逮捕枪杀。

（访问与整理：王继维）

7. 赖观音访问记录

赖观音，女，65岁，吉安县东固乡傲上①社苦珠林人，是段起凤三嫂，曾参与革命工作，本人职业是养猪，但对段起凤革命情况记述颇详，记忆力强。

（一）

段起凤又名段月泉，兄弟五人，姐妹三人，老大、老二是理发工人，老三段月亮是木工，后与起凤革命，曾【在】乡村苏维埃当过干部，老四和起凤本人（段起凤排行第五）是学裁缝【的】。段起凤的【家】底原来很薄，每年都要负许多债才能维持生活，家里没有一担田，全部是借地富的田，才能耕种，每年收的谷子除了交租外，所剩不多。因此，在青少年幼时代，家中生活很苦，全家度日全靠父母二人辛勤劳动来维持。因此，兄弟五人都没读过一天书，后来参加革命也认不得几个字。

段起凤娶有两个老婆，二婆子是在打劫时抢来的，后因其父无钱赎，女子愿意嫁段起凤。大婆子生了一个男孩，名叫段兴荣，16岁那年参加红军，在部队里当过队长，以后〔后来〕到永丰打游击，至今还没有音讯。

（二）

段起凤从福建带了30多人枪回来后，仍然称兄道弟的，靠打棍子生意，劫了三次，被捉，关在潭头万寿宫。在路上碰到他时，已手铐脚链，我喊他"贼古，贼古你不听人劝告，成这样，叫你哥个〔哥〕来拿钳子来"。敲脱手铐后，就逃躲到山上去。但潭头的

---

① "傲上"应为"坳上"，后文写作"坳上"。见《江西省吉安县地名志》（内部资料），1987年版，第29、88、109等页。

地付〔富〕仍然纠集五个万寿宫的靖卫团想来捕杀段起凤。

赖经邦是赖观音的亲弟弟，有一天他对我丈夫（月亮）说："现在红军是真正的革命队伍，要劝劝月泉，不要再打棍子，靠棍子是没有什么好结果。"当时月泉还在兴国，月亮又跑到兴国，跟月泉一说，他就同意。可是他部下的士兵不愿意，拉住月泉不放，月泉只得跑回来。赖经邦又来劝说月亮，一定要告诉月泉，不要再打棍子，要参加革命才是正路。当下曾明春、黄其树、刘清华、高克燕、段浩生分别和段起凤接好关系，把士兵带过来，编入七、九纵队。从此，段起凤才结束了打家劫舍绿林生涯，开始走上革命大道。这是在他生活史上最大的转变。

1924 年^①，毛主席和朱总司令下井冈山到东固，段起凤亲自〈己〉去接毛朱部队，并送了许多弹药、银洋给主席、总司令，以后又接受改编。当时从井冈下来的战士，每人只有五颗子弹，正需要大量弹药补充。

高克元是段起凤的侄女婿，是段起凤勤务兵。但在湖田时，有一天段在〔把〕行李袋乱挂（私章丢在袋子里忘记拿），于是高克元就把原先写好的反动标语（打倒朱毛）盖上段起凤的私章贴在外面去，造成湖〔富〕田事变。

高克元，吉安唐坑人，家境富农，但也是共产党的信徒。在先段起凤没有觉察出高克元心存反动，因此过于相信他，等事发后，可是已经晚了。

段起凤被杀后，我家里的房也被国民党烧了三间，〈但〉【当时】我看〔很〕苦，住丝茅坪。住在丝茅坪时，不敢去潭头，怕会说是土匪鬼，捉去杀头。东固也不敢去，去了，潭头的国民头〔党〕又会把东西抢光。因此，只好做个不红不白的人。

（访问与整理：王继维）

---

① 原文如此。

8. 温招来访问记录整理

温招来，男，64 岁，石古丘人，曾【任】秘密组织的常执委、村苏主席、乡苏主席，1931 年入党。

一、石古丘革命的酝酿和发生

仙人桥〈的〉姚振的姑姑是〈温招来〉【我】的兄嫂，因为是亲戚关系，他常来我家。××年春天问我："你晓得我这一啊（指芹菜坑）起了农民协会呢？"我说："喑了是农民协会。"他便说怎样怎样是农民协会，有什么好处等。对我说："我们是一个贫苦工农，户人（富农）剥削我们，我们吃了他们的亏，我们要结一团体……"又叫我去开什么常务执委会。又同我说，要我去找心理稳定的、不乱讲话、老实的贫苦工农。我首先便找到石古丘的郑生周、曾亲华（女），同他们说："我们穷光蛋受了痛苦，吃了富人土豪的亏，我们要秘密组织起来，消灭这些人。"他们说："是啊，我们是吃了亏……"心里一致了，便同他们说：我们几个人结拜兄弟，不要去乱讲。又叫他们去发展，〈一个〉一个串一个，我跟你讲得来，又叫你去开会。人多了，便到一个房间来开会。我们开会，对土豪富农躲躲闪闪，不让他们知道。对贫雇【农】便没有什么，贫雇【农】来了，我们就〈是〉招呼他们，叫他们歇一下，请他们进来坐坐，甚至请他们参加会议。开会时，参加同志常常是姚振、姚蕃和黄宗赞，他们总这样讲："我们是穷人，贫苦工人，开了租（交了租）又要借，年终结算又没有了，白给做了，把我们当牛马。土豪劣绅他们有吃有穿，有钱买东西。我们就没有钱买东西，紧搞也是帮他们做。我们穷人人多，我们有十个人，土豪只有一个人，十个人打一个打得赢，只要齐心。我们要打土豪分田地，作田不交租，借债不要还。"

秘密发展时，有常委一个，常委相当于主席；执委一个，妇女一个，三个人负责。要考察那个人思想好不好，出生〔身〕好不好，家庭有钱的不能发展。要心与土豪相反的，才能去宣传，去发展。

人发展多了就公开，成立农协会，这是冬天的事。秘密组织已经近有一年了，因只有我这一个坑革命，四周都是敌人。

农民协会召集全体会员开会，讨论做什么事，有哪些土豪劣绅，可筹多少款。经过农民协会同意，夜间便去捉。一捉，其他便跑了。好比撒网打鱼，网还没有打拢就收网，鱼都走掉了。没〔要〕有现在这样严密，一个也走不掉。

每次开会要有秩序，第一条主席报告，第二条参加同志报告，第三条其他报告，其他报告谁都可以作。要推临时主席，记录和作出决议。会议前选一个临时主席，由会员提："××好，参加临时主席，同意不同意吗？""同意啊！"大家同意便会这样说，"同意的举手！"大家说举手赞成。这个人便上台去做临时主席。临时主席专门维持会议秩序，不准吵，大小便都要向他请假，会开得不好，要负责任。

二、其他

〈一〉红色饭店。政府在各个市集上（如潭头、罗坊、下固等）开一个红色饭店，因为当时运输队很多，政府临时搞饭吃浪费时间，有了红色饭店就方便了，一到就可以吃饭，吃了便算钱（五分钱一餐）。吃的菜是青菜、豆腐，好菜要自己到街上去买。参加互济会的人，如果身上没有钱，在红色饭店，只有〔要〕把互济会会员证章【拿】出来，就不要给钱。红色饭店已有铺睡，不要钱，因为当时打土豪打到许多的床铺。

红色饭店同现在的饭店一样，一般有五六个人，大的有二十多个服务员。

（整理：詹义康）

9. 林宏圣访问记录

林宏圣，男，45 岁，现任潭头乡党委副书记。

罗芹段起凤在三点会搞打棍子时，引起了潭头街土豪罗世杰的刺眼，因此，把段起凤捉起来，关在现在的小学内。但被他逃走，去当南兵，回来时带来两条枪，同回来的还有十四个人，回家后仍然去打棍子，但都是打些有钱的，有时还会给点〈给〉贫苦农民，因此农民对他很拥护。

赖经邦是吉安东固人，当时在南昌读书，是左派，【属】南昌的党小组。回家后，看到段起凤这种乱打棍子的行为，认为很不好，就去找段起凤，劝他："不要去打棍子，要去搞革命才是正确之路。"并杀鸡请段起凤到家来吃酒，劝他不要去打短棍，要他把士兵队〔改〕编参加革命。当下，段起凤答应了。于是先在芹菜坑搞起秘密农协来，姚振、姚番、欧阳岳、姚良金等人在芹溪组织处〔办〕事处（苏维埃办公处）。这样一来，革命的火焰愈烧愈大。

段起凤暗中组织了十兄弟，自己称老大，梁麻子当老二，张老三、邱老七（兴国人）……段起凤接受改编后，和赖经邦领兵去打水南天主堂、白沙等地。

詹天龙是四川派来的党代表，是在 1927 年间来的，是红四方面人，是在 1926、1927 年来的，一来就在段起凤部。

1927 年，毛主席下井冈，到东固。[①]

① 1929 年 2 月 17 日，毛泽东、朱德率领红四军抵达吉安县东固地区，与江西红军独立第二团、第四团会合。见中共中央文献研究室编：《毛泽东年谱 1893—1949》（上），人民出版社、中央文献出版社 1993 年版，第 285 页。

德吉区成立后，同年十二月成立沙溪区。沙溪区成立后，潭头区即派了大批干部去沙溪区协助开展工作。德吉区当时所属乡有芹溪、潭头、官田、龙洲、高东、长铺、南溪、下固、上固。南溪乡主席刘明元，上固乡设桥背村。

段起凤自从改编【成】红军后，曾在罗芹、石陂、卧龙、官田、潭头等地先后发展和建立农民革命组织，给当时的反动派有力的反击，【在】群众中产生了深远的革命影响。因此群众编歌唱道："石山开花满山红，中国出了朱德毛泽东，抗租抗债李韶九，起根发苗段起凤。"

四次【反】"围剿"后，〈在〉段起凤思想上产生了功臣享乐思【想】，因此经常请假回家，回家时还会带枪支。有一次和他的勤务兵（叫高克元，大地主的儿子，东固何风坑人，与段是亲戚）在吉水富田，高克元把写好的反动标语（反动标语写：打倒朱毛）偷盖上段起凤的私章，因此造成富田事变。

事变发生后，段起凤有半年不敢回家。中央曾通报捕捉，捕捉后经过公审，在公略县枪决。

长征干部谢安宁同志在评价段起凤时说："从政治上分析，段起凤不可能是反革命，而是思想的问题。"

潭头，最初起秘密农民协会是在罗坑口，农协主席——李道坤。在当时，串联扎根的方法是：先找好对象（贫苦农民或长工），和你谈话时，总是先问你革命好不好，你怕不怕。如果你回答革命好，不怕，就会给你讲革命的好处，打土豪分田地的好处，最后还要你参加农民协会。

潭头是在 1926 年就有了秘密组织。罗坑口的分田是在 1928 年六七月开始的。

地主菅冬贵放债吃利最恶，一担田交三桶租，十担谷田要交七八担租。何江贵地主，在晚上故意放马吃农民的谷子、豆子。李左堂的马吃了农民的谷，农民要求〈请〉他赔偿时，他说：你姓何的谷还冒我的糠那样多。见到农民有【好】田好岭，他就说你欠了他的债冒钱还，〈就会〉把你的好田好岭强夺过去。

（访问：詹义康、元嘉训、孙德圣①、王继维；整理：王继维）

10. 欧阳美祯访问记录

欧阳美祯，男，59岁，磜山人，潭头乡党支部书记，石马区特派员。

（一）侦探网

特派员到各村去，选党团员中最有革命性的、最可靠的，就布置他们的工作。村里哪些人好？哪些人不好？逃跑的人的家庭怎么样表现呢？要他们经常对坏分子和逃跑的人家庭进行调查监督。靖卫团首领会经常回来，我们会经常去调查，一发现来了就去报告。有时上山砍柴，看见这山或那山有靖卫团来了，或他们的头子偷回来了，便来报告。我们就架山去调查，也会围山去抓，或围屋去捉。

在边区，我们有一批"三面二刀"（对敌人）、"外白心红"的坚决的共产党员做情报员。这样是根据地及边区的侦探网。

（二）石马事变

××年九、十月间，在石马区发生了振〔震〕动全县的反革命围攻石马区政府的"石马事件"。

石马区是红白的边界区，情况复杂，区内的白色群众较多，不少人到靖卫团里去了，还有几个是靖卫团的头子，如刘贤可、刘书耕、袁子规等。群众中藏有坏分子与他们有联系，常通风报信，我们的肃反工作也做得不够。有个瞎子常到各处去走动，打听消

---

① "孙德圣"，文中又写作"孙德胜""孙德盛"。

息，调查区干部人数、枪支。这个瞎子是个坐探，但是我们却认为他是瞎子，是个残废，不起作用，苏区不管他（事变后才捉到枪毙了他）。

八、九月间一个什么纪念日，各乡开庆祝会，区政府和区委各部的工作干部都分派到各乡去参加庆祝会。这一天，靖卫团便驻扎在石马东华山，放了哨，并派了探子到石马街上探得了区干部下乡去的消息。夜晚，在附近乡参加会议的同志回来了，距离远的便没有回来。夜间人都歇尽了的时候，靖卫团突然包围区政府。团委书记（下固下）在楼上用手枪抵抗，但个人抵当〔挡〕不住，敌人靖卫团冲上楼来，一阵乱枪，把楼上的九位同志统统打死了。

当晚便派人去县政府送消息，等保安局保安大队开来时，天已亮了，到处追都没有追到。

事变发生后，召集了全区全乡干部来开会，纪念追悼说："他们都是好的革命同志，被敌人杀死了，我们要为他们报仇。"

石马事变发生后，〈使我们党的〉肃反工作〈很〉【显得更加】重要，不能勿〔忽〕视，不能麻痹大意。我们便加紧了肃反工作，大力宣布反革命分子的恶毒，宣传革命的好处。以前各部门专搞各部门的，以后党委提出来，这工作像扩军工作一样重要，各部门都要结合肃反工作。

（三）智擒袁子规

在石码区，有一个青年的共产党员，【他也】是一个优秀的情报员。组织上交给他一个任务：想办法抓住靖卫团袁子规。

靖卫团的头子经常会回家的，但很秘密。这个共产党员便常到袁子规家里去玩，对袁的老婆说些不满革命的话，又告诉"×××人吃不得苦，不愿当兵；×××人也想反水……"袁家里人便会告诉袁子规，袁子规传示老婆对这个情报员说："你们那边也有想过来，想出头的，你好好招呼他。"很久我们也不去袁子规家里搜查，以免惊动他。渐渐地，袁子规便相信了我们的情报员。一天，他亲自见到了袁子规，对袁子规说："石马吃又没有，穿又困难，搞得乱七八糟，真难过日子。区里的特务连，有许多人吃不了这样的苦，常常埋怨，说'这也节约，那也节约，吃饭穿衣都要节约，真没有意思！'他们想反水过来。"袁子规一听很高兴，忙说："他们要真的吃不得苦，就叫他们过来，我们会收他们的。"情报员说："这些人吃苦是吃不得，几时都想去，你们一定会接收吗？"袁说："一定会来，我们就一定会收！不过，你不说〔是〕嘲（哄）我吗〔吧〕。"情报员肯定地回答说："这还有什么谎打？是吃不得苦嘛！他们天天都讲要走，叫我来问问你，看看你们收不收。"袁子规就信以为真，接着和我们的情报员商谈好接头的日子，说："××日，我会回来，你们就到我家里来吧。"

情报员回来把"谈判"的结果告诉了区委，区委考虑到本区特务连里战士都是新兵，没有经验，怕吃不消，就同县里商量，县保卫局孔德政局长亲自带了县保卫大队的二十几个人来到石马。近夜的时候，孔德政局长带了十几个人打着红旗，穿着保卫队的军装（黄色，有红色领章），装成出发的样子，同情报员来到了袁子规的家里。这是一座独屋，在山腰上。情报员先进屋内，同袁子规说："你看！不是吗？现在都来了。"袁子规一听，心里很欢乐，自言自语〈的〉道："咳！不怕你们革命得怎样好，你们的兵总会来到我这里来了。"赶快去〔走〕出来，向孔局长等人作揖打躬，嘻皮笑脸地说："啊！你们同志来了，好！好！"忙对老婆喊道："快搞饭给老表吃。"〈对〉回转头对孔局长说："请到屋里座〔坐〕，同志们辛苦了！"吃过饭后，大家都坐在一块来开会。孔局长是扮装排长，首先讲了一阵对革命破坏的话，然后是【袁子规对】孔德振局长讲话："你们老表都是在石马区食不饱，穿又紧，生活过得很苦。所以你们到我们这边来共享福，来出头，这非常好！你们到我这里来，一定会有好日子过。你们在石马不会有什么出头，危险得很，我们随时都可以打进来……我们明天要开下县，大家在外面要吃好的穿好的了……"刚讲到这里，孔局长突然把叫〔哨〕子一吹，登时袁子规莫名其妙的，急忙说："唉！你们老表是来投降的，还是来搞什么鬼？"同时一手就将灯打掉，房里马上漆黑一团。袁子规赶〔趁〕机窜上楼上去，想跳窗逃走。谁知我们早在外面布置好了人，他们在外面砰砰的放枪。袁子规不敢跳下楼去，吓得缩做一团，晓得是自己的死对头来了。这时，孔局长已带人冲上楼来，用手电照着了他，把他拖下楼来，用绳子紧紧地捆住。袁子规吓得全身发抖，颤颤地说："莫怪，对各位不住……"

保卫大队的同志将这位"靖卫团文书"押到沙溪县保卫局审问，判处〈为〉死刑。

石马区特派员和情报员及参加捕获袁子规的同志，受到了县委的表扬。

（访问与整理：詹义康）

11. 访刘贤庭记录整理

刘贤庭，男，现年67岁，土地革命时任过村代表、破坏队队员、运输队长。

初来革命，在东固有赖经邦，石陂有段月泉，龙冈有梁麻子在那一带活动，我们山口一带有李青山领导进行革命活动。

1928年起了农民协会，这时我也参加革命，不久，曾打到〔倒〕龙冈枫边的靖卫团和土豪，本地方上还未打过土豪。

1928年靖卫团来此，结果农民协会的组织散了，约一年之久。

1930年春天，还是那些人在这里活动，起了农民协会。这时在地方上起来活动的增加了范家炳、李金山两人。在同年六、七月间成立了村政府，我是村政府的代表。七、八月间便又成立乡政府。

1931年春天，进行了平分土地的工作，都以村为单位，不留公田，每人平均约五亩多田，茶岭亦是按人口分配（分地前公堂的以及地主、富农的土地，一齐要拿出来）。在进行分配土地的时候，划定了阶级，但是未打地主，〈以及〉到了五六七八月才打地主、付〔富〕农，对他们有的要罚款或者没收其财产，分给贫苦农民。

1932 年，靖卫团都不敢来这〈里〉一带，工作中心便是搞后方生产，优待红军家属等。这一年的冬天，我参加到破坏队里工作，到过永丰等地破坏敌人的公路、桥梁等，后来扎在沙溪。这个队【伍】约一百多人，分三个大队，总队长是石马人，姓何。我们这个大队队长是龙冈人，全队都无枪支。

1933 年，在藤田运输队里当队长，人数一百余名。曾经从县政府（藤田）运粮食到万崇圩、罗陂，总之驻扎有红军的地方，我们都要运过去。十二月，蒋军追来围困我们，这时全队人都散了，县政府由藤田迁往沙溪、龙冈、君埠、南宁。这一年的除夕我才回家。

1934 年正月初八（按月、日，为古历，以下同），敌军进攻沙溪。三月二十九日进攻潭头，以后再进攻上【坊】、下坊、富田以及泰和等地（国民党军来了后，留下了二纵队驻守，到八、九月间才走）。

（记录整理：孙德圣）

12. 访问朱飞山记录整理

朱飞山，现年 46 岁，住山口社下水东，在土地革命时期曾任六军九师二十五团二连连长，三军某连连长。

一、秘密组织

民国十七年夏，在石古丘成立革命委员会，内有 7 人办公，设了组织、宣传、裁判、军事部、办公处，主席叶宗继，枪 19 条。他们在乡下搞农民协会，杨梅坑农协由陈时远组织，龙王坑农协由谭巩顺、管行春组织。

丁卯年段月泉、赖经邦、谢月浪、孙道发、雷发明在东固六处

（地名）组织八兄弟。

赖经邦组织三点会，被靖卫团发现后，靖卫团将赖追到芹在〔菜〕坑。当赖经邦爬上一层楼上后，靖卫团一兵持枪上楼，结果赖用一把菜刀缴到一【条】枪。

二、暴动及暴动后工作

民国十八年五月初一暴动。革命委员会改成办事处，办事处主任叶宗继，枪仍是十几条。吴水生（即马顺玉）在茶陂建立了农民协会，以后开展到吉水。同年四月改德吉区，区主席黄宗贻，驻大吉陂，成立潭头乡（驻山口），乡主席赖何真，它统辖山口、下水东（包括龙王坑、虎形）、潭头（包括大吉陂）、交车（包括南斜）、田冬（包括上车）、罗坑口（包括竹子排、古县）村农协。

1930年冬，下水东、龙王坑、虎形合并成立村农协，人口300多。

1930年冬开始分田，二十年（民国）正月分清。分田前打逃出去的反动派、劣绅，分田后打地主、富农。

三、五次战争

第一次战争：战争在过阴历年那天，我们本想在小布打谭道源，因谭道源部队一营人来小布采菜，结果被我们全部缴枪，人被俘。第三天听说谭道源、许克祥会来小布，但结果未来，此时，国民党十八师在龙冈。第四天，总司令部来令打龙冈，因而我们由小布到龙冈。张辉瓒一师只有二团在龙冈，另外一团在东固。我们由小别、沙溪、君浦三路包围敌军，三军打正面，四军打右翼，十二军攻左翼。张辉瓒师本想开往王〔黄〕陂，我们打他时，他还以为我们是游击队。战事从某天刚天亮到半夜时正〔整〕。

第二次战争打富田东坑，敌军二十八师，我方十二军、三十四师、三军。战事由东坑—富田—水南—白沙，打白沙时国民党有四十三师、四十七师、四十四师和二十八师残余，我军此时增加了第四军，共缴枪几千至一万【支】。

第三次战争打老爷盘，国民党九师，我们十三军、三军。割禾时打良村，国民党的马在田里吃了老百姓很多谷。我们参战的是三军、四军，国民党共一两师人。打南村后，三军开至福建。后又打南丰、广昌，这次我们主动向他【们】进攻。

第四次战争打东王〔黄〕陂。战斗中国民党一架飞机本想炸我们，结果炸弹在自己部队中落下，我们就趁机冲击。事后，我们捉到陈时骥、李明（受伤）。

第五次战争敌人用堡垒封锁我们，我就采取牵制政策。

其他：国民党进攻后，潭头办公处被杀了革命同志五六十人。

1. 虎形暴动在 1928 年由管行春、谭巩胜①、许日民、廖茂松领导，许日民任农民协会委员长。

2. 虎形每人分田八担。

3. 德吉区有潭头、长甫、龙州、石陂、卧龙、下固、长坑乡。

4. 潭头乡包括虎形、田头、龙王坑、潭头、交车村。

5. 德吉区有反帝大同盟。

（以上是虎形邱时德提供的）

（记录整理：元嘉训）

13. 访问江洪贵记录整理

江洪贵，永丰罗芳王竹庄人，现年 62 岁，男性，土地革命时曾在乡苏、区苏工作过，并任担架队排长。

一、革命前秘密组织和革命爆发

1928 年，白沙班塘人（读书人）在罗坊组织党部，内有党员十余人，设有书记、主任、妇女组织，王学才主任，曾秀春副主任。我参加过两三次会议，说是本家常常向我们进攻。

---

① 前文有"谭巩顺"。

××年王学才、曾秀春到白沙来，王竹庄在罗坊开群众大会，举行暴动。参加开会的有王竹庄、桃源、山下、秋坊、十八石等村【群众】，1000多人。开会时李启三说：无产阶级要向豪绅地主进攻，过去豪绅地主进攻我们、剥削我们，现在我们要夺取政权，向它进攻。大会后各村起农协，王竹庄农协会员有60余人，我为调查员，专门问那个啥成分、干过啥〈么〉工作、他有几多经济，以后才开会捉人，罚他的钱。王竹庄捉了五六个人，罗坊乡共捉了三四十人。

农协成立后10个月，起村政府，罗坊乡苏，文书秋四兰，康公复当××部长。同时一面平田，老、少、男、女一个都是十石谷田，木子岭、耕牛，没有的也分得到。贫雇农得好田，地富【得】没有人要的田。木子岭每人得三只[①]。

二、其他

在白沙区政府调查时，派壮丁布置地方放哨、捉人、罚款工作。

便衣游击队管各连排，到某地去游击放哨或进攻，拢敌〔乱〕某些敌人。

（整理：元嘉训）

14. 访问魏占河记录整理

魏占河，现年55岁，男性，潭头乡杨古磜，土地革命时做过村代表、区财政部长，解放前夕任过伪甲长。

一、秘密组织和革命暴动

民国十七年（或十八年），沙溪李春生（木匠）、沙溪涂威人△△△（耕田）、沙溪河下人李右民和王甫洲（杀猪）、王会昌来杨

---

① 原文如此。

古磜秘密组织农协。我参加时有许日当、许日文、魏古龄、温德彬、温德芳、周李春等，由许日文负责。暴动前开过三次会，第一次在杨家旱，第二、三次在排子上。会上说："共产党好，我们只有组织好，才会有吃有穿；不组织，我们会受国民党打击。我们死都要死在这一向（红军这边）。"

隔几个月，李春生在杨家旱开会，组织暴动。杨家旱、坑口各有十几人参加，太源洞有吴桂金、吴桂才参加。开会时李春生说："穷人要组织好，要共产党才有吃有穿，否则白军靖卫团来了又要死。同时我们还要保守秘密……"

开会后，吴桂金、吴桂才去太源组织暴动，我们白天去沙溪侦探，发现无靖卫团，晚上即去沙溪抓土豪。李右民抓过两次，未抓到人，搞到一些吃的，钱也少得到。

暴动后起农协（起在潭头），全部人是农协会员，吴桂金、吴桂才、温德芳、周立巧等负责。

隔年余，起村政府，村主席吴桂金。

二、暴动工作

①暴动后提出打倒苛捐什税、抗租抗债、烧契字。

②分田：以村为单位，见人平均分配，每人八九石田，富农分坏田。各人田进得不够时，就到外面作（下固）。分配时不插牌，只由干部带到田里面去，指明哪坵。

红军本人田作公共事业田，家属田由人代耕、补工。完了2年的累积税，一担谷田十余斤。

③区苏有裁判部、检察部、经济部（内一二人）、文化部、内务部、军事部、收发处。民国二十二年，潭头区苏财政部部长周里鹏（鸭子下），委员是江头下坪吴还规、刘德掀、魏占河；财政部特派员沙溪长坑刘昌明。财政部管理经济。

我长〔常〕下去开会，宣传扩大红军，把从打土豪劣绅那里得到的金银缴上县政府，干部的伙食又要向县里领。

④国民党进攻前二三年，潭头有粮食合作社、红色〈酒〉饭

店、消费合作社。其他的人担盐卖，以外只能作田，不准做生意。

（整理：元嘉训）

15. 访问张立米记录整理

张立米，现年 46 岁，男性，土地革命时期任永阳西区苏维埃政府儿童团团长、永丰保卫队队长、江西军区青年部青年干事，红军北上后当独立十八团长兼政治委员。

一、暴动前后革命活动

民国十七年段月泉组织"棍子会"（即三点会），头上扎个洋油灯，晚上专门打抢有钱人东西，灯火发出光来使人看不清他们。【民国】十七年冬朱德、毛泽东从井冈山下到东固后，段月泉、李贻谋、谢月浪、梁麻子、何司令等 18 人组织 18 兄弟，他们武艺都很好，走得狗赢。

【民国】十七年冬，李贻谋、王绍明、李右民、陈队长领导暴动。【民国】十八年春，下固成立农民协会和革命委员会，同年建立村苏维埃，下固、杨梅江、渔坊、长坊、杨梅坑、苦株〔槠〕树、周田都建立了村苏维埃。

1929 年下半年分田。

【民国】十九年潭头组织红头社（共青团组织的代号）、列宁社（党组织的代号）。

段月泉、梁麻子、何司令在东固的何丰坑和湖田组织七、八、九纵队。七、九纵队各百余人，七八十支枪，在龙冈以下、湖田以上、沙溪、下固活动；八纵队在湖田活动。【民国】十八年冬，何司令八纵队反水，结果剩七、九纵队在下固一带活动。

【民国】十九年春扩大了地方赤卫军，编红军二团、四团。【民国】十九年冬改编为红军第四〔六〕军。【民国】十九年十二月三十日晚，红军围攻兴国，打开兴国。

民国二十年，到陂头组织赣西南办事处，它设有红军学校第三分校。打开吉安后，学校转移到吉安。学校有五六百人，分青年、妇女、儿童、特科队和2个大人队，共6队。一、二队是大人，三队是儿童（15—18岁），四队长〔是〕青年队，五队是妇女，六队是特科。学校范围很大，有校本部、供销社、卫生所。学校校长姓肖。每天三操二讲，学习班排教练。

永丰保卫局保卫队：保卫局内有侦探部、审判部、特派员，保卫局长是张立米。

永丰保卫队共四十余支枪。民国二十年，永丰保卫队、东固警卫连、龙冈独立营编成独立第五师，师长萧克。①

瑞金中央红军大学，分政治科、参谋科、高级科，政治科有第一科（团长以上干部）、第二科（营长以上干部）、第三科（连长以上干部），参谋科是团以上参谋，高级科（师长以上干部），学习期限6个月。

1934年红军北上后，独立十八团归福建军区指挥（团长张立米兼政委），在福建永定、清流、沙县、游溪、宁华、归化行动。中央后方办事处来电，叫我们发展新苏区，进行新游击战争牵制敌人，使红军安稳北上。国民党派三师人马追了3年，后在福建〈将〉乐县被卢兴邦五十二师部队捉到40余人。

五次"围剿"时，敌人实行堡垒步步为营的乌龟壳政策，封锁中央苏区。此时江西军区有前后方，后方仍为军区，前方为西方

① 独立第五师，全称为"中国工农红军独立第五师"，又称"红军永吉泰独立师"，1931年6月组建。师长萧克，政委由毛泽覃兼。主要活动于永、吉、泰等县的赣江东岸地区。1932年7月与独立第四师一起编入红军第二十二军（新红二十二军）。见《中央革命根据地词典》，档案出版社1993年版，第226页。

军[①]。西方军率永丰独立团，独立二团、四团，龙冈独立营及白沙、沙溪、良村、中村、龙冈游击队。

二、其他

国民党进攻后，下固国民党以杀暗杀队为名，屠杀革命同志。

江西军区教导营驻兴国筲箕窝。

（记录整理：元嘉训）

16. 访问张而春记录整理

张而春，现年 45 岁，男性，永丰下固人，土地革命时担任过区团委组织部长、乡团支部书记等。

一、秘密组织

民国十七年，李贻谋等来秘密组织农协，由 7 人组成，有个常委，秘书张而善。工作了半年，被沙溪靖卫团晓得了，靖卫团来捉李贻谋，同时一次一次来进攻下固。

民国十七年有党团组织，很秘密。党是许月友、公老马从东固接头后来下固发展的。下固先入党的是余圣耀，他们在分水岭杨梅坑开会。下固团员有十几人，支部书记【是】鹤子陂人李德顺。

民国十七年，沙溪组成革命委员会，驻东固石古丘，内面十个人，五个姓王的，王会昌、李佑民、李春生……最初有十几条枪，进行秘密活动，后革命委员会变成永吉泰队伍，有 100 多人，100

---

① 中国工农红军西方军，1930 年 11 月中旬，根据中共中央局和中革军委决定，由红军工人师和红军第十四师以及江西军区独立第二、三、十三团等部队组成。陈毅任司令员兼政治委员，郭天民任参谋长。其任务是在赣江东岸永丰、吉水、永安一线，阻击国民党军队对中央革命根据地的进犯。1934 年夏秋间，西方军番号撤销。见《中央革命根据地词典》，档案出版社 1993 年版，第 224 页。

多支枪。

民国十七年潭【头】搞起了"红潮社"，它相当于党区委组织。

二、公开活动

民国十七年冬，暴动成【立】村政府，当时下固、元头①坑（杨古礤）、杨梅江、杨梅坑、长坑（包括孤田）、温坊有村苏维埃政府。得一二个月②，下固乡【有】苏维埃政府。

农协会暴动公开后，即抗租抗债、焚烧文契字纸。

【民国】十八年平田，每人七石半，以乡为单位。源头上人要到桃元塅作土（种地的意思），下固人要到源头上作田。

党团发展：1932年，上固全区团员六七十人，一乡一个团支部，一村三个小组，开会到乡里去。团支部有书记、宣传委员、组织委员，组织部长管发展团员、组织少先队、儿童团，团员要带头当兵。党员每乡只十几人，发展党员要看工作是否积极、成分好坏，自愿的，经三四次考查，由三人介绍（自己不作申请），再交区委讨论批准。

区乡行政区划：下固乡管长坑、温坊、下固、源头、杨梅江、杨梅坑。

初是德吉区，得二个月分设潭头区，五次战争时成立了上固区。

（记录整理：元嘉训）

17. 访问陈益民记录整理

陈益民，现年71岁，男性，现住永丰交车，土地革命时当过红军，解放前夕任过国民党伪保长。

---

① "元头"应为"源头"，后文写作"源头"。见《江西省永丰县地名志》（内部资料），1985年版，第202页。

② 原文如此。

【一、革命活动】

民国十六年正月，白沙燕发、郭梅，南坪赖维光、赖朝朋，沙溪北安〔岸〕李白章、李怀远，在武昌大学读书。大学内有俄国教师，在学校时燕、郭等与俄国教师接头。毕业后，他们在沙溪区党部（左派）白派设了一个分区党部，党员是沙溪、白沙等地八个都的百余人，赖维光是八个都的总主席。区党部捉老绅士、老有钱人罚款，另一面组织穷人进行"十抗"，抗租、抗债、抗粮、抗税……六月间，老绅士和有钱人搬江西清党军来，因而清党军追散了他们，他们就躲到龙公山成立七纵队。何司令（河南人）八百多【支】枪，又搞了一个八纵队。乐安牛田孙团长与水南合组织了九纵队。后来有钱人和老绅士用了很多钱买通何司令，因而何司令反水。同时，他镇守白沙、沙溪、潭头、八河下、水南（吉安）。11月我们又起来了，把何司令追到水南。在水南，孙团长对何司令说（这时何司令正在床上吃鸦片）："何兄，我们大家要一致，你叛变了这么久也就算了，现在回头吧。"何司令答道："上树到尾，为人为到底。"孙团长马上从衣袖口中拿出驳壳【枪】打倒了何司令，但八纵队的官都编入七、九纵队中当官。七纵队扎白沙，九纵队扎湖田。一日，燕发、郭梅、詹天龙（苏联党代表，一切事由他指挥）开会研究，决定在半夜间全部吊起原八纵队在七、九纵队中任官的人、部下无用的人，要他们回河南。得三天部队开差〔会〕，分别枪毙活埋了这些官，同时烧掉【了】他们的草棚。我们七、九纵队（当时我在第七纵队）到别处起农民协会，别地人也请我们开会。靖卫团也经常来追我们，但我们经常打胜仗，缴到很多枪，俘虏很多人。【民国】十八年编红军二团、四团，二团团长袁云顺，四团长孙××（乐安牛田人）①，二、四团在潭头起"红潮社"，在沙溪起列宁社。【民国】十八年朱德、毛泽东从井冈山到东固，区

————————

① 原文如此。

党部派我和陈音信到东固圳上接头。二团、四团打垮靖卫团后进福建，后红潮社与列宁社合并。

【民国】十八年我们贯（凑足）钱给大学毕业生邹松（浙贵乡）去吉安买府官当，实际上他在我们这一边。我们这上面很多绅士经常告状，说上面有很多土豪，而他却说没有。同时还暗中运枪弹到〔给〕我们，要不然我们没有枪弹打仗。后来因为状子太多了，省又给他九千人军营〔队〕，在 8 月 15 日以前剿清"土匪"，不剿清要过斩，因而他带兵到龙公山，自己只带五百兵冲散，进广东，投靠蒋介石。后邹松退官回吉安办农业，中农，解放后邹松【被】枪决了。

段月泉、段月浪、赖经邦、范家彬原来都是搞些"会"，经常抢有钱人的东西，捉有钱人罚款。当我们打良村失败到莲塘时，段月泉碰到我们时说："你们辛苦了，我〈们〉给你【们】做饭吃。"同时与我们接头。本来我们不要他，但因我们失败了，他又有些枪，可以增大些力量，团长【把】段月泉编入了七纵队。

二、四团以后编入三军团。

打东王〔黄〕陂时，我们只有一、三军团，打赣州时敌人投降一师人后，才把它编成五军团，五军团都是北方人。

打漳州府打了四天四夜（【民国】二十一或【民国】二十二年），打南雄时打了六天六夜。

（记录整理：元嘉训）

18. 温家招访问记录

温家招，现年 58 岁，男性，现住潭头乡南斜村，土地革命时担任过永丰独立团司务长、团部经济委员。

一、革命活动

【民国】十六年有秘密活动，李贻谋、姚振、姚反①、黄宗赞、熊黄三、赖经邦从东固来，找到徐连生、张福生、陈望才、吴税生、徐六英等人，煽动农民、工人开会，有知识、有钱人不给他晓得。【民国】十七年冬暴动，组织农民协会（南斜、交车、双梅同时暴动），田冬、交车、杨梅坑、长坑有村苏维埃。

交车党员有陈因信、张福生、陈因礼、吴税生、张琴浪、张庆塔。交车先属上固乡，龙冈县成立后，交车设立了乡，乡政府驻在杨梅坑。

二、分田

分田有分田委员，分田委员多少看村里人多少，有些是三人、五人，也有七人、九人，但总是逢单的。分田以原耕为基础，抽肥补瘦。第一次每人分九石，后由于人口增加，每人只分到了七石田。岭也要分，铲了的配没有铲的。

民国二十三年，国民党在潭头搞了一个办公处，张庆塔（永丰县军部长）被国民党捉到后，国民党用线香火烧他的鼻子、烧背，过后用竹棒子压在他背上，棒子两边各站一人，站在榗〔杠〕子上的人自己扶稳，就踩动棍子在他身上来回滚动，他们叫这样是坐飞机。张庆塔被一滚就喊救命，滚了几下后，人就不会叫了。（张庆塔现住潭头社交车队，因病不能访问。）

19. 访问片段材料摘录

交车村有游击队 10 余人，交车乡有游击队 40 余人，10 人一班，共 3 班，和其他一些工作人员。

---

① "姚反"应为"姚蕃"，后文写作"姚蕃"。见《永丰英烈》（内部资料），1995 年版，第 102—106 页。

潭头区政府组织了难民会，初扎在杨斜岭，后移过枫边的坑内，有 3 个组，共百余人，每顿吃饭 14 两。

（以上交车陈金发叙述）

潭头暴动由李献计、李文景负责，龙洲乡主席李金山。

德吉区成立后，潭头组织了党的组织红潮社，内有姚振、姚番、姚全香等人。

德吉区游击队 70 余人，队长徐水生。

潭头分田以村为单位，一般每人 8 石田，雇农却要得 10 石好田，红军也要作好田。田分定后人口增加了，不增加田。中农有时也要抓到写款。

德吉区包括交车、潭头、芹溪、南溪、卧龙、龙州乡。

【民国】十六年成立了戒烟局（攻吉安第二年在罗坑口成立），由李青山负责，起初叫吸烟人在局里，得十天不准抽烟，再放他们回去，若发现有抽烟，要戴高帽子游街，有钱的还要罚款。

（整理：元嘉训）

20. 访问张乃学记录整理

张乃学，现年 49 岁，男性，土地革命担任过通讯员、乡主席、便衣侦探员等工作。

1926 年国民党在白沙起党部，在 1927 年，便暴动起来了，原在白沙的蔡长先、刘天汉、李旺（白纱班汉人）等人在白沙起的党部，经两三个月后，已经垮台。他们已走了，这时就开始分左右派。李玉民、王惠长、李贻谋、春孝保等人在下固起革命委员会，主席为春孝保，还有常委、组织部等（已记不到了）。最【初】参加革命的还有许义庄、王甫州、李春生、谢合芬、李考生、曾学官、陈模①、曾玉新、李怀远、邱贵和、谢荣保、王富瑞等，当时有30多条一子枪。

1929年，陈道坤在万寿宫开大会，组织了农民协会，吴瑞生为主席，陈道坤为常委。我是当时村苏维埃的通讯员，早上晚间都要送信件等。初来，会议都是秘密地召集，多般在芹菜坑举行，领导人一般都化名，吴瑞生化名为夏车仕，余顺瑶化名为何兰芬。当秘密活动了2个月，组织了革命委员会后，马上公开了活动。

当时的乡苏维埃直接受革命委员会领导。儿童团、少先队、赤卫军都有组织活动，儿童团多般放哨，少先队随赤卫军一起打土豪、打靖卫团（武器为梭镖鸟铳等）。

初来的革命地区还不广，温坊还没有暴动，被靖卫团占着，因此下固人不敢去温坊，温坊人不敢来下固，来了都会被互相认为是侦探而杀头。这一带地区日夜都放有岗哨。

1930年五月，张福生是当时的主席，他带领了以前1000多人去打沙溪。〈在〉战争中〈将〉靖卫团【被】逼退至死岭背后，发现我们无很多人和枪（只30多条），于是返〔反〕攻，我们即退回。以后边作田，放是要边放哨，要不放哨，如果国民党的靖卫团来了，被捉住会杀头。赤卫军这时分成前后方，前方的就要担任放哨，后方的耕田，几天互换一次。

同年七月二十九日，准备第二次攻打沙溪。赤卫军几千人（温坊的这时也已起来），在下固沙洲坝上集合，准备出发，结果因为赤卫军内部杨汉凡早即写信向沙溪靖卫团告密，而靖卫团从山上开了过来。幸有一排人放了哨在山上，与敌人抵抗了一下，才不至遭更大的损失。但这次靖卫团还是杀了5人，枪毙了2人，淹死了1人；另外打烂了许许多多的锅和东西，带走了40多头牛、蚊帐和其他东西；集合在一起的人亦【被】冲散了。最后我方在鸡婆岭、水

---

① "陈模"应为"陈远模"，后文写作"陈远模"。见《赣南英烈》，广东人民出版社1992年版，第234—235页。

陂、卧龙一带吹集合号，人才集中起来了。这时便组织了游击队和
赤卫军。

同年八月又进攻沙溪（沙溪驻靖卫团，但亦有苏维埃政府，不
过驻在这里），打下沙溪后，苏维埃政府即迁了回去。沙溪组织好
了以后，打下藤田。这时把这一带的人都调出当干部，我在沙溪当
便衣侦探。

1933 年第五次战争，每个村政府都用大爆竹作武器，缴获
〈得〉几十支枪。

五次战争结束，国民党占领了以后，我们即转入做地下工作，
组织了一个通讯网（政治保卫局组织的），区政府刘希圣到指挥工
作。通讯网有吴万传、余福堂和我三人组成，吴万传为组长。这个
组织的任务是打入敌人内部，侦探敌人在这一带的活动情况、设有
多少炮台（进入敌人内部的方法，是用化装方式，卖鸭给国民党人
吃，借以观察敌情）。我们亦常开会研究，再经过我方扎在布海垅
的乡政府往上报告之，活动了个巴〔把〕月即失掉了联络，便在家
作田。

（记录整理：孙德胜）

21. 访问张耀发记录整理

张耀发，现年 58 岁，男性，现住潭头乡下固社，土地革命时
担任过红军学校教员、县国民党经济部部长等。1947 年 8 月加入过
青帮。

1930 年成立农民协会，同年八、九月间参加党，第二年在村
政府任事务长，管理村政府的油、盐、米财务等，共任 2 年。在家
2 个月后，调下固红军小学任教员（还有一个余经焕）；教了 2 个
月后，调藤田永丰县政府任国民经济部部长，专到各地区去检查生

产、组织合作社、发展生产、调剂粮食等。

1933年，国民党向我苏区进攻，正月初八攻沙溪，二月十八打上固，四月攻龙冈。龙冈县政府即迁至桥头，八月又迁至良村，驻三个月后，即十一月迁去君埠的洋礁；一个月以后，永丰县政府也迁去洋礁，于是永丰、龙冈〈要〉并县，叫永龙县①，机关合并，人员即要裁减。裁减下来的人组成永龙独立营，共三连，二百多支枪，到处打游击，我被分在该营第二连当指挥员。

到了坳下时，营部驻扎在王家田，还有一、二连亦驻此，天亮前已被包围，只有三连在外放哨，未被围困。结果一、二连均缴枪，营长陈×（枫边人）亦被俘②，还剩下我【们】几个逃出的人和第三连，组织了一个连部。

以后调我去上溪区游击队，任政治委员，队长为上溪人。当时我作政委的工作是思想政治工作，计划打土豪等。

一个月后，国民党进行第五次战争，省游击队也驻到上溪来了。第二日刚一天亮，即被国民党围住开火，省游击队在天亮前吃好了饭，结果与敌人打到中午过后，不分胜败。省游击队即令我们留在原地警卫，他们走了，不知去向。我们在被包围中，而且圈子越来越小，在小圈子以内被围的还有省基干游击队（队长八都人）。曾存古是当时的上溪区政府主席，我叫他将文件埋掉，把家中年轻人调下，换下原来在队内的年老人回去，以便一齐武装起来和敌人战斗。某夜，我们和省基干游击队偷着出口（从中村石马这边出去），结果遇敌人的排哨，我方三名侦察1人〈已〉牺牲，2人逃

---

① 1934年10月，永丰和龙冈两县合并，成立永龙县。中共永龙县委书记钟长才，县苏主席李干香、副主席潘家苑。见《中央革命根据地词典》，档案出版社1993年版，第157、187页。

② 1934年10月，永丰和龙冈县委合并为永龙县委。县委将精简下来的机关工作人员组成永龙独立营，李绍林任营长，袁干任政委。1935年1月遭国民党军"清剿"，独立营被冲散。见《中央革命根据地词典》，档案出版社1993年版，第157、187页。

了回来，于是又改道而返，但又遇排哨，互相打了 2 个钟头后便一起弄散了，只剩下我们 3 人，在张师坑被国民党保长缴去了我带在身上的一枚手榴弹和另一个人的手枪，然后才打条子让我们回家。这时全部由国民党所占了，回家后即作田。

1947 年 8 月经谢远华（恶霸，已枪决）的介绍，加入了青帮。

（记录整理：孙德胜 ）

22. 访问温德旺记录整理

温德旺：男，潭头乡下固社人，现是中共党员，土地革命时担任过乡苏维埃常委委员、赤卫队长等工作。

彭家在公开革命以前成立了"红头社""列宁社"，这都是革命的组织。红头社的书记戴含旱、石桃钟，另外还设有组织部、宣传部、裁判部等；列宁社的书记李金山。在有公开组织之前，这两个社进行了秘密的活动。后来在芹菜坑由李贻谋等组织了永吉办事处，以后李春生、李玉民在坑里成立了革命委员会，到 1928 年即有了村、乡苏维埃政府。下固乡政府驻扎在双梅水陂，我在这里面做伙夫，乡政府主席是吴水生，更名为吴马其，文书为张 × ×，另外还有七个常委委员，我亦是其中的一个。农民协会成立不久，有了赤卫军、少先队、工人纠察队，后来我就在工人纠察队里，以后任过赤卫队长，后调宁都州省红军学校教导营受军事训练；西方军成立后，我分在西方军司令部作扩大红军的工作；后即在三军团补充师（在兴国筲箕窝）带新兵，一个月后带兵千多人去福建归化县补充三军团。

1934 年打广昌新桥，挂了花，到龙冈县府休养，结果龙冈受围，我即回家。

补充：

革命时期，在夜晚，党员经常要冒着生命危险打入敌人内部散发传单，有的抛在地上，有的贴到墙上。其传单上的口号多〔一〕般是"消灭靖卫团""打倒沙溪靖卫团""打土豪分田地""消灭一切苛捐什税""实行抗租抗债""反对贪污""打倒蒋介石，活捉鲁涤平""拥护苏维埃万岁""打到南昌九江去"等。

在打开永丰后（不记得年份了），朱德在永丰恩江镇状元府召集过党支部书记及连级以上的军官、县内的干部等一百余人举行扩大会议，这次会议我也参加了，他谈到关于扩大红军等问题。

（访问：孙德胜、元嘉训；记录整理：孙德胜）

23. 访问刘其名等人记录整理

刘其名，56岁；李贻发，54岁；周世蓬（女），48岁。刘其名任农协常委、红潮社交通、永丰县地站委员会伤兵收容所工作员；李贻发任乡区工会主席；周世蓬任乡、区、县妇女委员和主任。

（一）官田革命的发生

官田最初有张明玉（大山脑人）、周克连、周盛德去芹菜坑参加段起凤打棍子，后来白同志（振武，后又叫白营长）来了，才正式发展。发展了袁宝贞（士雄）、李广福、曾清山（南坑人）等，常在大山脑和芹菜坑的姚振、姚番、姚全香等人开会。三四月间成立了公开的农民协会。

（二）其他

1. 永丰县有十区：良村、龙冈、君埠、潭头、石马、沙溪、藤田、七都、八都（瑶田）、古县。

2. 芹溪乡政府最初设在官田，以后移到神口，最后潭头合并潭头乡，乡所设在潭头街上。

3. 南溪乡设在南坑口。

4. 红潮会是县委，设在沙溪，此时沙溪还有县政府。党员都由红潮社经营，调动人手也是这里决定。文件常送到龙冈、潭头等乡。

5. 永丰县设有战地委员会，县政府做不赢①的事便来帮助，主要是部队来了时做排米工作。

（访问与整理：詹义康）

24. 访问雷义盛记录整理

雷义盛，男，45岁，石陂人，党员，营长。曾为模范少队队员、石陂村粮食委员、石陂乡团支部书记、潭头区少共副书记、上固区少共书记、枫边区少共书记。

（一）石陂革命及其发展

石陂最先搞革命的是雷礼仪，耕田出身，同段起凤打过棍子。穷人不怕这些打棍子的人，因为他们专抢大户，一般的良户害怕，都和段起凤接洽。

雷礼仪又同卧龙雷圣祥（种田）、黄宗赞（裁缝工人）有联系。革命发展方向及顺序列表如下：

```
芹溪 ┬→官田—南坑口—上下坊（罗坊）……
     └→石陂—卧龙—下固—上固……
          └→坊坑—木杉—潭头……
```

（二）苏维埃政权组织的变迁及地域范围

1. 罗芹一带，最早〈一〉动手革命有德吉乡，乡所设在会溪；以后大了设为德李〔吉〕区，扎在大丘陂；最后是潭头区，扎在潭头街上。

2.1929 年十二月设潭头区，辖十〔九〕乡：

---

① 做不赢，方言，指忙不过来。

石陂乡：罗芹、石陂、曾家不，乡苏在石陂。

卧龙乡：神口、卧龙、梅兰坑、石古丘，乡所〔苏〕设卧龙。

潭头乡：罗坑口、左爽、潭头街上、山口，乡所〔苏〕设在潭头街上。

南溪乡：官田、白家边、下村、中舍，乡苏设在白家边。

龙洲乡：棕溪、龙洲、苏石，乡所〔苏〕在龙洲。

长埠乡：上车、下车、高车、杨梅江、彭坊的一部分，乡所〔苏〕设在高车。

上固乡：桥背、韶源、破坑、焦坑、上固，乡所〔苏〕在上固。

潭芹乡：张土坑、东郊、田溪汗，乡苏在东郊。

下固乡：源头、栏斜、下固、温坊，乡苏在下固。

（三）永丰分县，潭头区分出上固、潭芹三乡与龙冈区的一部分，组成上固区。潭头区除尚剩七个乡外，又从石陂乡分出曾家不，从卧龙乡分出石古丘，组成神口乡，共八个乡。上固区有六个乡：上固、下固、韶源、暗坑、回龙、温坊乡。

（四）1934年枫边区有十个乡：

枫边乡，乡苏在街上；

方坑乡，乡苏在方坑；

密石乡，乡苏在密石；

箬坑乡，乡苏在箬坑；

宁坑乡，　　　　　　；[1]

桐溪乡，乡苏在桐溪；

石英乡，乡苏在街上；

五里乡，乡苏在五里村；

洋斜乡，乡苏在洋斜村；

山下乡，乡苏在山下塘。

---

[1] 原文如此。

（五）潭头区扩军工作

潭头区编了四次独立团。第一次是 1934 年九月，将各乡【编】好的赤卫军集中，有 300 多人，编成一个独立团开往前线。第二次是同年十二月，有 200 多人，不是一团。第三次是有 400 多人，共 4 连，大部分都是自动报名，于 1930 年二月集中，名叫补充团，哪个队伍需要就开到哪里去，这年六月（七月）才走了。第四次是同年十一月，有 350 多个〔人〕，编 3 连，次年正月选 230 多个身体好的，分 2 连编入二十军。另有一连身【体】弱的便解散了。

以后便是扩大红军，自愿报名，指定专人负责带队去，大概是一个月一次，一次去几十个，多的百来个。

来了扩军任务，团支部开会讨论，哪个团员能带动更多青年，便鼓动他去参军，以带动其他青年。

（六）党团组织

潭头区初设时，有团员 80 多个，分 7 个支部。

（访问与整理：詹义康）

25. 访问潭头乡缝衣社主任肖家振记录整理

肖家振，男，48 岁，吉安县张家渡人。土地革命时期是共青团员，任东固乡主席，独立第五师第五团政治处青年干事、连指导员、临时营政委。

（一）五次"围剿"前的情况

1929 年十一月，张家渡、陂头、新圩、值夏、中△乡、水南等地开始暴动，张家渡是当时革命的边区，常红常白。

十二月，东固贫农工艺厂在值夏（距张家渡十华里）出广告招生（设缝纫部和织袜部），我去应试被录取。厂址在东固曙光社，共 28 人（缝纫部 21 人，织袜部 7 人），主任为林如静。1930 年我入团，当时只有林如静一人是党员。除了学习手艺外，还要搞党的活动和参加乡里的工会活动（厂里未单独设立工会组织）。

那时东固区政府主席是段月泉，另外还设有社会保险、土地、粮食、文化、财政等9个委员，总务处另设之。

在东固那时有9大首领：段月泉、曾炳春、汪安国、段良批、李白芳、刘绍华、高克念、李韶九、黄祺寿。这些人和曾山主席一起在吉安陂头成立赣西南办事处，曾山为主席，打击吉安时段月泉任办事处主任。

（二）关于五次"围剿"的情况

1930年，一次战争时我担任东固乡工会委员，在工厂里（缝纫厂）管理伙食、内务、游击队拿来的做军衣的布匹等（红军、游击队均穿列宁装）。在第一次战【争】中，走了李立三路线，当时力量不足就去打吉安。八月十三日攻克吉安后，还到打樟树等。

从樟树退回时发生了"富田事变"。AB团九首领写标语"打倒毛泽东，拥护朱、彭、黄"，企图分裂红军内部的团结。这里就显出了AB团的反动本质了。毛、朱、彭、黄团结一致，并团结地方武装、地方政府，以消灭AB团。

一次战争后，第四军、省政府开始捉杀AB团（当时省政府驻在兴国），结果第二十军军长曾炳春被杀了，其军队全部编入第十二军。那时段月泉躲在山上，后来被捉；汪安国投降了敌人（现在还住在东固大元坑）。

1931年，我任东固乡主席，当时罗焕然〔南〕本人就是AB团分子，他作〔做〕书记时乱杀了许多人，一般的党员都被扣，三个女党员中也有一个被扣起来。那时的情况是：一面杀AB团，一面反敌人的二次"围剿"。

在二次战争进行时，面临情况紧张，毛主席和朱德在一次军人大会上动员大家：目前我们全苏区有30万群众，一人如果节省一升米，就可以战胜敌人。

那时还是莳禾时节，红军在白天帮助农民莳禾，晚上很少点灯，师部以上或用无线电等地方在需要时才点油灯，团级以下均只可以燃松树杆。那时，红军官兵的生活是一致的。

二次战后不【到】一个月，就发生第三次战争，蒋介石以为自己的兵多财富，所以接着二次战争来了一个猛攻。战中敌人实行了"三光政策"，老百姓种的谷子被敌人割了吃，所以老百姓都流传着这样一句话："红军帮我们栽禾，白军割了我们的禾。"由于敌人实行"三光政策"，所以老百姓在战后回来时都架搭茅房住。

后来我暴病，职位由别人代任。病愈后，我和曾广铭、何洪贵、李青三等人去永吉泰特委（扎太和桥头江）做棉军衣，一个多月（做完）后回东固，仍然是做衣服。

1932年二月，被调江西省团校（第二期）训练班学习。期限为三个月，共百多人，曾山、陈毅、蔡畅等给我们讲过课，多半是学习政治，包括国内外的形势、历史（从原始社会开始学起）。

因为没有打下赣州，所以在学习期间还讨论了打不下赣州的原因等。这次学习一般不学军事训练。

在团校毕业后，分配在独立第五师独立第五团政治处作青年干事（少共书记），搞青年运动和俱乐部工作。后来因为第一连指导员牺牲，所以叫我继任此职务，从吉水汀△到△、宜、乐之间开展游击活动，牵制敌人，扰乱敌人的后方，建立和发展新苏区。

1933年二月又【生】病，在白沙休养一个多月，后来去归队，但因部队已深入白区，因此去水南投毛泽覃的队伍，暂时分在中△区（包括吉水的富滩、吉安的值夏一带）军事部里扩大红军工作。两个月后，三军团来公略县招兵，结果要我任营副政委。八月间第一营人去兴国筲箕窝第二补充师，到那里后马上任沙村突击队长，专搞扩大红军工作，直至1934年五月才回第二补充师。之后，又送新兵往瑞金、会昌和在第二补充师里的团、营部训练新兵，给他们上政治课。

八月初，粤赣苏区被敌人包围，活动范围逐渐缩小。这时，"粤赣军区"改为"会昌警卫队"，司令员为何赏功，我被调司令部远驱游击队当政委（队长为司令部的人），想去扰乱敌后，但未编成，离开了苏区去会昌板抗区编游击队，这时被敌人捉去，区政府被包围，人员一同介〔解〕往福建，受过军事法审判。因为我一被捉【就】化名为刘邦长，所以未被杀，以后便回了家。

（整理：孙德圣）

26. 访问陈望才记录整理

陈望才，男，59 岁，苏区革命时任红潮社组织委员、潭头乡书记、沙溪区收发处长、沙溪区委组织科长、县军事部总务科长。

（一）关于地方上的活动情况

1927 年这一带有秘密的组织活动（农协会），开过几次会，多半是谈论革命的道理，我们要闹革命，我们的组织是无产阶级的组织等。

后来国民党清党军打过来了，停止过一下活动，后何司令又从东固来了，十一月才又恢复了农民协会。清党军那伙人才走掉了，我们的组织活动由秘密走向公开，当时的农协会的组织设有常委、执委、宣传三委员。

1928 年春，起村政府（当时有交东、竹子排、杨梅江、田东、长坑、杨梅坑等地成立了村政府）。

1928 年初来有段月泉、李仁谋[①]、曾天龙、李道坤、姚整[②]、姚蕃在这一带活动。当时三个人即可成立支部（设一支书、一组织

---

① "李仁谋"疑为"李贻谋"，后文写作"李贻谋"。见中共永丰县委党史工作办公室编：《永丰英烈》，1995 年版，第 89—93 页。

② "姚整"疑为"姚振"，后文写作"姚振"。见中共永丰县委党史工作办公室编：《永丰英烈》，1995 年版，第 80 页。

【委员】、一宣传委员）。李道坤由东固发展到芹菜坑，再由芹菜坑发展到潭头。我们在罗坑口成立支部，李道坤为支书，我入党由他介绍。同支部的，还有李兴山、陈望生（我的弟弟）。成立支部的同年在芹菜坑成立了革命委员会（原来领导人缩回到芹菜坑去了），临时主席为姚振。

1928年成立了村政府后，即"打土豪斩劣绅，一个不留情"，并且进行了第一次分配土地。

1929年成立了革命委员会以后，潭头起了一个"红潮社"，代表党的组织，书记为罗金星，宣传委员为叶宗仁，组织委员我自己担任，还有伙夫黄一仁。活动是公开的，红潮社的发展工作是从观察作手[1]，后来再问问，看他入不入……初来不举行典礼，后要填表，也要介绍人，最后交区委会批准。

同年还在沙溪成立了列宁社，还在大吉圩成立了德吉区苏维埃政府。区政府的主席当选人还须〔需〕要有工、农、兵代表各一人，区政府是在群众大会上成立的。

另外在1929年，因为上次分配土地不公平，所以又进行了第二次的分配田地。这一次，好坏田都要搭配起来分配，这次除了留下红军公田以外，每人可得七担谷【田】，一般是以村为单位，抽多补少。茶山也是同样分法，房间也按间数分配。

1930年"红潮社"（德吉区）与"列宁社"（沙溪区）合并为沙溪区委员会，区政府亦由区委书记（政府即主席）、组织委员、宣传委员组成。因为原来区的范围太大，所以以后分小区时出了一个潭头区，包括石陂、卧龙、交车、南溪、龙洲、上固乡。

1931年，我们革命势力发展到藤田去了，成立藤田区，永丰

---

[1] 作手，方言，入手之意。

县政府在藤田。1932 年，永丰分为永丰、龙冈二县。[①]1934 年国民党向我区进攻，县政府逐渐迁到上溪、下溪、宁都等。

（二）个人简单历史

我初来在红潮社当组织委员，后来在沙溪区当收发处长。大区分成小区后，在潭头当过一年多书记，后又在沙溪区委组织科任科长一年多，又调至县里任军事科总务长（军事科里设有科长、总务科长、参谋长）。军事部有枪支几十条（有两三个班），作为警卫之用。军事部部下有独立一、二、三团。这是县政府的一个组成部分，但是是另外驻扎。独立团是搞扩大新苏区的工作。

（记录：孙德圣、元嘉训；整理：孙德圣）

27. 访问邹承郁记录整理

邹承郁，男，66 岁，潭头卧龙人，曾为秘密农协成员、村政府主席、卧龙乡政府副主席和党支部副书记、永丰县经济部长。现任营治保主任，记忆力一般。

（一）卧龙革命

卧龙的革命是从石陂传来的。芹菜坑叶宗一和石陂的雷礼仪到卧龙来秘密组织，最初串通了黄宗赞、管祥文、管文营、黄祖凤、黄祖珍，晚上到山坑里开会。这年（××年）春天三四月（在石

---

① 1933 年 8 月，永丰、公略、万泰、龙冈、新淦五县党员代表大会，按照中央政府通过的重新划分行政区域的决议，决定在瑶岭以南成立中共龙冈县委，书记罗国倬。管辖永丰县瑶岭以南的龙冈、君埠、沙溪、上固、潭头和良村、南坑（现属兴国县），以及兴国县的枫边共 8 个区。龙冈县苏维埃政府同时成立，县苏主席邱慈良、潘家苑。见《中央革命根据地词典》，档案出版社1993 年版，第 157、187 页。

陂暴动之后）起来暴动，公开成立农协会。

黄宗赞、管相文[1]、邹承郁又到江头活动，先找几个靠得住的人来这里开会，再由他们去发展。最初串通了的有陈茝五（住车上）、朱企凤（江头）、曾广幸（坑头）、周××（坑头）、李××（坑头）。

（二）卧龙地区苏维埃政权的变迁

卧龙农民协会成立后的半年，成立卧龙村苏维埃，包括卧龙、桐树坪、小鱼汗[2]、东坑、泥栏坑[3]。

村苏成立后的一年，才成立卧龙乡，撤销卧龙、石古丘、江头、坑头四个村政府。卧龙乡包括石古丘、神口、长麻（以上为石古丘村）、江头、新年排、土潭、黄泥鳅、车上、坪上、汉下（原江头村）、其坑、坑头、白竹坑（原坑头村）及原卧龙村所辖各地，乡政府设在卧龙万寿宫，全乡有两千多人。

乡党支部有党员十六七个。

（三）苏区生产

有信用合作社，集股买东西卖。

有犁牛合作社。哪个村没有牛，就由哪个村的党员工作干部带头，动员群众集股买牛组织犁牛合作社。一个社只有一两头牛。

县经济部把计划发到区，区发到乡，乡发到村，要发展多少人，烧多少石灰，制多少毛边纸。一个小毛边纸厂，十多个人，做好毛边纸运到白区去卖，卖后的钱除开买金和工资外，余钱为信用合作社拿去购买货来卖。烧石灰也是这样。

工作人员都要去领导生产，要亲自下田栽禾、犁田。夏天，工

---

[1]　文中又写作"管祥文""管文祥"。

[2]　"小鱼汗"疑为"小鱼潭"，后文写作"小鱼潭"。见《江西省永丰县地名志》（内部资料），1985年版，第200页。

[3]　"泥栏坑"疑为"鱼篮坑"，后文写作"鱼篮坑"。见《江西省永丰县地名志》（内部资料），1985年版，第199页。

作人员都是草鞋，县长也是这样；冷天便穿油鞋，也有时穿草鞋。

（四）其他

1. 互济会：乡互济会有主任、宣传委员、组织委员，会员每月交 2 个铜板。

2. 成立村政府，进行分田，每人分八石。

（访问与整理：詹义康）

（二）龙冈乡调访资料

1. 龙冈乡综合材料

一、大革命时期

在大革命时期，龙冈地区与永丰和各地一样，开始了轰轰烈烈的革命活动。但是，那时的活动仅仅局限于知识分子中，还没有深入到广大的工农群众中。因此，在林〔宁〕汉分裂、蒋汪合流以后，革命活动很快地受到压抑，革命力量也遭到了国民党反动派的摧残。然而，在广大的人民群众中，却留下了深刻的印象，革命的种子在龙冈人民中间继续生根发芽。

1. 大革命前后的政治、经济情况

政治方面：早在民国十三年，永丰良村的南坑（注：现在属兴国县管）就闹了南北兵，但是对龙冈的影响并不很大。民国十四年，邱老七、段月泉和张老三等人在东固组织了一个"十兄弟会"，他们专捉有钱的人罚款（当时他们还冒枪），口号是：打土豪分田地。国民党叫他们是"棍子会"。这些人当时是秘密地搞革命，后来变成为七、九纵队和红军。

那时，这里是军阀统治着的，叫九都。统治机构只有一个"永丰县龙冈表湖警察分所"，其中有所长、巡官、稽查和师爷等，并在良村、中洲、君埠和南坑四个街设有派出所。另外有个钱粮柜，专门收粮税，当时的粮税都是收银子。此外，各村都有一个地保

（是不务正业的人当），任何大小事情他都过问，看来似乎做说明人一样，其实他是统治者的耳目和走狗。

经济方面：大革命时期，在龙冈这个地方，主要有粮户（有钱的人，也分为万户、千户）和作田人这两个对立的阶级，而当时主要是作田人受粮户高利贷的残酷剥削。又没有什么银行、合作社，作田人冒饭吃，就得向粮户借，粮户用很高的利息进行剥削。如粮户看到我们冒饭吃、冒油吃，他就假情义地说借给我们："冒吃吗？冒吃我借给你，一斤还一斤，一担还一担。"作田人以为一斤只还一斤，一担只还一担，那晓得是除还一斤本以外，还要一斤利，连本带利就是两斤，一担谷就要还二担。同时有些粮户很坏，他看到你家里劳动力强，有些东西，他就打你打〔的〕主意，有的叫你做屋，这样慢慢地就把你搞穷、搞垮，又要借他的，他又可以剥削你。如张家车的张本初是手段最毒辣的一个。

其次，税收很重。有屠宰税、烟税、酒税、伢人税、油榨税等，其中油榨税最重（因为龙冈出茶油）。一槽油约打十斤油，每槽油要缴一角半钱（一块钱一般买五斤油，多的买七八斤），这样一槽油就要缴一斤油的税租。

在粮税方面也要受粮户的剥削。当时粮税是还钱，粮户并不还粮，只是帮粮，要我们把粮钱交给他们，他们给收据，从中剥削一道。那时三担谷田为一石，一石还二角钱，而我们自己去还却只要一角多。

当时的人民生活很苦。人多田少，冒田作，作粮户的田，自己一粒粮食也拿不到，全部要交给粮户，我们只是贪些豆子番薯等秋冬作物，但有些粮户看到眼红，还要加我们的租。此外，粮户们听说共产党在活动，又要我们作田人缴什么"购枪费"，有的十元，有的二十元或几十元，结果买了枪打我们自己。

2. 国民党党部的成立

①党部成立前的左右派及活动

民国十三年，龙冈的知识分子中〈就〉成立了两个社。一个叫励泽社，是左派的，其中大多是穷苦的（指比粮户子弟而言，比作田人当然要好些），而且大部分是初中以上的学生，至少也是高小的，里面青年占多数。一个叫芝兰社，是右派的，大多是富有的，老年人多些。那时，励泽的头领是张佐邦和谢纪明，芝兰的首领是徐渭川和张鹏。（芝兰、励泽系古书《劝学》之典故）

励泽社的成员多半是在校学生，在地方上活动不多，主要是在学校参加爱国运动，反对帝国主义，寒暑假回家，仅仅谈些学校的事，主张互相资助等。而芝兰社也没有搞什么。

那时左右派斗争的主要内容：主要是因为右派包揽诉讼、挑拨是非，从中贪利，欺压作田人；而左派便出来打抱不平，反对欺压作田人。其次是互相争权夺利。如徐渭川是右派中最毒的，左派曾说徐是"口蜜腹剑，事胜归功于己，事败嫁祸于人"。另外，左右派间互相拉拢人，如励泽就把芝兰的江东才、谢亿可等人拉到左派这边来了。

②党部的成立

到了民国十五年四、五月间，就成立了"中国国民党永丰县龙冈区党部"，党部设在龙冈街上的陈家祠。当时有刘骏、张其渊、张亦南、张震雷、张守条、张川如、张松岭、张伯鲁、严光普、谢亿可、江东才、陈远模、陈道坤（陈是县里派来串通的）等人。其中分工是：常委刘骏，别号骥吕（兴国人，南昌一中毕业），秘书张其渊，组织部长张亦南，宣传部长张震雷，这些人是常驻党部的。

党部成立后，芝兰和励泽二社就明显地分出左右派来，那时励泽社的人都在党部，而芝兰社的并没有在党部。虽然挂的是国民党的招牌，实际上却是做共产党的工作。

③党部成立后的革命活动

党部成立后，主要是进行一些革命宣传，如写标语、印传单。内容大致是："打土豪分田地""努力组织农民协会""打倒帝国主义""打倒贪官污吏""消灭封建势力""实行耕者有其田""打倒北洋军阀"等。也宣传过孙中山的三民主义。

在藤田时召开一些大会，对广大群众进行宣传。会上大叫〔呼〕口号："打倒帝国主义""打倒土豪劣绅""打倒贪官污吏"等。但是这只是台上那些知识分子叫，台下的群众并冒叫，只是听他们喊。另外，会演些文明戏，内容是打倒贪官污吏，打倒土豪劣绅等。一些人扮军阀土豪，演他们如何的贪污腐化，如何欺压人民；另一些人就扮共产党，起来闹革命，枪毙他们……

党部成立后，于民国十五年，由党部组织部负责，在张家车暗中成立〈后〉农民协会，但仅限于形式上，只有这个组织，开会很少，活动也不多。

另外也打过土豪，如捉拿徐渭川、张鹏兄弟，又捉芭溪张老习罚款八百元。当时捉了土豪只是罚款，并不会杀掉。

党部成立后，与军阀统治也做过斗争，如民国十五六年间，曾捉了表湖警察分所所长秦翼。秦是军阀派来的，是个专吃冤枉的贪官污吏。当时在党部张千万的领导下，拦劫秦部下往上送的公文（内容是吃别人的冤枉），结果把分所全部打掉，秦被捆绑关了一夜，把东西全部洗劫了。次日，让他光身走了。事后，张千万写了个报告给永丰县党部，四五天后，派了高载熙来当所长（是右派的）。

党部成立后，县党部派了张千万、尹介人和张特生来龙冈领导工作，又派了黄欧东来做特派员。（其中张、尹、黄三人都是旧制南昌六中毕业生，张特生是南昌七师毕业的。）

3. "清党军"打党部

宁汉分裂前，武汉政府还存在时，主要是左派得势。而在宁汉分裂、蒋汪合流，国民党反动派叛变以后，右派便得势了。民国十六年五、六月间，张家沅、张鹏、徐渭川带领"清党军"来龙冈打党部（有一百多人和枪），他们说："民国十五六年入党的都是共产党，是挂羊头卖狗肉的，都要肃清。"打党部时，党部人员都走到黄陂、小布一带去了。"清党军"把党部的招牌打掉了，党部的办公用品和文件都毁掉了。从此，大革命便这样结束了。（注：当时左派分布在张家车、水西、表湖、石窑坑、小别等地，右派在王家城、蓝石、成功①、桥头、江头一带。）

二、土地革命时期

（一）革命前夕的政治经济情况

1.革命前夕的政治情况

在土地革命前夕，国民党对广大人民进行独裁的统治（那时蒋、汪已经合流）军阀各据一方，到处都是警察、便衣队，企图实行一党专政，因此在民国十三四年就成立中国革命党永丰县龙冈区党委会。还组织了三青团、三点会（流氓集团），这个会专门组织一些土豪劣绅、旧知识分子和流氓恶棍，他们说："现在的世界不好，什么时候会世界大乱，人民都要遵守国家的法律，安分守己，听天由命，否则会受到上天的惩罚，死了到阴间也要变牛马猪狗……"反动〈的〉造谣。当时在龙冈的反动头子是徐渭川、张乃安、吴国家，这些就是国民党的右派。

除了右派之外，还有秘密活动的左派，当时这派多是由南昌等回来的学生，如张贯万、张特生、江东才等四十余人，以做文明戏的形式进行公开地宣传，如"打倒贪官污吏，土豪吃冤枉""打倒蒋介石"。这刻划〔画〕出当时国民党政府腐败的本质——"衙门八字开，有理冒钱莫进来"。同时还把警察所长抓起来吊在树上，当时人民对左派的人说："不要这样搞下去，怕搞出大事来。"因此，吊了不久就放了。左派这样一搞，震惊了国民党的统治中心——永丰县府，它立即派兵来镇压左派，左派就向宁都璜〔黄〕陂、小浦〔布〕方向出走。

由于左派一活动，国民党右派就趁机打劫，对人民进行残酷地

---

① "成功"应为"城功"，后文写作"城功"。见《江西省永丰县地名志》（内部资料），1985年版，第227页。

勒索，要人民交很重的购枪费，有的出十几元或几十元，名为组织保卫团，"维持"治安，实为充满自己的腰包。（龙冈谢利雄等的口叙）

2. 革命前夕的经济情况

（1）革命前夕经济的一般情况

在土地革命前，国民党反动派的黑暗统治下，农村大部分的土地为地主恶霸所占有，因此在农村中的土地占有更是一个急需要解决的问题。广大农民由于受地主恶霸的压迫剥削，愈来愈多的人失去土地，由于土地问题没有解决，因此，搞得民穷财尽，不得聊生，农村走上破产。

土地茶山占有情况（人口情况在内）

乡别名称	户数		地富占有土地	公尝占有土地	中贫雇农占有土地	地富公尝占有茶山	总人口
	总户数	地富户数					
龙冈	1000	40	60%	30%	10%	66%	2700
龙云	260	14	30%	50%	20%	66%	1000
表湖	300	7	60%	20%	20%	70%	1500

〈从〉上面这个表就说明了绝大部分的土地和茶山都是被生死地主占去了（生地主是指地主恶霸，公尝是指尝众、神坛庙宇、桥路会……叫死地主）占全乡总人口百分之九十五以上的广大人民而占不到全乡总土地面积的百分之二十的土地，占不到三分之一的茶山。农民土地和茶山很少，生活就很困难，因此不得不向地主租田来耕，租茶山来修产，借债来过活，这样农民头上就套上了三条锁链，人民过得牛马不如的非人生活，因此鲜明地标志出有钱人与种田人是对立的阶级关系。在【农】村来讲，这种阶级关系随着社会的发展而矛盾愈来愈大，斗争愈来愈尖锐，发展到一定的时期就会暴动起来革命——土地革命。（龙冈谢利雄，龙云谢汗颜、张国雄，表湖刘家福、陈作题等口叙）

除了粮食和茶油之外，还有杉木、枕木、竹的出产，有一些农民有一些副业，如木匠、篾工、裁缝等手工业，这些手工业仅仅是家庭的手工业，不是什么大型的生产。

（2）剥削的形式与农村破产人民生活贫困化

①剥削的几种形式

A. 封建式的地租剥削

农民自己很少土地和茶山，或者没有土地和茶山，因此，只得向地主租田来种。当时徐衣生有两万五千担谷田，可收入租谷一万担左右。农民向地主租田来耕时，交租一般是对分，轻一点的是四六交租，重的倒四六交租（农民租田时要写租约）。当时因为租谷重，家里又人多吃饭，因此就交不起租。如张本初在收租时，对一些交不起租的农民〈而进行〉威胁说："今年不交，明年又不交，过几年越积越多，以后怎么办？如果你不交租，我的田就不给你耕，转过给别人耕好了。我的田租又便宜，你不耕我的田就没有田耕了，没有我你们就会饿死。"有的农民在他的威胁逼迫下，把自己的家产都卖了去交田租，有的【连】房屋和自己的一小块土地都被地主强占了。（龙冈谢利雄口叙）

B. 封建式的雇工剥削

农民不但向地主租田来耕，而且还租地主的茶山来修产。到茶子丰熟的时候，地主（原主）先到茶山上去看，有的地主心肝横的话，都是打浮一点（本来这块茶山可收茶子80担，他说可收100担），因此摘下来的茶子就没有这么多，〈而〉农民【就】吃亏；有的心肝稍为〔微〕好一些的，就实事求是，山上有多少就说多少，规定每1担茶子交2斤茶油（3担茶子有1担茶仁，1担茶仁就可打油十五六斤，交租的是6斤）。（张承煜和胡仁兴的口叙——龙冈人）

C. 资本主义式的债利剥削

地富放茶油债是很厉害的，采取高出低入的手法。如借油时，1斤油是卖1元，借10斤油就是10块钱，他就以10块钱记账；

到收茶子时，1 块钱买 3 斤油，因此他要你还 30 斤油，他说："10 块钱是买得 30 斤油到，所以要还 30 斤油。"当时，地主收最多茶油的是赖泽炎，他可收茶油七八千斤，徐裕生可收 4000 多斤。他们一般是加五、六的利息借给别人，最重借 1 斤要还 2 斤，借了如果还不起的，就要替他产〔铲〕茶山。（表湖刘家福、陈作题、虞积财口叙）

D. 资本主义与封建主义相结合的高利贷剥削

地主徐裕生把租谷收来，再借给农民，或者将谷粜到钱而放高利贷。张承师地主就将油卖到钱去放高利贷的。一般来讲，借钱或借谷都是加三、四利息。农民借谷或借钱都要有一定物资的底〔抵〕押（如房屋、土地、山岭），如果家庭〔底〕薄的就借不多，同时还要看你这个人老实不老实，老实的可以借多一点给你，不老实的人要找担保的人才能借得到，否则就借不到，因此只得茶〔答〕应替债主做长工。如果还不起债的，就要变成利上起利，这样继续下去，很多农民【被】搞得家散人亡。如李光传家里，什么东西〈也〉都卖光了；曾杪意和李江进，为了还清债，〈把〉自己和自己的亲生儿子都是替地主做长工（李江进做了 13 年的长工，一直到 30 多岁才娶上一个老婆）。

尹四秀（地主婆，丈夫死了）逼丁××的债，当时丁的生活困难，没有什么东西变出钱来还债，因此，她就用脚上穿的鞋踢打丁，而且还用脚踢，用钻子钉。当时丁不敢还手反抗（因她有钱有势），结果丁受重伤，过了不几天就死了。（表湖刘家福、虞积财口叙材料）

张本初是一个典型的放债大王，他是靠放债发财而致富的。他以放月子钱和街口钱为最多，所以有人叫他为"生阎王"，月子钱和街口钱剥削是最厉害的。他每年仅拿出 1000 多光洋，转来转去。如向他借 10 元，到后街（三日为一街）就要 3 元利息，连本带利合共 13 元；如果借 3 街（即到第三街日），就要付息 9 元，连本带利就是 19 元；如果 19 元不还，他给 1 元凑起 20 元，再作你借 20

元，过了 3 街就是 28 元了。受【过】这种剥削的有罗田生、陈友生、肖炳淂等人。

有些人好赌博，输了钱又不敢向家里要钱，怕家里人骂，因此只得向【张】本初借，今天借明天就要还，借了他一天就要还他两元（还要写一张条子以作凭据）。当时的赌博也是他包起来。如果你输了钱，立即要拿现款，没有现款的就写借条作借。如果是贫雇中农（即作田人）赢了钱，一定要拿出现款来对照，如果没有现款的话，他说："你是来赌空的，输了就冒钱，赢了就要，哪有这么好的事呢？"因此，就把农民赢来的数目用手一拨，一个钱也不给。这种手段是对待种田人的手法，但对一些有钱有势的人来赌，就毕恭毕敬地接待，"公平合理"，一文少〔不〕欠。

有一次，罗烈因赌博输了 10 元，向他借了 10 元，问他多少利，他说："明天还 10 元就好了。"第二天罗烈又去赌，赢了几十元，因此当时还他 10 元，他就大发雷霆说："怎么不要利息啦？"罗烈说："你说还 10 元就好了。"他说："你是厓①爸，借我的钱也要算利呢，何况是你！"这样，罗烈就给了他 20 元。他还不满足的说："罗烈，你赢到钱，不给一些酒来饮一下酒，以后你还要来这里赌呢！"因此又被他勒去了 5 元的所谓"酒费"。

张本初不但自己对农民进行残酷地剥削，而且勾搭何细女（女人，没有丈夫，同他通过奸），一起来剥削人民。原来何细女是没有什么钱的，因为通过本初去放债，以后何氏也变成了有钱的债利者。

陈友生是比较穷的，家底很薄，但因为陈友生有一个老婆，生得很标致很漂亮，因此本初就大量〈的〉借钱给陈友生，今年借的今年没有还也无所谓，如茶油就借了 2000 多斤，光洋 700 多元，因此陈友生就开起广货店来（原来他是理发师）。为什么本初对陈有生这样呢？其卑鄙目的是为了搞到陈永生还不起债，而强夺他的

---

① 厓，方言，"我"的意思。

老婆为自己的夫人。但是他的如意算盘打错了,钱去了而老婆没有搞到就解放了,因此他的企图随着解放而破产了。陈有生就发了大财,现在就抖起来了(威风起来)。(龙冈谢利雄口叙)

地主张家英靠管公尝而发了大财。他管的公尝有七百多担谷,茶油四千多斤,在管的时候是混〔浑〕水摸鱼,从中捞一把,常常以多报少,以少报多,只要对自己有利,什么也〈也〉来搞一套。比如:借去100担谷,都是加五利息,他报账的时候就以加四利息来算,因此他就捞了一把;有的东西没有用这么多,他就报多一些,因此又可以捞到一把,转来转去,得利不少。

②人民的痛苦生活

由于封建、债利和茶油债的剥削,而人民生活非常困苦,不〔一〕天不得一天饱。如曹魁行、陈友生没有钱还债而不敢回来过年,有的农民欠债被迫而吊颈自杀,有的吃毒药而死。有的过年卖〔买〕到的肉,自己养的鸡准备过年,因还不起债,都被债主抢走了,有的猪也被扛走了。有的农民没有饭吃,只得吃番薯、青菜,还有的挖葛和硬饭头来充饥。有的为了生活的问题,天气很冷的时候,"真是打狗都不出门",还要到山上去铲岭。当时农民因受剥削,真是无法生活下去,都流传了这样的俗语:"男人冒吃做叫花(讨吃),女人冒吃就去嫁。"

农民在封建、债利、资本主义的剥削下无法生活下去,当左派的人来组织农民协会,宣传打土豪分田地时,农民〈到处都〉纷纷起来响应,和加入自己的组织——农民协会,进行抗租和抗债、打土豪分田地。

(二)党组织的建立及其活动

1. 党组织的秘密建立

在土地革命时期,龙冈党组织的建立最早是在表湖,而表湖又源于东固和永丰县城。民国十六年二月,彭日辉来到表湖(彭当时在东固七纵队,在东固也进行革命活动)。陈道坤(永丰县党部的)由小别张松岭家来表湖彭远才家里,张给彭介绍说:"他(指陈道坤）是永丰人，是真正党部的党员。他是要为贫苦工农谋利益的……"陈来表湖后，白天就躲在楼上，晚上就下来开会。陈说："一定要共产，组织共产党，发展共产党。"又对彭远才说："老彭呀！我们这里一定要组织共产党才有出路，我们要解放。"这些会都是在山里开，参加会议的有彭日辉、彭明辉、张贤南、邓云龙、张仲鲁、张千万、张先礼、彭远才等人。不久就发展了这八人入党，并成立表湖党支部，书记陈道坤，副书记张松岭，组织张贤南，宣传张仲鲁。

2. 党组织建立初期的秘密活动

自从建立党支部后，经常是晚上到山上的窑洞里开会，研究党的工作。

〈B.〉积极发展党的组织。当时分工到各地，一人负责一个地方，并分配具体任务。如张仲鲁到水西，发展了5个党员，成立水西支部小组，张任支部书记；张千万在张家车发展了7个党员，成立张家车支部小组，张任支部书记；陈道坤在表湖、下庄发展了12个党员，成立支部小组，陈任支部书记；彭远才在高车发展了7个党员，成立高车支部小组，彭任支部书记；邓云龙在斋上发展了党员2人，成立斋上支部小组，邓任书记；张贤南在龙王阁发展5个党员，成立支部小组，张任支部书记；张松岭也在小别发展党员，成立了支部小组。由一个支部9个人发展到7个支部小组71个人，使党的组织得到了壮大，力量进一步地加强了。

〈P.〉筹划组织农民暴动，准备成立农民协会。支部在这个情况下，便酝酿着暴动，并先后研究如何进行暴动，怎样抗租抗债，打土豪和分田地等。

〈M.〉研究成立武装组织——赤卫军，保卫政权，巩固苏维埃。也研究怎样进行五抗（抗租、抗债、抗粮、抗捐、抗税）、三杀（杀土豪、杀劣绅、杀反动），方法和对象都要研究好。

3. 党组织由秘密到公开

龙冈的党组织在民国二十年二月以前是秘密的，那时党是不挂什么招牌的，来往信件都是用代号，表湖党支部的代号是"红光社"，到民国二十年二月才公开。因为〈这〉以前我们的势力还不大，而靖卫团的力量很大，苏区还不巩固。二月以后，我们的组织壮大了，力量也日益强大，又有区游击队、区独立团等武装组织保卫我们的政权和党组织；加之，当时已粉碎国民党的第一次"围剿"，活捉了张辉瓒，群众的觉悟更高了，因此，在这个时候公开了党的组织。

另外，民国十九年二月成立龙冈区时，也成立了区委，当时也冒挂招牌，民国十九年十一月就公开了。

4. 关于党的建设

〈B.〉党员条件：成分好、历史好、斗争好，思想前进，立场稳，冒做过坏事，不会坏良心，又要能活动、能做工作的人，要贫、雇、中农。

〈P.〉入党手续：入党前，支部首先选择对象，再进行谈话，不是一道就加入，要谈好多次。第一次谈话问："你愿意走国民党还是走共产党？""共产党是贫雇工农党，要抗租抗债""要抗就要努力"……如陈道坤发展彭远才时做了这样的谈话：

陈："你是一个贫苦农民？"

彭："是。"

陈："你有家庭观念吗？"

彭："冒。"

陈："冒，我就跟你哇！我们要抗他们（指土豪）的粮食，抗他们的债，你敢抗吗？"

彭："有组织、有命令就敢。"

陈："当然，我们要有纪律，那就要秘密组织啰！共产党可以吗？"

彭："力量大就可以，力量小就不行。"

陈："是呀！那我们就要把贫苦农民都团结起来，力量就会大，你敢去发动大家吗？"

彭："敢"

……

谈话后还要看他的行动、表现。

在经过多次谈话以后，要把了解的情况，如新党员的思想、斗争、家庭等情况，在支部会上详细报告；支部讨论同意后，就拿表给【他】填写（本人不会写的，就请党员写）。

表的内容：姓名、性别、年龄、籍贯、成分、个人历史、家庭情况、亲属关系、从公公①到本人三代的成分和家庭历史等，还要写对党的认识、共产党的好处、为什么要入党，以及本人的要求，还要签名盖章。

填表以后要找介绍人，一般是两个正式党员，假如有五年以上党龄的，一个人也可以介绍。介绍人要在表上写意见，并签名盖章。

表填好后交给支部，支部大会讨论通过，就通知去参加支部大会。成立区委后，要交区委批准。

入党后，要参加典礼（宣誓）。典礼时，正中央挂一面镰刀斧头的红旗，领导宣誓人站在前面，新党员站在后面，左手握拳，大指伸出放在胸前（大指正对喉头）——表示铁的纪律，右手放下，领誓人念一句，新党员跟着念一句。誓词内容：努力革命，服从命令，阶级斗争，牺牲个人，严守秘密，永不叛党。宣誓后就参加支部会，内容是说共产党的好处，党员要起带头作用，要抗租抗债，扩大红军，对富农、地主坚决斗争，打破一切观念……在会上分配任务和方法。

〈M.〉党员候补期：新党员入党后有候补期，贫雇农是三个月，中农六个月，手工工人三个月。在候补期中，有的因工作积极提前转正，也有的因工作差而延长候补期。

〈D.〉党员的处分：当时党内有批评教育、留党察看（最多六

---

① 公公，方言，爷爷、祖父之意。

个月）和开除党籍三种处分，党内处分由支部大会讨论决定。成立区委后，要经区委批准。

5. 党的组织机构

那时，党组织设了这些机构：区设区委员会，乡设支部，村设村党小组。

当时，龙冈有三个党支部，16个党小组，党员153人（党员最多的一年——是民国二十二年）。

在苏区时，高表乡一个支部，表湖、水西、木坑、高车、古树岭设五个小组，龙冈乡一个支部。龙冈、车溪、桥头、凡埠设四个小组，龙云乡一个支部，芭溪、龙王阁、沙罗陂、大坪墈、西茶坑、坳塘背、江子背设七个小组。

那时，支部内设书记一人（兼苏维埃政府文书），组织委员和宣传委员各一人，党小组设小组长一人。

6. 党内各种制度

〈B.〉组织生活：这种会经常开，三五天或七八天一次，是以支部为单位开的。这种会着重是检查思想和作风，开展批评和自我批评，揭发缺点和错误，严重的还进行斗争，有的还要给予处分。

〈P.〉学习制度：一般是两个月学一次，内容是学文化，学习党的指示和决议。方法：由别人念，念了就讨论，各人哇各人的认识、体会。

〈M.〉会议制度：

①支部委员会。一星期开一次，内容是研究工作，发展党员，研究如何教育党员等。

②支部大会。每月召开一次，主要是总结工作，哇做了哪些工作，发展了多少党员，扩大了多少红军，对优抚工作、拥苏同盟的募捐等工作也要哇。然后布置新工作，并分配具体任务到各小组。另外，关于如何提高"警惕"，开展对敌工作等问题也要谈。

③党小组会议。一个月开三至五次，具体研究乡支部布置下来的任务，贯彻执行党的决议。

〈F.〉缴纳党费：每月缴一次，一次缴一角红军票子。

7. 党是如何领导工作的

党的领导是革命事业胜利的保证。在苏区革命时，同样的，党领导着一切。党是怎样领导整个工作呢？首先对于整个乡的情况要摸清楚，如有多少人口，男的、女的、老的、小的，有多少土豪、劣绅和反动，多少田地、山岭等。当时首要问题是要巩固政权，因此，必须组织自己的武装——赤卫军，同时要健全各种组织，如少共、儿童团、妇女会等，共同搞好党的工作。

乡支部对于上级指示、方针、政策及布置下来的具体任务，首先要召开支委会，进行具体研究，统一认识，明确任务；然后开支部大会（其中大部分干部都是党员，所以不召开干部大会）进行传达和讨论；最后召开群众大会，进行宣传和动员，向群众讲清任务和目的，交付方法；然后就行动。干部也分工到各地去领导工作，在工作中，及时掌握和反映情况。发现问题后，支部又开会讨论和研究办法，找原因。及时发【现】问题，及时解决问题。那次〔时〕，每做一项工作，事先一定要研究好，再去行动，所以乱子就少了。

8. 龙冈区第一次党代会

〈B.〉会议的时间、地点和一般情况

民国二十年十月间，在龙冈的明德学堂（现在的龙冈小学）召开了中共龙冈区第一次代表大会。这个会开了两天，是由区委书记李汉早主持的，县委书记吴泷水出席了这次大会。参加大会的代表共 110 余人。当时，九个乡都来了代表，表湖出席的较多（一般是三人选一个代表，七人选两个代表。代表都挂着红色的代表证）。

〈P.〉会议的布置

场内有会台，台上端挂有"中国共产党永丰县龙冈区第一次代表大会"的横匾，正中斜挂两面镰刀斧头红旗，还贴了一张大会程序：①大会开始，②推主席团和记录，③唱国际歌（放爆竹），

④向马克思致敬，⑤主席报告，⑥上级指示，⑦各项报告……会场内贴了很多红绿纸标语，场内还用矮树桩做了凳子，台上放了一张作报告用的方桌（用布遮了），两张记录用的桌子，还放了两排凳子（成八字形放在台上），主席团体（十多个）。

〈M.〉大会内容

①县委书记吴泷水在会上作了指示。

②区委书记李汉早作了工作报告：总结了第一次战争的胜利，指出应发扬光大；对抗租抗债等各项工作都作了详尽的报告，最后他还讲了党的今后工作。

③区委宣传部长张贤南作了关于革命形势的报告，指出要加强武装组织，扩大红军。

④区委组织部长张仲鲁在会上作了关于党的建设工作的报告，总结过去发展多少党员及情况、经验，又哇了今后任务。

⑤区工会主席彭远才作了关于区工会的工作报告。

⑥区妇女主任彭如玉也在会上讲了话，发动妇女多做鞋，应劝丈夫去参军，积极组织洗衣队、慰劳队，开展支援红军的工作等。

〈F.〉大会讨论和总结

大会在第二天上午以乡支部为单位进行了详细地讨论，下午总结，作了决议，布置新的工作。当时决议：在一个月内，一个党员要发展两个党员，动员四个青年参军，自己带头；两个妇女做一双布鞋，一个妇女打一双布草鞋，缴两个鸡蛋。最后举手通过后就散会，回去分头贯彻执行。

大会的伙食：大会的伙食吃得很多，杀了几只猪，每人每天吃三角钱（肉很便宜）。各地农民协【会】还送了很多东西给代表吃。

〈D.〉龙冈地区党组织历任领导干部（书记）名单

龙冈区委书记：

陈道坤（民国十九年）、李汉早（民国二十年）、文淦清（民国二十年）、肖鼎光（民国二十年）、李腾芳（民国二十年）、陈继富（民国二十年）、陈子豪（民国二十一年）、虞先忠（民国二十一年）、刘××（民国二十二年）。

高表乡支部书记：

彭远才（民国十七年）、虞先忠（民国十九年）、罗辉球（民国二十年）、彭美焕（民国二十一年）、陈春生（民国二十一年）。

龙冈乡支部书记：

李腾芳（民国十九年）、万太阳升（民国二十年）。

龙云乡支部书记：

刘基成（民国十九年）、宋开居（民国二十年）、丁美蓝（民国二十二年）。

村党小组长：

龙冈乡：龙冈小组谢秀保、赵鲁昆（副），车溪小组谢牛保、林玉祥（副），桥头小组罗福全，凡埠小组谢礼仁、洪东矮子（副）。

高表乡：表湖小组张贤宾，水西小组张守礼，木坑小组虞先聪，高车小组温世发，古树岭小组温世禄。

附注：

据芭溪刘茂良说，民国十九年党组织公开前，龙冈乡党支部的代号叫"列朝社"。民国二十一年三月开了龙冈区党代会，二三十人参加，开了两天，是李腾芳主持的，内容是布置春耕生产，及有关粮食和经济问题。

9. 少共组织的建立

①少共组织的秘密建立及其活动

民国十六年，表湖秘密建立了党组织，又成立了农民协会，革命的火焰燃烧在整个龙冈地区。

四月间，首先在表湖秘密组织少共，起初是叫少〈先〉年先锋队。那时，表湖村里的彭鼓化生（是个裁缝工人）看到〈他〉县里彭日辉领导农民协会，成立了赤卫军，开展着轰轰烈烈的革命活动，他便个别地对青年人说："我们也要组织少年先锋队，我们年轻【人】，要起来抗租抗债，应该比老年人更勇敢。"

由于彭鼓化生的个别串通，慢慢地发展了十多个人。在民国十六年冬，便成立了表湖少共支部，支部书记彭鼓化生，组织部长邓日胜，宣传部长吴先觉，少队长吴兴善，团员有彭鼓化生、张永宏、彭远兴、吴先觉、吴本良、邓日胜、陈开弟、张远清、吴兴善等十余人。

支部成立后，积极发展组织。向贫苦的老实的年轻人宣传："我们要〈个〉组织，要〈个〉团结，团结起来就可以向粮户抗租抗债，不交租、不交债给他。他要我们的租，我们就不作他的田……"

②少共组织的建设

〈B.〉入团条件：忠诚老实，嘴皮稳，不向粮户乱哇事；立场稳，斗争要坚决到底；成分要好（贫雇农或优秀的中农），历史好；要积极，能服从纪律，服从组织。

〈P.〉入团的手续：首先是拣对象，并进行谈话："我们帮别人作田，赚得几个钱呢？"答："是呀！"又问："我们累死，他们坐到吃，我们要起来反对他。"假如对【方】会答话，就继续谈："我们有了组织就有团结，有了团结就有力量，我们就可以打倒他们，就可以分他的田，抗他的租呀、债呀，就可以消灭他们！"这样要谈几次，有的一两次，有的七八次。谈话后，布置他一些工作，看他是否敢去做，然后再给表他填。

表的内容：姓名、性别、年龄、籍贯、成分、历史，家庭情况、亲属关系，对团的认识（为什么要入团，本人要求）。

表填了后，要找介绍人。最初是一个团员介绍，以后是两个介绍，但一个党员也可介绍。介绍人在表上也写意见。

填表后，把表交给支部讨论，起初是支部大会通过就批准，后来成立了少共区委，就要报区批准。

入团后要进行宣誓。正中挂党旗，宣誓时左手握拳，放在前面正对头部，右手握拳放在后面对着背心，然后，跟着领誓人念："忠心赤胆，×××志愿加入本团，坚决斗争，遵守纪律，严守秘密，牺牲个人，永不叛团，谨此宣誓！"（起初宣誓没有挂党旗，桌上点灯烛，公开后就冒典礼了。）

〈M.〉团员的候补期：贫雇【农】是三个月，中农四个月。

〈F.〉团员的处分：有批评教育、停止团籍和开除团籍三种，支部讨论后报区批准。

③少共组织的各种机构

那时，团的组织机构是：区设少共区委，乡设少共支部，村设少共小组。

支部设书记一人，组织部长一人，宣传部长一人，儿童书记一人，少队长一人。村少共设小组长一人。

当时，高表乡一个支部，四个小组，龙冈乡一个支部，龙云乡一个支部。民国二十一年三月，共有团员一百二三十人（最多的一年）。

④团的各种制度

〈B.〉缴纳团费：每月一次，每次五分红军票子。

〈P.〉组织生活：三至五天开一次【会】，检查思想作风，进行批评和自我批评。

〈M.〉支部委员会：七天一次。

〈F.〉支部大会：一月三次。

〈D.〉小组会：三至五天一次。

⑤团的工作

那时，团的主要工作是：发动青年帮助农民，打土豪、分田地；动员青年参军，参加赤卫军和红军；健全少先队，发动儿童禁赌、禁烟、禁止砍伐森林；打破迷信，打菩萨、推灵牌；站岗、放哨，检查来往行人；发动妇女做慰劳鞋等。总的说，就是要贯彻和执行党的政策和决议。

⑥少共组织的公开

少共是在民国二十年四五月公开的。因为当时团组织发展壮大了，苏区也扩大了，有了武装保卫，同时党组织也已公开了，所以这个时候便公开了少共组织。

（三）苏维埃政权的建立

1. 村苏的建立情况

民国十六年二月，陈道坤、彭日辉在表湖秘密组织表湖村支部，在村支部的领导下，进行革命活动，组织农民暴动。

（1）农民暴动

①表湖的暴动

民国十六年十月在表湖组织暴动，陈道坤、彭日辉二人领导，还有彭明辉、张贤南、邓云龙、张仲鲁、张千万、张先礼、彭远才等人组织。暴动前开会，在表湖开的。会上彭日辉讲话："各位同志，晚上每人要注意，不要失手乱舞。要好好负责，先找好对象，不准乱动其他贫苦工农的东西。乱动了，出了问题，你们要负责。出发前各人检查自己的东西，回来时又要检查。打土豪的东西要归农民协会，吃的东西可以大家回来吃一点。"开完了会就分工，每人到什么地方去，打哪些土豪。

张千万到凡埠去，打谢豪宗、谢豪富、谢豪虚、谢豪朱的土豪；邓宗鲁到王家城去，打谢家元、张家应、张荣、张本初、张家怀、张家明、张家庆的土豪；彭日辉到张家车去，打张素万、张维炳、张维潭、张善忧的土豪；邓云龙到城功去，打万德爷、万德林、万德方的土豪；张仲鲁到桥头去，打江克度、万东娥、江新飞、江新胖的土豪；彭远才到水西去，打张善数的土豪；谢理唯到空坑去，打王凤以、尹金生、张之段、曾栋、王德信的土豪。晚上分工后，各次出发打土豪。

②龙云的暴动

民国十八年十月间组织暴动，谢以可、张苍松、赖泽林从良村来领导暴动。暴动前在沙罗陂陈家祠开会，内容：

"打土豪分田地，抗租抗债，杀劣绅。主要是抗租抗债，借了钱不要还；贫苦工农团结起来打土豪分田地，捉到土豪罚款……"

开会后分工负责去领导。赖泽林领导沙罗陂、欧里、龙王阁的暴动，谢以可、张苍松领导芭蕉台、扛子背的暴动。

沙罗陂谢之青带 30 多人，用梭镖、鸟枪到石头坑打谭老民的土豪；扛子背、芭蕉台是张良香带 20 多人到坑头、仔台打土豪；龙王阁王之真带 30 多人到石头坑打土豪。

（2）农民协会的建立

表湖和龙云暴动之后，各地纷纷成立农民协会。在农民协会的领导下，群众都起来打土豪分田地。暴动是以表湖为中心。

①表湖农民协会的建立

表湖、张家车在民国十六年四月就已经建立农民协会，因为地主李友球勾结靖卫团，使得这次农民协会建立之后，不久就解散了。到民国十六年十月，表湖第二次成立农民协会，主席彭远才，副主席张贤南，文书兼书记宜先中。还组织了赤卫军、少先队、儿童团，妇女组织了洗衣队、慰劳队。表湖村农民协会包括：表湖、水西、下庄、木坑等四个村。

民国十六年十月，高车成立了农民协会，主席罗先仁，文书兼书记罗辉书，赤卫军队长吴金汉，四五十人，儿童团团长罗辉成，少先队队长陈意晃。高车农民协会包括：高车、东王陂、杨家坊、庙着滩、古水岭等村。

②龙冈农民协会的建立

民国十六年十月，张家车组织农民协会，主席谢秀保，文书兼书记张守全，组织了赤卫军、少先队、儿童团。张家车农民协会包括：张家车、龙冈街。

同时又组织桥头村农民协会，主席罗福井，还组织了赤卫军。桥头农民协会包括桥头、城功、温松、松山下等村。

同时又组织了凡埠农民协会，主席谢理刚，文书（姓谢，叫三星保）。赤卫军队长谢长生，共 30 多人。

③龙云农民协会的建立

民国十八年十月，龙望角、沙罗陂、欧里组织农民协会，叫沙罗陂农民协会，主席李明锦，文书兼书记张良先，宣传何春，组织张国雄，还组织了赤卫军，地址在沙罗陂。

民国十八年十月，芭蕉头、扛子背组织一个农民协会，叫芭蕉台农民协会，主席张衣香，文书兼书记刘吉成，组织王分有，宣传吴锦凤，还组织了赤卫军、少先队、儿童团。

民国十八年十月，成立茶坑农民协会，主席蔡坤全。包括：坳王陂、茶坑、西坑。

（3）农民协会领导下的经济和政治斗争——"五抗三杀"和减租减息

"五抗"是抗租、抗债、抗粮、抗捐、抗税。

"三杀"是杀反动、杀土豪、杀劣绅。

"五抗"的方法：农民耕作地主豪绅的土地不交租；欠了地主豪绅的债不还，把文契债约烧了；抗粮【是】把国民党〈的〉政府的土地证烧了，契约也烧了，不还粮；抗税是把土地税、货税、屠宰税、落地税、油榨的榨油税、买猪仔税、买牛鸡鸭狗都要【的】牙人税（中间剥削），一起都抗了；抗捐是把国民党派下来的捐款都不捐〈抗了〉。下面举几个具体的事例来说明：

高车陈开梯，耕公堂田十多担谷，一年还30担谷子，结果抗掉了。他还借了公堂30多块钱，加三的利息，一年连本带利要还40元左右，结果也抗掉了。

又如刘家福，耕富农陈以鼎60多担谷田，要还30多担谷，结果抗掉了。还借了地主张成容40多斤油，利息10斤还3斤，利本加起来要还50多斤，后来也抗掉了。

沙罗陂谢桑弟，贫农，耕了富农谢桑才4亩谷田，一年还8担谷，民国十八年抗租时抗掉了。

芭蕉台张良学，贫农，耕了谢家公堂田4亩，一年要9担租谷，民国十八年十月也抗掉了。

丁启发，贫农，借了地主谢良绍40块银洋，加三的利息，一年利息和本加起来要还52元，民国十八年也抗掉了。

芭蕉台刘茂良（手工业），借了黄玉清50多块银洋，一年利息每元二点五，连本带利一年要还六十二元五角钱，民国十八年抗掉了。

减租减息：主要是中农、地主豪绅的都抗了。如一个贫农借中农的一担谷子，如果利息还了一担（加起来算），就不还了；如果利息加起来还了二担的话，这一担还要退回来。这就是说减租减息，只要还本就行了。

"三杀"是杀反动、杀劣绅、杀土豪。也例〔列〕举一些事例来说明：

当时水西的土豪张善数，他老婆、两个儿子都杀了，是民国十七年冬杀的。民国十七年冬还杀了富农张善忧。

民国二十年杀了劣绅张数万、张维炳、巫家文，反动杀了反水富农谢豪陶、反水流氓谢石仔、反水跟靖卫团走的谢新娇。

民国二十年还杀了反动地主谢良绍、谢中万，杀了劣绅张贤干、谢玉行、游好行，杀了反动张良生、张良、张良一，富农谢桑才也杀了。"五抗三杀"一般从暴动时开始，到土地改革后为止。

（4）村苏维埃的建立

①表湖地区

民国十七年二月，成立表湖村政府，主席彭日辉，副主席张贤南，文书兼书记张仲鲁，组织彭远才，宣传邓云龙，土地彭明辉。赤卫军队长彭日新，四五十人；儿童团团长彭任香，十五六人；少先队队长吴发亮，十人左右。妇女组织洗衣队、慰劳队。表湖村政府范围：表湖、木坑、下庄、水西。

民国十七年二月成立高车村政府，主席刘家福，副主席邓贤方，文书兼书记罗辉书，土地马干林，军事罗先仁，裁判兼肃反巫金汉，赤卫委员吴国金，粮食巫月泉。赤卫军队长吴国金，40人；儿童团团长罗辉成；少先队队长陈意芳。高车村政府的范围：高车、古水岭、东王陂、庙着滩、杨家坊。

②龙冈地区

民国十七年成立张家车（车西）村政府，主席谢秀保，副主席温兴理，裁判张善以，军事张善力，土地谢祖雄，文书张守全，组织张中保，经济赵仲鲁。还组织了赤卫队、少先队、儿童团，妇女组织了洗衣队、慰劳队。高车农民协会的范围：张家车、凡埠、龙冈、王家城。

民国十七年成立桥头村政府，主席罗福井，文书江东海。还有赤卫军、少先队、儿童团，妇女组织了洗衣队、慰劳队。桥头村政府的范围：桥头、城功、温松、松山下。

③龙云地区

民国十九年五月成立龙云村政府，主席王之真，书记兼文书李德祥，宣传谢寿春，组织张克雄，土地李先左，军事李德海，妇女主任谢春英，儿童团团长张良海，少先队队长张良初，赤卫军队长谢之清。龙云村政府范围：沙罗陂、龙望角、欧里。

民国十九年五月，组织了芭蕉村政府，主席张良祥，文书兼书记李吉成，土地欧阳方行，军事吴锦凤，宣传刘洪明，组织刘茂生，妇女主任朱德香，赤卫军队长谢朝飞，少先队队长尹陶升，儿童团团长张陈陶。

民国十九年五月，成立西茶坑村政府，主席董神兴，文书兼书记朱士兰，组织了赤卫军、少先队、儿童团。妇女组织了洗衣队，慰劳队。西茶坑村政府的范围：坰王陂、西坑、茶坑。

（5）村政府的政治和经济斗争

①表湖村政府

打土豪张善数，他是水西人。没收 150 亩田，茶山〈担〉1000担木梓，500 斤油，牛 3 只，张善数三父子和他老婆都杀了。

打土豪巫家文，没收百多亩田，茶山岭 200 多担。反动地主李友球、土豪巫家文都杀了。

打土豪后，每家人家能分十一二担谷子，人多可分 20 多担，每人分两套衣服，用具等东西，打土豪的钱归公。高车、桥头都一样。

②张家车村政府

打土豪谢香存，没收 200 多亩田，100 多担谷，四五百斤油，

1000多斤糖，耕牛3只，猪10多口，全家的东西都没收。打张气生的土豪，没收200多亩田，茶山岭千多担木子〔梓〕，2000斤油，猪10多只，牛10多只，油榨1个，1个店（卖油酒的），房子10多栋。杀了张数才、张维炳2个土豪【和】反动张善忧。

③桥头村政府

打罗万艾的土豪，没收60多亩田，几百担木梓，200多斤油，牛3只，猪3只。打土豪江克度，本人走了，全家东西都没收。杀了反动江东才（AB团）。

④龙云村政府

打土豪谢良文，没收80担谷田（15亩），牛3只，猪3只，茶山岭100多担木梓，30多担谷子。打土豪张贤干，没收百多担谷田（二三十亩田），1000多斤油，罚几千块钱，后来还是杀了。

⑤巴洒①村政府

打土豪张良数，没收了1000多担谷田（200多亩），油1000多斤，谷子四五百担，油榨1个，2500块银洋。又打土豪张贤昌，没收了100多担谷田，出了1000多块银洋，牛3只，猪3只，油五六十斤，茶山岭六七百担。

还打了土豪罗春英，没收200多担谷田，茶山岭1000多担，30担谷子，油榨1个。许应英罚了120多块钱的款。

打土豪后，群众分好多东西。龙云村的每个人分一担谷子，衣服身吧里②，钱归公。芭蕉台每人能分两三担谷子，衣服一个人能分两三套，牛、钱归公，油卖给公家。打土豪得到的钱，要去打土豪的人才有分，没有去的人不分。有时一个人可分十多块，这样群众都会去打土豪。

---

① 永丰境内地名，"巴洒"应为"芭溪"，后文写作"芭溪"。见《江西省永丰县地名志》（内部资料），1985年版，第225页。

② 身吧里，方言，意指一套左右。

2. 乡苏维埃的建立

（1）龙冈乡的建立

地址：龙冈街。

民国二十一年一月成立乡苏维埃政府，主席陶英昌，文书兼书记李行方，少共书记张善力，妇女部长罗永方。罗福井、罗辉祥、朱实才、谢长仔都是乡里干部，分工不知道。这时乡里组织了赤卫军，队长林玉祥，【一】百多人，两支枪；少先队队长张善力，七八十人；儿童团团长毛仔，四五十人。龙冈乡范围：张家车、龙冈、凡埠、王家城、桥头、城功、温松、松山下。管张家车、桥头两个村政府。

（2）高表乡的建立

地址：表湖村。

民国二十年一月成立高表乡苏维埃政府，主席彭远才，文书兼书记邓贤方，副书记兼组织委员温然兴，少共书记罗先仁、邓益三，土地委员吴国金，财政委员彭远才兼，文化委员罗笔垣，军事委员邓胜，粮食委员张守真，妇女主任陈长秀。武装组织：赤卫军队长邓胜，80多个人，两支枪，其余是牛海枪、梭镖等；少先队队长吴新生，20多个人；儿童团团长吴先谷。妇女组织洗衣队、慰劳队。高表乡的范围：表湖、水西、木坑、下庄、高车、古水岭、东王陂、庙着滩、杨家坊。管表湖、高车两个村政府。

（3）龙云乡的建立

地址：沙罗陂。

民国二十年九月成立龙云乡苏维埃政府，主席李光炳，文书兼书记刘吉成，土地委员李先左，军事委员陈真新，少共书记兰祥才，妇女主任陈桂秀，伙夫兼交通谢东生。还组织了赤卫军，少先队队长林祥兵，儿童团团长谢东书。龙云乡的范围：沙罗陂、龙望角、欧里、芭蕉台、扛子背、屻王陂、西坑、茶坑。管龙云、芭溪、西茶三个村政府。

（4）芭溪乡的建立

地址：沙罗陂。

芭蕉乡是从龙云乡里分出来的。

民国二十一年成立芭溪乡苏维埃政府，主席李先全，文书兼书记张守已，军事委员吴锦凤，土地委员朱天生，组织委员李先科，少共书记谢宗武，妇女主任杨伯秀，赤卫军〈队〉队长谢朝飞，儿童团团长张庆超，少先队等组织。芭溪乡范围：芭蕉台、扛子背。管芭蕉台村政府。

3. 区苏维埃的建立

民国十九年二月成立龙冈区苏维埃政府。

主席蔡增全，副主席张仲鲁，组织部长张贤南，宣传部长彭日辉，裁判部长刘日辉，劳动部长谢明康，军事部长彭日辉（兼），土地部长李德和，粮食部长万顿豪，财政部长陈子豪，妇女主任刘春秀，互济会主任董善和。

反帝大同盟主席温兴理，少共书记邓益三。

区工会主席彭远才，副主席张新桂，文书姜黄。

区委会书记陈道坤，组织部长张仲鲁，宣传部长彭远才（兼）。

龙冈区成立时属于永丰县管，民国二十二年永龙分开以后，属龙冈县管。

（彭远才、谢理雄、刘家福、陈开梯、李德和、张国雄、谢寒雁等同志口述）

（四）武装斗争

1. 革命的地方武装组织

民国十六年二月，在表湖秘密组织赤卫队，参加的有表湖、张家车、水西、斋上、小别等地的骨干分子，他们都是贫雇农。参加赤卫队的条件是对敌斗争坚决，坚决到底，参加者要秘密宣传，一个宣传一个。各村的秘密赤卫队，由表湖领导，队长彭日辉。

四月，赤卫队公开了，有80余人，用的都是梭镖、鸟铳。赤卫队设队长、连长、排长、班长，队、连都有指导员，队长指导员由彭日辉担任。

（1）发展中的赤卫队

民国十七年冬，许多地方组织了村苏维埃，在表湖、高车、张家车、水西、斋上、木坑、古树岭、石头坑、杨家芳〔坊〕、庙仔滩^①等地，组织一个大队，大队长彭日辉（兼指导员），文书张贤南。大队分三小队：a.高车、杨家芳〔坊〕【等】地一队，队长罗先英；b.张家车等地一队，队长张承高；c.表湖、水西等地一队，队长邓云龙。

这时的赤卫队有110人，有的都还是梭镖、鸟铳、长龙（土炮）。城功、凡埠、龙冈、桥头、王家城都是很反动的地方，他们多是右派，跟靖卫团走，有的是当靖卫团，这时还不会组织苏维埃政权和赤卫队。

这时还组织了少先队，只在高车一片，有赤卫队的地方就有少先队。少先队也设大队，下分〔设〕分队、小队、小组，大队队长邓日新，共有100来人。妇女也参加少先队，平时作田，打火就集合同赤卫队去。

（2）赤卫军的建成

民国十八年二月，凡埠、城功、桥头、龙冈、王家城都组织起来了，由于有了发展，赤卫队便改为赤卫军，由彭日辉统一领导（他的权柄很大，管的地方很阔）。龙冈附近（现在的龙冈乡）分四个大队，大队编制设大队长、中队长、分队长、班长。

A.表湖、高车、水西、中黄陂、木坑、杨家坊、庙仔滩一个大队，大队长彭日辉（兼职〔指〕导员），共300人。

B.张家车、龙冈、凡埠、王家城、城功、桥头为一个大队，大队长万祖广，赤卫军300来人。（表湖彭远才，高家车陈开悌、刘家福）

---

① 前文写作"庙着滩"。

C. 石罗陂、芭蕉头、江仔背、豪全坑、西坑、龙云、巴〔芭〕溪、龙王阁、竹桥、隅言合为一大队，大队长张良都（陈开悌、刘家福说是张良汉）兼教官，赤卫军有86个（刘家福、陈开悌说300人）。这个大队分两个中队：

①石罗陂、龙王阁、竹桥、隅言为一中队，共46人，中队长谢子清；少先队30人，队长张孙；儿童团30人，团长张良海。

②芭溪、江仔背、豪全坑合为一中队，赤卫军40人，中队长阮道兴；少先队30人，队长张贤献；儿童团20人，团长张庆超。

大队共有鸟枪60支，来福枪2支，其他是猪婆刀。

赤卫军出发上操，每人左手戴红衫袖。少先队头上挂红飘飘仔，平时要上操治安，保护政府，捉土豪、反动，放哨，检查来往【行人】，打敌人的侦探。儿童团长参加放哨、捉赌博，破除迷信，菩萨烧了，不卖香、蜡独〔烛〕，算命的也要参加生产。（龙云谢海颜、张国祥、刘国祥、刘茂良）

民国十九【年】，凡是26—45岁的，全加入赤卫军；18—25岁，全加入少先队。

（3）赤卫军的活动

赤卫军组织后，到龙冈圩、上下固、龙公山、茅头墩、沙溪、藤田打火。

①两次攻打龙公山（兴国良村）

民国十七年八月，打龙公山。

我们去龙公山组织革命，他们不肯，并造〔请〕古龙冈的靖卫团来保护。这个地方的老百姓很顽固，他们和靖卫团共千数个〔人〕，坚守在龙公山祠堂里。这个祠堂有炮眼，还有地坑，可以打枪，人又厉害，傢事（武装）又足，山又高。表湖的赤卫队和陈远模、郭其的游击队20支枪，其他都是牛海铳、鸟铳。由彭日辉领导，没有打下，我们有三个〔人〕被打死。

民国十八年三月又打一仗，我们2万多人，这时，龙冈附近及君埠、良村、城冈 ① 等地的人都来了（我们这时组织很阔）。这次也没有打下，进了村，足〔只〕捉到五六个人，牵了牛、猪，独有祠堂没打下。

②打沙溪

民国十八年五月打沙溪，靖卫团团长张乃安、江国柱在龙冈站不住脚，便退到沙溪，有70来人，每人一支枪。这次去由郭其、陈远模、李贻谋领导游击队六七十条枪，还有龙冈、高表、空坑、胜丰、芭溪等地的赤卫军、少先队，共千把人，游击队打冲锋，赤卫军、少先队跟在后面，再后面便是运输队、担架队，结果打下了沙溪。

打下沙溪的有利条件：沙溪老百姓都一心向革命，巴不得我们去抗租抗粮；我们苏区赤卫军也独一齐心，哨子一吹便会集合，打火也喜欢，打火有钱，可以吃好吃的。（高车陈开悌、刘家福，表湖彭远才）

（4）游击队的建立

民国十七年冬成立游击队，有30人，3条枪，彭日辉当队长。

民国十八年，游击队有50人，40多条枪，队长李贻谋。他和陈远模、郭其各领部分游击队，保卫分田。靖卫团一来便去打，加上我们有赤卫军，靖卫团便不敢来了。游击队专打一些打得下的地方，日上躲在山上，看见靖卫团多就不打，登山走，掉队的便截住打，哪怕是缴一条枪也好。打土豪的谷子要附近老百姓来担走，不要钱，杀猪杀牛叫老百姓吃，衣物都叫老百姓拿走，这样革命更加【搞】起来了。（表湖彭远才，高车陈开悌、刘家福）

2.反革命的地方武装

（1）靖卫团的建立

在头界〔届〕革命前，老百姓很苦，做生意没本钱，过年没

---

① "城冈"应为"城功"。见《江西省永丰县地名志》（内部资料），1985年版，第227页。

有钱，便打主意去接粮户，把东西接走、人绑走，并串拢起来，接〔劫〕贫救富。地主、富农见老百姓接〔劫〕富救贫，便组织民国〔团〕（靖卫团）来整接〔劫〕富救贫。这个事情发生在民国十五年。（高车陈开悌、刘家福）民国十八年，张乃安从永丰来到八区（龙冈）来，团长江国柱，有二三十个人，每人一支枪，队长张乃安，权操在江国柱手。张乃安在南坑写有钱〈的〉人的钱，买一子〔支〕枪。活动范围主要在君埠、龙冈、良村、南坑，即八都范围内活动。

民国二十年，靖卫团有 90 人，在永丰改编为永丰警察队，大队长由永丰县长担任，副大队长江国柱，张乃安当中队长。（龙冈圩陈其良）

靖卫团初来时是破坏农协会，追人杀人。民国十八年，张乃安在龙冈杀了两个妇女，一个是庄头李老板的媳妇，一个是张家车的妇女。

（2）张乃安的反动面貌

张乃安，龙头迳人，他在这里教私塾，人不高不矮，走得狗赢，喜欢赌博、嫖娘子人，喜欢喝酒。民国二十三【年】以后，在君埠嫖一个有丈夫的妇女，在南昌也嫖了一个，共娶了 3 个老婆。

他在龙头迳教书时，赌博输光了钱，便去偷陈贤才的水烟筒，结果被抓，赔了十块钱。他教书时，与龙头迳的饶仁焕打官司，张乃安就要办私塾，教发模，饶仁焕要办学堂，官司打到永丰，张乃安一天一晚从永丰打回转。这次官司打输光了，晚上回来不见路，在高车一个茅所旁边找点火柴，结果跌在茅所里，在河里洗了一下，便赶回家去。在龙冈拍街长张家仁、许伟团（他俩是结拜兄弟）的马屁，张家仁、许伟团是龙冈街最有哇分的人，连士官都得听他们的话，张乃安拍到他们的马屁，被任为士官。当时老百姓流言："张乃安跌到屎窖里行时，做到了官。"以后地主、富农为了〈对〉整接〔劫〕贫救富，便组织靖卫团，张乃安做队长。

张乃安非常凶恶，不怕死，杀人不用刀，杀人不知其数，张乃安〈自己〉自己亲口对陈易玲（艮宁兵人）说："冒一千都有八百。"

民国十九年在上固，他带民团到上田去，捉到正在耘禾的周发才、周才生 3 兄弟（原 4 兄弟，一个不在田里），都打死了。在银龙下，捉到陈金仔、芦狗仔、余员仔等 5 人，都枪杀了。在沙溪碰到一天〔个〕妇女，张乃安想去奸嫖她，她不肯，第二天他把她捉来，用枪〈把顿〉用刀把心肝挖出来，挖生的。

（高车刘家福、陈开悌，龙冈肖菊芬）

3. 扩大红军

村政府宣传青年要起来当红军，参加革命。在表湖就有四个青年参加红军，先由村政府介绍到龙冈区政府，然后由区政府介绍到军队去，红军师长和几个连长来接。在龙冈开了欢迎大会，在会上，红军师长又宣传当红军的意义，说当红军为了革命，为了打垮反动派，要当红军的同志坚决革命，不要开小差，不要挂念家里，家里有人优待。去的时候，不论是从村政府到区政府，【还是】从区政府到军队，都是爆竹宣〔喧〕天，敲锣打鼓接来送去。区政府的干部送给我们洋巾，妇女送给我们每人一双软底鞋子，沿路到处喊口号："欢迎新战士上前方，消灭敌人，多打胜仗！"

4. 粉碎敌人的"围剿"斗争

（1）第一次反"围剿"

我军当时驻扎在黄陂进行肃反。至九月初，张辉瓒追求〔来〕，真是追得我们鸡飞狗上灶，敌人追至龙冈，我红军主力仍然在宁都小布、黄陂。当时毛主席也在那里，他分析了当时的作战形势，觉得龙冈的地势好，群众基础好，这对整个战争形势都是有利的，因此决定在龙冈打。毛主席还说："我们不是打痒他，要打痛他。"

①敌我力量的对比

敌军十八师师长张辉瓒是伪江西省主席鲁涤平的嫡系军，有"铁【军】"之称，到张辉瓒部队开至龙冈，又封了一个什么"钢军"。匪军有 1 万来人，他们的武器比较好。在敌人的队伍里混杂着许多难民团，即是龙冈本地逃亡的地主劣绅，以及一些伪职人员，他们【对】龙冈的地形很熟悉，张辉瓒一来，他们便带白军去看地形，使匪军有机会对龙冈的情况先有所了解。

我红军主力全部在黄陂、小布一带，参加作战的部队有三军、四军、五军、十二军、二十军、二十二军，共三四万人，由毛主席、朱总司令亲自指导。① 我们作战部队，武器是比较差的，很多战士都还是拿梭镖、马刀参加作战；还有地方武装，主要的是赤卫军、游击队。

②战斗前的准备及群众对红军的支援

打仗的前两天，我们的两个侦探（赣西南办事处派出去的，赣西南办事处设在君埠）扮成农民，在小别碰到张辉瓒的便衣侦探。探子问我们的农民侦探，龙冈、君埠这些地方有没有"土匪"，我们的侦探告诉他们没有，说龙冈是"国军"；他们要我们的侦探第二天带路去潭头。当日倍〔陪〕他们到龙冈，晚上与他们同睡，探到他们在龙冈的军队，并了解他们就要派一团人去宁都东韶与谭道源的军队联系，张辉瓒本来是到江西"剿共"的，他一到龙冈，听说没有"土匪"，就大肆狂妄，说土匪被他们赶跑了，于是急与谭道源部队会师，回程报功。当时我们侦探知道这些消息，便偷了他们一条军毛毡回到君埠，第二天又去侦明那团白匪开动的时间。

红军还没有开到以前，就派副官到高车等地号房子，要我们准备粮食。木坑人民听说国民党到了龙冈，便把谷砻成米，坚壁到山上，准备在山上吃，红军一来便挖出来。当枪一响，木坑、高车、表湖、水西、杨家坊、龙云、芭溪、石罗陂人民没有一个闲人，连一日也动起来了，杀猪的杀猪，洗菜的洗菜，烧开水的烧开水，煮

① 1930 年 12 月 30 日，毛泽东、朱德率红三军团、红四军和红十二军围歼张辉瓒国民党第十八师师部和两个旅共 9000 多人，俘师长张辉瓒，取得了第一次反"围剿"的首战大捷。见中共中央文献研究室编：《毛泽东年谱 1893—1949》（上），人民出版社、中央文献出版社 1993 年版，第 356 页。

饭的煮饭。各村组织担架队、运输队、洗衣队、看护队、慰问队，他们相信红军一定会打胜仗，运输队把开人〔水〕、粥饭送到火线上去，担架队见有红军伤兵便赶快抬下来。高车陈茂生、陈茂焕抬伤兵累出汗来了，衣服也磨破了，还是抬。见到国民党的伤兵便打几棒。赤卫军参加带路、抬枪、扛伤兵，帮助红军向白军喊话："过来缴枪吧，我们红军官兵一样，你白军拳打足踢，使军阀手段，你们过来是一样，没田有田，冒老婆有老婆。"他们喊打杀，使白军见我们太勇，就有些害怕。洗衣队的妇女到后方医院去洗衣服，慰问队的便拿软底鞋、果子，送到医院去。

游击队也参加打火，其中有陈远模、李贻谋、郭其的军队，〈大约〉有70余人。

地方	赤卫军	担架队	运输队	洗衣队	慰劳队
高车	70人	全部投入战斗中			
表湖	200人	40人	30人		
木坑	全部出动				
龙云		46人	30人	30人	
芭溪		40人	30人	20人	

（表湖彭远才，高车陈开悌，木坑虞积才，龙云谢海颜）

③敌我兵力的布置

白匪张辉瓒分三路追赶我们，一路由八都、永丰、古县、藤田、沙溪，一路由吉安的水东、直下、陂头、新安、富田、东固，再一路由吉水、直下、水南、白沙、潭头、上固。敌军三路来到龙冈地区后，集中于毛坪、南石、城功、凡埠，准备从小别到东韶（又说是到黄陂去打"土匪"，彭远才说）。

我红军于十一月二十二日半夜从黄陂出动，毛主席和朱总司令都到君埠来，我军三四万人：a.一路由黄公略领导第三军（彭远才说是三军团，其说较多）由吉安方向，走汉下，到上固，由宜先忠带路；b. 一路由彭德怀率领五军（彭远才说是五军团）从兴国方向经良村、弱汪、石英、茅坪、蓝石，到亭子岭，由何甘俊带路；c. 一路由毛主席、朱总司令率领第四军，经君埠到王竹岭，到小别（彭远才说是一军团，罗国倬说二十军、二十二军、十二军，由陈毅领导，也占领空坑；另一说是从朱总司令那路分出来的，经君埠、铁路下到表湖、水西），这路叫第一军团，由彭远才带路，由这支队伍打先锋。

④险要的地形

从龙冈到小别，是两山夹一道的山路，这条山路是狭长地带，形势险要，只有一条进出的山石小道。道路两旁是几十公尺高的小别山，山上树木丛生，利于隐蔽。两山之间的地带是夹〔狭〕长而湾〔弯〕曲的带形，其间只容一条山石小道和依路而流的小别河，后一段从大拱桥到摇钱牌为装腹[①]，约5里，后段比前段稍宽敞，其间除由张家墩（有人说是毛家坪）延进和小别河外，还有田稻〈间〉居其间，而两山相距最宽的空间地带（摇钱牌处），也只不过150公尺左右。（罗国倬）

⑤活捉张辉瓒

民国十九年十一月二十三日的早晨，没有下霜，没出太阳，万功山雾气滚滚，是一种阴阳天气。白匪一团人就开往东韶去，进了我们的口袋，摇钱牌的红军便报了枪（有人说是红军的排哨，其说较多排哨设在大拱桥，由大拱桥先打起来），我们便截断了敌人的退路及后援，完全消灭这团人，打死白匪很多。当时红军战士说："摇钱牌，摇钱牌，打死白匪冒那埋（冒人埋）。"

大拱桥战斗一响，朱总司令的部队就登【上】〈山〉安仲老山，五军（五军团）就从龙王阁包过来登上田庭寨，三军（三军团）从上固赶来（三军团未到，就从张家车石壁寨【赶】走了靖卫团，有说是一部分白匪），就登上石壁寨。

---

① 原文如此。

敌人听到大拱桥枪响，便分头撤退，张辉瓒退到万功山，一部分退到罗坑岭，一部分退到桥头。我们红军四军（一军团）从安仲老山上打过来，追到万功山；三军（三军团）从石壁寨打过来，到桥头；五军（五军团）从田庭寨压过来，打罗坑岭，最后便把三路敌人压缩到万功山、毛家坪。张辉瓒见势不妙，便大喊："不好了，不好了，走哇，走哇。"他的士兵说："走哇，走哇，我们是不走，要走你走。"

自早晨七点打起，至中午，匪军一师人在毛家坪（罗国倬说是张家墩）全部缴械，活捉白匪 9000 人，机枪 40 余架，大炮无计，剩下张辉瓒一个人没有捉到。有 300 个人回家去了，每人发了两块钱。（表湖彭远才）

有一个匪军机枪连，共水〔有〕机枪 4 架，机枪都来不及架好，机枪筒还扛在肩上，就被我们俘虏了。白匪看见红军追来，便举手喊："老俵〔表〕，我缴枪。"排长带头跪下，白军士兵也跟着跪下缴枪。（龙冈圩谢豪雄）

缴了白军的械以后，当时红军战士便说："张辉瓒是铁军，到了龙冈哇是钢军，打了一下是这（个）卵军。"真的是这样！第二天（24 日），彭远才在路上碰到两个匪军从田庭寨下来，他拿根棒子，把棒子一举，说："缴枪！"这两个张辉瓒的残兵便说："不要打，救命呀！"就跪到缴枪。（表湖彭远才）

十一日〔月〕二十三日上午，有国民党两个俘虏兵带路，一军团一个团长（大约姓张），其他还有连排长，共六七十人去捉。那两个俘虏告诉我们张辉瓒在什么地方，便带走了，没有与张辉瓒会见。张辉瓒躲在万功山一座庙里，门口放着一顶火叉桥〔轿〕，三人抬的。我们首先包围了庙宇，团、连、排长便进去，看见张辉瓒躲在菩萨殿后的角落里，还有三个抬轿的人。连排长进去说："不要动，你是张辉瓒吗？"张说："我是张辉瓒。"这时，只见他低着头，身上打抖，穿黄衣服，上面有大扣子，穿靴子，西装头，矮矮子，胖胖子，脸色带黄，我们捉住他时，脸色立时变青。这时我们

用绑带把张辉瓒捆起来，其他三个抬轿的人没有绑，张辉瓒【被】解到枧田见毛主席。（表湖彭远才）

白军张辉瓒没有即时被俘，第二天我们集中俘虏讲话，毛主席对俘虏演讲说："张辉瓒还没有捉到。"俘虏兵说："捉【不】到张辉瓒不回家。"毛主席就接口说："谁能抓到张辉瓒，奖一百银洋。"当时马上有一个俘虏出来应道："包捉得到。"到他接走了一百银洋，带我们去捉张辉瓒。原来这个兵是一个伙伕〔夫〕，张辉瓒换穿了他的衣服，并叫他第二天晚上去带他到龙冈街。但是每个兵都非常恨他，因为他对士兵不好，九个月没有兵饷。结果带到毛家坪后面的城功的一个庙后边的横薯窖里（生了好多芦雉草），捉到了张辉瓒。当时毛主席、朱总司令都在那里，张辉瓒看到他们后，钻到□□□□头说："毛师友，毛师友，对不起。"毛主席叫他起来。

捉到张辉瓒没有马上杀了，还把他解到宁都、乐安、宜黄、石城、寻乌、瑞金，在瑞金开了第一次全苏大会后，又解到兴国，从兴国又解到东固，他的士兵坚持要杀掉他，表示不杀张辉瓒不革命，不杀张辉瓒不编队，一路总是跟着，到东固时是二次战争结束，第三次战争的开始。一天开士兵大会，黄公略军长在列宁台上演说，国民党12架飞机来了，黄公略军长被国民党飞机的机关枪打死了，当时子弹由黄公略军长的太阳穴进，从后脑出，抬到七分医院去上纱布就边包边落气。这边黄公略军长被打死，大家都很紧张，没有关顾到张辉瓒（张绑在列宁台的柱头上），他的士兵就把他的头砍下来了，当真杀了张辉瓒，他们编队了。张辉瓒的头我们回富田恢复工作的人用桶角篓子挑到水东——张真的很胖，一只（个）头恰恰装满了一桶谷篓子——用一块木板把它顺水推到吉安去了，板子上插了一面旗帜，上面写"十八师该死的张师长"。吉安接到头就打爆竹来吊孝。（罗国俸说）

在围歼张辉瓒的这次战争中，红军本无损失，但在结束战斗清扫战利品时，从空坑方面来的二十军就无故打枪，（这天又起朦）打死四军近100人，这是二十军的叛变行为。二十军一部分是反水军队（军队里的 AB 团就是二十军发生的），所以战争结束后，后〔到〕黄陂集中，检讨二十军搞的富田事变，这次在战场上又无故打枪，结果就在宁都的黄陂把二十军的士兵编解，连长以上干部都枪毙了。（君埠罗国倬）

⑥第一次反"围剿"胜利的影响

第一次战争的胜利，使苏区的政权完全巩固下来了，人民对红军更加信仰，参加当红军的人越来越多，大家都喜欢去当红军，老百姓也更加安心。对国民党也是一个有力的打击，张辉瓒原是有"铁军"之称的队伍，到龙冈又叫什么"钢军"，经红军一仗，便变成我个卵军了。国民党最怕到龙冈这个地方来，流传在国民党士官中有几句话："打州打府打县场，难打龙冈这个鬼地方。"白军一到龙冈就头昏。（君埠罗国倬，龙云谢海颜）

（2）秤锤寨地堡之战

①龙冈秤锤寨地堡之战的准备工作

守上固王鸡公堡的连队失败以后，退到龙冈，在龙冈修筑了秤锤寨地堡，下了最大的决心，挑择〔选〕了 147 名红军战士，他们全部是共产党员和共青团员，党员占多数，准备死守。

为了有力抗击敌人，永丰县委书记罗国倬亲自领导，动员南坑、枫边、良村、君埠、龙冈区的男女老少 3 万人，从正月（田里正在开碗〔豌〕豆花）开始修起，得〔用〕了两月之久，最后用了1000 人三天两夜（罗国倬说两天两夜）的时间，在西方军（由机关干部编成）的保卫下，修筑了秤钟〔锤〕寨地堡。

当我们正在修地堡时，敌人还在藤田，靖卫团便到张家车来扰乱，向正在修地堡的地方射击，同时国民党右派飞机来捣蛋，我们西方军驻守于杨巷陂、大岭老〔脑〕两山还击敌人。

地堡〈的〉做得很复杂。一个 150 公尺的石山全挖空了，里面分上、中、下三层，山顶上用一根竹竿伸到第二层，当作送信具，由山顶的哨兵传达敌人的动态。地堡有办公室，设在第二层，石壁有枪眼。第三层下面便是一道深 7 尺宽 5 尺的壕沟，沟的岸边上埋了7个大地雷，用7根钢丝束成2根很大的钢丝，由2个人专门负责掌握，钢丝上用土盖好，以免被敌人发现；壕沟里准备扑〔铺〕2担三脚钉，怕国民党军怕死不敢来而炸〔用〕不到，所以没有放；壕沟过去是一道5尺宽的辘柴，乱七八糟的大树。地堡靠河边有一个水口，装有一根粗的铁丝伸到河底，沿铁丝提水吃。第二层设有厨房、厕所。

地堡力量的配备：轻机枪2挺，手枪3支，其余皆步枪，机枪对准风行。还有4架土炮，长5尺，直径8寸，炮身是铁的，炮身厚一寸，名叫长龙，可打400公尺。除此外，还有70余只猪肉，1700斤菜，3000斤油，5000斤盐，三年的粮食。

龙冈秤锤寨原是一座密丛的树山，有枫树、松树、茶树、河树、山楂，凡埠的有钱人每到龙冈来，总是设专人清扫道路。这次除保存称〔秤〕锤寨上的树木做伪装外，其他山上的树木全被砍光，拿去做工事。

②敌人的力量及我们对敌人的破坏工作

敌人用了三个师的兵力，准备了4门大炮，风行2门，石绝1门，杨巷陂1门，向我军地堡轰击，用的是一色的自动步枪和其他重型武器。

当敌人未来之先〔前〕，龙冈民众都将碗、锅或其他日常用品打碎或丢入塘里，使敌人喝不到一滴水，吃不到一粒米，烧不到一根柴，同时把道路、桥梁破坏或伪装，桥梁陷死了很多敌人。

③第一次毁灭性的回击

一天，我们红军战士正在开加强工作会议，一个姓邓（麻子）【的】同他说："我们不要动摇，要死守，我们要一个人换敌人三个……"正在这时，敌人的炮弹咚咚地落在地堡上，地都震动了。其时，一个同志说："哎呀！敌人打什么？地都震动了。"邓同志听后，便拍【桌】子说："你不要动摇，要不对你不客气！"这一说，那个同志面都吓青了，李连长说："上去看看吧！"国民党打了一阵炮，见我们没有回击，便大摇大摆地冲来，叫道："土匪仔，你们打土豪吃得胖胖的，现在是孤守在山里，大概饿瘦了吧！我们这里有海带、机器米，有钱，来吧！"我们红军战士根本不动摇。

另一次，敌人用了三个团的兵力，拿着香烟、罐头来喊："土匪，你们砍树有什么用？这一下要捉活的，捉来破肚子！"

我们便回答："俵子，有胆进来吧！"

敌人见我们始终不打一枪，以为我们没有枪，便背着马刀，拿手榴弹，爬上辘柴，【来】到壕沟边上。其实〔时〕，一声轰响，7个地雷同时炸了，只见四边烟雾满布，什么也看不见。除了事后敌人留下一堆堆死尸，四马分尸的头、脚和被炸的鞋帽外，敌人什么也没有得到。这次敌人丢下了上千的死尸，我们无半点伤亡。这时当匪军进入我地雷区时，地堡上的哨兵便喊："一、二，拉！"两个拉地雷的人也应声【因】用力过大而倒在地下。这个意外的打击，使敌人7天也没来进攻。

④第二、第三次回击

第二次，反动派夜晚从寒坑来到龙冈烧杀，连秤锤地堡的厨房都被烧着了，但未到秤锤地堡，被我们看见，就开枪射击。打死了一下〔些〕，敌人死了一些人就溃退了。

第三次，县委扎在中洲时，地堡日夜打。

⑤尾声

1934年七月的一个夜晚，永丰靖卫团在匪首团长张乃安率领下，夜晚从张家车偷偷地爬上地堡（又说是叛徒）杀死哨兵，把手榴弹从传话器里丢进地堡，但我军战士仍然坚守，到最后子弹打光了，敌人又从工事旁边挖洞，才把二十余个半死半活的脸上被薰〔熏〕黑了的红军战士拖出来。谢礼雄说，只走了两个人，到县委还得奖。（龙冈谢礼雄）

1934年三月十一日以前，敌人还在上固，每天派兵到6点钟时到张家车的石壁上，架起机枪对我们碉堡射击，但不冲锋，打一下就撤退。由于国民党的马路还未修好，要马路修好后，敌人用汽车拖匪军来打我们。我们每次也打死敌军一些，究竟多少不

知道，因为看不见。在这以后，敌人差不多每天冲锋一次，用兵力一般是一连人左右。（胡正登说）

我驻上固，【从】王鸡公地堡撤退，连长、指导员便在空坑枪毙了，另派一个湖南人（姓高的）当连长，但不能解决问题，经常有人开小差。于是为加强工作，就从西方军抽调骨干分子（党团员）来坚守，这样才没有人开小差。连长也经常讲，每个同志要坚强，这只碉堡一定要守住，再过三天，三军团就会来援助。

敌人当时用了五个师的兵力，九十师、九十二师、九十五【师】、五十九师、保安师，枪支弹药很足，还有小钢炮。

我军才 108 个战斗员，6 个伙夫，共 94 班，每个才 20 排子弹，有的还没有这么多，手榴弹才五六个，每人守一个枪眼。此外，还有独立二团 2 个营（6 个连），及西方军的警卫连（带〔司〕令部），共 7 连人，他们没有固定打、守地点，是游击敌人，以后开走了。

第一次，敌人一连兵力冲到我们碉堡的辘柴下，我们使用马尾炸弹打，敌人死伤很多，从凡埠来的。

第二次敌人从大岭脑来，兵力有营是营①，敌未冲过来，我们又用炸弹及轻机枪打，才把敌人击溃。

第三次敌人师打师②，从大岭、凡埠来，也被我们击退了。

第四次敌人不打，把工事做下来，一步一步地挖壕沟，敌人从我们的背后来包围。

第七次，敌人从△正老、张家车、凡埠成扇形包围，又用钢炮打。我们的工事挖〔塌〕了一点，我们又支好了。我们工事是很坚固的，用树、土一层层叠起来的。当匪军进攻时，我们挖〔拉〕响了两个地雷，才算把敌人打败，我们的连长也牺牲了，敌人死了千打〔把〕个。

第八次，敌人进〔从〕四面八方包围上来，这时龙冈圩的老百

---

① 原文如此。

② 原文如此。

姓全走光了，我们的子弹也没有多少，肉也吃完了，本来准备第二天撤军，这次敌人用了 5 个师来包围。最后敌人一个匪军从张家车过渡爬上地堡，把我们的出口用木头塞住了，这时外边的敌人正在冲锋，地堡上没有了哨兵，所以敌人爬上来。当我们出口被塞住，敌人拥上地堡见我们没有打枪，说："他妈的，他们没有子弹。"我们说："是呀，没有子弹，有子弹就会给你们打枪。"敌人开始不敢进地雷〔堡〕去，至我们全部出来后才敢进。

我们守一座地堡，伤亡不多，仅死了三四个人，当我们出地堡时，我们还有 53 个战斗员，6 个伙夫，因为一部分有病到后方去了，另一部分〈了〉【被】调去受训了。

敌人每次进攻都会来喊话，我们回答："同志拖枪过来当红军，娶老婆不要钱，还分田。"

我们被敌抓住后，才知敌人死伤很大。敌人说："他妈的屌，这里土匪好厉害，打死我们千数个，副师长都打伤了。"（按：胡正登是伪保长，谢礼雄说他可能是逃出来的）

（黎蹋整理）

（五）土地改革

1. 龙冈乡和高表乡的土地改革

龙冈和高表乡进行了两次土地改革。

（1）第一次分田

民国十八年第一次分田，原则：以原耕【田】为基础，抽多补少，抽肥补瘦，以村政府为单位。这次分田没有划阶级，富农分坏田。中农不动，少了就补，多的不抽。祠堂、庙、富农、土豪、劣绅的田没收，不论大小，每人分八担谷田。富农、土豪、劣绅，没有杀的都有分田，但是分坏田。每人分三担半茶山岭，留了红军公田。还累计费，一担谷田还一斤。

（2）第二次分田

民国二十一年第二次分田，原因：有反水的，走了的，病死了的。同时这年进行了查田查阶级，查出一些富农有很多田。查田查阶级的方法：各村开会讨论。我们村里可能有搞错了的，有的不够中农，但划了中农，其他的中农有多少田，所以他应划分为贫农。有的划中农不应当，应当与其他中农比比看，这个中农某地还有田，有房子、耕牛、多少农具，就派人去访问，看田是不是有。查实了之后，就开会宣布，在大会上这个中农也参加，要他自己讲讲是不是中农，与其他中农比是不是富农，要他自己发表意见。这时因为反动派打倒了，靖卫团打倒了，所以敢查田查阶级。这样就多了很多田，所以要第二次分田，第一次分的田不动，少了补上去。这次和第一次加起来，每人分10担谷田，每人分茶山岭八担。举例如下：

表湖彭远才一家人3口，第一次分田共分了24担谷田，茶山岭5担。龙冈街谢理雄，2个人，第二次分田，20担谷田，茶山岭16担。

第二次分田划了阶级。

2.龙云乡的土地改革

（1）第一次分田

民国十八年十一月，第一次分田，没有划阶级。沙罗陂、龙望角、欧里联合一起分田，祠堂、庙、地主、富农、劣绅的田都没收。原则：以原耕为基础，人住在哪里，就在哪里分田，分附近的。作好田的，分田时分一些差的；如作差田的，分田时就分好田。一个人平均分7担谷田（1亩5分），茶山7担，大人小孩一样分田。房屋住了好的就好的，坏的就坏的，贫苦工农没屋住的就住新的。（地主逃走了）没有牛的，两三家人共一只。地主、富农分坏田，贫苦工农分好田，军属分好田，要包耕。

分田由农民协会领导，开会选评议员，要年老人作田的人当评议员，评议员看田大小登记。田分甲、乙、丙、丁四等。

甲田：是门口的，不会干旱的。

乙田：是路程比较远，难运肥料的。

丙田：是山足下的，或山里面的。

丁田：是三年二不收的田。

茶山好不好要评，看山的坐落方向如何。茶山分上、中、下三等：上等的，是向东的；中等的，是向西南的；下等的，是向北的。看完之后再登记，按户数对好，插好标。开会通过，问群众有没有意见，没有意见宣布耕田。

芭蕉台、扛子背，每人分5担谷田，茶山岭5担。西坑、茶坑、圳王陂，每人分6担谷田，茶山岭6担。

（2）第二次分田

民国二十一年第二次分田，这次划了阶级：贫农、雇农、中农、富裕中农、富农、地主、土豪、劣绅。原因：因为第一次分田，评田有偏差，木梓岭评得不好，〈我的〉木梓岭摘不到木梓，要评议员去看；还有走了的人抽出他的田，死了的也要抽掉，这次主要是抽多补少。回来的还要补。纠正第一次的偏差。分田数字与第一次一样，没有增加。

（3）第三次分田

民国二十二年第三次分田，这时开始查田查阶级。查你分了多少岭，多少田，是不是隐瞒了。查出新的地主、富农，就打新地主、富农；又查出很多田。不是重新分过，而是把地主、富农的好田抽出来，没有分田的，这次补上去。第三次分田又划了阶级。走了的、死了的田要抽出来，抽多补少，添丁的也要分田。

3. 土地改革后人民群众的生活

土地改革后，人民的生活很好。谷子和油都有卖，自己吃不完，每家人家都有卖。国民党时龙冈街上十天三圩，每天有二三十桌人赌钱，共千多人，现在禁止赌钱和吃鸦片烟，这班人参加生产。同时，这时耕田的谷自己得，又不要交租还粮，家家有谷子养猪，养大了就自己杀得吃，喜欢〔想卖〕就卖，不喜欢〔不想卖〕就不卖，养了鸡鸭都是自己吃，耕田用自己的牛和犁耙。

一天吃三餐干饭（还要打白来吃），衣穿好的，冬天有棉衣穿，晚上有棉被盖，睡得很好，不怕冷。这时群众生活很快乐，无论是开会、耕田、做功夫，一到外面就唱红军歌子。

到了过年时，猪自己养了杀来吃，豆子、油、酒、鸡、鸭，自己都有，大小都要做新衣服过年，欢欢喜喜过新年。

（彭远才、谢理雄[1]、刘家福、陈开梯、张国雄、李德和、谢寒雁等同志口述）

（六）苏区的各项建设事业

1. 经济建设

残酷的阶级斗争考验着苏区人民。青壮年男子都参加红军或游击队去了，留在后方的人民组成赤卫军、运输队、担架队，妇女慰劳队、洗衣队，还有少先队和儿童团，要配合红军作战，要严防敌人的破坏。支前工作和警卫工作，抽去了不少劳动力。尽管劳动力如何缺乏，苏区人民在生产斗争战线上决不放松，政府号召："前方要打仗，后方要生产支援前线。多打粮食，供给红军战士。"

要多打粮食，必须搞好水利事业。龙冈人民大力补修陂头水圳，计表湖补修大小水圳四五十条，能灌溉1600多亩良田，其他地区也修补了不少。这时已经注意到群众办水利，大家出工。在冬天农闲的时候准备明年春耕。

要搞好生产就要发展畜力，当时政府还号召养好耕牛。打土豪时分配给中贫农的耕牛，几家共用，轮流护养，不能任意屠宰。（表湖座谈会）

男人参军去了，妇女学习作田。在生产中挖出不少潜力，多少〔许多〕妇女走出厨房参加生产。（龙云座谈会）

干部不但督促生产，还带头生产。区政府只留下文书一人办公，其余的干部全部下乡去了；区委留书记和文书二人。干部下乡检查工作外，亲自帮红军家属代耕，平时也在自己家里做家务事，农忙时还会帮附近群众生产。（表湖座谈会）

当时生产没有组织起来，只有自愿换工，红军家属、机关工作

---

[1] 谢理雄，文中又写作"谢礼雄""谢利雄"。

人员家属和教员家属的田有代耕优待。必须先把他们的田作好，才作自己的田，代耕队是吃自己的饭的。（龙云座谈会）

（1）手工业生产

表湖有木匠5人，篾匠9人，裁缝10人，泥水8人，剃头师7人，榨油工人13人，共52人，估计全龙冈区表湖、龙冈、龙云三个乡有150个工人左右。民国十九年区苏成立，内设有工会组织，木匠、篾匠、裁缝等〈等〉都要加入工会，每月交会费1~2角。工钱由工会规定，每天2~2.5角，榨油工人工钱最多。在以前工钱由同行业的人商议。

没有加入工会的，不能随意做工，到【民国】二十年以后不准做，但年老的或不经常出工的，也可以不加入工会，做些另〔零〕工，工钱也由工会规定。请另〔零〕工可以自由请，也有与农民换工的。还有包某项工程的，那就要到工会去说，工会派人去做，统一付工钱。同区的不同乡，要到乡里出介绍信，到别区去做工的，要区工会出介绍信，拿到该区工会接洽，安排工作。

手工业者会作田的，有家的，他自己要分田就分给他，不会作的不分，也有他自己不要的。分了田的还可以做工，他的田可以借给别人作，也可以与农民换工。榨油工人不分田。（胡仁兴、张承煜、龙云、表湖、龙冈座谈会）

（2）供销合作社与红色饭店

各乡有个供销合作社，由群众合股经营，每股2元。每年年终结算一次，结算要公布。合作社主任由入股群众选出，还有买办。

龙冈区也有一个合作社，主任是李鸿彪。合作社（区乡）卖些日用品、布匹、盐、杂货（火柴、烟等）等，这些东西都是打下那个地方缴的。入股的买东西要便宜一点，合作社比私商的东西也便宜一点。年终结算分红。结算时，乡社要村干部派代表参加，区社要各乡干部派代表参加，监督结账，账目公开。县里也经常派人到区社检查，区里也会派人到乡社检查，没有发生过贪污现象，主任、买办也没有薪水。

龙冈区合作社，还专卖中药，也收草药，还有 2 个医生，都是姓李的（上固 1 个，良村 1 个）。他们领薪水，有 20 多元，没有分田给他们。这时群众的病，最多的是烂手烂脚，也有疟疾。这里看病比私人医生要便宜。（见龙冈、龙云座谈会，龙冈谢利雄）

红色饭店：1932 年，龙冈开办有红色饭店，由区苏领导。来往旅客都可以吃，还设有床铺，被子是向老百姓租的，买饭照秤，宿费与膳费另外算。龙冈红色饭店只开了三个月。因为当时还有私营的，价格与红色饭店一样，而他们人多，打水送菜，又会谈客，他们自己会种菜，有时菜也较多。而红色饭店又不是自己耘菜，人手又少，招呼没有私营饭店周到，工作人员又是生手，所以只办了三个月。

沙溪的红色饭店办得好，办了两三年，主任是石桃中。（龙云座谈会）

（3）与白区贸易情况

苏区不能直接与白区做买卖，只是边界上的人偷来卖，边界上的人也会偷运，要拿油去以货换货。也有苏区群众托白区群众买，到边界上交货，要贵一点，要去买货的人到区政府换成银洋，或国民党的票子（作战时搞到的），要用银洋和国民党票子才买得到货。苏区人民不敢到白区做买卖，捉到会杀头。（谢利雄，表湖座谈会）

（4）对商家的政策

有钱的跑走了好多，留下的大商家要登记资本，算他能维持全家生活，又能周转资金，多的没收归公，主要是写款。先找店员工人开会说："我们替他做牛做马，受他剥削，我们要和他斗争。"店员工人觉悟起来，报他有多少财产，但要调查清楚，还要看是否【是】自己的本钱。跑了的商家的店子没收，归农民协会，由有本钱的人去开，都是入股的。也有合股开店的。都不收税。

做小生意的也分田，他们募捐比较多。挑东西卖的要路条。最初抬高物价的会杀头。如：卖 2 角的货，他卖 3 角，就抓起来，群众控诉，群众决定杀就杀，罚苦工就罚苦工，放就放。后来政府要领导生产，又要支前，工作很多，而且区干部多是下乡去了，管不到商家投机不投机，也有些投机的。

1931 年以前，私人还有卖盐的，以后就没有了。只收了一年商业税，也很轻。没有什么限制，还是商人自己做买卖，自己办货，物价也还平稳。（谢利雄，龙云、表湖、龙冈三座谈会）

2. 文化建设

（1）列宁小学

龙云在沙罗陂、西坑、龙王角、茶坑、庙脚坑、太平墈、坳王陂等都办了列宁小学，龙冈、高车、表湖也办了。7、8 岁—15 岁中贫雇农子女都可以读，地主、富农子弟不收入学。不收学费，只交书钱，书由省文教局统一发下，名为"平民课本"。

没有分班，一村 10 多 20 个学生，表湖有 30 多个，太平墈有20 多【个】学生。各村只有一个老师，老师没有薪水，家属的田代耕优待。学校办公费由村政府出。

学生天天上学，栽禾、摘木子〔梓〕、割禾的时候要放解〔假〕，要考试。老师不能打学生。除读书外，还有唱歌（红军歌子）。当时除读"平民课本"外，还可以读别的，自己选。没有规定要上多少课，只〈要〉是由得老师教多教少。

龙冈的老师是外地人，车溪的老师万碧文、李学全，表湖的老师吴神宽、吴光艺、张书调，沙罗陂的老师张良俊、谢老少、陈原邦。（表湖、车溪、龙冈、龙云座谈会）

（2）夜学班与识字运动

经常的会议，紧张的生产，但是还积极学习文化，各村都有夜学班。除地主、富农外，成年男女都可以读，也读"平民课本"；识字的就教，互教互学，我认得几个就教你几个，主要是认字，也学写，还学些数目。

不开会就每天晚上都去，农忙时也可以不去，有时还放仆〔假〕。

张家车夜学班有 30 多人，经常有 10 多个人读，由张首全、万碧文、李学全轮到教。沙罗陂有十多个人。

晚上点灯的油自己出，今天点我的，明天点你的，轮到出。

扫盲也有识字牌，但没有实行。（龙冈、龙云、车溪座谈会）

（3）婚姻

自由结婚，娶老婆不要钱，要到乡政府登簿，规定结婚年龄男20岁，女18。只要双方同意，就是本姓也可以结婚，也有别人介绍的。

双方不愿，也可以离婚，也要到乡政府登簿。离婚后，小孩跟爸爸，没有生下来的，爸爸要供养，也跟爸爸。吵架由妇女主任、村代表调解。离婚要妇女主任在场。童养媳不愿意的，也可以回娘家。

1931年才有婚姻法，规定：单方不能离婚，必须双方同意。（龙冈座谈会）

（梁嫦娥整理）

3. 对土豪、富农、地痞的改造

土豪、富农，分坏田、旱田、荒田给他们作，作得多少还是归他们，交土地税（累进税）也与中贫农一样。对地主、富农管制，监督生产，群众报告某个土豪、富农的生产情况，乡政府派人去调查，生产不好的要处理，开会斗争，罚苦工，优待红军家属。当时有钱的都跑掉了，留下的没有钱的，他们自己要吃也要生产。

抽鸦片的、赌博的、流氓等也改造过来了，他们也分了田。最初是有赌的、抽大烟的，政府严禁，少先队员巡查，碰到烟鬼、赌鬼不客气。初犯教育，再犯戴高帽子游街。游街时戴纸帽子，打锣，自己嘴里说："抽鸦片的（赌博的），照样。"后面赤卫队员押到各村游。第三次罚做苦工，有钱的就罚钱；累教不改的就杀。

以前不务正业的，现在都有田作了，教育不到的也杀。最初是有说怪话的，给群众听到后就抓来训，后来不敢说了，只是偷偷地叹叹气而已。龙云乡李宏香过去卖鸦片，不作田，全家生活靠卖鸦片维持，以后没有烟卖了，就在家里学作田，50多岁才开始参加生产，以后他一个人劳动，可以养活一家七八口人，生活还过得蛮好。

人人参加生产，没有懒汉，贼也很少了，骗子也少，算命的也只有偷偷地活动。（表湖、车溪、龙云三座谈会，谢利雄）

4. 邮政事业的发展

龙冈有邮局（邮政代办所？），用苏区邮花，信上贴邮花。双挂号 1.6 角，单挂号 8 分，平信 2 分，红军家属寄信不要钱，只是跟他们送就是。我们不寄信到白区，但白区的人可以寄信来，都是有亲人在苏区问问情况，这些信要检查。以前的信都是用人走。我们不与白区联系，只派人去侦探。（表湖、龙云座谈会，谢利雄）

5. 人民群众生活改善情况

当时劳动力虽然不足，肥料也只用牛粪、人粪，但产量还不错。分田不要交租，最初不还粮，到民国二十一年才要交 5%—6% 的累进税。耘多少得多少，刚从苦海里解放出来的农民，巴不得多打一点，因而都努力生产，群众生活都很好，〈有〉60%～70% 的人有余粮。如：凡埠谢豪如家里 15 口人吃饭，土地革命前，借人家的田作，不够吃；土地革命后，每年都有余粮，最多的时候有 30 担余粮。龙云乡陈江跃、许永经、李先求、王子祯、曾广珍等人过去总是不够吃，要借的，土地革命后都有余粮，陈江跃余【粮】最多。劳动力多的生活就好，表湖还有 20% 缺粮的，都是劳动力弱的、有病的、小孩多的，缺也缺不多。大家生活都很好，就是缺盐（后期）、布。【民国】二十年以前什么也不缺，以后【是】国民党对苏区封锁〈所〉造成。

余粮自由处理，喂猪或卖给兵站局（？）、合作社，供红军和机关人员用粮，但也可以自由买卖。1931 年，龙冈受国民党摧残，全部烧光了，1932 年春就开始缺粮，政府要我们到兴国、宁都、藤田去挑，不要钱，算到割禾【的时间】，缺多少，挑多少。

人民生活好转了，大家积极认购公债。【民国】二十年每户五角，劳动力强的买 1 元；【民国】二十一年每户 2 元，也有买 5 元的，按生活情况购买。【民国】二十二年龙冈区要买 3000 多元任务数，内读书乡 300 元[1]，这一年上半年的就收了，下半年的没有收，发下去了。以前买公债是先发下去，以后再收钱。（谢利雄，龙云、龙冈、车溪三座谈会）

6. 干群关系

区干部态度很好，村干部态度不够好，有时大声骂人。干部处处要带头，如扩军，干部带头，有些区干部都去当红军了。募捐也要捐多一点，生产也要带头。干部下乡督促生产，农忙时到附近帮红军家属或老百姓做。吃是吃自己的，干部没有薪水，后方一天 1 角钱。干部生活要比群众苦一些。

干部犯法要撤职查办，与群众犯同样的法，干部处分更重，群众犯法多采取教育。如：县政府保卫局局长刘克 ×（他姊姊是刘克良）贪污 5 元，杀头；龙冈区裁判部长 ×××，嫖地主娘子，也杀头。

红军有三大纪律、八项注意。到群众家里住，借东西要还，打破一只碗都要赔，睡了觉，门板要上好，捆禾草要打扫干净。（表湖座谈会）

7. 肃反运动

AB 团是国民党混在我们革命队伍中，杀害我们革命同志。杀 AB 团是自民国二十年开始的，真 AB 团借杀 AB 团为名，杀了许多假 AB 团，这些人都是我们的革命干部，绝大部分是积极分子、骨干分子，还有许多是忠厚老实人。

高表 12 人，张仲鲁、张于岭、张贤南、邓云龙、彭日辉等；龙冈 20 来个；（表湖彭远才，龙云谢礼雄）芭溪 6 个；龙云 30 个。（龙云谢海颜）

彭日辉同志是因为吃冤枉被杀的，杀在龙冈，还喊"共产党万岁""革命成功万岁"。许多同志被捉去用火烧，打得被迫乱招出来一些名单而被杀害。两人讲话也是 AB 团，邀伙上街买东西也说是 AB 团。高车陈茂仁才 17 岁，因为送信没去，换一个老旦去，便

---

[1] 原文如此。

说陈茂仁是 AB 团，派兵来捉他，他走了。区委书记陈济富说了几句："陈茂仁才十几岁，怎么是 AB 团？"不几天，陈济富同志也【被】捉起来了，由于他成分好才没杀，降职当区委部长。陈凤文（知识分子）被别人说是 AB 团，他便放一双鞋子在河边，佯装是溺水自杀了，他逃到张家车才免死，其实他是一个忠厚人。（高车陈开弟、刘家福，龙云张国祥、谢海颜）

当时杀 AB 团在这种情况下：①行动表现不好，对革命说怪话，帮助地主、富农做走狗，和伪靖卫团讲过话的，地主、富农表现不好的，杀；②当兵开小差的，偷东面〔西〕（大的），杀；③放火烧山（成分不好的杀）；④吃鸦片烟的、赌博的、欺骗人家的杀，与许多被打压的乱招出来的杀；⑤对生产不积极、不当赤卫军、不做担架队的，〈通〉吊儿郎当的关，成分好的批评斗争。

区主席陈子豪见乱捉 AB 团，便说："你们这村捉他们村的杀，他们的人捉你们的人杀，他们都是后生，有什么 AB 团？这样全杀光了。"他拦住大家不要去捉。（高车陈开悌、刘家福，龙云谢海颜）

董顺礼是龙冈区主席，他在芭溪开会说石罗陂、龙云除两人不是 AB 团外，其他都是 AB 团，其实他自己是 AB 团。他自己在【民国】二十一年肃反时【被】杀了，他做过小偷，赌博。（龙云张国祥，谢海颜）

【民国】二十一年政治转变，以前有名字的可以自首，不受刑，不准杀人，如果真正不好，要调查，或杀一两个，但还要看成分而定。（高车陈开悌、刘家福，龙云谢海颜、张国祥）

（黎跼整理）

（七）国民党反动派对苏区人民的屠杀和罪恶统治

1. 民国二十年反动派对苏区人民的摧残

民国十九年十二月打张辉瓒，表湖、张家车、木坑、高车、城功、水西、龙冈等地人民都组织支援红军作战，组织了担架队、运输队、洗衣队、慰劳队、看护队，送饭送开水，把张辉瓒活捉了，因此国民党对这一带的苏区人民特别仇恨。为了替张辉瓒报仇（谢理雄同志说是张辉瓒的老婆亲自来报仇的），于民国二十年自龙冈而上 100 里路，都遭到了疯狂的屠杀和烧毁，并用飞机来轰炸，就张家车就炸死 10 余人。张维绥一家 4 口就炸死 3 个，1 个儿子受重伤。张盛昌一家 7 口，3 个儿子，2 个媳妇，两公婆，炸死了 4 个，受伤 3 个。在张家车放火烧屋，年青人都走了，留下的都是老旦，他们看见自己的房屋被烧了，国民党不准许救火，有一个老旦救火而被打死，有的老旦死在外面连死胎〔尸〕都找不到。（张家车，张神煜）

张家车原有房屋 100 余栋，人口 400 余人，住户 100 余，经过国民党烧杀后，留下 200 来人，50 户，房子只有 4 栋很小的，其他如牛、猪（200 余头）全光了。

木坑村原有房屋 11 栋，经国民党烧杀后留下 2 栋房子。捉去人 10 余个，杀了五六个，牛 80 只，猪 100 头，碗筷锅盆全光了。（木坑，虞积才）

表湖烧了房子 18 栋，牛 17 只，猪 18 头。其他东西全被抢光。（表湖彭远才）

在高车也不例外，每天有国民党匪军来烧杀，奸淫妇女。水西、高车、滩下、斋上、八公老、禾上坝、大年坑、下庄、大坪、东王陂、下布一带，原有房 70 余栋，人口 600 余，耕牛 70 多头，经匪军烧杀后，仅留下房屋 14 栋、人口 200 余、耕牛 3 头，杀了 200 头猪。（高车陈开梯）

龙冈烧了房屋 200 栋，其他用物全光，谷子上千担，杀人 30 个以上。（龙冈圩谢理雄）

2. 红军北上抗日，国民党统治的恢复

红军北上后，国民党恢复反动统治，建立伪区政府、乡政府、特别区、警卫所，保甲制度也恢复了。对共产党实行残杀，在龙冈活埋了三个同志，一是裁判部长吴永怀，一是妇女谢炳辉，另一个不记得名字。国民党狗东西将于□辣椒放在窖内烧起火，再将我们同志剥去衣服，扔于浓烟烈火中，盖上木板，周围拥土。（龙冈圩

谢理雄）

反动派回来后，收老债，赔东西，拉壮丁，征户捐税，壮丁费，落户捐，每月交几斤米一块钱，几年的租债都收回去了，老婆归原主。如：龙冈谢海颜的老婆原是李步清的老婆，李步清带老婆走到永丰，被我们捉回来，把李步清杀了，谢海颜便与李步清的老婆结了婚。后来国民党回来了，李步清的哥哥李步文（伪乡长）硬迫使谢海颜赔嫁，谢将女人送还，他不要，只要钱，结果谢海颜便典租借债，赔了50块钱，此后谢海颜便穷苦下来了，田有〔又〕没有了。欠债的还债时，国民党反动派见多有多收，少有少收，见到干部便捉，捉到要罚钱。（龙云谢海颜）

为了杀绝共产党，国民党〈来〉又来搞一个杀"暗杀队"，见到干部互相讲话就说是"暗杀队"，捉起来杀。（表湖彭远才）

3. 国民党对苏区人民摧残后影响

红军北上后，我们干部才回来，老百姓的生活非常苦，没有办法生活，木坑老百姓靠着柴卖，每担卖3角钱，挑到小别去卖，再买米。许多人没米吃，没油吃。表湖人民吃野菜，没有牛耕田便用足〔锄〕头挖，向粮户租牛，两个人工换一个牛工。这样表湖一带有50%的田荒芜了。（木坑虞积才，表湖彭远才）

三、抗日战争时期

红军北上了，国民党对龙冈人民进行"三分军事，七分政治"的反动统治。尽管如此，龙冈人民在艰辛的岁月里，还帮助自己的同志和家属。民国二十五年五月，张承烈给〔被〕国民党"清共委员会"杀害，打了2枪未死，晚上爬起来了，到张家车，谢祖松家里只有4升米，给他3升帮助他逃走。

有些跟不上队伍的，老百姓凑起钱来给他路费回去，也有老百姓收留的。如：谢文皆（湖南人）在良村，老百姓收留了他住了几年，结果还是被地方上的反动势力杀了。

红军谢冬早家里有2个人（一个几岁的仔），他老婆租不到地主的田来作，生活很苦，全姓的群众凑起谷来给她吃，每年有200斤的粮食救济她。张家车也有救济红军家属，三五个人暗暗商量"某家的红军家属有困难"，于是一人一点凑起来救济他们，都是自愿的，搞过几次。不敢公开说救济某人，否则会杀头的。（车溪、龙云、龙冈三座谈会）

（梁嫦娥整理）

四、解放战争时期

解放前夕党的地下活动

在这一段时期，基本上没有什么游击队的活动。因为在这个时候，国民党实行了残酷的白色恐怖，组织暗杀队、便衣特务队，哪个人受到怀疑的，都要被便衣特务队抓去或被暗杀队暗杀了。因此，人民不敢起来进行游击活动。

虽然人民没有组织游击队，但是在这一段时间有罗国倬和胡××等十余人（据说都是党员），在铁园的建浦进行秘密活动，暗中组织人民要注意土豪劣绅跑到哪里去，暗藏物资，注意他们的一切活动……

在解放的前夕，地主听到其他地方解放了，说："现在我们走不了，不知道到哪里去才好，不得了，不得了……"

永丰县城解放了，而伪正副县长带着城狗兵逃到龙冈来，有20多条枪。红军同他们打了三次仗，三战三捷，最后一次是28个解放军就缴了敌人50多支枪，马1匹，铜板1箩，光洋300多元，驳壳3支，机枪1挺。因此，龙冈在1949年8月12日就解放了。当时还有一股残匪（人数很少）向兴国方向逃窜，以后下落不太清楚（据说这股残匪逃到兴国后，不久被解放军消灭掉）。

从此，永丰人民就获得了彻底解放。永丰人民不但在苏区时期发挥了革命的积极性，一直坚持斗争到解放，解放后又发扬了革命的传统，积极地建设社会主义社会，现正过着自由幸福的生活。

2. 访问老革命同志谢礼雄记录

谢礼雄，男，现年 50 岁，现任龙冈饭食商店经理，第二次国内革命战争时期任通讯员。

1934 年四月，国民党军队来到藤田、瑶岭、石马。我军与敌人在石马打了一仗后退到沙溪，并在张家窝做了碉堡抗击敌人，留下一连人，守了九天九夜。由于国民党用堡垒政策，修马路，〈一〉步步为营，眼看敌人马路已伸展到张家窝，我守军一连人，被迫又退到上固，发动枫边、良村两区群众，用了四天四夜的时间，在王鸡公筑了一个地堡，且准备了三年的粮食，以备死守。并击退了敌人的进攻。半月后，敌人把马路修到上固，又在马路两边筑碉堡。由于领导不坚决，放弃了王鸡公地堡，撤退出来，后虽夺回，又放弃了，最后退到龙冈。连长、连指导员被判了死刑。

一、主要内容

上固王鸡公地堡放弃以后，我军下了最大的决心死守，修筑了一座坚固的地堡，派了 147 位久经考验的党团员，准备了三年的粮食，打退了敌人多次的进攻。由于子弹打光了，靖卫团把地堡打下了。

二、龙冈（秤锤寨）地堡之役的准备工作

我守上固王鸡公地堡的连队，因连领导犯了机会主义的错误后，得到及时的纠正，下了最大的决心，选择了 147 名红军战士（他们全部是共产党员和少共团员，其中党员占多数），准备死守。

为了有力抗击敌人，永丰县委书记罗国倬亲自领导，动员南坑、枫边、良村、捲布、龙冈区的男女老少 3 万余人，从正月（田里正在开豌豆花）开始修起，得了 2 月之久，最后用了 1000 人用了三天三夜的时间，在西方军（由机关干部编成的）的保卫下，修筑了一座至今仍屹立在龙冈街旁边的秤锤寨地堡。

当我方正在修筑地堡时，敌人还在藤田，靖伪〔卫〕团便到张家车来扰乱，时刻向正在修筑地堡的地方射击，同时国民党还派飞机来捣蛋。我西方军驻守于杨巷陂、大岭老两山还击敌人，这样保证了工事顺利完成。

地堡的构造是非常复杂的，整个一座海拔 150 公尺的石山全挖空了，里面分上、中、下三层。山顶上用一根竹竿伸到第二层，当作送话器，由山顶上的哨兵传达敌人的动态。地堡里有办公室，设在第二层。石壁上有枪眼。第三层下面便是一道深七尺、宽五尺的壕沟，沟的岸边上埋了七个直径一尺的大地雷。大地雷用许多小铜丝连接许多小地雷，大地雷用七根钢丝束成两根大的钢丝，由两个人专门负责掌握。钢丝上用土盖上，以免被敌人发觉。壕沟里准备放两担三角钉，为了透〔诱〕敌进坑，没有放，因为国民党军队最怕死，怕他们不会来而炸不到。

壕沟进去是一道五尺的辘柴，乱七八糟【的】大树。

地堡靠河边有一个出口，装有一根粗的铁丝伸到河底，沿铁丝上提水吃。第二层没〔设〕有厨房、厕所。

地堡力量的配备：重机枪 2 挺，手枪 3 支，其余皆步枪，机枪对准凤形；还有 4 架土炮，长 5 尺余，直径 8 寸，炮身是铁的，炮身原 1 丈，名叫长龙，可打 400 公尺。除此，还有 70 余只猪，1700 斤干菜，3000 斤油，5000 斤盐，3 年的粮食。

龙冈秤锤寨原是一层密丛的树山，有枫树、松树、河〔禾〕树、茶树、山楂，成年是树成〔层〕树，如果不打扫道路，就很少有人从此经过。因此，凡埠的有钱人每到龙冈来，总是设专人清扫道路。可是这次修地堡，除保存秤锤寨上的树木作伪装外，其他山上的树木全被砍光拿去做工事了。

三、敌人的力量及我们对敌人的零星打击

敌人用了 3 个师的兵力，配备了 4 门大炮，其分配：凤形 2 门，石绝 1 门，杨巷陂 1 门，向我军地堡轰击。用的是一色的自动步枪和其他重型武器。

当乱〔敌〕人未来之先，龙冈人众都将碗、锅或其他日常用品扎碎或丢在池塘里，使敌人喝不到一滴水，吃不到一粒米，烧不到一根柴。同时把道路、桥梁破坏，或伪装桥陷，死了很多敌人。

四、第一次毁灭性的回击

一天，我们红军战士正在开加强工作会议，由一个姓邓（麻子）的同志主持。他说："我们不要动摇，要死守，我们要……一个换敌人一百个……"正在这时，敌人的炮弹咚咚地落在地堡上。其时一个同志说："哎呀，敌人打什么东西？地都震动了。"邓同志听后，便拍桌子说："你不要动摇，要不对你不客气。"这一说，那个同志脸上立刻升起一道恐布〔怖〕的表情。李连长说："上去看看吃〔去〕。"国民党匪军打了一阵炮以后，见我军没有回击，便大摇大摆地出来，大叫大喊："土匪，你们打土豪吃得胖胖的，现在是孤守在山里，大概饿瘦了吧。我们这里有海带、机器米，有钱，来吧。"

我们红军战士根本不动摇。

另一次，敌人用了三个团的兵力，拿着香烟、罐头来喊："土匪，你们砍树有什么用？这下要捉活的，捉来破肚子。"

我们便回答说："婊子仔，有胆进来吧！"

敌人见我们始终不打一枪，以为我们没有枪，便背着马刀、手榴弹爬上辘柴，到壕沟边上。其时，一声轰响，七个地雷同时爆炸了，只见四边烟雾满布，什么也看不见。除了事后发现敌人留下一堆堆死尸，四马分尸的头、脚和被炸的帽鞋外，敌人什么也没有得到。这次敌人丢下了上千的死尸，我方无半点伤亡。这是当匪军进入我地雷区时，地堡上的哨兵便喊"一、二，拉！"，两个拉雷线的人也应〔因〕用力过大而倒在地下。

这个意外的打击是敌人意料之外的，使敌人七天没有来进攻。

五、第二、三次回击

第二次，反动军队夜晚从空坑来到龙冈烧杀，连秤锤寨地堡的厨房都被烧着了，但未到秤锤寨地堡，被我们地堡驻军看见，便开枪射击，打了一下，敌人死了些人，便溃退了。

第三次，县委在中洲坝时，地堡日夜地打。

六、尾声

直到 1934 年七月的一个夜晚，永丰靖卫团在匪团长张乃安率领下，夜晚从张家车过河，偷偷地爬上地堡，（又说是叛徒）杀死哨兵，把手榴弹从传话的竹筒里丢进地堡。但我军战士仍坚持到最后子弹打光了。嗣后，敌人又从工事旁边挖洞，才把 20 余个半死半活的脸上被熏黑了的红军战士拖出来（只走了 2 人）。

（整理：黎踽）

3. 访问虞积才材料整理

虞积才，男，现年 51 岁，曾任苏区木坑村代表、模范少先队，后调入龙冈区巡视员，现为龙冈乡木坑社社员。

民国十八年十月左右，陈远模、陈道坤、彭明辉、彭日辉、彭远才、彭美焕等人装了 30 多条枪，从东固来到龙冈，目的在于成立农民协会。

当时他们在龙冈召开会议，我们村里（木坑）虞先忠到参加会议，水西的张守礼也到。虞先忠开会回来后，就开始组织农协会。当时，彭远才、彭美焕、彭明辉也来到我们村里。

农民协会包括木坑和水西两个村。

农民协会设有主席一人，文书一人张守高（当时对外叫文书，在党内即党支部书记），并有其他委员。

农协会成立后，实行了打土豪、分田地，抗租抗债，宣传婚姻自由。又组织模范少先队，站岗放哨、检查来往行人，队长是林开弟，队员有虞积才、虞先辉等人。

那时分田地的原则是抽多补少、抽肥补瘦，地主、赌棍、地痞、二流子等人不分给田地，富农分坏田。

民国十九年打张辉瓒时，木坑很多人到做担架队。

民国二十年时，龙冈区有13个乡：龙冈、龙云、铁园、君埠、汉市（即现在的汉下）、回龙、空坑、陂头、南林、读书、其坑、茅兰等。

区政府人员：主席陈子豪（后换潘家烟、温士通），军事部长丁梅英，妇女部长杨东山，工会部长石清焕。

区委：书记毛育三，秘书李汉关，组织部长邱寿珍，妇女部长李秀风。

少共：书记曾国豪，组织部长江永龙。

民国二十年第一次战争后，木坑全村被烧，财物被抢劫一空，还杀害了两个人。

（访问人：曾庆南）

4. 访问老革命同志彭远才记录（一）

彭远才，男，龙冈乡表湖村人，在土地革命时间任红四团党组织部长、区工会主席、龙冈县组织部长。

一、秘密的革命活动

民国十六年二月，陈道坤（永丰人）从小别张修林家来到表湖，半夜开会，陈道坤说："一定要共产，组织共产党，发展共产党。"又对彭远才说："老彭啊，我们这里一定要组织共产党才有出路，我们要解放。"都是在山里开会，当时参加的有彭明辉、彭日辉、张贤南、邓云龙、张仲鲁、张千万、张先礼、陈道坤和我，共九人。张仲鲁、陈道坤、张修林、张千万都【是】在永丰读书【时】的同学，他〔我〕们九个人成立表湖村党支部，文书陈道坤，副书记张修林，组织部长张贤南，宣传部长张仲鲁。

二、农民协会的成立

民国十六年四月公开组织农协会，当时还有小别、张家车也成立了农协。表面上李文球（地主）要他们到高车去开会（李是高车大坪人），去的有张仲鲁、张贤南、彭日辉、陈道坤和我五个人；暗中李友〔文〕球叫靖卫团来。当时，彭侯芬来告诉我们，我们五人就一直走到东固（因为东固有共产党）。家里的党员未公开，还在进行秘密活动，与东固有联系。

三、东固七、九纵队的建立

他们五个人到东固后，组织七、九纵队，因为段月泉、赖经邦先在那里活动，有十几条枪，要他们参加。开始是在山上秘密活动，有八九十人，民国十六年十月发展到五六百人。七纵队【队】长段月泉，副队长郭梅，指导员戴汉早。九纵队【队】长赖经邦，副队长张修林，指导员陈道坤。

民国十六年八月，七纵队到吉水鱼富打红枪会（因为白溪组织农协会，红枪会去捉），捉到11人，5条牛，7只猪，100多银洋。先后到兴国的龙冈头，散江、枫边、良村、鱼富、南坑、君埠、塘下、潭头、罗坊、南坪、水南等地打游击。

民国十七年十二月，七、九纵队组成二、四团，二团长段月泉，政委陈道坤，四团长赖经邦，政委陈鄢模[1]。

四、党组织的发展和农协组织的扩大

表湖村党支部成立后的活动：发展组织，一人负责一个地方。张仲鲁在水西成立支部，张任支书，发展五个党员；张千万在张家车成立支部，他任书记，发展七个党员；陈道坤在表湖与下庄成立

---

[1] 文中有"陈远模"。见《永丰英烈》（内部资料），1995年版，第102—103页。

支部，他任书记，发展了 12 个党人〔员〕；彭远才在高车成立支部，任支书，发展七个党员；张修林在小别成立支部，他任书记，发展党员；邓云龙在斋上成立支部，任书记，发展党员 2 人；张贤南在龙王角成立支部，任支书，发展党员 5 人。【党员】由原来 9 人发展到 71 人。

民国十八年二月，四团 40 多人（其中有陈道坤、张修林、张仲鲁、彭远才等）回来组织农协会（因先组织的散了）。这时，上固、铁园、空坑、罗坊、龙冈也组织了。表湖农协主席彭远才，副主席彭明辉，妇女主任张素贞，书记张贤南。这时，村苏维埃也成立了，包括八个地方：小别、龙王角、高车、斋上、下庄、水西、张家车、表湖。主席张修林，副主席张仲鲁，组织部长张千万，副部长彭远才，宣传部长彭日辉，妇女部长王素贞①，少队部长邓云龙，党支书陈道坤，副妇女部长陈亿秀。

五、苏维埃政权的建设

民国十九年二月成立龙冈区，由各村派代表两人到龙冈开会。龙冈区第一次工农兵代表大会是【民国】十九年二月初三开的，内容讨论成立区政府、区工会和成立的日子。选举结果，区主席蔡增金、张仲鲁（副），组织部长张贤南，宣传部长彭日辉，裁判部长刘国辉，互济会主任黄善和，区妇女主任刘青秀，反帝大同盟主席温兴△，劳动部长谢明康，军事部长彭日辉，土地部长李德和，少共书记邓月三，区工会主席彭远才、张新桂（副），文书姜璜，粮食部长万颐豪，财政部长陈子豪。

民国十九年四月成立区委会，书记戴汉早，组织部长张仲鲁，宣传部长彭远才。区所管辖的范围：龙冈、△蓝石、良村、龙云、君埠、南坑、空坑、上固、高表等九个乡。

高表乡包括水西、高车、斋上、表湖、木坑、古水岭、下庄，书记罗辉球，主席彭远才，少先队长彭正香。

---

① 人名，前一句写成"张素贞"。

民国二十二年，永龙县分开，成立龙冈县，主席潘家苑，宣传部长毛育山[①]，组织部长彭远才，土地部长毛文茂，工会检查部长甲〔贾〕金祥，裁判部长肖××，财政部长陈子豪，保卫局长彭××，妇女部长李秀风，反帝大同盟何甘△，互济会主任黄善兴，县委书记罗国作〔倬〕，少共书记张焕△，副书记黄××，少队部长李自新。

六、分田

民国十八年十月分田，按人口分，每人分十担谷田（二亩）。打乱，好坏都要分，贫雇农作的田不动，没收地主的田地、房屋及其他财产来分，地主不分田，富农分坏田。公田也分。分田前划好阶级：贫雇农、中农、富农、地主（跟靖卫团起）。当时县政府没成立，由村政府分田。

七、战争

一次战争，民国十九年，万功山活捉张辉瓒。

二次战争，民国二十年，在△国高三△墟打败蒋光鼐、蔡廷锴。

三次战争，民国二十一年，在良村打败公秉藩。

四次战争，在福建。

五次战争，民国二十三年，君埠上的云龙下。

（整理：贺常奎）

5. 访问老革命同志彭远才记录（二）

彭远才，63 岁，龙冈乡表湖村人。

一次战争——1930 年十一月二十三日

民国十九年十一月二十三日，张辉瓒从东固来，驻在龙冈。毛

---

① 前文写成"毛育三"。

主席在王陂，朱德总司令二十二日半夜从王陂分三路：第一路从良村来，是五军团，何甘俊带路，到小别、王都岭，这路彭德怀指挥；第二路是一军团，朱德指挥，彭远才从君埠带路，这路打先锋；第三路是三军团，宜先中带路，走汉下从上固到张家车围过来。

张辉瓒十一月二十二日，从东固、毛坪、南石到龙冈吃早饭，到小别大拱桥来。朱德总司令从王陂到小别，在大拱桥的排哨与张辉瓒部队相遇。是二十三日上午七点钟打起来了，那时没有下霜，没出太阳，万功山起了雾，是阴阴天气。张辉瓒就退到万功山，朱德就登安仲老山。五军团听到一军团的枪响，就从龙王阁包过来，登田定寨。这时，三军团从上固赶来（三军团未到，就从张家车、石壁寨走了靖卫团），三军团来了时就登石壁寨。

张辉瓒退到万功山。一军团从安仲老山打过来，三军团从汉下、张家车的石壁寨打过来，五军团从田定寨打过来，这时把张辉瓒包围在万功山，三面受攻。从上午7时开始，到上午11点钟左右，就把张辉瓒打败了。这时张辉瓒说："不好了，不好了。走哇，走哇。"张部下士兵说："走哇，走哇，我是走不得去了，要走你走。"

二十三日上午，有〔由〕国民党张辉瓒的俘虏兵两人带路，一军团一个团长大约〔好像〕姓张，彭远才也在里面，共六七十个人，光捉张辉瓒。到山上时，这个士兵指张辉瓒在这个庙里。那两个俘虏反〔兵〕被带走了，没有与张辉瓒会面。庙门口有一顶大人轿，〈三个指的，〉张辉瓒躲在庙里，是菩萨后里的角落里。连排长先进去，庙周围包住了，庙里有三四个抬轿的人，连排长进去说："不要动，你是张辉瓒吗？"张说："我是张辉瓒。"（□时低头，身上打抖）张穿黄衣服，上面大扣子，西装头，矮矮子，胖胖子，脸带黑黄色，捉时脸色吓青了，还穿着靴子。这时用绑带把张辉瓒捆起来，其他三个没有绑。张辉瓒解到枧田是见毛主席。

张辉瓒这一师人全部【被】俘虏了，缴到1000多【支】枪，大炮四五十门，机关枪40架。这些俘虏兵有300人回家去了，每人发两元钱路费。

第三天（二十四日），我在路上碰见二个敌人从田定寨下来，我拿根棒子，这是张辉瓒的残兵，我举起木棒便缴枪。这两个士兵说："不要打，救命呀！"就脆〔跪〕到〔倒〕缴枪。后来我把这两支枪交到区政府，还得了四块钱。

二十三日，群众组织（表湖、下庄、水西村）担架队，40多人，队长张守容。彭远才在家组织运输队，三四十人，队长彭衍河，担开水、稀饭到山上。担架队把伤兵抬到红军后方医院。妇女组织看护队，队长陈长秀；还有洗衣队。表湖送果子、芋子、20多斤猪肉。

（访问：贺常奎）

6. 访问邓益三材料整理

1931年成立瑞金列宁师范学校，校长徐特立。

1931年3月，邓益三到瑞金师范学校学习，学习时间八个月。全校学生共有四五百人，男的三百多。共分为两班，第一班高小、初中程度的学生，第二班是文化程度较低的，我在第二班。当时学校的课程有好几门，其中以政治为主。

政治课：教员张林，内容讲苏维埃政权、马克思列宁主义、土地法、怎样进行分田等。

地理：画地图，讲五大洲、河流，哪些地方是苏区，中国在哪一个洲。

自然：教员张钧，怎样种植物，黄豆的叶子、毛，豆子做什么用，怎样作田等。

图画：画地图、碗筷、船等。

手工课：做三角尺、直尺。

音乐：唱国际歌、少年先锋队歌。

以政治为主，一天两个钟头，其他课程都是一个钟头。每天天亮上早操、自修，吃〈这〉过早饭上政治课，上午上三节，其中一节政治，下午上一节政治，礼拜六上山砍松树。每班有正副班长各一人，还有正副学习小组长，一班有十多个团员，十多个人为一个学习小组，生活费用公家负担。

1931年7月在龙冈区任少共组织部长，当时五六十个团员。工作：批准各支部的团员，调节干部。当时塘下、其坑、南岭、君埠、山岭、龙冈、空坑、高表、读书等乡都有支部。

（访问人：贺常奎；整理：黎蹋）

7. 访问老革命干部李清秀记录

李清秀，女，47岁，在二次革命时担任妇女检查部长、乡妇女代表。

妇女的工作：开会宣传青年当红军，打倒敌人，我们后方才能安心生产，现在分田自己耕，老公去当红军，家里有优待；宣传妇女打草鞋和做布鞋，慰劳红军；还宣传妇女剪发，这样又省人工，又省得金银手〔首〕饰，梳一个头，要很多银子，我们要生产，打扮不方便。

送青年当红军时，要唱歌，放爆竹，送白洋银，送到乡政府，并且说"你去当红军，不要想念家里，家里生产生【活】有人帮助"。送到乡政府之后，还要让他们的父母、妻子、姊妹、兄弟等人到乡政府住一夜，继续进行宣传和安慰。

民国十九年编到慰劳队（在龙冈），初是洗衣、服侍病人，约二月左右就回到龙冈乡任少共干事，直到【民国】二十三年为止。工作：开会讨论，少【先】队的工作等。

（访问人：贺常奎）

8. 访问老革命同志巫瑞鑫记录

巫瑞鑫，男，现年53岁，现在龙冈街木器社做木匠，曾任永丰游击队连长。

1929年以前，我还是在家作田，或做木匠。那时参加了少先队，打仗的时候，我们就帮助送开水、送饭。

1929年一至九月，曾由高表乡调至汉下乡做了一个时期工会主席。1932年由龙冈区委调我去参加游击队。那时永丰有一个游击大队，大队长是王保光，指导员是刘毅，下面有三个连（龙冈、良村、潭头），我那时任龙冈连连长。

游击队是在龙冈成立的，共有120多人，由龙冈出发到沙溪、藤田、七都、江口等地打游击，主要任务是保卫政府，打土豪分田地，对付靖卫团、铲共团。

游击队到七都以后，有部分动摇走了，因此合并为一个连，我担任连长，江牛担任连政治委员。

1932年在七都游击调至筲箕窝军政训练班，学习了一个月左右。

1933【年】一月调到瑶田区政府，担任裁判部长，时间〈约〉七八个月。瑶田区管辖富溪、三湾、梅坑、梁坊、祖庄等乡。区委书记罗先仁，组织部长罗会球，宣传部长朱喜香，妇女主任梅兰英；区政府主席罗文光，军事部长罗××，劳动部长杨××，肃反委员会主任王××，总务处长游德进。

1933年十二月调瑞金干部训练班（瑞金梅保），学习了两个月后，分在会昌县暂塘区游击队政治部当主任。1935年在瑞金松光山被敌人冲散后回家。

我是1930年在高表乡由罗先仁、巫英前介绍入党，离开革命后脱离了关系。

1933 年，永丰县政府驻在上溪，主席是李干香，政治保卫局长孔德政，裁判部长曾广兴。

（访问人：袁隆洋）

9. 访问老革命同志彭庆全记录

彭庆全，家住永丰龙冈乡表湖农业社表湖村，现年 56 岁，曾任红军第三军团第四师十一团三营九连三排七班长。

我在民国十六年没有去当红军以前，曾当过表湖村苏维埃代表，是群众选举的。那时候当一个村苏维埃代表，要代表 20 多户人家说话，主要的工作任务是根据村苏维埃政府的指示，派人去做担架队。担架队有两种，一种是长期的，跟着军队走；一种是临时的，战役以后进行突击工作。每次派了多少人，是哪些人去的，都要进行登记。派人去当赤卫军，派人去替赤卫军家属犁田、莳禾、割禾、搞木梓。

民国十六年成立了高表村苏维埃，当时〈是〉村苏维埃主席是彭远才，以后是吴金光当主席。在我未当红军之前，表湖村就进行了抗租抗粮抗债和打土豪分田地等工作。

我去当红军的经过是这样：那时村政府宣传青年人要起来参加革命，要当红军，因此，我同本村的三四【个】青年就在表湖村政府报了名。

民国二十年九月，〈在〉区政府批准了我们去当红军。当时由表湖村政府介绍我们到龙冈区政府，然后由区政府介绍我们到军队去。我们去当兵时，是在龙冈区政府集合的。当我们到达了区政府时，红军就派了一个师长和几个连长来接我们去。在龙冈还开了欢迎大会，红军师长和区政府的干部同我们讲了话，讲了当红军的意义，说当红军是为了革命，〈为了革命，〉为了打垮反动派，要我们坚决革命，不要开小差，不要挂念家里，家里有人优待。去的时候，不论是从村政府到区政府，或从区政府到军队，都是炮〔爆〕竹宣〔喧〕天，敲锣打彭〔鼓〕，接来送去。区、村政府的干部送给我们洋巾，妇女还送给我们每人一双软底鞋子，沿路到处喊口号："欢迎〔送〕新战士上前方消灭敌人，多打胜仗！"

我去当红军，是在第三军团，编在第四师第十一团三营九连三排七班，首先是任战士，到民国二十一年就当班长。

从龙冈出发，在宁都头陂进行编队。编队搞好后就开到福建沙县，打了两发炮弹就把沙县县城打开来了，缴到敌人的一部无线电收发机和许多枪支〈支〉，也捉到很多俘虏。

打了沙县，休息一天，就去打花桥。在我们未去打花桥之前，是十团在那里打了五天五夜，盐也没有吃。我们就开去接十团的火，结果胜利。打了花桥就去打南丰，这一仗胜利。

在南丰警戒了20多天之后，又开到福建去打鸡公山、太阳障、鸭前、罗家保等地。在罗家保这一仗中，缴获了敌人一个营的枪支〈支〉。打了太阳障就去打高虎老〔脑〕，然后才打万年亭，消灭国民党7000多人；然后又打银龙下、鸭田、小松等地。

民国二十三年，在小松这一仗中，8月30日下午，我在战场上负了伤，左手、右脚都受了伤，从此我就退下了战场，到后方医院休养治疗。以后红军医院搬走了，我的伤没有【好】完全，住在一个老百姓家里（木家乡村），后来被国民党俘虏了。民国二十三年，红军北上抗日后，我在【民国】二十四年才讨饭吃回到家来了。

我在红军当班长，本班共有9个战士：叶有贤（泰和人）、吴先堂（君埠人）、肖定贵（泰和人）、范太庆（木坑人）……

我在参军以前就在本村参加了共产党，介绍人是彭远才、彭美焕、吴光金；在被俘以后就失掉了党的组织关系。

那是〔时〕第三军团有三个番号，一个是"毛田平田"，一个是"大神小神"，一个是"双坑南坑"，那时不叫第三军团，都是叫番号。

（访问人：袁隆洋）

10. 曹世炳谈话记录

曹世炳，男，现年52岁，任龙冈乡木坑农业社党支部书记，曾任永丰县党监察委员会主任。

民国十六年在木坑就有秘密活动，【民国】十七年〈就〉由虞先中、彭日辉、张贤南、郭其等人发起组织了农民协会和高表乡苏维埃政府。

我在民国十八—十九年间是在木坑赤卫军担任指导员，队长是刘美良。赤卫军的主要任务是维持地方治安、打土豪劣绅、捉反革命等。

民国十九年在表湖由虞先中介绍参加了中国共产党。

民国二十年，调至永丰县委组织部当干事，当了10天左右；由于文化较低，就又调任县委巡视员，〈约〉当了3个月左右。巡视员的〈的〉任务是到各区、乡去巡视，检查工作。

任巡视员以后，就调永丰县党监察委员会任主任。监察委员会有3个人，书记是芦〔卢〕传天，主任是我，巡视员是夹定香。监察员令〔的〕任务是监察坏人坏事和贪污腐化、官僚主义，不管是党员、干部，都可以监督。犯了轻微错误的批评教育，严重的就开除党籍，不是党员的就依法处理。

当时永丰县驻在藤田老圩，以后国民党进攻就迁到石马、上溪。它所管辖的区：七都、鹿冈、上溪、石马、藤田、瑶田、古县，沙溪以上也是，以后（二十三年永龙分县后）就不管了。

民国二十三年，永丰县委迁到上溪，被国民党进攻了，红军北上抗日去了，我就回家来了。

（访问人：袁隆洋）

11. 访问曾招行谈话记录

曾招行，55岁，男性，龙冈街，原〈籍〉住石罗陂。

（一）石罗陂村政府的成立

1929年二月间，〈由〉约〔沙〕溪陈远模、郭其二人来到石罗陂村，进行秘密活动。首先是组织农协会，农协成立后，紧接着就成立石罗陂村苏维埃政府。

村政府主席陈子豪，文书张良俊，军事委员曾招行。

（二）村赤卫军（队）的成立

村苏维埃政府成立之后，就立即组织了村赤卫队。当时共有60多人，队长曾招行，政治委员陈大勋。赤卫军都是当地老百姓参加组成的。它的任务是：维持地方治安，监督坏人，打土豪劣绅，捉有钱的人罚款，罚到了就归农协会。

（三）永丰县游击队

民国十八年八月，由龙冈、沙溪、潭头、良村等地的群众自动报名参加，组成永丰县游击队，共有90多人，80多余〔条〕枪。游击队长徐有生，政治委员郭其。

成立后，曾先后到南坑、君埠、沙溪、上溪、中村、石马、藤田、瑶田等地开展游击活动。到民国十九年九月，改编为红军第二十军第四团。

（四）八都区的政权建设

1931年，瑶田成立八都区苏维埃政府。

八都区区委书记罗先仁，区主席张××（三湾人）。

八都区所辖村政府有富溪、永新、祖庄、梅坑、三湾、高家、梁坊。

（五）八都区游击队的成立

1931 年，八都区成立后，紧接着成立了八都区游击队。起初只四五十人，30 条枪，以后发展到 100 多人，80 多条枪。队长曾招行，政治委员张济明（芭蕉头人）。1933 年，八都区游击队改编为永丰独立第四团。

（六）古县区游击队的成立

1933 年七月，由永丰县军事部长刘毅派曾招行去古县区成立游击队，任命曾招行为游击队排长，林礼江为队长，廖江义为政治委员。古县区游击队成立时，只有 80 多人，80 多条枪。

（访问人：袁隆洋）

12. 访问刘家福记录整理

刘家福，男性，现年 55 岁，曾任高表乡主席、高车村党支书、藤田区委组织部长。

1928 年，彭明辉来高车开秘密会，发展党的组织。当时发展了陈家福、罗先英、罗辉树，由陈家福担任书记，以后发展了邓贤芳、游宗文（女）、温世载、温世发、陈茂生、陈谋伦、罗辉球，由罗辉球当书记。

1928 年成立村政府，组织农会，罗先英当主席（兼书记），文书罗辉球。

1930 年成立高表乡，此时有少共三人，罗辉庆、张远青、吴先兴，由罗辉庆担任少共书记。该年 12 月打张辉瓒。红军来时，便有一个副官包长福（福建人）来号房子、罗猪、找粮食，要干部记账，老百姓把埋在山里的粮食挖出来，做好饭送到山上去。红军走时，要老百姓组织赤卫军对付靖卫团。

1931 年，我到藤田工作。

区委书记刘大全，副书记袁干，组织部长刘家福，宣传部长雷礼春，妇女部长林英才，少队长罗玉秀，少共书记张良兴、刘茂春，教育部长吴华垣，军事部长邱永郎，特派员何光尊。

区主席谢礼春—郭二全（学柳）—吴启发—郭二全—宁衍凡—郭二全—黄日贵，文书吴守生。

藤田区政府设立中沙碑。

藤田区包括 11〔12〕个乡：谢坊乡、平正乡、洲上乡、曾坊乡、老圩乡、严坊乡、杏汤乡、小岭乡、园内乡、金鸡乡、温坊乡、田心乡。

1931 年，县政府设在老圩，主席吴泷水，副主席甲金祥，党书记李福怀—钟顺仁—谢荣仁—陈新文[①]，组织部长万正香，妇女部长李春秀，宣传部长袁干，保卫局长孔德政，裁判部长吴泷水，财政部长吴其兴，少共书记熊贵山[②]。

1944 年藤田区搬到石马，县政府搬到上溪。

（访问人：黎踽）

13. 访问陈开悌记录整理

陈开悌，男性，现年 45 岁，现任高车社主任。在第二次国内革命战争中，担任过高表乡少共书记、鹿冈区少共书记、石马区少共宣传部长。

---

① 1930 年 3 月，中共永丰县委成立。书记：傅家珍（胡珍）、胡益寿、邓子万（邓继美）、吴江、罗焕南、余泽鸿、李福槐。同月，中共永丰县苏维埃政府成立，县苏主席：吴立仁、吴泷水、邱慈良、罗贤辉、李文焕等。见《中央革命根据地词典》，档案出版社 1993 年版，第 156—157、187 页。

② "熊贵山"应为"熊桂山"，后文写作"熊桂山"。见《革命烈士传》，中央党史出版社 1990 年版，第 96—97 页。

1925 年五月，彭日辉、张贤南到高车来开群众大会，准备成立农协会，被靖卫团来包围而大会被解散。①

1927 年十二月，张守条（即张仲鲁）、陈华来杨家坊秘密开会，划地区从古树岭到八公岭为界，组织村政府，叫高车村政府。到 1928 年二月，正式成立村政府，公开开大会捉地主富农罚款。此时，村主席陈家福，文书罗树辉，财粮委员邓贤芳，互济委员罗辉球、陈谋烈，清查委员陈开邦，儿童书记陈长辉，军事科长巫金汉，妇女主任游宗元，少先队长戴玉仁，劳动委员温事发，土地委员巫水兴、巫开良、温仁七。

村政府成立后，到黄田、空坑捉地主。在空坑捉到地主王老德，把他杀了。同年分了土地，组织少先队（18—25 岁）、赤卫军（26—45【岁】），这是临时组织。

1930 年打张辉瓒，由于靖卫团是本地人，故在第三军团未到张家车之前，从张家车逃走了一部分靖卫团。张辉瓒全师被包围。

1931 年，因为打张辉瓒，高车等村人民大力支持红军，帮助修路、做饭、送水。因此，国民党特别仇视该地人民，于该年在高车进行烧杀抢掳、奸淫妇女，每天派匪军来烧杀，把水西〔溪〕表湖、滩下、斋上、八公老、禾上坝、大年坑、下庄、大坪、东王陂、下布等地全部烧光。这些地方原有房屋 70 余栋，人口 600 余个，耕牛 70 余只，经匪军烧杀后，仅留下房屋 14 栋，人口 200 余个，耕牛 3 只，并杀了猪 200 余头。

至 1931 年，高表乡共有少共 20 人。

1931 年，刘开悌调至鹿冈区工作。鹿冈区包括八个乡：潭城乡、鹿冈乡、前村乡、水中乡、牛山乡、江口乡、鸭田乡、洋墺乡。

区委书记刘国仁，组织部长张战年，宣传部长胡家祥，妇女部长钟满英，少共书记吴一清—夏△青、肖德民，少共组织部长陈开悌，少共宣传部长吴一高，儿童书记陈友炳。

---

① 此段内容原文划掉。

此时共【有】少共 10 余人。

区主席胡守友、黄福兴（副），裁判部长吴启发，教育部长温××，劳动部长张秋秀，财政部长黄福战。

1933 年十二月，我调到石马区工作。石马区分五乡：石马乡、层山乡、中村乡、龙坊乡、取经乡。

区委书记刘〔陈〕家福、肖袋玉（副），少共书记戴全国，少共组织部长李刚真，少共妇女部长陈××，少共宣传部长刘开悌。

共【有】少共 50 人。

1934 年，永丰、龙冈于杨礤合并，省政府此时在中洲。

14. 访问谢礼雄同志材料整理

谢礼雄，男，50 岁。苏区时曾任伙夫、县委通讯员。现住龙冈镇。

民国十八年冬（1929 年冬），我参加革命（何组织未谈）。当时是游击战争，打靖卫团，他们有 3 支枪，团长张乃安，我们的队伍叫七纵队、八纵队。民国十九年（1930 年），毛主席兵到了龙冈，成立农民协会，分土地，谢以可、江果才领导，皆为知识分子。区委会由陈兆坤负责（是否是书记不明）。区苏主席载〔戴〕韩早[1]，4 月后，换彭远才。还有区工会，管工人，委员长邓妙堂。妇女会主任彭远才得〔的〕老婆（妇女皆在表湖村），雇农工会是石通坤负责，少共书记。[2]

龙冈县，1932 年成立，第一任县委书记是罗国倬，副书记兼组织部长毛玉山（吉安人）、总务处梁得津（吉安人）、宣传部长

---

① "戴韩早"，文中又写作"戴汉早""戴含早"。

② 原文如此。

吴公云（兴国人）。【当】时我当罗国倬的通讯员。县苏主席邱慈良（现潭头人），后换了潘家坑，裁判部长吴永怀（小别村人），保卫局长孔德正（潭头区石陂乡人）、副局长吴泷瑞，军事部长谢海颜（芭溪人，现建〔健〕在），土地部长周××（江头乡人，地主成分），教育部长陈自豪（芭溪人，死了）。还有兵站处，负责人不详，做兵运工作。

少共书记罗烈，现在劳改——他取〔娶〕恶霸女为妻，解放前夕随叔仗〔丈〕组织五县（即吉安、乐安、永丰、吉水、兴国）联防清共委员会，自任文书。

妇女会由谢得妹、谢新娇为头子（即由他们领导），儿童局是陈年火领导。

龙冈下辖十区：丰边、良村、石英、龙冈、南坑、上固、潭头、沙溪、君埠、上溪。

第一次代表大会在城功召开，由陈兆坤、刘果才负责，会议进行了一天，有300多人到会，成立区苏维埃。第二次在表湖开，隔第一次半月，到会者百多人，讨论哪个村选哪个为主席。开一天，靖卫团追来了。龙冈县成立一年余。我军北上抗日，国民党对我们进行了疯狂屠杀，我被抓去吊打，负内伤，至今还吐血不止（谢同志心情愤慨，当即连吐鲜血）。〈他接着说——〉我裁判部长吴永怀同志被国民党活埋，同埋的有3人，一女名谢炳辉，另一个记不得。国民党狗东西将松叶辣椒放在窖内烧起火，再将我同志剥去衣服，扔于浓烟烈火中，盖上木板，周围拥土。

（谢同志愈说愈愤怒，又连【吐】鲜血，我们只得休会。）

（整理：张扬球）

15. 龙冈地区老革命同志座谈会记录

出席：龙冈乡，谢礼雄、邓一山、彭远才；江头乡，万枝中、胡诚煌；空坑乡，毛光兰、廖和易；上固乡，谢新娇。省调查队，曾国铨、张良俊、张扬球、黎踊、贺尚奎；县调查队，肖易蓬、袁志珍、曾庆南、袁隆洋。

（一）龙冈战役问题

廖和昌讲：张辉瓒从东固开来，到了龙冈，毛主席在小别，张辉瓒来了还不晓得。那时我当村政府代表，村政府写了一个〔封〕信到〔给〕我，要我出去准备粮草。

本来毛主席是开得来打张辉瓒的，毛主席在王土岭。第二天一早就接了火，打到中午就打倒〔到〕万功山去了，先在大拱桥放了一个排哨，那时红军枪支较少，大部分都是梭〈梭〉镖，到中午饭后就结束了战斗。毛主席是〔在〕王土岭浔〔得〕了大胜利，【这】是十九年（民国）的事。

张辉瓒是到王陂去的，他不知道红军来打他的。

彭远才说：那时我在上固区政府，毛主席写个通知来，要各区派向导去。毛主席事先晓得张辉瓒要来。

当时打了三条路线：

一条是从王陂—汉下—上固包围龙冈。

一条是从王陂—小别—龙冈。这路是一军团彭德怀的部队，我当时是带这一条路的。

一条是从良村—毛坪—龙冈，是四军团朱德的。

打时，汉下这一路没有赶到，结果在张家车走了一部分敌人。

张辉瓒的部队先登上了山，我们就弯路冲到山上去。

打垮张辉瓒是在万功山，缴枪是在毛家坪，活捉张辉瓒也是

【在】万功山。

战争结束后，我还用木棒捉到国民党两个逃兵，缴到他两支枪，交到区政府，得了四块钱。

谢新桥谈：我那时是在毛坪工作，红军经过毛坪，去打白匪，我们在喊口号。红军走完了后，我们回家把水桶碗筷集中起来，把稀饭送到蓝石亭子岭这个窝里去，有四五百担，准备打仗吃的。打死好多鬼子，满山都是，包袱、雨伞到处是，干部不能捡，群众可以捡，有枪就要送到红军去。

谢礼雄说：张辉瓒的兵由东固来，中午饭就到了龙冈。我那时在医院治病，我还不知道他们是什么兵。他们把我捉住了，说要枪毙我。

当时我走到汉下花桥斋，那时红军就到了汉下，要找老百姓带路。其他人怕死，我当时就不怕，自告奋勇给红军带路。我经过了良坑，我们派一个机枪连，小别来的红军对准我们这部分军队打枪，〈约〉打死了一百人左右，是红军自己打错了，不晓得信号。我们后来往张家车包围，张的军队没有跑掉。

有人说张的军队在龙冈住了很久，没有这事。

我当时想带路抢在〔占〕巫献仁（岭），还没有等我们到小别，就打起来了。

张辉瓒的师部扎在城内的关帝庙。

张辉瓒的驻地：龙冈街、凡埠、城内、桥头。

彭远才说：张匪在大拱桥来了，我军在小别放了一个排哨在亭子里，等大拱桥的排哨一响枪，张匪就登上了铁金寨（后红军冲锋上去了）。

谢礼雄说：张匪的行动情况——城内的兵先开差，龙冈未动，凡埠的未动，桥头的未动，城内的兵只开了扎在二面二只庙里的兵，扎在师部的兵没开去。

张匪十八师有我地方上的一些"难民"（地主、富农，贫苦工农也有），国民党的口号是："争取反水行动，回家作田。""难民"

同张匪带路，龙冈街上有三分之二跟国民党走了。

张匪来了之后，"难民"带去看山，第二天就开去王陂打红军。小别的红军一打白匪，凡埠的白军就登大岭脑、巫先仁（岭）[①]，龙冈的白匪登上了火叉岭山，城内的登安同老山，桥头的白军登上竹仔缺岭。

红军的行动：汉下来的抢大岭脑、巫先仁〔岭〕山，小别来的抢牛寺坳、安同老山，良村来的登亭子岭和竹仔缺〔岭〕。主要战场是安同老山和万功山。

张匪失败后，企图走观音岭—毛坪回东固，不知良村有一路红军来包围了他们。

带路的没有时间性的，只是问明前方下达哪几个山头，后退可以到达什么山头。在小别究竟有多少红军不知道，只是扎满了就是。

红军先一天吃了饭，后一点就到了小别，第二天一早就开始打仗。是从王陂那边开来的，经过君埠到小别住，目的是打龙冈的张辉瓒部队。红军当天晚上在小别吃了晚饭。王陂离小别七十多里。

毛主席当时住在小别已〔王〕竹岭亭子里指挥战斗，还开了会，用望远镜看了龙冈张匪是否做了工事。毛主席先住在君田（村里有姓毛的），在王竹亭又找了向导。红军原计划是在龙冈打白匪，先赶得来登山，没预料张匪来得这快。

彭远才说：此役时间是十一月二十三日（阴历）。张辉瓒部队的进攻路线是：东固—王石—南龙—羊〔洋〕石—毛坪—蓝石—龙冈。

（二）龙冈堡垒问题

时间：民国二十一年三月。

龙冈堡垒是三月间开始做的，龙冈、君埠、良村、枫边、南坑等区都派了人来修，人数有一千多人。

---

① "巫先仁（岭）"，文中又写作"巫献仁（岭）。"

龙冈堡垒结构：三层壕沟，一层壕沟一层树。前后花了一个多月修，最后花了三天三夜突击布景，钉竹钉子。

领导修的人：龙冈县委（罗国倬），指挥施工的是一个麻子（西方军，姓邓的，卧龙人），县主席邱慈良也在。

堡垒周围的敌人有：我们在修堡垒时，国民党军到了藤田；开工以后，有张家车的国民党薛岳的军队在沙溪，靖卫团常来骚乱，还有敌人的飞机。上固堡垒撤退时，龙冈堡垒已经做好了。

堡垒坚持的时间：三个多月（三—六【月】），六月就退走了。

西方军怎样保卫修堡垒？

大岭脑——有西方军（政委欧家来），竹仔缺〔岭〕——欧家来的部队（欧家来的部队是县编的西方军，属西方军领导）。

坚持人数：一连人。打了三次，第一次敌人退走了（三月间），第二次也是三月，第三次也是三月。

敌人进攻我们时，我们在山上，他在山下，他们喊"土匪，下来，美的牌香烟真香啊！快下来吧！""五十块钱一支枪，讨老婆不要钱"……

第一次进攻形势：

敌人分三路，张家车一路，凡埠一路，一路是五龙抢珠。

我们是一连人，邓麻子也在，谢礼雄也在，是守上固堡垒这连人，调了连长，全部是党团员。

第二次：隔了三天又来进攻。打了第一次以后，靖卫团就到龙冈街上来烧房子，他们还造谣说是我们烧房子，龙冈堡垒外面的一个厨房也是当天晚上烧掉了。

那时县委、政府、老百姓都撤走了。烧完房子后，他们往堡垒撤退，又打了一下，死了不少人，气得他们要死。

第三次：是 1933 年五月间（那时县委扎在中州）。红军三军团扎在银龙下，同国民党打了一仗，缴到〈他〉几百支枪。

那时堡垒里还守了一连人，堡垒周围是白匪围住了，堡垒内的人无法撤退。最后堡垒内还偷逃出了两个人，回到县里后还赏了他们。

龙冈烧完街后，西方军就撤退了。堡垒内的人没有子弹，坚持到四月间止，都是党团员，有一个党支部，万载人很多。

（三）革命起源问题

龙冈革命最早是表湖，民国十六年，陈道坤、张修林、张冲鲁[①]、张万千都是永丰来的读书人（分左右派来的），郭其、谢裕万、邓中鲁、陈远模也来了。民国十六年二月间他们一来，就组织了我们一些人。

张万千在东固毛坪活动，他一到凡埠来开始组织农民协会，并打土豪劣绅。凡埠组织农协后，就到抢空坑、回龙（打土豪）。

表湖一开始组织共产党，主任是陈道坤，书记是张修林，开始没办入党手续，办手续的〔是〕四月份。表湖四月份开始组织农协，最先是张修林、陈道坤【负】责。

永丰有薛佐唐、邓××（曹下人）、罗××（瑶田富溪人）也到这里活动。

陈道坤初来时躲在×××家里，四月份公开组织农民协会，打了×××的土豪。

交车、表湖都是四月组织农协的。

五月十六日〈就〉到交车去组织农协。地主叫彭远才去开会，实际上地主暗地里叫靖卫团来捉我们，我们知道了就跑掉了，没有捉到。【民国】十六年五月十六日，彭远才到东固同赖经邦、段月泉接头，张修林、张千万、张冲鲁没去。

小别的活动情况：

【民国】十七年开始秘密活动。【民国】十七年张万千在毛坪五老爷家里【被】捉去了。组织农协后，就到汉下毛坪打土豪。【民国】十八年冬，小别开始分土地。

羊〔洋〕石的活动：【民国】十七年组织农协，【民国】十八年

---

① 张冲鲁，前文写作"张仲鲁"。

组织苏维埃政府，是同表湖的。

（四）政权建设问题

民国十八年三月成立永丰县，设在沙溪孙家祠，毛泽覃主持开会，主席王昌瑞，副主席邱慈良、罗显辉，县委书记董日升。

民国二十二年八月，永丰分永丰、龙冈二县，龙冈县县委设空坑曾家祠，永丰县县委设【在】藤田。

县苏驻扎地点：

永丰县：沙溪孙家祠—杏塘—藤田老圩—石马—沙溪—洋礁。

龙冈县：空坑曾家祠—龙冈桥头—芭蕉头—中洲—机叶—谢坑—约坑—洋礁，永龙合并。

县委设正、副书记，组织、宣传部长，妇女书记；县苏设正、副主席，土地、劳动、粮食、裁判、内务、工农检查、军事、经济、教育等部，还有县政治保卫局。

区的设置同县一样，没政治保卫局，没特派员。

苏维埃政权发展演变过程是先有村政府，后有区政府，再后才能〔有〕县政府。

未成立乡以前，村政府有委员长，有杀人权。成立乡政府以后，就没有了村政府，下面设村代表，如苏维埃代表、妇女代表、赤卫军代表、少队代表、儿童代表，代表各管各部门的事。

（记录：袁隆洋、张良俊）

（三）沙溪乡调访资料

1. 沙溪乡革命史料综合

中央苏区之一，老革命根据地——沙溪乡，位于永丰县的中南部，东靠汉下乡，南接上固乡，西邻吉水县，北触下庄乡。四面环山，中有沙溪河贯串全乡，而形成了一个半丘陵半平原的地带。

这个乡的人民从 1925 年开始到 1934 年止，坚持革命达 10 年之久。为了革命，为人类解放的崇高事业，曾不惜一切与敌人战斗，很多革命先烈付出了自己宝贵的生命，很多革命前辈在极其困难的条件下与敌人作过无数次战斗，广大人民也在斗争中做了不少的工作，给〔为〕革命作出了光辉的贡献。1934 年红军北上抗日后，苏区的沙溪，遭受到了国民党反动【派】的屠杀与摧残，使得民不聊生，田荒土败，人民的生活水平日益下降，过着妻离子散、饥寒交迫的日子。老百姓〈总是〉天天盼望着共产党和毛主席回来。

这一天终于来到了。1949 年共产党又回到了沙溪，解放了沙溪人民，使得压在黑暗里的老百姓重见天日。十年来，党和政府对苏区人民的生产和生活，给予了无微不至的关怀和扶植，从而使工农业生产、文化、教育、卫生、交通运输事业在沙溪乡有了很大的发展。其具体情况是：

人民收益不断增多。1958 年全乡早田 11000 亩，晚中稻田 2400 亩，旱土 682 亩，1958 年计收谷子 5045245 斤，副业收入 31527 元，按全乡人口 5322 人平均，每人有粮食 950 多斤，茶油

49 斤。历年来人民的生活得到了不断的改善，特别是 1958 年更为突出。

随着工农业生产的大跃进，文化教育事业也有了很大的发展。全乡现有公立小学 8 个，其中完小 1 个，学生达 861 人，加上民办小学，全部适龄儿童都进了学校。并有卫生所 1 个，专来为人民治病，几年来人民的健康状况有了很大的改善。1957 年还建立初中 1 所，学生 79 人。从中小学学生的成份来看，绝大多数是工农子弟。

同时进行了比较重大的建设，藤沙公路于 1959 年元旦通了车，这会给沙溪乡人民在经济上、文化上、政治上带来很大的好处。1957 年还兴建了 1 个小型水电站，使沙溪街的居民和 200 多户农民都用上了电灯，给今后在沙溪乡发展电气化奠定了良好基础。

广大群众反映，现在的生活和解放前的生活相比，真是天与地之别。不信，有他们的两首《子字歌》为证。头一首歌曰：

"解放前，苦日子，作田人，没法子。租田作，交租子，交完租，饿肚子。要吃饭，借谷子，加倍息，打票子。到年底，债主子，上门来，逼租子。还不起，嫁妻子，不够还，卖儿子。衣烂了，打结子，用禾草，做鞋子。没饭吃，饿肚子，只得守，空锅子。国民党，狗官子，到家来，抓伕子（抓壮丁）。穷人们，没法子，只气得，吹胡子。"

另一首歌曰：

"解放后，好日子，穷人们，有法子。狗地主，挨棍子，杀恶霸，吃弹子。分了田，分屋子，单身们，娶妻子。楼仔上，有谷子，再不要，交租子。饭和菜，满桌子，晖〔荤〕和菜，满锅子。要衣穿，有袄子，头会冷，有帽子。脚受冻，球鞋子，再会冷，加袜子。上学校，有儿子，学文化，老头子。男和女，后生子，勤劳动，好样子。成人们，小孩子，天天笑，阔嘴子。"

这两首民歌，是出乎于农民内心的感受，反映了解放前后，两个截然不同的社会现实。

沙溪乡的人民，现在还在不断地发扬革命的光荣传统，争取更大的光荣。在党的领导下，高举着人民公社的红旗，向社会主义与共产主义社【会】挺进。

一、大革命时期

（一）政治经济状况

经济状况：

在大革命时期（1921—1923年左右）沙溪地区的情况，土地都被土豪、富农占去了，所谓封建性的众产也占了不少，而真正的农民却没有土地，个别有点土地的也是极少数。当时北岸村120户，土豪1户，富农5户，中农15户，贫雇农99户，而土地土豪、富农却占了20％，众产（实际上也是土豪、富农的）占50％，中农占15％，贫雇农也只占有15％。中埠村（即王家）150户，土豪、富农70户，真正的农民30户，50户是不务正业的，土地土豪、富农占了20％，众产占了75％，农民只占5％。

农民在经济上也受着严重地剥削。

田租剥削。农民租田作，要"倒四六"分租，还有"倒三七"的更厉害，这种分法，一年收入农民只能拿30％，而交给地主要70％。田差得没有人要的都要"四六"或"对半"分租。

雇工剥削。①童工，一人每天看（喂）牛3头，砍柴5担，有时还要和大人一样做工夫，工钱是：做头一年1个铜板一天，做第二年2个铜板一天，做第三年3个铜板一天，做第四年4个铜板一天，做第五年5个铜板一天，要接连做到第六年才有8个铜板一天。当时100斤谷子要卖银洋3元（1923年），每块银洋换铜板1260个。刘圣福同志（长征干部）就这样做了9年。②长工。余俊福（农民）当年劳动【力】蛮强，在李圣祯家里做了3年长工，除了吃以外，每年只能得到一身单衣，这个就是一年劳动的报酬。最好的长工也只有12个铜板一天，缺工照扣，连做满一个月不缺工，另加一天。③做零工，只有40个缗钱一天。40个缗钱等于4

个铜板，1260 个铜板等于一块银洋，100 斤谷子卖银洋一块七角（1921 年）。（按口述数字计算，做一天零【工】得来的钱只能买到谷子四两至五两——笔者。）①

生谷剥削。借土豪富农一担谷子，一般是 25% 的利息，也就是说头一年借 4 桶谷子，过一年连本带利要还 5 桶。也有少数是 50% 的利息。

债利剥削。借钱一般是加二、加三利息，但也有恶土豪翻几倍。农民胡辉山，在那个时候，借了一个土豪 2 块钱，到第三年的四月还了 18 元。

牛租剥削。这主要是富农，地主一般是不养牛的。农民向富农租牛，要 3 天人工换【1】天牛工。

奸商也剥削农民。染坊收我们农民作的电〔靛〕（染料）一斤半〈斤〉重，只能按一斤算钱，好的也要 20 两才能算一斤。价钱他讲多少就算多少，当我们农民有电〔靛〕卖时，想买东西，布匹也就涨价了。

粮商也不好。在民国十四、十五年时商人收买农民的谷子 6 毛钱一担，到青黄不接时卖给农民，一担就要一元二或者是一元三。农民到米店去买米，也要先拿钱后量米。米价一天涨几次。农民王章程家里，那年从米店买了一斗米回来，米已拿到了家里，到中午说要涨价，粮商王德元跑到王章程家里说米又涨价要加钱，结果无钱，这个王德元又把米从章程家里拿回去了。

布店的大头子是郭四美、萧隆泰两家，一年不知道要剥进老百姓几多钱。

油商也在经济上向农民进攻。当时沙溪最大的油行是王茂兴行、敬元行、万成隆行、正丰行，这四个油行剥削农民最厉害。沙溪十天四街，每个行逢街就要收进茶油 3 万多斤，收进是 8 块钱一担，卖出就要 13 元，农民吃亏一半多。不止〈是〉这个手段，他们

---

① 原文如此，下同。

还有的用"溜溜秤"来释〔蚀〕农民的油，"溜溜秤"一斤等于 18 两。有时奸商还用肚皮压住秤杆，这样 100 斤也要被他压掉 3—4 斤。

手工业中师父也剥削徒弟。跟师父学徒，【徒】弟首先三年没有工钱得，到户上去做工，师徒一样得钱，徒弟的工钱师父得。到了第三年出师时，才有一吊钱得（一吊钱等于 100 个铜板——笔者），还要送进师礼、出师礼，请进师酒、出师酒。

当年农民的生活很苦，经济全部被土豪、富农、奸商撑〔掌〕握了，欠债的几乎全部是农民。北岸村 120 户，只有 3 家放债，10 户够吃，97 户欠债。孙刘艾村 150 户，也有 60% 以上欠债的。中埠（王家）100 多户，欠债的有 80% 以上的农民。张志珍因为欠了富农张文登的债，还不起，逼的〔得〕无法，只得把二弟拿去抵账，他的二弟就这样做了富农的儿子。吓坑①农民廖癫痢仔，不赌不懒，打了一生【一】世的长工，从出生到 60 多岁，没有穿过一件新棉衣。

政治状况：

在政治上，农民也是没有任何权的，都是土豪劣绅说了算。民国十一、十二、十三年的几年中，沙溪这块地方都是刘二（土豪）、王辉堂（后在大革命爆发时，成为革命的领导人之一）拿权，永丰县派官来，都要写片子，先通知他，有不通知他的，谁都做官不成。

当时这里的统治中心，是国民党的沙溪司署。头子早先叫署官，当署官【的】是一个姓郭的，后来署官又改为署长，署长是一个姓赵的。民国十四年，司署撤消〔销〕，民国十五年成立党部。在这年（民国十四年冬）有段时间，国民党上面没有派官来，司署的印都交给刘二和王辉堂，他们两人，没有官到〔倒〕也可以审问官司。

---

① "吓坑"应为"下坑"，后文写作"下坑"。见《江西省永丰县地名志》（内部资料），1985 年版，第 175 页。

另外，地方上的各村庄里也有宗法统治。族房长说了算，说得合不合理都得听，农民都得绝对服从，如有反抗，就要吊到祠堂去问罪：挨打、罚跪。王家农民王水祥保因为说错了一句话，吊到祠堂打得半死，后被族房长决定而活活埋掉。

（二）左右派之分

民国十四年（1925 年），这里就开始了分左右派，来由是这样的——原来这里有一部分知识分子，在外面读书参加了组织（入党），接受了先进思想，以后就随随〔偷偷〕地回到了家里，开始秘密传播先进思想。最早的是李龙章，1924 年从南昌大同中学高中毕叶〔业〕回来，在学校里就入了党。其次是王仕秀、王仕清、谢登高、王启明、李镇南等 5 人，在吉安阳明中学读书时入了党，他们比李龙章晚一些时间回来。回来后就开始联系知识分子艾超鹏、李功群、李林觉、李秀谷、王辉堂、杨怀清等人，这些人也就慢慢地和他们学生结合起来了。就这样就搞了个左派。

当时在这里有两个小学，一个是公办的文儒学堂，一个是私办的成城小学。公办的文儒学堂除万超鹏这个左派老师以外，校长艾元，教员孙子康、王铁儒、曾×× 等 4 人都是右派。私立成城小学，校长李功群，教员杨怀清、李林觉、李秀谷等 4 人都是左派。

民国十四年冬天（10 月左右），要改选文儒学堂的校长。右派艾元要王铁儒当，左派要选李功群当，双方争执不下，说要选举，于是选举会就在文儒学堂召开。左派教师全部参加，右派除右派教师外，还有艾午垣三兄弟、艾元三兄弟参加了会议，河下村也有四五个拥护左派的群众参加了会议。在冒〔没〕选之先〔前〕，双【方】争起来了，争得蛮热烈，结果还没有来得失〔及〕投票就打起架来了，有的拿棍子（寻把），有的拿砚子，有的拿凳子，有的拿椅子，有的空着手，一伙知识分子老师互相撕打。河下村去的四五个群众，就帮助左派打右派。从吃完早饭打起，一直打到半下午。打了这次以后，文儒学堂和私立成城小学都没有开学（停课）。左右派之分及左右派斗争就是从这里开始的。

（三）左派开始分〔发〕动群众

打了这次以后，民国十四年的十二月，左派领导人李龙章、李怀远、王辉堂、王仕清、李林觉等人，就分别在自己的村子里——王家的前房、北岸、河下等村发动群众，争取群众力量。因为本村群众对他们好，穷人又多，在文儒【学】堂打了右派以后，群众看见打了吃冤枉的艾午垣等人，很高兴，为群众出了一口气。所以一发动，群众有许多就积极地参加了左派。从【民国】十四年十二月起到【民国】十五年二月（或三月）止，就有王志远、王章含、王章和、王建章、王章厚、王九高、王左辫子、王火孝、王文山、王章林、王章程、李延年、李庭玉、李永来、李圣异、李圣标、李孝昌、李林寿、李圣文、李治洪、李圣其、李圣欢、李治承、李治功、李春生、李凤生、李圣贵、李庭令、李世昌、李宣早、李年贵、李毛仔、李庭宗、李庭衡、李治锦、谢登高、李治叶、李国增、李桃园、李世煌等100多人参加。从此左派的力量就大起来了。这次，不仅是做一般的发动工作，而且开始了向群众宣传革命道理，方法是到处开秘密会。（这一小段是刘施香、王章程、李圣标讲的）

（四）沙溪农民大示威

民国十五年二、三月间，在罗家洲开了一个大会，这个大会叫做"纪念'五卅'惨案示威大会"，有四千多个农民参加。会议场子上，搭了一个台子，两边还写了一副对联，左边说"新世界建设得光明灿烂"，右边说"旧世界打得它落花流水"。会议由谢登高撑〔掌〕。到会的人很多，挤得钻蛟不入。中午开始开会，很多人讲了话，黄道元（下庄人）上台先讲，还有一个下永丰人叫袁镜〔振〕亚也在台子上讲了话。讲完话就呼口号，叫："打倒帝国主义！打倒国民党！打土豪分田地！拥护苏维埃政府！中国共产党万岁！"讲了一个下午的话。

讲完话后，每个人还发了一张广告（传单），有红绿黄白几种颜色，一律是六裁纸，满纸都是油印字，没有一点空白的地方。广告上说："帝国主义、国民党剥削我们，使我们饿得面黄肢【肌】瘦，吃不饱、穿不暖，妻离子散。为了要前途，要团结起来打土豪分田地……"

散完广告就游行，四千多个作田人，每个人都拿着棍子，有的也拿着梭镖、大刀等土武器，空手的就拿着一面红色的标语旗子，从沙溪河塅边上，经过孙家，再从街口走下。人挤得连脚都移不得，边走边叫口号："打倒帝国主义！打倒国民党！……"游行到吃完晚饭后，才散会各人〔自〕回家。

开这次会时，刚好国民党的机关没有人在沙溪。

这次会是由左派发动群众而召开的。

（五）国民党党部的成立

农民闹了游行以后，民国十五年三四月间，国民党在沙溪成部〔立〕了党部，驻扎在"乐道三"的道堂里。在这个党部里【的】都是国民党人，都是右派，没有半个共产党人和左派，由他们独权。

党部内设有主席和委员，到底哪个是主席，那个是委员，我们也搞不清楚，只知道有这些右派在内：艾午垣（沙溪人）、王维汉（沙溪人）、孙子康（沙溪人）、艾元（南坪人）、艾文（南坪人）、王铁儒（回龙人）、艾菊生（沙溪人）、陈养元（沙溪人）、刘学优（沙溪人）。党部的主要负责人是艾元、艾午垣、陈养元、刘学优。

党部的主要工作，也是做反革命的工作，提出"以党治国"的口号。（这句是李圣标讲的）它的工作，首先是建立反动的地方武装——组织民团（这个民团是在该年冬天建立的），以此为工具，来对付左派。当时参加反动民团的有阚镜堂、宁培玉、梁礼圣、艾桂生、罗正富、孙轿夫仔、钟存发、王观音生、王章耀、王四仔、邱建昌的老兄等人，王维汉当团长（王维汉这个反动家伙，家里出身是土豪，其祖父开油行，专门剥削农民。其父亲吃鸦片当流氓，是个老酒鬼，什么坏事都干得出，吃醉了酒，在光地上、禾桶里、风车里都睡得着，老百姓叫他是"风车老爷"。其兄王章金，是个只能得便宜不能吃亏、爱钱如命的人，屎坑里头谁掉了一个钱，他都会钻下去捞；对穷人非常苛刻，最善于算得便宜的账，当时农民叫他"天下精"。王维汉本人是个少爷公子出身的人，在沙溪文儒堂里小学毕业，参加右派后，起初就在地方上争书教；民国十五年起民团，他任团长；【民国】十六年民团改为靖卫团，他又担任了团长；后沙溪靖卫团被并到永丰县保卫团，他又任队长。这个人的心实在蛮狠，他在沙溪主持杀害我们很多革命干部和群众。他当官后，抢到很多东西，发了洋财，还买了一只〔匹〕马。在民国十八年，有一回从藤田骑马下永丰，两只手都戴满了〈金子〉金戒子，还戴了一个金子手表，走到古县附近的横坑仔，被国民党的兵用枪打死，抢走了金戒指和金手表。那时沙溪是红色区，打死在外面不敢抬回来，结果只得埋在外面）。写"购枪款"，购买枪支。主要是向有钱人写这笔款子，说是为了保护有钱人，所以土豪、资本家也愿出，用这笔款买来了十支枪（这也是用来对付左派的——笔者）。到处写捐款，吃贪财，勒索到手的全部钱，除了买一根枪以外，其他的全部被右派拿去大吃大喝，给自己做衣服。攻击左派，自成党部后，就开始捕捉左派。

（六）农民攻打党部

到了民国十五年冬下，左派群众已有了300多人，力量大了，于是就开始了与国民党公开对抗——攻打党部和民团。十二月里有一天，左派农民李春生、李凤生、王章含等3人领头，带了300多名群众，群众有的带土枪土炮（4把），有的拿梭镖、扁担、猪婆刀，北岸村的群众还拿朝拜用的红旗子，在半天里摆摇，群众说这是表【示】两个意思：一是表示我们反对右派，拥护左派；二是朝拜用的旗子是收兵伞，可以把敌人打过来的子弹，挡回去打敌人自己，而打不到我们。每个群众还背一把用【冷水】浸湿了的禾秆，子弹打到秆上，秆上有水，子弹就会冷掉而打不到（当时君〔群〕【众】中还有些人有迷信思想——笔者）。并起了贫〔平〕伙，杀了猪吃。（刘施香、王章程、李盛标等人讲）当天吃完早饭就打，先打民团，民团见我们人多，拿起枪就死命往外跑，我们农民当时放了四炮，就把他们吓走了，党部也被吓走了。民团走出去后，就向天放枪，不敢打我们；从财神庙经过街仔口，一直往鸳鸯岭跑。农民跟着追，捉到了民团团长王维汉，捉后便把他关在祠堂里，而民团还在鸳鸯岭乱放枪。王维【汉】关在房子里，说让他去叫住打枪，农民被骗，他一出去就走，这家伙跑得一只狗赢，没有最〔谁〕追到他。就这样民团和党部就被农民赶到藤田去了。敌人除了几根枪外，其他一切东西都没有来得及拿走，他们的衣服、被子、蛟〔蚊〕帐、办公桌、凳子、椅子、公文厨〔橱〕子、公文袋等，都全部【被】我们拿走了，连锅碗碟盆都被我们打得稀烂。这是我们农民与反动派斗争又一次胜利。

（七）所谓"调和"

民国十五年冬打了党部以后，民国十六年正月，永丰县民团上来所谓〈谓〉"调和"，叫我们农民赔偿损失，我们不肯，调和不了，他们住了七八天也就回永丰去了。调和不好，损失又没有得到赔偿，王维汉和艾午垣不服，二月请来了所谓"五墟联防"的100多人，看见反对右派拥护左派的人，就说是"土匪"。当【场】捉到李桃园，【李桃园】被捉后，民团用洋油灌进李桃园的肚子里去，弄得半死半活，最后罚了400块的银洋，才放出来。左派农民李国增被捉吊起来，挂来墙上悬脚问罪。五月底，又请来了乐安、石马、永丰、藤田、白沙、龙冈的民团，于六月初二到沙溪，当天夜晚捉到左派农民20多个。六月初四日，就枪杀了李长仔、李宣早、王文郁（三人都是共产党员）。初二晚上烧了左派领导人李龙章、李怀远两家的房子两栋。这就是国民党的所谓"调和"。

（八）开始与党的组织联系

民国十六年六月反补〔扑〕后，左派的领导人就不敢在沙溪街上了，李功群、李龙章、李怀远、王辉堂等10多人，就躲在土围内李春生家里。李考仔〈就〉经常跑东固，与共产党的组织联系。当时东固共产党的组织就派来了共产党员李贻谋、段月泉（后叛变）、赖经邦等 3 人，并带来了 2 支长枪、1 根驳壳；万安也派了一个叫李中杨的来了。从此，这个地方的革命就有了党的组织领导（王章程讲），以后经常在土围内开会秘密组织。当时听是听得哇要组织共产党，要组织红军，但我们那时不知道那时〔是〕不是开始在建立党的组织。

（九）对右派开展政治上的攻击

从【民国】十六年六月起，与东固有了联系以后，敌人还在沙溪活动，活动又只得转入秘密了。秘密活动的目的，是在政治【上】攻击敌人，于是一个贴标语的宣传运动就开始了。标语是从东固送过来的，一卷有二三十张，标语上写着"打倒苛捐杂税！""打土豪分田地！""打倒国民党！""拥护苏维埃政府！"等〈等〉字样。左派的活动分子，白天睡觉，夜晚出来活动——贴标语。每当要出去贴标语时，要选最黑最夜风又大、又下雨的夜晚，在家里先准备好"糯米糊"，用罐子装好，带上一把棉花，见没有人在前后，就拿棉花占〔蘸〕点米糊往墙上一揩，另一只手带上标语往墙上一刷就贴上了。因为天黑看不见，所以标语有倒贴的，有顺贴的，有歪贴的。有时还打开党部的毛〔茅〕厕门爬进去，轻手轻脚地把标语贴到党部办公的正堂上去（有人说是司署）。定天一见①，土豪吓大叫："不得了，昨晚红军又来了。"有的土豪看见标语后，拿着东西就往外地跑。当时还有一个来沙溪做官的，到了这里，请右派吃一餐酒，又请左派吃一餐酒，后看见左右派斗争很急〔激〕烈，连任都不敢来上就溜了。

这些活动，在群众中产生了很大的影响，群众说："共产党来了不交租税粮，想不到昨天晚上真的就来了！"所以群众也巴不得要红军来解放他们。

（十）剥夺右派的政治资本

民国十七年正月（1928 年），左派又开展了政治攻击，给每个

---

① 此处为方言词，意思为"等天一亮"。

右派作了一个骂他们的歌子，谩骂歌、讽刺画、标语都公开赔〔贴〕到街上去，搞得右派在群【众】中冒半点威信。这些歌子等贴到了全沙溪街仔上的每个地方，墙上有、门上有、厕所有，使群众处处都能看到骂右派的歌子、标语和漫画。当时有的歌子骂民团团长王维汉，因为王在农民打党部时被捉，后来逃掉了，歌子说："王家有个王维汉，红军来冒处钻，要不是两脚【跑】得快，肚皮都要对穿。"很多骂右派的歌子，群众都会唱，有时右派在前面走，后面群众就唱起了骂他们的歌子。还有一幅画，画反动头子艾午垣，头上长的是一个猪头，猪耳朵、猪嘴巴样样俱全，跪在他祖父面前，他祖父举起手骂道："奴才呀！奴才！"

（十一）妇女运动

那时妇女运动开展得不太好，只是宣传了要剪发，要放脚，要婚姻自由，要平等，结果在当时没有实行。

（十二）手工叶〔业〕工人也起来了

在大革命时期，没有单独搞工人组织，都是和农民配合在一起，打土豪分田地。沙溪闹革命时，也有100多名手工业工人参加。

（以上材料来自：①沙溪乡老革命干部座谈会纪录，②王章程、刘施香、李盛标等人的访问笔记。）

二、农民运动[①]

（一）农协建立前的农民暴动

民国十六年二月、三月间，赖经邦带了10多个人来沙溪。一个晚上在沙溪轿背南街上万寿宫开农民会，王家前房和北岸村农民参加了这个大会，共有200多人。农民坐在万寿宫宽凳上，王贤书就点燃火来在群众中寻找，说："看看还有没有反动参加。"查到文儒堂火伏李运玺，就把他捉起来。亏他在晚上做狗爬偷着走了，要不就会与乌面仔一道，在第二天【被】杀掉。会开得很简短，起先

---

① 原文无此标题。

谁都不晓得要做什么，赖经邦宣传了一下就问："反动要打吗？土豪要打妈〔吗〕？"群众说"要打"，赖就说要打就"分工"。结果李怀远带一路，王辉堂带一路打北岸李彩香，李世昌带一路打钟山下。赖经邦带来人和枪都分到各个队去了，一路一两支枪，带队走在前面。群众到了一个村庄，都不晓得打那家，一直要包围住了这一家才知道。没有那么多枪就打大爆竹，把大爆一打，土豪就赫〔吓〕死了。

当时打了土豪计有：钟山下梁义兴，北岸李彩香，水村张明焕，拱江背刘宗尧、刘兆选，艾家艾午垣，王家王维汉。

搞了一些家具、头牲、衣物、金银，捡苦的分给农民；把赶来的猪杀了，农民不用花钱就一提一提提回去。

当天就抓了反动王贤×，外号叫乌面仔的。乌面仔虽是耕田人，但他在打民团之后挑一担子弹给民团，民团还要他去探听潭头方面有多少红军，他一回来放下扁担就往潭头跑，装着去潭头当街。捉到第二天就杀了，他说他得了民团××钱。事情发生的第三天，靖卫团就到了荷塘，当天晚上就"啦天啦地"打进沙溪，赖经邦就带人上山，隔了几天东固游击队才把靖卫团赶跑。

（二）北岸农民协会的建立

民国十六年五月，北岸村由李春生领导群众，在北岸大祠堂里起众火，有20多桌。众火一起，钟山下杨××等几家有钱户就送来了200块钱，并请了酒。我们用这笔钱买了二三十支二三角钱一把的鸟铳，买了些硝，就出发打土豪。出发之前，周家排一家搞得比较殷适〔实〕的自己耕种的陈金德也送来了五十块钱，晓得他想说"钱是用的，水是流的"，这次就没有打他。这次北岸农民暴动打了两家，一家是钟长瞎子老婆，一家是现在拱江背社南田美张盛礼。

打钟长瞎子老婆家原因是这样：民国十六年二月在北岸起娘娘，大坑钟长瞎子老婆（吴氏）的崽从沙溪当街回来进出赌，输了钱打了谷票。赌是在李春生家里赌的，吴氏就诬说"李春生勾结土匪骗钱"，请来靖卫团，把李春生他们赶得【往】山上跑。这次暴

动就洗了他家。（这女人后来更反动，经常报告靖卫团我们在哪里开会，以后赖经邦就把他们母子两个都杀了）

北岸暴动就成立了农民协会：主席李春生，委员李盛标、李宣早、李治发、李世昌、李光炳、李运轮、李治成。

李世昌、李光炳俩〔两〕人是知识分子，其余的人都是农民。委员得了〈俩个〉三块钱一月的薪水。李龙章、李怀远、李光炳、李世昌、李春生是里面领导人。

（三）反动派企图扼杀农民政权

民国十六年，王维汗〔汉〕搞来了八十多条枪，成立靖卫团，有八十多人在沙溪集训。并纠集了乐安靖卫团一百多枪，还有龙冈、石马、藤田靖卫团来打沙溪，并到处进行反共宣传，君埠、藤田、龙冈一些商人和有钱人被他们骗走，青年编成"红学会"，老年组成所谓"难民团"。民国十六年六月初二日，这些靖卫团来沙溪，说要"杀人开六皇斋"，初二捉到我革命同志李宣早等20多人，初三枪杀我革命同志李长仔（18岁）、李宣早、王文郁（据说李长仔、王文郁是共产党员），初二烧了李龙章、李怀远【的房屋】，初四烧了李胜伯、李胜桂、李春生、李风生的房屋，牵走了20多头牛。后李贻谋带兵把靖卫团赶走，因"难民"住麻〔满〕了沙溪，我们想争取"难民"回家，不便打枪，主动退至长坑，但"难民"们仍听靖卫团的话跟到藤田去了。

（四）农民协会广泛公开建立及其领导

原来吉水县管的长坑在民国十六年二月间就建立农民协会。

民国十七年二月十五日前后十天左右，有如下农协公开建立了：中埠、水村、孙刘艾、带沅①、上贷②、荷塘、朝坪、严坑、沙汰

---

① "带沅"，应为"带源"，后文写作"带源"。见《江西省永丰县地名志》（内部资料），1985年版，第43、76、260页。

② "上贷"，应为"上带"，后文写作"上带"。见《江西省永丰县地名志》（内部资料），1985年版，第177页。

（包括沙洲坪、沙汰、颜坑岭下、焦元龙）、诏元〔韶源〕、破坑、长潭（包括周家排、龙潭）、深坑、树下（包括枫树排）、下坑、不塘口、拱江背。

这些地方都先有秘密活动，宣传"分田好处"，说"组织起来就可以把土豪打倒"，"东固有靠山"。万安来的改名为李东阳（实姓张）也会与农民交谈，宣传"穷人苦，要抗租、抗债"，从谈话中他看出哪个人忠实可靠、思想好，就要他开会。

北岸起了〔的〕农民协会和其他一些农协建立，推动了这批农协公开建立，因为各地农协都愿把财产【在】自己村里分掉，怕别人来洗。当时有些地主想过关，就也要农民成立农民协会，拿出一部【分】钱来分。

农协组织分工是这样：主席，候补委员兼文书，财粮委员，妇女主任，肃反委员，雇农工会主任，土地委员，军事委员（管赤卫军，少先队）。

在农协工作的人【有】一人兼几职情况。农协武装有赤卫军（25—45岁）和少先队（16—23岁）、儿童团（8—15岁）。赤卫军荷梭镖、鸟铳、猪婆刀、土炮维护本地治安，像现在民兵组织一样，还负责打土豪和补充红军。

民国十七年建立了革命委员会，是各个农民协会【的】领导机构。主席是王凤祥①，委员：王宪书、王章含、李锦南、李盛标、李治发、李先成、李功群。后来王凤祥叛变。

革命委员会七天开一次会，开会是秘密的，也有讨论。没收土豪财产要交革命委员会决定。

革命委员会除李锦南、李功群、王凤祥是知识分子外，都是农民。革命委员【会】实际是由李龙章、杨怀德、黄道源、王章含他们组织，搞了一些种田人出面。

---

① 文中又写作"王风祥"。

（五）农协领导农民进行"五抗三杀"

"五抗三杀"即抗租、抗债、抗粮、抗捐、抗税，杀土豪、杀劣绅、杀反动。

土豪：有很多土地、财产，靠收租剥削。

劣绅：欺压抢掠，做地方官吏，地方上事由他"解决"就是，有钱有势。

反动："进进出出"（两面倒的人），私通白匪和国民党军政人员。

三杀在各地杀了孙家孙林古仔、孙定生仔、孙有生仔、孙九连、孙童童仔、孙万年宝、孙龙生宝、孙喜连，王家王滴滴仔、王毛仔、王鱼古、王花喜宝、王科宝仔、王三仔、王土狗仔、王大群仔、王四仔等二十二三个，北岸李运迪、李运红、李盛信、李宣谐，拱江背刘彩光、刘兆选、刘宗尧，还有土豪汪宏贵、袁邦贵、陈家球、欧阳宝、温忠等。整个沙溪乡（现在区划）总【共】杀了一百二三十人。

最〔其〕中最大的要算刘宗尧、温忠二人。

刘宗尧是一个典司官，考到浙江没有上任就在家里，专靠欺榨〔洋〕人吃饭。他弟弟卖假田、卖假石，薄荷油渗〔掺〕水。另外，三十九都义库每年收得两百多担谷，就由他吃掉；有人要做寿，用他的名字去给寿匾注脚（叫买一个廊头），就要几十块钱。化〔花〕了几块钱买了农民一窟坟地，文契上写"纸笔定三行"，农民又不认字，买一行占了人家三行，天都有眼，雷公就把他家占去，这块地上的坟打烂了。

温忠是拱江背社拱江下人，一个秀才，嫖赌都来。

五抗

抗债：开大会，把债主、农民都召来，先让债主自报认了多少债，少报了农民就检举揭发："我还借了××，明天把借据给还我。"债主就承认："是，是，明天给你送去。"会后债主就会把债据送给欠债人，顽固的就会带着借据逃跑。

抗租：富农文契要当面烧掉，农民不交租。

抗税、抗粮、抗捐：捉到收税人就打，当时也不太敢来。钟宝蓝父子俩来沙溪，他是巡警，晓得哪家要交多少粮，我们就捉起来把他们杀掉。

当时少先队【的】任务【是】执行灭菩萨、禁烟、禁赌、查路条。把菩萨打倒烧火，打倒香炉、灵牌，叫魂的也只敢躲着叫，捉到要受批评，捉到道士家伙，衣服都要拿掉，而且还要罚苦工。捉到赌、吃鸦片的，第一次宣传，第二次教育，第三次就关起来，一天给他一碗盐水饭，菜也不给他吃。没有路条不准过路，而且还要捉到农协去。路条上是写十个人，就多一个人、少一个人也不行。

（六）村苏维埃政权建立

民国十九年八月，成立村政府有如下一些：中埠村政府，孙刘艾村政府，水村村政府，沙洲坪村政府，带源村政府，上带村政府，长坑村政府，古株村政府，下坑村政府，韶源村政府，拱江背村政府，长潭村政府（包括暗坑），古田村政府，深坑村政府（包括△龙江、土围内），树古村政府（包括枫树排）。

成立村政府就叫打富农、地主。搜山捉到孙癫佬仔，把头拿到沙溪游街，这个家伙输打赢要。还捉到回龙一个王××，北岸这时还杀了李盛福、李扁咀（都是痞子）。捉到地主就罚款，罪重的罚了款还是要杀掉。

村苏维埃政府有常委与执委，执委权大，常委会有委员长。村苏维埃不打土豪不起火（指烧饭），分工如下：主席（委员长兼），秘书，肃反委员，赤卫队长，少先队长，妇女主任，儿童团长，土地委员，生产委员，财粮委员，宣传委员，组织委员。妇女主任负责剪发、放脚、洗衣、慰劳、做鞋、捐献工作，土地委员负责分田，生产委员负责为给红军家属代耕劳动力的调配，肃反委员注视各种行动，宣传委员写标语、画漫书和口头宣传，组织委员负责组织少先队、担架队等组织工作。

民国十九年，列宁社由下固搬到沙溪乐道山。各村政府都属列宁社〈会〉领导，杀人要由列宁社批准。它是党的组织，当时负责人是石朝东、戴汉早、李春生等人，列宁社就只挂列宁一个人的像。各地游击队来还要属列宁社管。

村苏维埃时还有"互济会"，每月交一个或两个铜板，支援东北义勇军。还有"反帝护苏同盟"，也是每月交一个铜板。小孩子零用钱都舍不得用，将钱用裤带吊在裤头上。

（七）乡苏维埃政府建立

民国十九年十一—十一月间成立乡政府，现在沙溪乡管如下几个苏区时乡：中埠乡（包括长潭、树下、深坑、土围内），韶源乡（包括破坑、鸡公礁、山坑尾），水浆乡的上带、带源两地，荷塘乡的不塘【口】一地，吉水县长坑乡的古田、古株、长坑三地。

乡苏分工：妇女委员，经济委员，主席，儿童委员，赤卫委员，秘书（党支部书记兼），工会主任，组织委员，土地委员，宣传委员，肃反委员，文化委员，生产委员，少队委员，粮食委员。

乡里还有中共支部，有支书、组织干事、宣传干事、少共书记。

乡里党支部书记、主席、少共书记三个人，只有两个人火〔伙〕食由上级拨发，一角钱一天。

（八）区苏维埃政府的建立

民国十九年打张辉瓒前成立乡苏维埃时，在沙溪南街上成立区苏维埃政府，也有区委会，列宁社这时就没有了。九月间在南街上有一个区苏筹备委员会。

区苏分工如下：主席（第一任王开文），裁判部，财政部，秘书（第一任王辉堂），土地部，文化教育部，军事部，粮食部，妇女部，工农检查部。

区委会有：区委书记（第一任黄日新），宣传部，妇女部，组织部，还有一个专管工人【的】部门。

少共区委分工：书记，宣传部，少队部，儿童局，组织部，青工部，妇女部。

区级机关还有区工会。

沙溪区当时管下【列】10个乡：中埠、北岸、荷塘、水浆、下罗、贤田[①]、八石、德门、严坑、梅兰。

三、党的组织建立【及】其活动

1. 沙溪地区党组织的起源

沙溪地区就我们所知道的最早的中共党员是李龙章同志。李龙章同志于 1922 年至 1924 年在南昌大同中学读书，于 1924 年七八月回家。龙章同志在大同中学时就【参】加了党，回家后就在家乡教书，当地的一些进步知识分子与其有秘密联系。

1926 年，阳明中学（设在吉安）学生王士清、王士秀、谢登高、王启民回沙溪，他们都是于阳明中学入党的，回来后与李龙章就有联系（以前是否有联系不清）。

另外外破坑的李贻谋，北岸的李怀远，1926 年就和东固有秘密往来。

以上这些人于 1926 年起，就经常在一起开秘密会议，或破坑，或岭上，开会地点多半是沙溪、桥背、下固。会议非常秘密，就是妻子、父母也不能对他言讲。我们只知道他们有秘密往来，其组织关系与领导关系我们就搞不清楚。

2. 党的地下活动

自 1926 年起，李贻谋、李怀远、李龙章等同志就开始了地下革命活动，活动的方式是找最穷最苦或最要好的朋友谈天。先头就跟他闲谈，谈些日常生活，慢慢谈到穷人处苦〔苦处〕，再看他的态度如何，有什么反映〔应〕。对社会有反感的、忠实可靠的，就进一步宣传他，讲一些革命的道理。他们说："现在我〈现在我〉们是太苦了，但不是我们的命注定就是苦的，而是剥削压迫的结果。我们穷人作人家的田要交一大半的租，借了一石谷，过一年就得还两三石，还不起连老婆也得卖掉！我们穷人就真的应该这样苦

---

① "贤田"疑为"枧田"。见《江西省永丰县地名志》（内部资料），1985 年版，第 28、232 页。

下去吗？不行，我们要团结起来，打倒土豪和劣绅！大家跟着共产党走，拥护红军，就有身翻，冒田的有田，冒岭的有岭，冒老婆的有老婆……"

党的地下活动就是实行一些革命道理的宣传，发动群众，准备暴动（具体的有计划的活动情形搞不清）。

不知是那一年，沙溪地区的党组织成立了"列宁社"——是党组织的代号，初设在下固，于民国十九年迁到沙溪。1928年沙溪地区各处暴动后，它是这个地区的组织者与领导者，农民协会和村苏维埃政府要枪毙人，都要经过列宁社批准。列宁社在过去一段时期中，实际起了区委会的作用。

3. 党组织的公开及其组织机构

民国十九年九月，中埠乡成立，紧接着沙溪区成立。随着乡、区的成立，乡党支部及区委会也就成立并公开了。中埠乡有个党支部，下面有党小组。基本上是一个村政府一个党小组，也有两个村苏联合成立一个党小组的。党支部是公开了，大家都知道了有个中共支部，但谁是党员呢？这时还是秘密的，都不知道。后来我们知道当时有这些是党员：

北岸村李怀远、李春生、李光炳、李盛异、李其信、李云仁，长潭郭坤厚两兄弟、郭光灿之爹，王家王文晓、王章汉、王辉堂、王章生、王建章，河下李正南，沙溪街谢登高。

民国二十年，打了三次战争以后（下半年），党员也公开了，并且要开群众大会，征集党员。

乡支部内有支部书记、组织干事、宣传干事、妇女干事，第一任支书是王功甫（上固东高人）。

4. 党的组织制度及入党的条件手续

以党小组或支部为单位过组织生活。组织生活三二〔天〕一次，平常的内容是：自我检查，互相批评，提意见，或研究工作。一个礼拜学习一次，学习革命理论，由上面发下油印文件和党章。党员每月要缴纳月费，数目不定，三个月不交，开除党籍。要按时到会，缺席三次者，开除党籍（指无故缺席者）。组织制度是非常严密的。

奖惩制度也非常鲜明。对工作积极、有成绩、大公无私的党员进行表扬，或少量的物质奖励，如奖励一顶帽子。对犯了错悟〔误〕的同志，较轻的进行批评，重一点的记过，再重一点提出警告，最严重的开除党籍，给其画漫画、贴墙报。

党支部六个月改选一次，好的可以连任或提升，工作不好的就不选他，或者降职。

党员入党是完全自愿自觉的。首先是党员向他宣传，他懂得革命道理后，就会自动申请。他自己找到一至两个党员为介绍〈介〉人，自己填入党申请表（不会写字的可找认得字的党员写），交支部大会通过，再交区委会批准，为后〔候〕补党员。后〔候〕【补】期冒有一定，有一两月，也有一年半年的，真正的贫雇农、工作积极的，一两月就转正，复杂些的就要几个月或一年。

民国二十年，党员的身份可以公开后，要在群众大会上征集党员。申请入党的人事先就要找好介绍人，在开大会时，介绍人倍〔陪〕同被介绍人到登记台登记。登记台上插着一面旗子，上写"党员征收处"，支书坐在那里登记。登记后仍由支部大会讨论通过，区委会批准方为候补党员。

区委批准后，由支部通知入党者本人，说："你可以参加，过组织生活了。"还要举行宣誓典礼，等有几个人以后，才共同举行一次。典礼由一个人领唱，内容是：保守党的秘密，永不叛党，工作要积极，坚决与敌人肉搏血战到底，而〔如〕有叛党行为，任凭治罪！

入党条件是：出身好，历史及社会关系清楚，工作积极，有坚决斗争精神。〔具备这些条件〕方可入党。

5. 党的领导作用

同级政府要在同级党组织的领导之下进行工作。乡政府所做的各项重要工作，都要先经乡党支部研究通过，再交乡【政府】

实行。

（党在民国十九年以前，活动是绝对秘密的，因这之故，党的组织、活动很难弄清楚——笔者。）

四、武装斗争

我革命的地方武装和反革命的地方武装，进行了长期的、不间断的、复杂的、尖锐的斗争。如和反动的靖卫团作战，几乎不间日数，多次击溃了靖卫团的骚扰，保卫了社会治安和人民政权。另外，我地方武装也有力地配合了红军作战，做运输工作，抬担架、扛伤兵。龙冈活捉张辉瓒，我们就全部出动；配合了第一次战争。现将我地的几种地方武装叙述于下。

（一）革命的地方武装

1. 赤卫军

农民协会成立的同时，作为其武装力量的赤卫军也就同时组成了。参加赤卫军的是二十五岁至四十五岁的贫雇中农。

在农民协会时，没有个一定的编制，一个农协有一个赤卫队，设队长一人，队员则不定，二十、三十、七十、八十都可以。在成立村政府以后就有个编制了，村苏设一个赤卫委员和一个指导员，下管班长，一班是八至十人。乡有赤卫委员，统一率领全乡之赤卫军。

赤卫军的任务是：配合红军作战，充当向导、运输队、担架队，及参战；第二是在队长率领下捕捉土豪、劣绅及一切反动【派】；第三是维持社会治安；第四是补充红军。

2. 少先队

少先队也是地方武装之一，随农协成立而成立，为十五岁至二十四岁的贫雇中农青年参加。农协时也无一定编制，村苏成立后，村政府有少队长和指导员，下设班，八至十人为一班，有班长一人。

少【先】队之任务是：战时参加作战，做通讯工作，当红军的临时小鬼；执行三禁任务，即不准信迷信、禁鸦片、禁赌。

这两种武装皆用梭镖、鸟铳。

县有模范团及独立团。（见沙溪乡座谈会材料。因不属沙溪地方之武装，所以不重复）

3. 沙溪临时游击队

第五次"围剿"时，我军组织了西方军。这时由革命干部十三四人成立个临时游击队，西方军拨了十一支枪，连长是李文祥，排长肖百珍。游击队经常入出沙洲坪、水口、黄坪、上固一带扰乱敌人，在水口、黄坪敌人菜场，我们还夺得了一只猪、几担大蒜。后来由于叛徒宋胜中这家伙偷枪投敌，才被西方军解散。宋胜中一天晚上说"用枪作枕头"，骗得了游击【队】中一小鬼一支枪。他趁大家睡熟时，他就拿了两支枪投敌了，得了40块钱。西方军召集游击队，说是开会，实际就是缴枪，枪毙了李文祥、肖百珍和那小鬼，解散全队。

（二）反革命的地方武装及敌我斗争

1927年，沙溪地区以王维汉为首的右派，企图以武力镇压左派的革命活动，用强迫手段向老百姓征收购枪费，并从中贪污，买来了10支枪，成立了所谓民团。同年二三月，左派就发动了附近许多农民，打垮了民团，活捉王维汉，后被他欺骗逃走。

王维汉逃到永丰后，请来了永丰民团，追得左派上【半】年冒回来。他不知又在甚么地【方】搞来了80多支枪，在沙溪组成靖卫团，80多人在沙溪训练，经常在下固、长坑、潭头一带进行抢劫。1928年上半年，二、四团（由七、九纵队编的）成立一个游击队，把王维汉追永丰去了。王维汉不死心，纠来了乐团〔安〕白匪团100多人，外有龙冈、石马、藤田的靖卫团，欺骗群众跟着他走，把青年组成"红学会"。1928年六月初二攻沙溪，见左派就杀，一天杀两三个都有。王文郁就是这次被杀的。

靖卫团扩大后就编成保安师，李尚荣任师长。沙溪是保安团，王维汉任团长。1928年王维汉就被我们打到下永丰去了，以后就是骚扰性活动。王维汉 1929 年〈就〉被国民党的散兵打死了。

李尚荣 1931 年在七琴（新干）被俘。

五、平田平岭

现【在】的沙溪乡，范围比过去的中埠乡要大得多。在土地革命时期，不磻村属破塘①乡管，上带属水浆管，韶源、破坑属绍〔韶〕源乡，刘家排、长坑属长坑乡，北岸属北岸乡管。土地革命时期，由于不同乡的缘故，所以现之沙溪乡所辖各村平田时间不一。另一方面，斗争的形势也各有不同。长坑靠近潭头、东固，受革命暴动的直接影响早，武装的暴动也起得较早，韶源也是如此，所以这两个地方的平田较早。中埠乡位近马路，这里又有王维汉的反动的地方武装常于这带骚扰，所以中埠的平田就比较晚。（——整理者将个别访问材料和座谈会综合得出）

现【在】的沙溪乡所辖各村皆进行了两次平田，政策与做法皆同，唯时间不一。

第一次平田的政策是：以原耕为基础，以村苏为单位，按人口均分；红军家属、贫雇农分好田，富农分坏田，反动、地主不分田。

以原耕为基础就是原来归谁作的就归谁，有多的就拿出来，少的就补。由于拿出来的田是由自己拿的，因之拿出来的多为坏田，少的补进来的田也就是坏田。

还在平田前，地主多半跑掉了；参加了靖卫团的及为反动做事的都是反动，所以反动也多半跑掉了。反动、地主是不分田的，分了田他们也不会作，在家的地主、反动同样不分田。

有养鱼塘的村庄，鱼塘也要进行分配，几家人家合一口。大的，人家多；小的，人家少。

---

① "不磻村"应为"不塘口村"，后文写作"不塘口村"。见《江西省永丰县地名志》（内部资料），1985 年版，第 174 页。"破塘"应为"破坑"，后文写作"破坑"。见《江西省永丰县地名志》（内部资料），1985 年版，第 184 页。

木子〔梓〕山由个人报常年产量，不符就由大家评定。按常年产量划成块数，一个人平均分多少石木子〔梓〕。

在第一次分田后，老百姓有意见，存在了一些偏差。这个偏【差】就是：田的好坏搭配得不均，数量也有多有少。原来作到好田的尽是好田，冒得到好田的尽是坏田（因为是以原耕为基础）。

为了纠正这个偏差，根据老百姓的意见，就来了个第二次分田。北岸是以查田的形式出现的。

第二次分田就取消了原耕为基础，安〔全〕部拿出来搞烂〔乱〕均分。这次地主在家的也分了田，和富农一样分坏田。

由于人口的减少，第二次分田每个人所得数量都有增加。

北岸是以查田的形式出现的，好田多的抽出好田来，瘦田多的抽出瘦田来，补入好田，每人增加了四斗谷种。

第二次分田的政策是：以村苏为单位，红军家属、贫雇农分好田，地付〔富〕分坏田。将各村分田情况列表如下：

	第一次		第二次		备改〔注〕
各村	时间	每人合多少石	时间	每人合多少石	1. 本表以座谈会为准。 2. 仅罗列了主要几村。 3. 当时分田皆以谷种计。
韶源	1929 年冬	15 石谷	1930 年冬	16 石谷	
长坑	1929 年冬	12 石谷	1930 年冬	12 石多一点	
北岸	1930 年冬	6 石谷	1931 年冬	6 石 6 斗	
中埠	1931 年正月	4 石谷	1932 年 1 月	4 石二三斗	

平田时政治及经济斗争。

平田〈是〉是一场政治斗争，又是一场经济斗争。（笔者语）反动的地主、付〔富〕农在我们这里虽不太敢乱动，但也有公开威胁的，他们威胁说："你们只管分吧，看你们吃得多久。"我们就捉他来斗。中埠村关了章鲜的老婆、王章茂。

平田时我们也打土豪，逼他们的钱。我们逼王章茂，打他，他说太痛了。群众说"节半算"（他过去剥削穷人，一斤要还一斤半）。

六、苏区的各项建设事业

民国十八年三月底，永丰、乐安、兴国的游击队联合击溃了盘踞在沙溪的反动武装——永丰、沙溪、藤田、乐安的民团，沙溪又回到了人民手里。从民国十八年四月到民国十九年十月，国民党反动派没对沙溪做大的进攻，仅有小的骚扰。这一年半时间里，政权是比较巩固的。

从第一次战争到第三次战争期间，国民党反动派经常偷袭沙溪，每次都是停一两天，有一次停了近十天。

从民国二十年冬天起，到二十二年年底止，沙溪的政权是巩固的，人民生活也比较安乐。

（以上：王章程、温高洪）

1. 农业生产方面

苏区革命时，政府的中心工作是扩大红军，支援前线。在开会时，也布置过要好好生产，说"现在我们穷人翻了身，应当把田作好，才有吃有剩；要是不把田作好，不要讲有剩，累计税都交不出。现在没有剥削，要是还搞得没吃，地主富农都会笑"，说"干部家和红军家属的田一定要作好"。那时脱产干部没有薪水，只有饭吃，家里的田由别人帮助作。地方上的干部要带头去帮助红军家属作田。

苏区革命时也荒了一些田，原因是：国民党总是进攻过来，常常打仗；还有好吃懒做的；地方上很多人参加红军和做支前工作，缺乏劳动力；贫雇农缺牛缺耕具。

真正的贫雇农是不会荒田的，他还会去捡别人荒了的田来作。贫雇农都讲："现在是自己作田自己得，不交租，要好好作一下。"

还实行了改种——早禾改迟禾，产量增加了百分之二三十，也有增加一半的，还有增加两三倍的。

（以上沙溪乡座谈会）

2. 手工业生产

工会在政府领导下工作。工会禁止包头包工剥削工人。

一个人带了几个工人和徒弟，没开店，这样的就叫"工头老板"。革命后，工头老板再不敢吃徒弟的工资了，也不敢带徒弟（所以现在匠人少）。革命后没打过工头老板。

农村里的手工工人，要田就分田给他。分了田，多半是上半年种田，下半年作手艺，也有自己帮人作手艺，家里又请人作田的。

革命后这里有些妇女去学裁缝。

长坑村的手工业不多，七十来户人家，只有四户手工业：两家篾匠，一家裁缝，一个锯木匠（分田后他参加了红军）。分田后他们一面作田一面作手艺，只在本村做，跟农民换工，你帮我做一天手艺，我帮你作一天田。分田以前，他们还出村做手艺。手工工人做一个工的工钱比革命前提高了一些。

（以上：杨九辉、沙溪座谈会，宋克浪、刘盛福）

3. 商业方面

刚起革命时，打了资本家，拣有钱的打，没收的东西归农会。不是大资本，东西就不没收。

准许私人开店和摆摊子。物价涨跌要看货源，政府没规定价格。要是涨得太高，政府就会管，私商如果破坏市场，就会把他关起来。私商不敢这样做。

对私商不收税，到他赚钱赚得差不多的时候，就捐他一笔钱。捐款时留下一笔钱，让他做生意和过生活。捐款没有一定时间。

区政府在沙溪街上开了个中药店，派汪济旺负责，药价比私人店里便宜。

区政府国民经济部管理街上的合作社。

沙溪街上有个造坊合作社（做豆豉、酱等），老百姓入股，两元银洋一股，负责人王章丙（以后贪污，洗刷了党籍）。

有个布匹合作社，有老百姓入股，两元钱一股，周有文负责。

工会还在街上办了个糕饼合作社，农民也有入股的，也是两元银洋一股。

这些合作社里的东西都比私人店里便宜。是社员买东西就便宜点，不是社员就照市价；要是货不多，就只卖给社员。合作社的收入，除了工资开销就分红。地主富农没有资格入社，也不能到社里来买东西。

沙溪有红色饭店，也是老百姓入股，两元钱入股。里面有四五个人做事，负责人石朝宗。

这些都是起了乡政府就有的。

第三次战争时，国民党反动派在沙溪驻了两个多月，破坏很厉害，这以后有一段时期街上的店都关了门。到民国二十年冬天，又有了商店。

（以上：胥水生，沙溪乡座谈会）

4. 货币

刚开始用红军纸票时，一元红军票子抵一元银洋，以后就没有了银洋，尽是用红军票子。

开始有人不用红军票子。逢到当街，区、乡政府就会派人到街上检查和宣传要用红军票子，抓到抗拒不要红军票子的，就把他游街，还要他自己喊："你们看啦！不要红军票子用的，就看我的样呀！"

（以上：沙溪乡座谈会）

5. 公债

1931年、1932年两次发行公债。一般每户买两三元，家里经济好的买五元、十元，差的买一元、五角。是自愿，不强迫。大家都自动买，是靠宣传工作。（沙溪乡座谈会）

6. 邮政

沙溪有个邮政局，村村都通了邮路。邮政送信，送报纸、杂志。送信靠脚走，夜里打马灯走，碰到有反动派进攻，连马灯都不敢打，摸黑走。（沙溪乡座谈会）

7. 人民生活

分田以后，债抗掉了，田岭归农民，作田不交租，只要交点累计税，很轻（照人口——每人每年交十七八斤谷。刘盛福、宋克浪说是土地税，按亩不按产，每亩十几二十斤）。农民生产积极性提高，产量增加了，所以绝大多数贫雇农生活都提高了！家家有饭吃，户户有余粮。农民自己编了山歌说：革命前，吃的是"苦瓜没油苦揪揪，茄子没油滑溜溜"；革命后，"共产党领导翻了身，猪肉我都要吃他两三斤"。革命前，"一身穿得苦瓜棚，牵起衣服兜不得半把米，蜡烛挂得一千零"；革命后，"去了蒿捲（草垫）穿龙袍"脱下破衣换上新衣。

比方孙刘艾村的伍丙香，革命前，夫妻两个吃饭都苦得要死，总是没米下锅；革命后，他一人做事养五个人（父、母、老婆、小弟弟）。他做事勤快，作了自己分的田，又捡田作（别人荒了没作的田），结果收到一厅下的谷，吃不完，还要〔有〕谷粜出。又比方中埠的王文仁，他一家八人，革命钱〔前〕苦得要死，一天吃一两餐，有时吃菜过日子，穿的衣服破得一块块落下来，睡的被子里缝进了蓑衣，他家小孩天热就不穿衣，天冷就穿别人给的一点破衣服。革命后，他分了田，拼命努力作，还借田作，割得了百多担谷子，天天都要割点猪肉吃，全家都换上了新衣。（沙溪乡座谈会）

8. 对白区的贸易

到白区多半是运进盐、布匹、毛巾、袜子等，多半是到藤田附近的乡下，到下永丰的乡下去运进货物。主要是发动群众，通过亲戚朋友关系去买货，也派人到白区乡下去发动群众运货，我们这边合作社的干部带领群众去接。

以后国民党封锁，就多半到兴国、王陂、小埠、广昌这些地方运盐进来，再不够就只有熬硝盐。商人好恶，用五元红军票子买他三钱盐，他还说是"看面子"。盐比金子贵，买都买不到。这时是民国二十一二年。

（以上：沙溪乡座谈会）

9. 文化建设

起了村政府就起办列宁小学和识字夜校。

沙溪街上有个列宁小学。在乡下，有一个村政府就有一个列宁小学和识字夜校。上面发书是一个学校发几本子，不够就抄起装订起来。读书不要交钱，书有发，只要自带纸笔墨砚和油灯。贫雇中农的子弟都进了学，地主、富农和地富子弟都不能进学。

学校老师没有钱得，家里的田由别人帮助耕。在本地教书是吃自己的，到外地教书（比方沙溪街上到乡下教书）的老师才有饭吃。

沙溪街上的列宁小学有四五十人。

一个识字夜校平均有二三十人，多是青年妇女。

那时还有识字牌，以乡为单位挂识字牌（不归村里），多半是讲生产方面的事。那时的识字牌比现在的识字牌要小些。

工农子弟都有书读，不进学的还要宣传动员进学校。

（以上：沙溪乡座谈会，沙洲坪座谈会）

七、肃反运动

1. 这里的反动组织有"红学会""铲共团"。"铲共团"是在第三次战争以后才有的，是从苏区逃出去的反动派、地、富得了国民党的钱组织的，是在白区里，里面有沙溪跑出去的人参加。（沙溪乡座谈会）

2. 区肃反委员会由区特派员、区委书记、少共书记任委员。这是秘密组织。（刘施香）

3. 在沙溪地方杀 AB 团，总共杀了百把两百〔人〕。有两次杀AB 团都是一次杀二十几个（李盛标听说），有一次杀了 25 个（刘施香看见），杀 AB 团十个有八个是冤枉杀的。尽是杀了工作积极的，搞得大家都不敢出头工作。（沙溪乡座谈会）

4. 1930 年杀 AB 团，罗焕南指那〔哪〕个是 AB 团，就杀那〔哪〕个。罗焕南当过伪保卫团长，是混到革命队伍内部来的敌人。他在永丰当县委书记，当县肃反委员。

三次战争后，毛泽覃同志带余泽洪^①到沙溪来开会，是县委开会，开了两三天。余泽鸿在会上讲话，指到罗焕南说："AB团头子就是罗焕南！"罗焕南就跳起来，要拔手枪。毛泽覃同志带来了四条枪，事先就布置在罗焕南身边，就指到他，把他绑了起来。这是我（刘施香）在门外看见的。那时我是儿童团，可以在外面看开会。抓罗焕南以前，潭头一个裁缝工人宋桂山曾经跑到太和、兴国一带调查。

在潭头杀罗焕南时，他还说："我抵〔值〕得，一条命换了一千多条。"李贻谋（东固游击队长）、李龙△（即李春生，沙溪区苏主席）、李庄庄仔（沙溪乡苏主席）等人都是被罗焕南杀害的。

1931年捉到罗焕南，1932年把罗焕南押到潭头周罢上，用绳子捆成十字架形，有1000多人参加了这个杀罗焕南的大会。有好多被害的人的妻子、仔、爷娘，都带好了刀子、钻子，要去割下他几块肉，钻到他的心才甘心，因为自己的儿子、丈夫、父亲被这个狠心的奸贼害死了，所以每个人都拥在他身边，用刀子、钻子。不消两点钟，就把他搞死了。

这次开会决定要活活把罗焕南一块一块割死。结果，一个妇女因罗焕南杀了她丈夫，一走来仇火不可遏，一刀就把他的生殖器割掉，他痛得竭力挣扎，把手上的绳子搞断了，这时后面又有人拿梭镖从背心而入胸前枪出，罗焕南两眼曝〔暴〕出就死了。

判决之后，罗焕南写了亲笔罪状，用六裁纸油印过。我（余俊福）家墙壁上都有，这次搞卫生才洗掉。

杀AB团杀了好多知识分子，以后县以下机关知识分子就少了。

捉过了罗焕南，就搞"政治改变"，可以自新自守，不乱杀。这以后，群众就又敢积极工作了。

（以上：沙溪乡座谈会，巫凤宵、杨元邦、刘施香）

---

① "余泽洪"应为"余泽鸿"，后文写作"余泽鸿"。见《中央革命根据地词典》，档案出版社1993年版，第492页。

八、国民党反动派对苏区人民的屠杀和罪恶统治及苏区人民的英勇反抗

1. 李怀远等烈士英勇牺牲（1929 年）

民国十八年，李怀远被国民党反动派的爪牙靖卫团捉到杀害了。敌人用洋油烧他，用刀子一块块地割他的肉，又用火烧他，先割耳朵，再割手、脚，最后连生殖器也被割了。"鸟皮子老婆"因她的"伙计公"（野老公）王山仔不做好事被革命杀了，李怀远被杀〔捉〕后，她撒尿给李吃。反动派逼口供问李怀远是不是共产党领导搞的，李怀远一言不答，死时也不怨，在被割得半死时，被刽子手抬到街老上枪杀了。可是，李怀远同志对党的秘密一个字都没有泄漏。

同年，李龙生、李凤生、李圣佰、李长仔、李宣华、王文郁儿子等〈烈士〉也被杀害。（杨元邦、王发秀、李圣标）

2. 匪军的"三光政策"（1931 年）

从第一次战争后到第三次战争期间，国民党匪军及地方反动武装经常骚扰沙溪。

第三次战争时，匪军的飞机经常轰炸沙溪，炸毁了很多房子〈子〉。有一次，五架飞机一下〔起〕来炸。

民国二十年六月初八，国民党匪军〈就〉进了沙溪，驻了两个多月，到八月月中才走。这次汉下、铁园、空坑都被烧了，沙溪也搞得好惨，什么都搞清了。田里的禾被匪军割了，匪兵还放马吃禾，把禾都搞光了；猪狗六畜都吃光了，牛牵走了，拿得走的都被拿走，拿不走的都烧掉了；匪军烧木器，还拆旧房子烧。我们回来连筷子碗都没有了。

匪军捉走了我们五六个人，不晓得搞到哪里搞死了，下落都没有。李龙有被敌人捉到，在他身上搜到红袖子和一本写数的簿子（他是乡里经济委员，那时打了土豪，收进款等都写了数），国民党就说他是真正的"土匪"，马上就用梭镖、刺刀刺了几十下，活活

刺死了。

这次我们做了好多坚壁清野工作，有的人把柴都搬走了。有的人把锅丢到塘里或埋起，但是也有被敌人找到了的，等我们回来就只有〔能〕几家共一口锅。

（以上：沙溪乡座谈会，带源座谈会）

3. 第五次战争时人民坚持斗争

第五次战争时，我们进行了坚壁清野工作。把锅丢到塘里，把砻埋起，把菜蔬连根拔走，一切用具什物都带走或埋掉，干部和一些群众甚至连灶都挖掉了。那时说："我们搞掉了铁锅土灶，敌人就要带铜锅铁灶煮饭"。

（以上：沙溪乡座谈会，刘施香）

1934 年 1 月 8 日，国民党进攻破坑村，靖卫团常在破坑骚扰。我们为了保存力量，每天躲在山上，吃饭都是别人送到山里来。一餐吃不到十四两米，睡树皮。听到靖卫团来了，又要躲过一个山岭，早上在这里，晚上在那里，真是得里走。有时摸到河里，鞋子、脚带都湿了，烧起毛柴烤干，手烤黄了，脚带也烤黄了，就这样穿上去。（巫凤肖）

4. 红军北上抗日后，国民党反动派的罪恶统治

民国二十三年正月初八日，国民党反动派又进攻沙溪。国民党到一个地方就欺骗我们说"不烧不杀"，有部分群众就真的不走，在家的干部也没法走出去。表面上是自由的，实际上都有敌人监视，所以在民国二十三年没杀人。反动派进攻过来，起了藤田特别区沙溪分区，还起了联保，联保就是以后的乡。民国二十三年旧历九月，红军〈就〉北上抗日去了。接着国民党就成立伪沙溪区政府，老右派艾午垣当区长，伪乡政府也成立了，沙溪的苏维埃政权从此也就解散了。

反动派刚进攻过来时，靖卫团捉到出外当红军、当干部回来的人就杀，以后又欺骗说"不杀"。到民国二十四年，又造出"暗杀队"的借口，就开始大量屠杀我们在家的干部。这年六月初四日，

一个晚上就杀了我们六位革命干部：李龙章（北岸，中央文化部副部长）、王贤伦（中埠，乡苏副主席）、张志珍（孙刘艾村，乡少共书记）、邓永惠（沙洲坪，区苏副财贸部长）、吴泷水（桥背，永丰县苏主席）、温升浪、杨××，这六个人都是共产党员。被杀害的还有韶源的管堂早（乡苏土地委员）、曾有得（乡苏主席）等十余人；桥背的张继昌（赤卫军指导员）等十余人，长坑的陈传松（龙冈县保卫队班长）、余俊才（永丰独立第二团的连长）、宋克清（红军战士）。

2. 访问王章程记录整理

王章程，男，64 岁，苏区沙溪区中埠乡王家村主席。

一、沙溪的革命起源与概况

远在民国十五年，沙溪地区的西阳宫，有一个叫文儒学堂的小学，当时沙溪附近的知识分子都在内面教书，沙溪街上也起了党部。在那些知识分子中间，开始了分左右派，右派有王维汉等人在内，左派有李龙章、李怀远、王辉堂、李秀谷、李国增等人，右派还有艾元、艾恺、艾午垣等人。左派与右派〈就是〉从争文儒学堂校长〈起就〉开始了斗争，在群众【中】产【生】了影响，因此各村坊的青年群众有拥护左派的，也有拥护右派的，总之拥护左派比拥护右派的多。北岸村全部基本群众都拥护左派，王家前房〈子〉也是全部拥护左派的，而王家后房全部拥护右派，〈是〉民团团长王维汉是后房人，就在王家这一个村子展开了左右派斗争。

民国十六年，国民党为了屠杀左派，就成立了"革命委员会"，全部右派都参加了这一组织，他们企图利用这个组织来加强对人民统治和专政。当时这个地区有右派 10 多人，民团只有 10 支枪和 10 个人。〈在〉党部和"革命委员会"的头目是艾午垣（沙溪街上人）、艾元（南坪人）、艾文（南坪人）、王铁儒（回龙人）、王维汉等人。成立了这个反动组织之后，右派就开始追杀左派，勒索群众金钱，提出"以党治国"口号，在地方上胡作非为，无恶不作。民国十六年二月，由于左派在群众中进行了很多工作，就组织了北岸村和王家前房100多人，在王家祠堂里起众火，准备打党部和民团。二月中旬的一个晴天，100多群众每人背上背一把禾草，群众当时说"禾草可以避子弹"，各人带上不同的土枪、土炮和猪婆刀。北岸村的群众还打着朝拜用的绸子红旗，在半天云里摇摆。这表示两个意思：一，向右派说明我们反对右派，拥护左派；二，群众说"朝拜的伞是收兵伞，可以把敌人子弹挡回去打敌人自己"。清晨〈就〉在沙溪街财神庙门口，群众就和民团及其党部的人员打起来了，打了不到半个钟头，民团和右派党部抵挡不住，就往街上乱窜，群众乘胜追打，把民团和国民党党部的人员全部赶到鸳鸯岭去了，最后被我们追得无法，敌人只得狼狈抱头哭爹地逃下了藤田。这是我们农民与反动派斗争的第一次胜利。

我们打了民团的第三天，沙溪的党部和民团请了永丰县的民团来到沙溪扰乱，左派人物逃到外村去了，不在沙溪附近，因此民团就到处放冷枪吓唬老百姓，抢左派家里财产，烧左派家里房子。搞了七八天，民团怕当地群众再打他们，因此就回县城去了。与此同时，左派领导人李龙章、王辉堂等10多人躲在土围村李春生家里，李考仔就经常跑到东固与共产党联系。当时东固共产党的组织派来了段月泉、赖经邦、李贻谋等三人到土围村与左派联系，并带来了长枪两支，驳克〔壳〕一支。从此这个地方革命就有了党的领导。

永丰县民团和本地的反动派走后，左派就回来了，这次回来力量就更大了，就开始在王家和北岸组织秘密农民协会。民国十六年五月，北岸村的农民协会就公开了，农民暴动起来了。其他地区受了北岸影响，也纷纷组织农民协会。民国十七年二月五日，在王家、孙家、荷塘、水村、水浆、长潭、拱江背等地都暴动起来了，成立了公开的农民协会，提出"三抗五杀"的口号，大张旗鼓开展了打土豪。在沙溪杀了劣绅刘宗尧，打死了土豪汪宏贵、袁邦贵、陈家球、欧阳宝等人，这些【人】都【是】在民国十七年四月间被农协杀死的。

【民国】十七年五月，民团长王维汉一见发了慌，就跑到乐家〔安〕请来了反动军队，来到此地屠杀革命力量。六月初二捉到我王文郁、李贤学、王正古、李秀谷、李林宽，枪毙了。当年又退回白区去了。

民国十八年三月底，乐安、永丰、藤田、沙溪、兴国等五个游击队集中了五六百人和五六百支枪来打沙溪。在沙溪，敌人有永丰、沙溪、藤田、乐安等四个民团，有三四百人，也有几百支枪。在一个黑夜，游击队开到了沙溪附近，找到了四个向导，当时我〈担任〉领永乐两个游击队从下固开到沙溪，首先登到了沙溪的柿背岭，沙溪游击队在深坑切去敌人逃到吉水去路。兴国游击队还未赶到，我们永乐游击队就碰上了敌人的哨队，就开枪打起来了，缴到了敌人几十条枪。由于北面的路是由兴国游击队打的，没有赶到，敌人就顺马路北去，下藤田去了。我们政府又搬回来了，沙溪又回到人民手里，乡政府就是在这里成立的。

【民国】十八年四月到十九年十月，国民党没有进攻，但是小小扰乱还是有，这一年半〈月〉，政权是较巩固的。

【民国】十九年十一月，张辉瓒带反动军队对中央苏区发动所谓第〈第〉一次"围剿"。由永丰开到藤田，跑到沙溪，路过东固，开往龙冈打仗，在沙溪，反动军队过了一下，没有驻扎，也没有在此地住一晚。

民国二十年五月底（或者是六月初），国民党对中央苏区又进行了所谓第三次"围剿"。白匪在沙溪有两三个月，在这里抢了很多东西走，我们的早禾全部被匪兵刈光了，放马吃光了，搞到八月底才停止。在这段时间，我们乡政府搬到潭头去了，九月又回来了，正常进行工作。

从民国二十年冬天起到【民国】二十二年底，这里政权是巩固的。

民国二十三年元旦月初八日，国民党第五次"围剿"。匪军进入沙溪，国民党到了地方，就使用假腥腥〔惺惺〕的"不烧不杀"欺骗群众，部分群众就信以为真，不走，在家干部也无法走出去，表面上是自由的，实际上有敌人监视。在二十三年也没有杀人。【民国】二十三年旧历九月，红军〈就〉北【上】抗日去了，接着国民【党】就成立了伪沙溪区政府，艾午垣是区长，伪乡政府也成立了，沙溪苏维埃政权就散了。

民国二十四年，国民党以杀什么"暗杀队"为借口，就开始大量屠杀我在家干部。同年六月初四日晚上，一个晚上就杀了我革命干部6人：李龙章（苏区时任中央文化部副部长）、王贤伦、张志珍、邓永惠、温升浪、杨××（均为共产党员）。

二、其他

1. 沙溪区管 10 个乡：中埠、北岸、水村、水浆、梅兰、八石、贤田、荷塘、下罗、严坑。

沙溪区苏驻扎在〔地〕迁徙情况是：沙溪—长坑—下固—上固—龙冈—小别—上固—君埠—下固—沙溪。

2. 我是中埠乡管的。当时中埠管如下几个村政府：王家、孙家、口下坑、拱江背。

3. 毛泽覃在沙溪街孙家祠开过大会。

4. 毛泽东同志在沙溪石桥头"湾干"上开过会议。

（记录：肖易蓬[①]）

---

① 文中又写作"萧易蓬"或"萧义蓬"。

3. 访问邱世来记录整理

邱世来，男，61岁，沙溪区不塘村人。

一、沙溪区行政划分

沙溪区管：下罗、水浆、荷塘、中埠、北岸、严坑、梅兰、贤田、八石、水村、下庄。

二、土改问题

（1）土改方法，首先将所有土地，包括贫、中农在内，算总数，按总人口平均分配。贫雇农分好田，富农、地主分差田，反动地主不分给田。

（2）土改后的第三次，我们这里还进行了一次覆〔复〕查，覆〔复〕查主要内容是：①复查各阶级成分是否有偏差，②调整土地偏差，③颁发土地证，④分出土地等级，当时我们这个田分甲、乙、丙三等。

三、领导干部

①沙溪区主席：刘运星。区工会主任：邱世来。

②荷塘乡主席：李月尧—丁继连。

③荷塘村主任：肖思贵—肖思友。

（记录：肖易蓬）

4. 访问邱杰恺同志材料整理

邱杰恺，男，45岁，红军战士，沙溪乡不塘口村

一、当红军的经历

1927 年，我参加乡政府特务排，担任保卫乡政府工作，日夜站岗放哨，防止敌人扰乱。后来独立第五师开到我们这里，宣传扩大红军，当时我和刘仁邦就头一个参加，编在独立第五师，师长萧克。第五师后来又编在二十二军，我在二十二军一〇八团三连机枪排当兵。后开到泰和打小洋州，我第一次负伤，打伤了左脚，转到潭头住红色医院，病好归队。遇上第四次"围剿"，在七都乡下打了一仗。这时我第二次负伤，打瞎了我的左眼，【打伤了】右臂，又在兴国县后村住医院，病愈后转到桥头政治部休养半年。当时帅宗仁同志也在第五师第十四团当政委。后在谢山坑敌人围攻我们，当时我和刘国仁等四同志被俘，不久放了，刘国仁同志【被】解到九江坐了班房，放出来后，解放前夕被人暗杀了。

二、七都之战

敌人的第四次"围剿"，我们在七都乡的舍下村附近的小山上和敌人干了一场。总的时间打了五六天，最后我们胜利。我们红军没有死一个人，只是我和吴克传连长受伤，缴到了敌人一百多支枪。

（记录整理：肖易蓬）

5. 李怀远生平专题叙述

王发秀，女，李怀远妻子。现住沙溪乡沙溪社，改嫁张真建为妻。

李怀远，是北岸村人，家里中农成分（按苏区时的经济情况相当于中农）。9 岁就死去了母亲，生母留下怀远三兄弟，怀远是老大，当年 9 岁，老二 7 岁，老三 4 岁，后其父继〔续〕弦娶了一个后母〔妻〕，【后母】对他们兄弟三个非常不好，老二和老三就死去了，只留下老大——怀远。

9 岁的下半年开始读书，在自己村子里读到 17 岁，读书非常用功，说话的口才很好。当时教师李铁生说："这个孩子非常聪明，有出息。"经常在群众中夸奖他。同年那李铁生又对其父说："你这儿子〈弟〉很好，一定要继续升学，莫要收捡了他的才能。"其父闻言有道理，18 岁便【让其】进入城成小学读书。在读书其〔期〕间，后娘对其经济非常苛刻，不给一个钱，怀远也硬着头得〔皮〕苦读，21 岁〈就〉在城成小学毕业。在家耕了几年田，27 岁开始做豆腐卖，一直到了 32 岁才丢了豆腐这门职业。

民国十五年，我们这地方〈就〉组织了左派，怀远参加了左派，同年在城成小学当事务长，便对右派头目开展了斗争。

民国十八年〈就〉被国民党的爪牙杀害了，其死是非常悲残〔惨〕的。刽子手先刈了他的耳朵，再刈手、足，最后连睾丸都被刈了。反动派逼他"是不是共产党领导他们搞的"，怀远一言不答，在刈到半死时，被刽子手抬到街上枪毙牺牲了。

（整理：萧易蓬）

6. 李盛标同志叙述整理

李盛标，男，67 岁，沙溪乡北岸社，苏区时永丰县支库会计，现任北岸社第二食堂会计。

一、沙溪地区革命起源

民国十五年，国共合作时，沙溪地区成立了党部，有国民党人，也有共产党人，当时在党部共产党员有李龙章、李怀远、王启明、王文郁的儿子、王文喜的儿子、王辉堂、王春喜、王文彬、杨怀德、李又民、李功群等 11 人。当时党部提出"以党治国"的口号，党部内有革命委员会，在这个会里有国民党也有共产党人。这两个组织都是国共合作时期公开设立的。

民国十六年，国民党公开叛变革命，沙溪的党部内就开始分左右派，左派是当时共产党员，右派是国民党。左派一方面开展反对右派斗争，一方面发动北岸、王家前房的群众，秘密组织农协小组，当时参加有100多人。右派一方面开始屠杀左派，一方面以写"购枪捐"为名，大量勒索群众财产，其实就是给他们填私腰包。左派是共产党员李龙章、李怀远为首，看到国民党右派人面兽心，到处屠杀工农和革命干部，其恶无比，于是在【民国】十六年的 × 月领导北岸和王家前房的群众一百多人，携带鸟铳、长刀攻打沙溪地区国民党党部及民团。当天国民党党部和民团就被群众打跑到永丰县城去了。这是沙溪地区第一次胜利。

经过一年时间准备，农协由秘密〈就〉转到公开而暴动了。这时是民国十七年五月，〈就〉在北岸村插上了沙溪地区第一面红旗。

民国十七年六月初二日，民团团长王维汉从乐安请来了反动军，反动军队和民团配合在一起，想扑灭北岸革命火焰，因此就在北岸和王家杀人、放火。当时烧了很多房子，枪杀了共产党员李长仔（18 岁）、李宣华（左派）及共产党员王文郁的儿子等三人，初四日又枪杀了革命干部李胜伯。就在这一年，其他共产党员李龙章、李怀远等人〈就〉到东固与党联系，从东固联系后，东固派了段月泉、吴刚等人到沙溪活动，并且还领来了一支驳壳和两条长枪。

在民团和反动军队未来之前，农民协会接北岸村一个一个公开了，当时有如下的农协：北岸、王家、水村、长潭、拱江背、枫树排、上带、荷塘、韶源、沙溪、深坑、下坑等。经过反动派摧残，群众受到了教育，打土豪杀劣绅的运动一直从【民国】十六年始到【民国】十八年没有间断过，而且越搞越热。

二、暴动情况

沙溪这〔地〕区的农民暴动先在民国十七年，农协组织是在这年 5 月公开的，最先的是北岸（【民国】十六年公开的），当时公开的有王家、水村、长潭、拱江背、枫树排、上带、荷塘、韶源、沙溪、深坑、下坑等。

民国十六年北岸开始了打土豪，【民国】十七、十八年就在全沙溪地区开展起来了。当时主要任务是：

①"五抗三杀"。是当年暴动口号，五抗即抗租、抗债、抗捐、抗税、抗粮；三杀即杀土豪、杀劣绅、杀反动。

②打土豪。从【民国】十六年到【民国】十八年，在未平田以前，主要是没有〔收〕地主财产，抓土豪罚款，追地财，老实的土豪出了款之后就放走他，如果罪大而又拒不交款就要杀掉他。

③分田。平田是在民国十八年冬，方法是按人口，以村为单位进行分配，北岸当时每人分田6担（1.5亩）。当时分田原则是贫雇农分好田，富农分差田，土豪冒田分。

④组织地方武装。

A. 赤卫军：凡是25〈岁〉—45岁的人，全部组织成了赤卫军，赤卫军的任务是配合红军打仗，来打土豪劣绅，护卫地【方】治安，补充红军。

B. 少年先锋队：凡15—24岁青年、少年都参加，他们的任务【是】战时参加打仗，通讯工作，当红军临时小鬼（即通讯员），执行"三禁任务"。

C. 儿童团：12—14岁的儿童参加。他们的任务是①禁赌，②禁烟，③禁迷信，④站岗放哨，⑤扩大红军：这是村苏维埃的一个长期任务，红军随时要人，我们就有人随时补充，当时群众觉悟很高，只要村苏一号召，就有很多人去参加红军，北岸村总共去了100多人，当时沙溪全区去了一千多人。

三、苏维埃的成立和行政区划

①民国十七年成立农协（名称见上）。

②民国十九年八月成立村苏维埃政府，现在沙溪乡包括如下村苏：北岸、王家、长潭、拱江背、树下、上带、荷塘、韶源、沙溪、下坑、深坑、沙台。

③民国二十年春成立乡苏，现在的沙溪乡包括如下苏区的乡：北岸乡，管如下村苏：树下、北岸、长潭、深坑。

中埠乡，管如下村苏：孙家、王家、拱江背、下坑。

荷塘乡，管如下村苏：荷塘、梅林、德门。

水村乡，管如下村苏：水村、沙台、上带。

现在的韶源为上固乡管。

④民国二十年成立沙溪区，管如下乡：

管永丰的北岸、中埠，严坑、下罗、荷塘、水浆、水村等乡，管吉水县梅兰、八石、贤田，全区共管十乡。

⑤区委会未成立之前，这里是由列宁社领导。这个社先在下固，开始就领导沙溪革命，驻扎地点：下固—长坑—固田—沙溪（天主堂），民国十九年才迁到沙溪。

四、苏区领导干部

①沙溪区：区主席刘运星，少共书记李玉明—李治身，区书杨洞煌，妇女主任王月娥—汪九秀—李桂英。

②北岸乡：主席吴志新—张仁喜—张庆云—李盛彬—黄才有。党支书温升浪—黄天祥—袁××—曾××—黄××。

③北岸村：主席李永伦—李治身。

④列宁社

五、几个主要烈士

1. 李龙章

沙溪北岸人，农家子弟，高中毕业，是沙溪区革命的领导人，是沙溪地区最早的共产党员。在民国十七年国民党烧杀到北岸后，在外被捕，解到赣州坐了三年班房。刑满释放，这是民国二十年二月，在家住了几个月。同年三月被调宁都赤卫军学校任教，八月份提升为中央文化部副部长，任职到民国二十三年九月，同年十月在小埠被捕！国民党用"不烧不杀"鬼〔诡〕计放【他】回家〈来〉，【他】在家种田度日。〈民国二十四年，〉国民党的暗杀队在民国二十四年六月初四日晚上，【把他】从床上抓起，〈就把李龙章同志〉枪杀在〈自己〉门口。

2. 李怀远

李怀远，共产党员，也是沙溪地区最早革命领导者，后被国民党杀害，其年月不明。死时国民党先是用火烧，再刈耳朵、面皮、手、脚足、睾丸，到烧至半死。反动派想从李怀远口里得到口供，可是李同志坚贞不屈，最后被国民党枪杀了。

3. 其他烈士

民国十八年被国民党杀害【的】烈士有：李龙生、李凤生、李圣伯、李长仔、李宣华、王文郁（儿子）。

（记录整理：萧易蓬）

7. 访问刘施香记录整理

刘施香，男，41 岁，沙溪乡沙溪社人。

我 10 岁时（1926 年）在诚〔城〕成小学读书，这个学校是李公琼私办的。在现在西阳宫有一个公办的小学叫文儒学堂，校长是艾源。艾源准备〈给这〉把椅子【给】王铁如坐，河下李秀谷、李公琼、北岸李龙章、李怀远，王家王辉堂、王章汉就不肯，要让李公琼去当校长。以艾源为首的一派是国民党右派，李秀谷们是左派，争得就打了一架，左派还有李国茂等人，打架时还有些农民帮左派，右派有王铁如、艾午垣三兄弟、艾源三兄弟等人，一伙知识分子打做一堆，蛮激烈。李国茂压着艾午垣哥哥艾竹生【在】地上，艾桂生〈就〉拿墨砚想砸李国茂，李国茂眼快，把头一遍〔偏〕，墨砚砸了艾竹生一个大眼。打了这一架之后，左右派就分得更明显了。

我 11 岁时（1927 年），右派王维汉不知从什么地方搞来了 10 条枪，成立了民团，设在现在教养队驻地，老百姓就更恨他。这年二三月间，左派就集合了很多农民，执各种样式刀棒去打民团，每个人身上背了一把【稻】秆，说〈它〉子弹迎着〔它〕就会发冷不起作用，打着一面朝拜大旗摆动，子弹就会飞走。把民团追到了鸳鸯岭去了，王维汉被捉到关在祠堂里，民团乱放枪，王维汉就说让他去叫住打枪，他一出去就跑走，这家伙跑得一只狗赢，没有抓到他。民团把我们旗子打烂，还打烂了一把刀，后就退到永丰，纠来了七二团来沙溪，把左派追得【一】年多不敢回来。

东固严玉如、段月泉、李贻谋、梁仁杰组织了七、九纵队，有100多人，20多条枪。

12岁这年（1928年），七、九纵队在潭头、下固、长坑一带成立了苏区，我们这里正在筹备组织农协，做红袖章等。七、九纵队把沙溪靖卫团赶跑了，七、九纵队又在东固打垮了伪七二团，七、九纵队也就改为二、四团，又收编了吉水河南老何、马司令队伍100多人。二、四团开到永丰打县城，梁仁杰腿在打永丰县城之时受伤，城未打开，退回东固。王维汉不知在哪里搞来80多支枪，在沙溪成立保卫团，80多人在沙溪训练，经常在潭头、下固、长坑一带出入抢劫。二、四团就成立一个游击队，把他们追到永丰去了。王维汉不服，又不敢回来，就向乐安借兵，搞来了一个白匪团，有100多【支】枪，还纠集了龙冈、石马、藤田靖卫团。这次靖卫团到处反共宣传，君埠、藤田、龙冈许多商人和农村、小镇一些较富裕之户被欺骗跟走，青年组成"红学会"，老年组成所谓"难民团"。1928年六月初二就来〔来到〕沙溪，说是要杀人开"六皇斋"，他们捉到左派就杀，一天杀两三个都有，杀一个是一定有的，王文郁就是这次【被】杀了的。当时有个歌记〔词〕说这段时期为杀得"昏天黑地"，左派在龙冈、君埠各地都有。乐安靖卫团在杀了之后就回去了，红学会、靖卫团、难民【团】住麻〔满〕了沙溪，李贻谋就带兵来打红学会，打了一个姓孙的（外号叫章生宝）和靖卫团。我们想争取"难民"回家，难民很多，也不便多打枪，红军主动退至长坑，"难民"仍然听靖卫团话又跟到藤田去了。

1928年到处都成立了农民协会，1929年〈就〉分田，正月成立永丰县政府，三月成立了龙冈县政府。[①]

关于罗焕南

罗焕南原出身保卫团长，混到我队伍中，在永丰县当过县委书记。借杀 AB 团杀了我们很多同志，还搞了一个 70 多个妇女义勇队，在藤田一战就【被】打垮了。三次战争后我 13 岁时（1929 年）（？），毛泽覃同志主持在河下银龙桥开会，余泽鸿夫妻来了，余泽鸿就在台上讲话，指着罗焕南讲 "AB 团头子就是罗焕南"，罗焕南就跳起想拔手枪，毛泽覃同志带来四条枪先就布置在他旁边都指着他，罗就被捕。在捉捕之前，潭头一裁缝工人宋桂山曾跑太和、兴国一带调查，后来【把罗焕南】押到潭头杀了。

余俊福同志在旁对罗被杀情况补充发言说：（——整理者）

"罗焕南押到潭头，用绳子捆成十字形，开会决定要把他一块一块来刘死，结果一个妇女因罗杀了她的丈夫，走去一刀就把罗焕南的屌刈掉了，罗被刈之后全力挣扎，手上综〔棕〕绳断了，后面一人持梭镖由背入胸，罗两眼爆〔暴〕出就死了。罗死前写了亲笔罪状，用六裁纸油印过。"

对的，我还把他贴在墙壁上，上次打扫清洁才把他擦掉了。

自后就不杀 AB 团了，叫 "政治改变"，允许真 AB 团分子自守〔首〕自新。知识分子这次杀了很多，县以下机关知识分子干部〈就〉很少了。

关于保安师

民团扩大就编成伪保安师，李向荣（其坑人）当师长。1931 年（我 15 岁时），〈就〉在七琴（新干县）捉到李向荣，俘虏兵用白布扎头只留两只眼睛在外面，把他们押到龙冈，因为他们都是本地人，不这样怕他们溜走。

---

① 1930 年 3 月成立永丰县苏维埃政府，1933 年 8 月成立龙冈县苏维埃政府。见《中央革命根据地词典》，档案出版社 1993 年版，第 187 页。

坚壁清野工作

第五次反"围剿",我们进行了坚壁清野工作,锅把它丢在池塘里,砻把它埋掉,蔬菜连根拔走,道路桥梁截断,一切用具都带走和埋掉,干部和一部分群众甚至连灶都挖〔推〕掉。

沙溪临时游击队

第五次"围剿"时,我军组织了西方军,这时由革命干部十三四人成立了个临时游击队,西方军拨了 11 条枪,连长是李文祥,排长是肖百珍。游击队经常出入沙洲坪、水江、黄坪、上固一带扰乱敌人,在水江、黄坪敌人菜场,我们还夺得了一只猪,几担大蒜。后来由于叛徒宋胜中这家伙偷枪投敌,才被解散。宋胜中一天晚上说用枪做耽〔枕〕头,骗得了游击队中一小鬼一支枪,后趁大家熟睡时,他就连他手中一支枪一起偷走了,跑到敌人那个〔边〕得了 40 块钱。西方军就召集游击队去,说是开会,实际就缴了枪,枪毙了李文祥、肖百珍和那小鬼,解散全队。宋胜中这家伙却现在还活着。

乡政府供给等问题

乡政府有党、团支部和各部干事,上级只发两个半人伙食费。在第五次反"围剿"时,生活更艰苦,四个铜板油盐菜金〔经〕费、一斤米一天,后来减到一天吃 10 两米,5 两米一餐。

区肃反委员会

区肃反委员会由区特派员、区委书记、少共宣传部长三人组成,少共宣传部长任文书,区委书记任委员,这是秘密活动组织。

第五次反"围剿"斗争和个人这时简况

我是在扩大红军北上抗日时参军的,红军一、三、五军团第五次反"围剿"时,来了一些人打君埠,1934 年六月二十八日下午开始打,打到二十九日早晨,打掉了他 29 个碉堡。二十八日晚上下大雨,君埠街上都浸了水,国民党用汽车送兵来援,用机【枪】逼着士兵冲锋,一走就掉在河里,不晓得淹死了多少人。我军因子弹关系,没有打多久就放弃了。国民党是九〇师队伍。我军留下江西军区三军团一个营，毛主席在宁都开军人大会时说："三军团这个营要跟着江西军区，江西【只】有大拇指大都要坚守着。大家都是军人，有被俘虏【的】危险，如果有被国民党捉到的，要你做官就做官，当兵就当兵，但就是不要加入国民党，将来还可以重回队伍。"

我们留下来的，每人都有三双草鞋。冲石马没有冲出去，又冲瑶岭，三军团来的那个营冲出去了，江西军区没有跟上去，退到中村，那一营就回来了。后来队伍就走散了，独立第五团就在兴国被打垮，团长也被俘，我在汉下被俘。回家受尽了反动派凌辱，成天叫我们"土匪"，上街头也不敢抬。

（整理：张良俊）

8. 访问余俊福记录整理

余俊福，男，52 岁，下固人，现住沙溪乡沙溪社。共产党员，沙溪社敬老院，幼儿园会计。

我先后任过村政府文书，下固乡文书，潭头区宣传部长，北坑区委组织部长，地方武装连队文书。我原在沙溪北岸村李盛珍家做长工，有关沙溪暴动是这个时候所见，后来【的】情况就不清楚【了】。

一、沙溪初期革命活动

民国十六年打党部，北岸农民打着朝拜白旗，说子弹打不着，把靖卫团赶走了。回来就经常在北岸土围内开会研究对策，怕靖卫团来打沙溪，说要到东固与段月泉他们队伍联系，领导人是李龙章、李怀远、李国增、李国华这些人。自打了这次后，由李春生为首在1928 年组织了农民协会。靖卫团来打了一次，杀了北岸一个人，王家王文郁被破腹摘心肝肺让他们炒得吃了。1928 年古历六月，乐安匪团来烧掉了长坑，我从赤卫军中回来，跟同乡回下固去了。

二、沙溪靖卫团抢下固

1930 年，沙溪靖卫团抢下固，左派王文基（沙溪人）躲在粪窖板下被发现，【被】伪军捉起来杀了。

三、瑞金教导队

我在民国十九年去瑞金坐教导队。教导队期限一月，主要是学习三大纪律、八项注意，上操，地点在瑞金"抄基窝"[①]（音），队长是杨××，政治委员是刘××。全队分 3 排，有 100 多人，没有枪，晚上还要放哨。

四、靖卫团袭击我北坑区委会

北坑区委要在区苏维埃政府兼职，我当组织部长时，〈发生了〉藤田靖卫团团长吴保芳率队把区政府 9 个工作人员在一个晚上杀在一起。据说是区委岗哨是老百姓放的，他们半夜〈就〉溜回家〈去〉睡觉去了，靖卫团就这样溜进来，躲在一个地主婆姥家。后我们就把她杀了来公祭牺牲同志。[②]

（整理：张良俊）

9. 访问温高鸣记录整理

温高鸣，男，51 岁，沙溪乡沙溪社，脱离革命后加入过国民党，任过伪保队副队长。

一、沙溪地区革命初期活动

1929 年三四月间（民国十八年），农民打靖卫团，当时靖卫团

---

① "抄基窝"应为"筲箕窝"，后文写作"筲箕窝"。见《江西省永丰县地名志》（内部资料），1985 年版，第 210 页。

② 原文如此。

扎在现教养场，把靖卫团赶到藤田去了。1930年起农民协会，农民协会〈就〉管北岸、水村、沙洲坪、中埠、枫树排等五个村。1930年成立了沙溪乡。我记得在有农民协会时，就在乐道山有一个列宁社，是由刘二、李秀谷、谢登高、李又民、王辉堂、王章汉、王九高等负责。打一次战争前（1930年旧历九月间）就听说有个区政府筹备委员会，扎在现在桥背仓库地方。

二、区乡划分及首届领导人员

沙溪区管辖：中埠、严坑、下罗、梅兰、贤田、荷塘、水浆、八石等八个乡。

初成农民协会，主席王章汉。村里还有土地委员、文书、赤卫委员、粮食委员、妇女主任。

中埠村苏维埃政府编制：主席、文书、赤卫委员、伙夫、妇女干事。中埠乡政府有主席王章汉（刘运星是1933年才开始当）和一些【干】部。

三、三次分田

农民协会领导打土豪分田地，从1930年到1933年共分了三次。第一次是1930年，每人六担谷田，〈在〉干部把很多好田都自己分了；第二次是1932年，将田分为三等，答〔搭〕配重分；第三次是1933年，这一次主要是调整和纠偏。

当时政策是："消灭地主财产，反对富农，富农分坏田，地主不分田。"

四、关于几次"围剿"和沙溪红色政权情况

沙溪自打跑党部之后，苏维埃政权一直存在。国民党及地方反动军队只是在第一次至第三次"围剿"期间经常偷袭沙溪，停扎时间一般都是一两天之久，有一次近十天。1932—1933年，政权〈是〉稳定，人民也很安乐。1934年旧历正月初八日，国民党进行第五次"围剿"，九日到沙溪，红色政权受到摧残。

五、地方武装

第一次战争结束后就编地方武装。工人编了工人纠察队，工人纠察队在 1931 年 1 月就改为红色警卫营，刘义为营长，李贻谋是政委，同年扩大为独立第五师。

六、红色歌曲

1. 红军纪律歌

> 红军纪律最严密。
>
> 借物要送还，搞坏要赔钱。
>
> 爱护老百姓，到处受欢迎。
>
> 做买卖，不相欺，保护小商人。
>
> 农民为兄弟，劳苦更相亲。
>
> 说话要和气，开口不骂人。
>
> 上门板，捆稻草，房子要扫清。
>
> 大便找厕所，洗澡避女人。
>
> 三大纪律，八项注意，大家要实行。

2. 福建茶溪山歌

> 今年 1933 年，
>
> 前方炮火响连连，
>
> 儿童早起捡狗屎，
>
> 劳动妇女边下田。

七、上固堡垒

修上固堡垒，我去劳动了一两天。上固堡垒是 1934 年旧历五月开始修，做了半个多月。七月我守军退出上固堡，连长【被】枪毙了。

八、个人简历（苏区时的）

1931 年旧历三月间，我从独立师回家（因生疮）。

1932 年 7 月当乡代表。

1933 年当了两个月乡政府文书。

1933 年 9 月调任沙溪区军事部当文书。

1933 年 11 月调至龙冈县军事部当部员。

（整理：张良俊）

10. 访问胥水生记录整理

胥水生,男,61 岁,沙溪乡不塘口社石陂村。

1926 年冬,下固开始革命,1927 年我们这里也搞起来了,段月泉、李贻谋带了十多支枪从东固来组织农民协会,一来就公开,没有听说什么秘密活动。暴动前还打了党部,党部就退到藤田永丰去了,以后就是偷袭,时来时走。

打资本家是拣有钱的人打,不是大资本家东西就不没收,东西归农民协会。也捉土豪,要他们东西,所有东西都拿掉,也归农民协会,后把衣衫什物分给穷人。

我们这儿分田是按人口分,每人分得 7 担谷和一些茶山。反动没有田分,地主、富农分坏田,贫雇农分好田。

1927 年我在沙溪区当粮库主任,管中埠、北岸、贤田、梅兰、荷塘、下庄、水浆、严坑、下罗。

中埠有 100 多担谷蓄粮,下庄有 80—90 担谷蓄粮,北岸有 170—180 担谷蓄粮,水浆有 30—40 担谷蓄粮,贤田有 200 担谷蓄粮,严坑有 20—30 担谷蓄粮,梅兰有 100 多担谷蓄粮,下罗有 20 多担谷蓄粮,荷塘有 90 多担谷蓄粮。

谷是农民自愿助谷支援红军,由乡自行保管,西方军要粮食就找我要锁匙,吃了就给我谷票(粮证),我都把它送交中央政府张局长去了。

沙溪革命最早是北岸,李龙章、李怀远等人。

1928 年,我在龙冈县粮食调剂局工作,局长是枫边人,我当局员,经常往兴国去买盐、油,分给红军家属。

沙溪前后被国民党进攻三次,每次占据时间都不长,只有一次呆〔待〕了一个多月,其余两次都是八九天。〈占据有个多月,〉这次是热天，老百姓刘的禾都给国民党挑去了，人也杀了一些。上西坑肖××（石仔）也被说成是我军，【当】探子杀了。

沙溪区主席刘运新（吉水人），区委书记叶××（少白沙人）。

（整理：张良俊）

11. 访问曾育金记录整理

曾育金，男，51 岁，沙溪乡韶源社外破坑

一、外破坑革命发展一般过程

韶源的革命是沙溪的李怀远、李龙章和外破坑的李贻谋发起的，他们都是知识分子。当时上固起党部，不久分左右派，他们都是左派，这时他们到我们破坑来发动暴动，打资本家，杀反动。我们这里是共产党势力，开动了革命的时候，沙溪都还是右派和反动派的势力。我们这里是暴动起来了，反动派就逃走了，接着就起农民协会（农民协会就是村政府）。农民协会主要是领导赤卫军打土豪分田地。

二、政权组织

外婆坑① 成立一个农民协会，第一任主席是黄上调。当时农民协会是独立的，没有上一级领导，与别村也只在打土豪捉反动时有联系。

农民协会有主席、赤卫队长、少年先锋队长、妇女委员，这是后来有的。最初的时候只知道打了土豪，杀到猪就送到乡政府去（即农民协会），村政府也没有什么名目，很乱。

以后韶源成立乡政府，才成立时归潭头区管，以后成立龙冈

---

① "外婆坑"应为"外破坑"，后文写作"外破坑"。见《江西省永丰县地名志》（内部资料），1985 年版，第 183 页。

县，归上固管。我在五次战争时才担任了乡党支部书记，这时乡里组织有乡主席、党支部书记（兼文书）、少共书记、儿童书记、妇女主任、工会主任、少队长、土地委员、财粮委员。

当时乡是执行机关，党是领导机关，做什么事时，党支部书记先召开党员会讨论作出决议，交给乡执行。党对群众主要是做宣传鼓动工作，宣传要下决心。

三、分田

成立农民协会不久就分田，这时我记得我是二十四岁（1928【年】）这一年春天分的田，一人分到八担谷田（约四担谷田为一亩），七担茶子的岭（山）。

四、九江感化院

我在上固被国民绥靖团（大队伍）提到，解到永丰坐班房，坐了四十多天，又解到南昌军法处坐了三个月班房，然后就解【到】九江感化院受了一年多苦。感化院里面的人都是革命的干部和红军士兵，送到这里的很多，有送进、放出的，经常有几千人（三四千人）。感化院周围用铁丝网围到。关在感化院里面的人分三类：一部，是投诚〔降〕的红军士兵；二部，是俘虏的红军士兵；三部，是政治工作干部。我是三部。但是里面都没有什么大干部。国民【党】对待这些人，在生活上和自由方面，在程度上有所区别，一部的伙食每月六元，二部四元，三部就只有三元，一部【比】我们自由。各部之间都有隔离，并有兵看守，一概不准与别部的人说话，说了话看到了，国民党的兵就拳打脚踢，骂我们"土匪性子没有改"。烟也不准我们抽，查到了又要挨骂挨打。我们天天有打，因为他们每天晚上、早上都要我们上几个钟头操。上操对我们就是拳打脚踢，其次就是政治训话，叫我们不要受"土匪"（诬骂我党）的骗，说分到的田自己得不到，终究要归还人家，不要做那"不安分"的事。

（曾育金同志在土地革命时曾担任过韶源乡党支部书记兼文书，该同志记忆力较差，因此诸历史事件年代概说不出，其叙述较多的是九江感化院的情况。）

（整理：曾国铨）

12. 访问曾万财记录整理

曾万财，男，51 岁，沙溪乡韶源社风雨亭人，贫农生产小队长。在土地革命时担任过赤卫军班长和上固乡肃反委员，他叙述的主要是桥陂革命的秘密发动情况（与韶源关系较【密】切）和红军北上后国民党对共产党人的恐怖残杀。

一、桥陂革命的秘密活动

我记得我 18 岁这一年（这一年我烂脚烂得很厉害，同时我 10 岁到 18 岁都是跟姨妈吃，这一年，我经他家里出来，自己以砍柴出卖扶〔糊〕口，所以记得很清楚。按：曾万才同志 18 岁应为 1926 年），上固党部分左右派。1927 年的春天，左派李贻谋（外破坑人）和李怀远（沙溪北岸人）就到桥陂来发动革命，他们都是知识分子，在桥头先串拢了张举春、张举仁、张庆豪、张焰（都是读书人）和农民张举民。这时用〔田〕心段〔塅〕、回龙、沙溪、空坑都有左右派，但左派占多数，桥陂、上固、破坑、下固等地，左派占多数。李贻谋他们串拢起来到处秘密宣传，都是讲共产党是为穷人谋幸福，不晓他们是什么组织（巩〔恐〕怕是共产主义）。有一次我听到李贻谋说："资本家反动派〈赶〉，我们拿棍子、梭镖、鸟铳，就叫我们'棍子会'；我们打土豪、打资本家，就说我们'抢'，叫我们'土匪'。我们不是棍子会，更不是土匪，我们是为穷人谋幸福，打土豪把田分给穷人作，岭（茶山）分给穷人，娶老婆不要钱，自由结婚。土地、山冈不是土豪的，是我们一般穷人的，不过他们用算【计】剥削了我们发了才〔财〕，占走了我们的土地，因此我们打土豪分田地不是抢，而是很合理。"李贻谋他们革命种子是从东固、芹菜（东固管）来的。

李贻谋在桥陂串拢那些人后，就在我 19 岁那年的春天到【第二年】冬天，先后在破坑^①、白家窝、山坑尾、下固等地带领最忠实、最穷的农民去打资本家，打土豪罚款，并捉反动（右派头子），在破坑捉了黄自新，白家窝捉到了谢斯普，山坑尾捉到了黄盛明、黄盛循、黄盛志等右派头子，杀了，这些地方共产党的势力就更大起来了，反动家伙就都逃了。

二、陂头革命政权的建立

我 20 岁（1928 年）的那年春天，桥陂成立了农民协会（就是村政府），上固、下固、破坑也同时成立农民协会，稍后韶源也成立了。这时桥陂农协会包括吉家坪、蕉坑、良△栋^②、寨下和桥陂几个小村，各村都有男女代表一人，农民协会【有】主席、秘书、妇女主任、经济委员、土地委员。农协中武装组织有少年先锋队、赤卫军，出发打土豪就是少年先锋队和赤卫军。捉土豪多数是晚上（尤其是初期），武器都是梭镖、禾叶枪，打大爆竹。

我 21 岁（1929 年）成立了上固乡，归潭头区管，以后成立龙冈县，上固成立区政府，上固乡政府就移到桥陂来。这时韶源也成立了乡政府，归上固管。

我 27 岁（1935 年）3 月，国民党进攻到了上固，桥陂区政府就没了。

三、桥陂分田

我 21 岁（1929 年）正月，桥陂农民协会（村政府）领导分田，这是第一次。这次分田是桥陂、吉家坪、蕉坑、良伞栋、塞下一齐平均分田，可是没有混拢田，是以自耕自作为标准（以原耕为基础）。分田的共有 100 多户，每人分了 15 担谷田，分了 4 担茶子茶山地。

---

① 上文有"外破坑"，疑为同一地名。

② 下文有"良伞栋"，疑为同一地名。

我 22 岁（1930 年）的冬天又分了一次，这是第二次。这一次是说第一次分得不匀，好田还是好田，坏田还是坏田（贫农作的都是坏田），有意见。这一次良伞栋是跟韶源村一齐分田，这一次是好搭坏，磨烂来平均分配，每人分了 10 担多谷田。我 3 个人〈人〉分了 32 担谷田，分了 6 担木子〔梓〕茶山地。这次就分定了。

四、红军北上后，国民党对革命同志【的】杀〔迫〕害

我 27 岁（1935 年）这年十二月二十五日偷偷寻回良伞栋，桥陂的张举春、张庆嘉都做了叛徒，就带人来捉我，绑我，拳打脚踢，罚了我 24 块钱（写的票据）。第二年的 7 月，国民党上固乡乡公所又把我吊到〈到〉乡公所，说我参加了暗杀队，到了乡公所就审我，把我用绳扎起来，问我："你是暗杀队长吧？哪个领导你？你是计划要打△△△^①的土豪吧？要杀某某某某吧！"我不承认（我哪里做了什么暗杀队）。见我不承认，又把我绑在长凳上〈浔凳〉。这次捉去 20 多个，用暗杀队"土匪"头子的名义杀了我们 10 多个人，吴泷水、李安万（都是回龙人）都在这次被国民党杀了。第二天晚上还有 7 个要审，第一个被审的是活活被打死的，胸前排骨压断了，腰上龙骨也打断了，口里尽出血，把他丢进关子里，哼了两声就死了。第二个就审我，把我带到审的地【方】，看见他们打了一桶水，点着一把香在那里，又像头一天那样问我，我还【是不】承认，就用香火烧我胸脯，同时又把一张写好了某某做土匪当暗杀队，杀了几多几多人，抢了几多东西的大纸念给我听，吓我，叫我招，【说】招了明天就不杀。第二天没有杀我，问我："行得么？"我说："我哪里行得。"问我"会出去找保么"，我说"不会，要你们帮我去叫"（我告诉他某某某，×××，他说要 3 个保），结果出来几个月都不会动。审问我的杀我们的是王井鉴（回龙人，联保主任），张英俊（空坑人），王实珍、王学美（韶源人）。

（整理：曾国铨）

---

① 原文如此。

13. 访问张义恭记录整理

张义恭，现年56岁，住山坑尾，泥工。在土地革命时期担任过村代表，上固区委会的宣传干事，该同志记忆力稍差——记录者。

一、上固党左右派，左派发动下固、桥陂的革命

上固党部分左右派（那一年不记得），左派是李贻谋、谢拾芬（都是破坑人），还有桥陂的张举仁等好几个。右派的头子，上固有李春华、张兰汪、朱仁清、李合芬，毛坑的李景章，山坑尾的黄盛明、黄盛循二兄弟，韶源的曾传宗等。

两派起斗争：李贻谋等【与】东固梁麻子有联系，他们白天〈就〉在东固的芹菜，夜里就带人到上固、下固、桥陂、韶源来打资本、捉反动（右派头子）杀，李贻谋捉到韶源的黄自新杀掉了。

左派先在（这年〈24岁〉春天，正、二月，按：1927年）下固、长坑、桥陂同时起农民协会，过了两个月，韶源也成【立了】农民协会。

二、韶沅^① 革命政权的建立

李贻谋等在韶源发动了曾育德、张仁行（山尾坑^②）、曾育信（良伞栋）等人，在我24岁那年，成立了韶源农民协会，主席就是曾育德。韶源农民协会管韶源、破坑、白家窝、山坑尾、良伞栋、吉木坑、△小村。农民协会不受那里管，只有出发时（去外打土豪）与别村联络。以后在上固成立了乡政府，就归乡政府管，上固乡政府又归潭头区管。

---

① "韶沅"应为"韶源"，后文写作"韶源"。见《江西省永丰县地名志》（内部资料），1985年版，第184页。

② 存疑，前文写作"山坑尾"。

成立龙冈县后，上固成立了区，上固乡〈就〉起【初】在桥陂，以后又由桥陂移到韶源。当时这个乡政府管：上固、张树坑、寨下、温坑、谢坑、鸡公礤、吉安坪等地方。成立乡以后，又撤销了村政府（农民协会），各村由代表（男女）办事。

（整理：曾国铨）

14. 访问熊日富记录整理

熊日富，66岁，贫农成分，上带带源村。雇农出身，参加革命时住石马中村，固〔故〕其所叙述的多为石马中村的革命情形。该同志担任过赤卫队长、乡主席、裁判部长等职，并出席第一次全苏大会，记忆力平常，所叙述的主要是第一次全苏代表大会和石马革命政权建立的过程，但比较模糊，若能与同地区工作的老同志与其座谈，启发之下，尚能谈出不少东西。

一、石马中村两次建立农民协会政权

我大约33岁（1926年）这一年，吴江、何志珍、曾绍森①、严玉如等一班毕业生到藤田来，在藤田的田心和石马中村成立了农民协会。只〈是〉成立了两个月，左右派发生斗争，就被永丰的保安团来围掉了，何志珍被捉到，吴江等就跑掉了，但是吴江的爸爸和老兄被捉到，〈吴江等就跑掉了，但是吴江的爸爸和老兄被捉到，〉他们被捉到后，都被国民党杀掉了。这次的农民协会没有好多农民参加，也不晓它做了什么事，这时我还在中村做长工，没有参加，不清楚。这是第一次的农民协会。

---

① "曾绍森"应为"曾绍三"，后文写作"曾绍三"。见中共中央组织部、中共中央党史研究室、中央档案馆编：《中国共产党组织史资料·第1卷·党的创建和大革命时期1921.7—1927.7》，中共党史出版社2000年版，第481页。

　　过了三年，我 36 岁（1929 年）的这一年三月，曾绍三、严玉如两个在外面（不知在哪里）带回来了二百多袋拖梭镖、鸟铳的，有几百人，石马中村等地就又暴动，又成立农民协会，这时龙冈那边都暴动起来了。起农民协会时，很多人都有点怕，因为下永丰到处有人，靖卫团还常会游到我们这边来。因此当时要做旗，他们就【找】我到藤田去剪几尺红布，说："你是一个雇农，什么都没有，就是一个光人，不怕你去。"我就去藤田剪了几尺红布回来。做了一面旗，旗上有斧头、柴刀，旗杆上还安了梭镖，这算就成立了农民协会（就是村政府），张庆祥做主席，我担任赤卫队长。这是第二次起的农民协会。我做赤卫队长，主要是带领出发打土豪。

　　二、参加第一次全苏代表大会

　　我 38 岁（1931 年）的九月，代表中村，选我去石马区政府开会，到石马开了三天的会。当时永丰县主席钟学贤和县里的干部曹文安二人来掌握会，开始就是讨论三个问题：第一，我们的经济怎么解决，钱向哪个要？第二，什么人平好田，什么人平坏田？第三，什么人参加当红军？这三个问题开了二天，没有一个人起来答复这几个问题，不是不知道，而是当时有点怕，因为很多工作积极的干部都杀掉了，怕开得不对。那时开会，我是拿两把禾草坐在台角边，我才说："钱的问题向土豪劣绅写款解决，贫雇中农分好田，富农地主分坏田，贫雇农参加红军。"恐怕是见我敢发言，钟学贤就找我谈话，问我"是什么成分，有田有岭（茶山）么"，我做长工，无田无屋也没岭。他又问："还在给人做工作（长工）么？"我说没有，分了田自己作田。他就说："选你去中央开代表会好么？"我说："我一个钱都没有，怎么去？"他说："不怕，有钱。"第二天会上，他当真提出我的名字，选（举手）我去中央开代表大会。

　　当代表就到沙溪，在县政府集中，住了几天等齐了，一共有十一个代表，石马区有三个（其中上溪乡二人，中村就是我），沙溪区四个，龙冈、良村两区共四个（这是藤田的群众反了水，区政府跟到县政府来了）。我们九月初〈就〉动身去瑞金，十四五日

〈就〉到了瑞金，瑞金开完会，到十一月才回来。

我们到了瑞金，休息了两天才开会，带我们永丰代表去开会的是周金才（也是代表），开会的代表有几百。我记得做了四餐酒，每桌八人坐满了，八十多桌的代表；做酒是吃八盆菜，闲时常只吃两盆菜（每桌只有六个人）。第一天开会是在瑶坪的坪里扎了台开会，打了几十树鸡婆带子的大爆竹，上午开了会，下午就到瑶坪的刘家祠里开会了。代表都挂了代表证，挂了代表证的到处都可以跑。

开会天天都差不多有报告，毛主席、朱德、彭德怀、项英、曾山都做了报告。朱德、彭德怀讲的都是军事方面的，毛主席是在会议结束时讲的话，他演了两天的说。毛主席讲了自己出身之处，讲蒋介石叛变，讲上井冈山，说在井冈山国民党想"围剿"我们，也没有搞到什么，叫我们要与国民党作坚决的斗争，要争取全中国来。现在当真争到了全中国。

开会天天都有讨论。讨论不分开，就是大家几百人讨论，上台【讲】话就是。这一次成立了中央政府，选举毛主席做主席。

三、靖卫团围掉石马区和北坑区政府

当时，石马、中村这边常常有靖卫团游得来〈搞〉乱搞，因为这边隔藤田、永丰那边都很近。

我40岁（1933年）那年的十一月间，吴保芳（藤田人）的靖卫团在一天晚上围到了石马区政府，把手榴弹丢进来，打死了我们九个干部，（这时我是中村乡主席）靖卫团搞了一下，就在当天晚上走掉了。过了两三天，我们又恢复了石马区村，而且还是扎在那个祠堂里。

我41岁（1934年）的六月（这个时间有问题——记录者），吴保芳那婊子崽在一个晚上又围到了我们的北坑区。我这时是北坑区的裁判部长，到沙溪开会去了。这一次打死了我们八个人，其中除一个班长外都是区里干部。以后区政府就搬到中村去了。

北坑区是石马分出来的。没有分区以前，石马管十个乡：上溪、石马、龙家湾、中村、高家地、铁龙、三心、二溪、下村、下溪等乡。北坑区分出来，石马区划：中村、铁龙、高家地、三心、二溪五乡归北坑。另外藤田分给北坑区的有院前乡、下来乡、南坑乡，共八个乡。哪里划给石马管，我就不晓得。

四、其他

我是 39 岁（1932 年）的十二月入党的，是石马区主席孔才珍介绍的，他教我念了二十四个字：努力革命，服从命令，牺牲个人，永不叛党……

我 37 岁（1930 年）这年十一—十一月间捉到了张辉瓒。捉到张辉瓒的那天晚上，红军追到中村，缴了国民党一个旅的枪（白匪在中村坝〔霸〕了十多天，我们的乡政府就躲到别处去了）。

（整理：曾国铨）

15. 上带社带源村的老革命同志座谈会材料

陈世凤，46 岁，贫农成分；邱安仁，48 岁，贫农成分；龚桂英（女），47 岁，贫农成分；蓝如达，50 岁，贫农成分。

一、上带在什么时候成立农民协会，开始革命的？

陈世凤：这个我记得很清楚，是不是在民国十九年，我不知道，我只记得我娘老子（母亲）是这年死的，还是她死的这个月（死了没有几天），就起了农民协会，我是 15 岁死娘的。（按其年龄算，是 1928 年阴历五月）

龚桂英：我 17 岁的 8 月出去做〈出去做〉洗衣队，我去做洗衣队【时】，农民协会已成立一年多了。（按其年龄算，是 1928 年）

邱安仁：成立农民协会，开始暴动，这是五六月间的事，这一年我 17 岁或 18 岁。（按其年龄算，是 1928 年或 1929 年）

陈世凤：上带开始起农民协会、暴动，是杨朝德由水浆乡来发动我们，那时别的好多地方都暴动，水江〔浆〕也比我们先暴动

（先两个月，水浆成立乡政府）。水浆成立了乡政府，也是我娘死的这一年。

蓝如达：我记得是民国十八年五月间起始，成立农民协会，那时是上带、带源、里安三个村成立一个农民协会，上带、沙溪暴动较迟。

（暴动时间没有得到一致结论，但按大家所谈，陈世凤说的理由较肯定，即 1928 年。但按其他人说，也可能在 1929 年，上带暴动比上永丰的许多地方为晚，且是在比较普遍地暴动起来情况下暴动起来，因此可能未在 1929 年。）

二、先有水浆乡还是先有严坑乡？

邱安仁：先有水浆乡，以后才分出严坑乡。分严坑乡这一年，我是 19 岁或者 20 岁，我就不记得了。

陈世凤：我们上带成立农民协会以前就有水浆乡，上带一成立村政府（农协），就归水浆乡管。

蓝如达：有人说是严坑乡，恐怕是乡政府在严坑就说是严坑乡，实际名字是水浆乡，因为水浆离藤田那边近，严坑离得远，又隔上固这边近，乡政府才扎在严坑。民国十九年的冬天才成立严坑乡，归沙溪〈沙〉区政府管。沙溪区管严坑、汉下、水浆、北岸。

邱安仁：沙溪区管水浆、严坑、下罗、荷塘、梅兰、八石、贤田、北岸、中埠九个乡。

讲到国民党对我们摧残，我记得民国二十年的五六月间，正是刈禾时节，把我们禾一齐刈走了，猪狗六畜都吃光了，捉走了我们五个人，不晓得哪里搞死了，下落都没有。捉了一个叫李龙有【的】，当时捉到，在他身上搜到红袖子和一本写数（哪里打了土豪，收进了多少款，都写了）的簿子（他是乡里的经济委员），国民党就说捉到一个真正的"土匪"，马上就用梭镖刺了几十刺刀，活活地刺死了（靖卫团也有手拿梭镖的）。

龚桂英：我是跟军队当洗衣队的，先是到总医院（红军医院在君埠），后分到三分院，医院又分一所一〔二〕所，我是在二所，一所有七八十个。洗衣队也分班、排、连，有连长、排长、班长、上士，一班有七八个人。一个人要〔洗〕七八个伤兵衣服、被窝、绑带，一日洗一次，要洗到晚上才洗得完，绑带洗了晒干了还要卷好，衣服也要班长分下来，熟了就天天自己去拿，晒干后就送去。洗衣队又是慰劳队，多半要在夜晚安慰伤兵，要他不要哭，养好伤还要上线去打白匪，要给他们唱歌跳舞。

（整理：曾国铨）

16. 访问宋声宗记录整理

宋声宗，56岁，贫农成分，叛徒，劳改过。

一、李贻谋民国十九年担任过永丰独立营的政治委员，独立营的营长是赣西南后方办事处红军学校派来的湖南人李贵标。

二、民国二十三年八月，在新淦县麦斜区（这时宋声宗是该区区委书记）的七琴捉到了国民党保卫师师长李向涌。活捉李向涌是西方军的一、二、三团，乐安第十一团，和新淦的独立营。

（整理：曾国铨）

17. 访问胡辉山记录整理

胡辉山，男，53岁，沙溪乡沙溪社，共产党员，沙溪社敬老院院长，任过村主席、红军排长等职。

民国十七年二月十五日，汉下乡的其坑起了农民协会，这个农协成立是上级派人来成立的，当时上面派来的人是李楚英、李鹤楼、宁子珍等三人。

他们来了就召开农民开会，宣传要打土豪，"要抗租抗债，要打倒国民党，农民协会是为穷人办事的，大家组织起来打倒土豪劣绅"。当时这个农协设主席，粮食、土地、军事等三个委员。虽然说是农民协会，而实际上是我们共产党在那里领导。就在这个时候，我参加了赤卫军。

〈就〉在【民国】十七年十一月间，农协〈就〉派我到东固开会。当时毛主席还在那里，毛主席说："你们来开会的都是一些代表，都是好人，都是无产阶级。原因是两方面，一方面你们的工作积极；二方面你们出身历史好。到这里开会是要服从共产党领导。"在会上，〈有〉绝大部分【人】都入党了，东车村程田炳介绍我入党，因此在东固我也入了党。毛主席在最后闭幕时说："你们到此地开会的都是共产党员，你们回家后，也不要说是共产党员，乱说了有危险。"

民国十八年，严坑农协就由农协转为村。就在这时，我当了村政府主席，此职务一直担任到民国十九年十二月。村政府的干部名称是主席、候补、裁判、财粮、军事等五个人。

汉下乡当时管其坑、芦斜、读书坑、东坑、南坑等几个村苏。

（整理：肖易蓬）

18. 访问张正态记录整理

张正态，男，52岁，水村人。21岁参加赤卫军（1928年）。1928年任水村的村代表。1930年瑞金中央政府土地部受训，学习了一个多月，回到家里。

一、参加赤卫军的情况

21岁参加赤卫军，开到永丰准备攻永丰城，结果没有打开。当时赤卫军和青年团联合起来了，一共有300多人参加。由于没有攻开永丰城，后来回到沙溪，我就回到家里（有 100 多把步枪，梭镖 100 多支，鸟铳 100 多把）。

二、村代表的工作

21 岁时，在永丰沙溪住了半个多月左右，回到水村当村代表，参加打土豪分田地。在打土豪前，开一个秘密干部会，决定谁是地主、富农，到了夜晚就包围。有钱拿钱，有衣没收衣，缴来的钱交给上级，乡政府、区政府做办公费，没收的衣物表〔分〕给老百姓，田地分给群众。将全村的田打拢来按人口分配。召集群众参加开会。

民国十八年成立永丰县：沙溪区、潭头区、龙冈区、藤田区、石马区、良村区、古县区、七都区，八个区。

沙溪乡乡主席周金财、蔡常奎、邱模新，村（水村）政府主席张正节。

沙溪区：白沙乡、严坊乡、汉下乡、百安乡、东浦乡、沙溪乡、下庄乡、水浆乡。

三、参加瑞金土地部受训情况

1930 年八月二十三日到中央政府瑞金土地部受训，受训了一个多月，后来分到乡里去了。受训主要是学习一些划分田地的东西。学习好了就下乡到另一个地方，分到各个乡去，分有分〔不〕均匀的田，就重新帮他分过，好坏的田地也要搭配好，使群众满意。

到过瑞金几个乡：高坝乡、三塘乡、朱三乡（参加训练的有 200 多人）。

19. 访问陈钦万记录整理

陈钦万，男，57 岁，候补党员。破坑人，农村社员。1931 年担任沙溪区上固乡韶源村村秘书，1932 年 6 月任潭头区土地部调查委员，1932 年 12 月调上固区任经济副部长。

一、村秘书的工作

【19】31 年十月任沙溪区上固乡韶坑〔源〕村的村秘书，上级来了什么密信、任务，马上就要执行。秘书下到各个组上去，召集会议，带好武器，拿短枪、梭镖，准备和敌人作战。有紧急信，突击任务要赤卫军去搞，这些工作都是秘书下通知。如果赤卫军不肯去，就向他们宣传，动员他，说明参加赤卫军的光荣。赤卫军并不接火，只是去各地放哨，某地有奸细或过路人都要检查和审问。动员青年参加赤卫军，并经常参加开会，打通他们的思想，使每个青年都愿去报名参军参加，学会军事操再到前方去打敌人。参加的青年应放心，不要挂念家里，家里的田地都有人给你种好，什么都不要担心。

二、土地部调查委员的工作

【19】32 年六月任潭头区的土地部调查委员。当时主要是调查各户的土地情况，划分成分，调查好了就交到土地部部长那里去划分成份（具体的划法我不了解）。调查各地的实际情况，再填在表上。潭头的土地部长方易涛。

三、上固区经济部副部长的工作

【19】32 年冬在上固当经济副部长，正部长张庆善，这个部一共有五个人。其中组织粮食部，各乡的粮食都要集中到一个地方，除了自己吃的口粮外，其余的都要搜集到一个地方。每乡每村都有一个装粮食的地方，将粮食收好，等将来移来的政府或队伍吃。由区上批准就可领粮。

四、国民党进攻上固区时迁移的地方

【19】33 年国民党进攻上固，敌军分为几个小组来扰乱我军，我军为了保持力量，曾迁移过以下几个地方：

从上固区——汉下山岭——君埠山岭（【19】33 年二月）。直到 6 月，由于区政府不能维持生活了，所以解散了，各人找各人的

出路。

五、一般情况

1931 年成立永丰县：沙溪区、藤田区、龙冈区、潭头区。

永丰县主席吴泷水，沙溪区区长王开文，上固乡乡长刘英文、钟成涛。

上固乡：东高村、潭斯村、韶源村、桥背村。

（访问整理：袁志珍）

20. 访问巫凤肖记录整理

巫凤肖，女，57 岁，破坑村人。曾任村妇女代表。现为农村社员。巫凤肖在 1931 年任破坑村的妇女代表，对李贻谋的情况了解一些，但不够全面。

一、村妇女代表的工作

1931 年任破坑村的村妇女代表。妇女代表主要是做好这几项工作：扩大红军，动员青年和年老人，优待红军家属，欢送红军，募捐工作。

动员青年参军：首先和青年及他的父母讲明参加红军的光荣，红军在前方消灭敌人，后方才有好日子过。你去当红军，家里的事别挂念，家里的田、水，有人帮你种，有人帮你担，有什么困难我们都会帮你解决，要优待红军。如果有红军的妻子怀了孕，当生仔的时候，就派一个去帮她洗衣、煮饭、担水、砍柴、照顾小孩，样样都帮他做好。

欢送红军：当红军上战线时，我们就募捐买菓品来开茶话会欢送他们，青年妇女要去送红军，帮他背包袱，吹吹打打，唱歌欢送他们。在欢送钱〔前〕〈给他们〉送香皂、洋巾、布鞋给他们。

募捐工作：以前的募捐工作很好做，要什么有什么，有的捐吸菜，有的捐果子，什么东西都有，也有捐钱的，不拘多少，随多随少，不会限制。

二、国民党进攻破坑的情况

1934 年国民党进攻破坑村（1934 年一月八日），靖卫团经常在破坑骚扰，我们为了保持力量，所以每天都躲在山上，吃饭都是人家送到山【上】来，有时一块树皮都抢着睡。听到靖卫团来了，又要躲过一个山岭，早上在这里睡，晚上在那里，真是得里〔路〕走。有时摸到河里，鞋子、脚都湿了，用毛柴烧干，手烤黄了，脚带也烤黄，就这样穿上去。当时我们是和乡政府一起，后来由于乡政府供养不起，一餐吃十四两饭都没有吃，因此解散，各逃自己的道路。

乡政府迁移的地方：破坑—南丰坪—暗坑—汉下—杨斋—龙冈王陂小布—破坑（1934 年十一月迁回）。

三、李贻谋的情况

李怡〔贻〕谋七八岁在破坑小学读书，读了七八年，到沙溪西阳宫读书，读了三年毕业，毕业后到永丰读了一年，在破坑村上教书教了四年。后又到吉安买了一架打袜子机器到家里打袜子，打一年亏了本，又改行做爆竹，做了两年爆竹，亏了本，心里很急；另一方面却受到别人家的欺侮，因此舍身参加革命。

李贻谋 1926 年参加革命，他和白石的戴含早、鄢发、郭梅、沙溪的背安李龙章、李华远在一起搞革命工作。开始是在东固才〔财〕坑搞革命工作，组织农民平田、平岭、打资本，分田地打土豪得胜利，并成立农民协会。当时是他组织领导其他村的干部搞这些工作。

李贻谋参加革命的地点：中固—中固的庆才〔芹菜〕坑—潭头—下固—上固—桥背—破坑—沙溪（1931 年）。

1930 年杀 AB 团，罗焕南指那个是 AB 团就杀那个，结果李贻谋被杀害了。在藤田捉到李贻谋，从藤田解到沙溪拱江背、藤田、沙溪，【是】捉到后三个月在君埠上田杀掉的。

杀掉李贻谋后一年，调查到罗焕南是 AB 团头子，审问了几个月才搞清楚。1931 年捉到罗焕南，1932 年在潭头周罢杀掉了罗焕南。在杀时，有 1000 多人参加这个会，有许多被害【人】的妻子、仔、爷娘都带好了刀子、钻子，要去割下他几块肉，钻到他几钻才干〔甘〕心，因为自己的儿子、丈夫、父亲被这个狠心的奸贼害死了。所以，每个都拥在他身边用刀子、钻子，不消两点钟就将他搞死了。

（记录整理：袁志珍）

21. 访李良庆同志材料整理

李良庆，男，59 岁，永丰韶源社外破坑人，现住外破坑。苏区时曾任村代表，区土地部副部长，副乡长。民国十七年二月参加农协（【当】时还不是政权），任村代表。民国二十二年二月调潭头区任土地部副部长。工作四个月调任军事部长，接着任长部〔埠〕乡乡长。

一、李贻谋领导的秘密革命活动

李贻谋家里比较有钱，在沙溪的西阳宫读过两年书，是高小毕业生，接受了先进思想，他曾说："我死都不走资本主义道路，就是死也要走共产主义道路。"毕业后，他做过爆竹生意，又自己买机器打袜子卖，活动于东固等地。民国十五年，有桥背张举人、下固罗德福、北岸的李怀远，经常来这里开秘密会议，受李贻谋的领导。他们几人组织"共产主义"（我问：是不是共产主义小组？他说是——笔者）。民国十六年，组织渐渐扩大，接近公开活动，向群众宣传革命道理。他说："我们穷人是太苦了，作人家的田，要交一半还多的租，借一石谷子，过一年就要还两三石，还不起联〔连〕老婆也得卖掉。我们穷人就真的应该吃苦吗？不！我们团结起来，杀尽土豪。"民国十七年二月间就成立农民协会，当时我们的力量还很弱，土豪劣绅还未打倒，靖卫团常来扰乱。所以那时农协无政权力量。

二、政权的建立及行政区划

民国十八年四月，农协经过整顿，起了政权的作用。这时就有了赤卫军。于八月，工人又组织了纠察队，九月就开始打土豪。打土豪钱归农协和赤卫军吃。【民国】十八年五月成村苏维埃政府（何名不清），冬联合韶源，成立韶源乡苏维埃，包括：韶源、外破坑、大屋场、刘小礁、白家窝几村。民【国】十八年冬成立潭头区苏，是在乡成立后成立的。【民国】二十二年二月，我调潭头区任土地部副部长。时潭头区包括如下 12 乡：上固、南溪、石碑〔陂〕、潭头、长坑、潭斯、简口、锅〔回〕龙、龙洲、韶源、下固、长埠乡。韶源乡主席曾有德，书记（文书）曾学言，裁判委员吴英材。

民国二十二年七月成立龙冈县，上固成为区，包括几乡我不清楚，我在潭头区。龙冈县潭头区包括如【下】几乡：简口、锅〔回〕龙、龙洲、长坑、下固、潭头、长部七乡。

民国二十三年正月初八，白军到沙溪，三月潭头区迁兴国枫边。

三、土豪田岭归农民，人民生活大改善

民国十七年就准备平田，按人口已计算好了，每人合六石。时土豪还未打倒，靖卫团常扰乱，所以上面说："现在不要忙着分田。"民国十八年冬平田，以村为单位，按人口均分，红军家属优先，土豪在家的分给熊角（坏田），每人分到六石。岭以产木子量计，每人分多少石。当时留了一部份〔分〕公田，以后就没有分过田。

人民分得了田岭，不交租，不纳粮，人人有饭吃，生活大改善。

四、失苏区，富农、地主反把倒算

苏区失去后，田岭被地主夺回去了。从十八年冬分田，我们作了五年，土豪逼着我们要交五年的租，反动政府逼着我们要纳五年的粮，还不起的被抓起来了，年壮的卖为壮丁。自由被剥夺了，伪政府人员三天两日会来查户口，他们吆喝："在家吗？没有去当土匪吧。"

十多年哪，我们过着暗无天日的生活。

（记录整理：张扬球）

22. 水村社沙洲坪老革命座谈会

出席者：邓永正，47岁；邓隆庆，34岁；饶世发，47岁；现住沙溪乡水村社沙洲坪，皆男性。

一、革命之源

民国十七年上半年就成立了以沙溪为中心的中埠乡。时靖卫团常扰乱，中埠乡驻无定址，跟着队伍游动，下半年才扎于沙溪街。中埠乡文书王文科，来我村进行革命宣传，我村革命从此始。他宣传革命道理：只有革命，才是出路，才可以不给地主交租，取消繁重的债务，抗掉反动政府的粮。冒老婆的有老婆，聚〔娶〕老婆不用花半个钱了。只有革命，我们才能夺回地主的田岭，才能够分得粮食、耕牛。

贫农邓永辉首先响应，他又召集穷人进行宣传。于民国十七年十一月间成立农协。

二、初期的革命组织

随着农协之成立，组织了"赤卫军"，由24—45岁的贫苦农民参加。少年先锋队，由16—23岁的青年参加，这是地方的主要武装力量，他们的任务是打土豪，抵抗反动，站岗放哨，保卫革命政权。儿童团是6—15岁的儿童参加，主要任务是违〔维〕持社会秩序，捉【赌】博、禁鸦片，站岗放哨。

三、打土豪

先经干部会研究，确定对象。看谁田岭多、剥削多、有钱为对象，恶霸、反匪〔动〕的为对象。确定后把他抓来，慢慢地跟他算剥削账。我们并不乱打他，恫吓为多，罚他的钱。钱解到乡里。

谷子分给大家吃，猪鸡都给杀吃，家具衣物给以分掉，谁冒什么就分什么，不得自己随要。不要的衣物、家具，就给地主。

四、各级政府之建立及顺序

民国十七年上半年，中埠乡成立。民国十八年春成立沙洲坪村苏。后一点，【民国】十八年成立沙溪区苏。

五、分田

【民国】十八年正月分田，以村为单位，按人口均分。顶好的归红军家属，好的归贫雇农，地富分熊角（坏田）。岭划成块分。以后因劳力变少【重新】分过。

六、苏区时人民生活

时各家之经济环境是非常好。债抗掉了，田岭归自己，作田不交租，国家不收粮。家家有饭吃，户户有余粮。

生产完全自觉自动，政府并不加管制，男人种田，妇女搞家务。百姓只尽当兵、慰劳、抬架队之义务。红军之粮用钱向百姓购买，钱是各地打土豪来的。

工农子弟有书读，不去也要宣传你【去】，一钱不花，课本有发，自己只要买纸张。老师无薪水，田地由〔有〕代耕。

（整理：张扬球）

（四）铁园乡调访资料[①]

1. 铁园乡人民的革命斗争（材料综合）

（一）军阀时期人民的生活

在革命爆发之前，铁园乡人民和他乡人民一样，它于反动军阀统治之下，军阀混乱的战争，给人民生活带来了极大的动荡和不安，残酷的剥削与压迫，迫得民不聊生。那时一般农民及手工叶〔业〕者在政治上毫无权利，一切大事都操之于各村之"大人"手中。这些土豪劣绅在政治上欺压广大劳苦群众，在经济上残酷地剥削他们。那时铁园乡人民需借债度日者占总人数65%，能自给者占22%，有余者及豪绅仅占13%，佃农式的[②]半佃农占绝大多数。租耕豪绅的田是对半分租，广大佃农，在收成后，交清旧债和佃债，一年之劳又一无所获，正如穷人所说的"禾镰挂上壁，年年冒饭吃"，于是穷人不得不又向豪绅借债。禾黄时借一石谷，要按明年春天时最高谷价算，另加二五利息，这样一石米到明年得还一石

---

① 君埠乡，苏区时期，含铁园、空坑、陂头三个村；新中国成立初属第八区，境内设君埠、空坑、铁园3个乡；1958年成立铁园、空坑公社；1968年两社合并称君埠公社，以驻地君埠而名；1984年4月撤社设乡，改称君埠乡，含铁园、空坑、陂头等村。因而，本文将调访时的"铁园乡""空坑乡""陂头乡"内容合并归为"君埠乡"。

② 原文如此。

半或两石了。每到年终和春荒，广大人民多是一把斧头面向荒山，砍柴度日，或做手艺为生，过着半饥不暖的生活。

在水深火热中的铁园乡人民，在共产党人和具有共产主义思想的先进人物的领导下，在东固人民起义〈人民〉的影响下，轰轰烈烈的革命运动在铁园乡也出现了。

（二）革命起源与人民政权

永丰人郑子能（现兴国县中叶乡人）、刘光汉（君埠人）于1927年在南昌读书，受到了共产主义思想影响而加入了中共。南昌八一起义后，×年撤退南昌，反动派净捕捉革命学生，郑子能、刘光汉受派回本县做地下工作。他们与东固取得联系，受其领导，于1927年10月（阳历）在东坪（兴国，现在中洲乡）开秘密会议。参加者有郑子能、邱老七、段月泉，君埠地方出席的有刘光汉、王香谷、刘报三、黄石卿、刘希文、姜子黄等人。会议布置了工作，并分头出发搞秘密活动，刘希文分在铁炉下村。1928年，秘密活动在全乡各地展开，先后发起暴动。1928年上半年，郑子能领导大湖农民暴动。1927年冬，毛光兰受东固指挥，首先领导了君埠农民暴动。跟着大湖暴动，大田也跟着暴动起来了，暴动较晚的中下磜，1929年冬廖明清才在那里领导暴动。随着暴动，各村农协跟着成立；农协成立的同时，赤卫军也组织起来了。它是地方武装，它的工作是打土豪，抗靖卫团，保卫农协和政府。1928年，君埠村苏维埃成立，接着君田村苏维埃成立。1929年上半年，大湖成立苏维埃政府。1930年二月，中下磜成立村苏，紧接着，君埠乡苏维埃政府成立（刘光汉说是1929年成立的）。1931年十月，以原君埠乡为基础，君埠乡分成四乡：君竹乡、铁园乡、陂头乡、山磜〈等〉。分乡以后就成立了君埠区，随至苏区失去。

（三）土地回老家

人民政权建立后，实现了人民的愿望，土豪劣绅打倒了。农协成立后，就先后兴起平田运动，其中以君埠较早，1928 年九月〈就〉开始平田，较晚的是中下礤，1930 年二月开始平田。铁园乡分田皆以村为单位，按人口平均分配，好坏均之。红军家属分好田，有优先权，富农、土豪在家的分差田。平岭的方法是荒山搭配茶山，茶山也是估计产量按人口分配。

铁园乡进行了三次分田，第一次为在外的红军留了一批公田，因公田无人作，原分之田不动，补分公田，中下礤是 1930 年补分的。1931 年因国民党反动军对我龙冈附近进行报复性的大屠杀，全乡人口损失〈人口〉达三分之二，这样产生了很多田无主人、人少田多的情况。基于此，我乡于 1931 年冬，各村又以村为单位，按第一次之方法，全部田拿出来打拢均分。此次分田后，田成定局。

（四）苏区人民的生活

我乡人民在党的领导下，分得了田岭、房屋、家具、衣物。田岭是自己的了，自此再不用向地主交租了，土豪被我们打倒了，逼债的人不存在了，我政府又不收粮和任何税捐，农民所得全部归己，这时真的是"户户粮足，家家有余"。

这时人民的文化生活也是非常丰富的，时节有戏唱，村村闻歌声。《送郎当兵歌》《剪发歌》《十骂反革命》，无不到处唱颂。红军家属逢年遇节，乡亲们送礼、拜年更是热闹极了。工农子弟都进了学校，有不愿入学的还要进行宣传动员，课本由上面发。

1932 年才有累进税，所收也极轻。

（五）反动派对我苏区人民进行屠杀

还在我革命之初，反动的靖卫团常来我乡扰乱，袭击我政府和工农群众，抓到我革命干部惨加杀戮。我乡受损失最重的是1931 年。1930 年活捉张辉瓒，反动派对我【苏区】进行最残酷地报复，反动派扬言，要烧尽杀绝龙冈附近 30 里。我乡很多乡村惨遭"三光"，如君田、下礤、中礤，烧得连茅所都无一所存。六月，国民党割吃了田中稻谷，临时到开走前，又将剩下的禾焚为灰烬，耕牛、鹅鸭、鸡无一毛存。连来不及逃走的鳏寡孤老、老头幼儿也惨遭屠杀，年轻力壮的不杀，则拉去充当伕役，生者无几。这年我乡损失人口达三分之二。如下礤村原有 83 户，275 人，遭屠杀后仅剩下 41 户，149 人，反动派之残酷由此即可见也！

我红军北上后，我乡人民又滔〔陷〕于国民党的铁蹄下，村庄被污蔑为"土匪窝"，革命者【被】诬为"土匪"，我干部被关、被杀，尽遭逼害，至解放才重见天日。

（六）机智、勇敢、顽强的铁园乡人民

在革命之初，在我红军的盛威下，我铁园人民就凭着大刀、梭镖捉土豪，夜鸣爆竹当枪声，使顽劣土豪胆战心惊，腑〔俯〕首就擒。土炸弹、假驳壳也能击退靖卫团的进犯，少数人来我们就击毙、生擒，多次〈的〉抵御靖卫团的进犯。

1930 年，龙冈活捉张辉瓒，我乡人民全体动员，抬担架、烧稀饭、做向导，配合红军作战。龙冈大捷我乡人民出了应出的力量。

1931 年国民党的烧、杀、抢三光政策，引起了我乡人民的极大愤怒，我乡人民在党的领导下团结得更紧。如下礤村在刮〔国〕民党屠杀后，全体人民（贫雇中农、手工业者）一致要求加入党团组织，表示誓死与反动派斗争到底！白匪来后，我乡人民仍然坚持着斗争，隐蔽保获〔护〕自己的干部和同志。龙冈县县委书记罗国棹〔倬〕同志，在我乡隐蔽了十几年，我乡青年想方设法抵抗着国民党的抓兵。

我乡苏区人民有一个坚定的信念：共产党一定会回来！他们珍惜地保获〔护〕着革命的文物，如李跃生同志保存十多元的苏区票子及免税证，保存到现在。我们还看到了苏区时【的】梭镖、小把刀，收集到了"反帝护苏大同盟"会员证等文物。

伟大的共产党，英明的领袖毛主席，终于回来了！

（笔者声明：本乡材料，未经本乡工作者对照材料，所以不成熟。）

（整理：张扬球）

2. 访陈世松材料整理

陈世松，铁园乡君田社人，曾任少共书记，现为社出纳员。

毛光兰组织起义，成立常备队，有二三十人。联合君田小组、君岭脑小组、君岭下小组，就有100多人。1929年就成立了区、乡、村政府。赤卫军、少先队、儿童团都有了。

1932年，我参加了共青团，冬天任北磜乡少共书记，专做青年工作。还要检查放哨、扩大红军，每月一次。要去宣传"参军光荣，有吃有穿，只有参加红军才能保障分田胜利"，要动员父送子，妻送郎。少共还要领导儿童团。入团要填表，由少共书记填，交区委批准。要宣誓：保守团的秘密，自愿入团，遵守团的纪律，永不反团。要举行典礼，会场上有两面红旗，由团干带领读誓词。发展对象是工作积极、忠诚可靠，要贫苦工农，成分好，地、富不要。发展团要做宣传工作，要宣传二三次，不能免〔勉〕强。团是秘密的，不能公开，就是老婆也不告诉。

1934年我调区委宣传部，1934年三月调县委少共做巡视员。巡视员的工作是打杂，如宣传部的工作搞不来就帮宣传部。1934年3月就成立龙冈独立营，少一个青年干事，调我去，受政委指挥去教育青年，还要报到江西军区（报到即是会〔汇〕报）。

五次"围剿"，独立第二团六连守上固炮楼，敌人攻来了，他们不围，枪决了连长和连指导员。独立二团再下令，要六连（即原守上固堡垒的）死守龙冈堡垒。（我问龙冈堡垒不是西方军守的吗？）他说原来是西方军守的，因为六连冒守住上固，所以再要他守。这次他们是下决〔定〕了决心。

（整理：张扬球）

3. 访问刘光汉同志材料整理

刘光汉，苏区时曾任乡指导员、龙冈区教育部长。现在住铁园乡君埠街。

1927年我在南昌赣省中学读书。×校学生廖盼清到赣省中学来活动，他找到我，问我："你叫什么名字？几多年纪？家里有什么东西？父亲作〔做〕什么？"回答做布生意。"有土地否？"他还对我说，"你看军阀把我们士兵不当数，拳打脚踢"。又说："我们来参加共产党好不好？朱德、周恩来都在这里，他们会领导我们。"我说："好啊！"

匡炉中学学生程子能①（永丰圩中乡下叶村人），他陪我到永丰试馆（据他说是永丰学生玩的地方，吃东西的地方）。他说："老刘，你家里也很苦，你祖宗三代我都晓得，是诚实。我们朱德、周恩来来领导来哩！我们要学习马列主义。"他又给我二〔两〕本书，他说："你要好好学习他，你也要来参加共产党，愿意吗？"我就说："愿意啊！"他又说："要保守秘密，不能告诉别人你是党员，老婆也不能告诉。名字也要改过，你就叫'苏针'，要记住自己的名字（苏针是代号）。"我们写信有两种写法，一种是用明石樊②写，一种是饭汤写，什么人也看不出，表面上是一张白纸，放到水里才看得见字。

1927年我就参加了党，填一张表，几多人吃饭、住址、成分，

---

① 前文有"郑子能"。
② 明石樊，疑为"明矾"。

你怎样来参加共产党。

八一南昌起义，学生联合会接受了这个领导，各校学生组织游行示威，"反对蒋介石! 打倒封建残余! 打倒国民党! "。赣省中学是由校长领导。起义军退出南昌后，伪政府就来捉学生。1927 年九月，我就回家来了，做地方工作。1927 年十月在中坪开了一个会，由程子能主持，参加的有二十多人，都是一些知识分子。参加的有王香谷、刘报三、黄石卿、刘希文、谢南、姜璜、我自己等20 多人。王香谷是地方上的人，刘报三是地方上的先生，约 30 岁，黄石卿是启智高级小学的老师（即现在的君埠小学校址，曰：万寿宫），刘希文、姜璜是启智小学的学生，谢南就不知道是干什么的。会议布置的任务，分到三县（兴国县、宁都县、永丰县）去做革命工作：我们要肃清劣绅、打土豪分田地，坚决反对国民党反动派，建立人民专政，发展苏维埃政权。布置了任务就分头出发，刘希文和另一个人〈就〉分在铁炉下，两个人分在南坑，两个人到中洲，有几个人分到良村，我和姜璜就〔到〕宁都的上下磜。具体任务是：有机会就暴动，有机会就抢靖卫团的枪，组织农民协会、赤卫队。

我们到了目的地后，就找朋友，或者找亲戚，先和他们漫谈，哇些家常，摸清他们的性格，看他是不是有些不满，愿不愿意走马列主义路线。摸清以后，我们就问他："你愿不愿意走马列主义路线哪？"如果他说："愿意啊! "我们就再问："你能团结几多人哪? 你要为我通风报信，参加的要自觉自愿。"再要他去团结别人，给〔跟〕他们说：你们要参加农民协会，我们要打土豪，分田地，捉土豪，罚他们的款。穷人很高兴，热很〔情〕高张〔涨〕。1928 年五月前后，各地就组织农民协会，再成立赤卫军，赤卫军是专打土豪的。1928 年 8 月，〈就全部〉村、乡、区、县苏维埃政府就全部挂起牌子来了，兴国县就更早。〈这是〉红军来了以后（红军几时来记不清），我做上磜乡赤卫军的指导员。1928 年九月，君埠上下磜分田，以乡为单位（他一再肯定是以乡为单位），君埠每人平均分田 1.50 亩，地富分坏田，中贫农、军干属都一样分，军干属由别人代耕。后因病在家休养两年。

1932 年，龙冈县政府调我到龙冈区担任教育部长，直到最后。教育部长在帮助扩大红军，推销建设公债，领导学堂，看哪一个乡的学堂办得好。但学堂还不如现在办得好，政府那时也不看重，无人无工夫过问。老师由各乡自请，吃穿是自己的。老师的田发动群众代耕。课本是瑞金中央政府编的。

第五次"围剿"，敌人进攻龙冈堡垒。我们把龙冈那个秤锤岭都挖空了，削一些竹钉，放到锅里炒，再满〔将〕【钉子】钉在山上，敌人冲锋，就刺他们的脚。敌人打到蟠埠①，我们区政府才走，张书记下令叫我们把文件担到城功。又退到南坑的枫树排，边打边退，退到宁都的斧头岭，在黄陂我被俘。县政府也是和我们一块到的，他们那时还没有捉到，到竹篙岭去了，以后就不知道了。

张乃安是靖卫团的团长，他只要听到那个是共产党员就杀。他原是一个流氓，在读书时喜欢赌赌〔博〕，输光了钱，连裤子也被人家剥去了，他拿了一个无底的尿桶半夜三更走回家。第二天反动派要到龙冈去开会，恶霸张云称就对他说："靖卫团的团长要你当啊！"他同意。

东路办事处，毛泽覃领导的，扎过君田，后过黄陂。修械厂扎在九恩堂，兵役处扎在新屋下。时间皆不记得。

（整理：孙德胜、张扬球）

4. 访吴德积等同志的材料整理

吴德积，苏区时曾任村裁判部长、村农协大队长、游击队指导

---

① "蟠埠"应为"凡埠"，后文写作"凡埠"。见《江西省永丰县地名志》（内部资料），1985 年版，第 215 页。

员、政治委员、赤卫军事务长等。

本地暴动以前,东固方面有毛光兰、段月泉等人领导起义,毛光兰组织了东卫队,并任队长,那里还有教导队、学生兵等。

听到东固起义后,我们都认为这里〈认为〉亦应该暴动起来,打土豪。东固老王(记不得姓名)带领教导队一连人,段月泉带领学生兵(张老三、邱老七亦在内)一同来过这里,共120多人。他们都是驻扎在君埠,抓了一些坏人,向他【们】纳了罚〈了〉款以后,两三天就走了。他们在这里的时间也向大家说了要暴动起来。看到这种情况,所以大家〈亦真的〉都真的暴动起来了,如果不暴动,自己是会吃亏的。暴动之先秘密地组织了农民协会,并且进行地下活动。

1927年(民国十六年)九月,暴动起来了,组织了游击队,并从东固方面得到了枪支,农民协会也就公开地活动起来了。我在内任大队长,常领导去打土豪,平日白天还要领导搞生产……我们向地主要钱,纳收罚款,如果拿得出来的就放掉,不交不放。还要以乡为单位进行分配田地,还要分房屋,田地是好坏搭配平均分下去。

1928年(民国十七年),我在村政府任过裁判部长,后又任桥头乡肃反委员,之后在村政府的游击队里当指导员一个多月。游击队管理打土豪得来的经费,审问坏人,责成他们交罚款。

1928年八月在毛光兰、陈远模、刘贻谋的带领下,到中村打土豪。

1929年任乡赤卫军的政治委员,打张乃安驻在沙溪的靖卫团。他们有100多人,都有枪械,我们的人虽多,各乡都有人去,但没有武装,结果还是敌人失败了,我们胜利了。敌人被打散,不过没有抓住他们什么人……当政治委员,要计划打仗,教育士兵,做思想鼓动工作等。后来又做赤卫军的事务长和救护队。

【民国】十九年毛光兰叛变,加入靖卫团(即1930年),1931

年被杀。

1931 年在龙冈我担任土地委员，搞土改工作（第二次搞，因为经过几年斗争人数减半，原有 600 多，这时只有 300 多），使土地分得适当，不至差得太远。

1932 年任沙溪区雇农工会主任，统一分配工人的工作，一般是为了照顾所有的贫苦人，所以多半先轮流去工作，这样不至使工人失业。另外，县里每月对贫苦工农都有救济款拨来。这时工人得了田地，因为他们多半没有工具，并且也允许他们仍然做工，所以这些已得田的工人，还都在作工，而把田地借给别人去耕种。工人要缴纳月费，但雇农参加工会可以不缴交。

直到国民党来了，我躲得不敢出去。

注：本材料是吴德积、邹盛珠、吴秀兰谈的。

（整理：张扬球、孙德胜）

5. 访陈进财同志材料整理

陈进财，苏区时曾为工会会员、区工会班长、藤田区少先队参谋、区军事委员。

这里暴动以前，东固首先举行起义，程子能、王香谷在东固加入了党的组织，领了职务回来，并与君埠毛光兰发生联系，说："我们要进行抗粮、抗债、抗租，反抗敌【人】的斗争。"后来他们就逐渐物色对象，找些靠得住的人经常在小山上开会，商讨活动办法。与东固方面的秘密信件，多是由中磜寄来。

1927 年冬天，君埠暴动起来了，事后有农民协会的公开活动，由毛光兰负责，接【受】程子能、王香谷的领导。

1928 年冬成立村政府。

从前当学徒的开头要花三块多钱交给师傅，作为买法帖，学徒期为三年。在这三年中师傅可以打徒弟，徒弟不能得到丝毫工钱；学徒期满后，还要花六块钱给师傅作为谢师钱，便须给师傅做一年工后，才能到别处去做工。在这一年中，只能得到几个剃头钱，可以穿得到一套衣服，其他的钱即〔都〕得不到。其次，工人很苦，虽然天天劳动，但是还是无有吃穿。那些有钱之人，地主、富农不劳动，还买〔有〕吃穿，我们都很痛恨他们。因此，这里有人提出要革命，打土豪，大家都很愿意参加。

工会要交月费，组织了互济会。因为不入工会的不允许做工，所以所有的工人都入了会。在会内的反动分子，我们对他有的提井〔警〕告，与靖卫团有关的要往上报，上级会给予适当地处理。这时因为【有】了工会，师父把〔打〕徒弟的现象少了。

我于1929年九月在君岭工会里当班长，队长或工会主任有命令到，班长带领本班的人执行之。

后来到了沙溪，我被骗〔编〕在沙溪工作纠察队。在这时间，我到围攻沙溪的沙山岭上的靖卫团。

工人纠察队后又上龙冈，编成政治保卫队。政治保卫队的工作是守住坏人，发现情况和坏人，马上向上报告。政治保卫队受区领导。那时我在队里当小鬼（通讯员），后又调我到县政府，仍然当小鬼。

在县政府工作，要调我去县委工作，这时我不肯去，要求上前方去，于是我调到县保卫连里工作，不久又调到独立团团部当通讯员，受区领导。一次，我们这支队伍开往乐安牛田，途中遇到敌人，那时我们是受江西军区指挥的，团长指挥得不好，山上不去占领，却往山下的村子里冲过去，结果失败，人也打坏很多，我的右脚也中弹。后来检查说成了半残废，由于本团的人将我背过几座山，才不至死在敌人刺刀之下。带花后进医院，但不肯收留，叫我进残废院。赴残院的途中因情况变了，又进另一医院，有好转。

经过介绍（省苏介绍，曾山为主席，扎在沙溪圩刘家），我回藤田少先队队部当参谋。由于几年未回家，我便请假归到家中，但连母亲都不认识我了。

以后又在区里担任过军事部委员。

1934年国民党进攻了，我回到家里，受过拷打，并且曾三次捉我当兵，只捉去两次。有一次被抓了，但遇敌九十八师的人看到我小，便放了我。红军走后，国民党还到这里清乡，有"问题"的查得很严。

（整理：孙德胜）

6.中下磜老革命座谈会材料整理

出席者：林崇发、李方荣、谢远浩、李跃生

军阀统治时期：我们穷苦的老百姓，在政治上是没有什么权利的，都由村庄上"说话人"主管。我们老百姓受压迫受剥削，作人家的要对半交租，收到十担谷子，要给人家五担。完了租还了债，禾黄了没有饭吃，交不出租，地主来了就要绑人，或者记账，以最高的谷价计钱，加二五利息。如禾黄时谷每担是2块5，欠一担租，到明年四五月每担3块，以3块计算，加上二五利息（1块加上2角5分），一担谷就要还3元7毛5分，还不起要利上加利。冒过年米，借一石谷要还一石半，也有还二石的。我们穷人到冬天就砍柴卖、吃薯仔，帮人家做手艺。那时每年需借债度【日】的占2/3，勉强度日不需借债也无钱出借者占0.6/3，有余出借者占0.4/3。

1929年东固起义消息传来，那里的穷人作田不完粮、不交租，欠了债可以不要还，我们这里的老百姓大家听到心里都痒痒的。1929年冬，廖明清就到这里来做革命工作。廖明清是打油坪人，是左派，在家站不住脚，就跑到黄陂去，黄陂也有左右派，就跑这里高斜山来。所以廖明清一宣传，1929年冬我们这里就组织了农协。他宣传我们要组织起来，抗租、抗粮、抗债，不受压迫，穷人都非常高兴。我们这里欠债的人很多，听说不还债，更加拥护。参加农协起初不算太多，后来一个介绍一个，一个传一个，就越来越多了。有钱的人就自动缴出些契和债券，有些奸猾的就另外留底，后来我们查到了〈了〉都烧掉了。在成立农协之前夕，在扫帚坝开会，廖明清主持，毛光瓒、毛光兰也到参加，另外还有赖永邦、凌亮闻等到会，会后就组织了农协。

1930年正月，毛泽东、朱德在瑞金打了一仗，走这里经过，到东固的富田去。开头我们吓得要死，不知道是哪里的军队，看了红军的标语之后，才知道是红军。"打土豪分田地""大家暴动起来，抗租、抗债、抗粮！""穷人不打穷人，士兵不打士兵！"这时我们非常高兴，有了撑腰人了。廖明清也宣传我们当红军。1930年正月间就组织村苏维埃政府（组织前是一个村小组）。成立村苏维埃政府，要开群众大会，男女老少一起来，先大家事先推一个临时主席、一个记录。临时主席撑〔掌〕握会场，再由他提名"××当村政府主席同意吗"，同意就大家举手，不同意的就不作声。成立村政府以后，接着就成立君埠乡政府。仍然开民众大会，大家手里拿着宣传旗子，几千人参加，搭一个好高的台，哪个当主席，哪个当什么部长，早就由各村村长会议研究好了，再提出来通过。

1930年正月以小组为单位进行了分田（一个自然村——笔者），哪个作的哪个得，少的补凑，多的拿出来。这时张乃安民团来捣乱，他们快枪〔抢〕。我们成立农协就组织了赤卫军，用梭镖、鸟铳去追民团。廖明清在君埠将赤卫军编成一、二、三纵队。

1930年毛泽东、朱德、彭德怀打张辉瓒。1931年国民党进攻，我们打不赢，把我们的房子全部烧了，老百姓气得死，更加坚强，要团结得更紧。1932年我们这里除地主、富农、流氓外，都加入了党团，向国民党斗争。

1930年冬，二次分田，因为第一次留了一些公田，这次把公田分掉。1931年国民党进攻，我们的人死了一大半还有多，产生田无人作的情况，所以又把田凑起来重分，即是第三次分田。以乡为单位，以岭补田。1931 年我们这里的损失是极大的，1931 年以前下磜有 83 户 275 人，1931 年底只剩下 41 户，149 人。

苏区时每年完税一次，一亩 8 斤 5 两左右谷子，田好多完一点，田差少完一点。外还有山林税，只有木梓山完税，松山、杂山不完税。

（整理：孙德胜、张扬球）

7. 陈玉九材料整理

陈玉九，女，47 岁。苏区时曾任区乡妇女主任、县文教局科员。现在成分为地主。

1930 年做下磜妇女小组长，北磜村政府管中下磜、北岭，一个村是一个小组。北磜村政府是属君埠乡管。1931 年国民党来这里挠〔扰〕乱，烧光了房子。10 月转来就撤销了苏维埃政府（村），君埠乡分成铁园、君埠、陂头、北磜四个乡（这四个乡，每一乡都有一部分是原君埠乡管的），北磜乡管中下磜、君田、君岭脑、君岭下。每个村是一个小组，组有代表管事。乡下面无村政府了，直管小组。我做北磜乡妇女主任。毛光荣（女）、毛光凤（女）带我进团，毛光凤当书记。誓词是："遵守纪律，严守秘密，服从命令，永不反团。"

1933 年五月，调任龙冈区妇女主任。潘家苑做主席，邓小方、李秀凤（女）做中共书记，张良兴任少共书记，陈先辉任土地部长，刘英才做财政部长，×①纪才、张守规不知是谁做工农检查部长和互济会长。在龙冈区一月，闰五月调县教育部做科员，部长是

---

① 原文如此。

陈时谟。县长邱慈良，裁判部长陈冯辉，副县长罗时辉，×英才①做土地部长，孙胜作工农检查〔察〕长，财政部长邱才，县委妇女书记李春秀，县政府扎在藤田。

1933 年六月去瑞金兰衫团坐〔做〕训练。要打两封介绍信，一封是少共打给中央少共的，一【封】是县委打给中央教育部的，由教育部再介绍到兰衫团。在兰衫团学习，搞俱乐部、学戏、学唱歌、学跳舞。7 月回永丰教育部任科员，下乡检查学校，看办得好不好，还检查区政府的俱乐部。

（整理：张扬球）

8. 李方荣材料整理

李方荣，男，40 岁。苏区时曾任乡少共书记、团部供给主任。现任为食堂会计，住下磜。

18 岁当乡少共书记，19 岁任龙冈区少共书记，20 岁当兵于三军团荷枪，七月去瑞金，在"中央供给学校"学习 7 个月。

在供给学校，主要是学习算盘和账簿，另外还要上〈政〉政治课、打野操。培养的目的，是当团部的供给主任，成绩差的当连部事务长。

供给学校校长是北方人，姓芦；指挥是朱德，他每十天就来供给学校一次视察工作，和同学讲话，上政治课。供给学校归中央财政部领导，邓子恢领导。出来后当团部供给主任，计划每天发几多军粮、几多马料，到驻扎的地方后料理采买粮食，管理金银、白现洋、人民票，领导两个供给员、一个采买，这三个人专门出门。

---

① 原文如此，前一句有"×纪才"。

后跌伤掉队。

（整理：孙德胜、张扬球）

9. 访曾年秀同志的材料整理

曾年秀，女，苏区时任乡妇女主任，在现铁炉下食堂做工友工作。我们于 1959 年 1 月 1 日在该地对她进行了关于苏区妇女工作的专题访问。

1928 年，铁炉下就成立了村苏维埃，同时也成立铁园乡苏维埃，同年我就在铁炉下村苏担任妇女工作，1929 年调到乡里任妇女主任。

当时苏区的妇女工作任务是：

（一）慰劳红军

村里当时组织妇女慰劳班，乡里组织慰劳排，区里组织慰劳连。每当红军打了胜仗，慰劳队就去慰劳红军和伤员，送去妇女做的军鞋、果子、鸡蛋等。到了医院就给病员煮稀饭、洗衣服、洗面①，病重还要帮助他们洗澡，并要唱歌子给他们听，劝他们安心养病。每当我们去慰问题〔时〕，红军同志就来欢迎我们。我〈就〉亲自到杜溪、上田、大田等三个地方访问很多次。

（二）动员亲人参加红军

扩大红军，上级号召要动员男人参加红军，我们当干部的妇女，就首先要带头动员自己的老公去参军。动员别人，如果有的妇女不通，思想不好，干部就要去说服教育，进行宣传，打通思想，如果对象（当兵）不通，也是一样，要做到夫妻俩完全同意参军为止，不能强迫，不能骂人，更不能吊人。

---

① 洗面，方言，洗脸的意思。

当一批新扩的红军要从家乡出去的时间〔候〕，妇女又组织起欢送队，给入伍的新战士提行李，一边走路，一边唱歌，由村一直送到乡。由乡又选一批人送到区里，直到区里接受了，再回到工作岗位或者家乡。

（三）优待红军家属

优待红军家属这项工作，妇女也要承担绝大部分：

①帮助红军家属煮饭、晒谷、挑水、破〔劈〕柴。

②帮助红军家属生产，田里的工夫，要丢下自己的，先给红军家属做，做得要比自己的好。

③经常安慰红军家属，帮助红军家属〔消除〕思想顾虑。

④逢年逢节【帮忙】，因为在家的多是老头、妇女、小孩，青年男人在家的少，所以这项也由妇女来做。

（四）宣传工作

宣传工作，妇女因为不识字，只能用口讲，而宣传对象也多半是妇女，当然也会向男人宣传。宣传内容：①打土豪，分田地；②青年参加红军；③反帝拥苏；④妇【女】放脚；⑤男人当兵，女人生产。宣传方法，有大会小会，也有个别谈心。

（五）站岗放哨

当时的岗哨很严，走不到一两里路就有一个哨棚，站岗的是一男一女，主要任务是防止坏人进入苏区。凡是要通过岗哨的人，都必须要有路条，如果没有路条，无论什么人都不准过。如果他硬要过，就捉到乡政府或村政府去审问，问他是不是敌人的探子，哪里人，多少年纪，家里有什么人。我们在问的同时，就派人到他说的地方去了解，如情况他说的与我们了解的相同，又取得到当地政府证明他不是坏人，不是探子，是个好人，就放他回去；如果情况说的不老实，或是坏人，就关到班房里不让出去。

（六）为红军做军鞋，给红军做草鞋

慰劳红军的军鞋和草鞋，平时就得按乡里布置的任务，发动妇女群众来做。鞋子做好后，村就交到乡，乡就交到区。

除了上述任务以外，还跟男人一样参加打土豪。

（整理：萧易蓬）

10. 胡厚珠访问材料整理

胡厚珠，农民。我们于【19】58年十二月三十日在大田社麻村对他进行了提〔访〕问。认〔该〕人于1930年参加工人纠察队，任文书。1930年冬任君埠乡文书兼收发，相当于后一个月^①，君埠成立邮政分局，任分局长一个月。1931年调黄陂邮政分局任局长一年；1932年调沙溪，又任分局长一年多；1932年任永丰县邮政局长。在苏区做邮政工作近四年。（后为叛徒）

（一）苏区的邮政工作

在苏区里，县有县邮局，乡有分局，区有区分区〔局〕。1930年冬，君埠成立了邮政分局。龙冈也有分局，沙溪同样也有分局，宁都黄陂也有了分局。这时〔是〕当时苏维埃邮政组织机构。

邮局和分局的主要工作是收发文件，和老百姓的来往信与汇款。邮寄收费有如下几种：①特别快信，贴苏区邮票3角，按规定排单，日夜不停，按规定时间送到，保险不遗失信件；②普通快信，与邮寄和平信一样快，贴苏区邮票1角5分，和平信不同的是，普通快信能保险；③平信贴苏区【邮】票3分就可寄来；④邮寄一般文件贴邮票1分；⑤红军和红军家属寄信不收钱；⑥汇款，只收挂号费，单双挂号都是1角6分，而不收汇费。寄钱只要把钱放在信袋里就可以寄去，但每封的重点〔量〕不得超过3钱1分，超者退回不寄。公家汇款只收八钱即可，老百姓寄钱收挂号费1角6分。邮局寄邮局不必花钱。

---

① 原文如此。

苏区邮局人员的编制。县局：局长1人，收发2人，邮递员11人，计14人。区乡分局：局长1人，邮递员7人，共计8人，伙夫也由在家的人兼搞。邮政干部的待遇：局长和分局长每月8元，邮递员每月9元；每年还发单军服一套，一双绑腿，一个帽子。

送信人都是步行，既无车又无马。其送法：送特别快信，不论次数，随到随送，平信和普通快信一送二次，邮递员并规定每小时跑路10里，按规定时间往返。送信人不带武器，碰到敌人就躲起来，如果碰上国民党，一是抢信，二是杀人。不过在苏区很少碰到这样的情况，但有时也会碰到。

开辟邮路。当时沙溪的邮路是送往白沙、龙冈、藤田，王陂分局的路线是送往安富、上洋磜，君埠分局送往洋磜、龙冈；永丰县邮局送往白沙、石马、沙溪。

当时苏区邮政工作最重要的特点是：无论信件、汇款、包裹，做到"包收包到"。

（二）龙冈县的行政区划

民国二十一年（1932年）的地区分布情况是：

县管如下区：沙溪、良村、龙冈。县长是潘家苑。

龙冈区管君竹乡、南坑乡、龙冈乡、上固乡。

君竹乡管陂头村、南岭村、铁园村、大田村、横坑村、银田村、君田村、君埠村、下汗磜等9个村苏。

永丰县在未分县以前管石马区、藤田区、沙溪区、良村区、古县区、鹿冈区（临时区）。[①]

（三）大田村的暴动前后

1. 暴动前

大田村（包括12个小村），1929年冬天组织了农民常备队，参加人现在还活着的只有胡厚芳。这个秘密组织在麻斜村的各公坑开了三次秘密会议，会议讨论问题主要是作好暴动准备……

---

① 原文如此。题为"龙冈县的行政区划"，它为永丰县，两地管辖有重叠。

2. 暴动了

1930 年二、三月间，大田村的 12 个小村〈就〉开始暴动了。在暴动之时，开了群众大会，讲了很多革命道理，接着就开始捉土豪、罚款、要地财，没收土豪的粮食和猪牛，土地和衣物等东西当时没有没收。

3. 暴动后

（1）组织地方武装。农民常备队改了？……[①] 少年先锋队，由 15—25 岁的青少年参加，带鸟铳和梭镖为武器，主要任务是平时〈是〉禁止吃鸦片烟、禁赌，战时还有剿匪的任务。儿童团是由 7—14 岁的儿童参加，专管禁烟禁赌工作，并担任放哨任务。工人纠察队，村苏成立后，是由村政府组织起来的，每村都 10 多人（工人参加）参加，平时做工、跟农民一起打土豪，战时参加打仗。那时（1930 年六七月间）区设有大队，乡有中队，村有小队，乡村中小队都为区大队管，区大队由县工会统一领导。参加工会之人，做工的收入要缴月费，按月自动上缴，不得拖欠，除了月费而〔以〕外，其余部分全部归自己所有。

（2）成立村苏维埃。这是 1930 年 4—5 月间，我们大田村的 12 个小村子就联合成立了一个村苏维埃。

（3）战斗口号是"五抗三杀"，"五抗"是抗租、抗粮、抗债、抗税、抗捐，"三杀"是杀土豪、杀劣绅、杀反动。这个口号当时据说是中央提出来的，后来又说是农民常备队提出来的。（时间是 1930 年冬）

（4）平田。1930 年冬我们这里就开始平田了。方法是按人口，以村为单位进行分田，无〔不〕管贫农、中农、富农、土豪的土地，全部归总，再按全村人口进行分配。分给谁的田，以插竹千〔竿〕为记号。贫农分好田，地主分差田。

---

① 原文如此。

（四）国民党的"三光"政策在大田

1931 年的六月，国民党军进攻苏区，从兴国而来，到了大田，就杀人、抢东西、放火。白军的士兵见东西就抢，见人就杀，见妇女就奸。当时麻田村的村苏（包括 12 个小村），有 800 多人，被屠杀后只剩下 400 多人，杀死 50% 以上的干部、群众和红军家属等。12 个村的房子，烧得【片】瓦不留；连耕牛、毛猪、鸡鸭被吃得片毛不留。麻斜村的旁边，有一次就杀了 10 多个人。整个地方成了一片荒地，见不到一个人，也看【不】到一个〔间〕房子。

同时（9 月间），我们从外面逃回来，连一个锅都没有了，只得捡些瓦片煮水喝。六月反动派来时，我们的早禾未收，被国民党占〔搞〕得一团糟，我们只得捡些散失在田里的谷子度日。

（五）红军帮助农民恢复生产

1932 年，红军又回来了，看到我们的疼〔痛〕苦生活，便一面安慰群众，一面帮助群众恢复生产。中央也发给了我们耕牛和生活贷款，数目有几多记不清了……但总记得了许多次和许多钱，发款时就宣布不要群众还。我们麻田村中央还发给了四头耕牛，并且还帮助群众搭起了茅棚，这才使我们安下心来了。红军除了打仗外，还帮助群众生产。

（整理：萧易蓬）

11. 胡厚芬的材料整理

胡厚芬，现年 51 岁，现在铁园乡民办劳动教养【所】劳动改造，因为他曾叛变过革命。在苏区时曾任村苏文书，第三分医院第一所特务长兼文书，列宁小学校长，1932 年任龙冈区宣传委员。1934 年被国民党冲散回家。

（一）大田地区的革命活动

1928 年冬，邱老七、段月泉在东坪进行秘密活动，组织秘密组织，胡厚芬最先参加，1929 年参加这个组织的有邱元生（作田）、李裕才（现地主）、胡海山（作田）、胡应烂（现地主）、潘家珍（作田）、毛光辉、胡应龙（作田）等，共计 50 余人。

在未暴动前开过两次会议，第一次在各公坑，邱元财、胡厚芬在会上讲了话，说："行军要肃静，革命要分清阶级。没收的东西要看看有没有贫农的，若有贫农的就不要拿，没收俘虏的东西一丝一毫要归公。"1929 年冬天，我们大田村里暴动，胡姓大反动地主胡厚谦在暴动前逃到福建去了。暴动后成立麻田村苏，村苏主席是邱元生，秘书胡厚芬。暴动后还捉土豪劣绅〈土豪〉罚款，不仅是捉本村的，而且还到别村捉。

（二）苏区的教育事业

①在路口上，行人多的地方，订〔钉〕上识字牌，每个牌子写两三个字，多有写农会、农民、农民协会、打土豪、分田地、大家暴动起来、列宁、马克思、俄国、苏维埃、你们、我们、现在、同志。来往的行人都要认，不认就不得过去，结果只搞了一两个月。

②贫农夜校。参加的多是年轻人，少时五六人，多至〔时〕十余人。教师由列宁小学教师毛耀全、温史才兼任，书本采用列宁小学课本，往往几个人共一个〔本〕，没有书就由教【师】教几个字认认，不上算术、自然。

③列宁小学。教师毛耀全、温史才，学生 30 余人，都是贫雇农，经费由村苏维埃解决。列宁小学采用苏维埃编用课本，不上算术自然科。学生不交学费，教师无工资，课余兼做宣传工作。

（三）苏区医务卫生工作

第四分医院设【在】兴国高兴圩。

第三分医院设麻斜①，院长侯良启，内分五个所：斜下、大田、杨坑、排上（大田）、排上（麻田）。我在第三分医院第一所第一组，扎陂阳。所里有三组，第一组是收连排长以上的官，各人有一警卫员；第二组、第三组分别有重病号、轻病号。

医务所里机构有事务长（司务长），司务长下有个菜〔采〕买伙夫、（每组三四人）文书，五个组长、西医官、中医官（只管看病看单子，药要到宁都去买）、护士、洗衣队，每组收容六七十人，多是伤兵，老百姓看病的少。

医院设备好，技术高，能锯手、锯脚、破肚子。

院内伙食吃得好，每天吃一顿肉，各村乡老百姓会送猪送蛋来慰问。

（四）党组织

村乡有支部，区有区委会，县有县委会。民国十九年在君埠加入党的，只有张园林、邱元生、胡厚芬、毛江南五人，一个多月后发展到十余人，民国十九年冬有二十余人，红军北上达到百多万。

参加工作的都是工作积极的贫雇农，入党要人介绍，要填表，批准【后】要宣誓。宣誓时手上拿着誓言，举左〔右〕手，对着马克思、列宁像，念：吃苦耐劳，牺牲个人，努力革命，服从党纪，永不叛党。

民国十九年，君埠开了一次乡党代表会。

（五）消费合作社

经费由群众集股出元〔块〕把钱外，国家投资一部分。合作社里卖盐、卖药，盐从兴国贩来，药铺主要卖药，少看病。利润不分红，不收回股份。

（六）敌人镇压革命活动与革命同志

【民国】二十三年，国民党进攻根据地，冬天，李祖冬为首在

---

① 永丰境内地名，"麻针"疑为"麻斜"。见《江西省永丰县地名志》（内部资料），1985年版，第241页。

君埠组织善后委员会，李祖冬为主任。他们到处捉人，采用欺骗手段，表面上不烧房子，另一方面又说我们组织了暗杀队。回乡的土豪劣绅说我们拿去的几多几多东西要归还，还不起的要卖东西、土地、山来赔偿。1935年，善后委员会改为联保，同年冬天，又将联保改为伪乡政府。1937年敌人"暗杀队"，张继珍被捉到杀了，隔了五天的一个晚上又来捉我，由于谢良烂事先〈于〉报告（他一个亲戚是保长）我才逃走了。此后敌人又用了欺骗驱逐办法，当过〈的〉红军的就说是"土匪"，不准老革命说话，村里发生了事就说是我们的活动。解放前夕，人家用钱抵了壮丁的也要抽兵。

（七）根据地人民坚持革命斗争

红军北上后，李祖冬逼革命同志谢良辉、谢良才的债，当时胡厚芬壮他们的胆，叫他们不要怕，并利用当时敌人欺骗手段帮他们打了报告上去，说李祖冬勒索。

民国二十七年，在横坑成立了兄弟会，实行抗兵，参加的人有十几个，由伪保长负责（因为常常派壮丁很难派到）。开过两次会，经政府发现后未敢做下去。

（八）革命互济会

互济会成立于民国十八年至二十二年，张继林做互济会主任（后被国民党杀），参加的是贫雇农、工人、战士。有困难时大家互相解决，既〔即〕使自己只有十斗米，也要给半斗米到别人。会员每月缴会费五分。

（九）其他

（1）龙冈之战，我军从桥头、上固、张家车、小别四条路线向弯弓〔万功〕山进军。

（2）龙冈中心区包括沙溪、潭头、良村三区。

（3）上级机关送来的文件要给党支部、苏维埃政府各一份。

（4）罗焕南于1930年在沙溪以杀AB团为名杀了1000多人。

（5）肖鼎江以帮上级中央为名，周九圣以帮上级少共为名，在龙冈召开的一次乡支部书记会上，将开会〈上〉的100余人看成

AB 团，捉了 90 余人，其中杀了 90 个。

（6）上次革命时工作真好做，干部无顾虑，群众觉悟也高，上级一说要扩大几多红军，就可马上办到。

12. 访问李贻兰材料整理

李贻兰，现 69 岁，男，住君埠敬老院。民国十九年做君埠乡工会委员长，得一年调沙溪区工会主任，国民党进攻前【一】年多调县工联文化部长。

（一）农协秘密组织和革命爆发

民国十七年，君埠有秘密组织，先后开了三次秘密会。第一次在水南山上，两三人参加，由兴国北坑人刘希文领导；第二次在君埠九祠堂，有程子南、王香古①等四人参加；第二〔三〕次在君埠召开，参加有六七人，由毛光南领导。开会内容都是讲要打土豪、打资本家、暴动起来，以后我们可抗租、抗债，缴帐〔账〕、缴文契。

民国十八年六七月，君埠由毛光南领导暴动，十九年成立乡苏维埃。

民国十九年正月分田，全部田打乱均分，中农和贫农一样多，土豪、律〔劣〕绅分弱田。

（二）工会组织及工作

乡有工会，区有工会，县有工会。联合会工会下设小组，每组八至十人，每组设正组长一人。君埠乡工会有五六十人，沙溪区工会【会】员 120 余人。当时县工会主任是许远保（良村人）。工会负责人初称委员长，后称主任。工人都要参加工会，不能

---

① 前文写作"王香谷"。

【参加】工会的，不能工作，同时还要缴掉工具。

工会会员每月要缴费，交工会机关办公买油。工会机关工作主要是调配劳动力。当乡下有人要请功〔工〕夫时，就由工会委员长调配人去做；政府机关要请工夫做用具，也要工会调配人去做；有时店里人讲口打架，也要叫工会主任来解决；工会还要到各乡村巡查裁缝、木匠、割猪工人、锯匠、泥水匠工作。工人工作获得待遇，除缴部分自费外，还要缴一部分到县苏维埃。

（三）工人纠察队

工会内有工人纠察队。君埠乡民国十八年成立，全乡只有十余人，由李预〔贻〕谋领导，专门在乡内各村打农民协会未打完的土豪劣〔劣〕绅，【所得】费【用由】工人纠察队所得。工人纠察队也打白匪，但打时混在农民中。

民国十八年冬，在龙冈与游击队、少先队编入政治保卫队，又隔十几天编入独立团，由区苏办事处指挥。

1933 年四月，全国第一次总工会在瑞金中央政府召开。大会由刘少奇任临时主席，代表由各县选举产生，每县有两三百人。大会开了 11 天，第三天会议休息时参观印刷厂、造花边厂、卫生厂（即卫生院）。会议在第四天晚上打电话来说【主席】明天来参加开会，第二天主席来了，当天中午我们吃了四个菜，毛主席在会上说过："你【们】这些人现在莫见怪，大家俭朴些，打到南昌、九江，会师武汉时，再来补一些。"毛主席开了两天会就走了。会议再后作了决议。项英骑马参过会。

（四）国民党屠杀活动

国民党向苏区分别进行了两次进攻。第一次是民国二十年七月初四，它来了后见人就杀，见物就烧，苍蝇满地翁翁〔嗡嗡〕起，房屋都被国民党烧了，君埠只留下一只〔栋〕房子。在【民国】二十一年还未清查出□□。第二次是民国二十年十一月十二日，国民党〈党〉捉当过红军【的人】。名义上三丁、五丁抽一，其实独子也要抽，人家说不当兵，他们就说你们当土匪就当，当国民军就不来呀！当时地方上人要互相起保，保证不当"土匪"不走动，没有当过红军的一般人，有符号才能走去别地。有盐发（要钱买，发盐目的在于使苏区人民不互相来往，以免闹革命活动），当过了红军的不发符号不发盐，所以红军没得盐吃。

当过红军的不准参加当时的社会工作。

（五）其他

民国十三四年，君埠起国民党部。【民国】十六年分左右派，梁麻子（梁任绝^①）国民党教官领导左派。

第一次分田同日，总工会结束〔接手〕江西召开了省工会代表会。此时李向荣【被】捉到后，押到宁都。

（整理：元嘉训）

13. 访问李枳保的材料整理

李枳保，69 岁，住君埠村，在苏区时任君竹乡苏维埃主席。

（一）土改

【民国】21 年君埠乡就实行土改，也叫做平田。方法是将所有的〈全部〉土地，无论是什么人的，都归总起来，以村为单位，按人口进行分配。当时我也得到了 6 担谷田（1.50 亩）。没收地主的衣服和用具等物品，就开会分给贫雇农。

不仅分田，而且茶山也得分。凡是分了贫雇农，就以挖沟为沟〔界〕，确定【所】属范围。

（二）其他

①红军家属的田，村苏维埃必须派劳动力代耕。

---

① 前文写成"梁仁杰"。

②自从土改后，农村雇长工、请零工的现象消灭了，农忙时只有互换工。

③税收：猪税每头收红军票子 5 角，贫困户可以免缴。当时米价合 1 元钱可买米 6 升（计 3 斤）。

④党员缴党费，每月交铜板 1—2 枚。

〈田〉没收了地主、富农【的】谷子〈的〉、食物，除了部分给贫雇农外，某〔其〕余的就交后方办事处，待红军开到时，就拿来供给。

14. 访李贻鹄同志的材料整理

李贻鹄，曾任少共书记、西方军地方工作科科员。

（一）大湖的暴动前后

1928 年，南坑（兴国县）郑子能来秘密组织农民协会，成员 30 余人，内设有 5 人（或 7 人）委员会，李祖赞任委员长，外有肃反、地方工作、粮食、组织等委员。

秘密小组向别人活动发展组织，向公开的农民协会会〔汇〕报地、富财产和敌人情报。

1929 年上半年暴动，暴动后成立农民协会、村苏维埃、赤卫军（25—45 岁）、儿童团、少先队（15—25 岁）。

（二）各种革命组织

（1）儿童团。儿童团的任务是：①禁赌禁烟，到处巡查人是否〈会〉赌博，碰到赌博的人，将其赌具牌烧焚，没收的钱一部分上缴农协，一部分留给儿童团买果子吃；②破除迷信，到庙宇烧菩萨，路上遇见去敬菩萨之人，将其东西没收，吃得的就吃掉；③拿着梭镖在路上放哨，检查行路人的路条，发现没有路条的就不准他通过，有〔并〕将他送到村苏；④开会时若有【人】无故不来，儿童要把他捉来打 10 板，打了以后还问他接受不接受，不接受又要打；⑤探听土豪消息，向农协报告。

（2）共产主义青年团。少年先锋队好的参加共产主义青年团。1931 年铁园乡（包括天田、富安、银龙下）只有 20〈多〉余人。共产主义青年团有支部委员会，内面有书记、组织、宣传、青年委员 3—5 人。

（3）少年先锋队也禁赌、禁烟，不准请客，禁止浪费，碰到有人请客就将东西吃掉。

（4）反帝拥苏大同盟，青年称"反帝拥苏青年部"，分别设有部长一人。县里有盟员 450 余人，有决心参加的就参加，不强迫命令。反帝拥苏组织，县里有委员会，县长、县委兼委员。会员每月缴一个铜板的会费，费用除供大同盟部长、青年部长的伙食外，其余上缴，乡缴区，区缴县。

（5）西方军地方工作科，科长泰和罗泰成，科员李裕鹄①、赖云山。地方工作科随红军行军，军队驻扎时在地方上做宣传工作，扩大红军；检查是否有人开小差，发现有开小差的，要做动员宣传工作，劝他归队；检查地方政府优待红军家属好不好，发现有问题就向地方政府打交道，提意见。

（三）第一次全国苏维埃代表大会

代表由选举产生，乡开会选几个到区，区开会选七八个到县，县开会选十几个去省，由省代【表】大会选举人出席。

中央政府教导队也参加了三天大会。

大会由毛主席主持，朱德、周恩来也参加了开会。讲话前首先报名字，周恩来说话像打铜锣一样（好）。

开会内容：毛泽东作了"目前形势报告"，朱德作了"军事报告"，说我们红军缴到几多枪。

---

① 题头写成"李贻鹄"。

（四）其他

①龙冈 1932 年由李贻鹄送了 1200 名新兵到兴国筲箕窝，当时中央【红】军驻扎在此。

②中央政府教导队，原学习期限 3 个月，1932 年因战争需要，所以我们第五期只学习了 2 个月就毕了业。

（整理：元嘉训）

（五）空坑乡调访资料

1. 访陈志球、谢振亨调查材料

陈志球，56 岁，任过苏区时乡工会主任、互济会主任、区劳动部长。谢振亨，59 岁，乡工会主任。

陂头是民国十八年二三月暴动，暴动后成立农民协会小组，后来就成立村政府。管辖陂头、直坑、坳下、佛溪四个小组，后在龙冈区成立时就成立了陂头乡，乡下各村有代表。

民国二十一年成立互济会，互济会在县会有指示时就进行募捐。

民国二十一年六月，我（陈志球）调任龙冈区劳动部长。当时区主席是潘家苑，区委书记是陈学楼（宁都人），县主席是邱慈良。

工会主任收集土地税上缴，给手艺工人写条子出外乡做工。入雇农工会每年要缴 50 个钱（5 个铜板）。

劳动部工作：调查阶级成分，中农、富裕中农，富农吃雅〔鸦〕片【情况】，组织劳动。

当时龙冈区有龙冈、表湖、空坑、陂头、南林、铁园、君埠、龙仁、烂石、江头、大田、山岭、读书坑（乡名忘了）等乡。

民国十九年打张辉瓒，我们送粥给红军吃。红军从黄陂、小布分：①南岭—汉下，②黄陂—君埠，③良村—上田。一、三、五军团进攻，从没有天亮打起，大约打了 6 个钟头，在罗坑（万功山下面）缴白军枪，捉到张辉瓒。

民国二十年，国民党大烧、杀我们这一带，什么东西都搞尽了。我们陂头乡民国十八年分田时每人分得八九担谷，当时有 1700 多人，到【民国】二十一年第二次分田时一个【人】分了十五六担谷田，人口减少一半以上，杀了〈也〉不少，主要是国民党大烧杀。房子全乡未剩，280 多户中 200 多头牛剩下 3 只〔头〕，猪全完了，不吃就杀死抛在田中，苍蝇起堆，很多人因此得痢疾而亡。陂头原来这个什么都有卖的地方变成了一片废圩〔墟〕。

二十一年党和毛主席发来了耕牛三四头，粮食费 180 元，衣服、种子等物救济我们，互济会〈就〉负责分发。

民国二十一年修龙冈堡垒，每天有 10 多个人，化〔花〕了几个月时间，沙溪靖卫团还经常扰乱。修好后还准备派一连人死守。

2. 访程名翰同志材料整理

程名翰，男，61 岁。苏区时任村代表。现住空坑乡佛溪社。

起源与政权

民国十八年七、八月，陈远模、李贻谋带兵在这带活动，有十来个人，几支枪。他宣传：穷人要团结起来，打土豪分田地，抗租、抗债、抗粮。于本年冬就成立了农民协会，组织赤卫军、少先队、儿童团。民国十九年二月成立村苏维埃政府，他们这佛溪村属陂头苏维埃村政府。冒几久，起君埠乡政府。

平田

【民国】十九年二月分田，以村为单位，按人口平分。土豪都逃跑了，家具我们把它分掉，房子公用。当时我们的势力较小，靖卫团常【来】挠〔扰〕乱，土豪夜晚逃走。【民国】十九年冬补分公田。原来分得的田不动，好坏调整了一下。【民国】二十年冬天又分田。

民国二十年，国民党大屠杀。因为【民国】十九年打张辉瓒，二十年六—八月，【张】辉【瓒】的老婆带兵来报复，她说横直要烧杀八十里。我们这里烧得连只茅厕也冒有，猪牛全部烧光，连拳头大的鸡崽子也被杀吃了。我们这里人也死了，或被抓当佚子。【民国】二十年春，佛溪有一百零【几】户，140人，【民国】二十年冬剩50户，150多人。因此产生田无主现象。根据这种情况，【民国】二十年冬又全部分田，以乡为单位，重新打混均分。岭也要分，按产量（产木子量）分成块数，一人得多少块。

人民生活

打土豪分田地，苏区成立以来，老百姓生活渐渐好起来，过得很富裕。自己收的谷子自己吃，【民国】二十年前是不完粮的，杀猪也不完屠税，债抗掉了，总之，啥个税也不要完，自己赚的完全归自己。家家无不丰衣足食。【民国】二十年六月白匪进攻，见人就杀，我地破坏无余，政府就发衣服（旧的）家具锅碗等。

民国二十一年才完屡〔累〕进税。分田是按人口分，所以完税也按人口完，一个人一年完一石多谷，当时不完谷，完钱，折钱一块多。茶岭不完税，红军家属不完税，干部本人免税。

补遗：【民国】二十年冬在龙冈区外成立君埠区政府，我们这里属于龙冈区。重新划分，村政府取消，乡下〈，〉直辖小组。

（整理：张扬球）

3. 访胡龙节同志材料整理

胡龙节，男，63岁。现在住空坑乡空坑社，永丰空坑人。民国十八年冬，空坑闹起革命运动，民国十九年二月起苏维埃村政府，任财政委员。民国十九年冬任村代表，民国二十一年二月去七都做分田工作，完，回家作田，民国二十二年搞村里的公安工作。

一、革命的起源和政权的建立

民国十八年冬，曾纪昌（原名曾纪年）在街上当街，闻到革命的风声。他回来宣传群众："我们这村也要组织革命，要不然别人会到我们村来'打抢'。我们穷人也应该团结起来，再不能吃土豪的亏，我们要向别地方一样，打土豪分田地，要抗租、抗债，自己种田所获全自己吃。"穷人听了都高兴，组织赤卫军四出〔处〕打土豪，罚他们的钱。民国十九年二月先后建立空坑村苏维埃政府和龙冈乡政府，我们空坑村属龙冈。【民国】二十年冬成立空坑乡府，属龙冈区，空坑村政府撤销，乡下直辖小组。我们空坑乡管空坑村、小别村。

二、平分田地

民国十九年正月，第一次分田，以村为单位，按人口平分。地富都跑了，我们空坑每人分到 16 石。村政府成立以后，补了公田，和好坏调整了一下。民国二十年，因 6—8 月国民党匪军的大屠杀，人口逃亡 2/3，产生田多，所以又以村为单位，重新分。按人口计，平均每人达 20 石。茶岭也要分，估计每岭的产量（产木子量）多少石，再平分给各人，每人得多少石。

三、苏区时人民生活

民十九年至二十年上半年，我们生活很好，因为我们的债抗掉了，自己种的谷子完全自己吃，无任何税，家家都有余粮，杀猪也不完屠税。民国二十年六月，国民党破坏一空，老百姓一无所有。我政府为了救济老百姓，发下了耕牛、种子、家具，发了铜钱，使人民得以安居乐业。民国二十一年才开始有屡〔累〕进税，【民国】二十二年才开始发公债。【民国】二十一、二十二年过着安居乐业的和平生活。

四、反动派对苏区人民的大屠杀

民国十八年冬我地革命，【民国】十九年靖卫团就经常来我地烧杀，抓到革命干部就杀，【民国】二十年六月国民党反动派对龙冈进行最恶毒的屠杀，反动派扬言要血洗龙冈 30 里。我们空坑

【民国】十九年正月分田时有六百余人，【民国】二十年仅剩200余人，反动派连我三岁孩童也加以杀戮，有的被抓去当伕子，一去杳无音讯。反动派烧光了我们的房子，连灰间也无一存；牛、猪全被杀吃，田里的稻谷吃不完的全部费〔焚〕毁。我苏区失去后，无数革命干部被杀或坐监。反动派是我们的死敌。

（整理：张扬球）

4. 访兰承风同志材料整理

兰承风，男，50岁。苏区时任经济副官。现住永丰空坑乡洞里社。

起来

民国十八年冬，陈远模带兵来这里（洞里）活动，进行宣传："穷人要团结起来，抗租、抗债、抗粮，焚烧借约，平田平岭。"穷人无不高兴，自动组织起来，于【民国】十八年冬〈就〉成立农民协会。协会里有赤卫军、少先队，四出〔处〕打土豪，我们还去藤田、沙溪打土豪。老百姓热情真高，冬天冒雪出去，无衣裳穿披着禾草，捉到土豪就罚款，鸡、鸭、猪杀和吃。当时提出口号："逼债者，杀！"

平田

【民国】十九年二月分田，论石数全村田揍〔凑〕拢来，每人平均有多少石，我们洞里，每人约15石（合3亩7分5）。岭也平〔均〕分配，茶岭、松山岭均由干部估计，分成块数，分给各人。地富分坏田，家具、衣物没收，仅留下一部分（民国二十三年我军要北上，我们将地富驱于外地，劳解〔改〕，家产全部没收）。无法分配的田地、山岭作公田。

政权

民国十九年六月，成立村苏维埃政府，叫山洞村苏维埃政府，纠正了分田时搭配不均的偏差。人死，田交还政府；生人，由政府补给田岭。村政府有保险委员，管理桥梁、道路、婚姻问题；有组织委员，管理户籍工作；财政委员管经济；赤卫委员管军事。

【民国】十九年张辉瓒打龙冈，【民国】二十年敌人向我们这里进攻，大肆烧烧〔杀〕抢掠，见人就杀，见房就烧。有 2/3 房屋被焚，【民国】十九年洞里有户数 96 户 386 人，【民国】二十年冬剩 74 户 237 人。

【民国】二十年永丰成立游击支队。我们这里赤卫军、少先队，好的加入编成龙冈连，我于该连当经济副官。【民国】二十二年七月永丰游击队编为独立第八师，二十二年冬又编于西方军二十二军独立第二团，曾把守七都下，向新淦、乐安、鹿江发展苏区，在新淦捉到保安第二师师长李尚荣。

【民国】二十二年冬在乐安水南入党。因病掉队。

（整理：张扬球）

5. 访毛光玷同志材料整理

毛光玷，1928 年冬为赤卫队长，1929 年担任农民协会小组主席、藤田八都区湖西乡土地委员，1930【年】龙冈区委宣传部长，1932 年当了几个月乡主席，1933 年七、八月间担任君埠区政府主席。

陂头最初秘密搞了农民协会，筹备委员会，名单要呈报南坑中坪。黄××（外号石鸡）、刘希文、张桐，他们都是读书人，是什么"左派"，黄石鸡是有钱人，民国十九年农民把他捉到了。南坑又属东固领导。

1928 年十月间〈就〉暴动，成立了农民协会，在陂头下有农民协会小组。

1929 年二月成立村苏维埃政府，村政府下面也是小组。

1930 年春成立乡苏维埃政府，下有代表，每个代表管辖【一】定人数。

1929 年成立龙冈区，管良村、南坑、君埠、龙冈等乡。

1928 年冬，在君埠万寿宫开了一个农民大会，参加农民〈有〉【来自】陂头、山岭、洞里、铁园、大田、横坑等地，大会由陈远模主持。陈远模是知识分子，南坑人，带有 100 多人，有些"午合枪"（打一滴子），有十多条步枪，各地农协如发现靖卫团即向他报告。

我是 1928 年冬入【的】党，宣誓是："志愿加入本党，遵守纪律，严守秘密，死不叛党。"完后还要告诉我们"五抗三杀"：抗租、抗粮、抗捐、抗税、抗债，杀土豪、【杀】劣绅、【杀】反动。讲"五抗"时，右手五个手指撮拢放在额前，讲"三杀"时三个〈三个〉指头曲伸放在胸前。

1930 年，龙冈区委书记罗积章，区苏主席潘家苑，区委有宣传、组织部。这时永丰县委书记是黄日升（藤田人），县苏主席吴泷水，副【主席】邱兹良（潭头人）。龙冈区管龙仁、高春、龙冈、烂石、江头、回龙、空坑等乡。

1933 年七、八月间成立君埠区，管辖君埠、铁园、陂头、南林、读书、洋磜、上怀、古平、北磜。区委书记初是黄登今，后是尼先中——曾侦山；主席是我。

龙冈县成立一年【时】，国民党〈就〉发动第五次"围剿"。龙冈县委书记是罗国倬，县苏主席是邱兹良，副【主席】潘家苑，有上固、枫边、君埠、良村、龙冈、南坑等区。

1933 冬，在潭头我们开始作〔筑〕堡垒，1934 年二月开始【筑】龙冈堡垒，修了两个多月，我们君埠每乡派了几十个民工。

〈郭运大，空坑乡坳下村〉

二十军属三军团①，有一七二、一七三、一七四三个团，一七二团是各县独立团战士集结成。

6. 访张恩诚同志材料简整

张恩诚，男，47岁。永丰陂头人，现住空坑乡空坑社。民国十九年参加永丰独立团，二十年独立团发展，编成独立一、二、三团，归江西省府领导，我于二团六连。

【民国】十八年冬成立永丰游击队，至【民国】十九年，独立团成员穿是穿自己的，吃由县里发，这两年主要是跟着县政府跑，总是离县府几十里地。这时我们的工作就是捉反动派，如抓当靖卫团的、抓有钱的，罚他的款，还捉流氓、赌徒、反动会道，如捉棍子会（他们用短刀、木棍拦路打劫）。【民国】二十日〔年〕国民党大举进攻。独立团散了一【段】时期，【民国】二十年冬编成一、二、三团，归省府领导，衣服也由省府发，我们穿上了军装。这时我们专去白区做挠〔扰〕放〔乱〕工作，方法是一天游几个地方，来无影去无踪，使反动派摸不到我们的底细；第二种扰乱方法是见少敌人歼灭之，夺取枪支，壮大自己；第三种是找最穷【的】人、最苦的人，和他们联系，给钱到他们，问他们谁有钱、谁坏，捉到土豪罚款，猪、鸡杀以食，余物给百姓；第四种是诱敌深入我腹地，我正规军队歼灭之。归省府领导后，供给由各所在县发给，在

① 1930年6月，红三军团成立，全称"中国工农红军第三军团"。军团前委书记兼总指挥彭德怀，政治委员滕代远，参谋长邓萍，政治部主任关澌之（后袁国平）。辖红五军、红八军和红十六军。1932年3月12日，中革军委决定重编红一、三军团，红三军团辖红五军、红七军和红十四军，红五军军部恢复。见《中央革命根据地词典》，档案出版社1993年版，第219—220页。

白区打土豪，吃土豪的。

（整理：张扬球）

7. 访刘宽富同志材料整理

刘宽富，男，51岁，永丰空坑小别村人。苏区时曾任乡、区雇农工会主席。现住空坑乡小别社。

一、革命的起源与政权的建立

民国十七年，黄进华、张松林、陈和永，他们几个左派组织共产党，和南坑刘沙荃有联系。他们几个人在群众中秘密活动，拉拢一些懂事的人开秘密会议（内容不清楚），在取得群众信仰后，于【民国】十八年冬公开，召开大会，向群众宣传：我们共产党是顾穷人的，穷人们应该团结起来，我们不能受资产阶级的压迫和剥削，我们要抗租、抗债、抗粮。革命爆发后，资产阶级就不敢在家住了，纷纷外逃。为了打土豪，实行平分田地，于【民国】十八年冬成立农协，其下的一系列组织也产生，如赤卫军、工人纠察队。这是人民的地方武装，他们抵抗靖卫团的进犯，打土豪也是他们出去。打来的钱解到上面去，东西发给穷人。农民协会于民国十九年正月领导了农民分田。

民国十九年二月成立小别村苏维埃政府、乡政府，小别村政府属龙冈乡。民国二十年，国民党六十、六十一师从宁都过来骚扰，人口、村庄有些变动，小别从龙冈乡划出，属新成立的空坑乡。

二、人民生活大改变，人个〔各〕有岭又有田

党领导人民抗租、抗债、抗粮，更进一步领导人民分得了田地，田地成了自己的了，由此再不交租，土豪、富农打倒了，债也就没有了。苏区【口】粮也是不完的，农民自己作的谷子完全归自己，杀猪也不要交猪税，真个是个个有饭吃，户户有余粮。红军家

属出来人在前方，也正如人们所唱的一样："一切田地有人耕，老婆子女有优待。"鳏寡孤独、丧失劳动能力的人，生活也不坏，他们同样分到田岭，将自己的田岭出租，可得租一部分，不够，政府又有接济。苏区人民若不遭到反动派的破坏，真个是户户丰衣足食。民国二十年六月，反动【派】来龙冈大肆烧杀，我苏区人民幸福生活遭到严重破坏，又在党和政府的关怀下，渐渐恢复，政府发了〈下〉耕牛、种子、衣物用具。于【民国】二十一年我这才完累进税，直到我苏区失去，人民重又没于火烈水深中。

民国十九年正月，农会领导了人民平田岭，以村为单位，按人口平均分配，土豪、富农分熊田（坏的〔田〕——笔者）。民国二十年冬，因国民党的大肆烧杀，我区人民损失 2/3，产生有田无人作，于是拿出来重新分配。仍以村为单位，山岭以产量计，每人平均分配产量——多少石木子。

三、工会与雇农工会

手工业工人组织工会，打长工的组织雇农工会，这两个工会除自己本身专职外，都协助政府工作，这两个相同的工作是宣传自己的会员去当红军。组织了工人纠察队，宣传工人要起【带】头作用。工会要缴日〔月〕费，雇农工会无。工会要领导工人工作，调配劳动力，如分某某去某地做工，和雇东接洽工作；禁包工剥削工人；宣传老板、工人要带徒弟；规定工作时间——8 小时制；提高徒弟工资。

四、国民党对小别人民的屠杀

民国二十年六—八月，国民党六十、六十一师从宁都来，烧光了房屋，猪牛、禾、家具全无，人口损伤〔失〕2/3。1934 年，国民党〈我〉又活埋五人〈，无计〉。

（整理：张扬球）

8.韩兰余的提问材料整理

韩兰余，男，75岁，现在家庭地主。该人于民国十七年担任过村文书，十八年至【民国】二十一年当列宁小学教员，【民国】二十一年冬任龙冈教育部长，【民国】二十三年任永龙两县教育巡视员，【民国】二十三年终调龙冈县总务处长。我们根据这一情况，【判断】这人是搞苏区教育工作【的】，为了【弄清楚】这一问题〈的清楚〉，我于【19】59年1月6日在空坑社枧田村对他进行了提问。现在〔将〕谈话情况，整录于后。

（一）关于小学教育
（1）民国十八年我们空坑和陂头两个乡，每个村苏维埃都办了一所列宁小学。
（2）学生情况：所入学的儿童都是7岁至12岁，都是贫雇农的子弟，地主、富农崽子不吸收他们入学。
（3）经费：所有的小学经费，都是村苏维埃解决（办公费），国家不付钱，学生入学只要自己买书，不收学费。教职员没有工资，只是教师家里的田由学生家长代耕，实际就等于教师与学生家长换工。
（4）教育有如下课本：国文、算术、体育、图画、劳作等。这些书本都是苏区政府编的，都是新式的课本。
（5）学制：小学也是6年级毕业，不过那时在我们这里没有五、六年级，只办了初小。
（6）村苏维埃负责组织儿童入学，凡是7—12岁的男女儿童，都得入学，如有小孩家里留住不去读书者，就得其父兄一定动员自己的儿女、弟妹入学。
（7）学年结束，也有考试，有升级也有留级。

（二）群众教育

（1）组织贫民夜校。凡是 15 岁以上的青壮年，都参加贫民夜校学习，不收学费，也不要出钱请教师。时间只办了半【年】多些，又停下了，虽然时间短促，但是群众学到许多生字。

（2）搞识字牌。在大路口或当时的交通要道，挂上一个黑木板，上面每天写上几个生字，叫路过的认。如果认〈的〉得到的就让过去，假如认不到，就得站在路旁学，学会了板子上的生字，才能过路。

（三）区里的文教工作

（1）贯彻"为工农开门"的教育方针，抓紧各乡，大量组织农民和工人的子弟入学。

（2）深入下层，到各小学检查工作，假如有教师工作不认真，第一次是教育批评，第二次是开除回家，另外别人代之。

（3）定期巡视，每月下到各小学巡视一次，也就是检查教学质【量】，一个月将检查的情况，向区委作一次报告。

（4）当时我们的待遇是只有饭吃，没有钱支，家里代耕，如果下乡，只能下乡日期领伙食钱，其他一次〔些〕经费等等都没有。

（5）组织办学经费，区里不发钱办学，一切学校经费都是学生家长和村苏负责，因此，区里有责任动员学生家长出钱办学，也叫村苏给学校出办公费。

（整理：小月）

9. 访问邹世榜的材料整理

邹世榜，男，50 岁，住空坑乡佛溪社。在苏区时任陂头村〈互〉互济会主任，龙冈区冲锋营的班长，在一、三、五军团搞前方担架工作。

（一）互济会

民国二十二年，在陂头村苏维埃成立了"中华苏区互济会"，内设主任一人，小村子里面设组长若干人，其余都是会员。【民国】二十三年国民党进攻苏区，扰乱了我们的政权，就这样，我们的互济会也就散了。它的主要任务：

（1）服务对象是受难的工农兵，包括本地人和外地人。外地难民逃到此无生活出路者，互济会就得协助解决一切当前的困难。

（2）发展会员。凡是工农兵，都可以入会做会员，通过报名申请，就发给一张互济会会员证，得到了这张会员证的人，都是会员。农村发展会员，我们就必须召开群众大会进行宣传，主要宣传内容讲：我们中国人，在革命时期都要一条心，"在家千日好，出门半朝难"，到外面的人因受国民党的压迫，所以我们要互济，因为我们都是受苦人。通过每次宣传都有一批贫雇中农参加这个会，当时我们佛溪一个村就有100人参加这个组织。

（3）救济难民。难民当时讲是国民党的逃兵，外来的难民，本地无法生活的贫雇农等。凡是这样的人，就得由互济会设法解决，因为：①救济了国民党的逃兵，使他们大受感动，认认〔识〕到苏区人民的好心，认识到共产党的伟大，使他们也归顺我们参加红军，即使回到国民党的队伍中去，也能起涣散【敌】军的作用，有利于革命；②救济外地遭难人民，使他们认识到，共产党教育的人民是很好的；③救济了本地贫雇农，又可刺激他们的革命积极性。有的无吃就给米，或是给钱，无穿的就给衣裳和鞋子，家具也给送一点，使他们能够生活下去，有的补地。难民要回家，也给钱做路费。如果当时互济会钱暂时【给】不就〔出〕来，就介绍到苏维埃去，乡苏就打个介绍信，凡是苏区沿途所属地区，见了介绍信，吃饭就〔住〕宿就不要钱。

（4）募捐。这个会的经济来源主要是靠贫雇中农捐献，数目自报，可以不一定，多报少报都可以。干部将会员名册造好，每月送到每户去征求意见，捐款多少、米多少、衣服多少、家具多少，月底互济会干部就挨家去收集上来。由主任统一保管，每月捐一次，要使用就由主任负责支出，账目也要月月清算，不得贪污。

（5）总的宗旨是团结一切难民，成为无产阶级的革命力量

（二）佛溪村苏维埃的前后

（1）民国十八年，韩〔段〕月泉、陈远模、李贻谋到我们地方组织秘密组织（秘密组织的名字忘记了），开了好多秘密会。当时参加秘密组织的有张松林、曾纪昌、吴成福、谢家风、王××〈等〉、李××等6人，开会〈的成立〉都是躲在山上，宣传"暴动起来后，不交租，不交粮，不要钱娶老婆"等等。

（2）到了民国二十年，我们〈就〉成立了村苏维埃，这个地方归君埠乡管辖，村主席是王××，于光行是村支书，当时的主【要工作是：】①土改……②打土豪……③组织赤卫军，④组织少先队，⑤组织儿童团。

（整理：肖易蓬）

10. 访陈登有、温世发材料整理

陈登有，现67岁，土地革命时担任乡主席。温世发，现50岁，土地革命时担任村军事科长。

访问于陂头乡人委，采取漫谈形式。温世发记忆较好，所以情况一般都是他谈的，陈只稍作补充。

一、三岭在民【国】二十年国民党"三光"政策下所遭受的摧残

民国十八年十二月，君埠的毛光兰、毛光灿、陈绍教（现还在君八石）来宣传抗租、抗债、抗粮，公田的事，说贫苦工农组织起来，打倒土豪劣绅就有好日子过，现在到了这样的世界了。12月我们三岭就起势打资本，到花朝磲打了几家粮户，杀了几只猪。

【民国】十九年正月〈就〉成立村政府，三岭政府管三岭、伯岭、东礁、洞里四个小组。二月〈就〉分土地，三岭有360多个人分土地（90多户），每个分了8担谷田。

可是【民国】二十年六月二十几，白匪来了，摧残我好厉害。白匪来，我们的人都走上山去，【白匪】在山上捉到了我们四个人，后逃回来二个，其余二人在外面拖死了。当时没有杀到我们的人，但是【把】我们的青谷一齐割光了，牛一齐牵走了，猪一齐杀吃了，房子全部烧光了，当时三岭400多间，只救到两栋打单的小屋。经过这次烧杀抢掠，使我们三岭的〔在〕一年中损失了300多人，因为热天，被白匪追在外面日晒夜露，又饥又渴。回来村里被白匪搞得脏腐大烂肉，苍蝇成团，因此，热天污气，搞得个个都屙痢，死了100多人。高有有一家8个人，3个子、2个女、自己两公婆都死了，媳妇就嫁了人；陈伯达一家26人，死得只剩下了4个。灭掉了很多人的灶脑。

因此，民国二十一年正月又分了一次田，这分田只有二百六十几〈个〉人分田，每人补了2担多谷田，这次每人共分了10担多谷田。

民国二十一年并归陂头乡管，洞里也并在陂头，东礁、伯岭〈就〉并到君埠乡管。

二、关于龙冈

民【国】二十二年成立龙冈县，【民国】二十三年六月国民党进攻龙冈。

（整理：曾国铨）

11. 访陈中礼材料整理

陈中礼，46岁，男。小别人，现为农村社员。21岁参加红军，23岁加入共青团，民国二十二年担任小别村的少共书记。

一、当红军战士

1934 年参加红军，编在独立二团，大约有 120 多人。独立二团第三连第二排第二班。独立二团团长×××，连长晏××，班长黄债荣，排长石××。

在草坑接火，与龙冈、乐平、新干靖卫团接火。因为草坑有一个坏蛋，探到了我们红军过来了，他就去报告，并带他们来，可是我们还是打了胜仗。我们四面包围他，有大机关枪扫射，打了两个多钟头，捉到了龙冈靖卫团两个俘虏，缴到两支枪，当天晚上就解决了这个家伙。第二天开到铁路桥，又接了火，又是和龙冈、乐平、新干靖卫团打，捉到龙冈一个俘虏。第二天开到乡台坊。这时我调到中央（瑞金）训练。因病回家修〔休〕养【了】七八天（在宁都）。我在医院修〔休〕养真是好，我要什么吃就有什么吃，样样都会买来，什么事都招待得很好。

二、少共书记的工作

1933 年，在空坑乡空坑村担任少共书记。参加人数有一百多人。少先队分为三个队，第一队长陈世全，第二队长黄××，第三队【长】刘在文。

少共书记领导儿童，青年团组织互济会，团费都负责。领导青年团参加红军，扩大红军队伍，帮助政府解除困难。宣传红军家属：不要挂念，你们家里有什么困难都会解决，田有人帮你作，什么都有人替你做，还有什么事不放心呢？

1934 年因国民党向我军进攻，空坑乡政府—君埠乡—宁都—宁都古教，【我军】在古教散了。

空坑乡乡长吴新年，副乡长黄开豪，贫民团长许新海，中共书记陈中礼。乡政府的人员都是一起走的。

当时中共书记、少共书记分了工作，中共书记负责前方的工作，少共书记负责后方的工作。上级指示的什么就做什么，要执行党的政策，和群众一道坚持斗争。少共书记在后方做保护工作，保护乡政府的文件、用具，有什么事发生，就不能把文件丢了，要带走，把文件躺〔藏〕在其他地方。

三、反动派的罪行

1934年，国民党组织谋杀队来捉我们的干部，捉到就打。当时捉到了巫英怀、谢明辉、陈秀仔、温应发、陈桂明五人，打他们也不讲也不招，后来坏蛋却把这五个革命同志活埋。人是保长廖明云，走狗廖兵、盖淑云帮助保长捉的。当时这几个革命战士都不怕，要死就死，要怎样就怎样。这个时候我们都逃走了，不敢下来，几天都不下山，只有躲在山上。

（整理：袁志珍）

12. 访张良星同志的整理材料

张良星，男，现在住空坑乡空坑社，现职是空坑乡人民公社空坑营营长。我们于1959年1月5日对他进行了一天为期的访问。该同志在第二次国内革命战争时期担任过龙冈区儿童书记，永丰县儿童书记，藤田区少共书记，县委少共宣传部长兼任白区工作部长。

（一）五次"围剿"[①]

A. 第一次

第一次"围剿"是在民国十九年十一月。张辉瓒的反动军，从吉安到永丰县城并藤田，路过沙溪，最后到达龙冈。我们红军主力部队，在宁都王〔黄〕陂，毛主席在王〔黄〕陂指挥队伍。当我们红军得知了敌人行动的消息后，就从当天上午10点钟开始在王〔黄〕陂开出，走到每天半夜，赶到空坑乡的小别村住下。当敌军开到沙溪时，我们的队伍就作好队伍〔准备〕，农民担架队原在龙冈，就马上转到了铁园的大安村。敌人在沙溪住了一天，就派了便

---

① 原文无此标题。为了与后面的标题合理衔接，编者在此处加一个标题。

衣队来到了上固。我们的游击队在龙冈，因此敌人当天来到龙冈，第二天蠢头蠢脑的〔地〕上龙冈来了。当我们估计敌【人】拖到龙冈会休息半天，敌人也估计我们主力红军还在黄陂，因此到达龙冈即时就派了先头部队，我们的主力红军在小别，在大拱桥放了一排哨。天刚拂晓，敌兵就到了大拱桥，和我们的排哨打上了，我们的排哨也抵住了，但是我们的排哨也牺牲了一大半，接着他们（敌人）就登上了山。当时我们的红军在小别村吃饭，有【的】吃饱了，有的吃了个半饱，有的还没有动手吃饭，听到枪声一响，知道敌人来了，我们即丢下了饭碗，就赶到战地，同时也登上了另一个山，敌山与我山互相冲突和争夺。上午 10 点钟左右，我们红军就夺取了敌山头，全团武器都被我们缴到了，接着打到高见^①已覆灭了敌人另一个团的兵力。2 点，追城公^②这一个敌团又被我红军全部消灭了，追到城功河下。张辉瓒原先是坐轿子去，看到红军飞快地追来，就下桥〔轿〕跑，由于张身胖如猪，跑不动，随从张的走卒们，就三四个拖着他跑，后来走不动了，红军又追上来了，于是张就逃走无路而被活擒了。他率领的喽啰兵们看到要做俘虏了，就把手【里】的枪支往河里和鱼塘丢。战到活捉张为止，我们〈就〉消灭了敌师的 2/3。由于我们红军的时间规定快于我们的军事行动，在蓝石那路的红军未曾赶上，敌人乘机逃走了一部分；后咬住敌人不放，追击到蓝石大栋岭上，敌人一方面把手里武器往悬崖绝壁的地方掉〔丢〕。出乎敌的意料之外，红军根本不捡地上的银圆，而一个劲往上袭击。在张地交锋了一个回合，又覆〔消〕灭了敌人的另一个团 2/3 的兵力，只在死里逃走的逃走了一团的 1/3 兵力。打的方法，敌人只有 8000 多人，我们红军有三四万，我们是换班打，

---

① "高见"应为"高枧"，后文写作"高枧"。见《江西省永丰县地名志》（内部资料），1985 年版，第 207 页。
② "城公"应为"城功"，后文写作"城功"。见《江西省永丰县地名志》（内部资料），1985 年版，第 227 页。

敌人是没班换的。当我们换上第二批人上去打时，敌人立即感到"死在〔到〕临头"，大叫："不好了！"因为敌人没有估计到我们准备了三四万人和他战斗。

这次战役胜利之取得，群众也出了批力量，特别是带路登山的作用更大，同时还有农民组织的担架队，和红军紧密地配合。

打完了龙冈战役，就把张辉瓒解到中央，时间有几个月。在民国二十年（1931年）五月间，由中央解下，牵到各圩镇、村庄游街，头上戴了一个高帽子，帽子上写着"活捉伪师长张辉瓒"的字样。游完了这个地区（空坑一带）就解往省里（东固），就枪决了，并【把】头割下，钉在木板上，放在河里流去，流到南昌。蒋光头看见张的头，就抢头大哭。

这次仗打完以后，在龙冈召开了有全区两千多人参加的群众大会，庆祝红军的胜利，并把缴获的枪支和2架无线电台在大会上摆给我们群众看了。

B. 第二次

1931年三四月，敌人因失掉了张辉瓒，更脑〔恼〕羞成怒，发动了第二次所谓"围剿"。敌人刚走到富田，就被我们打得他们大败而逃，因此，第二次"围剿"，未曾涉及〈到〉我们这个地区。

C. 第三次

民国二十年的五月间，蒋光头派遣他的部下将领蒋岳①带兵，对我们苏区进行带三次"围剿"。这次"围剿"，对老百姓比任何一次都更残酷，国民党的口号是"见人就杀，见屋就烧，见东西就抢"，实行"三光"政策。蒋岳率领的白匪到了我们这里，从5月接到8月，正〔整〕两三个月，我们家乡的老百姓都往外逃，在家里的人全部被敌人杀死，房屋烧掉了80%，连厕所都烧得一所不留，耕牛、毛猪都全部杀得吃光了，整年的稻子种在田里都被国民

---

① "蒋岳"疑为"薛岳"。但薛岳是1933年才参加第五次"围剿"，时初任国民党方面北路军上将副总指挥兼第五军军长之职。

党的马、人占光了。小别和枧田在分配土地时有 800 多人，到【民国】二十年五月底，由外逃回，清查人数，只留下 300 多人了。回来时村庄简直是烧的片瓦不留，而成了一片瓦砾，加之杀的人未埋，臭气熏〔熏〕天，使人们病【倒】很多，得病无治之处，又死亡了很多。

8 月，由于白军在外面连吃败仗，白军的头儿们慌成一团，便不得【不】把蒋岳的部队从此调出去。

我们的红军又回来了，一切政府机关又重新恢复工作，中央在外地调来了很多粮食、种子、耕牛、衣服、钱等东西发给我们，这样才使我们生活下来了。

D. 第四次

民国二十一年，国民党的所谓第四次"围剿"又开始了，第四次到底在啥地方打仗，我不知道。

E. 第五次

民国二十二年八月又开始了第五次"围剿"，时间比第三次时间更长，从【民国】二十二年八月直到【民国】二十三年十二月才算完结，〈这是〉红军从此北上抗日后，白军进入这里〈的〉。民国二十二年十二月，国民党的白军开进了藤田，我们永丰县委是驻扎在上溪。他们采取"稳打稳扎，步步为营"的方法，到了一个地方就做一个地【方】的碉堡。【民国】二十二年十二月，敌人窜进龙冈，永丰县委就搬到了宁都洋礤，区乡的干部就转入地下活动。干部全部组织游击队，对敌人进行扰乱〈敌人〉，放冷枪，使敌人摸不到头脑，有时还会捉到敌人的便衣队。那时后〔候〕也受了很大的苦，跟着政府跑。

（二）关于 AB 团

民国十九年，AB 团就是这样在二十军里搞出来的，因为二十军的人员，大部分都是国民党的被俘人员改编的，所以 AB 团这个反革命组织就在这个军里搞起来了。民国十九年打完仗，才把这个军调到王〔黄〕陂肃反，在开差的前夜，于小别村，真的 AB 团

被我们杀死了 20 多个。到王〔黄〕陂肃反，情况如何，这可不可
【平反】。

当时永丰县委书记罗焕南，是 AB 团的头子，他看到那个党员
或干部积极，就说是 AB 团，马上下命令就杀，不承认的，就用火
烧。问其人曰："你和何人要好？"答的是谁，就捉谁杀。当时在
龙冈被他下令杀了 90 多人，在沙溪杀了 1000 多人。历史调查，被
杀的人都是好人，是好干部。最后被上面发现了罗是 AB 团头子，
捉起来，他承认，经他下命令杀了 1000 多人，亲手杀死 300 多人，
他还说："杀 AB 团是真 AB 团杀革命干部。"后来罗解到潭头，被
我们杀掉了。

段月泉革命后叛了水，也参加了 AB 团。红军捉到段月泉的时
候，在他身边找到一本真正的 AB 团的名册，才知道我们是上了反
革命的当。

中央提出："不准杀 AB 团，准许 AB 团分子自首，自新。"从
此杀 AB 团的活动才终止了。

（三）苏区的行政区划

①民国十九年成立永丰县委，它管辖如下几区：

龙冈区、沙溪区、潭头区、良村区、南坑区、七都区、八都
区、鹿冈区、古县区、石马区、中村区、藤田区，其中七都、八
都、鹿冈三区是【民国】二十年成立的。

②龙冈区管空坑乡、铁园乡、高枧乡、回龙乡、龙冈乡、蓝石
乡、洋石乡、汉下乡、君埠乡、陂头乡、南宁乡、北礤乡、毛兰乡。

③龙冈县管如下几个区：良村、南坑、君埠、龙冈四区。

④现在空坑乡管如下乡：

一【是】空坑乡，管小别、空坑、佛岭背三个村苏维埃政府；

二【是】陂头乡，管陂头、洞里、坳下三个村苏维埃政府。

（四）空坑乡苏维埃的革命起源

民国十六年，此地分为左右派，左派是共产党，右派是国民
党，左派反对右派，贫雇农拥护左派，地主富农拥护右派。民国

十七年，此地流氓、赌鬼们组织了一个棍子会，这些人白天抢东西，夜晚也抢东西。右派不但不管，反而纵容他们非为，左派却是反对这些棍子会的人，从此【左】右派的斗争就开始了。【民国】十七年的春天，此地来了邱老七、段月泉，他俩都是左派，并带了一些人，同时也组织了一些人来捉棒〔棍〕子会的成员，后来遇靖卫团张乃安的队伍，也打起火来。有了人领导，这种斗争也就带有革命性了。由于这样，这个组织又发展了农民协会的秘密组织，接着开始秘密捉土豪。

　　【民国】十八年十二月就有共产党的秘密会议召开。【民国】十九年一月，空坑小别村成立个【了】农民协会，【民国】十九年三四【月】就开始了打土豪、分田地。

（六）陂头乡调访资料

1. 黄福胜访问材料整理

黄福胜，现年 64 岁，共产党员，现住陂头社敬老院。1958 年 12 月 31 日晚访问于陂头乡人委。黄福胜同志在土地革命时担任过陂头村乡主席和鹿冈区苏主席等职。

一、陂头地区革命地的一般情况

民国十七年六月，陈远模从东固那边经君田带来了一百多人（多般〔半〕是东固游击队），来陂头暴动，写富农的款。当时黄文云、张华群、黄文富、赖人健、江△年、王正分、陈明珍与陈远模接头，组织了农民协会筹备会。不久，筹备会就转农民协会。由农民协会起势，就捉富农、打资本，抗租、抗债、抗粮。

民【国】十七年冬〈就〉分了田，一人分到八担谷田（四担谷田合一亩）。

政权组织系统。在打张辉瓒以前，陂头是一个农民协会，协会有主席、文书、代表数人，一个代表管十多个人，陂头农协周围，陂头、直坑圳下、佛溪三村设分会（农协分会）。分定了田以后，陂头农协转村苏维埃政府，〈陂头〉直坑、圳下、佛溪的分【会】就改小组。村政府有村主席、文书、少年先锋队，小组有组长代表（这时农协和分会都没有了）。打败了张辉瓒以后，陂头村政府又转陂头乡苏维埃政府。乡成立后，村政府和小组都没有了，乡直接通知各村的代表，代表有男代表和女代表。我担任了陂头的村主席，接夏良伯的手做陂头乡主席（夏良伯是第一任主席）。

民【国】二十年十二月，我被调到鹿冈区做区主席。

二、鹿冈区的一般情况

民【国】二十年十二月到鹿冈工作队工作，【民国】二十一年三月成立鹿冈区，我是第一任区主席，区委书记姓张〈××〉，少队书记肖明德（现在龙冈街住）。

我到鹿冈时，鹿冈已经分了田。田是在民【国】十九年勇敢队分的，一人分了三石多。

鹿冈区分十三个乡：流年乡、江头乡、土砻乡、水东乡、鹿冈乡、瑶田乡、牛山乡……鹿冈区属永丰县。当时永丰有十一个区：鹿冈区、七都区、藤田区、沙溪区、龙冈区、潭头区、白沙区、良村区、下固区、石马区、古县区。

鹿冈区有一个游击队，有一百多人和枪，于民【国】二十二年十月全部入西方军。

区苏维埃政府设在鹿冈，到民【国】二十二年六月，因白匪进攻鹿冈，就移到牛山，在牛山得了一年，就被白匪包围掉了。

（整理：曾国铨）

2. 刘在文访问材料整理

刘在文，男，49岁，兴国人，现住空坑乡佛溪社。18岁在良村区上坪村任少共主任和少共团团长，19岁参加红军，在红军第一军第八团第二连第三排第一班当战士。

一、少共主任的工作

十八岁当良村区上坪村的少共主任。少年儿童一共有六十多人，队长杜混忠，指导员章元恺，教导员刘富新。当时少共主任领导儿童团做〈到〉下列几种工作。

1. 查反革命。听到哪里有反革命，儿童马上探听，探听到了就报告少共主任和指导员，少共主任召集会议，会议决定后马上就去捉，捉到了就送裁判部，当枪毙的就枪毙，当劳改的就劳改，当放的就放，这都要调查清楚才能确定。当时儿童搞这个事很认真，打破顾虑，警惕性很高。

2. 禁烟禁赌博。儿童在夜晚去寻，寻到了就去捉。第一次发现他吃烟就教育，首先说明吃烟的坏处："不要吃鸦片烟，吃烟不好，养成二流子的流流荡荡不好，现在我们分了田，就应好好作。"他就说："我接受意见，好哇，我下次不吃。"第二次捉到批评，骂他羞，〈他〉要他戒掉：吃鸦片不好哇，不吃鸦片就好哇！有钱买衣服穿，现在我们分了田要好好作，作好了田就有好日子过。第三次告诉他教他不当〔改〕，就要他跪，我们开几久的会，就要他跪几久，有时还会打。由群众决定要他跪、关，都由群众讲，多半都是跪，承〔挨〕打也较多。没收的烟马上烧掉。

夜晚去守赌钱的，每个儿童拿一根一尺八寸的棍子去守，见到赌钱的捉到了就会打，拿到棍子有一棍冒一棍打得他喊死。钱也没收，哪个抢到哪个就拿，拿到了〈浉人仔〉【钱就】买果吃。这样弄得他不敢赌钱了。

3. 宣传剪发放脚。宣传妇女剪发，首先向妇女说明剪发的好处，现在我们是红军领导好，你去人家又方便，不会搞乱，省得梳，较〔又〕不会搁〔耽〕误人工。宣传以后有些妇女肯剪掉，有的不肯剪，就紧宣传，万一不剪，儿童带把剪刀帮她剪掉，结果后背都剪了。

二、红军战士的生活

十九岁参加红军，在良村区政府，副区长宁有生，妇女部长黄南英，正区长 △新贵。

参军时我编在一军八团第二连第三排第一班。每班有十人，连班长在内。一军的司令是朱德，指导员黄××（湖南人）；第八团团长黄××，副团长李××；第二连连长肖××，副连长李辉慈；第三排排长李辉清，副排长黄圣贵；第一班长黄家财（潭头人），副班长刘在文。

参军不久，由龙冈送到藤田，由青年妇【女】、儿童唱歌欢送我们，老年人、小孩都来送，真是热闹，满街都是人。群众募捐买香碱、手巾、套鞋，吃的果子、豆子、花生送给我们，要送一里二里远，对我们真好，到什么地方都有人接、有人送，送时打锣打鼓，还有打爆竹。少先队走前，区苏的兵走在少队的后面，呼口号打胜仗，红军走中间，妇女帮我们背包袱，走在后头。到了藤田休息十多天，在曾坊学习一两个月，学习打枪、上操。由朱总司令指挥开到峡江（民国十八年），有两个师去打国民党，缴到一千多支步枪、三架机关枪、两架〈逼〉机枪，军用品、汽油有两百多担，还缴到一个医院，小箱子都有一百二十，挑夫去挑都挑不完。这一仗打了一天一晚，打到第二【天】就剿到了，第四天开差回到藤田小岭休息。我们找到老百姓带路，夜晚就包哨，漏日漏夜去，从两边包围，碉一个号就开火，他们打我们不赢就缴枪了。

打了一仗后，休息了十多天，毛主席号召、组织演戏给我们看，有钱就买点东西吃，缴到了枪就过好日子。休息十多天，到福建打城墙，国民党占领了福建城里，我军四面包围。首先宣传：要白军出来，我们是穷人，你们要过来，我们都是穷人，我们要过好日子，穷人要抓政权；官长士兵都是一样，没有压迫，我们吃得好穿得好，官长士兵都平等。宣传不通，我们就打，后来我们打了三天就打垮了敌人，缴到步枪七百多支，两条轻机枪，两架水机关，炸弹四百多个，电话机一架，洋桥〔轿〕两百多个，子弹百多担；还缴到五百多斤盐，油几百斤，米一千多斤，都发给老百姓去了。胜利后，我们在福建南丰①过年，做好宣传工作，起乡政府，起区政府，告诉他们分田地。

---

① 原文如此，下同。

乡区政府是我们自己的政府，由共产党领导。我们江西工作人员调下去搞工作，告诉他们分田地，部队在后方保卫工作人员，〈保〉守【护】国家和平。【民国】二十年二月间到福建那口街打了火，我带了花，下火线休养，这次还是打胜了。我在福建大仁医院休养一年多，后又到良村下登医院休养半年。伤好了请假回家，区政府特别照顾我，不要我再去当兵，【让我】在【家】好【好】休养，好了就种田。在医院里，医生上好药，慰劳队来慰问我，我要什么吃就给什么，衣服有洗衣队洗，洗脸水、洗脚水都由慰劳队倒得来；好了【后】医生、看护唱歌欢送我回家。在家里要我好好休养，【说】红军胜利了，红军回来了就有好日子过。回来时送衣服、绑带，两套衬衣，两套军衣，两双运动鞋，还发了半残废证，真是照顾。

三、一军转移的路线

十九岁上半年，第一军从龙固—藤田邓竹—藤田区—曾坊—峡江—藤田小岭（休息了十多天）—福建南丰（一个星期就打开了，十九岁下半年十二月在南丰过年）—第二年二月到福建与江西交界的穷山烟乡中街休息一年多，第二年二月开转福建那口街。

（整理：袁志珍）

3. 访邱君兴同志材料整理

邱君兴，男，51岁，住空坑乡小别社，他在土地革命时任过村代表，做过龙冈战役向导，现在是小别村的社员。

（一）龙冈之战

1. 打仗时间：民国十九年十一月间。

2. 当时敌我力量：红军参战的有一、三军团，人数有3万多，领导者是朱德和彭德怀，敌人只有一个师，人数近1万人，是伪师长张辉瓒率领，总的说这一次战役力量对比是我强敌弱。

3. 战役的对比工作

粮食准备。先是得到了王〔黄〕陂来的信，只有党员干部知道。得知红军也要打龙冈，干部因此发动群众把粮食集中，仅小别一个〈村〉小小的自然村就集中了100多担谷子，这些谷子都是群众自愿解出来支援红军的。不仅小别准备了，而且在别的地方都准备好了。

准备担架。红军来到时，我们村里找了做向导的人了解，二人共搞一个担架床，全部编成了农民担架队。

我〔找〕向导。当时红军在我们村里找了邱君兴、唐永昌、陈冬仁等人做向导，向导条件：①贫农出身，政治上绝对可靠；②年轻力壮，能跑平路能爬山；③路线熟悉，前进后退，左右两翼的路途皆清楚；④二流子等坏人不能作向导。

敌我双方的阵势。红军【第】一条【路】是小别，这是正面打；第二条路是从汉下走上固到龙冈，劫〔截〕住敌人的退路；第三条路线是从兴国县良村走出江西包【围】打万功山；东固也来了一部分红军，由蓝石打出张家车，插进敌人的心脏。敌人当时有一股先头部队从龙冈到大拱桥，一股在万功山，还有一股在龙冈。

4. 打法。红军前一天上午在王〔黄〕陂出发，半夜就打起来了，我们【在】小别，当晚就住下了，与此同时，派出了一个哨，站在小别村的水口大拱桥上。敌人的先头部队，清晨五点多钟〈就〉在大拱桥碰上了红军的一排哨，敌我就打起来了。敌人众多，比排哨（红军）多了一倍，发生双方袭击，敌人马上登上了大拱桥头的山头。在小别的红军，闻到枪响，随即登上了小别周围的山坡。此时其他两路的红军皆已赶到，激战就展开了。攻正面的红军没让敌人前进半步，正面战不到一小时就垮，【被】红军完全击垮。随之我红军枪声四起，敌人前进无路，后退不得，至中午，敌师全部被我歼灭。

5. 战斗时间：从清晨起，打到中午（12点钟左右）就全部歼敌。

（二）第二次"围剿"

民国二十年三四月间，敌人发动了所谓第四〔二〕次"围剿"，我们的队伍在新干七琴又活捉了伪师长李向荣。李是敌西方军独立一、二、三团，永丰模范师捉到的。①战火未曾烧到此地。

（三）第三次"围剿"

民国二十年六月初，国民党又来了第三次"围剿"。这次来到此地，就实行三光政策。当时小别村的200多栋房子全部烧光了，连厕所也不留一个，人数也由900多人〈分田〉，经过这次屠杀后，只留下了300多人，留下的都是逃到外边才活命的，在家里的人【被】杀得一个不留。我家当时13人，就被杀了8人。

（四）第四次"围剿"

这次"围剿"没有涉及〈到〉此地，万幸！

（五）第五次"围剿"

这【次】"围剿"比任何一次都残酷。

（1）杀人的方法，主要是捉到革命干部和群众活埋。1935年古旧〔历〕一月初五，国民党一夜就活埋革命干部谢明辉（县委裁判部长）、巫英△、周方莲、陈秀仔、陈桂明等5人。

（2）烧屋：这一年，敌人在我们全乡烧了房子300多间，耕牛300头，毛猪吃掉400多头，烧掉谷子50多万斤。

① 1933年10月29日，红二、三、十一团和新干独立营、警卫连在王众岭（新干七琴附近）围歼李向荣师（国民党江西保卫第二师），活捉李向荣。见中共吉安市委党史工作办公室编：《中国共产党吉安历史 第1卷 1921—1949》，中共党史出版社2011年版，第216页。

（七）上固乡调访资料

1.陈鸿烈访问材料

陈鸿烈，现 55 岁，男性，上固暗坑人，土地革命时期担任过乡雇工委员会文书，永丰县苏主席兼裁判部长（1932 年），[①] 县财政部长，石马、七都区财政部长，永龙独立营管理排长等。国民党统治时期任过伪乡民代表，是叛徒。

一、永丰县苏维埃代表大会 [②]

第一次：1929 年春在龙冈召开，成立县苏维埃政府，选举

---

① 1930 年 3 月，永丰县苏维埃政府成立。从 1930 年 3 月至 1933 年 6 月，永丰县先后召开了 6 次工农兵代表大会，主席先后为：吴立仁、吴泷水、邱慈良、罗贤辉、李文焕等。见《中央革命根据地词典》，档案出版社 1993 年版，第 187 页。

② 永丰县六届工农兵代表大会

届别	时间	地点	县苏主席	县苏副主席	出席代表人数
一	民国十九年三月	君埠乡上田村	吴立仁		40 余人
二	民国二十年八月	沙溪	吴泷水	邱慈良 罗贤辉	100 余人
三	民国二十一年一月	沙溪	吴泷水	邱慈良 陈鸿烈	291 人
四	民国二十一年六月	藤田罗城	邱慈良	罗贤辉	200 余人
五	民国二十二年一月	藤田老圩	邱慈良	罗贤辉	100 余人
六	民国二十二年十一月		李文焕		

见江西省永丰县志编纂委员会编：《永丰县志》，新华出版社 1993 年版，第 366 页。

【出】县苏主席赖经邦。

第二次：1929 年冬十一月初，在潭头大丘陴夏老招的房子内召开，有代表一百零几人。会议选举出赖经邦为县苏主席，邓浩春为裁判部长，会议进行了三天。

此时上固乡尚未成立，由革命委员会派代表四人参加。各地革命委员会派的代表人数不一定，喜欢去的就多去几个，吴泷水（革委主席）问我去不去潭头开会，我说"去就去，横直一伴"。第二天大会以后，各区乡才成立苏维埃。

第三次：1932 年 1 月（农历十二月）在沙溪下李家召开，代表是按人数派，由村派到乡，由乡派到县。这次大会的代表有二百多【人】，会上永乐特委、永丰县委书记余泽鸿作了报告，军事、财政、裁判、内务、土地各部都作了报告。会议选出吴泷水任县苏主席，张鸣烈为县苏副主席（兼裁判部长）。会议进行了三天。

第四次：1932 年冬一二月在藤田罗城（又名金鳌）召开，代【表】二百来人，会议进行了三四天。会上江西省秘书长方维夏作了报告，各部门也作了报告。大会选举吴泷水（上固杨家坑人，贫农出身，有时做挑脚夫挑油去卖）为县苏主席，邱兹〔慈〕良（上固牛角丘人）为县苏副主席，郑全香（良村人）参加中央苏区第一次代表大会，为内【务】部长，温绵盛（良村西岭人）为检察部长，李绍林（良村后村人）为军事部长，张国林（沙溪人）为土地部长，张鸣〔鸿〕烈为财政部长，吴其五（上固杨家坑人）为裁判部长，陈时模（潭头南坑人）为文化部长，孔德政（南坑梅林）为保卫局长，陈鸣犹（上固暗坑人）为总务处长。

第五次：1933 年年底（永、龙分县后两个多月）在藤田宁家祠召开。选举李干香为【永龙】县苏主席，邱兹〔慈〕良为【永丰】县苏主席。①

---

① 永龙县拆分为永丰县与龙冈县，故有两个县苏主席。

二、永丰县委书记迭次更替情况

永丰县第一个县委书记是李贻谋（永丰少年破坑人，中农出身，读过些书，帮人【做】过袜子），以后是戴团早（潭头人），罗焕南（兴国高村墟人），余泽鸿（四川人），李福槐（白沙水南人，第一次代表大会时是他的县委书记），张××（沙溪长沄〔坑〕人，永、龙合并时任县委书记），刘××（沙溪附近人，是永丰最后一个县委书记）。

附：罗焕南事件

县委书记罗焕南在职时，由他的命令杀死几百人，乱加 AB 团帽子，只要几个人讲了点什么不对，便扣起来说是 AB 团分子，严刑拷问，要他招供，招到那〔哪〕个又捉那〔哪〕个。各种工作，他要这样做就一定要这样做，工作不合他的心意，便说有谦〔嫌〕疑，不顾工作，开大会斗争。熊桂山（潭头人，裁缝工人出身，约 20 岁）是县少共部长（组织或宣传），罗说他工作不积极，开会斗争，熊桂山就不服气，请假说回家几天，其实秘密到兴国去调查，才清楚罗焕南是地主出身，革命前担任过伪靖卫团团长，潜入革命队伍。熊桂山便回来，报告到少共省委，转到中共省委，省委便派永乐特派员余鸿烈到永丰处理。1932 年 2 月将罗焕南捉住（于沙溪王家祠），送裁判部监禁（当时裁判部部长是张鸿烈），进行审判（参加审判的是吴泷瑞、吴其兴及张鸿烈）。起先罗焕南很强，眼睛横横动，坚决不肯承认他是地主出身，【说】没有担任【过】靖卫团长，说自己是中农，没有多少田地，经过受刑以后，才承认了自己的出身，承认是在兴国加入 AB 团，永丰 AB 团的头子便是他，永丰 AB 团成员有二十几个，并说 AB 团是从福建十九路军陈铭枢发起的。问他为什么要反革命，他说是因看到蒋介石势力大，革命势力吃不住，便发生动摇……

县裁判部判处他死刑，他要上诉，不承认过去讲的，没有准他上诉（按：当时上诉有 14 天），经省裁判部批准后，便在潭头开群众大会，宣布他的罪状和执行判决。参加大会的有一两千人，良村、南坑、龙冈各乡都派了代表赶来参加（腰岭以南的因为太远而没有来），附近的大大小小、老老少少都来了。大家打着旗子整队进场，拥拥挤挤，时间虽是二、三月间（逮捕后 18 天便批准下来枪毙），但都觉得很热。会上好多人控诉，说罗杀了她的丈夫，杀了他的独子（沙溪区都空了两次，区主席、部长、书记都被杀，有今天选举明天就被杀的。在潭头区被杀的特别多，所以押到潭头来开群【众】大会）。罗焕南被赤身扎在十字架上，群众用柴刀、剪刀、铣子来割来剪来挖来铣，到大半死时，用枪打死。

当时还贴了罗焕南罪状的公告。

杀了罗焕南后，永丰的 AB 团才停止了活动。群众安静下来，再不会人心惶惶。

判决罗焕南后，由永乐特委余泽鸿担任县委书记。

附："宁济周案"，宁济周是石马区委书记，藤田老圩人，罗焕南招认：他是【和】自己一起的，是永丰 AB 团的头子。他任职期间，杀死了千多干部和群众。1931 年便已发现并枪毙了他。

三、永丰县各级苏维埃政权组织的变迁

（一）永丰革命根据地的发展沿革

第一次全县代表大会时，根据地是龙冈、良村、南坑（尚不宽）三区，都有区苏组织，沙溪、潭头是游击区。

第二次全县代表大会时，根据地有龙冈、良村、南坑、潭头，沙溪是游击区，并且革命已发展到藤田。

第三次全县代表大会时，根据地有龙冈、良村、南坑、潭头、沙溪。藤田、石马经常有敌人来扰乱，但成立【了】区政府，属半根据半游击地区。八都有区革命委员会，是游击区。

第四次大会时，便有十区：

良村区，区苏设在良村街上；龙冈区，龙冈街，今小学的地方（明德书院）；潭头区，潭头街上万寿宫；沙溪区，沙溪河下；藤田区，藤田街上大极书院；石马，石马街上；八都区，祖庄村；古县区，不够稳定；七都区，不够稳定。

区政府所在地没有改变。

又一说：第二次战争以前有沙溪、潭头、龙冈、良村、南坑、藤田、石马七区，第三次战争以后成立三区：八都、古县、七都。

鹿冈属乐安县管辖。

永龙分县后，永丰有五区：藤田、石马、七都、八都、古县，没有更改。

注：什么算根据地？什么算游击区？根据地是指相当稳定的时候，敌人不太会来，组织了村、乡、区苏维埃组织的地区。游击区是指不稳定的地区，经常有敌人来搔〔骚〕拢〔扰〕，这些地区没有建立苏维埃组织，只有"革命委员会"。

（二）区乡苏维埃政权的组织系统

（1）1932年

龙冈区包括：蓝石、芋〔茅〕坪、龙冈、表湖、龙王阁、芭溪……乡（该年蓝石、毛坪两乡合并为毛兰乡）。

潭头区包括：上固、潭头、官田、石碑、卧龙……乡。

（2）1933年

石马区有十乡：层山乡（乡政府驻层山郭家大祠），龙坊乡（乡苏驻龙坊村），石马乡（乡苏驻石马街），严冬乡（乡苏驻严冬村），龙湾乡（乡苏驻龙湾村），太平乡（乡苏驻太平街），上溪乡（乡苏驻上溪），下村乡（乡苏驻下村），南坑乡，北坑乡。

【19】33年五六月以前，层山乡属藤田区，因为层山距藤田（二十里）比距石【马】（十里）更远，所以把层山乡划归石马区。层山人当时不肯归藤田又不肯归石马，说石马人会欺侮他们，于是石马区在1933年五六月在层山召开千多人的群众大会，进行说服教育。

区、乡的变动，首先是由县规定各区的乡数，交由区去讨论，看怎样方便好管辖，就具体划若干（县归〔规〕定的数字）乡。

（3）有上固区之后，才有潭斯乡。

暗坑属上固乡，不是属潭斯乡。

下固是归吉水县管辖。

（三）永、龙之分县与合县

（1）永龙分县

1933 年八月二十九日，成立龙冈县。永丰划出良村、龙冈、南坑、潭头、沙溪五区，又由兴国划出石英区，组成龙冈县。①永丰只有五区——藤田、石马、七都、八都、古县，没有再变动。

（2）永龙合并情况及以后发展

1934 年敌人五次"围剿"进迫〔逼〕苏区（分龙冈、石马两路推进），永丰县苏由石马经上溪到兴国洋礤，龙冈县苏也由君埠到洋礤。由于苏区范围的缩小，〈于〉该年冬十一月（下半月）永丰、龙冈两县重新合并，组成永龙县苏维埃政府，〈由永丰县苏主席，〉县委书记是张××（沙溪长潭人，永丰县委书记）。

原先两县各有一个基干游击队，随县级机关到洋礤，两县合并后，两县的基干游击队也合并，组成永龙独立营。县级机关合并后，裁减人员编入独立营。该营分二连，原永丰基干游击队第一连，原龙冈基干游击队为第二连，两连共计 100 多人，枪五六十条（其中短枪数条）。独立营营长是原永丰军事部长李绍林，指导员是潭头人×××。②

永龙县苏成立只得了个把月，便实行军化，解散县苏（县苏主席都走了，哪里去不知道），成立县司令部，司令员李××（池下人），参谋长帅宗仁，政委袁干（吉安人）。（按：时间是 1934 年 12 月底。）县司令部领导独立营及各区游击队。

1935 年一月，曾山带了两个独立团共千多人由宁都〈州〉来

---

① 1933 年 8 月成立龙冈县，管辖永丰县瑶岭以南的龙冈、君埠、沙溪、上固、潭头和良村、南坑（现属兴国县），以及兴国县的枫边 8 个区。见《中央革命根据地词典》，档案出版社 1993 年版，第 157 页。

② 1934 年 10 月，永龙独立营成立。营长李绍林，政委袁干。见《中央革命根据地词典》，档案出版社 1993 年版，第 249 页。

了，与永龙、洛口、乐安三县的县司令部及独立营汇合于永丰县石马上头的梅子坪。这时，永丰独立营有百八九十人。

他们前进的路线原定由上溪到石马出藤田，追随红军长征，但因上溪国民党的炮楼太多，冲不过去，便复转到小布竹篙岭起过高山到陇下，出南林经汉下、上固高头、南龙过东固，在泰和县中洞板坑（东固附近）被敌人包围。省独立团占领了几座高山，各县独立营也占领了几座高山。独立营原先都是尾随省独立团前进，永龙独立营在君埠王家田被敌人以两团的兵力阻截了，近一连人（第一连）队伍被冲散了，后来集中起来有【一】百零几人，从洞里、山岭、罗高溪一带出来，在罗高溪又失去了几十人，最后只剩下 70 余人，但仍然紧紧追随着曾山所率领的队伍的行踪前进，在中洞板坑这里，终于被围，而曾山的两个团又方向不明。永龙独立营被解散，有的被俘。

附：江西省委于 1934 年冬成立省司令部，领导各司令部，准备出口（突破敌人封锁，北上抗日）。省司令部的司令员在上溪叛变了，以后便由曾山直接领导。

四、永丰县苏维埃政府驻地的迁移情况

龙冈→潭头大上碑→沙溪河下（驻多年）→藤田罗城（1932年六月移此，在这里不及一年）→吉塘村（1933 年上半年来此，驻二个来月）→东沙碑洲上（时间短）→田成（时间短）→（西转）西山下（时间短）→杏塘村（驻半年多）→藤田老墟（1933年五六月来此，得一年左右）→石马街（1934 年二月来此，将近住了三个月）→上溪（1934 年十月十六日红军北上抗日时，还驻在这里，得三四月；敌人进攻到石马便又转移）→中村下桃源（不久）→洋磜（1934 年年底）。

五、上固地区苏维埃政权的建设情况

（1）1929 年春第四军从东固过来，举行暴动，成立暗坑农民协会，第二年（1930 年）成立村苏维埃，归上固乡管。1930 年春，成立上固乡苏维埃政府。

（2）上固乡苏维埃政府成立后，组织了"上固乡工雇委员会"（工是工会，雇是雇农工会），设工会委员长及雇农工会委员长各一人，文书一人。其下成立工人纠察队，共三班，一班十人，队长姓宋，有指导员。纠察队队员由工人和雇农组成，平时参加生产，有任务时，由队长召集指挥，监督坏人，对敌情进行侦探，配合各村苏赤三〔卫〕军打土豪（没有单独去打土豪）。

（3）1929年春，上固各地暴动，组织农民协会后，上固成立革命委员会，领导各村农民协会，当时管辖下列地区：暗坑、上固、桥背、少年、回龙。革命委员会由七人组成，委员长吴泷水，土地、内务、军事、文化、财政、××委员各一人，江才波是委员之一。乡苏成立便没〔设〕有此组织。

六、共产党的秘密活动

共产党的组织是由东固到龙冈、潭头发展而来的。最初很秘密，到稳定下来时，即发展到藤田、石马，共产党、少共就公开了。

党在秘密活动时期，不挂什么招牌，用代号。县委、区委及各级党书记都有代号，沙溪区委的代号是"列宁社"，龙冈区委的代号是"红潮社"，潭头区委的代号是"红光社"，王仁寿是县委书记李贻谋的代号。"列宁社"书记是王辉昌（沙溪王家人，杀AB团时杀了），另有委员李佑民（沙溪河内人）、李龙章、李怀远（均北岸人）、×××共五人组成，王辉昌、李佑民在沙溪领导，李龙章、李怀远在北岸一带领导。往来信件，署名都是代号。

"列宁社"在1929年冬十一月已有了，到区苏、乡苏成立，便公开署名"××区委"，"社"的代号就没有了。

"社"不稳定驻在哪个地方。

1929年冬十一月，上固有十几个党员，支部书记是许日童。当时入党的誓词是："努力革命，服从命令，阶级斗争，牺牲个人，严守秘密，永不叛党。"上固乡苏成立后，上固党支部有29个党员，每个村都有一两人；党支部书记是陈音兴。

七、其他

（1）1930 年春成立江西省苏维埃。①1932 年以前省苏设在兴国筲箕窝，1932 年冬移到宁都州来了。在宁都州开过一次代表大会。

（2）永丰县是 1930 年和 1931 年分田，农民协会时还是打土豪，成立村政府后才开始分田地。

（3）"石马事变"：藤田东石陂人吴保方（解放后被枪毙，公安局有其材料）于 1933 年三月，一天半夜领靖卫团包围石马区政府，区政府工作人员没有戒备，被打死三人，损坏公物许多，其他工作人员被迫逃到深山中。区委书记钟贵生（南坑人）从窗口跳出，没有被害。当时传到县政府，叫做"石马事变"。这个事变对我们干部是一个警告：以后要提高警惕性。有的干部自此后，日日夜夜担心。

（4）裁判部工作：政治犯先由县国家政治保卫局审判以后，将材料送裁判部，由保卫局提出控告。犯人或转押或判决，县裁判部呈报上省裁判部，批准以后执行，要押的就送走，要放的就地发放，要杀的就杀。

经济犯不要经过保卫局，由裁判部直接决定，或罚款，或发放。在牢内监禁期间，态度恶劣的（政治犯亦在内），给他理光头：这里理一块，那里理一块，一出来便认得。

没有有期徒刑和劳改处决，只有杀、罚款、发放三种判决。

（5）财政：苏区主要经济来源是打土豪。打土豪得到的东西，由村送到乡，由乡送到县，县送到省。费用是自己解决，不足就由上拨，没有固定的收入，只有到1932 年在公粮上稍有些收入，很轻。

（6）第一次战争：1930 年 12 月 30 日在龙冈活捉张辉瓒。红军正面是君埠上来，背后有暗坑一路、大西坑一路（经上固、汉下到大西坑）。

---

① 　1930 年 10 月 7 日在吉安城宣布成立江西省临时苏维埃政府，主席曾山。见《中央革命根据地词典》，档案出版社 1993 年版，第 175 页。

（7）二次战争：国民党到上固这一带报仇，烧了很多房子，放了什么毒，各村都发生"地下病"（赤痢病）。当时没有医生，又没有医药，只好等着死，只看到一个个"肖肖的死"（肖，土话，意为快、多）；有的全家都死光了。国民党军队驻扎过的地方更加厉害。经过这次，上固各地人口牺牲了半数。

（访问和记录整理：詹义康）

2. 黄有发访问材料

黄有发，男，七都人，现住上固社，现为营副指导员、党员。民【国】十六〔七〕年八月至东固参加七纵队，先后担任战士、班长、总务长、团副官等职，民国二十年因病回上固，民国二十二年参加永丰模范营，次年在永丰调剂局任采办科长。

（一）七、九纵队与二、四团

民国十五年（1926年）在东固有秘密的革命组织，首领是段月泉。段出身于富有家庭（就现在的成分说是地主），自己系读书出身，但他有决心革命，早先虽也是当绅士，心是【与】冒有钱的一伙，穷人去接近他，段月泉便会拿钱救济他。靠拢他的人多了起来，段从靖卫团买来一条枪，胆子大了，带了些人拿鸟铳、梭镖，哪里都敢去，人越搞越多。吃了气的，听说这里可以出气，都到他那里去，什么人都有，有贫苦农民，也有蛮多嫖、赌的流氓。集拢这班人，越搞越多，胆子越大，差不多远处的土豪也敢动，捉到土豪就罚钱，有200的、300的、500的，吓得一般绅士打抖。土豪劣绅侮辱叫他们为"棍子会""土匪"，自己在内部叫"七纵队"。

别处有个九纵队，听说也是这样起来的，领导人是李韶九（湖南人，有些文化）。

民国十六年八月，我来到东固时，七纵队还只有七八十个人，没有什么枪，只有一二十条（好枪八支，好坏共 17 支），余都是梭镖、鸟铳。天天打土豪，这里开到那里。靖卫团会打我们，我们也会打他们。串通买了些枪、子弹，又零零星星缴了一些；子弹非常宝贵，弄到一颗子弹当作一只宝，一根枪不过一两排子【弹】。队伍日见日地发展。

民国十八年正、二月，九纵队（已改编为二团）由李（绍〔文〕林）团长领导着来了，到东固和七纵队会合。七纵队改编为四团，有百多人，八九十条枪（二团拨了几十条枪来），团长为段月泉。二团有二百多【支】枪。以后便改变旗帜，对外打二、四团招牌。

四团多在吉水、湖田、管口、高崇市、割禾坪、宁都一带活动，搞一二十天，捉到土豪又回东固，不敢走远。民国十八年八月去乐安，串通乐安县靖卫团队长张英反水，带了一百四十多条枪过来。民国十八年九月，没收朝牺〔招携〕一只"游大损布店"，游大损是乐安县头号大财主，这一次罚到 1000 多元，布一两百担。

罗炳辉带领八县联防坐守在池下、陂头、张家渡、新市、新安、湖田、罗家墟一带，四团和他打，张英反水带来很多枪后，便专门同他打。八县联防原有 200 多条枪，有开小差的带枪走，我们用钱买过来，先得到些枪。吉安便说罗炳辉不好，投降"土匪"，把枪都送给他们。民国十八年十一月，罗炳辉带来一百六十多条枪投降过来。路上贴了很多标语，"欢迎白军士兵过来当红军""欢迎罗炳辉"。队伍更加扩〔壮〕大了。

1930 年二月，四团已有五百多【支】枪，同吉（安）泰（和）永（丰）吉（水）【地方武装】在吉安施家边打吉安水井团，俘虏【一】百五六十人，许多水井团士兵丢了枪便逃走，所以缴到八百多支枪（这是上报的数字，若一根根实际算，估计有五六百支）。自打这一仗后，四团的声势便大了。

四团有团部和政治部。团部管军事，有团长、参谋等人，团长是段月泉，罗炳辉过来后，便让罗炳辉当，段月泉听说是调往赣西南当主席去了；参谋是刘清旺，当时改名为黄清旺，系永丰一区刘家人。政治部主任是金万邦（宁都麻田人），政治部下设军事处和军需处。写标语都是政治部写，军事处负责修理枪支。军需处管经济，打土豪得来的罚款交到这里，由这里发伙食费，进出数都归他掌握，设有主任、科长（像现在的会计一样）、事务长。事务长负责团部的伙食，将伙食费拿出来，交采买上士去买菜、米、什物，采买上士买了后向事务长登记，有多的钱由事务长存起来。五天分一次伙食尾子，伙食尾子的多少要看"客饭"的多少，"客饭"多就多分，如逢上几天在外面打土豪，弄到许多猪、鸡、菜、油等，不要用钱买，伙食尾子就很多。伙食费规定一毛五一餐，一天三餐共四毛五；一次火〔伙〕食尾子大概能得到五六角，或一块。

（二）二、四团的发展

民国十九年二月进福建去，沿途打了许多"小土匪子"。这种"小土匪子"像靖卫团的组织一样，在重要的路上筑起像城墙一样厚的围墙，我们打得过他们，他们便让路，打不过他们，我们就弯路走。这种"小土匪子"很难打，我们一同他打，他们便闭起门来。从兴国到会昌，在会昌汤兑打了一个"土匪子"。他们有百多人，驻在一个有两只大祠堂大的围墙里，这个围墙有祠堂高，墙厚二尺多，里面还住了十多家人家。围墙上有枪眼，他们从枪眼中打枪，我们在外面打不顶事，便想办法，从地下挖地洞进去。挖到墙脚下时，就把五寸直径大的硝炮装好火放下去，点着火，几分钟后，硝炮一响（爆炸），墙便被冲倒。事先准备好的集中在爆破口附近的队伍，听到硝炮一响便冲上去。打垮了墙内的"土匪子"，捉到了一部分，动摇的（指当连、排队长的）就杀掉，其他都是穷人，教育他们后，便放了。

队伍经会昌到近伍县，又到吉潭。到吉潭的时间是民国十九年四月，在这里四团正式编为三军团第八师，师长罗炳辉。二团听说是编入四军 × 师，师长李韶九。改编，当时是旗子上改换番号，其他组织还是不动。

由吉潭到石城（福建陈州府），在石城，与石城靖卫团（团长赖石方）作战，缴到二百多【条】枪。捉到的俘虏都是本地人，一个人发三块钱放他们回家。他们对群众大大进行宣传，到了一地，见到老百姓，两个就两个，三个就三个，都向他们宣传。宣传的内容都是说：我们都是穷人，无产阶级，我们是一家人；当红军怎样怎样好……打到土豪的东西，米叫老百姓挑，衣服分给老百姓。在石城只住了两天功〔工〕夫，报名参军的就有两三百人，我们吃肉都吃不过来，老百姓这里杀了猪，那里杀了猪，大胆的用担子送到团部来，我们团部又把谷子、衣服等东西给他们担回去。

怎样打土豪呢？我们到了一个白区，先是见人就捉，捉到几个他们便会说某×是土豪，怎样有钱，可以罚多少钱。有时捉到四五十个，里面也有二三个是土豪。我们又发动贫雇农，问他们哪些是土豪，地方上的人都晓得，便告诉我们，带我们去捉。有钱的土豪就限几天把罚款交来，才放人，没有钱的就放了去。捉错了人，也放了去，对他们说："你们老百姓不要怪，我们捉错了；也不要怕，我们是红军，打土豪时会分东西给你们。"

由石城开到陈州府，驻有八九天，1930 年 5 月下旬，在陈州府一个大坪上，东南西三面搭了三个台（品字形），召开两万多人的"军民合作大会"。军队有三军、四军、二十二军，及各地游击队，四周的老百姓统统都打着红旗开会。大会从吃完早饭开始，直到太阳快下山才结束。会上毛主席、朱总司令都讲了话，罗炳辉、李韶九师长也讲了话，彭德怀、黄公略都在台上，散会时高喊口号，落了〔最后〕几句是："中国共产党万岁！""毛主席万岁！""朱总司令万岁！"

开了这个大会就去打湖南，第三军、四军、二十二军，队伍在这年六月间，直接开往湖南去，经过永丰、樟树、瑞州（高安县首府）、石子坪、元家祠，到长沙，在石子坪打了一仗，缴到几百【条】枪。

这年（1930年）攻打长沙，进攻了三次。第一次是七月初，先是军〔派〕队伍去打，打了几天打不开，又退到外面去做群众工作，去打土豪。第二次是七月底，头一次猛攻，没有开；二次改攻铁丝网，三重铁丝网已攻破了两重（用刀砍，用剪刀剪）。因为进攻的队伍累了，便调韩师长的队伍去攻，但惊动了敌人，结果第三重铁丝网没有攻破，长沙城又没有打下。韩师长被捉起来，说他是故意惊动敌人，有 AB 团的谦〔嫌〕疑，当时就被枪毙了。第三次是八月中旬，原计划用水牛来冲破铁丝网，买了100多条牛，两只角上捆了两把刀，长的钢刃，人也不敢近他〔它〕的边，后面尾巴上安放爆铳，点着爆铳水牛就会拼命往前冲，水牛力大，角上的刀就会刈开铁丝网。四军、十二军约好了旁〔傍〕晚总攻击，但是夜晚天黑暗，双方碰着不知谁的队伍，也没有吹号联系，便打起来了。打了个半夜，城里面的敌人又惊动了。这时双方吹号联络，一对号，才晓得是我们自己的队伍，发生了误会。这样便没有用牛攻长沙，队伍回去【了】。

我们攻打长沙的队伍有100多人，驻守在长沙的国民党军队是何键师和张辉瓒师。

红军退回到江西，张、何两师从后面追得来，他们渺〔藐〕视我们是"小土匪"，没有什么枪，我们便一路引他们进来。朱总司令计划得好：敌人进一些，我们退一些，敌人驻，我们也驻，敌人不进，我们也不退，总离他们有五六十里，把他们两师人引到吉安。何键要张辉瓒不要再去追，说土匪"蛮厉害"。张辉瓒说："这点小土匪算什么，我十八岁当师长，到现在都从来没有打过败仗，这点小土匪还怕他吗？"张辉瓒就仍追下来，何键留在吉安。

（三）提〔捉〕土豪罚款

四团离开东固到外面捉土豪，捉到土豪便解回到东固。土豪家里便派"代表"来东固，"代表"到东固后，借问到我们驻扎地后，来问："这里有没有×××（土豪名字）在里面？"我们查了查名字后说"有"，他就说"我是代表，来押款的"，便带进来。我们先说要罚多少多少，价钱开得大，然后对"代表"说："你来当代表，我们也欢迎。你看这个土豪罚得多少起，我们相信你，要老实说，罚得多少就罚多少，不要包瞒，对土豪不要客气。不老实说，以后对你也会不客气。"又说："罚土豪款一百元抽出十元给你。""代表"就说"×××土豪征求罚多少"，我们也就依他的。商量价钱以后，"代表"就回去。第二次就带来了罚款，我们放土豪回去。

这些"代表"多半是贫雇农，不是便不敢来当代表，资本家有钱人怎么敢来当。我们对代表非常好，到连部上来时特别欢迎，弄好酒肉给他吃，还给路上的盘费及另〔零〕用钱〈给他〉，另外有百分之十的罚款。土豪也要给他钱。

我们方面向"代表"宣传："你也晓得红军的好处，我们打土豪、分田地，反对资本家……我们都是无产阶级，都是受剥削。算细账，你种了多少田，交多少租，自己得到多少等等。你们也要回去组织农协，打土豪分田地，反对资本家。"又对"代表"说："×××（土豪）什么时候回来，可以罚到多少钱，他回来时告诉我们。"土豪从外面回到家里，"代表"就来通知队伍，约定晚上什么时候去，在哪里等我们，我们先派便衣去找他，他便带我们去捉土豪，这样捉到很多土豪。

（四）张英反水问题

民国十八年（1929）八月，四团与东固游击队共200多人，一百多【条】枪，到乐安招携，接受乐安县保安队队长张英反水。

张英反水过来，是经过蛮多次考虑。四团政治部主任麻田人金万邦是张英的同学和朋友，前后共四五次【写】信，叫可靠的"代表"送去，代表也会做说服工作，呆〔待〕了半年之久，张英才相信。我们就先跟张英说好：，"××日到××地来，我们登山，摆好口子，你带军队来了，我们打几排枪，你们就缴枪。"

八月初六日（七），我们在招栖〔携〕四十里，退向洛口那条路上的一个山坳里，前一天晚上埋伏好。张英也对〔与〕他的军官研究好了，这天张英对士兵说："××地有些小土匪，我们去打，好久未发饷，这次打了土匪好发饷。"早饭后便向招栖〔携〕开来，走到山坳里时张英说："土匪来了，登山！登山！"埋伏在山上的〈的〉红军对【天】放了几排枪，就喊："冲，缴枪！"张英就对士兵说："不好了，要缴枪，不要打枪。"把枪架起来了，双方并未接火。

在隔山坳十里远的一个村子里，是我们的宿营地，早早杀好了两头猪，准备来欢迎他们，还担了两担花边，每人发六块钱。

张英反水带来了一百四十多条枪，壮大了红军队伍。把张英带过来的保安团进行改编：枪仍归他们，班排长通统〔通〕调到其他连去了，另从其他连调些班排长来，张英担任连长。该部为特务连，看守犯人，执行对犯人枪决任务。

（五）三次肃反

部队进行了三次肃反：

第一次肃反（1930 年），九月中旬在永丰高头村进行了肃反，杀了七个 AB 团分子。队伍开过上固、汉下到王陂，在王陂进行了第一次肃反，时间待了半个月。这次肃反没有什么调查，也不要大会审查，不要证明，某个说某个同某个吃了酒、开了会，便捉起来。今天捉的明天就杀，有时一天杀一二百。战士反映说："不晓得那个祸，那样子是 AB 团，那样子要杀，心里害怕：不要别人说我，话〔说〕着就不好。"各团各师也会开会解释，首长说："AB 团是反革命，破坏我们打土豪分田地，我们要肃清 AB 团。我们现在也不要惊慌，如果有 AB 团来破坏，我们要肃清。"

第一次肃反后才打张辉瓒，第二次肃反是在 1931 年三月间，第三次是 1931 年五月间。这次肃反捉到的约留了一半没有杀，可以自守〔首〕，说他改过自新，但要受管制，对他说："现在放你，以后好好不要犯法，不要做 AB 团，要革命。以后你自己要受管制，叫你做什么就作〔做〕什么。"

各团有肃反委员会，多半是团长兼肃反委员会主任，政治部主任兼肃反委员，第八师肃反委员会主任是罗炳辉。

（六）新干独立营

1933 年二月，新干独立营有百多人和百多枪，官长是张×× （兴国人），指导员是欧阳××（近伍县人，驼背）。[①]

六月，在其迎（新干县，鹿冈上头）打了一仗，敌人是新干保安师，我们有二十〔十二〕军（军长罗炳辉），万安、永丰、新干三个独立营。新干是一红一白，头一天我们同他打，输了，被他们捉到几个伙夫。伪保安师一团长邓××是本地人，熟悉当地情况，他要当夜去打我们红军，伪保安师师长李尚荣（其坑人）说不要走，他说要去："送到家里来还不打！"晚上便来向我们进攻，被我们打败，缴到三四【条】枪。保安师的士兵带我们到山沟里捉到了李尚荣和邓××，邓××当时就被打死，李尚荣【被】押到中央去了。

（七）永丰县调剂局

永丰县调剂局有局长、会计各一，下面有采办科、保管科、发卖科。

采办科负责采买东西。我们需要白区的布、盐、杂货等，便去找"边界人"（边界上的投机商人），将我们的货（鸡、鸭、猪、木器、各种土产）交给他们，他们将白区的货给我们，我们不能直接去白区买东西。价钱〈两下〉免讲，他们总要赚，看赚得多少就赚多少。买来的东西交保管科保管。

采办科把价钱告诉发卖科，由发卖科卖给各个机关。老百姓也可以自由到调剂局来买东西。卖到的钱交会计。

调剂局统一调到粮仓。各机关吃的粮食，缺粮地区的粮食，其他需要的粮食，都由调剂局拨给。调剂局本身出卖的物价有规定，要涨要跌，要经局里会议（县苏主席亲自参加的）决定，由采办科

---

① 新干独立营于 1933 年 6 月 10 日成立，由七琴、润陂两区游击队扩编而成。营长江胜辉，政治委员王子贞。见《中央革命根据地词典》，档案出版社 1993 年版，第 254 页。

报告物价的进价及外面价钱的变化、我们能赚多少钱等情况，根据这个情况决定。市场上的价格，调剂局不规定。

当时各区有合作社，少数乡也有合作社，也分消费性和生产性的合作社。由大家集股合成，单独成立，由社长负责，每年年终分红。合作社的价钱没有一定，卖什么就卖什么价钱。调剂局的货卖给合作社。

也有商店，私人办的，货物是他们自己想【办】法钻出来的。

（访问：詹义康）

3. 温运通访问材料

温运通，现年49岁，男性，中共党员，住石龙村，土地革命时期担任过村苏少队长、团支部书记、乡党支部书记、区军事干部、区委组织部长、区委副书记等工作。

一、苏区时党组织情况

1. 中村区委组织

区委书记是欧阳上联，公略县人，副书记温运通。当时全区共有党员五十多人，后〔候〕补党员七八人，共60人左右，共青团【员】有六十三四个。

1933年前中村区委会驻北坑村，1934年七月迁移至中村街。

当时中村区委还有一个副书记符水生，但敌进攻到北坑时，他就请假回家，但暗中向北坑叛党投敌。

叛徒符水生是中村区夫坑村人，家庭生活很富裕，他本身是个学生，在【家】过惯了舒适生活，因此经不住大革命考验而叛党投敌。

建立了党支部的乡：中村乡支书不详，有七十个党员；夫溪乡支部书记符君山，全乡有五个党员，乡政府设夫坑村；北坑乡党支部书记卢良铎，乡政府【设】北坑村；高家乡党支部书记温文兵，乡政府设高家地；梅山乡乡政府设梅山坪村；义溪乡政府设醉赏村；黎溪乡①。

中村苏维埃主席是李崇声。

区委对县委和上级党委的工作方针、指示的贯彻，是先由区委召开区委（少共书记、宣传部长、妇女部长等）〈开〉会【议】传达研究，并在干部会上传达分工，向干部交代工作任务、方法，要求干部下去参加（工作）。一次一般是五天，下去工作后，必须经常会〔汇〕报，使区委能掌握全盘工作。

2. 苏区党组织情况

①建党

不断扩大党的组织队伍，也是苏区时党的重要建设工作。在苏区时的建党工作，同样是要对新党员经过一个培养阶段。在培【养】时期主要是考察新党员的思想工作，对思想方面是要大公无私、敢说敢做，在工作方面是要大胆勇敢、积极苦干。

经过一段时间培养，支部认为这个同志可以入党，即先在支部会上提出讨论，决定后，就找新党员填介绍表，再通过支部交区委批准。

新党员的后〔候〕补期，一般是雇农没有后〔候〕补期，中农最多半年或三个月，知识分子一年，小商人半年。

入党宣【誓】时，左手放在胸前，并握拳向上举，右手放后。誓词：努力革命，服从命令，阶级斗争，牺牲个人，严守秘密，永不叛党。

新党员入党，在一般情况下，必须有两个介绍人。

对党员的处分有两种：①留党察看，②开除党籍，一般的是批评教育。中村区只开除了一个党员，开除他的原因就是在扩大红军时，他却说怪话，对一些愿意去参军的青年说"现在还去当兵，死

①　原文如此。

就死在眼皮下了"；又和红军家属乱搞关系。根据这种情况，支部经过讨论，作出处分决定，再送县委批准，才算开除。留党察看，一般的区委有权可以批准。

②党组织生活

在一般情况下，每月开一次（过生活），遇到特殊情况临时召开，着重检查思想和工作作风。

在支部会上，每个党员在到会时必须签名。

先由别人提出对自己的意见，严重的要展开讨论。如果有两种意见针锋相对时，可以以少数服从多数通过；如有个别意见有事实有理由，还要斟酌研究或保留。对不好的党员经过教育再教育，全体同志展开斗争；如再不改，通过支部作出处分决定。

三、苏维埃政权的建设

1. 回龙村苏维埃政权的建立

1929 年二月间，李永茂（贻谋）、陈远模带红军两百多枪支，一百多①到回龙村，一到村就在店下万寿宫召开群【众】大会。当时是白天，参加开会的群众有三四百人。李永茂（李贻谋）〈并〉在会上讲【话】，内容大概是我们要反对资产阶级，打倒资产阶级就要暴动；贪官污吏、土豪劣绅要打倒，我们才有吃有穿；要暴动就要组织农民协会。因是第一次开会，在群众会上没有选出干部。当天下午就把【土】豪王钦捉起来了，把他的东西也搬到了万寿宫。

当晚又召开了群众【大】会，在会上成立了农民协会，选出了干部：

村主席温圣贻，土地科长夏定泉，秘书温文旺，赤卫队长王保明，妇女主任温火秀，少先队长严知宣。

1929 年十一月成立回龙村苏维埃政府，设〈立〉在店下村万寿宫。干部及其职务同上。

---

① 原文如此。

村苏维埃成立后，就取消了农民协会，并开始分田。

当时回龙村苏维埃的规模：店下村、石龙村、坪头坑村、新屋场村、花斜岭。

1931 年回龙从龙冈乡出来，和空坑、小别合并为一乡，叫空坑乡，乡政府设空坑村。1933 年八月回龙成为一个乡，乡苏维埃设在新屋场，乡的范围包括石溪、新屋场、店下、石龙、平头坑。

2. 龙冈区的规范〔模〕

铁园[①]、君埠、龙冈、芭溪、龙云、江头、空坑、汉下、其坑、读书、南林、表湖、羊石等 13 个乡，是在 1932—【19】33 年间分的。

各乡所属地及驻地：

其坑乡：桐下、上其坑、下其坑，乡政府设下其坑。

汉下乡：东车、汉下、真君庙，乡政府设汉下村。

读书乡：五佰汗、露斜、东坑。

南林乡：王坑以上属南林乡，以下属读书，乡政府设南林街。

空坑乡：小别、回龙、佛岭背，乡政府设空坑村。

永龙合并后，1934 年九月在上溪开过一次会，参加开会的有各区组织部长，县委作了报告。

1933 年四、五月间，永丰县召开过一次党代表大会。

1932 年空坑乡有党员 20 至 30 人。

回龙村的党组织是在 1931 年就秘密搞起来的，当时的支部书记是王宪炳、王宪光。

龙冈区的区委书记是姓宋的。

四、土地改革

回龙村的分田方法：先由干部讨论谁田多、谁田少，田多够富农，报乡批准；接着召开群众会，在会上公开某人是富农，有多少田、地、财产，他的田地财产是剥削穷人的，富农是资产阶级，应

---

① 为现今的"铁元"。

该没收富农的田地财产；接着组织土地科，内设科长一人，委员每个自然村选一个；成立了土地科，有了科长、委员，就进行田地调查，搞清楚全村的好坏田、多少人口，算出每人的平分数。

分田原则：一般是雇农、工人分好田，富农分差田；茶山也要调查好，分给群众。田分好后，召开群【众】大会宣布，如果群众对所分的田不了解，可以找土地科长带【路】找，并写好标签插在田里。分田是以一个村为单位。

分了两次，第一次是在 1929 年冬，第二次是在 1931 年冬天。

（访问：詹义康、王继维；记录整理：王继维）

4. 邓坤达访问材料

邓坤达，男，50 岁，上固上汗人，曾任东固游击队交通员、小组长、独立团战士。

（一）上汗革命

民国十六年已有秘密组织，有陈远模、李贻谋、范家炳、陈年生、张江万等人领导。这些人都是读书的，是左派，从下永丰来的。

民国十七年（1929〔1928〕年冬），梁仁杏[①]、李贻茂带军队来了，才公开成立石头坑农民协会。

1930 年三月成立村政府。

（二）上固、龙冈与东固的秘密联络

梁仁杰与王家山恶坝〔霸〕张荣、张家英是对头，因为梁仁杰提出"消灭势力阶级"的口号。张等常回家来，范家炳就叫我去东

---

① "梁仁杏"应为"梁仁杰"，后文写作"梁仁杰"。见《永丰英烈》（内部资料），1995 年版，第 92 页。

固送信，梁仁杰就会派班巴〔把〕人在夜晚来捉，我做向导带他们去围屋，但四五次都没有找到他。

龙冈也常有信去东固。龙冈的信先送到上固范家炳，再交我送到东固去。东固段月泉这时只有百另〔零〕几人，枪几十根。

送去的和带回来的信，都是毛边白纸，用牛奶写上〔在〕上面，要拿脸盘打水，放在水上才看得清楚。

（三）其他

1.1927 年六【月】，龙冈成立国民党党部。

2.过年节时，每户军烈属送下列东西：肉二斤、鱼一斤、粉皮一斤、鸡蛋四五个。

（访问与整理：詹义康）

5. 邓敏迁访问材料

邓敏迁，男，48 岁，农，住永丰县上固乡石溪社。

（一）

1930 年开始开〔当〕红军，开始在李贻谋部警卫营[①]当战士，后调独立团[②]（后改编为独立第六团，团长肖子三——良村人），后编为独立师，在藤田保卫县政府机关。

当时的红军大部分都是用赤卫队用过的梭镖、大刀，以后打垮

① 指永丰县红色警卫营。1930 年 9 月，中共永丰县委以永丰县游击队为基础，从各区游击队抽调部分队员合编为永丰县红色警卫营。刘毅任营长，帅人端任政委。1931 年 2 月，改称为永丰县独立营。下半年扩编为永丰县独立团。见《中央革命根据地词典》，档案出版社 1993 年版，第 248 页。
② 指永丰独立团。1931 年下半年，中共永丰县委将永丰独立营扩编为永丰独立团，郭长江任团长，肖子三任政委。1932 年 5 月编为红军独立第五师第二团。见《中央革命根据地词典》，档案出版社 1993 年版，第 248 页。

了张辉瓒缴到了许多枪才武装了起来。

1932 年在独立师第六团第六连任排长,【19】33 年十一月因烂脚脱离了部队。

（二）

独立师独立团是永丰县独立团改编而来的。

1932 年四五月间,独立团在牛田、水南和白军打了一次大战。敌军 6000 多人,我军只有 3000 多人〈左右〉,装备不完善,但由于红军有铁的纪律,英雄〔勇〕冲杀,歼敌 300 多。

1933 年在瑶田和国民党打了一仗,红军枪一响,民团军吓得打抖〔哆〕嗦,两毛〔手〕甩枪死命跑。

龙冈街的张乃安是永丰靖卫团团长,杀了工农干部和群众不知其数,但和独立团在梁坊岭上一仗打得他落花流水,歼敌 30 多,缴获战马 1 只〔匹〕,长枪 10 多枝〔支〕,因此当地老表作歌调【侃】他说：“龙冈张乃安,咋〔昨〕天做官。”

独立团还打了左县一个特务组织红枪会,连教师爷也打死了,对保卫永丰县政府起了巨大作用。

在藤田保卫永丰县政府的独立团只有 400 多【人】,负责领导人是李贻谋,后换肖子三。

永丰独立师是包括永丰、泰和两个县的独立团,师长是肖××（湖南人）。

与他一起参军的：邓明贵（现住干〔赣〕州,有信回家）,吴坑邓德学（在战争中牺牲）,回龙大阳保（小名）（在红军中当副连长,在水南牛田战役中牺牲）,君埠李雄豪,芭溪谢玉勤（在）。

（三）

红军战士生活,除作战外,一般都过得很好。作战前后都要吃猪肉,休息的时候由政治委员来上政治或文化课。政治课的内容在一般情况下,告诉士兵必须吃苦耐劳,努力学习,经常检点东西；文化课认字,以标语为主：①打土豪分田地,②活捉张辉瓒,③打到南昌九江,④打倒蒋介石,⑤共产党万岁！毛主席万岁！中国共产党万岁！

没有津贴费，如果打倒了土豪，伙食费就可以分。衣服：热天发两件，冬天一件棉衣，但要穿几年。

官兵关系，在政治上是坚持原则的，在私人关系上是亲如兄弟的，有关事务的问题，一定要交士兵讨论决定才行。

（访问与整理：王继维）

6. 范宜风访问材料

范宜风，男，56岁，现住上固乡石溪社，在家作田。记忆力较差。

（一）

最初在石溪村政府担任财政部长，这是民【国】十八年，任职一年多，又担任龙冈税务主任。龙冈财政部长温士忠（小别人），龙冈区财政部共有五个干部，一个姓李的（龙冈人）、蓝吉章（龙冈人）、廖河白（小别人），在〔再〕【是】温士通（小别人）。

（二）

他是在1927年十一月入党的，同他一起入党的有曹魁球、曹魁唐、曹魁忠、范祥蔼、范家堤、范家邦、范宜龙、陈元妹、陈元兴、范宜宾、邓段发等人。

石溪社开始领导农民暴动的是范家炳、陈年生、邓忠禄（全是石溪【人】），首先秘密成立党支部，当时的村支部书记是范家炳。

（三）

财政部有一个部长，一个主席，一个会计，一个出纳，一个仓库（管粮食的也叫仓库主任）。

最初筹款即是发动群众募捐，以后实行了土改，有了富农，即经常向富农单独筹款。打土豪弄来的金银财宝、光洋，大部分要交给政府作办公费用。

每次扩大红军时，主要来一个借谷运动作为慰劳红军费用，借来的谷，以后可以在累进税中抵除。征农业税是根据田地多少来累计征收，不是以人口计算，因此，芭溪、羊石经常征不到，空坑、回龙总要多征。当时也有社会减免（方法不详）。

在1932年十二月，曾到兴国学习十四天征土地税方法，回县后，在龙冈区搞土地税，不久担任龙冈苏维埃税务主任。

乡苏维埃没有具体【搞】财政的，只有主席兼管。

（访问：王继维）

7. 赖左生访问材料

赖左生，男，49岁，现住永丰县上固社，在家作田。记忆力一般。

1931年2月参军，开初参加红军三军八师二十四团二连当战士。

1933年1月因病住院，三个月后【出院】。1934年1月转到永丰模范团，后改编为永丰独立营，以后又改编为永丰独立团（【改】编独立营时是在【第】五次"围剿"中）。初去时，当班长，到五六月升排长。1935年二月在永丰灵华山被俘。

（一）

1931年四月在上富田和匪公秉藩师打了一仗，当时匪军只一个师，红军有七、八、九三个师，这一仗歼敌很多，俘敌一个连，缴到迫击炮十多门，弹药无数。当时敌我双方的形势，敌军驻在富田、新安一带，红军驻在东固。同年六月间，蒋介石发动第三次战争，国民党三十多万，从东固、兴国、汉下四面包围，红军当时在良村一带。

1932年六七月，独立团去广东打南雄、水口，国民党八个团，红军一个军，以后五军团增援，缴了匪军四个团人的枪。

第四次战争是在 1932 年八月爆发的，国民党军从抚州、乐安进攻。红军在四次战争爆发前，先后攻打了抚州、乐安、宜黄等县。

【第】五次【反】"围剿"时，曾山曾带兵到藤田、石马、上溪一带，领导永丰、龙冈独立团游击队，抵抗白军进攻，〈因此，引起〉【令】国民党非常愤〔恼〕怒，出布告悬赏：捉到了曾山，赏银洋二千。

（二）

永丰县独立团的作战〈的〉任务和地点是经常变动的。如果有前方队伍，即要受前方队伍指挥，配合红军作战；没有前方队伍时，即直接受永丰县军事部指挥领导，当时的军事都是刘义（东北人）。活动地点经常在鹿冈、曾家陂、七芹、江口、流源村前一带。有靖卫团时就打靖卫团，没有就进攻永丰县城，捉土豪、筹款子，搞到了款子要交到永丰县军事部，同时破坏敌占区的公路、桥梁、剪电线、砍电杆、拔碉堡。

（三）

连队里搞政治工作的干部最初称政治委员，以后敌〔改〕称指导员。

军队里的学习，因当时战争多，多以军事科目为主，使用的武器常见的湖北小口径步枪、盖报式、俄国造、勾子枪、轻机枪，当时还没有，到抗日战争中才见。①

（整理：王继维）

---

① 由于在原文中几种枪型之间用的标点符号都是顿号，无法辨别哪几种枪是到抗日战中才见。

8. 江远检访问材料

江远检，男，50 多岁，上固人，曾任过村苏文书、潭头区军事部文书、沙溪区游击队指导员、古县区军事部文书、永丰县工农检察部文书。记忆力一般。

一、1927 年上固搞左右派斗争，左派曾学岭、张英、曾学松、江丁斋等，右派曾团果、黄圣民、李春发、张金玉等，各办一学校竞赛。左派是财子〔主〕，自己拿出钱来办学，1928 年国民党抓他们，便逃走了。

二、1930 年成立上固乡苏维埃政府。

三、1931 年 5 月成立潭头区。

四、1931 年 8 月组织沙溪游击队，百多人，四五条枪（枪是缴到张辉瓒的），分三个排，队长黄家龙，指导员江远检，任务是警戒腰岭。

五、1932 年五月打开藤田。

六、1934 年四月，永、龙两县合并，扎在宁都杨塞，主席李干香（潭头下村冬人）。下半年，由裁咸〔减〕的机关人员组成永龙独立营，有百多人，个个有枪，扰敌人炮楼，冬天又解散了。

注：该人掌握的材料较多，记忆力也很好，但由于家中的突然事变（孙子死了），因而无心回忆，不肯继续谈。

（访问：袁志珍、詹义康；整理：詹义康）

9. 李才炳访问材料

李才炳，男，63 岁，上固人，社员，记忆力中。九纵队战士，

红四军战士，区军事部长

（一）"棍子会"

1926年4月李才炳、张纪有、张纪英、谢汉份、李树仔等秘密组织了棍子会，捉到土豪罚款，钱要押到东固【交给】段月泉。后来国民党来了，捉到就杀，我们就逃到东固段月泉一块去，日散夜聚，【白】日〈子〉打柴，夜里去捉土豪。

（二）打九十师

1928年毛主席从井冈山下来，到东固，国民党追在屁股后，七纵队千多人便从杨军山下来，于十二月三十日夜〔晚〕上包围敌人驻扎的万寿宫。万寿宫门口两人放哨，吴昌瑞和另外一个东固人一个人拿着一把刀走过去，哨兵喝问："什么人？"他们说："我们是屠夫，你们老爷扎在这里，我们杀猪送给你们吃。""过来，过来！"哨兵叫他们过来，走近前去就一刀一个，杀掉哨兵。队伍便一路子进去，到万寿宫门口，打了几排枪，便冲进去。在屋子里很暗，我们摸到有帽子的就抓（九十师官兵都有帽子，我们是光头），抓到80多个俘虏，后来毛主席来了命令才没有杀。

（三）二、四团

1928〔1929〕年正月初四，在东固开大会，毛主席军队有1000多【人】，七、九纵队有1000多【人】，老百姓也有1000多【人】。这个会上正式宣传〔布〕改编为二团，李韶九【任】团长，李文林【任】副团长。两李及政委都是毛主席派来的人。二团有1000多人，900多支枪。五月，在兴国捉到靖卫团大队长黄老怀，得到几十支枪，才成立四团，段起凤当团长。四团去赣州，二团由〔在〕乐安、藤田、凤冈、王碑、小破〔陂〕、莱冈、山辽等一带活动。

（访问：袁志珍、詹义康；整理：詹义康）

10. 邱良传访问材料

邱良传，男，48 岁，永丰上固乡上固社蕉坑村，在家作田，曾经【是】叛徒。（记忆力：一般）

1928 年冬天在上固秘密参加革命组织，1930 年十一月，担任潭头区少共区委委员兼上固乡团支【部】书记，1931 年十二月调永丰县委当巡视员，1932 年四五月任永丰县少队部训练处处长，1933 年六月调龙冈县少队长兼少共县委常委。

（一）

1933 年五六月，永丰、龙冈、新干三县干部在藤田永丰县政府召开联合会。省政府派了党团、少先队等各部门干部来指导，省少队部派了谢明峰（后担任中心县少队部长）。会开了 3 天，选出了各县的负责干部。

永丰县：县委书记×××，县主席×××，少共书记×××，少队部长谢明峰。

龙冈县：县委书记罗国倬，少共县委张炳章，县主席潘家苑，少队部长邱良传。

龙冈县所属区：枫边、良村、南坑、龙冈、君埠、上固、潭头、沙溪。

良村区：区委书记潘××，区主席欧阳日。

潭头区少共区委：区委书记曾家珍，组织委员雷日贵（石陂人），宣委邱良传（兼），儿童书记×××，妇女主任×××。

全区当时共有共青团员 300 多人，在 1931—【19】32 年，一次就动员 130—140 人，参加少共国际师（党内是工人师，团内是少共国际师）。

回龙、韶源、桥背、温坊当时属于上固苏维埃的区域内，1933

年六七月分乡后，上固区成立，即分为暗坑、潭斯、富坑、潭头、温坊、下固等乡。

龙冈县少共县委常委：少共书记张炳章（下固人），宣传委员肖署文（公略县），组织委员李治星（沙溪北岸），儿童书记李金山（良村），青妇干事谢新娇（上固人），少队部长邱良传。

1930 年十一【月】—1932【年】十一月担任上固乡团支部书记时，全乡有共青团员〈有〉六十五六人。

少队部工作主要是发展和巩固少先队，组织训练 18 至 23 岁青年，为红军准备后备力量。少共组织主要教育全县和管全县共青团员，指导青少队儿童部、青妇部工作，发动青年参加红军，青年妇女做军鞋，组织慰劳队，慰问红军，并大力发展少先队组织，刺探敌情，并帮助农民打土豪分田地。团员每月要交团费十枚钢币。

团的誓词：严守秘密，服从命令，个人牺牲，永不叛团。

（二）

1928 年冬天，上固就有了秘密党团组织。党小组张举茂、张举纪、巫国跃，团员有邱良传、张举亮、张举全、张元娇、曾纪亮，负责人是曾纪亮。党团员的统一代号是：C.C.P. 代表党员，C.C.Y. 代表团。在群众中党团员要进行接头都是用代号。

1929 年一月，桥背也秘密成立了农民协会，并有一个常委会，委员有张举茂，并由张举茂领导进行群众工作。在 1929 年冬天，桥背也有秘密党团组织，负责人是张举茂、邱良传等人，到 1932 年党团组织才公开了。

1930 年五六月，桥背农协改为苏维埃，接着就进行分田。分了两次田：第一次是在 1930 年 1 月，第二次是在 1931 年 1 月。分田的原则是：以瘦补肥，以肥补瘦。

（访问与整理：王继维）

11. 李树芬访问材料

李树芬，男，48 岁，在家作田。现住上固乡上固社东郊村。记忆力一般。1929 年 1 月参加革命，初在汉下乡东车村担任文书四个月，【第】三次战争爆发，到汉下担任文书。1931 年冬入党，1932 年四月调其坑乡支部书记，1933 年九十月调龙冈区军事部文书，两个月【后】，参加红军。1934 年三四月在军队医院当文书，八月跟红军北上出江西到云南，因作战负伤，离开部队。

（一）

1931 年，第三次战争发展快，进度也快，三四个月后就到了上固一带。白匪非常残酷，见人就杀，见屋就烧。汉下乡的房子全部烧光了，只好把乡政府搬在〔到〕万寿宫。1930 年十月汉下乡分为汉下、其坑两个乡。

汉下乡：乡主席郭成元（汉下人）、李方恭（露斜人），乡支书肖××，妇女主任冯××（汉下人）。

其坑乡：乡主席蔡昌和（其坑人），组织委员张××（小别），宣传员曾××（高斜人），妇女主任×××。

当时党支部只乡里有，村里没有。

其坑乡所属地：高斜、其坑、九龙、洞下、左下。

汉下所属地：汉下、东村、东车、阴竹坑、露斜。

汉下乡苏维埃是在 1928 年九月间成立的。

（二）

1933 年春，龙冈军事部部长戴国年，按照上级指示要求，组织了一个模范营，自任营长，李树芬任政治委员。带到永丰，编入永丰模范团（团长姓肖）；接着到宁都江西省政府驻地博山[1]县，成立工人师。工人师成立后，开到瑞金中央苏区进行训练，四个月后，即开进福建剿匪。

全师共有三个团九个营，官兵三四千人，并组织了一个机枪连。在福建大禾剿匪两个多月。【第】五次战争暴〔爆〕发后，在1933年十月又调回〈来〉瑞金。在瑞金，朱德同工人师讲了一次话：分析了【第】五【次】战争的基本情况，告诉大家不要怕，要勇敢打下去，胜利是我们的。

1934年二三月，国民党侵占了沙溪。工人师由瑞金过宁都到永丰，在上固跟国民党军打了一天一夜。工人师人〔从〕福建回瑞金后即划归五军团，军团长最初是赵博生[2]，还保留官兵三四千人。

（访问与整理：王继维）

12. 李贤槐访问材料

李贤槐，男，52岁，在家作田，现住上固乡暗坑社。记忆力一般。1931年九月，由政府派往兴国学习税收方法，着重于学习累进税方法，只学习了7天，回到上固区担任税收主任。

当时的累进方法：550斤免征，以上起征，税率5%；570斤征7%，800斤征53%（对贫农）；富农的达300斤征40%，比较老实的富农减4%。

对红军家属要根据具体情况进行减免。

---

[1] 原文如此，应为"博生"，"博山"为"博生"的音误，后文写作"博生"。
[2] 中国工农红军第五军团，由国民党第二十六路军宁都起义部队改编而成，1931年12月15日成立。军团总指挥季振同，政治委员萧劲光，副总指挥董振堂，参谋长赵博生，政治部主任刘伯坚。见《中央革命根据地词典》，档案出版社1993年版，第220页。

（一）上固区组织情况

区委书记：杨 × ×　　　　　区长：张兴禄（潭头山坑人）

副区长：李兴达（兴国人）　　妇女部长：谢春英

财政部长：李善福　　　　　　副【部长】：袁振生

劳动部长：雷礼恩（下固人）　文化部长：李郁珍（下固人）

经济部长：张 × ×　　　　　　裁判部长：刘宋华（磜头人）

（二）

暗坑的秘密农民协会是 1928 年七月组织的，1929 年八月公开〈的〉。1929 年冬〈里〉成立暗坑村苏维埃政权，村主席曾金郁（原先是王国宝）、江世贻，土地科长刘世鸢。

在 1929 年三月，全村群众大会在洪溪东固庵内召开，村政府设在庵内。暗坑乡政府曾设在坪上村。

1933 年，上固区成立后，潭斯乡就编并了。

1930 年一月开始分田，同年冬进行第二次复分，每人分 7 担多田。

当时的上固区，分下固、暗坑、汉下、其坑、江头、上固、韶源等乡。

（访问与整理：王继维）

13. 访问温柏洪记录整理材料

温柏洪，43 岁，上固乡桥背队（鸡公斋），曾任过班长、连指导员、军队党支书，后当过白军 4 年、甲长 1 个月。

土地革命时期，我年纪小，只十多岁，但也参加了儿童团。那时我们晚上要去捉赌、捉鸦片烟鬼，捉到了有的要他们坐牢，有的罚他们的苦工，或者帮助军烈属做工。另外，也向他们宣传：以后不要赌博不要吸鸦片（当时这里有种植鸦片者）。在白天，我们还要放哨（晚上成人放），还要去做破除迷信等的工作，如烧掉菩萨等，还要慰劳红军家属……

早先革命时期，这里也办了红军学校。我在本地的桥背红军学校念了半年书，后作田。当时也是白天学习。语文课本内有很多关于宣传列宁、马克思等的文章。

1933 年二月十四日我参加了红军。当日与其他参加红军的同志一起经过上固到达潭头区，后开赴藤田区军事部，再后些时间编入永丰游击队。

同年三四月，永丰游击队与独立第五师合并编为西方面军独立第二团（团长为胡？政委为罗？），我在里面任班长。这支队伍多半是打游击，扰敌人。曾经到过新淦，乐安，宜黄，崇仁，丰城的桥东、白马寨，吉水的水南、白沙等地，作游击战。有一次，在新淦县的七琴，曾和我方独立第三团及新淦独立营共同协作，打垮了敌人保安第二师，活捉师长李向荣（沙溪区坑 ① 人）。

十一月离开了队伍，我被调瑞金九保彭阳步兵学校受训。这个学校有 3 个营（2 个军事营和 1 个政治营），其中政治营的学员是培养出来作连的指导员、党支部书记，在军事营的是培养连排长。在受训期间，朱德同志亲临讲过话："……最后胜利一定是我们的……"按原来计划，受训期为 6 个月，但因战事紧，前方需要人，于是只 4 个月即提前毕业了。因为我们一出来就要作党的工作，所以全部入了党（按：据被访者说是未填表，亦未办其他手续）。

在毕业时全部给了毕业证书和党证。（在校时家中寄来 3 块钱，我将它全部损〔捐〕献了，在会上受到全体学员的热烈鼓掌欢迎和出墙报表扬。）

在步兵学校毕业后，曾二度带新兵去会昌的沙昌，任其中的连指导员（有的一连内指导员要兼任党支书，有的另设一人专任支

---

① "区坑"应为"其坑"，后文写作"其坑"。见《江西省永丰县地名志》（内部资料），1985 年版，第 183 页。

书），后又编入五军团三十四师，在第二连内任党支书兼第二排排长。

1934年□月在广昌山东前①与敌人打了一仗，后全师均开赴兴国的高兴圩，阻止泰和敌人的来犯。

九月，其他部队进入四川，我们这一师是担任后卫的，结果被人截断去路，不能跟上前面〈卫〉去的队伍。后来在和湖南的保安团打这〔那〕一仗中，因为我军弹药少，打不过敌人，我们的师长陈？？②受伤，其他人都不知去向。包括杂务工作人员，这时只剩200多人，其中有枪支的只80多人。那时有位团长说："有枪的都跟我走，无枪的自己去想办法。"这次战争中，我被敌机炸伤，进了师部医院。

因为人已经走散了，所以我和师部医院的曹？？政委（赣州人）、连政委曾？？（宁都人）3人一同更换衣服，化装为挑夫，按原路回来。在赣州附近，曹？？已经回去了，但我们在兴国被白军抓住，坐了几天牢。同在一起坐牢的还有几十个原红军战士。这些人当中如果有几个人是同一县的，即打条子让其返家，我只一人一县，因此，他们派了兵将我送出岗哨后我才一人回家，但在永丰龙冈的雄坪又被白军拦住，抓了去当补充兵。这支队伍属白军独立四十六师，旅长为鲍钢。当了4年，直到抗日，因在战争中受伤方才请假返家。

我出去革命时全家有8个人，回家时只有父亲1人，回家后耕田，在1948年因为要收款子都不肯当甲长，便轮流来当，我当了一个月……

两点补充：一、当时红军战士的子弹少，每人只四五排，因此，上级曾提出过"一棵〔颗〕子弹必须打死一个敌人，创造特等射手"。

二、当时红军多半是用番号，如"吉安师""东B师""西B

---

① 山东前，疑为"驿前"。
② 原文如此，为连续两个问号。后文同。

师"等等，并且番号经常有变动。

（记录：孙德盛、元嘉训；整理：孙德盛）

14. 黄仁贵访问材料

黄仁贵，男，55 岁，上固芦〔炉〕下人，副营长、党员，记忆力中。曾任代表、赤卫军小队长、肃反工作队班长、红军排长。

一、上固芦〔炉〕下的革命

1927 年冬天，暗中组织农民协会，有十几个人。

二、上固党支部

1928 年四月，下永丰人李翼从沙溪来上固，组织了上固党支部，有 6 个人，支书是江远检。

李翼对党员说："你们是贫雇农，思想好、历史好，共产党就是要历史好的、思想好的、吃得苦的。同敌人誓死奋斗，牺牲个人永不反党。被敌人捉到，不要讲别人，也不要承认自己加入共产党；如果敌人要说你加入，你就说加入；敌人又问还有哪些人，你就说只有我一个人……"

三、上固的土地改革

1928 年二三月分田地，村土地委员把本村的名册造好，将全村人口和土地合起来，平均分配，抽多补少，抽肥补瘦，富农分坏田。土地委员分好后，就开全村大会，问群众有没有意见，群众说："没有意见。"土地委员说："没有意见明天就插牌子到田里去，照牌子去耕自己的田。"

当年五月又调正〔整〕了一次。这次将果树也拿出来分，每人 3 斗茶山，也将岭栅开；富农还有的好田都拿出来分掉。

我家 3 个人，分到 40 石田，平均每人 13 石。解放后我家 3 人分到 13 亩几分，即 52 石多（1 亩 =4 石）。

对分田，没有土地的人说好，富农与土地多的人不满意。

三、公审罗焕南

1931 年在潭头开公审罗焕南的大会，有上万人参加，老婆【婆】都去了。省肃反委员会部长吴昌瑞在会上讲了话，罗焕南也讲了话，他说："受了蒋介石的命令，阴谋组织 AB 团，千多人……"

许多人到台上去控诉，这个说罗焕南杀了他的丈夫，那个婆婆说罗焕南杀了他的独生子，他们都是贫雇农……老太婆、娘子人用剪刀、铣子乱刺罗焕南，最后把他破了肚子。

四、靖卫团

永丰靖卫团头子是江园柱（龙冈人）、朱应清（下固人）、张耐安（龙冈人）、廖文林（小别人）、王开间（回龙人）。

靖卫团屠杀革命同志采取下列几种方式：

（一）罚款，罚了款后又杀掉。

（二）打，吊，用火烧，香熏。

（三）强迫革命同志打革命同志。

（四）生埋、刀杀、枪毙。

（访问与整理：詹义康）

15. 赖承入访问材料

赖承入，男，60 岁，记忆力中等，上固暗坑人。曾任乡支部书记、瑞金农业学校学员等职。

（一）"瑞金东西山农业学校试验场"

1. 学校地址、编制

"瑞金东西山农业学校试【验】场"，扎在瑞金东西山，隔毛主席住在的沙秋〔洲〕坝〈地方的〉【有】十几里。

设校长一人，名林日胜（浙江人，年青〔轻〕），教师有 7 人，校长也教课。

有甲、乙两班，共二百多人。甲班要高一级，女学员少；乙【班】学员少，乙班程度差些，女学员多，但课程都相同。

一年毕业，60 分以上的有毕业证书；没有及格的也毕业，分配去工作，但没有毕业证书。

2. 课程开设及学习情况

有下列课程：算术、国文（写字包括在内）、历史、地理、唱歌、政治、试验。

养了 48 只猪，都成了气；养了 1 头水牛；养了 20 来只鹅，也成了气；种了 10 多亩水稻，2 亩麦，栽了 10 多亩田棉花，都长得很好。棉花出〔分〕洋花（雪白雪白，大朵的）、铁花（不白，紫的）、子花（黄色的）。春花，一斤棉有【一】两子；冬花一斤棉有 5 两子。每石田产棉约 15 斤，妇女栽的，一石田出 30 斤子花。还种了很多蔬菜，苋菜、白缸〔豇〕豆、碗〔豌〕豆、蚕豆、茄子、苦瓜、辣椒、西瓜、冬瓜、藩瓜（南瓜）、薯子、苋菜、白荚菜、包心、白菜、丝瓜、"菌达"（音）……试验课讲种子、积肥……

三、学习生活情况

10 个人一班，有班、排、连长。

每天清早起床，洗好脸做操，吃早饭后上四节课，中饭后又上四节课，才吃晚饭，晚上唱歌。

经常要积肥、铲草，到瑞金街上挑马粪尿、大粪灰（柴灰），石灰作肥料很少用。

每天都要把地扫干净，天井都要用水洗，学生轮流值日。

吃〈斤〉四两米一天，也吃番薯和稀饭，烧的是木炭。吃饭要吹哨子站队去，开齐了（人到齐了）吹叫才能吃饭，未开齐不准吃，饭盛好，要将饭瓢插起。

所有的课程都要考试，体育考"走"（跑），有 10 里路长，用草绳索〔牵〕好，一次跑五个或六七个，有两面红旗，跑得快的便夺到红旗。考做工夫挖得快、挖得深。

（访问与整理：詹义康）

16. 李止荣访问材料

李止荣，男，64 岁，记忆力下。上固人，现为社员。1930 年当村代表，永龙分县后任龙冈县工会会计。

（一）龙冈县两次工人代表

龙冈县开了两次工人代表大会，一次是八、九月间，一次是二、三月间。

（二）龙冈县工会

龙冈县工会有千多工人，包括佐〔做〕篾的、木匠、弹匠（弹花工人）、理发匠、阉猪的、做裁缝的、做锅的、打铁的、泥水匠……工会主席杨传常（葑边①的，两次远征），设组织、宣传、文化等部，共 7 个委员。

工人每月交会费 5 个或 10 个铜板，会费要交上去，如果用了要打条子说明。

（三）潭斯乡

东江、曾高（曾家庄、东高）村政府归潭斯乡，乡政府设在田西汗。

（四）山歌二首（片断〔段〕）

"昨天到开会，天天讲主义，红军要扩大，敌人要消灭……"

"龙冈活捉张辉瓒，湖田活捉公秉藩，我红军追下水南……"

（五）梁仁杰二三事

打永丰城，梁麻子一跳便上了城墙，杀死了哨兵，又跳下墙，

---

① 即"枫边"，地名。

打开城门，我们的兵便涌进来。

梁麻子骑马走，用驳壳枪都能打到飞鸟。

梁麻子一次上楼去打靖卫团，受了伤（头上），被靖卫团串通医生害他，伤口越烂越大，便被害死了。

（访问与整理：詹义康）

17. 范宜通访问材料

范宜通，男，41岁，社里会计。1928年石头坑成立农民协会，儿童团也组织了，任石头坑儿童团团长、少共书记。1929年调到县儿童团（藤田）任儿童团书记（副书记温××）。同年7月调到北坑区担任儿童【团】书记。1928年石头坑成立农民协会，主席谢宗保，【任】儿童【团】书记。1932年在江西省银行当练习生。

一、一般情况

1928年石头坑成立农民协会，主席谢宗保，儿童团书记范宜通。北坑区区长孔财贞（富田人），儿童【团】书记范宜通，北坑区委邱秀增，组织部长王开燕，党宣传部长陈士模，少共书记郭礼才，团组织部长邱……①，团宣传部长罗来朝，妇女部长崔敦华。

二、参加银行工作情况

1932年调到宁都补色县财政部，因自己吃不消，过了十多天调到江西省银行当练习生，学习打算盘，记日记。当时银行行长林烈圣，会计、出额②都不记得，练习生有七八人。银行是在省委领导下，省主席曾山（吉水），副主席不记得那个。练习生每天除学打算盘、记日记外，每天都要帮银行送信到邮局去，信的内容大多

---

① 原文如此。
② 即出纳。

数是银行经济情况，帮助出额贴烂票子和收金、银、铜、铁。练习生学打算盘的内容是加减乘除和具体的数目，练习记日记是记下当日的出进数字，要分出类型来记，如：一天收了多少金、银、铜、铁就要用进数来记，不能乱记。直到 1934 年因天花很严重，就回到家里。

1934 年国民党进攻龙冈，我逃到南坑，在亲戚家里【，村里】已成立保甲，我就在家里种田。

三、少共书记、团长（儿童团）的工作

1928 年石头坑组成儿童团，七岁以上的儿童〈的儿童〉就可以参加儿童团，宣传妇女放足、剪发、禁烟、禁赌、打扫卫生、【慰劳】军烈属。

首先向妇女讲清放足、剪发的好处。放了足【做】事方便，走路也快；剪了头发做事也〈不〉方便，能节约时间。当时流行着一个剪发歌："长头发真不好，我越梳越起火，我要剪掉。剪了头发真正好得多，省得梳来省得摸，省得生虱婆。"初搞的时候，农村妇女是最反对的，后来亲身体会到剪发放足的优点，自己剪了发放了足。

吃大烟、赌博是最不好的，吃大烟对身体有害处，损精败神；赌博消耗精力，输了连衣服都没有穿，饭也没有吃，弄得全家的生活都不安宁。儿童团长、书记组织儿童到各地去探，每到〔当〕什么地方有吃烟、赌博的事，马上报告书记或团长，书记叫他们去捉，见牌没收，看到大烟也没收，有一次没收了 20 多包大烟（回龙的王地主的）。捉到了〔的〕吃大烟、赌钱的，有几次不改，就要戴帽子游街。

打扫卫生。儿童除了打扫公共地方，村上的地方要打扫，还要帮助军烈属打扫卫生。

宣传队到军烈属家里去，向军烈属讲解要他们不要担心，有吃有穿，有病有医生；向老百姓募捐，买东西送给军烈属；帮助军烈属担水。学文化、搞俱乐部，组织儿童欢送队，欢送红军，唱歌给红军听，演戏给红军看。

儿童团除了做以上的工作，还要参加以下几种工作：放牛、砍柴、担水、送信，帮助军烈属担水，帮红军送信，到战地上，破坏道路，使白军不能过去。

（访问与整理：王继维）

18. 谢新娇访问材料

谢新娇，女，46岁，党员，上固人。现任农、组织宣传干事。记忆力上。13岁（1927）参加革命，1927年任毛南乡的儿童书记，15岁任毛南乡的妇女主任，1928年调往中固任妇女干事，17岁调上固区任妇女部长，过了四个月调龙冈县任党妇女副部长、团妇女部长。

一、儿童书记

1927年任毛南乡的儿童书记，领导儿童打破迷信、捉赌禁烟，慰问军烈属。

①打破迷信——不信提竺色鬼，不招魂，不问仙姑，不敬菩萨，不算八字。

②捉赌、禁烟——让儿童到各乡打听赌博的地点，有的就去捉〈抓〉。第一次捉到进行宣传，第二次就罚苦工，第三次戴高帽子游街。反对吃大烟，反对烟鬼、赌鬼，吃烟，赌钱损精败神，使人懒做工夫，成二流子。

③慰问军烈属——帮助军烈属家里担水、砍柴、扫地、耘菜，讲解军烈属的光荣，组织儿童搞节目，到军烈属家里去演戏慰问他们，使他们高兴、喜欢，感到人民对他们的关心、爱戴。

二、妇女工作

妇女由区、乡、村妇女部长、主任、代表领导，把妇女组成三个队。

（1）妇女宣传队：宣传队向群众宣传为什么要扩【大】红【军】。青年参加红军是为了我们穷人自己的出路，为了过好日子。大量地宣传老人，打通他们的思想，要他们让自己的儿子去当红军。对青年进行宣传教育，向参加红军的男青年说明，干部向参加红军的男青年保证〈保〉让他的女人不偷男子，家里爷娘不受饿、不受冻，种好他家里的田；保证他家里的生活比一般群众、干部的生活好。动员他的女人不要拉后腿，要欢送，动员自己的男人去当红军。干部做好了以上的工作，就要这个男的作出保证，保证不挂念家里，不开小差，不向后转，在前线安心，坚决斗争，站稳立场，决不投降。

（2）妇女慰问队：区、乡、村妇女部长、主任代表领导妇女做军鞋。每个妇女每月做一双军鞋，种类很多，布鞋、布草鞋、皮鞋（软底鞋），送给红军战士。

组织妇女慰问队，送猪肉、饭、菜、开水到战场上去给红军战士吃。在送东西的途中，妇女慰问队是拼命送过去的，炮弹落在身上也要送过去，不会想到自己的死活，就等于炮枪不会打到我们，只想到送上山去。

将慰问品送到战场，妇女们要和战士们谈话。妇女讲话是鼓励战士们战敌，不要放松敌人，不要挂念家里，不要向后转，你们家里的田地，乡亲们会帮你们种好，你们家里的生活要比干部、群众的生活要过得好。对开小差的红军，第一次进行宣传教育，第二次进行批评，在大小会上都会批评，在黑板报上提出来批评，第三次进行处罚。在慰问军烈属的同时，对那些【表现】好的军烈属就送猪肉、鱼、鸡蛋等物；送给那些开小差的红军是石头、猪狗粪羞他们，群众对他们是用另一种眼光对待他们，用轻视的眼光看他。

当时群众对红军是非常热爱的，老百姓送东西给红军吃，尤其对伤员特别关心，把自己所有的东西都送给红军吃，希望伤员早日恢复健康，重新上战〔前〕线上消灭敌人。

（3）妇女洗衣队。妇女不但要做好宣传工作、慰问工作，还要做好洗衣工作，在后方帮助伤员洗衣服、洗流血的衣带，帮助军烈属洗衣服。有个别军属、烈属不方便的，妇女要全部包下来，使军烈属满意，生活得满意舒服。

当时妇女的情绪很高，每接受一个任务都很爽快，没有讨价还价的现象。能够服从领导，上级讲做什么就做什么，并能想出各种方法来提早完成任务。

妇女除了做以上工作外，还积极参加【筑】碉堡、挖壕沟。1934年妇女们到沙溪担竹钉。这种竹钉是两头尖、中间大，一头钉在坭〔泥〕里，一头在外面。红军利用这种竹钉，钉在上固王鸡公岭上（这个岭上有一个碉堡）和经过的周围，使敌人不能上来，假使他要上来也【会】将鞋子穿〔戳〕破，足也不能提起，阻止他们上来。在晚上，妇女上山砍树，将树丢在路上；把路挖烂，使敌人不能走。

三、龙冈县妇女委员会组织系统

（一）龙冈县妇女委员会——组成人员：5人

（1）正部长：雷心梅（石背人）

（2）第一副部长：谢新娇（上固人）第二副部长：梁春华（枫边人）

（3）宣传干事：×××（1人）

（4）青年干事：×××（1人）

（二）区妇女委员会——组成人员：3人

党团妇女部长各1人，青年干事1人。

上固区的妇女部长：范长秀（汉下人）

潭头区的妇女部长：陈金华（上固人）

沙溪区的妇女部长：曾桂英（年坑人）

龙冈区的妇女部长：谢春英（芭溪人）

枫边区的妇女部长：阙连香（枫边人）

南坑区的妇女部长：胡南英（梁村人）

君埠区的妇女部长：×××。

四、龙冈县、区、乡、村的划分情况

1933 年八月间，龙冈县划分 8 个区：南坑区、君埠区、潭头区、沙溪区、良村区、上固区、枫边区、龙冈区。

南坑区：中叶乡、风叶乡、松江乡、雄口乡、保沙乡、郑溪乡、上坑乡、北坑乡、南坑乡、富溪乡。

君埠区：上怀乡、下怀乡、南林乡、读书坑乡、古平乡、北斋乡、铁园乡、笔头乡、杨斋乡、君都乡。

潭头区：龙都乡、潭头乡、下古乡、窝〔卧〕龙乡、石背〔陂〕乡、罗坊乡、塘坑乡。

沙溪区：东甫乡、水村乡、下庄乡、八石乡、北安乡、水浆乡、源坑乡、破坑乡。

良村区：前村乡、后村乡、岭下乡、石街乡、约溪乡、良村乡、××、××（有 8 个乡）。

上固区：上固乡、汉下乡、江头乡、其坑乡、回龙乡、潭斯乡、少年乡。

枫边区：篾石乡、白沙乡、风岭乡、枫边乡（6 个乡）。

龙冈区：龙云乡、芭溪乡、孔坑乡、南沙乡、杨沙乡、表湖乡、龙冈乡。

乡划村及政府的所在地的情况（片断〔段〕、不全面）：

上固乡：曾家庄村、焦坑村、桥背村、芦〔炉〕下村，乡政府在上固乡。

少年乡：少年村、破坑村、山坑楣、白家窝，乡政府在少年村合作社。

汉下乡：东车村、汉下、塘高、湖北汗，乡政府在湖北汗万寿宫。

江头乡：江头村、坑头，乡政府在江头万寿宫。

其坑乡：高斜村、洞下、其坑，乡政府在其坑牌。

回龙乡：店下村、新屋堂、石岭下、石头坑、坪头坑，乡政府在新屋堂万寿宫。

潭斯乡：田心汗、暗坑、张士坑，乡政府在田心墩。

龙冈乡：凡埠、城功、桥头、王家城、张家车，乡政府在龙冈。

表湖乡：猫子潭、水西，乡政府在水西。

龙云乡：西坑、茶坑、穷山下、石罗背、龙王角、六潭，乡政府在龙王角。

空坑乡：芭溪村、芭溪头、江头背，乡政府在江头背。

南沙乡：毛坪、普背、角罗墩、南沙，乡政府在南沙。

杨沙乡：里洋沙、外洋沙（青山间）、苦株坬，乡政府在青山间。

上怀乡、下怀乡。

南林乡：放石背、内草巴、南林，乡政府在南林。

笔头乡：笔头，乡政府在笔头。

中叶乡：[①]

雄江乡：雄岭下，乡政府政〔设〕雄岭下。

郑溪乡：郑家坑、大西坑，乡政府在郑家坑。

1934年龙冈县委会迁移所在地：桥头龙山下→约口→良村岭下→黄书边→枫叶乡→枫边→君埠约斋→宁都洋磜→墩下塘高→宁下。

龙冈县委会在1934年，由于国民党近〔进〕攻龙冈，时局很急，县委会留下15人，县委书记罗国倬、少共书记王水祥（党）、团委书记〈是〉邱良传，副县委书记吴功仔、梁德、谢林穷、肖苏文、李新年、谢新娇等人。当时我们15个人没有脱离过，走什么地方都在一起。在县委会每天每人吃14两米，后来吃12两米，盐没有卖，吃硝盐（拿墙土熬的盐）。吃了8个月，后来连硝盐都没有吃，饭也吃不到了。由于没有饭吃，同年11月开了一个会，开会的时候正是下雪结冰时节。罗国倬在会上说："现在没有办法，只有各找各的出路，现在是紧的时候，你们自己去找出路。以后在

---

① 原文此处空缺。

白区，不能逃出去，就暂时在白区，男的不要帮白军做事，女的不要嫁给他，要杀就让他杀，不要向敌人投降，坚定自己的立场。总有一天红军会回来，红军来我们又能活下去。"就这样我们15个人分开了，各人找各人的亲人、朋友，有的躲在山上，有的躲在亲戚家里，国民党来了就向后退。有的甚至躲几天几夜不出来，饭都是亲戚送到山上来吃，自己不敢出去一下。我们15人就是这样离开了，联系也少。

19. 访问陈天亮材料整理

陈天亮，46岁，农业社员，1927【年】在红军学校毕业，毕业后在队伍任号兵兼通讯员、龙冈区团委少共训练员。

一、在红军学校情况

1927年在红军学校毕业，在校学号兵兼通讯员。这个学校一共有三个大队，两个步兵队、一个炮兵队，校长毛泽东、副校长金潘刚，政治委员陈冬义。军事训练内容有练操、学文化、讲演、射击、野操、伏倒等，学习6个月毕业。

二、毛泽东、朱德在红军学校的谈话

毛主席在红军学校讲话：我们中国要革命，资产阶级日益剥削无产阶级，小资本家变大资本家，穷人越来越穷。要无产阶级成立的政府，自己组织起来打倒资产阶级，打倒代表资产阶级的国民党政府，建立自己的苏维埃政府！要我们无产阶级大团结起来，要工农自己拿起枪来，学生要努力学习军事文化。一定要打倒国民党政府，要消灭国民军，扩大自己的红军！

朱德讲的：红军初就是有小武器、临时枪，我们一道一道打胜仗，缴白军的枪，机关枪、迫击炮都已有了，军队也扩大成一万多人。我们要扩大红军到一百万才可以打垮白军。

贺龙讲话：打包围的方法，主力军前一步走，这〔找〕一点去包围；放哨要立在树底下，敌人就不容易发现目标；路上行军，笠蓬插上树枝，飞机就找不到目标；飞机如果在头上过，不要乱跑乱叫，要立刻蹲下来。

三、区团委少共训练员的工作

1927 年毕业后，在龙冈区团委任少共训练员，专门教少年上早操、识字。龙冈区长陈子豪、副区长范家燕，后又调谢明开，龙冈县委罗国倬、〈罗〉主席范家苑，书记罗焕章。

1. 上早〈事〉操。首先教好操〈操〉的步法，起步跑走、慢快步跑，学习打枪。在未教这些前要做好宣传工作，宣传当红军的好处，当红军是自己谋出路、谋解放、谋幸福，为自己利益当红军。动员民工做担架队送伤兵。

2. 识字。根据教学材料，首先学单字，然后学句子，最后学普通的课文。老师在教室里用课文、黑板、粉笔上课教学生，用共产主义道理教他们。

四、训练少年的目的

动员大的去当红军，小的家里练习上操，除上操外，还要参加生产。有红军在此过就动员儿童去送茶水，欢送他们，并呼口号："欢送红军战士上前线去打垮白匪！""欢送新战士上〈向〉前线去，解放前〔全〕中国！""欢送新战士上前线去消灭资产阶级！""欢送新战士上前线去建立苏维埃政府！""欢送新战士上前线去打倒帝国主义！""欢送新战士去解放全世界的无产阶级！"红军路过，儿童就呼这些口号。

动员大的参加运输队，帮助红军送伤兵、文件，带路，【送】粮食、子弹、蔬菜、柴火、衣物、鞋子。

当时少年唱了一首歌，歌词：走上前去啊！曙光在前，同志们奋斗！用我们的刺刀和枪炮开自己的路，勇敢向前！迈着脚步，高举少年先锋队的旗子，我们是工人和农民的少年先锋队，我【们】是工人和农民的少年先锋队！

（八）罗坊乡调访资料

1. 访王开吾材料整理

王开吾，男，46 岁，罗坊乡中舍村人，记忆力中上，曾任村模范少队，特务排，潭头区游击队，永吉独立营班长，乡、区少队书记。

（一）中舍革命和地方苏维埃组织

1. 民国十七年（1928 年）正月，中舍便有秘密组织，主要是刘名声、陈清泉、王祥兰、曾祥简、王开地等五人，陈清泉是段起凤的外甥，由他到东固接头。三月便暴动，公开成立农民协会，有一个常委，两个执委和一个书记。

2. 民国十八年二月成立村政府——南坑口村政府，村苏设在南坑口。中舍归南坑口村政府。该村政府管辖下列地区：南坑口、中舍、白家边、下村、石公下、王家园、铜锣坵、皮家圩、南坑梅、追上、丁坊。

3. 民国十九年（1930 年）五月成立南墟乡政府，乡主席胡兴友（官田际下人），副乡主席刘名声（中舍人），党支书刘名沅（追上人）。南墟乡包括原南坑口村辖区、官田、大山梅、大山脑、朱坑、铜湖坪、磜下、苦竹坪、下龙、云都寨、火家岭，乡苏设在南坑口文昌阁。

4. 陈清泉与官田李执荇，南坑梅村孔祥伟、孔祥万、孔祥麟有联系。

5. 李金山、欧阳岳、姚振、姚番等人都在潭头区担任区干部。

6. 1931 年，潭头有九个乡：

潭头乡，乡苏设在潭头街上；

南墟乡，乡苏设在南坑口文昌阁；

石坡〔陂〕乡，乡苏设在石陂村；

卧龙乡，乡苏设在卧龙万寿宫；

高车乡，乡苏设在杨梅江；

长埠乡，乡苏设在长埠村；

龙州乡，乡苏设在龙家坪；

下固乡，乡苏设在下固街。

7. 1930 年二月解放沙溪，五月成立沙溪区苏。

（二）永丰县地方武装的发展

1929（或 1930）年，潭头区成立后，由各村模范少队中选出三十几个优秀的少先队队员（一村只一两个），组成潭头区特务排，排长李官茂，政委陈兴文。特务排战士穿普通老【百】姓装束，臂上有红袖，上有镰刀斧头；用的武器都是梭镖、鸟铳和鸟枪。除〔过〕了几个月，从各村〈范〉模范少队又调来几十个人，特务排就扩大改编为潭头区游击队，有 11 个班（伙夫班在内），共百一二十个人，队长是李金山（板塘人）。游击队的服装和武器同上述一样。游击队的任务是：防止靖卫团的进犯，保卫苏维埃根据地和苏维埃政府。平时担任放哨的任务，放哨是放连哨，隔不几远一个，有二三里路长；有命令来就出发去打靖卫团。靖卫团驻在藤田，常常会到沙溪来，我们也会到沙溪去，碰到就打火。我们都没有枪，用鸟枪和铳贯硝与铁条，打得六七十步远，也蛮厉害；到了近边，就用梭镖杀，敌人怕死，见到就退走，我们也就退回到区政府去，不敢追。在 1930 到 1931 年这个时期，靖卫团总是从沙溪、下固、长埠三方面进犯，我们也总是在这三方面作战。

1930 年二月，解放沙溪。一天晚上六点钟时候，潭头区游击队和东固开来的一百多个红军（三军团），从潭头开差，游击队与一部分主力由长坑包去，另部分主力由下固包去，开到彭坊、水碑歇，未天亮就吃好饭，开到沙溪等天亮。快天亮的时间，前方部队就与沙溪靖卫团打起来了，白沙游击队百二三十人（有几支步枪）也从北胡包抄过来了。此时，靖卫团还正在吃饭，听到枪声，碗一丢就往沙溪后面龙岭逃往藤田。我们跟着追上去，缴到十五支枪，还有封枪会的二百多根锚子梭镖，装了五箩担（二担半）。

1930年五月，成立沙溪区、乡政府。同时，将潭头区游击队、白沙游击队及各地扩来的红军，编成有五六百人、四百来【支】枪的永吉独立营，营长罗焕南，政委李贻谋。独立营的任务也是保卫根据地和苏维埃政府，专门在白沙的罗田、官山和藤田、杏坊、严坊一线，同靖卫团作战。

（三）关于罗焕南事件

罗焕南以前在东固当裁判部长，后来在潭头区当过几个月的裁判部长后，担任永丰独立营营长，被逮捕时，他是营长。他是AB团头子，在东固、潭头杀了好多人，并关了40多个，在政治保卫局捉了罗焕南后，经过审查，只杀了两个【人】，其余的都放了。

民国二十年（1931年）四月，在沙溪召开了一个会，有七八十个人参加，部队里是班长以上干部，还有地方各机关干部，儿童也有，妇女也有。会议两边摆有花机关、手机关、步枪共三十多条，很严肃。会议开先，推选罗焕南为临时会议主席，他做工作报告，讲到差不多时候，门口两个背盒子枪的就把守住门，罗焕南想抽出手枪，当时背后就有两个人抓住他，两边的枪也都上好了火，对着他，当场就把他捆起来。

杀罗焕南是这年六月，很热，穿单衣服。枪笔〔毙〕罗焕南的是熊桂山。

（访问与整理：詹义康）

2. 访李郁达材料整理

李郁达，现年 48 岁，男性，住永丰罗坊乡桃源社丁家村，党员，土地革命时任连、营政治指导员，信丰县委宣传组织部长，省委巡视员，白沙区委书记。

1. 暴动前工作：1927 年春上，罗坊地方资本主义成立的党部发生左右派之争，他们互相争权。

毛主席从井冈山来东固后，曾广茂来我地进行工作。1927 年间我地就有秘密组织和 C.C.P.、C.C.Y. 党团秘密组织。入党的要念六条誓词，呼口号。

2. 暴动后工作：1928 年五月（或六月）暴动，暴动后曾两次打封建堡垒，罗坊把靖卫团追到沙溪、藤田。1932 年我任白沙区苏土地部长时，正当土地复查。复查由下层民主评定，看群众检举的土地剥削、劳动剥削、借贷剥削量来划阶级，一般不看土地多少；民主评定后再由党团监定。当时有些中农、富裕中农打成富农。土地更改不大，只将一些原公田分下去了，土地要完累进税。

3. 肃反：县有保卫局，区有肃反委员会，乡有特派员。当时肃反严密，对封建地主实行专政，反对打土豪、分田地、扩大红军的人，都作为破坏论。乡里有拘留所，可以办罪。罗焕南杀 AB 团，有时整营整排杀。

4. 党团工会组织：党组织分布系统——县有县委会，区有区委会，乡有支部，村有小组。当时党员分布很广。后期公开征求党团员——开会时摆张桌子，登记名字，上级再批准。党员组织生活看工作松紧，七天或十天一次。党团员组织生活，有时学习，有时搞问答，如："莫斯科在哪里？"对犯了错误的同志，有时展开严厉的批判。

团组织：区有区委会，乡有团支部。团员年龄在 12—23 岁。党团员在参军各项工作中都起带头作用，尤其是参军运动，更要起促进作用，团员那时真正起了党的助手和后备军的作用。

工会：区有雇农工会，乡有工会。桃源起有工会小组，后取消了。

5.1931 年省整风反王〔罗〕明、毛泽覃、邓小平、古柏路线

他们不实〔执〕行六届三中全会决议。我们要向边区发展，进行游击战争，扩大苏区，他们却采取单纯防御路线。整风前后经过几天辩论，这次整风也叫反"江西罗明路线小组织派别"。

6. 公略县军事组织

县委军事部统辖的有：吉安独立营、公略独立营、浙贵独立营、警卫连、游击队，各部七八十人，枪多从敌人手中夺过来的。

7. 苏区用的水笔、生活资料、日用品都由白区工作部从白区搞来，有时一个桶里底上装东西上面盖粪，这样偷偷摸摸运进来。边区的老百姓最苦，有时两边都抢掠，往往是一扫而光。后我们在白区不准抢掠，曾有一个政治委员违反政策向白区收税，结果枪毙了。

8. 公略、信丰县行政区域

公略区划：白沙、东固、湖田、罗家、水南、管山、东鹄、浙贵，后有水东边区。

信丰有长远坝、讳坊、古璧、中岭、马岭等区。县苏驻讳坊。

9. 信丰一般情况

信丰原为半老苏区，离广东军阀很近，红白常变，工作要找党团员很不容易，多半是经济款待出发，某些工作还要找些流氓地痞。地方上的党团工作人员多由永丰、公略等地人去的，信丰县委书记胡××，在公略当过县苏主席，团县委史茂照。

10. 其他

①公略县苏扎〔驻〕过水南、湖田。

②开会时有静默三分钟，向主席敬礼。

③江西团省委书记张吉之、组织部长张爱平〔萍〕、宣传部长曾饶彬，团中央宣传部长陆定一，中央团校校长孤竹霖。中央团校旁边是中央党校。

④雩都中心县管辖信丰、安远、石城，中心县委书记李宗伯。

⑤公略县毛泽覃同志曾召开过一次全县党员代表大会，1929、1930年召开了两次县苏代表大会。代表是由区乡选举的，代表有妇女、儿童、少先队、党团员。第一次县苏选举了胡县长。① 另外还开过一次临时全县苏维埃代表大会。

⑥当时标语："白军弟兄们，你们在山东、河南苦战了几年，得了什么？又为了什么？"对瓦解白军起了很大作用，有时整营整排投降过来。标语多写在刮去树皮的树上、竹排上、石头上、壁上。

⑦夺取长沙后，吉安设有红军大学，学习期限一年。因敌人进攻，得十几天就迁移。

⑧萧克组织的教导队，每区只派二三人参加，都是派连长、指导员学习。

⑨白沙游击队有一百一二十人左右，任务是专门牵制靖卫团、守望队、红黄学会的行动。

（整理：元嘉训）

3. 访孔祥娇材料整理

孔祥娇，47岁，女，原住凹〔坳〕上村，曾为段盛生妻，土地革命时任乡妇女主任、妇女代表。

---

① 1931年11月，公略县第一次工农兵代表大会召开，成立公略县苏维埃政府，选举李衍星为主席。从1932年4月至1933年10月，公略县先后在水南、富田等地召开3次工农兵代表大会，分别选举胡海、胡发鑫、刘声伦为主席。见《中央革命根据地词典》，档案出版社1993年版，第186页。

段盛生 1905 年生于坳上，五岁死爷〔父〕，由娘供养读书（娘在解放后死），19 岁在吉安高中毕业，后在东固坳上等地教过书，192□年加入共产党。段盛生有两个姊姊。21 岁由叔叔（不是同胞）段月泉介绍在七纵队当指导员，又先后当过东固区委书记，水东、兴国等地工作。25 岁时被 AB 团杀于南龙，尸体弄回家时头被捆在二脚间。我 16 岁时嫁给段盛生，嫁前他原有老婆死了。当时婚姻接近自由结婚，但我还由父母、媒人包办，结婚时还坐了花轿。段月泉兄弟有段月边、段月东、段月亮，段月泉最小。他没读过书，初只是起坐教打（武艺），我嫁去时他在七纵队当团长。在打兴国王陂时抢到了一个雅观的女子（叫银子，她有三姐妹，她老二），后来给自己做小【老婆】。杀 AB 团时，月泉躲在油萝窖上，病中一次回家，其妻泡了一碗茶放在他身边，月泉将一支短火（短枪）放在桌上，AB 团来捉时先缴了他的枪，后几个人想把他捆起来，月泉迅速逃出，结果在田坎上一只脚跌了下去，才被 AB 团【捉】到。月泉一儿子出去参加红军，现未回来，月东儿子试冲出去后也无音信。

月泉最初组织了七兄弟。1922 年组织的棒子会到南坑尾抢夺，我家也被打了，他们二三十人拿着大棒子打破门冲进来，先打人，我父亲左手被打断，右手被刀把刺出血，母亲右额角被打破，后才抢好东西。他们每个人头上用一条丈多的青布扎两盏用竹筒做的灯在头上，灯光很亮，到熟人家抢东西还将脸涂黑。〈自〉抢了东西就放火爆竹。枪是拿竹筒装大爆竹在内做成。

〈五、〉1927 年坳下有秘密组织，1928 年公开，那边没有村苏，村上只设小组。入党不要介绍人。

4. 访兰永容材料整理

兰永容，51岁，男，住永丰罗坊乡南坑口社南坑尾，解放后任连部指导员、生产队长，土地革命时入了党，当过村代表，潭头区土地部主任。

1. 暴动

某年某月一日，我挑禾苗去犁田，段月泉、段盛生带着十几条枪拦阻我，要我去南坑尾祠堂开会，结果开了一点〔个〕钟【头】，会上他们说："如今要革命。"结果又去犁田。开会前孔还海在永丰打官司输了，后还坐班房，段盛生带了四五十条枪打永丰，把孔还海放了（同时缴了百余支枪），出来后隔十几天，段盛生找孔祥林介绍，娶了孔还海女。隔个余月（三月），组织农协（只秘密3天），常委罗才青，联（执？）委孔祥林，委员兰永容、孔祥福、许水鸡（工人）。农协后组织向外发展。

2. 土地部工作

部里人分到各乡协助土改，党团员下乡要介绍信，否则没有饭吃，事情也不能管。分土地以村为单位，南坑尾表面上每人分9担田，实际上有19担。分配不以原耕为基础，分田有3个（或5个、7个、9个）分田委员。岭也是荒山搭产山、产山搭荒山。分田后有纠编工作，纠编时全部土地重新分过，人添者补，人少者抽。阶级也有升降。不分田时协助它部工作。

潭头区土地部主任兰永容，委员程普荣。

3. 行政组织

南坑尾初属芹溪乡（扎官田），后属南溪乡（扎文章〔昌〕阁），芹溪乡被撤销。潭头区南溪乡有下村、南坑尾（连丁坊）、官田、南坑口（包括东社）。

4. 罗焕南遭杀

罗焕南手上杀了几百人。有天罗焕南又写了很多革命同志的名字在簿子上，放在帖布下，熊贵三正在楼上办公（许头区苏）看见，待罗焕南出去后，熊贵三将簿子拿走，到永丰保卫局处报告，抬兵来捉。罗焕南被捉时，身上有 2 支驳壳，一支左轮。罗焕南遭杀那天（四月），由保卫局长主持开会，参加会的有乐安、永丰各县代表万余人。罗在会上也演了说，承认自己是国民党那边的。结果群众将罗身上衣服剥光，两手捆在两边木椿〔桩〕上，白家边一人先用梭镖杀了一枪，血就射出来了，后剥了他的皮，取出心肝肚肺，被人买得吃了。

5. 其他

①在区工作人员，不是党团员的叫"老飞（非？）"。

②入党人自己不作申请，只是秘密调查，监督行动。

③ 1932 年成立潭头乡。

（整理：元嘉训）

5. 访罗吉章材料整理

罗吉章，现年 52 岁，男，土地革命时任乡主席、沙溪区委组织部长，叛徒，解放前夕当过伪保长。

1. 段月泉等人活动

段月泉在一斤三（原文如此）结拜了三兄弟，段月泉等人也组织了棒子会，一些有钱人特别是知识分子怕棒子会人来打自己，就加入到里面去了，会里共有几十人。后来说康华星〔新〕、杨家秀、练太音（永丰人）、吴杨贵生在打棒子中吃了冤枉，段月泉等人把他们杀了。康华新等被杀时身上穿了十几件新善〔衣裳〕，棒子会人全部把它剥了下来，段盛生也得了两件。

2. 南坑尾地区革命活动

某年三月，段盛生、姚真[①]、姚蕃、刘金华（东固人）来南坑尾成立农协，常委陈传信，外有职〔执〕委。隔二年成立南坑尾村苏、芹溪乡乡苏。芹溪乡所〔苏〕扎〔驻〕过山口、官田、承口，后潭头成德吉区，乡所〔苏〕扎〔驻〕【过】会稽、黄坑。德吉区苏接受东固指示，打了龙冈、沙溪、藤田。

农协成立那年进行了抗租抗债，事后分了土地，每人 8 担田，土地要完累计税。

3. 党的组织与工作

党组织县有县委会，区有区委会，乡有支部，村上党员 3 人以上则设小组。

入党志愿表由他本村党小组会填，不由入党人本身填写。入党表填后交支部讨论，再由区组织部开会审核其历史、成分、表现，去作决定，批准后再由小组通知参加组织生活。到杀 AB 团时，一般人都不敢入党，这时党组织开大会挂牌征求党团员，自愿加入的在登记册上填明自己住所、成分、年纪、家庭人口，县委再根据报名人情况到乡支部问其表现决定，当时报名人很少。入了党的称"大学"，入团的称"中学"，党员要记住二十四字誓词，C.C.P.、C.C.Y. 番号。

党小组组织生活约十天一次，三次不到会者开除党籍。支部会先要用条子通知小组长，再由小组长转达各党员。县委一月召开两次区委书记会，检阅一月工作，布置下月工作。党员每月交几分党费，三个月不交，开除党籍。

有问题时，军队党会叫地方党书记开会，军队党经常审查地方党政工作人员情况。

---

① "姚真"应为"姚振"，后文写作"姚振"。见《永丰英烈》（内部资料），1995 年版，第 80—83 页。

4. 县委巡视员工作

由县委分配到区进行工作，到区后再开会具体分配到乡，工作难开展的乡村由县巡视员去。我到过石马、东村、北坑，他们都有区党委。

5. 政府机关会议

县苏及各部门半月开一次区苏全席及所【在】部门人员会议。巴黎公社、党的生日等各种纪念节日，全区要召开群众大会。大会前要发动各部门开会，使老百姓懂得开大会的意义。这样准备：各小组长先到乡开会，小组长回来再进行传达。开会前一晚上，区委又要分工，布置哪些人在大会上作什么报告。大会召开时，每区有一两千人，各乡要报告到会儿童、男女、青年数。会场红旗艳艳，各上〔人〕手上又要拿小旗，赤卫军持武装，儿童团拿木枪，散会要呼口号。

6. 党领导人民生产

要农民挖好水沟，作田深耕细作，防止三干三瘟；打扫卫生，疏通沟井；提倡每天节约三四两米，油盐不能多吃。

（整理：元嘉训）

6. 访雷辉青材料整理

雷辉青，44 岁，女，住永丰高坑。土地革命时改名雷金生，做【过】村代表、石马区妇女主任、北坑区妇女主任、龙冈县内务部优待红军科科长。1950 年任潭头乡妇女主任，1952 年任妇女主任，后因家务事多退职。1958 年军事化中任班长。

①革命活动：1931（？）年起农协，暴动时由下村人邓福生等领导，在文章〔昌〕阁开会（现南坑口）。1932 年正二月成立下村乡苏维埃政府，四五月成【立】潭头乡。1931 年九月打沙溪时，

下村去了雷辉青、王炳玉、刘××三人当洗衣队。下村村苏主席袁紧真,秘书曾惠利。父亲阻止我去开会,还坐了一天牢。

②内务部:内务部分"优待红军科""修桥补路科",共六人。1933年,优待红军科科长雷金生,下设阙祖信、雷金生等三个委员;修桥补路科科长阙祖信(丰边人),委员肖义炳、欧德炳、雷金生。内务部长肖义炳,内务部管红军家属吃得好不好,修桥补路、协助肃反等工作。

③1932年,在藤田组织了三连妇女在藤田、罗田受军训,政治委员李青,副政委王九秀,一连长雷德梅(石梅人)。得□个余月,因靖卫团扰乱,表现出害怕情绪,在五月十九日即解散了。

④1930年国民党向潭头、上固围攻,我到瑞金受军事训练,毛主席八月出动北上,我们解散回县。曾山1935年二月出动,由回龙—东固—大龙—……我们十五晚出动未成被捉,在兴国坐牢七天,宁都坐牢十余天,九江一年余。

⑤其他

石马先解放,北坑是新苏区,后解放。石马区委书记崔东华。龙冈县苏主席罗家田,县委书记罗国倬,县妇联书记雷德梅。在政府机关负责妇女工作的是妇女主任,区委里负责妇女工作的称妇女书记。

(整理:元嘉训)

7. 访钟声钧材料整理

钟声钧,男,55,罗坊乡坵坊村人,记忆力下。曾任村代表、游击队长、赤卫军排长,公略县特派员。

(一)坵坊革命

坵坊是正月或十二月成立农协,这时罗坊也有农协。村里人曾与银田曾广茂、木桃源曾昭经接头，并吃了血酒。第二年起了村政府。

（二）部队中特派员的工作

公略县独立团中，每连有个特派员，负责肃反工作，每半月或一周向县政治保卫局汇报一次，汇报内容是每个士兵的行动表现，打仗积极不积极，会不会想逃跑。特派员不编入班排，在连部，生活和战士一样，也要打仗。特派员受政治保卫局和连首长领导。

（三）白沙、折桂、水南，三个游击队在白沙合并为白沙警卫营，在丁焉江、冠山一带打游击。

8. 访陈寿旋材料整理

陈寿旋，男，49岁，记忆力较好。现住罗坊乡下坊社，作田，现为党员。独立第五师第六团团部共青团书记，西方面军排长，五师六团排长。

（一）下坊革命的经过

1927年7月间，罗芹的段月泉到下坊开始搞秘密组织，下坊村的曾辉龙第一个【与】段月泉接头。当即成立了常、执委员组织，常委是胡兰辉，执委是曾辉龙、龚庭栋。

1928年，银田人曾广茂到下坊来开展农协组织工作，三月间成立了"上坊村农民协会"，并挂了招牌。1929年三月，上坊村成立苏维埃，进行暴动。村苏维埃成立后，就编组了赤卫队（军）、少先队，五月跟过去打龙冈，七月又去打枫边。

最先参加秘密组织的七人：雷祖德、陈唯书、陈寿施、陈忠恒、陈唯斌、陈唯贵、陈寿琅。在1927年八月，在石坑斩香吃血酒，秘密起事。

秘密组织搞起后，段月泉、曾金山（东固三磜人）经常到下坊来，一来就住到雷祖德家，并经常秘密召开会，告诉我们："要大胆，不要怕，要打倒帝国主义，一定要组织革命。"

组织农民暴动时，提出许多口号："工人农人要暴动""打倒帝国主义，土豪劣绅""打到南昌去""共产党万岁，毛主席万岁""拥护共产党万岁，拥护共青团万岁""欢迎反火群众回家耕田"……开会宣传时要喊，出操时也要喊。

秘密组织搞起后，还分工到桃源、良水、丁坑等地组织串连发动，建立农协。还是由曾广茂去搞，雷祖德只跟到过二次。

当时村苏维埃：村主席李振邦，村支书曾辉龙，土委陈年发，妇女熊桂秀。

1929年五六月，下坊村开始分田。

1928〔1929〕年旧历正月十六日，毛主席从东固过下坊到白沙。当时的下坊、上坊、良水、西坑、石门龙归公略县东固区，中舍、南坑楣、丁坑、白家边、南坑、中安、下村归永丰县潭头区。

（二）秘密农协

入会时间：晚上。

入会对象：经过串联培养的贫雇农。

入会方法：

在没有人住的独立房子或山棚内，对天外摆好一张桌子，桌子上摆好香烛，燃点钱香，桌面上放一把菜刀一箍香。人到齐后，就点燃香烛，入会者跪在桌子下，开始盟誓（即发誓），入会者一个一个发下誓言，誓言大约是"我××现在参加协会，如果今后【叛】变革命"，说到这句话时主持人用刀把一箍香斩成两截，然后说"与香同罪"。

每个人发完誓愿后，把鸡头斩下，鸡头向上埋外面，个个用针刺手指血，把血滴入准备好的酒内，然后分喝血酒，即称正式会员。喝完血酒后，还要制订会章，任何人不能走漏风声，就是亲爹娘、妻儿也不可告诉，并规定开会碰头时间和方法。

秘密农协是棍子会的向前发展，是暴动前的农民一种【自】发组织。

（访问与整理：王继维）

9. 访郭祖焕材料整理：罗坊地区革命的发生和发展

郭祖焕，男，59 岁，罗坊村人，记忆力中。曾任村苏主席，罗坊乡苏副主席，红军排长。

罗坊革命是从东固传来的。

在 1927 年五六月间，罗坊村（包括罗坊街）就有了秘密组织，这是由匡韶肖左进、板塘李盛山（两人都是沙溪小学学生）来这里发展的。秘密组织的成员有张赞茂、曾水标、郭祖焕等，因为罗坊有二十几家地主，反动势力大，所以到 1928 年二月间，四周都起了农民协会，罗坊反动派都逃掉了，才成立了农民协会。当时罗坊一共有十三只〔支〕农民协会：银田、桥南、南坪、龙家坪、罗坊、王州庄、桃源、宗溪、△顿、宗招、王家园、老屋堂、牛石坪。而起在胡坑口，则设了一个"总农民协会"——"区农民协会"，管这十三个农协。

罗坊的地主阶级，在 1927 年十二月收完了木子，叫人挑起谷和银圆逃到外面去，1928 年六月，他们又带着靖卫团的三十个人回来想收租。他们有枪，势力大，我们部队当时又没有在，罗坊农民协会就被冲散，暂时停顿了革命活动，农民也被强迫送还分得的财产。但这些地主的财产是十三个农协分的，于是地主又逼迫罗坊的农民到其他村去挑回地主的东西来，这样各地农协就说罗坊的农民反水了，十几个农协就联合起来向罗坊围攻。罗坊的地主跑了，农民也都躲到山上去，不管地主的还是农民的东西，全都被洗了。回来后，地主又带我们去洗〔把〕他们【的东西】抢回来。

东固派了部队来，罗坊的地主租也不敢收了，赶紧带了银洋逃去，东西带不去都放在万寿宫里，农民又重新把这些东西分掉，并恢复罗坊农民协会。

1930年五六月间成立村政府（罗坊村政府）。最初，革命一起来，是不分县界的，永丰、吉水、吉安三县交界的地方成立了芦源乡，后来才分县。1930年七月成立罗坊乡，归吉水白沙区管，老芦源区便归水南区管。罗坊乡有三个大队——赤卫军大队，一大队是罗坊寨下桃源，二大队是银田、桥南，三大队是胡坑口宗溪、龙家坪、牛石坪、宗招、△顿、回龙。

附：

一、罗坊地区成立村政府的地方尚有：坵坊、王竹庄、桃源、胡源口、桥南、高背、宗招、王家园、龙家坪等等。

二、成立芦源乡后，便没有了总农协会。

10. 访胡承根材料整理

胡承根，男，41岁，罗坊乡下坊人，记忆力中，罗坊乡党委书记。苏区时曾任乡、区、县儿童团长。

（一）儿童组织系统

儿童的组织，县和区有儿童局，乡是儿童团。儿童局（团）受同级少共的领导。

（二）江西、福建两省儿童代表大会

1932年七月，在瑞金召开了江西、福建两省儿童代表大会，一县有两三个代表，共七十几个人。会期七天，会议内容是检查和评比二省儿童的歌舞、打野操和破除迷信工作。评比方式：歌舞与打野操用表演，破除迷信用报告。

（三）永丰县工农兵代表大会

永丰县工农兵苏维埃代表大会是一年一次，都是在收割以后开的。

11. 访邓南荐材料整理

邓南荐，男，59 岁，于都县人，现住罗坊乡山坝村，记忆力中下。苏区时曾任农常委、村苏主席、红军班长。

（一）"棍子会"——"红红会"

一个晚上，一个大坪都是人，跪在那里宣誓加入红红会（又说是棍子会）。进了这个会有好处，不会吃亏。"兄弟也不亲，娘爹也不亲，就我们这些弟兄最亲""有福同享，有难同当，弟兄中有经费的给经费"。有暗语，问〈道：〉"风来了？"答〈道〉"雨来了"，便晓得是自己人。

原来要收五元钱，后来段月泉说："马上起农民协会，不要收了。"我便没交。

革命首先是棍子会这种人搞起来的。

（二）山坝革命

××年十一月，在潭头开茶店的赖孝经（山坝人）转来山坝，同我说："老邓我们要开会，我们也要解放……"便串找了十多个人（有龙家坪、山坝的人）开秘密会，由他指定了我当常委，还有一个执委。到了第二年三四月间，农民协会才挂起牌子来。这时，潭头已解放了，沙溪也已经解放了。

后来不要常执委，龙家坪、山坝、老屋堂、山背坑四个村辖一个小组，我当组长，组名叫"龙山洲"。农民协会也取消了，有组才分田地。后来又成立村政府，最后又没有村政府，有乡政府，各村有代表。乡叫龙州乡，管下列地区：横墙、山区、山口、樟树辅、胡坑口、板塘、土田铺、王家园、龙家坪、山坝、老屋堂、山背坑。乡政府在龙家坪。有了潭头区才有龙州乡。

12. 访肖兴全材料整理：没有党证就没有生命

五十三岁的肖兴全同志，是永丰罗坊乡宗溪人。在土地革命战争最残酷的时刻，他为了保卫胜利，保卫苏区，和同村的许多青年，别离家乡，参加红军，投入土地革命斗争。

1930 年三月的一个晚上，在永吉交界地丁△与敌发生遭遇战。战争是胜利了，可是肖兴全同志为了保守阵地，却身负重伤。由于伤势过重，随即转入中国工农红军医院。

经过严酷战争考验的肖兴全，使他深刻地了解到，要使中国革命胜利，一定要消灭敌人，彻底粉碎反动统治。他想到这些，使他增加了战胜伤病的毅力，因此，伤势很快地好起来了。

1933 年 月 日[1]，是肖兴全同志最难忘的日子，医院党组织找到他，作了长长〔情真〕意切的谈话。党的领导同志亲切而严肃地对他讲："共产党是劳动人民的救星，没有共产党就没有中国，共产党员是硬骨头，在任何困难面前，或者敌人刺刀下，决不能动摇屈服，更不可出卖组织，只有牺牲个人，坚决革命到底。"领导同志接着又郑重地对他说："现在我代表医院党组【织】，接受你加入我们的组织。从今天起，你便是光荣的共产党员，无产阶级红色战士。但要记住，党证就是生命，没有了党证，就没有了生命。"这些话直到今天，肖兴全同志还记得清清楚楚。

五次战争结束后，红军主力北上，由于当时他的伤势还未十分好，因此，组织上决定留他在后方，坚持【在】敌后开展斗争。在1934 年四月，组织上介绍他回乡继续开展党的工作。

---

[1] 原文如此。

当他回乡的第二天，白匪就进攻到了王家园。为了保卫群众，肖兴全同志在王家园被捉，带兵来捉他的是富农肖常楷（肖常楷原在红军里当担架队，但当他听到白匪进攻到沙溪，就私下偷跑回家，准备迎接白匪）。当肖兴全同志被匪捕捉时，暗下把党证藏在贴肉的小袋子内，同时边走边思考，看怎样来保存党证。当他走到一座小桥边，突然想到敌人是残暴的，什么都可做得出来，想到敌人屠杀同志〈同〉的暴行，心顿时冷下来了，于是便偷偷地将党证丢在干了水的桥下。

当时，△石村的伪保长是自称"老难民"（土地革命时，逃亡城市土豪的自称）的谢顺达，当肖常楷把肖兴全同志押到他住处时，瞪着一只怪眼，阴沉沉地说："回来了，干部当不小吧？"兴全怒视不答。接着装成一副菩萨脸说："说吧，做了些什么事，好好地讲吧。"兴全同志正色地说："我什么也冒做过，只跟穷人去当过红军。"他问不出什么，发怒了，指示手下的走狗对兴全进行逼供，初即串串打，但兴全却咬紧牙不叫不【出】声，这一下更弄火了凶恶的谢顺达，【他】点着了香火，对兴全说："你说不说？加入了共产党没有？"兴全愤愤地说："没有什么说，没有加入共产党，只当过红军。"谢顺达凶狠地问："你到底加入了共产党没有？同你入党的有【哪】些个？"兴全怒目大声说："我什么也没有加入，只当过红军，共产党就是红军，红军就是共产党。"话音未落，"嗤"的一下，香火着肉了，烧焦肉的臭味刺入鼻孔，使人作呕。兴全只咬紧牙，闭着眼。没有党证就没有生命，党又像站在他的面前，满身顿时充满了力量，坚持下去，就是胜利。反复用刑逼供，对兴全同志都没有发生什么作用，谢顺达计穷力竭，只好〈不谈〉【以】当土匪（红军）为罪名，罚款五十元释放回家。

兴全同志一回家，又想起了党证，想起了党对他的教育。一天晚上，偷偷地摸到小桥下，把党证捡起来，急急地走回家，用几重布扎实地包好，把她藏在屋梁下的暗洞内。二十多年来，都在暗暗地〈地〉保卫她。1949年的夏天，解放的红旗插到了家乡，肖兴全乐的像小孩似的，逢人便说："总算盼到了，又见到了党、红军（指解放军）。"几天来，心里总是甜丝丝的，在梦中也经常发笑。

看见了党，就想起了党，想起了党，也就又记起党证。当他从屋梁下拿出〈来〉藏了二十多年的党证时，看了又看，摸了又摸。第二天，他就拿到当时的乡长王祥银处。今天，当他拿出来党证时，又引起了他一段辛酸的回忆和胜利的微笑。

（访问与整理：王继维）

13. 访江长运材料整理

江长运，男，57岁，温坊人。曾任村代表，下固乡副主任，上固乡支部书记。现任营教导员，党员。记忆力中。

（一）温坊革命

民国十七年冬天，下固〈便〉起了暴动，组织了农民协会。江长运在下固打长工，这年冬天回到温坊，开始组织了秘密组织，叫农民协会。最初有五人，参加同志是吴瑞生（下固茶陂坑人，从下固来），互相串联邀人，日见日高（越来越多）。

民国十八年一月，温坊成立农民协会。第二年（民国十九年）转村政府，农民协会转村政府，就像转社一样，换一换牌子。

（二）划阶级，分田地

分田时，划分五个阶级：

富农——三代不穿【烂】衣，专靠剥削吃饭，请长工作田，自己只附带些劳动，如看看火，指手划〔画〕脚叫别人做；

自耕农——作自己的田，也不请长工，够吃够用；

半自耕农——自己有几石田，半数或小部分是借（租）田作；

贫农——自己没有或有极少土地，完全或大部分借田耕种；

雇农——长工。

富农分给坏田，平均每人分八石田，四石木子。

（三）区乡范围变异

温坊成立政权，属下固乡，下固乡归沙溪区。1931（或 1932）年，温坊归上固乡，下固仍然有乡归潭头区。

（四）公开征收党团员

大约是民国二十一年（1932 年）时候，党公开了。一次，在上固一个宣布枪毙吃鸦片烟的女人的大会上，党支部书记讲话说："要加入党的到这个房子里来，要加入团的到那边那个房子里去。现在是打开门来报名，关起门来又得不到！"一下讲完，不愿加入的就赶快拥得出去，有一些人就留下来愿意参加党团。因为当时党团员要带头当兵，有些人怕，不敢当党团员，所以拥得出来。

他们到了房里后，便让他填表，然后叫他找两个介绍人。也要在支部大会上通过。当时只要是贫雇农，成分好，又愿意带头贯彻执行党的政策，带头去报名当红军，都可以进入党、团内去。

14. 访李郁才同志材料整理

李郁才，现年 54 岁，男，住罗坊乡桃源社李家村。1929 年任桃【源】村苏主席、罗田大水乡苏文书，后参加了游击队、西方军，23 岁时任少共区委宣传委员。1924 年太华山被俘，后释放回家。

1. 秘密组织

1929 年吉水银田人曾广茂由东固革命委员会段起凤组织的七纵队派来桃源组织秘密农协，参加的共十四人（如张永芳等）。入农协要宣誓，不反共产主义，若反，心就要向〔像〕刀斩鸡和香一样。

秘密活动是分组开会讨论，公开后，这样打土豪分田地。曾唐茂（即曾亮）秘密活动路线是由东固—李家—罗坊。国民党进攻后，由白沙（吉水管）朋友指点，往吉安学医。

1928 年（或 1929 年），段月泉在罗坊开了一次会，讲怎样组织农民协会问题。

2. 建设工作

1930 年二月（或三月），桃园秘密组织公开，农协常委曾招镜在会上宣布打反动派、抗租抗债，宣传妇女剪发、放脚。

打吉安时，农协转桃源村苏维埃，苏维埃主席李有才，另设五至七个委员。最初桃源属吉水芦坑乡（现属吉水白沙区），打开吉安后属罗坊乡。当时罗坊乡包括八个村苏。这些是：桃源、山下、邱芳〔坊〕、银田、石阶、王竹庄、罗坊、兰头园。白沙区统辖：一乡木口、二乡罗吉、三乡南坪、四乡罗陂、五乡白沙、六乡杨家寨、七乡罗田、八乡大水、九乡清华、十乡白水。

公略辖东固、陂头、水南、白沙、水东、二零、管山、东鹄、浙贵、湖田区。

分田。打吉安前六七月开始进行分田，有分田委员。方法：打乱均分，每人五石谷田。前后分了几次，有时抽瘦补肥，有时抽多补少。

扩大红军，桃源共出去了二三十人。

3. 反动派对苏区人民的压迫

国民党进攻后，苛捐杂税繁重：有猪税、户捐税——月月派，最初是二三毛，后至一元多。红军谷，保上说我夫妻当了土匪，因派了我二担谷子，以后又写了二十七元钱款，弄得卖了一只猪到吉水吉南，办事处来接款子时，还扒我娘。保甲制时写了五十元公债票。另外做南坪学堂、柴厂等都要派款。

解放前夕的壮丁费，每人每年要三四元，有一次我两兄弟共出了一百六十斤油。

暗杀队，桥南坑杀了六七十人到百人，我村有刘启凤、曾台美等被杀。

4. 其他。

①桃源赤卫军有几十人。②桃源原有二百八十余人，现只有

一百八十余人，有些逃出，有些被杀。③西方军 1931 年三月在上固，四月打龙冈，七八月过雄梁下、杨益〔隘〕，九月至宁都。十月初十敌进攻宁都。

（访问整理：元嘉训）

15. 访夹全贵记录整理

夹全贵，男，39 岁，共产党员。曾任广昌县儿童书记，独立第二团宣传排副排长。

一、当地的一些革命情况

1928 年冬，段月泉在这一带组织了一些豪杰（像兄弟一样），还有赖经邦等人在这里活动。1929 年上半年国民党在罗坊成立党部。

1929 年春，东固组织了革命委员会，袁培轻、袁培仁与王〔黄〕陂的亲戚曾秀春联系起来，进行秘密的组织，国民党党部这时已迁走。八月，起了 13 个农民协会（其中有南坪、桃源、银田、蛤蟆石），一齐围攻过罗坊保〔堡〕垒，捉了好多豪杰〔强〕、地主（有部分逃至吉安）。当年的冬天曾发生一次暴动，后来吉安邹凶曾带兵来这里攻打过，那时我们的部队已分成七、九纵队。1930 年毛主席领导打过吉安。

二、个人简历

我 1929 年（10 岁时）在学校读书，11 岁（1930 年）参加了地方上的革命活动，1931 年去瑞金〈营集〉中央团校受训。主任王义传，共有 6 个班，每个班得十来个人，学友有刘玉祺、岳文福、曾广春（女）、彭秀英（女）、曾广三等。经常要学习团的工作、纪律、义务及我们将来的前途，还要学习宪法等。当时有作息时间表，另外还要进行操练。讲课多是中央干部，主任黄〔王〕义传讲得最多，因为距离党校很近，所以党校的教师有时也会来讲课。毕业后发给证书，并分配在区以上任儿童团【书记】或少共书记。

1932年四月在中央团校毕业后，分配在广昌任县儿童书记，共七八个月。1932年快进入第五〔四〕次战争时，即调万载县任第二儿童书记。这时因为敌人来"围剿"，我们的活动【范】围小了，后来成立了公、万、兴特委于富田鸠山，作儿童工作后，代过临时的少共工作一个多月。

1934年正月，调独立团任宣传队副排长。后来国民党逐渐来"围剿"，结果被封锁，我们的部队突围了，我躲在河岸下被捉。敌人看到我年纪小，又不肯答应作"小鬼"，所以即放我回家。

三、零星补充

罗焕南在东固时，关住100多人，后来将他们的名字写在一张很长的纸上，然后闭住眼睛用红笔在名单上横的乱构〔勾〕，如果被红笔构〔勾〕划到了名字的人要杀头。

（记录人：元嘉训、孙德盛；整理：孙德盛）

16. 访范祥盛记录整理

范祥盛，男，56岁，1959年1月11日访问于罗坊乡政府食堂，曾任村代表、工人工会主任。

头次革命是1929年春天爆发的，那时我住在〔的〕龙冈区空坑乡，都起了农民协会，组织了赤卫军……1930年，地方上分了田地成立村苏维【埃】政府。

1931年成立区政府，设有农业工会、工业工会（乡则为雇农工会和手工业工会），我任农业工会主任，还有组织部长石青焕。经常要下乡，还要调配劳动力等。不入工会的人不没收劳动工具，但得让入了工会的人先做工作，如果他们忙不过来时方可让作工，参加了雇农工会的可以免交累进税。我们干部不领取工薪，伙食从工人的工资中抽出，每人抽了五个铜板。那时农业工会里约有 100 多人。

1934 年十二月敌人进攻沙溪，县政府的人都下放到各区去工作，我也下放到沙溪区农业工人工会，区政府于 1935 年一月迁至潭头大圹陂，这时候为了避免坏人乱行乱动，所以把富农、地主集中在一栋大房子里来吃住。五月，敌人到了龙冈，我还在山坑里；六月家中来急信，家里被敌人占领了，母亲也得了病，我即回家，不久母亲死去。半个月以后，沙溪区政府已经散了，龙冈县驻在良村，我家逃到宁都。六月间，永丰、宁都等都普遍被敌人占领；八月，我又回空坑；解放前三年来罗坊住。

（记录与整理：孙德盛）

17. 访蓝永丰记录整理

蓝永丰，男，50 岁，1959 年 1 月 12 日访问于罗坊乡南坑口社，曾任村苏代表、赤卫队队长、区肃反会主任、区特派员。

一、个人简历

1929 年参加赤卫军，1930 年任村苏代表，1931 任赤卫队队长，1931 年四月在驻沙溪的县政府受党训，后调八都（现在瑶田）区政府任肃反委员会主任。1932 年四月调古县区任肃反主任（王子仁任当时区书兼审判员），五月任该区的副特派员（正的为邓贤芳——龙冈石禾头人），后邓贤芳病了，我任特派员。八月去宁都开会回古县区，区政府迁贯山，我带特务班（共 12 人，每人 1 支枪）到边界活动，牵制敌人，在白沙过年。1933 年跟着驻在上溪的永丰县政府，后被分配在上溪区任特别〔派〕员，后又调至中村、南坑等地作特派员。1933 年八九月调省挺进游击队（队政治委员陈宗），任务也在牵制敌人。挺进队所经过路线是：上溪—东固—兴国—泰和—桥头江（泰和）—陂头（吉安县，介于值夏、新圩之间）—胜天坳—永和（吉安县）—吉安—汀乌江—八家—新淦竹山坑。以后失去联络，即回东固山上，1935年回家。

二、关于地方上的革命组织与发展情况

1927年四月正在藤田的时候起农民协会。那时有段月泉、段盛生、赖经邦、吴金山、刘××等人从东固来这里，他们化装成便衣队，与地方上一些能说几句话【的人】商谈革命的事情，然后就依靠这些人去发动群众闹革命。（这时有党的秘密组织，不公开，党员都要在入党时拜合，杀雄鸡，以表示革命，严格保守秘密。）群众一发动起来，即开大会，组织农民协会，所有的人都参加了协会。（这时尚未划分阶级）农民协会成立之后，立即又成立游击队、赤卫队、洗衣队、担架队、慰劳队、少先队、儿童团，农村里的手工业者还组织了工人纠察队。

当时的农民协会组织机构为七人执行委员会，由常委作领导，我们这个农民协会的常委为陈传成，执委有：孔祥仁、罗才星、罗积章、兰永丰、叶齐秀、吴凤山。成立以上各种组织之后，曾由段月泉、赖经邦等人领导打过龙冈，他们带有枪支，我们地方上的武装均拿梭镖，结果我们取胜。回家的当夜又去打枫边靖卫团，结果失败回来。

五月，富田五乡联防邹松去带兵占领东固，以及这里一带的地区。这时革命活动都散了，常委也【被】捉出杀了，段月泉等人都躲在山上，由亲戚送饭上去【给】他们吃。

七月，段月泉、段盛生（月泉之侄）等六七人化装成赶集、捡粪的人，成便衣队去东固。当街的时候，他们进入五十联防邹松队伍驻地——东固万寿宫（共称驻有一连100余人），并以手枪射击，结果击毙了三四人，其他人都散了。邹松本人溜出万寿宫，后爬禾田逃走了，所携带公章一枚掉在田里，被刘禾的人拾到。当时段月泉他们并未留驻东固，而仍然回到山上。短时间内，东固暂时处在没有革命政权，又没有白匪势力的状态〈度〉。

八月，段月泉等人由大山脑到富田等地去迎接毛主席下井冈山，第二年二月，毛主席由井冈山到了东固。

一听到毛主席下井冈山，地方上就有七八个人（我本人和罗才皇、陈正本、罗才星、罗积章、罗华玉、张克唐，其中以张克唐为领导），秘密地组织在一起（无组织名称），准备暴动。

毛主席到东固后不久，二月间即召集了第一次农民代表会，会议地址在东固孙家祠，有约二百多代表，历时一天一晚。毛主席派了两个人来【作】报告，说明革命道理，要大家组织农民协会，打土豪分田地，组织地方武装，推翻封建制度，宣传我们要团结起来打倒帝国主义，还讲了当时革命形势。这次会议每村选派了两人参加，我村是我和孔祥魁。

四月间又公开组织了农协和赤卫队、少先队，各种组织成立之后立即大搞扩大红军，扩大地方武装，到处成立村政府，约几十天之后又成立乡苏维埃政府。那时间我们属于芹溪乡。乡里成立了模范营，由青年人参加组成；模范少队，由18—24岁【的青年】组成；赤卫队，由45岁以上、身体较壮、胆量大、勇气大的人组成；运输队、担架队，由45岁以上【的人】组成。其他各乡都有这种组织，如有战事，即去打仗，平时生产。

1929年八月，毛主席带领一、三、五军团打赣州（地方武装未参加），未打开。回东固后立即经过永新、永宁等地，还去打吉安。八月初八、【初】九，攻开吉安，后立即去沙湖。

在打开吉安后，我们赤卫队去吉安领枪，结果未领到，把地方武装编成二十军，仍是梭镖。八月十六日，我们这支队伍去打吉水，胜利了，但未缴获枪支。后去打汀乌江，缴十多支枪，再打永丰城缴二十多支枪。这时藤田、古县还是半红半白，县政府还多半扎在龙冈、沙溪一带，后来我请假回了家。

三、关于第五次战争

1929年九月初，爆发了第一次战争，这时三、一、五军团由沙湖永丰上来了，张辉瓒紧追上来，结果在龙冈捉到张辉瓒。毛主席回瑞金。

1930 年二月—四月爆发三〔二〕次战争，敌军的进攻路线是吉水—水南—白沙—罗坊—上、下坊—禾尚源—河枫坑（互相开战），退却路线：河枫坑—白沙，在白沙全部被缴枪。

七八月份发生第三次战争，有几条路线来犯：

1. 泰和老爷盘—崇贤—东固—虎爪坪，在此被我消灭；

2. 吉水—永丰……

八月，二〔三〕次战争。我以区特派员的身份参加省召集的区县特派员、保卫局员会议。会议是在宁都召开的，〈约〉一百余人，由各县检查部长带领。会议由局长作了报告，报告了敌人的残酷、反革命的阴谋，要大家加强警惕，还布置了今后的工作。另外还花了很多时间检查了土地分配政策的贯彻、执行情况，还讨论了老百姓对干部所提出的意见，检查有否侵犯老百姓的利益，不好的干部要法办。1934 年八月二十日发生五次战争。

四、关于村、乡苏维埃建立等情况

村苏维埃 1928 年四、五月间建立，南溪乡有白家边、下村、南坑尾、富田、下龙，另外，还有圹坊王竹椿、桃源。

乡苏维埃是 1928 年成立，有芹溪乡、龙洲乡、下固乡，潭头成立了区政府。

分配田地：1930 年春天。

（记录与整理：孙德盛）

18. 访罗华皇材料整理

罗华皇，男，54 岁，曾任互济会主任、区特派员，罗坊乡堆上人。

1931 年，吴凤山、王魁仁、蔡洪贤三人在这里领导起义。那时我在潭头乡任互济会主任，两年以后（即 1933 年）调沙溪区秘密活动，八个月后又调藤田工作团。藤田工作团有一连人（100 余人），50 支枪。当时藤田一带地区还是半红半白，有吴保芳的保安师，又有我们红色苏维埃政府。乡苏维埃用红布牌子写的，白天黑夜都挂起来。我们白天到处写标语，并注明是"工作团宣"，但夜晚却又会被敌人涂掉。有时晚上保安师的人还会来摸哨，我们工作团的人到天黑时即几个几个地缩回山上去过夜，到了第二天去写标语……另外，白天还有老百姓出来开会，地址都多在祠堂里，因为白天保安师人不敢出来。当时尚未组织公开暴动，所以一些有钱人也会混进来开会。在群众会上我们向老百姓宣传抗租、抗债、抗粮，建立苏维埃，有时当即在会上〈当即〉选出负责人来，〈大约〉过二十天左右即会组织起农民协会。

1934 年调任北坑区任特派员（受县保卫局领导），审查坏人历史，该杀的杀，该放的放；调查各乡当民团人数及何家人，有多少富农、地主；知道逃亡下落，即捉回来。

1935 年冬天，北坑迁至中村，区名亦改为中村区。

1936 年四月国民党进攻，我从中村经读书坑、上固、下固、潭头回家，不久又躲到东固山上去了，1937 年三月才回家。

国民党占领这里以后，保甲、联保办事处经常来向我查问东固以前有多少枪支，最后发给我一张自新书填写，还要三个人担保。

附：

1932 年成立下列村政府：南坑尾、中赦〔舍〕①、白家边、富田、下龙。

（整理：孙德盛）

---

① "中赦"，原名岩前。因居仓下与百山坡之中，故名中舍，后因同音演变成今名，即中赦。故文中"中赦"与"中舍"均保留。见《江西省永丰县地名志》（内部资料），1985 年版，第 191 页。

19. 访赖考福材料整理

赖考福，男，五十几岁，党员，宗溪山坝人。曾任红军排长，连指导员，新兵训练所所长等。

（一）挺进队

1933 年四五月，兴干军区司【令】部派出一个挺进队，到敌人后方进行工作，这个挺进队有 14 人，一个班 12 人，加上指导员和队长。

挺进队的目的是：安慰暂时被敌人占领的根据地的人民，使他们相信红军并没有离开他们，争取群众；第二破坏道路，阻断敌人的交通；第三捉土豪劣绅，同时从中解决本队生活。

挺进队在一个晚上星夜穿过敌人封锁线，快到天亮才进入到一边高山地带。队员都是本地人，晚上回到本村找共产党员，我们只要将门推一下又关一下，里面人便知道是我们来了，马上开门。当夜串通几个党团员来开会，我们告诉他：我们住在哪里，买什么东西，送到什么地方去，得到什么消息，赶快来报告。

国民党军队经常调，一个驻防队最多在一个地方住 20 天，住久了怕老百姓串通队伍反水。我们晓得他们要调防，便去截尾：埋伏在他们必经之路两旁，他们队伍走过去，就冲下来，截获后面的尾巴——油盐食粮担子，银圆担子。这样搞得敌人发慌，到处围又围不到，不晓得我们队伍有多少。

挺进队搞了三个月后又回来，14 人无一伤亡。

（二）红八军团

1933 年十一月，在会昌【筠】门岭，由两个独立师、若干独立团和游击队及兴干军区、各县区政府干部，组织一支拥有七八千人的第八军团。[①]中央交给八军团的任务是：可抵抗的就尽量抵抗，牵制敌人的军队，掩护红军主力北上抗日，最后若抵抗不住，就到广东去打游击。

八军团在迁往安远边界抵抗敌人——广东军阀陈其昌〔济棠〕的全部人马，我们常常躲在山上与敌人周磨〔旋〕。在山上，给养很困难，老百姓看到红军主力走了，走了信心，也不来支援我们，一个军团的人也太多了，便分成团活动。我们的枪弹都很足，就是没有粮食，常常一天吃一餐，有时一天一餐也吃不到。一天，因事务长到山下好容易找到90斤米来，就分给各排去煮吃，我们正在煮饭的时候，敌人就包围来了。团长命令我连打掩护，一连人打到最后只剩下我和副排长和一个战士，子弹也干净了，就从悬崖上爬藤子下来，刚一落地，敌人就到了面前，被俘了。这一次，八军团被消灭了，因为无线电被敌人缴到了。

（三）会昌县扩军概况

1932年会昌解放之后，直到会昌又被敌人占领，会昌县共有六次大的扩军，人数近两千人。

成立了四次补充团，第一次300多，第二次200多，第三次200多，第四次有300多。新兵训练所训了两批，第一批有五六百人，第二次200多人。

（四）棍子会

1. 入会仪式

晚上，在大树下，入会者跪着，"师父"正面站立，左手抓住跪者之头，厉声问话，旁有一人教跪者回答。

问："×××。"

---

① 中国工农红军第八军团，于1934年9月21日成立，由红军第二十一师和第二十三师合编而成，受中革军委直接指挥。军团长周昆，政治委员黄甦，参谋长唐浚（后张云逸），政治部主任罗荣桓。见《中央革命根据地词典》，档案出版社1993年版，第222页。

答："到！"

问："你半夜三更在这里做什么？"

答："来这里当兵吃粮。"

问："你怎么晓得？"

答："远看红旗艳艳，近看招兵旗号。"

问："当兵的粮好不难吃，掺沙叽咕（吃谷），叽咕掺沙。"

答："各位兄弟吃得我也吃得！"

问到这里，"师父"便一刀将被捆住的放在跪者前面鸡头斩掉，并说道："这个鸡叫什么名字呢？叫做'唐牙七'。斩这鸡头是表示永不叛变，若有叛变罪行，就与鸡同罪，当斩。"斩鸡时不敢回头看，被旁人拖走。加入棒子会，每人交钱五元，有的也没有交。

2. 棒子会若干暗号

"三八二一"——共一家。晚上或路上碰到，只要这样说，他们就不会进你的房子，不会抢你的东西。

"哪个放出来的袋子？"——哪个领导你们。答到了便马上是兄弟，他请你吃东西，不要你给钱，没有盘费还会给你盘费钱。

问"风来了"，答"雨来了"，便知道"一家人"，以兄弟看待。

3. 棍子会的成员

起先都是最穷的人，穷得没钱过年，便出【去】打棒子。后来有些中产人家，甚至一部分有家产的农民，害怕打棒子会打到自己头上，也去加入棍子会，交五元钱以保障自己财产和安全，自己并不参加去打棒子。

4. 棒子会的性质

棒子会是穷人一种暴力组织，它专门抢有钱人"大户"或捉土豪罚款，×家人卖了猪，卖了谷子，有钱在家，也会去抢。棍子会的成员，晚上去打棍子，白天仍然在家当农民，同村的人晓得也不会讲什么。是最怕地主来捉，一直到现在，农民中仍然【认】为加入棍子会是一个很不体面的事，不大愿讲出这个组织名称来〈，棍子会〉。棍子会的成员，都是各村暴动的首领，棍子会的组织转化成为一种革命的秘密组织。

5. 棍子会其他

棍子会的人在晚上行事，穿普通衣服，手拿一根破棒（手杖一样长），头上扎白毛巾，结打在前面，右额上扎一个约一寸直径的小竹筒，竹筒响〔向〕上，内装饱吸煤油的棉花，需要火光时点燃来，于是有"头上有灯"之称。

20. 访王银祥材料整理：苏区教育情况

王银祥，男，45岁，宗溪牛石人。

每个自然村都有一个农民识字班，妇女、没有进列宁小学读书【的】儿童、男人，有老有少，到晚上就来上学。识字班有一个固定的教员，另外，每一个识字的都可以做教员，你认得就你交，我认得就我教。课本是中华苏维埃共和国教育厅统一编制的，由县教育局用毛边纸油印出来发给学习的农民。课堂一面只有几个字，简单明了，一晚上只教几个字。课本上有几句："你是工人，我是农民，工人农民，暴动起来，打土豪分田地，抗租抗债抗粮。"农民学得很有兴趣，一吃过晚饭，便相邀说："走去啊，来去读书啊。"

21. 访王承海材料整理

王承海，男，49岁，现住罗坊乡人委会，为罗坊乡乡长。记忆力强。1928年3月在湖田参加秘密组织，同年冬天入团，1929年上春担任花岩乡主席。1930年4月调任少共湖田区委会组织科长，同年冬升任该区少共书记。1932年2月调任中共公略县委宣传部长。同年冬，扩大红军时，与公略县军事部长罗华连同志扩大一个模范团，并在该团担任政治委员（团长罗华连）。到兴国编入三军团补充师，后调师政治部任组织和宣传科长。1934年冬红军北上后，补充师解散，调瑞金中央党校学习，后调江西军区教导队教导员，随即转入游击战争，坚持到1935年春在铁园地方大山上被围冲散，脱离队伍。

（一）湖田革命的起源和发展

1927年冬，东固在革命左派赖经邦等人的领导下，组织了农民暴动，段月泉改编后，革命火焰愈烧愈高。赖经邦在吉安搞党部，分左右派，失败后走湖田。当时湖田是反动大本营，土豪多，又有五圩联防（五圩：湖田、新安、陂头、新市、值夏），湖田民团团长罗炳辉领民团常驻湖田、陂头一带，嚣张气焰逼人。当见到赖经邦走住湖田时，湖田土豪便纠集民团来捉，幸发觉早，当时潜逃东固，组织农民暴动，建立苏区。东固暴动成功后，为了扩大苏区，在1928年春，与段月泉率领七纵队300多人，枪支10（大部分拿梭镖、大刀），从东固何风坑出发，走下坊过上坊，经吉水回七都，过老邱排，走老古庵，直达湖田。

会后奖励了罗部，每个官兵都发衣服、鞋子、毛巾，并杀了猪，招待新战士。

当时，毛主席和朱总司令带了四五百人枪来。

（二）湖田事变

第八次打开吉安是在1929年冬。

新安、陂头打开后，在陂头成立江西省政府，主席曾山。

打开吉安后，部队充实了武装。二十军军长由曾炳春担任，段月泉任政治委员，[①]队伍由吉【安】开到陂头，进入湖南。这时第一

① 中国工农红军第二十军，于1930年6月在吉安陂头成立。军长曾炳春，军委书记兼政委刘士奇。见《中央革命根据地词典》，档案出版社1993年版，第216页。

次战争开始。

当时，江西省政府驻设湖田，这时，段月泉公开宣布，曾山是AB团头子，叛变了党，我现在代替江西省主席。一方面和曾炳春领兵入湖田，包围江西省政府驻地。曾山听到这个消息后，连夜赶上东固，亲自找到毛主席、朱总司令，说明湖田事变的真相，并对毛主席说："我只晓得有共产党，我只加入了共产党，朱总司令是介绍人，我不晓得有其他的党。"毛朱听了曾山这个汇报后，经过详细分析，下令扣【押】曾炳春、段月泉。

当曾山〈东固〉逃往东固时，段月泉在湖田街上贴了许多反动标语。

曾炳春、段月泉被扣押后，在兴国坐了一年多班房，以后押到公略县，召开了群众大会，并由公略县政治保卫局长曾招生（银田人），宣布曾、段二人的罪状，说明二人是AB团的头子，公开叛党。宣布罪状后进行过公审，才背插牌子，执行枪决。

（三）军队党与地方党的关系

当时，军队党与地方党的关系是相互支援关系，但由于当时发展苏区，巩固政权，依靠军队的地方多，因此，军队党的领导作用是显得比较突出些。从工作关系来说，要赤化一个白区，必须由军队先去进行军事斗争，解放白区，在经过军队赤化了的地方，逐步建立地方党。但军队党每到一处，都必须与地方党取得密切的联系。军队每到一地，地方党必须发动与组织群众，进行劳军活动，积极为军队准备粮、药等供应品，使官兵能得到温暖，激发杀敌勇气和决心。彼此推动，互相前进。

（四）党的宣传工作

党委宣传部有部长一人，干事一二人。

当时中央一级有《【红色】中华》报，省一级有《斗争报》，县里不办报，但可以根据当时具体情况编印快报、捷报。快报多是转摘中央和省报上的国内外新闻消息，报道一些国际斗争发展形势消息；捷报每打了胜仗都要出，以鼓舞振奋人心。坚持对敌斗争，并根据本县政治情况，经常制订一些标语口号；有时也要翻印中央和省发下的文件通知。最重要的是逢重大庆祝节日，县委宣传部要作宣言。宣言的内容很多，有的摘录各级党报社论，有时是根据本县当时具体情况，提出当前工作任务方针。

开庆祝大会前，宣传部必须组织妇女、儿童宣传队，宣传一番，宣传内容多是讲当时战争胜利情况，革命战争胜利情况，革命战争胜利前景。每次开会都要作政治报告，报告的内容很广，但主要是讲明当时国际斗争发展情况，和【发布】红军作战胜利消息。那时口号提得大，能鼓动人心，如：创造一百万铁的红军！打下南昌、九江，会师武汉！

湖田，是吉安的一个地方大镇，形〔地〕势较险，村南有河深【几】尺。当赖段队伍到达湖田时，正是子夜〈二三点钟〉【时分】，夜深人静，明月高照，纵队的队员们个个脱鞋退袜，争先入水，冲过河去，过河后天才发亮。当时，民团的 10 多【个】团丁（有枪 10 多支），还在祠堂内睡大觉，当队员冲入祠堂时，才被惊醒，束手就擒，当下全缴民团枪支。解决了民团又分头去捉土豪，一下捉到土豪 20 多人，烧了房子 10 多间，第二天便将土豪民团押送东固。

第一次打开湖田，给当地农民群众以深刻的影响。当打开湖田后，大部分有钱人都往吉安等城市跑，这给〔是〕发展革命组织一个最好机会，因此，在离湖田十多里路的大年坑，开始有了秘密组织。1928 年十月第二次打开湖田，即组织了暴动。

湖田暴动成功后，赖经邦、段月泉领兵打陂头、水东等地。革命势力逐步向陂头、水东、值夏方面发展。1928 年九月，陂头农民暴动，1929 年二三月，水东又暴动成功，随即建立苏维埃政权。

当 1928 年十月，第二次打开湖田后，罗炳辉在湖田杨家庵地方，率部反水投红，随军编入红军第五团，并任该团团长。

罗炳辉反水投红后，毛主席、朱德从东固赶来湖田，并在湖

【田】召开有七八千人参加的全区性的民众大会。毛主席在会上讲了话，他说（大意），现在各处都在打胜仗，只要大家坚定信心，继续努力，胜利是我们的，并表扬了罗炳辉这种英勇行为。朱德接着说："罗炳辉认清了革命前途，是光荣的。"并在会上宣布第五团成立，朱副主席亲自任罗炳辉为第五团团长。①

附录：

（一）五次战争

一次战争在龙冈，活捉张辉瓒。二次战争在湖田，红军在东固，从东固几城岭包下来，在湖田打公秉藩，白匪从湖田—水南—白沙一路退却，红军尖兵跟上，敌人后卫。三次战争在高兴圩、老营盘，打垮蒋光鼐、蔡廷锴二个师。四次战争在王〔黄〕陂、高虎脑打垮敌人四个师。五次战争红军主力北上。

一、二、三次战争敌人使用"三光"政策，五次战争采取碉堡政策，实行步步为营，进行经济封锁。

（二）兵站、招待所

兵站，多设在敌我交界地和山区，每个兵站都有部分枪。来往的工作干部，没有伙食的单位官兵，可以在兵站住宿，东西不能带走时，可以寄存在兵站，如果是在山区，兵站可以派兵护送你通过危险地。

招待所（有的地方也叫红色饭店）同一般饭店没有多大差别，是招待来往干部和小伙红军官兵的，吃饭既便宜又方面，又不要住宿费。

（三）公略县分区概况

公略县委书记开始是毛泽覃，后调钟循仁。1931年上春全县

---

① 1929年11月，罗炳辉率吉安靖卫大队起义后，所部编为江西工农红军独立第五团，罗炳辉任团长。同年12月，该团编入江西工农红军独立第四团，罗炳辉改任副团长。见《中央革命根据地词典》，档案出版社1993年版，第239页。

划分为十〈一〉个区，东固、湖田、水南、白沙、冠山、折桂、陂头、水东、罗家、值夏。

（访问与整理：王继维）

22. 访王祥银 [①] 材料整理

王祥银，男，45 岁。记忆力强。现住罗坊乡宗溪庄牛石坪，种田。16 岁参加革命，1928 年冬参加共青团。土地革命时，担任过南坪乡团支书、白沙区少共区委、中心县少先队县队长。

（一）闽赣苏区的革命活动概况

五次战争开始后，红军主力大部北上，闽赣边区只有地方机关干部组成的赤色游击队坚持敌后斗争。

当时，敌人十六个师，还有地方民团，大刀会等地方武装配合，向闽赣苏区围攻，但目的是向瑞金中央苏区，敌人想一下搞垮苏区，摧毁苏维埃政权。敌人当时提出的口号是："三分军事，七分政治。"党当时也提出了相对的口号："胜利或者死亡的五次'围剿'在我们面前，能打垮敌人，我们才能存在。"敌军主力一部分从宜川方面包围，经闽赣苏区直达瑞金中央苏区；另一部分从澎湃，集结广昌（属闽赣管辖）。当时红军在广昌的有一、三、五、七、九五个军团，在高虎脑激战两昼夜。战争结束后，在一个晚上，红军主力全部撤退到中央苏区。为了适应战争的新形势，红军到瑞金后，即改编为野战军，向南线突围。

敌人为了消灭红军，摧毁根据地，则采用最毒辣的步步为营、保甲联防的政策。

中央为了适应敌人新的政策，一方面让主力突围北上，另

[①] 与前文"王银祥"疑为同一人。

【一】方面组织临时中央苏区，把全部工作人员、赤化了的工农群众，组成游击队，打击敌人，牵制敌人，并提出口号："在有苏区的地方，要大力发动组织群众，进行游击战争。"万一敌人占领苏区，机关干部要组织游击队进行敌后斗争，以扰乱敌人，牵制敌人，让主力顺利突围北上。

临时中央苏区成立后，仍直接指挥各省部队、机关，进行工作和战争。

邵式平同志当时是闽赣苏区战地委员会主任。闽赣苏区有二团人，一团护送邵式平过封锁线，一团留下，保卫闽赣苏区。等护送邵式平的一团回来后，即在闽赣边区一带开展游击战争。在这一带活动了将近半个月，即向福建漳州、泉州出发。

连机关干部有二团人，由于人多目标大，被五十二师残部跟上了。为行走方便，前卫部队都伪装成敌军。由于伪装得好，经常闯入敌人内部，打它一个措手不及，缴得的枪冒人背。边走边打，经过三个多月才到达漳州边沿，五十二师也跟上了三四个月，追到漳州。

五十二师残部被打怕了，只敢随后跟，不敢和红军接触，偶而〔尔〕发生也不敢持久。游击队开始出发时有三千多人，由于中途休息少，打打走走，走走打打，到仙游时，只留下三四百人，但都有枪。

到达漳州后，上面指示说："红军主力在打漳州时留下来一个游击队，要我们去找，取得联系，再去扩大组织，开展敌后根据地。"

接到指示后，部队从仙游出发，走进一个大山岭，五十二师也尾随我们进山。另外，蒋介石又调来了六个师来"围剿"这部游击队。部队走进大山后，找来找去，总找不到游击队。

山上土匪很多，并由一个姓李的副官管辖（李副官原在国民党县政府做副官，以后与主官闹翻了，才上山为匪）。走到李副官处，副官、土匪都跑光了，在李副官处住了一夜，并杀了一只200多斤的猪吃。第二天一早，李副官带来了 1000 多土匪来包围（当时我们只有三连人），但一打，土匪就垮了。

找不到游击队，又只好在山上住了两天。忽然敌人调来九个师进山"围剿"。在山上坚持三天，三天三夜都未吃，第三天，想下山去另找办法，刚出动，就被敌人把队伍截成三截，因此被逼缴枪。

闽赣苏区游击战争，从此转入低潮。

（二）宗溪革命

1928 年在宗溪秘密加入共青团后，在刘凤祥同志的具体领导下，进行一些秘密活动。同我一起加入共青团的还有王祥金。

刘凤祥很早就参加了共产党，李金山原来是小学生，也是党员，他二人跟段月泉有联系，并由刘凤祥、李金山二人具体领导宗溪农民进行暴动。

宗溪人谢月浪，和赖经邦、段月泉接好了关系，并和刘凤祥、李金山进行了具体研究，在 1927 年八九月，发起农民暴动，成立农民协会。

宗溪这个地方分别归两县管：大洋仚、牛石坪、书石、匡韶、凌顿归吉水，高石圩、宗蒗、王家园、龙家坪、三坝归永丰。宗溪农协当时只包括牛石坪、匡韶、龙场等村。

1930 年八月在龙家坪成立村苏，并挂了招牌，招牌上是这样写的："永丰县潭头区山口乡龙家坪村苏维埃政府。"

当时成立村苏的有：宗蒗、牛石坪、匡韶、龙州乡、龙家坪。

（三）罗坊事件

1928 年冬，匡韶农协的赤卫军到罗坊捉到两个土豪，（罗坊当时是白区），并要罗坊派人来保，好罚款，但罗坊却置之不理，让其扣押。不到几天，富坑口有个老表去罗坊送信，并又叫罗坊派人来保，罗坊不但不派人来保，反而把送信人扣留，并准备好锅铁炮，准备械斗，以后听到一个卖盐的人说："宗溪的赤卫军多得了不得，从昨天下午吃饭，到现在还没有完。"才把炮撤了，准备逃走。

宗溪农协听了扣了送信人非常急，当时在此领导暴动的赖维光（南坪人）、李金山、肖子汗那里进行发动组织，准备攻打罗坊，于是便邀集合了宗溪、龙石坪、匡韶、高坪、龙场、×南、银田、杉坪、香江、长坪、大田埠等 11 个农民协会的 1000 多人，并由赖维光统一指挥，在匡韶集中，分三条路（一条向王珠庄、一条向大排、一条向邱坊），围攻罗坊。

攻到罗坊时，全村人都逃走了。由于赖维光在当时没有讲清斗争目标，十一个农协的赤卫军到罗坊村后，即不分清土豪劣绅、贫苦农民，把家具、农具全部搬光，分给了十一个农协的贫苦农民。

1930 年，罗坊的土豪、富农组成民团，来围攻宗溪等地，民团有枪，一到村里，就烧房子、抢东西，因当时七纵队不在，吃了大亏。

这种斗争，一直到罗坊组成了农协、消灭了靖卫团，才停止了。

（四）残酷的白色恐怖

1934 年一月①，红军主力北上后，国民党即深入苏区，建立反动政权，对红色游击区即实行经济封锁，并付政策，想一下扑灭红色火种。

反动政权建立后，即进行清乡。分去的田一律收回，如果家里有些钱，即要你赔偿，还了田还要交一年租。凡是在红色政权下做过工作的，都要捉起来，杀的杀、关的关、罚款的罚款，用一种什么叫枪〔缴〕枪费来罚款，凡是当过代表的，最少要罚 5 元，最多的写 50 元。如红军战士肖兴金（书石人），老实点就〈罚〉写了 50 元。但冒钱，即帮肖常楷（富农）家做了 2 年长工来抵缴枪费。

最毒恶的是暗杀队，只要你在苏区做过干部，就说你是回来秘密组织共产党，捉到就杀。罗坊地主曾饶普编造谣言，说是担鸭子的宁都人丢掉了一封信，信上有秘密，共产党的人名（其实是他们

---

① 原文如此。

的黑名单），是回来搞秘密共产党，组织活动。因此大批捕捉革命干部、党团员，用香火烧、扁担打、坐老虎凳等毒刑逼打成招。龙洲乡的少共书记刘发兴（高坪人，共青团员），打得衣服都结在血肉上，都不吭声屈服，后由赖孝春保回家（出保费90元），由于打伤入骨，不久便死。50多岁的肖常烈（革命干部）提来后，打得半死，认为他年纪大，当土匪也当不了几年，就罚款100元放回家，弄得肖常烈连众姓的房子也卖掉来还款。

（五）联保制度

反动派〈为了再〉怕人民【再】起来暴动，推翻他的反动统治，想出了最毒辣的束缚人民的方法，成立联保制。农民要实行联保，即三人联保，一人犯法，三人同罚。保的内容大约是这几方面：①不做共产党的工作，②不破坏他们的反动组织，③顺从他的领导。

一个村就成立一个保，几个保成立一个联保，保设保长，以下设若干甲长。联保设联保办事处，设主任一人，联保相当于原来小乡那样大。

保长、联保主任都是村坊上的土豪劣绅当，权把〔力〕拿在他们手上，更好欺压农民。不愿意成立保甲的地方，即以不供应食盐来威胁。

（六）苏区干部的生活和工作

苏区干部的生活绝大多数都是艰苦朴素的，国家没有工资发，也没有津贴。伙食每天只有一角五分，但打了土豪，生活费可以超额吃一点，发下的伙食可以分。没有衣服发，如果干部实有困难，在没收来的衣服中拿点来穿，但要向群众说明，通过分地委员会。

粮食，开初每人每天吃一斤；战争开始后，每天减少2两，吃14两；以后只吃12两，部队每天伙食，每天两角五分。

对有实际困难的干部，可以通过组织向机关借点用，干部家里有实际困难的，可以补助一点劳力。

干部工作是比较艰苦危险，特别是在红、白交界处，更要引起高度警惕。下乡时，大都是穿便衣，到农村都是赤脚草鞋，和群众同吃同住同生产，都是边工作边宣传。由于当时苏区小，着重武装斗争，因此党提出不分政治和军事，每个干部既懂政治又懂军事。

机关干部每逢星期六要放下工作，去做优军工作。特别是共青团员，更要做得多，做得好。到红军家属家里，一面要进行慰【劳】，一面要帮他做事。如果军属有困难，可以提到党内研究，想办法帮助解决。

机关干部每三至五天，开一次工作或生活会，检查几天来的工作优缺点。在会上要开展批评和自我批评。

（七）苏区的坚壁清野工作

苏区的坚壁清野工作，对抵抗敌人破坏苏区起了一定作用。

每次敌人来前，都要把公路挖断，桥梁拆开，家里用具全部藏在深山里去，有的连砻也搬走，搬不动的东西便埋起来。挖了路，拆了桥，可以拖延敌人进军的速度。村里没有东西，敌人便站不住脚。

二次战争时，敌人驻在南坪，五华、北库山上经常有游击队活动，打乱敌人。有一次，敌军开去五华山包围游击队，但走到中石坪村，挖了路不能过，只好仍〔返〕回原地。

（八）封枪会

封枪会是一种反动组织，是专门用来打共产党的。每个封枪会有个学长（即师傅），多方〔半〕是由保卫团团长来领导。如白沙的封枪会的学长是由白沙保卫团团长罗凤祥兼任，是极反动的，是共产党的死敌。

参加封枪会的人，大都是些地痞流氓、狗腿帮凶。打仗时，头扎黄红飘带，从左右额角边飘下来，胸前服个八卦图，手中拿根梭镖，人见到我们打枪就跪下（面向我们），表示请神，枪一停，他又往前冲。

（访问与整理：王继维）

（九）恩江镇调访资料

1. 访金万发材料整理

金万发，男，47岁，永丰恩江镇人，手工业合作社篾工。1930年10月参加永丰工人纠察队，十二月底随纠察队改编入警卫营（纠察队、警卫营都是百多人，纠察队用的是禾叶枪，即梭镖。1930年十一月缴获张匪辉瓒枪支后期，发给工人纠察队，才改为警卫营）；1931年四月（或五月）间，警卫营改编为独立营（有200多人）；1932年随独立营改编入独立团（团长郭长江）；1933年编入独立第五师（师长萧克），同年在泰和受伤；1934年四【月】来永丰模范团；1934年七八月又编入独立第二团；红军北上抗日后，随从队伍转战永、兴、吉、乐一带；1935年被捕。

1930年十月红军打开吉安，同时红三、二十军打开永丰。一个月后，永丰暴动，很多工人参加工人纠察队。工人纠察队是乐安党部（设在恩江镇，八一街过去一家当铺中)，〈指〉由蔡阳树组织并指挥。党部当时有邓芬之、刘七万、陈兆坤等十个人。蔡阳树是永丰林珠树人，知识分子，当时20岁左右，走路走得非常快。纠察队主要是抓土豪劣绅，抓来罚款，当时关了近有百人，送〔关〕在永丰城内。

1930年十月，张辉瓒率国民党十八师来。我纠察队并押解豪绅往上永丰根据地，豪绅家属亲友陆续带款到藤田来赎人，我军得到款子有十几万块钱之多（【一】块钱可以买到一担谷）。张辉瓒自永丰至藤田、龙冈、沙溪，并派飞机烂炸永丰城，并跟在我们后面"呼呼叫"。我们撤退铁园〈绑檀条〉，并驻扎在君埠。1930年十一月，包围了张师。一天拂晓开始打，大约十点钟就全部消灭了张师，并缴械，活捉张辉瓒。缴获枪支发了给工人纠察队，是发一响枪，打了一计〔枪〕又挖一次才能打第二枪。工人纠察队改为警卫营。歼张师战役中缴获了敌师无线电报机，朱总司令说是"缴到了宝贝"，因为我们那时没有这个。

第一次反"围剿"胜利，我军又往藤田、沙溪发展。1931年国民党又进攻我们独立营，[①]在瑶田打击国民党进攻，打得国民党"嘀嘀"响，退回永丰。我们任务在于牵扰敌人，到处打，使他不知我们有多少人。以后伪军发现我们力量不大，就不看成一回事，我们就以主力军以〔打〕歼灭战。

我们在吉水湖田打垮国民党几师，沙溪方面红军也打了过来，敌军乱退，退得"乱七八糟""乱窜一顿"，子弹、手榴弹丢得遍山遍野。追到古县，国民党堆存了〔的〕好多粮食，也被我们缴获。

1931年六月间国民党又来进攻，这次搞得苦，烧掉很多房子，连庙都烧掉了，菩萨也遭难了，龙冈也是这样烧掉的。

良村一仗缴获了国民党好多枪，白军打死在路头路尾很多，老百姓都把东西藏起来，是第三次"围剿"。第三次反围攻中，还打了一个高户岭战役，[②]当时有首歌唱："高户岭战斗，我们胜利了，打垮了国民党的主力一个师……"

1932年发生第四次"围剿"，国民党进攻地方就做炮楼。在反

---

① 永丰独立营，1931年2月，永丰红色警卫营改称永丰县独立营。见《中央革命根据地词典》，档案出版社1993年版，第248页。

② "高户岭战役"疑为"方石岭战役"，此役始于1931年9月4日，全歼韩德勤师，重创蒋鼎文师。见《中央革命根据地词典》，档案出版社1993年版，第54页。

"围剿"战斗中，我军工人师从别的战场上收来了大批钢盔，伪装成匪军，来到带桥国民党封锁线内。这里有近百个碉堡，一师兵力。国民党以为他们才有钢盔，因此看到伪装工人师也就不注意，结果打掉了近二十个炮楼，击毙了很多人。

第四次"围剿"后，国民党隔了一段较长时期没有进攻，我军扩大。我编入独立团，后又编入属正规军第五师，萧克任师长，打到万安又过河打赣州，挖地洞进去，将近打进去。国民党陈诚、罗卓英率几师人增援，我独立五师奉命牵制国民党增援部队。国民党把红军包围了一部分。这时从宁都兵变过来的红五军团，丢掉枪和背包，专拿枪〔刀〕杀了国民党好多【人】（他们以刀杀擅长出名），我被围部队解围出来。

1933—1934年，国民党又发动了第五次"围剿"，到处修马路，把我们根据地一块一块截烂，并在马路要道处筑碉堡，使根据地"孤立"。这时我主力部队北上抗日去了，留下一连人在我们龙冈炮楼死守，盘了一个多月粮食进去，结果没有守住。

1934年八、九月间，国民党纠集了几个保安团成为一个保安师，李相云【任】师长。我们三个独立团编成一个独立师，师长罗绍凤。匪师声言要消灭我独立师，来势很凶。我们不作声，他一来我【们】分别埋【伏】在各山头，截住最后一个团猛打，山头上机枪步枪齐响。结果捉了他几百人，李相云也受伤，士兵缴械每人发几块钱让他们回家，枪送县去。

由于苏区范围缩小，我们独立二团来到抚州那边，与军区二分区汇集一道几百人，计划冲出封锁线，时在1935年二月。我们几百人为冲出封锁线，白天不敢走，有路不敢走，总是往没有路的地方窜，为的是不让敌人发现。爬过很多高师〔山〕，来到兴国境内，化〔花〕了两天多时间，与江西军区一分区省苏政府和其他直属机关在一起，一共有1000多人，由省苏主席曾【山】和军区司令员黄××指挥。在一块住了几日，准备通过赣州封锁线出去，行军两夜至封锁线，近天亮，被敌人发现，只得还回永丰良村，至永吉

（水）交界茶口，前后约〔一〕月有余。我们准备在茶口横过敌人带桥封锁线。初我们捉到一个联保主任，问了带桥情况，他说"那里有兵不能过去"，杀后又抓到老百姓带路。他领我们走山路，有时也就在敌人炮楼边过，在永丰岭上我们就滚下去，左弯右弯过了带桥，人员因死、伤、病等原因余下七八百了。过了带桥我们到了乐安招携附近山上，在那里吃了一餐晚饭。敌人又来了，我们一面掩护，一面往高山上爬。敌人摸不清我们情况，就不敢再追。我们又转到另一山上过了一个白天，晚上行军，穿过现在乐安至永丰公路线，来到永丰、新干、乐安交界处竹山坑，这是大约早上六七点钟。队伍在招携一战之后，还有六七百人，仍然显目，路过竹山坑时，赶集人都被吓跑了。在竹山坑前头有一个团，我们折上竹【山】坑四五里地的山上，刚一上山大家准备休息、做饭，还不到一个钟头，敌人已打到山腰村庄。这可能是守哨人失职所职〔致〕，使我军来不及饰〔部〕署，军兵乱了，各处奔散，敌人就更蜂拥逆〔而〕上，六七百人冲散。至下午，我见了曾山同志一伙20多人，准备做点饭吃（从招携那餐饭起三天三夜没饭吃），正要吃，敌人又来了，曾山同志还命令大家"战斗要紧"。就这里我与曾山同志分散了，后被国民党捉到。

（整理：张良俊）

2. 访帅宗仁材料整理

帅宗仁，男，59岁，谭城人。民国十五年参加革命组织—革命委员会，任常务委员。十六年二月入永丰工人纠察队。十七年在第七纵队任副班长。十八年四月到六月，在东固红军教导队受训，回队即任连长兼一排长。十九年任连长兼一排长。二十年伤后在江西红色医院第四分院，伤愈分配在分宜任警卫营长。二十一年任永丰红色警卫营营长。二十二年任永丰独立团政治委员。二十三年任永丰县苏维埃军事部长。二十四年任永丰龙冈独立团长。二十五年脱离革命。

民国十五年十一月与永丰县党部联系后，在家乡潭城成立革命委员会，我任革命委员会常委，委员是帅祥恩、帅连交、帅普宗、权保和、邓高贵、朱承德、帅宗仁。当时县党部成员是袁正〔振〕亚（又名左龙）、聂克中、刘夏仁、钟兆祥、薛佐唐。他们说"要把农民组织在农民协会里，分产归革命委员会管理"。同年就在革命委员组织领导下成立农民协会，由革命委员帅普宗、帅连交、权保和负责，进行分产清算，打倒贪污土劣。加入农民协会要交一封铜板，杀猪吃酒以表隆重。农协成立后参加了三次在永丰举行的工农商学兵会。

第一次是民国十五年十二月，有100多人，农民〈又〉占多数，由帅开甲、钟兆祥负责并报告。

第二次是民国十六年一月，与第一次同，也是在河背桥，由刘夏仁负责并报告，说在农村"要把农民组织入农协，工人要实行八小时工作制，要改善农农〔民〕生活"等。这次有【来】自恩江镇、二都、四都、佐龙、琅〔浪〕田、江口等地一万多人。聂克中、袁振亚也参加了这次会议。

第三次是民国十六年五月，在永丰城里体育场召开的，有几千人参加，由薛佐龙、袁振亚作报告，说"'三七事变'后大家什么也不要怕，不要怕他们有枪，革命吗，就是要打倒他们，我们还要打倒一切贪污土劣"。

民国十六年八月，农协领导潭城西堡1000多人与反动派曾国华、刘胜德、习甘午煽动起东堡1000多民众发生战斗，后来永丰民团来镇压，捉去代表20多人。帅开甲也被捕，十一月在南昌牺牲了。西堡人民被反动派枪一〔一抢〕而空，后花了几千银洋才把20多人从反动派牢穴中"赎"回来，其中有十几人身受重伤。潭城革命活动受打击，在敌强我小情况下，转入了隐秘活动，支援红军。

民国十六年二月，我由帅开甲介绍加入永丰纠察队。六月初国民清党军来，我们撤走离开恩江镇，到上永丰一带。到八月十二日，开一个会，有40多条枪在乡下。后吉安东固赖经邦把永丰工人纠察队调去集中，成立第七纵队，我任副班长。

七纵队的成立发展情况是这样的：

七纵队除了赖经邦率领的一部分军队外，还有永丰工人纠察队及收编过来的土匪何金山和马司令（名字不清）。何、马匪有两百多支枪，活动在白沙、灌山、乐安、新干，由段月泉（又名起凤）领导，号八纵队。民国十六年十一月在东固成立第七纵队，【民国】十七年二月把它收编进七纵队，配合打过两次永丰城，都怠战，只想抢东西。四月即叛变了，七月投靠吉水靖卫团。

此时驻扎在九龙山上活动，在吉水、峡江、新喻刘青明领导九纵队，[1] 在那一带搞农协、打土豪工作。

民国十七年十一月，第七、九两个纵队改编为江西红军第二团，团长刘青明，团政委李园林〔文林〕（此人实姓刘）。由河西过河东到东固时，团长是李韶九，团政委是李园林。红二团改为第七纵队，纵队下有三个支队，支队下有中队、小队、班，第七纵队司令柯武东，政委是曾奥琪，人不上3000，枪支在千五六百上下。

民国十九年二月，七纵队改编为第七师，柯武东是师长。七师二团团长是周事昆，团政委是曾炳春。八师、九师合成第五军，军长黄公略。

在民国十七年十一月，七、九纵队合编红军第二团时，前后在永新、莲花、宁岗地有【红】九团，兴国、于都、太和、乐安、万安【一】带有红四团。红四团是民国十八年五月刘青明收编古

---

[1] 江西工农革命军第三师第九纵队，于1928年2月在吉安延福成立。李育青任队长，金万邦任党代表。见《中央革命根据地词典》，档案出版社1993年版，第236—237页。

龙、清△、樟木山、莲塘、东村、良村、后村、枫边、城江、东固匪军和其钟老发匪部【而成立的】。钟老发是买到程潜失败时散在新喻的一部分枪而壮大起来的，在这带地方作恶作歹。其侄子钟贵标（知识分子）看不惯，想除掉他。他搞到了蒋介石刺杀死的北伐军军长赖世黄①部下一两千支枪，一部分去打钟老发，并投靠红军。民国十八年正月初，红军打败了钟老发，红四团改为八纵队（师长刘青明）九师。

民国十八年我升为班长，正月或二月在东固红军教导队受训。教导队队长曾炳春，政治指挥员毛泽覃，军事教员李介思。②

东固红军教导队前后共办了两期，我是第一期参加的，一期受训二个月，参加受训的都是班长，有170多人。

教导队有三间房子，楼上是寝室，楼【下】就是教室，吃饭桌子当课桌。生活有纪律，早上下午是操练，一天三节内堂课。内堂课分政治课、军事课。政治课每天两小时，上下午各一节；军事课由军事教员上。政治课主要是讲在队伍中要守纪律，对老百姓要和气，要做宣传，买卖要公平，不准拿老百姓东西，不能骄傲等等；政治课还包括文化学习。军事课讲枪支构造、使用，并要实地操练。除了讲课操练外，也有考试，三个星期（或两个星期）考一次，并要平〔评〕分。评分标准看他是不是有坚持精神，思想好不好，成绩好升级，不及格仍回去任原职。

教导队结业后，我回队任七纵队二支队副连长，并兼一排长。

---

① "赖世黄"应为"赖世璜"，后文写作"赖世璜"。见《江西省志人物志》编纂委员会编：《江西省志人物志》，北京：方志出版社，2007年12版，第392页。

② 东固教导队：为培养军事、政治干部和地方干部，1929年4月，红二团在东固区委干训班的基础上，创办东固教导队，陈东日任队长，有学员100多人。学期为两个月，学习内容为军事、政治、文化，每天三操两讲。该教导队为赣西南培养了一批军事政治骨干。见《中央革命根据地词典》，档案出版社1993年版，第231页。

民国十九年六月初六打吉安，进江西红色医院第四医院休养八个月。

江西红色医院总院在余〔于〕都樟木山，其系统及性质，分布系统如下表：

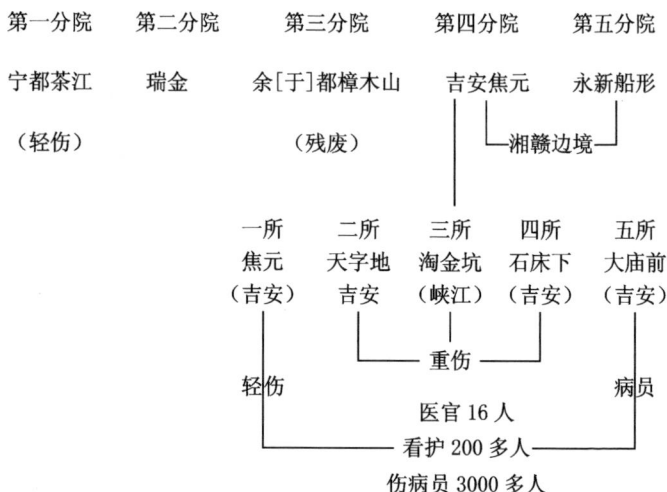

第一分院	第二分院	第三分院	第四分院	第五分院
宁都茶江	瑞金	余[于]都樟木山	吉安焦元	永新船形
（轻伤）		（残废）	└──湘赣边境──┘	

一所	二所	三所	四所	五所
焦元	天字地	淘金坑	石床下	大庙前
（吉安）	吉安	（峡江）	（吉安）	（吉安）

└───────┐ ┌───重伤───┐ ┌───────┘
轻伤　　　　　　　　　　　　　　　　　　病员
医官 16 人
└────────看护 200 多人────────┘
伤病员 3000 多人

红色医院领导：院长邓普高（永丰操下人），副官刘××，军需〈如〉郭绍德。

医院当时除了在当地苏维埃政权帮助下，根据地人民关心下，吃得比较好外，还要应付灭绝人性的反动派进攻，以及克服医药设备不足种种困【难】。

我们用白布作纱布，白布都是老百姓用纱织得很稀很稀的土白布；老百姓给伤员寻找山药，治疗一般轻伤战士；同志们冒着生死危险到白区买药。有一次，从南昌樟树才〔采〕买西药回来，在樟树上船，药装在洋油瓶子里，被检【查】出来，三个同志就被枪杀了。

伤兵员经医院许可即出院归队。我因部队走了，无法归队，民国二十年正月，分在分宜担任警卫营长。说他原来只有几十条枪。五月卫立煌部进东固经分宜，我营截了他一段，缴了两百多支枪。当时分宜县苏维埃在李家陇。民国二十一年因伤复发，我往永新疗养一个多月。民国二十一年四月间，我带兵 300 多伤病员到兴国之后，就到省苏找曾山同志，曾山同志是省苏主席。省苏建立发展也有一段原委。民国十九年打吉安后，成立江西省苏维埃政府。十月从吉安退出来时，段起凤不合法，搞了一个省苏，他原与土匪邱老八组织了一些鸟铳，在地方称坝〔霸〕称势。我军在兴【国】一仗打伤了一些同志，需要找一个村庄安顿下来，他不答应，地方工作人员再运动，他带了八条枪过来（邱老八仍没来）。直到我军把兴国、乐安、宁都打完后，在兴国过春节唱剧欢度，叫了两红军抬了一台轿子去接他看戏，他以为红军真正要求他，也就来了，接来三天枪毙了。这是民国十八年的事，自此他就混在我军内部。①

1930 年十二月，陈正人来肃反，他的秘书把袁振亚打死。段月泉收〈搜〉了钱〈主〉逃回家里，藏居在家乡芹在〔菜〕坑里，后来清乡时捉到，杀 AB 团时杀了。

民国十九年十月从吉安退出，〈在十一月〉由曾山为首同志组成的江西省苏在十一月来到泰和，十二月到东固；民国二十年正二月间到兴国，以后就在宁都王〔黄〕陂。②

我二十一年回来时，省委组织领导成员是：

省委书记李富春，省苏主席曾山，军区司令员陈毅，军区政治部主任刘伯承，军事裁判部长葛跃山（洗澡时淹死了）。

第二次 1934 年改选是这样：

省委书记曾山，省苏主席刘起跃〔启耀〕（兴国人），军区司令员李思怀〔赐凡〕，政治部主任黄赤潮（游击战争时死于二都盆

---

① 原文如此。
② 江西省苏维埃政府于 1930 年 10 月 7 日在吉安城宣布成立（江西省临时苏维埃政府），主席曾山。11 月中旬迁驻吉安县陂头村，后又迁至吉安县富田。1931 年 7 月至 10 月，驻于北区平安村；1931 年 11 月至 1933 年 1 月驻兴国城郊凤凰庄；1933 年 2 月至 1934 年 10 月驻宁都县七里村；1934 年 11 月至 1935 年 1 月驻于都北部小布山区。见《中央革命根据地词典》，档案出版社 1993 年版，第 175—176 页。

形村）。

我到省苏，曾山同志了解我，介绍去陈毅同志【那】；陈毅说永丰情况熟，还是回永丰好，我就接受党的分配。民国二十一年四月来永丰，到〔当〕永丰红色警卫营营长。此时永丰县苏在沙溪有潭头、龙冈、沙溪、良村、南北坑、石马、中村、藤田等区，五月扩大瑶田、古县两区和七都、鹿岗两个临时革命委员会，县苏主席是吴泷水，县委书记黄日新。当了两个月，地方武装搞起来了，到军区开会回来就成立一个独立团，毛天文（广东人）任团长，我【任】团政委。后来这个团又编入主力军，由区特务排、县里一些人又组成一〈一〉个独立团。到民国二十三年，县苏改选，我当县军事部长。二十四年红军北上，二十五年被国民党截断，我脱离革命。

民国十九年上半年成立永丰县苏维埃，在潭头街上，由吴泷水当主席，领导人选换过程是：县委书记黄日新—李福槐—谢荣廷，县苏主席吴泷水—罗贤辉—黄德明。

民国二十二年八月，永丰召开第二次党员代表大会，当时县内党员约计有12000多名，团员有3100多人，团的书记是李干香。苏区人口有7万多。这次会代表200多人，开了5天，讨论：①苏区巩固问题，②永龙分县同县问题，③扩大红军问题，④粮食保存问题，⑤肃反清乡问题。有刘伯承、毛泽覃、曾山到会，罗国倬被选为龙冈县委书记，李福槐为永丰县委书记，龙冈县苏主席吴泷水。①

还附带说三个问题：

1. 我是民国十六年在东固入党的。入党先有党员找我谈话，并指出〔导〕工作，不过我自己不晓得。谈话内容都是革命要吃苦，要老百姓好，把农协搞好，改善农民生活问题等等。然后经过两天

①　1933年8月，龙冈县成立。中共县委书记罗国倬，县苏主席邱慈良、潘家苑。见《中央革命根据地词典》，档案出版社1993年版，第157、187页。

介绍，填表，发党证和党费簿，缴了党费就登记在党费册上，党证是金属三角形状：

这个东西也不给任何人看，大家都把它牢牢揣在怀里。

2. 五次反"围剿"，我只参加【第】四、【第】五两次，这两次也记得一个大概。第四次是民国二十二年四月，主力在攻万【安】、乐安后，即〈建立〉打东王〔黄〕陂，捉到陈时骥，打时〔死〕李明，时在五月初九日。敌人在宜黄的是五十二、四十三、四十九三师，我军是一、三、五军团一分区，三个团乐安、宜黄、宁都各一个团。这次战争历时十七八天，消灭敌人三个师。

第五次【反】"围剿"失败了。国民党用飞机和步兵配合进攻，五里即大筑炮楼，不打硬仗。分六路向瑞金进攻，一路是永丰集合三十几个旅直指兴国而〔和〕瑞金，一路由吉安、泰和、万安指向兴国而〔和〕瑞金，一路是南丰、广昌向宁都，一路是信丰、安远、会昌而指向宁都【，一路是】宜黄、广昌、黎川也向宁都，从福建长汀往石城，也企图包围瑞金。国民党反动派每到一处，即烧劫而〔一〕空，连菩萨都倒霉，山上庙烧光了。根据地人民奋起抗击，在党的领导下，广大妇女同志也参加到反"围剿"斗争中来，她们也一样，拿起枪杆向敌人直接斗争；实行坚壁清野，连筷子都埋掉，敌人占领只是空山空房。红军北上人民念念〔恋恋〕不舍，都跟着毛主席、朱总司令要走。根据地人民听毛主席话，"隐蔽好，团结一致"，一直坚持着斗争。

3. 苏区人民生活状况是：

①由于生产搞好了，又不要完地主剥削，吃得很好，但白区敌人封锁，布匹缺乏，穿得不好。

②没有盐吃，吃硝盐，有些去熬埋了人的故穴土，一个穴可熬100多斤，但有毒。

③病了到医院去，乡下有症〔诊〕疗所。

④婚姻自由，可是在贯彻过程中有人把它绝对化了。

⑤红军〈人〉家属【由人】代耕，农民只要交累进税。

⑥每个乡都有列宁小学，年龄不限，七八岁到四十多岁都有。

⑦有文娱生活，军民互演，民为军演，军为民演，个把月演一次。

⑧打土豪分田地，分地以村为单位，分地主土豪公产田，在家地主有田分。

注：为便于查核准确年月，此处除标出是19××年外，余者均用被访者民国××年。

（整理：张良俊）

3. 访问张良学材料整理

张良学，男，48岁，现住龙冈乡芭溪村。曾任排长、连指导员。现在民政局工作，党员。

1929年组织了农协会，是秘密的。1929年十月成立村政府，这时乡政府、区政府也组织起来。我是龙冈区区政府组织少队，十六岁到二十三岁的青年参加，纠察连年纪较大。龙冈区、潭头区、良村区三连队组成了一个团，团长许有生。1930年我军攻打吉安（不知那军），打下来吉安。八月初我区的连队即许有生的一团长，都到吉安去领枪，没有领到，身体好的就没有回来，编入部队，我们一少部分人就回来了。我到龙冈区当交通【兵】。红军打下吉安后，张辉瓒进攻吉安，红军退出吉安，往湖田东固，到宁都黄陂小陂。张匪同上说"吉安没有土匪"，他就往龙冈追我们红军，扎在龙冈三天。张匪领先头部队到黄陂、小陂追我们，我们队伍也做好准备消灭他，和敌军遇于小别，我们四面包围，在厝马山，生俘首匪张辉瓒。

1931 年八月，三次战争后，我在瑞金红军学校受训，叶剑英做校长，何长工做政治委员。军事有步兵战斗条例（步兵守则，步哨特别守则，卫兵守则），行军几种，有强行军、急行军、白夜军、夜行军等，还讲队形，有蛇形。政治方面要学习政治工作暂行条例，如指挥员、连长要做哪些政治工作等，下面我就记不清楚了。还要讲阶级，阶级为什么要斗争？中国分四大阶级，农民、工人、地主、资产阶级，还有过渡阶级。也讲科学，如讲地球，我们是东半球；讲月亮。在红军学校还要打野操，讲过了行军，就来个行军。最后一天我们打了 10 来天，100 多【里】路，分东西军，各以红绿带为记号，俘虏兵要饿饭。

1933 年八月调我去马克【思】政治班（还有高级班，设在瑞金）学习，高级班起码是排、连以上干部，文化较高的人去学习，出来起码是连长或指导员，也有到师当参谋的。我们政治班主任张林，邓小平、罗敏在这里当教员。在这里我们要学习政治历史，如人是由猿变来的，过去的人吃生东西，后来煮熟再去〔吃〕。

由于工作需要，学习两个月就调到中央突击队，由总政治部领导项英、罗部长负责搞扩大红军工作，我们 70 多人分到三县去，兴国、赣县、杨殷县。中央分配数字到县，我们到赣县，又分到区里。首先我们抓住干部，对他们说："应该有决心，争取优胜。"再由乡召开十六七岁以上的人开会，进行动员："五次斗争是长期的，敌人四面包围我们，我们不扩大红军，就不能消灭敌人，就不能保障分田地的胜利；而且要杀你们，你们的妻子、父母也保不住。"采取自愿报名，还要批判思想，批判以后还要动员宣传。

　　1933年调到粤赣司令部，设在瑞金门岭①，我仍做扩军工作。几个月后任教导营文书，教导营是连排长受训的地方。1934年四月调到粤赣司令部二分区，独立团二营六连当指导员兼中共支书。广东军陈济棠打到筠门岭来了，毛主席在粤赣军区，毛主席对我们团说："同志们，你们辛苦了！现在五次战争，敌人四边向我们进攻来了，不但进攻苏区，还用碉堡封锁，目的是要消灭我们。我们是不是愿意让敌人来消灭呢？（这时团长领头高呼'坚决粉碎敌人【第】五次围剿！'全体战士跟着高呼）……现在我们要下定决心过封锁线，要到敌人后方广东去打，组织群众发展游击战争，创建新苏区……现在敌人大部分到前方来了，敌人后面空了城，我们到后方发展游击战是有把握的。敌人后面还有游击队，你们要好好和游击队取得联系……敌人看后方打来，就会退回去，分散敌人力量增加我们的力量……要好好联系群众，不要乱七八糟，老百姓的东西要平买平卖，不要乱拿老百姓的东西，要遵守红军铁的纪律，群众会帮助我们，有什么东西都会送来。我们要吃【苦】耐劳，要坚决，不要像墙上的草风吹两边倒。特别是干部同志，更要吃苦，向敌人打仗的时候要有冲锋杀敌的精神……"还谈到反对日本帝国主义等问题。这时四月间，毛主席穿着大衣，讲了一个多钟头的话，讲话的地方是会昌。这是〔时〕广东军阀已打过筠门岭（离会昌九十里），进到离筠门岭30里的罗田，隔会昌只四五十里路。我们团奉命穿过封锁线（1934年四月），做饭用的家具也丢光了，吃生米，有一个多月，后来没有什么吃，打了两个土豪。广东是白区，我们又没有与当地的游击队接上头；老百姓不了解我们，我们到村庄，他们就去报告国民党。团长胆小，不敢发动群众，士兵饿着肚子，有的开小差。五月天雨【多】，枪机生锈，1934年六月被俘，

---

① "门岭"应为"筠门岭"，后文写作"筠门岭"。见《中央革命根据地词典》，档案出版社1993年版，第108页。

队伍散了。

我们过封锁线还带了很多标语去，有对华北宣言、两广宣言，都【是】毛主席作的。

（记录整理：张扬球、詹义康）

4. 访薛爱莲材料整理

薛爱莲，女，57岁。民国十九年九月九日红军来，以前她参加了一段时间秘密活动，主要是传递秘密信件；红军来以后参加革命，在永丰总工会任财政委员，又在三军八师政治部【任】宣传委员，后来在县妇女工作委员会工作；红军北上后，她在后方。民国二十四年正月二十八回家。

（一）第一次国内革命战争永丰县的革命活动

永丰县民国十四年就开始革命活动，那时一般知识青年刘泽民、袁佐龙、聂绍闻（她丈夫）、黄欧东、聂克中，在外面读书时就加入了共产党。回来后聂绍闻、聂克中、薛佐唐、袁佐龙等人于民国十五年四五月间成立永丰县党部。民国十五年十月，袁佐龙做13县的特派员，买了12支枪回来，组织纠察队。豪绅地主知道后，于民国十六年正月（阳历3月7日）捉他，发生"三七事变"。当时被捉的有袁佐龙和薛佐唐二人，脱下上衣捆到游街，并把理发水倒在他们头上。

国民党叫着"打倒共产党"的口号，结果把这些人下狱。我们共产党派自己的人去看守（宋学彬领导的），待反动派走开了，还是一样地自由。"三七事变"后，我们党在龙州由总工会邓子恢、邓子美组织农民去抢出来，结果没有去。宋学彬等人用楼梯把〔让〕袁佐龙、薛佐唐爬墙逃走到南昌（宋学彬也走了）。"三七事变"的首领宋知仁①、宋庆三、罗文蔚、钟扬谷、刘二吉、陈献章、刘数连、钟佛山、宋庭、刘养成、胡质频、陈文、罗友青（现在台湾）等十余人。"三七事变"后，同年四月（阴历）又恢复党部，至八月初四，国民党派来一连清党军队，党部的人又走了。

（二）永丰县苏维埃政府的建设工作

民国十九年九月九日，红军进永丰城，成立永丰县苏维埃政府（地点现永丰公安局旁边）。在城二十天，因白匪靖卫团来打，县苏搬到藤田，没有几天又搬到沙溪。民国十九年十二月，她当选为县苏妇女主任。这时永丰县迁在藤田、沙溪，吴江（吴桥凤②）任沙溪县苏秘书，曾明传任县苏委员长。原来县苏妇女主任是钟鹤龙（袁佐龙之妻）。薛爱莲在三军八师，后因病到兴国第五医院做过看护，后来介绍到瑞金，又介绍回永丰，介绍到龙冈做后方工作。民国二十三年在龙冈她分了田。民国二十四年，国民党清乡委员会（又叫清乡队）来了，她说她是跟红军洗衣服而来的。当时群众很好，白军来了叫她表嫂，红军来时叫他同志嫂，后来打路条给她回来。路上白军士兵拿掉她的路条，说她是土匪的太太，结果白军的官长说有路条就让出她去。民国二十四年正月二十八日，在龙冈坐汽车回到家里。

（三）红军的宣传工作和与群众关系

她于民国二十五年三月到三军八师政治部当宣传委员，三军军

---

① "宋知仁"疑为"宋居仁"，后文多次提及"三七事变"的首领是"宋居仁"。见《中国共产党吉安历史·第1卷·1921—1949》，中共党史出版社2011年版，第32—33页。

② 吴江，原名吴翘凤，名春珍，别号梧岗。见《东固·赣西南革命根据地史料选编·第1册》，中央文献出版社2007年版，第351页。

长黄公略[①]，八师书记黄欧东，师政治委员王如池（湖南人）。宣传队跟队伍走，打胜了就前进，败了就后退。打胜了捉了许多俘虏，就向俘虏宣传："国民党的士兵没吃没穿，三丁抽二、二丁抽一，国民党从上到下层层吃冤枉，吃到下面就没有饷发。当红军官兵一样，家里又有优待，我们工农兵不打工农兵。红军三天五天又分伙食钱，一天三角钱伙食费，一个月三角钱草鞋费。"对白军宣传："连长吃你的冤枉，他们吃小灶，你上前送死。红军你愿意当红军也可以，不愿意要回家也可以，我们发路费给你。"捉到反动军长和师长，就要他部下的士兵说他好不好，如果是吃冤枉的，当时就枪毙。对社会上也进行宣传，她当宣传队长，拿着三角红旗，上街宣传。起初街上的人都把门关了，我们说："同志们，你们不要怕，我们是无产阶级，我们也是平买平卖。如果你们不要纸币，我们给你光洋和铜各〔个〕子……"过几天群众都热闹起来〈起来〉了，我们就进行调查土豪的工作，分队去调查，还要交换调查，核对情况。第三次又派人亲自去调查，然后开党委会决定再去捉土豪罚款。

红军与群众的关系。红军打仗后无事休息时，帮助农民割禾，不吃农民的饭，帮助打扫卫生。红军自己上山打柴，如没有菜，山上采野菜吃，自己打草鞋。

（四）其他

作战时叫的口号："白军多，红军少，共产党的政策真正好，还有打到南昌九江，会师武汉，得到一省或数省首先胜利。"还有一些口号：经过一、二、三次战争，四次阶级决战，五次"围剿"。

---

① 黄公略于 1931 年 9 月 15 日在吉安东固镇的六渡坳山峡，遭到敌机空袭中弹牺牲。故"民国二十五年"应为"民国二十年"。见《中央革命根据地词典》，档案出版社 1993 年版，第 566—567 页。

5. 访汤桂英问材料整理

汤桂英，现年 54 岁，住岭村。

一、参加革命工作简历

民国十九年参加革命。我参加革命前，我老公（罗才发）早在民国十五年就【参加】地下工作。他长【期】在外教打，回家时间不多。他的活动我不了解，因为他没有告诉我，问他在外教打没有一个钱拿回来，他说教打没有钱，其【实】他是哄我。我只记得常常有人来找他。民国十六年，有一天有几个人来找了他三次，问他回来了没有，但是都没有找到他。那时我害眼疾，那三个来找他时提了一些猪肉和猪肝肚，并在我家煮了肝肚吃，打了一碗给我吃。当天旁〔傍〕晚，我老公回来了，给我用艾火治好了眼睛。几次的人来找他，当然会被豪绅晓得，不久就被捉到了。听说捉到时在他【身上】搜到了一张上千人的名单（恐怕是参加起义的人名单），捉到后就上手镣足铐。因为他在牢里没有牢饭钱，所以在十七年七月间，班房里的人就把我嫁了。结果民国十七年冬，因为红军来（只来了一下子）了，我丈夫就走出来了，在塘壁那家人家过了一夜（当夜还和我会了一面，要我跟他去南昌，我不愿）。第二天他就走了，以后就不知下落。

民国十九年九月初九红军进去（永丰），我想参加红军会找我老公，我生不能会面，就在死里相见。同这一次，永丰有六个妇女参加了革命，其中有薛爱莲、罗金莲、钟鹤浓、项国英、杨在连。罗、薛和我留到了命，其他三个被国民党杀了。当时除薛爱莲参加总工会的工作外，我们都在县妇女工作委员【会】工作。在永丰城里只得〔待〕了 20 天，政府便搬到藤田，过了几天又搬到沙溪。捉到张辉瓒的前几天，我又被派到龙冈区政府工作，后随政府文机关、武机关跟【到】宁都〈州〉、余〔于〕都、石城的边界上。

民国二十年，县政府送我到红军学校（在兴国荒坑）学习四个月。红军学校学生有六七十个，女的20多个，学生分班，一班13人，有正副班长。学校里的生活是每天天麻麻亮就起来上操，跑步上岭、下岭，操到早上八点钟就回来上两堂课，一堂政治课，一堂军事课，上完两堂课才吃早饭。晚上有人来查两次夜，被褥衣服掉下床来了，查夜的人都会给我们盖好来。政治课教识字，讲过左派和右派；军事课讲三大纪律八项注意等。

红军学校又把我介绍到永丰县政府（哪里的人就介绍回哪里），当时没有找到，留下的一个副官告诉了我的路号："蓬横蓬直和划的鸡脚 × 不要走"，结果找到了。县政府分了我做几个月看护生，纱布要洗煮四次，做事时就抽纱（把布拿来抽掉一些纱，变成纱布），不会的看护生有医官教，会的看护生会把药搞好，我们只要敷上去捆纱布就是，药瓶子都把药名字写好了，"光子〔字〕一本簿，瞎子一个肚"，识字的只要看，我们就要记住来。以后又调我去游击队和独立团工作，后来又到区政府工作。在军队中主要做宣传工作，在区政府也是做宣传工作兼妇女工作。

【民国】二十二年十二月，反动派〈就〉封锁了永丰。【民国】二十三年正月，我在山上被地方上的反动派捉到了，受尽了苦，我的生命得群众的真心保护才留下来。

二、藤田田心群众真正保我的命

民国二十三年正月，我躲在田心的山上，被田心的大土豪吴文球（革命时逃走了，才回来）和跟随他的一些流氓、痞子、烟鬼、赌徒捉到了。这些流氓痞子当即把我丢在地上用脚踩我，用钉鞋打我的头顶，血从头上往脸上直流下来。当时得王花子（田心人）说"快要打死不要打了"，才没有即时打死，接着就把我捆起来。吴文球接着开群众大会，讨论要杀我。会上那些痞子就一定要杀了，"这个土匪婆横直都会带兵，哪时共产党来了，又会带兵来打我们"。有的土豪的老婆也过来骂我说："我的土豪就是她带来打的，某某的土豪也是她带来打的。"决定就要杀了我。将近傍晚，就要去解我去杀，当时我的干娘（现在敬老院，今年八十多岁）在外面就说，"你快去杀汤桂英"（大概在她的串通下），当时就有道士（吴××，现还在田心）的娘和王花子的娘一班妇女，〈就〉出来向吴文球那班人说："今天夜了，不要杀，杀了留一个外边的鬼，【对】我们村里不好。明天早上去杀，群众都可以去看，人家看见就不敢去当土匪。"吴文球答应了，叫道士的娘保一夜。道士的娘当时就叫他一天光早点来解，说怕晏〔晚〕了无人看到会跑掉（这可以〔能〕是一个阴谋）。

他们很晏〔晚〕才来（天才亮的样子），因为他们早上都抽鸦片烟。他们来解的时候，道士的娘就叫我躲进床下去。我躲到花床下去，紧紧挨在床足背后，那些流氓跑进来见不见了，就用梭镖在床下到处插，因为我的足靠紧在床足，故梭镖刺不到。这时外面有些人就打野喊说："捉到了啊，快拿绳来！快追呀！"于是搜我的痞子跑出去了，我又躲在他们搜过的角上，有板子挡到。他们在外面没有捉到，又跑进来搜，差一点被他们搜到。有一个人的手都触到我的胸前来了，这时外面又打起野喊来，他们又出去了。于是几个人把我拖的拖，推的推，躲到村里的另一头去。这一边都是住的穷人，有一家土豪还没回来。这时就是那些土豪也有很多没有回来，有的是寡妇。他们一藏把我藏到代表家里去。那间房没有搜到以后，就去开会商量搜我们，开会后当真到代表家里去搜我，把一间禾草一捆翻到外面，没有搜到，代表就向他们说："是没有吧，我对得你们住吧。"我跑躲到第三家，没有多久，一个老者装着捡猪屎来说："快躲过一家，他们要来这里搜了！"当时我想这不〔哪〕躲得【住】，不如走出来，让他们杀了算了。这时我又急到屎，于是我说："让我屙光一堆屎来，走出去让他们捉去杀了算了，免得害了你们。"那家人就说"躲到一时得一时，万一躲不住再说，屎你就在楼上（我躲到他家楼上）爬〔扒〕开糠头来，屙在糠里。"他们马上又把我搬到第四家。躲了很久，又有一个婆子假装来借盐，告诉说要躲过一家，他们又把我带到了第五家（这时傍晚边）。这一家很苦，但是他们还弄了饭给我吃，给我洗了头上身上的血，洗了衣服，烘干了。第二天□□亮，就送我到了离田心村五里的地方叫臭皮岭的一家亲戚家里（不知是我干娘的亲戚还是谁的），在臭皮岭，他们又帮我到代表陈美英那里打了条子，田心和臭皮岭的一些群众又给我捐钱买车票去永丰（田心的保我命的群众，我解放前没有能够谢他们，解放后我在〔才〕完了一点心愿，【19】53年我才到田心请了五桌酒谢过他们）。

没有到永丰就下车了，挨夜我走到坪上我娘家。我是从出世十个月就由外婆带的，后来给人家做童养媳，所以父母不亲我。我爸爸说："你当了土匪，住在这里怕人家知道连累我。"于是只住了一夜，第二天又送我到三都峡子下，躲在毛股屋里。在峡子下那些土豪流氓，还派了暗杀队来捉我，捉我的草头□□（姓曾）和胡墨鱼。但是他们并没有捉我，是捉假的，他们因为没有捉到我，都被打了屁股，这是解放前听人告诉我的。

在峡子下无吃无穿，请人介绍嫁人，地方上的都不要，说我是土匪婆。想嫁人又嫁不到，想死又怕共产党来了有登补，过了差不多半年，才给我介绍一个兵股佬（九江人，现在的老公）。想起过去的苦，三日三夜都说不好〔完〕。

6. 访李华风材料整理

李华风，现年49岁。

一、永丰县苏维埃政权的建设

民国十八年成立永丰炎坑村苏维埃政府。成立之前，李贻谋等人就有秘密活动，他离我村20里路。主席曾垂进，文书李光邦，有妇女队长，粮食、财粮、土地等委员。同年下半年成立水江乡[①]苏维埃政府，主席邓邦庭，文书崔春福，党支书李运炳，我是肃反委员。民国十八年成立石溪区苏维埃政府，主席刘运兴（吉水人），党支书姓杨（吉水人），另外还有互济会、工会、雇农工会。永丰县苏维埃政府在潭头成【立】（哪一年不记得），县苏在杏炎村，主席吴泷水，书记李福槐，保卫局长孔德真，文书李清起，军事部长刘义，还有裁判【部】、土地部、粮食局、总工会、救济会。当时有四个区，沙溪、藤田、石马、古县。

二、分田

民国十八年冬分田地，政策按人口分，茶山、土地、公田、房屋都分。分田时划好阶级，地主、富农分坏田，中农和贫雇农一样分，要【好】坏兼分，军属要包耕。当时不还粮，收累进费〔税〕。民国二十一年还猪头费〔税〕，每头五角钱。

三、党团情况

民国十八年，水浆乡党员十六七个，团员 10 多个，共 30 人左右（妇女在内）。我是民国十九年入党。当时入党团的手续，入党要两个党员介绍，看你的思想进步不进步，家庭是什么成分。有六条具体手续〔规定〕：①严守秘密，②永不叛党，⑥牺牲个人（被捉后不能说别人是不是党员，只能牺牲个人）。三、四、五条不记得。还要填表，党员证有的发有的不发，不一定。入团手续又是一样的。党团员开会宣传，捉土豪；扩大红军，一个党员最少要发展 5—10 个红军；党团员要自己带口粮。党员一年一角钱党费，团员也差不多。

四、社会组织工作

少年先锋队（18—22 岁）白天放哨，晚上打土豪；晚上赤卫军放哨。赤卫军（25—45 岁）下有连排班，以备扩大红军。45 岁

---

① "水江乡"，应为"水浆乡"，后文写作"水浆乡"。见《江西省永丰县地名志》（内部资料），1985 年版，第 157—158 页。

以上为担架队，17岁以下为儿童团。前方模范团（18—25岁）、模范师（25—45岁），模范团师是民国十九、二十年编好，由县苏军事部指挥。

五、慰劳红军和支前工作

村子里派女子去服侍病人、送茶水、洗衣服、做鞋子，一年最少做2次。慰劳红军，说："你们是很辛苦，不要急，我们来服侍你；不要愁，外面和家里是一样，在外面更光荣更好……"担架队要上火线，去把【伤】病〔兵〕抬回到后方，白军士兵也要抬回来。运输队运粮食等到前线去。群众觉悟很高，无论担架队、运输队要多少就有多少，都是自愿去，时间半月到一个月。长期担架，宣传自愿参加，他家也作为红军家属一样地优待，生产时无论什么事，都是要帮助红军家属做好，才做自己的。

7. 访曾红茂材料整理

曾红茂，50岁，记忆力中。1930年参加永丰纠察队，后编入独立第五师，任排长。参加一、二、三次战争，三次战争中负伤修养，第五次反"围剿"被俘。

一、永丰纠察队

红军1927年来了后组织的，属县苏领导，有近百人，没有枪，用梭镖。加入要介绍，不能随便参加，没有介绍便没把握，不晓得这个人凶险不凶险。纠察队叫工农纠察队，受压迫的人参加，有的富农受地主的压迫也参加，进来后便找地主算账，进行报复，说："你（地主）跑不了，到哪里都抓着你！"纠察队是地方武装，专捉土豪，有时抬伤兵，参加【过】围张辉瓒的战斗。

1930年捉张辉瓒后，编入独立第五师，师长郧克^①（后任二十二军军长）。

二、第一次战争

民国十九年打张辉瓒，夜晚十点钟开始打火，八点钟级〔缴〕械，我们把张辉瓒包围起来。半岭一重，岭顶上一重，山背又一重，是预备队。半岭的累了，便到顶上去，顶上的到半岭；又累了，顶上的便到山背，休息，山背的预备队便到半岭上来。吃饭也是这样轮流。

张辉瓒是他的士兵讲出来的，恨死了他。张辉瓒四个月不发饷，总是向部下说："要拼命打，打倒〔到〕东固，红军有金银财宝，不打的话，红军打过来会开肠破肚。"

我们对待俘虏真好！打伤了很多人，上级说担架队要先抬他们的伤兵向前，我们的伤兵在后。老百姓不愿扛，他们北方人身材大，又是棉衣棉裤大衣，我们只有夹衣夹裤，比我们重三十斤。老百姓说："他们横直烧六十里，子（厕所）都不留一只。"捉到这些人，一定要问他："为什么这么狠！"俘虏兵说："不烧官长就要杀我们。"老百姓恨死他们，故意暗中搞死了不少国民党伤兵。

白军伤兵，伤轻的一天上一次药，伤重的一天上两次药。吃烟他们吃好的（大前门，金字塔的）。白军伤兵好了问他是不是愿意当红军，不愿的送他们回家，发路费，路远的给钱多，路途少的给钱少。从龙冈到沙溪，先通知沙溪杀好猪，弄好饭，派妇女唱欢送歌接他们，沙溪到藤田又要接他们。俘虏兵说："红军好，共产党好，不晓得你们有这么好！以后再被国民党抓着去当兵，不要背枪，我们就拖枪向红军去，朝天打。"他们高呼"共产党万岁！万万岁！"还拍手掌。也有俘虏缴了三次枪的，这样优待他。红军有的脑筋想不动，老百姓也都反映："为什么待他们这么好？"

---

① 疑为"萧克"。见《中央革命根据地词典》，档案出版社1993年版，第460页。

我们对白军宣传说："白军士兵们，你们生活也都不好，为什么要打红军呢？我们都是穷人，打仗便叫你们送死，做官的躲在后头。他们说叫我们穷人送死！"

缴到步枪几千多〔支〕，驳壳枪拿箩担，水机关【枪】数不清。

打第一次战争全靠老百姓。我们包围四十里，张辉瓒问老百姓有红军没有，老百姓都说"没有，没有没有"。

三、第二次战争

第二次战争在东固周村岭一带打。我们是独立第五师，敌人是公秉藩部下，此时我们多好几倍。周村岭是一个岭接一个岭，国民党一个岭一个岭扎人。我们采取驮〔拖〕敌办法，天天山上这个岭打一枪，那个山岭打一枪。开头几次敌人便调兵来，到四五次，敌人便不动，说这是小土匪，我们便去突然包围敌人。9月间一个夜晚，我们一连（百十几人）从柴棚后的地方偷偷上一个山岭，敌人还不晓得，到了口子上，我们便突然站起来，出几个手榴弹，丢垮几个人，他们便忙叫"投降，投降"，共捉到一团计六百多人，团长在山下，没有捉到，只抓到几个营长。

敌人躲在山头上，没有粮食和水。我们有的是老百姓支援，一打到山上，他们也就饿了，便投降。我们打仗，敌人势力弱的就集中力量去包围，调动力量。吹号、问号三长声，答号是二短声。其他地方敌人就不敢来。没有命令打胜了还好，打败了便要杀头。我们优待白军，第二次战争白军人来了，便没有打得那样坚决，二、三次战争他们缴枪的多。

四、第三次战争

独立第五师在泰和县古碑墟地区，与蒋介石六十、六十一师（师长蒋光鼐、蔡廷锴）作战。

九月负伤到后方八分医院治伤，肖师长亲自到医院来，说能上火线就上线，现在缺乏领导，老兵一个顶几个，新兵【枪】准心都不对好就打。我们就是一枪一个，晓得子弹难得。到了残废院（兴国樟木山），毛主席又号召：你们残废同志，愿做下面去的就到乡下去分田，去宣传。我们很欢迎，去了 200 多。就是土地革命的时候，特意空了公田，都是好的，准备分给残废同志的，不要我们参加生产，包耕，一个人七担谷，送到屋里去；另外每一年 30 块钱，中央拨的，拿残废证去领，重残废 50 元；每个月交通送两次中心的报纸来，怕我们后方不了解情况。

五、第四次、第五次战争

后方组织难民委员会，沙溪龙冈一伙。在永丰东村、烂泥坑被缴（民国二十四年）。

六、红军战士生活片断

（一）上海工人罢工，红军战士募捐救济他们。

（二）红军的枪有布就用布擦，没有布就用草绳擦，布是滑的，草鞋〔绳〕粗还更好。

（三）第一次"围剿"时，没有经验，冲到敌人身边也就放下梭镖，或背起枪而去夺白军枪。因为这样危险，以后便喝住敌人，先让他们架枪将机柄（枪栓）丢过来，再叫俘虏起来背枪走。

（四）没有战事的时候，就帮老百姓砍柴、耘禾、割禾，还不准吃老百姓的饭，只要老百姓挑开水到田里去，也喝些酒。在军队里，不准吃辣椒，吃辣椒会屙痢、不准吃酒，吃了酒便不好跑路。

（访问：詹义康）

8. 访问徐仁道记录

（一）1927 年永丰"三七事变"问题

1926 年 月 [①]，广东革命军来到永丰之后，没有土豪劣绅的权利。那时我们拼命地捉他们，土豪劣绅都跑掉了。当时有花园村的大土豪宋居仁跑到南昌去了，他原先在省里就很熟悉，他一去南昌

---

① 原文如此。

就找到了李烈钧（李协和），接了头，搞上了关系。

蒋介石在西山开会（后叫西山会议派），组织右派（我们叫他的，他们不叫右派），成立了一个保护财产委员会，专门保护土豪劣绅的财产。由于李烈钧同宋居仁相熟，李便派宋回永丰来，搞破坏革命的事。宋居仁拿了李烈钧伪省主席的命令回到了永丰。

宋居仁回到永丰之后，纠集一些土豪劣绅，在永丰佐龙乡沙村背的香城中学内开会（香城中学是刘芦隐的父亲刘如节办的）。当时同宋一起开会的有刘龙先（恶霸，沙树背人）、刘换庭（土豪，沙村背人，以后做了县国民党工部书记长）、钟佛山（土豪，阎田人）、傅家声（土豪，佐龙排下人）、罗吉庆（罗铺人，土豪，以后做国民党永丰公安局长）等。

他们当时开会是讨论打倒左派的事，他们商议各人回到本村来组织农民打县党部。那时候我们在村的农民工作还做得不够，农民还是听他们的话，因为他们的势力大，农民都不敢作怪。

三月六日晚，将近天亮时，土豪们带了两千多农民来包围县党部。

6号晚上（未黑，傍晚），聂克中从吉安买了12条枪，当晚把这十根枪捆好放在县政府宋大勋弟弟的床底下，枪还没有斗好，机柄还机柄，子弹还子弹。

6号傍晚，当枪拿回永丰之后，有好多人看到，认为这是很兴〔新〕奇的事。枪放在县政府，好多人到看，有好人，也有坏人，土豪劣绅也有人到看，结果他们知道了我们的枪放在什么地方。

据说如果不是我们买了枪，他们还没有这样快来包围我们。他们讲："我们现在不早动手，他们有了枪，就不好办事。"

6号晚上天还没亮，土豪劣绅【和】本村的农民就进了城，包围了县政府、县党部、县工会等机关，土豪叫地方上的流氓汤炳华（汤家人）、状元府的刘国栋、聂家的聂伍仔带来的。当时宋居仁等土豪也跟得来了，但他们没有现面。

当天晚上包围县党部，不久就天亮了。被捉的人有袁佐龙、薛佐唐、钟兆祥、徐仁道、聂克中、温厚福、张国俊、张士杰、曾绍三、金祝山、谢世和（谢奎元）、聂绍义等人。

当时被捉的有四个主要人物：袁佐龙、薛佐唐、聂克中（原名聂作汉、聂昌埔、聂作汗）、钟兆祥。那时来包围县党部的土豪、流氓和农民，要求把这四个人放到班房里去，那时我们不同意这样做，坚决不同意，要放这四个人去座〔坐〕班房，我们就全部去。

那时我们被捉时的县长是宁坤（当时我们认为他不很坏）。在县政府，他还请我们吃了酒。他表面上派了民团来保卫我们，在县政府周围还放了哨。我们当时在县政府大哭大闹，急得要死，想冲出去。当时宁坤劝我们不要哭。

三月七日夜上，有四都（龙洲）、五都（瑶上、西塘）、二都（洲头）等地的农民二千多人，由四都帅云瑞（读书人，后加入了共产党）、曾述（读书人，革命积极分子）率领，来到了东门外，准备把我们这些人从县政府劫出去。农民到了东门后，首先派帅云瑞、曾述到县政府同袁佐龙接头。袁佐龙当时对帅等人说：这样做不行，你们来，他们会同你们打起来，这样会造成损失。因此就没有这样做。

袁佐龙、薛佐唐、钟兆祥、聂克中四个人到班房里去了，其他被捕的同志没有去，在县政府范围内监示〔视〕。在里面可以自由，不过解大小便，还是有【人】拿枪跟着。

我们在县政府时作了许多宣言，由聂克中等人写文章，要求伸〔申〕冤，用油印机印的，通过外面的工人传出去，发到吉安、各县和武汉的中央革命政府。

三月八日，反动派在中山场召开了民众大会，派了汤炳华来找县长，说：要把我们这些人弄到台上去开会，县长宁坤没有答应（汤炳华流氓是一个打师，他来县政府找县长时，身上捆了一条带，气凶凶〔汹汹〕的。捉我们的时候，把我们打伤了，现在都没有好）。他们当时开会喊【口】号："打倒袁佐龙、薛佐唐！"同时还在城墙上、街上到处贴标语，如"袁、钟、薛、聂四个大贼"等标语。反动派不准我们看这些标语，看了就打我们几个耳光。

三月七日，我们这些被捉的同志都到街【上】戴高帽子游街，要我们把棉衣长裤都脱掉，只留一条短裤子（那时阴历是二月，天气还很冷）。我们在街上游街时，那些吃鸦片烟的人，拿棍子打我们，大部分人都【被】打伤了。我们在街上游街时，流氓汤炳华把剃头店内的洗头水，几脸盆到〔倒〕在一起，倒在薛佐唐头上。袁佐龙被打得在街上打滚，伤势很重。

游街完了，我们又【被】介〔解〕回到县政府。外面街上的工人很同情我们，看到我们【被】打伤了，很心痛，他们就把永丰最有名的医师（打师）找来，开了方子。每个人都吃了几贴〔帖〕药治伤，大部分都治好了。当时是裁缝工人彭贤美、郑子民、邓继美等人请来的打师。

1927年"三七事变"的第四天晚上，南昌的朱培德【被】推翻了，李烈钧当了省主席。宁坤县长当天晚上接到武汉中央革命政府一份电报，电报上说：袁、钟、薛、聂等人生命财产妥为保存，不得丝毫损坏，否则由县长负责。当时宁坤对我还不错，把电报给我们看了。从那时起，宁坤表面派了民团看守袁佐龙等人，但实际上是不管他的，他们可以自由。结果在一天晚上，袁佐龙、薛佐唐、钟兆祥、聂克中等人便趁机逃走了。

他们四个人是从峡江、新干那边走的。袁佐龙等人在樟树又把"三七事变"的首领宋居仁捉了（宋居仁是薛韵松把他搞走的），以后在南昌也把薛韵松捉到了〈他〉，并戴了高帽子游街。

"三七事变"之后，到八月止，永丰这个时期没有革命活动。

（二）五四运动永丰的活动情况

1919年五四运动爆发后不久，永丰的学生也起来响应了这个运动。首先由永丰县立小学的学生，在上西坊张王庙召开了大会。我那时年纪很小，他们开会的时候，我们也到那里听。

开完会后，他们上街游行，他们游行的时候打了旗帜，参加游行的人有几百人。

游行完了，他们在街上做宣传。宣传的人拿了一把白竹〔土〕布做的旗帜，在哪里宣传就把这把旗帜放在哪里，旗帜上头还写了字。宣传的人是站在店门口的门框上讲。

宣传的人除了在街上宣传外，还到茶店内去宣传。我听他们讲的很愤怒的样子，有一个藤田的学生讲得很伤心，还出了眼泪（因他是藤田口声）；他们在宣传的时候还【发】了传单，还散了一本小本子，印有好大一个的字，是上面发下来的。封面上还有"×××爱国书"几个字。

他们当时喊口号"抵制日货！""取消不平等条约！"等等。

还有一些学生，把街上店里的招牌都打掉了。招牌上写了外国的洋货等宣传的东西。当他们把这些东西打掉了之后，当时的政府就说，不应该把人家的招牌都打掉。

有一个学生买了一只外国脸盆（白的，好厚），宣传的时候，他故意拿到街上打掉。傍〔旁〕边的人就讲他好蠢，这样好的脸盆都拿得来打掉。

当时这些学生搞宣传搞【了】好几天。我记得县立小学的校长何开芳要他们上课，一个学生带头不上课，说要宣传。那个校长说他是带头罢课，就把他禁闭起来。以后好像又把他送到县政府去了。

事情过后，街上做生意的还是做生意，卖东洋货的还是卖东洋货。直到当年八九月间，这些学生还经常来街上宣传，但没有停课。

（三）广东北伐军打进吉安

1926年，驻守在吉安的北洋军阀军是北洋军阀师长蒋鼎诚①的部队，驻在樟树的北洋军阀军是邓如琢的部队。革命军在广州没有出发以前，吉安的形势〈是〉已经很紧张了。

在革命军没有从广州发出之前，吉安就有了革命的地下活动。

---

① "蒋鼎诚"，疑为"蒋镇臣"，后文写作"蒋镇臣"。见《江西省志人物志》，方志出版社2007年版，第543页。

搞地下秘密活动的是梁一清、薛佐唐、刘纯才（染布工人）、周光红（木匠工人）。他们的秘密活动主要是：剪断北洋军阀的电线，秘密派人去同革命军带路、送情报（如北洋军阀的防御、工事、装备、人数等情况）等。

方本仁原来是江西省的督军，以后不要他做，他气得要死。那时我们在南昌的革命地下工作人员，就趁机说服他，要他参加革命，调转枪来打北洋军阀。在地下革命工作同志的帮助下，方【本仁】投向了广东革命军。

当革命军从广东出发之后，便派方本仁先到吉安同蒋镇臣接头，目的在于通过方的活动，说服北洋军阀师长蒋镇臣投向革命军（因方本仁曾做蒋镇臣的卫士，蒋对方很信任，还曾经提拔过方）。当方本仁化装一个老百姓来到吉安之后，首先去到蒋镇臣的司令部。蒋见方来了，又听方说是逃难来的，蒋便说你不要怕，我带你到白鹭洲去，住在那里，并派人保护你。后来蒋见形势不对，又知道方投向了革命军，他便派了一连人，将方本仁看守起来。那时在樟树的北洋军阀师长邓如琢也投向了革命，当他知道是方本仁被蒋镇臣扣留在吉安的消息之后，也起火，他就将蒋住在樟树的妻子儿女全家人都扣起来，同时要蒋把方本仁放出来。

蒋镇臣看到当时形势很紧，广东革命军来到了太和，他便把全部队伍从吉安搭轮船往峡江、樟树方向开走。致〔至〕于方本仁，他也就不管他了。就这样，方本仁来吉安争取蒋镇臣的工作未能成功。

由于蒋镇臣的不投降，革命军就急起直追。当时革命军分了三路包围蒋镇臣的队伍：

一路是由赣州—太和—直接进攻吉安，这一路叫中路，部队是革命军五十师，师长谭道源。

一路由赣州—兴国—水南再包围吉安，师长是赖世璜（他原来是北洋军阀赣南镇守使，由于革命军对他们的说服，后来他投向革命。当他投向革命后，他便由赣州到绍〔韶〕关、曲江一带去迎接革命军，反过枪来打北洋军阀）。

一路是从樟树—峡江再包围吉安。不知是谁带领的部队。

革命军从樟树到峡江上一点的地方，把蒋镇臣部包围了，缴获了他的全部队伍和武装，同时还收回了蒋镇臣扣留我们革命军的一架飞机。蒋从吉安逃走的时候，还敲榨〔诈〕了吉安工商界人士的有七万多块银洋。

关于蒋扣留革命军一架飞机的事情是这样：

1926年广东革命军出发时，有一架飞机从广州起飞，上面载了三个苏联人，一个广东人（驾驶员），由于飞机【飞】错了方向，便在吉安着陆了。当时在吉安的蒋镇臣便把【这】架飞机【扣】留起来，这四个人也同时扣留了，三个苏联人扣留几天之后就放走了，那个驾驶员〈便〉没有放走。

这架飞机是水陆两用飞机，在吉安着陆时碰坏了，蒋便要那个驾驶员在那里修理，蒋的意思是想把这架飞机修理好之后，座〔坐〕这架飞机逃走。

飞机修好了之后，蒋要这个广东人在吉安试飞。试飞的那天，在吉安市上空飞得很矮，打了好几个圈。当时蒋为了避免广东【人】驾这架飞机跑掉，便派了几个兵在飞机上用机枪监视他，如果广东人把飞机飞走，就开枪把他打死。

试飞时蒋告诉广东人，要把飞机降落在赣江内。广东人是很恼火，不愿给他架飞机，因此在降落到赣江时，故意将飞机碰在河堤上，结果把飞机碰破了，不能飞了。蒋镇臣将飞机拆开装上轮船运往峡江开走，后来革命军在峡江上一点包围这只轮船，缴获了这架飞机。

（四）1927年"吉安事变"问题

1927年五月，吉安新编第二师，师长叶××，看到蒋介石叛变了革命，他们就准备把全师从吉安撤走。他们的叶师长先就离开了吉安。新编第二师的军官全是黄埔军校毕业出来的。

那时吉安有人民赤卫军、工人纠察队等武装，人民赤卫军共有二连人，我们当时策划要全部把新编第二师拿过来。这时他们正准备撤走，在他们还没有撤走之前，吉安总工会便派了同志到新编二师做秘密工作，说什么时候动手，把这些军官全部捉起来，把队伍全部改编过来。当时的士兵都被做秘密工作的同志说服好了，他们愿意跟我们走，因此决定在五月某天晚上进行暴动。

五月某天晚上，我们总工会的同志、人民赤卫军、工人纠察队的同志都没有睡觉，准备行动。到深夜两点半钟，工人纠察队在魁星门（现在吉暑上坡那里）打了三枪，工人纠察队个个拿着梭镖，人民赤卫军也出动了，新编二师的士兵也起来了。当时把新编二师排长以上军官的短枪都缴掉了（有一个连长的枪没有缴到），就这样把新编第二师全部拿过来了。

1927 年五月，新编第二师暴动后四五天，有革命第三军第八师从南昌来到吉安，军长是王均。我们那时候【在】吉安中山场开大会，欢迎第三军第八师。

开会的时候，所有的士兵都将枪架起来，人坐在地上，大会正在进行时，那个没有缴去枪的新编第二师连长化装一个老百姓来倒〔捣〕乱会场。正在开会时，那个连长打了一枪，全场的人都乱起来了，老百姓都吓跑了。当时因不知道是什么事，三军八师的战士就拿起枪来，对着天打，打了好几分钟，枪声啦啦叫，后来就对着司令台打。我们在司令台上主持会的那些眼睛都吓花了，台上的人往下跳，其他的人就四方乱跑。我当时从台上跳下来吓得要死，人就滚到堪下去了，把腰都跌断了。广场是乱七八糟人踩人，搞得那次会也没开好。

三军第八师到了 1927 年八月间也判〔叛〕变了革命，那时的军长是朱世贵（朱培德的同家）。

七月二十九号，三军八师师长朱世贵请酒，有一张清单，上面除了梁一清（总工会主席）、晏兰（商民协会主席）、王佐才（党部负责人）等人的名字外，我也有一个名字。当时只有梁一清、吴兰、王佐才等人去了，我因下乡到永阳搞群众工作去了，没有去吃。

朱世贵是采用请酒的办法来捉我们的革命同志。七月二十九日那天，在朱的司令部摆好了桌子，桌子上放了白台布，摆好了酒菜等东西，周围还有好多卫士在站岗。王佐才那天穿了一套太阳呢西装去吃酒。王一进门，看到气氛不对头，卫士都注意他们的行动，当时王佐才知道情况不好了，上了他们的圈套。王灵机一动，把西装一脱，交给卫士说："给点纸到我，你们的厕所在哪里？"王佐才就趁装着大便来回来。就晓得他是逃走了，因此就马上把梁一清、晏兰捉了起来送班房，并对梁说："你们也会上我的手。"

1927年八月反动派将梁一清、晏兰在吉安枪毙了。梁一清被杀之前大喊："中国共产党万岁！中国革命成功万岁！世界革命成功万岁！工友们，我今天为你们流血牺牲，我的精神永远不死！"他这样大喊大叫，反动派把他的嘴都打肿了。临开枪前，他都叫"中国共产党万岁！"所以说梁一清伟大也就在这个地方。我们当时看了都流眼泪。

（五）刘家状元府情况

刘绎是清朝的一个状元，也是中国的最后一个状元。[①]他生了一个仔叫刘藻沅，刘藻沅又有三个仔，大仔生了二个男的，二仔生了七男七女，三仔生了十男七女，人们称呼他家儿孙为"老爷""少爷"。三爷的十个仔不什么坏，二老爷的七个仔就很坏。大仔是拔贡，刘恺龄不怎么坏。二仔也不什么坏。三仔刘雨人生得【又】长又大，在那个南京伪中央政府贸易部做采购员，经常跑跑各个地方买买东西，贪污发了财，经常骂人，声音大，叫一句就吓死人，弄得不好就要打。四仔刘兰亭。五仔刘凤曹，人白白胖胖，在伪中央政府监察院做官，回到家里要坐包车，并带有警卫员，在南京还做了洋房子，解放【后】经周兴介绍我看到了。六仔刘林柏官当得不大，却在地方称老爷，挨到就打人。"三七事变"时捉我的人听到街上人说："人家又冒生命□，就捉得来。"有些农民听了就想放，

---

① 原文如此。

说捉错了。刘柏林说："你放唉,枪就是他搞来的。"结果他把我捆起来,手都捆肿了。七仔在抗战时被飞机炸死了。

刘家有屋十几只,几百间房子,有官厅、祠堂、诗书楼。田有一千多亩。

大革命时刘拔贡是新拔贡。

刘家过年节不但不要买东西,而且还有东西卖。过年时要准备几只大缸装肉。刘凤曹在复旦大学毕业,他家庆祝他写了几千付对子,说是刘凤曹写的,他把这些对子送给还是占〔沾〕到了一点亲的人,同时请客,得到对子的人最少要交十元钱,并讲好不要送东西。

埋人嫁女他家也要赚钱。

刘家婢女侍从有几十人。

老拔贡刘萌甫整天吃鸦片、包官司打,每天晚上不睡觉,专门吃鸦片烟吃东西,要到第二日十二点才起来吃早饭。

他家有个池塘养鱼,池塘用麻石修得很好。

我们小时候经常挨他家小孩的打。

（六）永丰的工人运动

我原先在吉安总工会做宣传干事。1927年一月回到永丰,也是担任宣传干事。那时永丰已经组织了工会,有缝叶〔业〕工会、篾工工会、理发工会、木业工会、糕饼工会,只有泥水未组织工会。

当时永丰有总工会,委员长袁佐龙,副委员长聂克中,秘书帅开甲,宣传干事徐仁道。

基层工会的组织情况:缝【业】工会主席邓继美（曹下人）,有20多个工人参加工会;篾【工】工会主席,有40多人参加工会。

我那时在永丰工作的时间不久,"三七事变"后又到吉安去了。那时的工作只是同工人开了一些会,进行了一些宣传。工人还组织了纠察队,参加纠察队的白天不做工夫,到处捉土豪,把老板气得要死,工资又不能少工人的,因此老板最恨工人。

那时的工人还到街上捉赌,捉吃鸦【片】烟的;工人还要求过老板增加工资，后来还是增加，每人增了，十块约增加二块左右。

那时工会搞得最热烈的是缝衣工人，他们的人数也多，工人觉悟也高，斗争性很坚决。那时候不是由老板哇了算了，而是由工人哇了算了，老板怕工人。

（七）永丰的农民运动

我在永丰总工会【做】宣传干事的时候，有时也会到乡下去搞农民运动。我们到龙洲、瑶上等地去同农民开会，同他们讲为什么要组织农民协会，为什么要打倒土豪【劣】绅。

那时省里也派了刘铁洪来，【他】是领导搞农民运动，这个人工作能力很强，很会讲话，宣传工作真过劲，农民很愿意听他作报告。那时我们到乡下去开会是很危险的，晚上还要带枪去，弄得不好反动派就会把你害死。

永丰在 1927 年时有洲头、瑶上、西塘、石桥上、龙洲、塘边、花园、水南背、曹下、营前、六都、七都、潭城、水东、江口、坑田等组织农民协会，搞得最好的是洲头的农民协会，因那里的老俵〔表〕受压迫最深。其次是龙洲、洲上的农协搞得好。

当时党内曾派了下列同志到农村去开展农民运动：温厚福（沙村背，未搞起来）、聂克中、周兴、薛佐唐、帅开甲、徐仁道（龙洲、瑶上等地）、帅云瑞（龙洲）、曾述（四都）、邹俊贤（水东）、帅宗仁（四都）、张国俊、张士杰（龙冈）、谢奎元、曾绍三（藤田）。

这些同志到下面去开展农民运动，是党内决定派他们去的。

1927 年永丰县农民协会主席是邓芬园。

当时的运动工作主要是：减租免息、打到〔倒〕土豪劣绅，还没有提出土地革命的口号。

（访问与整理：袁隆洋、元嘉训、袁志珍）

9. 访金燕吉县长材料

永丰搞革命活动主要是恩江镇宋大勋，他是第一个党员，〈他〉在吉安读书。永丰共产党组织都是宋大勋到广州开会，那时是国共第一次合作。民国二十五年或者二十六年，他代表赣南党代表到广州开会。永丰革命是在学校搞起【的】，这些同学在吉安吉州、阳明中学读书，回来都是在寒暑假。他们回来办学校，平民夜校。开始在儒学堂和恩小两个地方办学校，不是现在正规的那样，读书的是工人和农村农民。我上了平民夜校，在恩小上了一个多月，在儒学开了几次会。现在我还几〔记〕得几句讲："有的人是人，穷的人也是人，富的人是人，土豪劣绅是人，工人农民也是人，为什么我们没有吃呢？"有一次薛佐唐在儒学开大会，他要我邀周围人开会上学，薛佐唐一开头就讲"人"字，说他们是人，我们也是人，为什么他们有呢？他们是剥削阶级，我们要不受剥削压迫又怎样呢？那时我不懂，但那次回来后，对地主恶霸有点愤怒，想把它打倒。他讲过之后，就有党代表（广东人，那时讲南兵北兵，他是南兵党代表，北兵叫袴佬）讲话，他也是按薛佐唐说的，人为什么要受剥削，我们要组织农民起来革命，只要组织群众就有办法。会搞得很夜〔晚〕，参加会的大家都有这样一个感觉：这样下去不行呢？当时我还在妹夫家做功夫，担也担得苦，叫了这次会我就把它丢了。

参加革命的人都是年轻人，开始组织的是裁缝工人、木匠、篾匠。几个裁缝工人开了几个会，会在"图家巷""贾家巷"秘密召开。这是大革命前一年的事。

当时南兵到过永丰，在我村扎了一连（都是广东人），得了个把月。南兵讲孙文，后来才叫孙中山。听说南兵要去打南昌，一夜突然开回去广东，听说是陈炯明叛变。第二年才开始北伐。

第二年宋、袁、薛从吉州阳明中学转到武昌大学，他们没毕业，一回来组织即公开，在现公安局地方组织党部，内面打着"天下为公"四个大字。最初就搞刘拔贡，他是当时的大恶霸，组织农协打土豪，清算拔贡儒学楼款子，他交不出去，结果把他关起来，这样哄〔轰〕动了永丰。另外还搞了几个人，在几个月内永丰就组织了农民协会，局势发展得很快，其他的恶霸走了，不敢回家过年。

南兵杨而鲜、杨子鲜队伍从赣州退到永丰。他们抓我做挑夫，我当兵蹓走了。群众对南兵非常高兴；对北兵叫军阀、袴子，非常仇恨。他们会抢东西、杀人。这时宋大勋死了。

袁佐龙有人说是五县特派员，有人说是九县特派员，有永丰、乐安、崇仁、新干、太和，吉水是不是我不知道。其次是薛佐唐，当时反动派称袁、薛、聂、钟是主将。聂克中是最早党员之一，负责党的工作。

那时党的工作主要是这样：把农民组织起来，发动群众，打倒土豪劣绅。当时高唱着："打倒邓如琢，一身用驳壳""打倒孙传芳，一身用短枪""打倒帝国主义，打倒犁仔树"。因为当时老百姓不晓得什么帝国主义，所以把"打倒帝国主义"说成"打倒犁仔水"。口号是"农工商学兵联合起来，打倒帝国主义，打倒土豪劣绅"。当时土豪劣绅不敢说话，大多逃跑了。

组织工会，恩江镇都组织起来了，同时还组织了工人纠察队。卖酒的人很多，参加工会要一吊铜壳子，我是酒业工会主席，小名叫教化仔。还是裁缝、木匠、篾业、酒业搞得凶。

那时演戏是演什么文明戏，宣传土豪劣绅怎样欺侮人，怎样收租捉农民。有时也宣传婚姻，鼓动大家打倒它。

永丰县长袁祥林，原来的县长刘明凤叫"县知事"，也叫县官，他还没有进永丰前就说他贪污，农民进行游行，喊"打倒贪污刘明凤"，所以没有等进永丰就打倒了。当时还喊着"打倒军阀，人人有罢官权"。

还要补充几句，闹革命是学校搞起来的，当时还没有洋货、日货，对日本东西非常仇恨，开了几次大会没收洋货。

"三七事变"这年，开农民协会大会（阴历二月），打了几个讲演台，河背一个、张王庙一个，开大会内容还是讲打倒土豪劣绅、地主恶霸，想一下把它打倒。到处挤满了人，那天开大会下雨，旗子搞得一塌糊涂。我同去的叔父叫我"今天影色不好"。我说"打倒土豪劣绅有什么影色不好"，他说："打胜的旗子是竖起来的，打败仗的旗子就倒下去。"得了二天，果然发生"三七事变"，街上闹得一塌糊涂。土豪劣绅回来了，他们自己不出来，专门与一些痞子光棍勾结，组织痞子队。因为我们除打倒土豪外，还要打光棍、地痞、烟鬼，又不准他们入农民协会。主要的人是刘有莘、宋居仁。刘有莘靠他老兄刘而然，他是从南昌回来的，在南昌与宋居仁搞反动组织，回来与宗派为单位开秘密会。刘有莘把刘家墩等地土豪组织起来，这些都是土劣地方，他们吃了袁振亚的亏。另一方面共产党买了十几条枪，在回途坑中，被敌人准〔抢〕了，打党部、捉人，关的关。当时县长姓宁，他是左派，"三七事变"中关起的人，有很多坏人想去打，但宁县长制止他们，结果未打死，得了两天就放了。他们就说（土劣地痞）："这个家伙（宁县长）也是左派，要不然一个也走【不】了。"

"三七事变"起，地主从此专权，革命的同志都走了，不走否则要罚款。革命同志都躲到七都一带活动。

得了几个月，土豪劣绅又跑了，【我们】又组织了工会、工人纠察队，有枪，开了几天会，刘泽民任委员长。割禾时恢复农民协会。

实行"二五"减租。减租是农民最欢迎的，所以得到农民群众的拥护，群众说"这些人真好，又为我们减租，为我们干事"，对革命都保护。

有些同志是参加了南昌八一暴动回来，有些是没有参加暴动回来，回来捉土豪。捉到了就不客气，要枪毙，结果枪毙一个，群众【反响】剧烈。

南昌八一暴动失败，反动派又回来。聂绍闻带一队人走（地方不清），刘泽民带兵到藤田，汤光辉走峡江、龙江。黄欧东在南昌回来碰到汤光辉，问永丰怎么样，汤光辉说回来会捉，不能回来，结果到大金竹、石马一带活动，想搞农民协会，但未搞成。钟兆祥、刘石麟、陈兆坤至吉安，结果内部发生叛变，走漏消息，弄得东走西走。刘清明在东固与二、四团联系后编成纵队，又编三军。反动派组织民团。我们与东固、吉安同志会合在藤田、石马等地活动。罗元凤等人走乐安活动。

邓芬园、邓继会组织纵队。

打永丰打了三次，一次是六月，一次是正月，还有一次不记得。第一【次】烧了一只学堂；第二次爬都爬上了墙，但人少了，靖卫团追上了，所以得了三四个钟头就走了；第三次烧了永丰一条街，这是1928〔1929〕年冬、1930年初的事。1929年朱德兵三次打开永丰，抓到薛世融县长（薛原在革命时任教育局长，后来叛变），打开永丰后主要是从经济上发动群众，把衣服谷子发给群众，那时河下有了几十只船。1930年六月成立永丰县苏维埃，这时打吉安，周围组织了农协。上面（上永丰）早就有农协。古县以外就有反动派，革命不怕流血。九月这次永丰也是出去最多的一次，我也是这次出去的……

（以后材料记录不清，故未整理）

（整理：元嘉训）

（十）汉下乡调访资料

1. 访蓝家谋材料整理

蓝家谋，现年 61 岁，住和平社竹窝里，贫农成分。蓝家谋同志是民国十八年冬搬来汗水①地方住的，原来是住在南岭乡上坪村，自在梅子坪造纸厂，到汗水来住，开始参加革命工作，主要担任交通、村代表、乡主席等职。

一、汉下的革命发动过程

民国十七年或十九年，段月泉带了百把兵来，捉了公坑西瓜皮的老婆（大粮户，开纸马）和一个男的，女的杀掉了，就过君埠去了。

【民国】十八年的十二月初，李贻谋到汉下这些地方来活动，住在李上臣（中坑人）、李楚云（芦下人）家里。李贻谋没有出面，李上臣、李楚云在汉下万寿宫开大会，宣传。李上臣、李楚云讲话，说要打倒反动派，打倒了反动派我们穷人无田就有田分，没岭就分岭，我们自己组织起来填好户口，分田分岭，不要还债（吃土豪一担要还三箩），不要交租，讨老婆【不】要化〔花〕钱。大家听了很喜欢，说："这是好。"开会后就成立村政府。

---

① "汗水"应为"汉下"，后文写作"汉下"。见《江西省永丰县地名志》（内部资料），1985 年版，第 207 页。

成立村政府以前，【民国】十八年的二月就出发打了资本。这时不在家里，还在梅子坪造纸厂，没有参加，内【面】情况不知道。这时打资本，有一班流流落落的人，吃鸦片烟的人，也邀拢去抢，这些人叫做什么棍子会，他们抢了就归自己，不归给红军，农民协会捉他们，捉到就会杀或者罚款，请保保出来。民国十八年七八月间，在我们这里就捉到3个，一个是我老兄蓝家保，一个是李木生保，他两个都吃鸦片烟，解到君埠杀掉了；还有一个姓应的也解到君埠，他不会吃鸦片，地方上去人，出了20块钱保回来了。【民国】十九年六月（割禾边）王维段带靖卫团来围�了汉下小组，杀了主席张连继，秘书张恩汗和张连继的老兄张贵继。

二、分田与优待红军家属

【民国】十九年二月分田，分田由村政府的土地委员负责，先造户口册，田里岭上插篾籤，算好满盘数（人口多少，土地、岭多少，好坏田多少），要搭烂来分。很难分，争好争坏，争秧田、可以种几样的好田，山要争〈问〉分好的，有的一丘好田，四五家分，一块好山也四五家人分，分了很久都没有分定。直到栽禾，抽土地委员推纸（写好分那里的田岭）确定，做了工的就由分得的人补工，每人分得5担谷田，散〔分〕到5担木子的岭。田和岭这还是没有分匀，所以二十年、【民国】二十一年都有调整。

优待红军家属很坚决，【民国】十九年红军家属到村政府吵，说谢长福（我的舅公）作她5担谷田，只要交3桶租，没有吃。当时村政府的秘书就写信给我，说我是代表谢再交1箩租，我就要我舅公再交1箩，他不肯，说是我做的事。以后就搞他到村政府开会斗争他，村政府给了米给那个红军家属。

三、国民党对苏区的烧杀抢掠和对苏区人民的统治

民国二十年六七月间，国民党把我们汗下塘等地一齐烧光了，一间屋都没有留，猪牛六畜吃光了，一根毛都没有留。这一次国民党在永丰东边烧到汉下，南边烧到陂头、君埠，北边烧到石马、中村，西面烧到沙溪。

国民【党】进攻霸占我们这里后，在汉下成立联保，联保主任张左汗。联保要我们领"自新"符号（白布做的），每张要2元银洋，出了钱还要找才领得到，不领就要捉我们，说我们是土匪，当时个个人都要领。他们逃走回来的土豪和当靖卫团的就领黄绸子做的符号（不记叫难民证还不是）。他们的符号是作用的符号，我们的不作用，他们凭符号可以买到东西，我们的符号就更不值钱，凭我们的符号有钱都买不到东西，如买盐，只能买到半斤，他们就再多都不〔可〕以买。

（整理：曾国铨）

2. 访张享继材料整理

张享继，65岁，现住塘坑，党员，贫农成分。张享继同志在民国二十年迁居到塘坑，在这以前是在罗田山里，迁居到塘坑后参加了革命工作，担任过村政府、乡政府的秘书，乡政府的主席，区政府的裁判部长等职。该同志对汉下、塘坑等地革命的发生了解比较清楚，所以讲得比较多。

一、汉下革命的发动过程

民国十七年六月间，梁麻子带了几十个兵（段月泉、李贻谋的兵）来了一次，捉了几个人就走了。

七八月间，汉下的右派打击左派，张左汗（沙坪人）、李一连（沙坪人）、杨连圣（汗头人）、宁邦音、宁绍慰（都是五百段人）搞左派宁志珍（与李贻谋相好的），汉下人说她与李贻谋、邱老七等有勾结，要捉她，宁志珍晓得了，就躲到汉下儿子山乃牛栏的草堆里去了，结果给他们搜出来了。在坳下，右派就坐起堂来，用苗竹破烂来打她，以〔最〕后用鸟铳打死了。

【民国】十七年冬李贻谋来汉下等地活动，住在李飞臣[①]（中坑住〔人〕）、李楚云（芦下人）家里，他们是同学、好朋友。李贻谋就通知他们出面活动，自己躲在他们家里不出面，李楚云就是他的妹夫张思汗（汉下人）。通过张思汗的关系又宣传张连继（农民）、张才继、张享继，都是组织穷人起农民协会。起了农民协会，就天天出发打资本、土豪。

到【民国】十九年六月，沙溪王维段带靖卫团和张左汗、杨连圣等来把汗下小组围掉了，一共杀了4个人：农协小组主席张连继，秘书张思汗，放哨的张贵继（张连继的兄弟），还有一个叫细媳妇的。杀了人靖卫团就走了。

汉下小组被围以后，7月就成立汗头村政府（现归宁都管），撤销了农协会（不起作用了）。第一个村主席是张祖球，秘书是王道街。民国二十年的三月，村政府的主席换谢敬德，秘书就换我。

十一月我调到汉下乡政府做秘书，村乡政府秘书的工作都是读文件、写信、写通知给代表等。

民国二十一年四月，我又担任汉下乡政府的主席。汉下乡管汉下、中车、上下坝，东到塘坑，南到深坑，西到王家册，北到大排。各村的代表。[②]

我不会讲话，所以开大会都是吴喻时主席（吴会讲话的）。开大会都更〔要〕写秩序单（议程、议式之类），开会起头唱少年先锋队歌，散会都是唱国际歌，开会贴孙中山、朱德、毛泽东的像，要向像敬礼。

民国二十二年的十一月，我被调到上固区政府做裁判部长。上固区是成立龙冈县以后成立的，上固区管汉下、其坑、淦坑、上固、韶源、下固、江头7个乡。

上固没有成立以前，上固和汉下都是归龙冈区管。以前龙冈

---

① 前文写成"李上臣"。

② 原文如此。

管汉下、其坑、北礤、铁园、陂头、空坑、龙仁、高表、龙冈、毛坪、南林、读书、君竹、蓝石（记得又属毛坪，没有成立乡，记不清了）等14个乡。

裁判部长是审问土豪、富农，审问的材料要交给特派员，专门搞肃反，有杀人权。

二、国民党对苏区的摧残和对苏区革命群众的统治

民国二十年六、七月间，国民党把汉下乡烧光了，我们塘坑一只屋都没有留到，我只用哨马（袋子）背到村里的文件、印、信和穿到了身上的衫裤就是，筷子、碗都没有留到一只，猪、牛六畜一个【个】都被牵走或者吃掉了。

民国二十三年十二月，国民党就进攻来了。国民党进攻以后，我们受尽了压迫，都叫我们"土匪"，抬不起头。民国二十四年的二月，国民党为了统治我们，成立了联保，联保主任是张左汗。便要个个人都领符号。符号是联保主任发的。符号分为两种：一种是黄色的，用绸缎做的，符号尾巴上有××字，这一种是难民领的（难民是在土地革命时逃走，【现在】回来的土豪、富农和当靖卫团的）；另一种是白布做的，长方形的，盖长印，叫"自新"符，上面写了"自新自首"的字样，领这个符号的是我们做过革命工作的。领一个符号要2元银洋，而且要请保人才领得到。如果没有符号就不能走动，就会被国民党捉起来。起开买盐买东西都要符号，我们的符号就【只能买】更少【的东西】〈买〉，黄符号只要〈更〉有钱，再多都可以买。过了半年，国民党的统治比较安定了才取消（不要凭符号行动了）。

（整理：曾国铨）

3. 访王长秀材料整理

王长秀，48 岁，严坑人。

我 19 岁，这年起农民协会（指 1930 年），起了农民协会就抗租、抗债，文契票据都拾出烧掉。

我 20 岁做严坑村政府的宣传干事。

水浆乡管 10 个村政府：小坝沙、其坑、严坑、下庄、九龙、汉下、东段、佐坑、上带、水浆。

我 20 岁这一年平田平岭。

（整理：曾国铨）

4. 访杨正香材料整理

杨正香，52 岁，严坑，现在是党员，贫农成分。杨正香同志在土地革命时是【在】石马的小日村住，也是在石马区担任革命工作，所以她叙述的是石马区的革命工作。但由于该同志在土地革命后遭受国民党的迫害和在国民党统治【时】为贫穷所困，许多事情都记不清楚。土地革命时一直是担任乡、区妇女委员。

一、妇女工作

我记得在 22 岁（她的年龄是以阴历算，所以是 1929 年），这一年小江〈就〉起了农协会。我 24 岁，这年的十月〈就〉开始做妇女工作，开始是做村政府的妇女委员，不久就作村政府的妇女干事（问其所属组织系统不知）。我 25 岁这一年就调到上溪乡的〔任〕妇女委员，27 岁做石马区党委的妇女委员，一直是做妇女工作。

石马区管 13〔12〕个乡：南坑、王石、上溪、横溪、中村、石马、龙坊、年中、龙万、层山、左坑①、下村。

妇女工作经常是宣传放足、剪发，宣传去当红军。派做鞋子，区派到乡，乡派到代表，代表分到户，年年都要做。鞋有几种，软底鞋、硬底鞋、布草鞋。到户有两人全〔合〕做一双的，一人做一双的，不会做就与会做的换工，鞋更做得好。做鞋乡乡比赛，好的得奖旗。

优待红军家属。平常生产，代红军家属的禾要先栽；送水、送柴，经济上困难小，还要募捐帮助；过年要打锣打鼓送年，一般是二斤肉，一只鸡，油〔一〕斤油豆腐，有时还有对子〔联〕。

宣传当红军，这个工作我们做得很多。我们宣传是叫〈过〉青年【过】来谈，说我们守〔分〕到了田、平到了岭，就要保守〔护〕它，要把土豪劣绅反动打倒，我们才有好日子过。宣传了他，还要宣传他的家属、老婆，说当红军打倒反动派才保得住田平〔和〕岭；家里有人会照顾，田政府会派代表耕，柴水也有送，有优待等。有时还要动员家属，宣传老公、儿子当红军。当了红军还要送郎当兵，有歌，我不记得。

二、国民党对我的迫害

白军进了攻（28 岁这年），土豪就要捉我杀，说我是"女土匪头子"，是参加员（干部的意思），逼得我躲到严坑山上的石窟里躲了 9 天，不敢回石马。不得已躲出来，在严坑嫁了一个 50 多岁的老者（现在 76 岁），嫁了以后还躲了一年多，2 年多不敢去沙溪赶圩。我 20 多岁还年青〔轻〕嫁了一个老者，心里总不快活（当时后生嫁得〔不〕到，又急得要找到一家人来落脚），忧忧愁愁。家里又穷得要死，我当天生了小孩，第二天就要出去做事，因此现在

① "左坑"应为"佐坑"，后文写作"佐坑"。见《江西省永丰县地名志》（内部资料），1985 年版，第 181、184 页。

就有月子病。国民党反动派完〔害〕了我一生，害我受尽了苦。

（整理：曾国铨）

5. 胜利社后方工作老革命座谈会

出席者：应仁汉，男，53岁，乡土地委员；应昌天，男，57岁，乡裁判部长；应昌风，男，51岁，村代表；张正辉，男，61岁，乡交通、村代表；林义财，男，73岁，村代表。

一、革命种子的传播

民国十七年冬天，李尚承、李洪行、李楚云来这里搞革命活动。他们是李贻谋指派而来的，来后他们找着冯金山等人，汉下街的宁在发等人，进行革命道理的宣传。他们说："现在的政府是反动的政府，是代表土豪地主的利益的，是压迫我们穷人的机关。我们要推翻它，建立我们自己的政府。我们贫苦工农要专政，这个政府是你的，也是我的，是我们大家的。有了我们自己的政权，我们就要打倒土豪，夺回田地。到那时是自由结婚，讨老婆也不要一个钱，冒老婆的有老婆了！现在我们就应该起来斗争，行动起来抗租、抗债、抗粮。"穷人听了，这一下可高兴极了。轰轰烈烈的群众革命运动在孕育着。

二、民国十七至十八年上半年，汉下附近之形势

民国十七年至十八年上半年是一个动荡的年代。群众性的革命运动即将爆发：我方李贻谋之兵常来这里游击，另一方面，反动的靖卫团却经常来这里捣乱破坏，屠杀我革命干部和群众。民国十八年三月我们召开民众大会，被其偷袭，一次杀我百姓10余人，有王开战、杨冬家、杨贱仔、冯披银、冯献书，及丰城来这里做生意的范师傅……

三、革命政权的建立及群众性的打土豪运动

民国十八年十一月，汉下附近各农民协会建立起来了，随着而来各地都开展了打土豪。先由农协干部会确定，看谁最有钱，谁的田岭最多，谁的剥削最大，谁跟着反动派走，就打谁。我们最初是向他借钱，若借到吧〔罢〕了，否则抓起来审逼。家具、衣物没收，最好的先分给红军家属，其余的分给贫苦工农。猪鸡杀吃，铜钱则一路解上。

四、行政区划

农协成立不久而转为村政府。【民国】十九年正月就成立了汉下村政府，同年二月成立汉下乡【政】府，下属汉下村苏、汗水村苏、东车村苏。龙冈区先成立（具体的时间不知道），我汉下乡属龙冈区。1931年下半年，为节省开支，取消村苏，乡直辖小组。1934年永龙分县，我汉下乡属上固区。

五、平田平岭

村苏一成立，即于【民国】十九年二月就平田，方法是以村为单位，按人口均分，好及较近的田分给红【军家】属，地富分坏田。荒山不分，分茶岭，茶岭按常年产量计，每人平分多少石（木子）。

六、人民生活

自成立农民协会，后转成村苏维埃、乡苏维埃，人民的生活大有改变。人民抗了租，抗了税，抗了债，抗了粮，什么税都不兑，地主、富农打垮了，人民的生活安宁了，因此每家的生活都比过去好多了。自己劳动的东西自己得，别人剥削不到；自己赚到的自己用，再用不着出租、还债、兑税等。现在真好，政府照顾我们，不要我们兑税，劳动的东西不会再到人家家里去，这是成立苏维埃政府之后人民生活的大改善。

七、国民党的残酷

【民国】十九年我军打张辉瓒，第二年并活捉张辉瓒，当时就将张辉瓒杀掉了。国民党为了报仇，当年就向我军进攻，为了报复，将我们这一带的老百姓杀的杀，抓去当担夫，无人不抓，无物不抢。来到我们这里，我们都不敢见他的面，躲在山上。国民党见到老百姓，不是"难民"就是"土匪"，见到就杀，当时被杀的有6人：杨冬家、王开战、杨贱仔、冯报银①、冯献书、范师傅。当地的残害非常可怕的。我们养的猪、牛、鸡、狗、兔子等，见到就杀得吃，吃不完就丢到路上烂掉，或者丢到坑里去，使你吃不得，真是恶毒。杀完了、吃完了，就把我们的房子烧掉，板子的房屋、墙做的房屋都烧得光光的，弄得我们无处可投身。有些老百姓被抓去挑东西，在路上发生病或者挑不起，它就马上解决你，将你杀掉，送你回老家。这都是国民党对我们的残害。

当国民党初到一个地方，它假装做好人，"送盐，送粮给你们，你们回来不会捉你们，不会打你们"，等我们真的回来了，他们却来个复查。如果你过去分了地富的田，就要和你算老账，田要〈给〉还给他们，还要连本带利还给他。如果你在苏区时担任过干部，他就将你捉去，说你是土匪，要有人来保你，要罚款，没有【担】保人，没有钱来赎就不准你走。这是苏区人民在国民党的残刑下的生活。

八、剪发歌

革命高潮妇女要剪发，我劝你青年女切莫发骄傲。剪了发样样好，出去跑，免得跌了金和银又难寻到。剪发放脚，几样好事情，不查〔擦〕油不上灰，夜晚又好睡。这个脑好，一比好像个乌雀尾，省得放在桃脑背放心乱搔。封建女子真正太不好，裹双脚，梳个脑要一清光早，空了几天不梳脑，头发打结头，越梳越结越起火，我好剪了。剪了头发，比先好得多，省梳省得摸省得生蚤婆，不插金不插银真心来革命，省得做过油漫气熏死别人。男女平等必须要剪发，剪了发放了脚不放解散。妇女们记在心：剪发真革命，不剪发的妇女们认她是仇人。剪发放脚几样好事情，同志们你说是好也不好。放大脚会跑路，就是跑长路；剪了头发真快乐，人人有

---

① 前面有"冯披银"。

事做。青年妇女一齐赶快剪，到如今新社会好参政权。老社会是封建，真正是讨厌，丈夫压迫妻子拳打足尖。妇女同志赶快把发剪，剪了发放了脚，痛苦冒一点。残〔铲〕除了老封建，人人有田分。假使那个不剪发就要处罚。

6. 汉下乡汉下社座谈会材料整理

出席者：郭盛沅，男，53 岁，深坑，叛变分子，现为社员；高兰坤，男，51 岁，东车，叛变分子，食堂管理员；曾宪遂，男，49 岁，汉下，叛变分子，社员。

李楚英、李洪行、李尚承是四十一都"哇事人"，他们在民国十六、十七年就接受了李贻谋的领导，与其暗中联系（具体活动情况不清）。李贻谋之兵民【国】十七、十八年上半年就常来这里。民【国】十八年李楚英带李贻谋之兵来这里，到各个村里召【开】民众大会。先在汉下召开，当时有的老百姓不知为什么，人到齐后，三李（即上面英、行、承）就讲一番革命道理：过去资本家的政权，是压迫我们的机关，现在我们穷人要起来推翻它，建立我们自己的政权，实现打土豪、平田岭，穷人大翻身，冒老婆……讲了以后，穷人就非常高兴。

三李又说，那我们就要组织起来，各自就叫农民协会，现在大家提出自己的干部来（5 ~ 7 人）。老百姓就提名。三李就问："这个人好不好呀？能不能当干部呀？"同意就大家举手，三李就登记他们的名字，今后有事就找他们联系。农会有主任一人，文书一人，土地委员、经济委员、妇女委员、赤卫委员①，选出贫雇工人主任。要几十户才可成立农会。

---

① 原文如此。

（一）打土豪

由农会研究，确定对象，派探子侦察，然后赤卫军去打。赤卫军出发前要摸清荷包，自己的钱要交到队长，回来后又要摸，以防私落腰包。

赤卫军队伍前一人打旗，旗书"某某农民协会"，三角形上有柴刀斧头。到达目的地后，队长派人家守门，再吹哨子，赤卫军齐冲向〔而〕入。

所得钱要解上去，衣物、家具要及时开民众大会分掉，谁冒衣服就分给谁，有的就不分。这样可以鼓舞老百姓的热情，要是不及时分，老百姓就有意见了。

被打的土豪，款缴清后放回，但要他找十几人为保，否则不放，以恐其返。

（二）村乡政府的成立及行政规划

民【国】十九年正月成立村苏，乡农会转过来的，主任改为主席，其余各委员照原。【民国】十九年三月成立乡政府曰汉下乡，汉下乡包括整个的四十一都，有东车、其坑、汉下、炉嚓①、读书坑、南林、汉头。

民【国】二十年冬将汉下乡编成为4乡：汉下、南林、读书坑、其坑。从此村苏撤销，乡直管小组，起码15户才成立小组。

其坑乡包括如下小组：高嚓、左坑、洞下、九龙、其坑。

南林乡：上坑、南林、上坪、汗水。

读书坑：东坑、炉嚓、读书坑、五坝岸。

汉下乡：东车、东村、汉下、塘坑。

（三）区检查部长之工作

上至区长，下至区〈区〉各部都要巡行检查，看干部工作是否积极，总之在乡下是否犯了错悟〔误〕，老百姓讲怪话的也要检查。在各【地】设立控告箱，定期开箱。

---

① 原文如此。"嚓"疑为"礤"或"磜"。

和特派员联系工作。

（整理：杨相球）

7. 访李兴汉同志记录整理

李兴汉，男，50岁，其坑社洞下村，共产党员。

民【国】十九年（打张辉瓒前），东车郑英炳、李明中来组织农会，在东车就成立了农民协会，管东车、左坑、洞下三个自然村。农民协会后就成立村苏维埃政府。

农民协会成立就组织了赤卫军，24岁以上都可参加，平时生产，有战事可调动。

1931年，龙冈区委书记万法兴同志向我宣传共产党，1932年就加入共产党。这年七月调新淦县工作，经常走七琴、高斜、王陂等地进行土地分配工作。九月在新淦打了一个大仗，伪保安师李向荣师在新淦残〔惨〕败，李向荣在七琴被俘。同时被俘有一姓邓的家伙，叫"八老爷"，这个人被俘时满身都是糖果、饼干之类食物。"八老爷"就地枪决，李向荣解瑞金。

（整理：张良俊）

8. 访问李圣宗记录整理

李圣宗，男，64岁，汉下乡红光合作社阿屎岭村。

民【国】十九年就成立了严坑村政府，阿屎岭村在严坑村，村政府以前还有农民协会，是有肖××、朱春华、杨鼎年等组织起来的。严坑杨鼎年在学校就开始搞活动。

民【国】二十一年我调沙溪区当区裁判部法警，五月去的，七月初一就调龙冈县当法警。这时从七都这边解来了有 300 多地主、富农，在杨头万家，榨他们的款，有的写了 1000 多元，后这批人解到宁都去了。

裁判部要去调查哪家人家真有钱还是假有钱，有钱就要出款，没钱就放出去。

民【国】二十一年（1932 年）我在沙溪时，沙溪区主席是刘远星，龙冈县主席是潘家苑。沙溪归龙冈县管辖。

（整理：张良俊）

9. 访任章生同志记录

任章生，男，50 岁，汉下乡红光社甲咀坑。

在我们这儿尚没有成立农民协会时，就听说汉下有戴红手套（袖章）的。民【国】十七年（1928 年）李贻谋带兵来打有钱人，李贻谋就找杨道德（杨怀钦），杨道德就要农民邓邦诚做农协主席，他来做秘书。杨道德是严坑读书人，邓帮〔邦〕诚是水浆人。

民【国】十八年就成立乡政府，在乡下面就编村政府，我们这里叫水浆乡政府，有严坑村（包括阿屎岭、甲咀坑），水浆村上带、带源一村，东五坑村（包括小白沙）。以后乡分小时水浆乡就分成严坑、水浆乡两乡，仍属沙溪区管。

村政府编好了就分田，以村为单位，打乱来分，地主走掉了，富农分坏田，贫雇农就分好田。

（整理：张良俊）

10. 访曾生香记录整理

曾生香，男，38岁，汉下乡高岭社。

1930年（我10岁时）我们这儿成立农民协会，主席是曾招清。这儿革命初期活动，【是】李楚英（杀AB团杀了）、李尚承（属叛徒）、李凤信（地主，解放后死在牢中）等搞起来的。1931年就成立村政府，叫其坑村苏维埃政府，我们这儿属其坑村管。同年又成立乡，有了乡就没有村，各村只有代表。

村政府有七八个干部，有妇女主任、主席、文书、伕伙①、裁判委员、交通、互济会委员。

乡政府成立后，我们属于汉下乡管，是龙冈区。1934年（我14岁）龙冈区分出上固区，上固就管辖其坑乡、汉下乡、读书乡、南林乡。其坑等4乡都是由汉下乡分出来的，分到上固区。国民党〈就〉发动〈了〉第五次"围剿"，当时其坑乡就管辖九龙、高斜、高坑、洞下、左坑，汉下乡管东车、汉下当地。

我11岁就当儿童团小组长，13岁（1933年）当儿童团书记。儿童【团】是15岁以下，7岁以上的人组织，它的工作是放哨、查路票。当时村、乡都用板刷好了路条，只要填上名字就是，没有路条是不准过的。

16岁以上就加入少队，少队捉鸦片，捉赌。

（整理：张良俊）

---

① "伕伙"即"伙伕"，今作"伙夫"。

11. 访曾宪武同志记录整理

曾宪武，70 岁，男，沙溪区汉下乡高峰社人。

民【国】十八年（1929 年）李贻谋带兵到其坑，民【国】十九年（1930 年）我们这里就成立了农民协会小组，并开始了平田，我是土地科。分田是不管雇、中、富、地，都是按人口去分，每人 4 担另〔零〕1 斗谷田。土地税就接上所分田额收量。

1932 年（寅辛年）成立乡政府，初是汉下乡，后有了上固区时，汉下就分出了其坑乡。

1933 年（癸酉年）我调任上固区，当财政部征收员。收土地税，也不记得是一亩田，还是一担谷田收 30 多斤（又有 10 多斤）。土地税"各地不一"，这是确实的。

上固区管下固、江头、其坑、汉下等乡。

我在上固区时区苏主席是李××—李××—王普青。区委书记是左坑的林立贵。

（整理：张良俊）

12. 访傅德忠记录整理

傅德忠，男，53 岁。

九龙在苏区期间都属其坑管辖。民【国】十七年就有农民协会，十八年有村政府。

初来是郑英炳、李贻谋、吴江他们来组织，李贻谋带有 100 多人，来就抢有钱人户，只要钱不要衣物，抢了就成立农民协会，选出郑英炳作主席。

最早还是君埠，我们这里是由君埠影响来的。君埠到汉下，汉下就到东车，到东车李贻谋队伍分两路：一路往洞下，再到其坑；一路由东车到左坑而严沅〔坑〕。其坑原属汉下乡。

龙冈县成立后就有潭头区，汉下乡就分成汉下、严沅〔坑〕、其坑、卢〔芦〕溪、南林等 5 个乡。严沅〔坑〕原是水浆乡，后划入汉下，再行与汉下分开。

三次战争国民党烧屋，我调往龙冈区当财政部长，区政府钱主要由前方解来，由中央政府分拨。当时各地打土豪钱都是归中央统管，然后才分发，地方不得挪用和私用。区政府每月办公费是 3 元多，干部 1 毛钱一天。当时谷很便宜，七八毛钱一担，甚至 1 元钱买过两担。

（整理：张良俊）

13. 访问宋家清同志记录整理

宋家清，男，中共汉下乡总支书记，严坑人。

民【国】十四年我村就有杨正军、杨怀钦是左派。正军在南昌读大学，杨怀钦是〔在〕沙溪教小学，他们是叔伯兄弟，在家里进行一些活动。杨正军〈是〉在学校就【参加】学生运动，在家里还介绍在他家做长工【的】入共产党，当时不敢公开，听说是长工忠厚老实、成分又好。

民【国】十四年（1925 年）杨正军、杨怀钦带领村子里一千多人到沙溪去示威游行，上街喊"打倒帝国主义"。沙溪河下北岸李龙章、李怀远他们也组织了几千人上街，农民荷梭镖，有些就干脆扛禾担。

〈李〉杨正军在学校组织，国民党发现了就捉杀了一些人，他就逃出来。国民党还到学校里来捉了三次，他们组织被暴露不能立脚后，他就分工回沙溪来捉师爷，捉到就罚款。

民【国】十六年（1927 年）龙冈、藤田、沙溪、石马地主搞了枪，各地都成立了靖卫团，左派就到处藏隐起来。这一年在潭头，东固已组织起来了，东固派人来找杨正军、杨怀钦到潭头。1928 年冬他俩仍就到沙溪成立了革命委员会，而且公开，后来还成立了三四队模范少队，他们就去打土豪。国民党扎在沙溪，我们革命委员会和少队就在拱江背，经常打仗。1929 年队伍就扩大了，永丰县政府管良村、龙冈、潭头。沙溪区成立，【在】潭头我们就把靖卫团赶下去，到了瑶田、固园、七都一带。

1930 年打开吉安，队伍从永丰过来到上永丰，一路成立苏维埃政府。这年冬就开始杀 AB 团，到 1931 年分左右派时分出来，左派差不多全杀光了。

1931 年，永丰县所有模范营都编入独立营，后又编入独立团，最后编成三个团，有几千人，在永丰县城牵制敌人。

第五次"围剿"敌人进展很慢，他们说要"车水捉鱼"，群众是水，干部、士兵是鱼，每到一处就争取群众。到后来就组织暗杀队，沙溪李龙章、李×香、张克珍、温日升、邓永惠、王××（外号曰欠皮）都是这时【被】杀掉的。

农民协会在 1930 年就改为村政府，是先有乡政府，后才有村政府。乡政府由外地干部来组织，本地干部也有。严坑是属水浆乡，组织我政府扎在严坑。

水浆组织在后来分为水浆、严坑、下壮三个乡。

民【国】二十二年（1933 年）中央对军队有过这样一句口号："不准白军进苏区一寸一分，我们队伍只可前进，不可后退。"

（整理：张良俊）

14. 访刘大贵材料整理

刘大贵，男，54 岁，住左坑，担任生产班长，贫农成分。刘大贵在红军北上后，曾拒绝自首。土地革命时，担任村土地委员，区收发处工作。叙述了一些革命活动的情节，但事情发生的时间一个都说不去〔出〕。

一、暴动的一般情形

出发打土豪、打资本，先由农民协会研究好，去某地方打土豪，哪一家的土豪。就成立【村政府】（成立村政府以后，就要去村政府扯条子，扯到了条子即批准才能去），出发时，吹哨子集合，站双行队，说到【哪】里去打土豪，打哪一家，【这之前】只有几个研究了的人和打旗的晓得。站好了队，说明去哪里打土豪，就叫大家把身上的钱物拿下来，不准身上带钱财。之后旗兵打着农民协会的旗（旗上有斧头柴刀）走前，后面就是扡〔拖〕鸟铳、梭镖的少年先锋队和赤卫军（个个都带红袖子，袖子是用白布里的，双重的），到了那个地方就放开哨来，放了哨就围屋，围好了屋就叫开门来或打进去。土豪没有走〈了〉就捉土豪，捡东西、挑油、杀猪、【拿】好的被窝、衫裙。捉了土豪，捡了东西就吹哨子集合。回来【时】，捉的土豪走前，东西存后。回去了关起土豪，放下东西（放在农民协会）又要检查每个人，是不是藏起了东西钱财，不准个人私下拿走东西钱财。打了土豪，有猪有吃的就大吃一顿，衫裙衣物就分给最穷的，也会留下一些给农民协会办公，将得到的钱就拿来办公用（后来要拿一部分到上级去）。

暴动很多，地方挺起来的。哪时去哪个打土豪，打了土豪及那个地方也马上【开】会，组织到别地方去，【不】暴动〈不能〉，就会吃亏，不暴动别的地方就还会去洗东西，因为他们不革命嘛。很多很多地方没有暴动，暴动的地方就先会写【信】，或者使人通知说："你们暴动不暴动？归顺不归顺红军？"说不暴动就是不顺归红军，是反革命，说不暴动你们就会吃亏。汉下就写了信给佐坑，佐坑接到了信就马上回信说："我们会组织暴动。"所以汉下没有来佐坑打土豪。

二、成立村政府

成立村政府以前，在读书坑开了一个大会，这个大会是李上臣、李楚云领导的。从读书坑到高谢〔斜〕这一片的村子都派了代表去了，一村有两三个代表，佐坑是我和赵为才两个（好像没有召集严坑），去开会的代表差不多有三十桌。去开会的代表都要到缺下去报到领条子，领到了条子到读书坑才吃得到饭。开会时写了程序单，有主席报告、参加同志（上级派去指导的人）讲话、自由演说等。开会开始就唱暴动歌，散会就唱国际歌，也要向朱德、毛泽东的相〔像〕敬礼。李上臣讲了话，讲穷人受压迫受剥削，讲要组织贫苦工农的政府，打倒土豪资本家，分田散岭等。开了会就在读书坑讨论了挑好人当村政府的主席、秘书，其坑村政府的主席是东车村的邓炎炳，李树方当文书。佐坑的归其坑管。

三、收发工作

我在上固区做过收发处的处长。上固区开头的区主席是张盛禄，副主席是戴格言，区委书记是杨春方，特派员是曹英波（国民党进攻了，他自己吊死了）。

上固区管 7 个乡：江头、下固、上固、淦坑、汉下、其坑、韶源。收发工作经常有两个人走交通，忙的时候有三人，有时自己也要去。收发工作是登记送到区里来的，《【红色】中华》报、《斗争报》、红军家信、平信、快信、特别快信和文件的数目，再把这些给走交通的送到各乡，上送的少，下送的多。

四、其他

国民党进攻以后，个个人都要领符号，做了红军工作的领自新符号，另一种是农民符号，都是白布做的，样子是这样的：

自 新
某
某

农 民
某
某

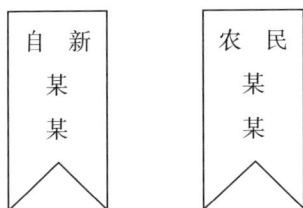

他们联保里工作的人，保长等人的符号是黄稠〔绸〕子的，样子也是一样的。

（整理：曾国铨）

（十一）上溪乡调访资料

1. 访朱与梅材料整理

朱与梅，男，46岁，上溪横溪人。记忆力上。现为油榨厂经理，党员。乡主席，永丰县巡视员，区优属主任。

（一）贵溪、上溪革命

1930年二月二十八日，大金竹朱维章、朱维州、黎长洋（皆马溪人）派了陈治民来马溪领导农民暴动。陈一行8人，有3支枪，1把马刀，2支梭镖，皆穿便衣。到了马溪后就召开民众大会，什么人都可以参加，当场把"文具票子"（契约）统统烧掉，然后再调查哪个有田有多少，是自耕或是半自耕，哪个无田……这才挑选人员，成立农民协会。

马溪革命之后，才是上溪革命，再就是龙湾革命。

这时乐安有个中路办事处。上溪也有个办事处，领导这些农民协会。上溪办事处主任是黎长洋。

1930年五月，陈远模来的〔到〕上溪，他是由东固出发经大金竹到中村，再到上溪，有一排人左右，穿军衣，每人有短枪。陈远模来到后，先组织贫【农】团。参加贫农团的都是中农以下的，而且要几代都是穷人，父亲上有田儿子卖了，也不能加入贫农团。然后就成立村政府。因为贫农团专门考察阶级成分，这时村政府的成员就不会给富【农】、地主掌握，而是由贫农团的人来担任。成立村政府就要放哨，进出村庄要路条。

当时提出口号"打土豪斩劣绅，一个不留情""先打土豪抓土豪，才来分田地"。

1931年成立上溪乡府。

第四次战争后，成立上溪区府。

（二）几个革命运动

（1）土地改革

这里的土地改革是从1930年八月开始到1931年冬才结束，先后分了四次。是在打倒了土豪，斩劣绅后才分田。

第一次分田是在1930年八月。分田的方法是把全村的土地集拢起来，标出每人的平分数，然后用抽肥补瘦，好坏互相搭配，按人口分给。但这次分田搞得不彻底，分配委员会大部分都是些会打算的富农、知识分子掌握，一些好田仍然分给了富农、中农、知识分子。田分好后，群众反映说："分田、分田，分什么田，一些好田仍然分给富农去了，贫雇农仍是分坏田。"田分好后，不管好田坏田，同样计征累进税，因此引起群众十分不满。

第二次分田：这次分田接受教训，凡是在第一次分得了好田多的中富农，全部抽出来，重新分给原来好田少的贫雇农。但这次分田仍然是肥瘦不均，群众还是有意见。

第三次分田：一、二次的分田虽然基本上做到了抽肥补瘦、抽多补少，但村中原来的众产田，仍然是以原耕为基础耕种，没有全部分出来。因次〔此〕这一次分田，把原耕户作的众家田的好田全部抽出来，重新按人分给一些贫雇农民。

这三次的分田都是以村为单位，因此出现在一个乡内有分多分少分好分差的现象，因此在第三次分好后，县里组织工农检查部到各区去检查，区又组织工农检查到各乡去检查，乡又到村。在检查中，发现了上三次分田中存在的一些问题，回县后，经县土地部研究，认为上面三种办法都不太好，因此指示各地要重新分好。

第四次分田：这一次是根据县土地部指示来进行的，是以全乡为单位来进行分配。同时把分田组织机构重新整顿，把一些富农、坏知识分子清洗出来，由贫雇农直接领导，分田委员会全部由贫雇农担任。

以全乡为单位，先把全乡的田地、茶山调查好，按全乡人数平均分配。田多人少或田少人多的地区可以互相进行调剂，适当安排。

在分田前进行了阶级划分，当时的阶级划分为雇农、贫农、半自耕农、中农、富农。

雇农——是打长工的，家中没有一点田地，专门出卖劳动力。

贫农——也是家里没有田地，但他没有打长工，是租种地主的田来生产的。

半自耕农——稍微有点土地，但不多，既出卖劳动力，也不全靠租田耕种。

中农——有部分土地财产，不租种地主田，农具也有，有时还要剥削别人劳动力。

富农——当时农村敌对阶级，是革命的对象，他有田有地有茶山，有猪、耕牛，还要剥削别人。

另外还有两个主要敌对阶级——土豪和劣绅。

土豪——有大片田地、房屋，自己不耕种，专靠田租剥削贫雇农民；在政治上与反动派勾通〔沆瀣〕一气，压迫农民，因此农民非常恨他，要打倒他。

劣绅比土豪更凶恶，是地方上的一些读【书】拍马皮〔屁〕的人，他从土豪处拿来一批钱转借给农民，从中剥削农民。在政治上也和地主、富农反动派串通一气，骑在农民头上，敲榨〔诈〕和欺压农民。因此农民在土地革命时提出"打土豪斩劣绅"的口号，不是没有根由的。

（2）清乡运动

清乡运动是在 1932 年十二月开始，到 1933 年四月结束，是在三次战争时搞起来的。清乡运动也就是肃反运动，不过比以前的肃反运动要彻底。

三次战争时，敌人组织了大批特务、间谍混入苏区，进行破坏、颠覆活动。地主、富农到处躲逃。还有一种人在苏区工作一个时期，又到白区去，到白区搞了一个时期后，在白匪机关领取了批章后，可以自由出入白区。当时反动派对苏区实行经济封锁，人民群众的日用品，如食盐、布匹、鞋、毛巾、火柴等，不准运往苏区，因此苏区人民只好实行节约，没有食盐用硝盐来吃。但那些在白区领到了批章的，可以自由进入白区贩卖大批货源，有时还暗暗在群众【中】投机倒把，因此群众把这种人称做"红皮白骨"，不良分子。

各乡党支部对这种"红皮白骨"两面派采取了种种方法来揭破、消灭它。

首先在党内组织侦察网（都由党团组织），暗中进行了解侦察。如果发现他卖了白区的东西，如别人吃硝盐，他吃好盐，根据线索再进行侦察；等确实了解他与白匪有联系，再找他进行个别谈话，劝其坦白自首；看其坦白程度，进行登记（内部登记）。

等把全部情况掌握后，乡总支先开会研究，干部分好工。第二天召集全乡的赤卫军、儿童团、少先队到乡集中住宿，干部分到各村进行宣传：说明要搞一个运动，任何人都不能到外面来，要出外行动一定要县府发给的特种条（赤色戒严时用的）；如果没有这种路条，出门打死了不负责。另外，事先组织赤卫军、少先队进行赤色戒严，党支部要告诉他们不能放走任何一个人，但不告诉为什么。赤卫军到乡集中时，都要带红袖，拿梭镖、大刀。赤色戒严时人要互相调动，这村调到那村去，不能到自己村上去。外面布置好了赤卫戒严，再组织进行清乡调查。

在进行清乡调查时，必须有县或区干部领导，区特派员要负全部指导责任。到村后告诉群众：不能随【便】〈自〉离开自己家门，如出门就要受处罚，只能坐在家里等搜查。

这一次搜查，搜查出了许多从白区买来的货物，地主、富农暗中抄下来的烧毁了的契约、账簿，并捉到了大批"红皮白骨"和地富坏分子。

捉到的"红皮白骨",如再不坦白自首,党支部可作出决定,呈报区特派员,再转告县治安保卫局批准,然后上解。上解时如果路上有危险,政治保卫局要派人枪来护送。押到县里后,坦白的给予释放或扣押,顽抗的镇压。

在一个乡内的清乡搜查是在同一天内进行,时间一天半就可以结束。在清乡搜查时,村与村、乡与乡的交通要道都进行了赤色戒严。在赤色戒严区域内,任何人也不能自己乱走,要走动必须要有县府发给特别的路条,这种条子是由区特派员持发,一般人是不易得到的。

全县全区都在先后几天内进行,但石马区先后搞了半个月才清好了乡,撤退了赤色戒严。

在平时,在本乡内出入,由乡发给路条,本区由区发,出县由县发给。

肃反运动在上溪区共搞了3次,清乡赤色戒严是在第三次进行的。

在运动开始前,县委、县府联合派了大批【干部】下来,一般是区有县干部,乡有区干部,村有乡干部,是有严密组织的。

区乡赤色戒严的目的:①清查漏网的富农、地主、坏分子,揭发"红皮白骨"的投机倒把;②清查地、富、反的伪造文契账簿。

(3)检举运动

检举运动是在1933年二月开始的,是在清乡运动赤色戒严的基础上进行的。全县区有一个检举网,这个检举网是在肃反委员会下进行工作的。检举的目的是清洗混进革命队伍内部的地、富、反分子,也可以说是内部的阶级斗争。通过检举运动纯洁队伍,巩固革命力量。

检查的步骤是自上而下,先在县由县到区到乡到村,什么人都要受检举。

方法是先从每个干部的出身历史搞起,再审查他在一、二次战争中、打土豪分田地的斗争中、扩军运动中的具体表现，然后派人调查，全部掌握情况后，先开党团员【会】进行研究，再开群众会，宣传被检举的人一贯表现，通过群众来决定处理。

检举的方式：可以用口头报告，也可以写成书面报告，并设有控告箱。当时有好多的富农、地主混入到我们的区、乡政府政权组织内来了，有地、富在内掌握，在打土豪时连雇农都打了。如石马区的区委第一书记肖石金（潭头人）是个地主，原来是一个流氓赌鬼，当地群众瞧不起他。由于根据地的政权巩固了，好些干部大批调往新区开展工作，留下的不多，因此被他混入到了政府当文书，但乡内一些重要会议还是不让他参加。在一次乡里审劝一个地主捐献时，没让他记录，但他躲在隔壁的房子内偷听到了地主的口供，在某处有金子银洋，他听了后，先偷去挖掉，因此成了地主。混入革命队伍后，直做到石马第一区委书记。在那次检举运动时，由潭头人检举，打报告到石马来，才发觉他是一个地主，被清洗出来。

（4）捐献运动

捐献运动是从1933年十一月开始，到1934年正月才结束。

当时有些地主在被打了以后，装穷叫苦，有的还去讨饭。但在潭头卧龙乡，从一个地主的毛〔茅〕坑内搞到200多银洋（他也讨饭）。通过这个典型事实，县里通知各地开展一个捐献运动（即复查一样）。捐献只是劝告地主，把埋藏的财产交出来，只宣传不打，但有些地方也用了刑。通过3个多月的捐献运动，全县共捐出银洋1900多元；最多的乡算良村，搞到6百多块；捐献最多的地主一次拿出400多元，最少也有几十元，有些也拿不出的。

（5）借谷运动

在1934年四五月间，由于白匪进攻，苏区粮食供应发生了困难，有些群众没有吃，但有些却又吃不掉。政府为了让群众战胜兵慌，度过荒月，搞好生产，才掀起一个借谷运动。

借谷运动是以乡为单位进行，经过详细调查，有谷多的一定要拿出来支援别人，首先支援烈军属、干部家属。

在调查计算口粮时，番薯、栗子也算进去，5 斤番薯折 1 斤谷，2 斤栗子折 1 斤谷。把粮食调查清楚后再按人口分配，大乡每人每天可分到 1 斤米，小孩子多的少分，劳动力多的多分。

借给别人的谷，在收割后要还。这样战胜这个荒月，保证了正常生产。

（6）选举运动

区选举：要经过三个会，①全区常委会，②各乡支书（冒支书的由主席来）、贫农团主任、乡代表会，③县巡视团工作会〔汇〕报会。通过这三个会，才可以决定选举不选举。

区文书一般不改选，特殊情况例外。自干部工作不好要降到乡，好的调县。改选区干部，名单先由区常委、县巡视团拟定，名单拟定后通过各乡支书会议。区委书记由县委决定，群众不能选举。

区干部的改选一般是 6 个月一次。

乡选举：乡的选举每隔 6 个月一次。改选前，区常委要进行研究，哪个乡哪个同志好，哪个同志不好，对好的提升就提升，不好的，要降要撤的就降就撤。同时把各乡的名单拟定。

干部名单拟定后，乡里召开代表大会进行酝酿，再召开全乡群众大会，宣传干部名单。区干部要向干部说明：每个干部在一个地方工作久了，思想上会产生顾虑，发生贪污腐化，因此要改选。

改选时，干部要互相调动，改选后要办好移交，特别是管财政的干部，更要办好移交。

村选举：村干部改选时 3 个月一次。先开好小组长、群众大会，发动群众检举干部是不是有宗族房族观念、工作大公不大公，群众意见大的就要改选，如果工作好的干部，就连任下去。

村干部的改选名单由乡干部和乡代表共同研究拟定，拟定好才宣传给群众听，就决定下来。

区常委是由区委正副书记、组织、宣传、军事部长、主席、秘书、总务处长等人组成，并由书记、组织、宣传部长负责。

（三）几项重大事件

（1）上溪事变

二次战争时进行肃反工作，有人控告大坪乡干部巫发亮（大坪人）、袁子规、刘贤可（下村人）是真 AB 团，他们便说："你说我 AB 团，我就什么也不管。"变成不红不白（？），躲在大坪一带活动。一次上溪乡（乡政府扎在横溪）财政部长谢××（下村人）收到地富的款子 50 元，回来路过大坪，被他们在山坳里捉住，夺下 50 元，杀死谢同志。后县警卫连排长孙谷发，带兵假装向他们投降，才破了案，当场打死刘贤可，活捉巫发亮，袁子规却逃走了。

（2）罗焕南事件

石马区党委书记宁济安，平时杀了很多人，但同靖卫团作战时却【退】缩不前，不打敌人。特务排排长孙谷发便当场把【他】抓起来，说："为什么不打敌人？一定是 AB 团！"押到下陂。经过审讯之后，宁济州①招认罗焕南是他的头子。便与省里联系，省里派了吴昌瑞任永丰县裁判部长，来搞肃反工作。××年（三次战争结束）四月杀掉宁济周，六月杀掉罗焕南。

在潭头宣叛〔判〕处决罗焕南的大会上，报告人宣布，有 19740 几件报告控诉罗焕南。当时一乡有两个代表参加，狱中还关了 540 个人。吴昌瑞进行复审，有的杀了（少数），大多数放了。

芦〔罗〕焕南是中心县委书记，该中心县委管吉水、太和、永丰三【县】，驻在龙冈脊大坼（音）。

杀了芦〔罗〕焕南之后，有两年多平静，不乱杀人。

（3）石马事变

事情发生在 1933 年十一月。

石背人，流氓出身的靖卫团班长吴士民，和流氓出身的叛变革命分子吴宝方，从下永丰带了靖卫团的兵来石马，夜晚走，白天休息，藏在石背的山上。（这时古县、七都、八都都已建立了苏维埃

---

① 人名，与后文的"宁济周"同，应为"宁济安"。

政权。）一天晚上，人偈〔歇〕尽的时候，吴士民带兵包围石马区委，吴宝方带兵包围石马区政府。枪一打响，区少共书记温高瑞忙上楼拿子弹带，吴士民率领靖卫团已追上来了，温士民① 一枪将吴士民打死，他自己也当即中靖卫团枪弹而英勇牺牲。

下列 9 位同志壮烈牺牲：

何泰方，区委宣传部长，良村人，40 岁左右；

温高瑞，区少共书记，潭头人，23 岁；

甘世金，区互济会主任，龙湾人，26 岁；

伊炳山，区苏主席，中村乡桃源人，40 岁左右；

伊定富，区工会主任，龙湾人，30 岁；

胡学礼，区苏伙夫，横溪固山坑人，22 岁；

梁世茂，区苏总务处长，良村人，四五十岁；

胡延文，区苏文化部部员，中村人，50 岁左右（胡延文同志受重伤，抬到沙溪医治，因伤重而亡）；

另有一红军战士，从沙溪请假回家（乐安），路经石马，在石马区政府住膳，亦同时牺牲。

区妇女部长张玉英（潭头人）被靖卫团抓住，听说被卖掉，卖了几百元。

夜 12 时，区儿童团主任刘魁△、区少先队长李罗生侥幸逃出至上溪乡。同时，区委书记钟桂兰逃出到藤田县政府报告。后来经过调查，钟桂兰这天晚上到外面嫖女人，没有住在区委，并不是从区委逃出来的。

石马事变发生后，举行追悼大会，全区各乡干部都戴孝参加，赤卫军也拿武器戴孝（臂上扎黑纱）参加，石马的老百姓全部来了，共有 1700 多人。县委书记李福槐说：“古县、七都都成立了政府，石马已经是老革命根据地了，为什么还会受敌人包围？这是因为地方上的干部同志警惕性不高，肃反工作做得不好！现在这一班

---

① 应为"温高瑞"。

同志（指石马区的新任干部）到这里来，不要贪生怕死，什么部门扎在那里就仍然扎在那里（搬进去工作时，血迹都很明显），他们流了血牺牲了，我们应该更努力地工作……"会上杀了吴士民伯母和叔父（因为他们隐藏〔藏匿〕反革命）活祭烈士。例〔利〕用石马事变这一典型事例，县委决定在全县干部和群众中，进行〈了〉一个月的政论，说明不把反革命肃清的危害性。

以后各地的肃反工作加强了，李福槐和吴昌瑞先后专门在石马区搞了几个月的肃反工作，肃掉不少反革命。石背这个地区整整查了半个月。

除陈金山、伊定富烈士遗体由家中领回埋掉，刘延文[①]此时尚在医院，共〔被〕杀 7 个烈士（包括那个请假回来的士兵）的遗体都由国家用棺木安葬，共葬了 3 次。第一次葬成了，第二次没有建纪念碑柱头，县委都提出意见，第三次才用石头建立了纪念碑。

（四）五次战争前后的准备工作

第一次：当时进攻苏区的敌军多是地方的靖卫团，正规军都集中在龙冈一带。当时成立一个永乐特务连，朱维章当政治委员。永乐特务连有六七十个人，是专门对付地方靖卫团的。上溪赤卫军二、三中队有 480 人，专门协助永乐特务连，有时也去截打敌人小股部队。

战争开始前，地方各级党委都发动了群众，组织了赤卫军、少先队、破坏队、运输队、担架队、洗衣队、慰劳队，协助红军，打击敌人。

战争结束，大部分青年都跟红军去，壮年人也参加了赤卫军。在家的只是少数部分成年、老年和妇女，机关干部也跟红军到王陂、东固一带。

第二次：除了〈有一次的〉一些群众组织外，还组织了向导队，向导队专门给红军带路。地方的游击队、赤卫军也积极协助红

---

① 前面写成"胡延文"。

军，打击敌人。

永丰成立了一个游击队，有 200 多人，是严坊的严国昌当连长，三分之一有枪，其余是梭镖、鸟铳，子弹是从战场上拆来的。又组织永丰独立营，有 480 多人。

战争开始前，有一个石师长到石马区征了两个连的兵，18 到 23 岁的青年入模范团，24 岁到 40 岁的入模范营。打仗时模范团在前、模范营在后。一般合年龄的不合体格的编入赤卫军，年龄体格都合的编入模范团。当时，每一个游击队都要带一两个连的赤卫军。游击队十分之七八有枪，枪先由上面发一点，以后在战争中从敌人处缴获大部分，武装逐步扩大。

游击队有了枪，又有赤卫军协助（赤卫军冒枪，只有梭镖、鸟铳），可以和小股敌人作战，打得过就打，打不过就走。在战争中有部分不稳定分子叛变投敌，因此在战争结束后，在乡村中开展了一次清乡，肃清敌人。

第三次：战争开始前，区乡政权已全部建设，并逐步得以巩固。因此，有组织地在各乡村开展了坚壁清野工作，群众把砻打烂，把锅丢在塘内，粮食都集中起来，一部【分】给红军，一部【分】暗藏起来，家具用具都藏到山上去。一般壮年人，都去当红军和赤卫军、游击队，有的跟红军去，老弱小孩都在山上搭棚躲起来。

每一个区有一个独立营，战士二三百人，十分之七有枪。同游击队一道，打击小股敌人和靖卫团。永丰县成立独立团，由赤卫军司令部领导，司令员是帅宗仁。

1933 年四月，发生高老〔虎〕脑战争。①高虎脑有一师敌人，从乐安来的。彭德怀的军队从东王陂、乐安、沙溪三路包围过

---

① 1933 年 8 月 5—7 日，彭德怀率红三军团第五师、第四师和第三十四师恶战高虎脑，毙敌团长以下官兵 4000 余名。见《中央革命根据地词典》，档案出版社 1993 年版，第 666 页。

来，沙溪一路是我中央警卫师。打了打〔大〕胜仗，消灭敌人十分之八，老百姓发了洋财，残余的敌人从南北坑、王石鸡逃往藤田、永丰。

第四次：县区乡各级组织都已巩固，并有了强大的地方武装，县有独立团，区有独立营、游击队，乡有赤卫军、少先队。哪里有敌情，就调〈导〉到哪里去，大军队只要派些人来协助就是，各乡仍留看守兵看守坏人，因此敌人处处挨打。一、二、三次战争碰到不服的就杀，见到反水的、土豪也杀，到四次战争时就要考虑，经过批准才杀。

第五次：战争一开始就提出了"扩大铁的红军一百万"的口号，全民都武装了起来，18 到 23 岁的进模范团、打前卫，24 至45【岁】的进模范营、打后卫，他们全部有枪。每区都有了模范团和模范营。体格不合格的才编入赤卫军，拿梭镖。模范团和模范营脱产（以前不脱产），由三分区领导，调到哪里就去哪里。

永丰县模范师扩大，在龙冈改编为少共国际师，有 12000 多人，开往福建。

五次战争中，又将永丰、乐安、泰和、万安、新淦、公略、雩都、兴国等县的独立团、营编成二十一师、二十二师和二十三师，陈毅是二十一师师长。三师又联合成二十八军团，共一万多人，扎在会昌、雩都、兴国一带。在福建作战的叫东方军，在龙冈、万安、泰和、公略等地作战的军队叫西方军。

从三次战争开始，三、四、五次战争中，江西军区都成立了挺进队，3000 多人，2000 多枪（好武器），分四五股，夜间行军，专门去白区抓土豪罚款以养军队。

（五）苏区人民生产、生活

由于当时战争频繁，生产不能正常进行，因此经常要搞突击运动，特别是在春耕夏耘、秋收冬种更要搞。在搞生产突击运动时，县【苏】、区苏、乡苏驻地红军官兵都要下田参加搞。生产突击运动，是在区乡生产委员会的领导下进行的，如果一村突击有困难，可以以区或乡为单位进行；在突击中是以片来搞，做完一片再搞一片。各地参加突击的劳力自己要带来去。同时先给烈军属搞好，再搞缺乏劳力的干属的。帮烈军干属搞生产没有工钱，也不吃饭，同时是在区优属委员会领导搞的。突击运动每个农事季节都要搞，摘了木梓后才不搞，但在突击生产时，一天晚上不出工。

当时农民群众的生活，由于国民党对苏区实行了经济封锁，有钱买不到东西，一些忠诚老实的人和干部要过得苦些；投机分子可以进入白区购买大批物资，到苏区后可以进行投机买卖，这些人生活过得要好点。

农民作的田，除公粮外，完全归私人所有，但当时还有剥削存在，特别是食盐更难买。逢年过节要给军属送年送节，钱由互济会出。互济会在年节前要进行募捐，募是自愿的，捐得多要登报表扬。

（六）苏维埃工农兵代表会

区——一年3次至4次，多在逢重大节日召开。

乡——一年1至2次，逢十月革命节召开。

对象：工人——真正的工人，从没有当过老板、工会干部；农民——打长工出身的贫雇农；士兵——从没有开过小差的士兵。

选出方法：先由乡代表调查好，经乡审查批准（农民）。

1933年石马区在龙坊村召开过一次工农兵代表会，全区到会代表40多人——瑶岭、层山、佐坑没有派代表。县政府派了肖左金，省文化部部长方为夏到会主持。区里由钟桂兰（书记）、周明辉（区副主席）、柏美侦（特派员）掌握会议。伙食每天吃6角5分。

（七）其他

（1）巡视团。永丰县委组织了一个10人的巡视团，大多数是党员，到各区去检查工作。

巡视团2人共至一区去检查，到区后了解这区情况：分田地、征兵、慰劳红属、发生什么事情、有多少地富及其表现等等。吃餐饭交代声"要好好干"就走，搞得不好的地方就天天在这里，督促他们工作。每得一个星期就要回区来总结，每两个星期就要回县汇报一次。县委书记李福槐亲自抓这项工作。

巡视员除肃反工作外，什么事情都要管；有时区特派员没有闲空，巡视员也可管肃反工作。

为打破家庭观念，巡视员不分配到本区去检查工作。每两个巡视员发一匹马。巡视员的伙食费是三角钱一天，去龙冈上面几个区，每天升加半角酒钱。

（2）《实话报》

1933年二月以前，永丰有《捷报》，报导〔道〕那〔哪〕里那〔哪〕里胜利，那〔哪〕里怎样。

二月开始，没有了《捷报》，而有《实话报》。《实话报》十日一期，每期有十几张，书本那样大，用铅版刊印的，三四个铜板一份。《实话报》上登载哪个哪个区搞得怎样，哪个党团员贪污付〔腐〕化，哪个人得到什么模范，督促今后的工作要大公无私等。关于行政方面的事，由县政府发稿；关于组织方面的事，由县委发稿。只有党团员，而且是正式的，才能订阅《实话报》。

（3）大字报

二次战争以后出现了大字报，是由墙报变来的。大字报是对干部批评，干部有缺点，一次宣传，二次教育，经过督促以后，仍不改就贴大字报，不改就不取下大字报。大字报总是贴在圩中心，人常来往的地方；纸张是大毛边纸，并会涂上红绿颜色；形式有文章，有快板，有漫画（画样子）。

大字报是区里才有，乡里要有乡干部在这里掌握工作时才会有，大字报也是随政府走，政府搬到哪里就贴到哪里。大字报都是以大家的名义写，要经过县、区常委或乡党支开会研究批准才能写出来，不能以个人名义去写。

（访问与整理：王继维、詹义康）

2. 访黎长华记录整理

黎长华，男，48岁，记忆力中。永丰上溪乡横溪社赤坑村社员。

（一）横溪革命

最初由王道雄（赤坑人）、曾新昌（中村人）、罗××几个人进行秘密活动。开会时总是研究要打哪些土豪，怎样打法。搞了一个时期秘密活动，才公开搞。在横溪庙内开了一个群众大会，罗辉祥在会上讲了话，他说："无产阶级要认清共产党的好处，要做好工作，放好哨，防止敌人钻进来。要打土豪，打来的钱要交给国家去搞建设。是真正的无产阶级要救济。"到会的群众一百多人。

开会前，组织了赤卫军，三个班，三十多人，每个赤卫军要戴红袖，拿梭镖。在会上宣布【成立】横溪农民协会，是在 1930 年四月。

1930 年春，横溪村政府成立，不久成立了上溪乡政府。乡政府组织后，横溪并到上溪去。第二年正月，又从上溪分出来，成立横溪村苏维埃。

当时成立村政府的【有】上溪、中坑、大坪、横溪、下溪、马溪、下村、礼坊、陈坊。

（二）高虎脑战役简况

1932 年六七月 [①]，白军从中村过来先占领高虎脑山，红军从下溪、上溪、桃源岭过去，在高虎脑上垅坑发生战斗，从天亮一直打到太阳下山。当时中村、上溪、横溪的赤卫军一百多，驻守桃对〔源〕岭要道，放哨检查带路，放哨的赤卫军还有枪。打仗打得很激烈，敌人被打垮后，退南坑去乐安，红军开到沙溪。红军的指挥

---

① 原文如此。高虎脑战役发生于 1933 年 8 月。

员是彭德怀。

（三）敌人进攻

1934 年十一月，白匪从下溪、龙湾方面进攻上溪。当时，大部分机关干部登山，跟红军走了。占领上溪后，就起联保办公处，主任是是必丰（横溪人，1952 年被镇压）。成立后就夺田、逼租，要上溪全村人赔他家被分掉的财产和粮食，捉到罗辉祥、罗松祥罚款，罗松祥被罚 80 元，在横溪抢走 2 条公【牛】。

附：公牛，每个村都有，由政府发，村大烈军属干部多的多发，少的少发，发下来的公牛是给烈军属耕田用的。负责养公牛的不给烈军干属补工。

3. 访杨鲁翘记录整理

杨鲁翘，男，43 岁，上溪人，木匠，记忆力中上。曾任交通员，村主席，乡主席，区主席，伪保长。

（一）上溪革命的发生和发展

民国十八年（1929 年），乐安大金竹已经有革命政权和游击队，我在那里当交通员。游击队有 200 多人，子枪有 100 多支，领导人是张英等人。该年九、十月间，杨鲁翘和黎毛竹仔【奉】张耀清（大金竹人，大金竹的革命首领）的命令，来到上溪进行秘密活动，串通几十个人开会，说要组织农民协会。大金竹也常常派班把人带武器，在晚上歇尽的时候来参加会议，天未亮又走了。

1930 年四五月间，马溪人朱为章（排长或连长）从大金竹带了十多个人经中村过来，扎在上溪，冠山也来了八九十个，合并起来后有百多人，上溪便公开成立农民协会。不久，马溪、横溪、礼坊、曹坊等都先后成立农民协会，大坪、中坑则在八九月才成立农民协会。

同年下半年，由于陈远模从大金竹带兵经冠山来到上溪，上溪便成立上溪村政府。陈远模然后又往石马去了。不久，各地也都由农民协会转为村政府，计有上溪、马溪、模溪、中坑、大坪等村政府。村苏的成员有主席、秘书、管铜钱的（财政委员）、支部书记。

1931 年下春成立上溪乡政府，管辖上溪、大坪、中坑、横溪、△坑。

1932 年冬成立上溪区，管辖上溪、下村、礼坊、陈坊、大坪、龙家湾、下溪（贵溪、坪坑、马溪都为下溪乡）、水浆、大白沙等乡。

1934 年十一月十九日，国民党军队从龙冈、君埠、读书坑来到上溪。

（二）全国工农兵代表大会

民国二十三年四月一日召开全国工农兵代表大会，[①]成立中央政府。大会代表由县代表大会选出，永丰去了 3 人，白区有 130 多个同志参加；大会进行了 34 天，吃了猪五十几条，羊 13 条。大会批判了消灭地主全家，"斩草除根，留根发生"的思想，指出我们只在于消灭其财产、土地来源，削弱富农经济，而不是消灭其人的方针。如果这一工作方针做得不好，就等于多帮助了反革命势力，做了反工作。而第一坏的是古县、藤田（当年毛泽东、朱德在古县过年）。同时指示各县各区到会同志，转去后一定实行上级颁布的条例。

每年年终或次年正、二月有一次选举会，也讲什么投票。

（三）第一次永丰县苏代表大会

一年春天在藤田老圩召开第一次永丰县工农兵代表大会，大会代表每区两人，共几十人，连县府原来工作人员，有百余人。会议方式有大会报告、小组讨论，其内容是：

---

① 1934 年 1 月 21 日至 2 月 1 日，第二次全国苏维埃代表大会在瑞金沙洲坝中央大礼堂召开。见《中央革命根据地词典》，档案出版社 1993 年版，第 104 页。

（1）扩军。大会中鼓励参军，号召每个代表动员一两班人当兵，但不强迫命令。

（2）发展生产，厉行节约。鼓动群众搞好生产，保证红军作战有饭吃。提倡节约，有一升米要节约半升，有一石谷要节约半担，以便随时应付军人食用。

（3）肃反，防止敌人破坏苏区建设工作。

（4）选举李官香[①]同志为县苏主席（以前是宜宪章任县苏主席）。李官香任县苏主席时，宜宪章当县委书记。

县苏大会有省苏参加，共开了七天（或十天）。

（四）省苏代表大会

1933年十月，第一次（或第二次）省苏代表大会在宁都七里坪召开[②]，代表六七百人，开了15天，中共苏维埃政府有人参加。大会以报告和小组讨论的方式，讨论了扩大红军、搞好生产、厉行节约、肃反工作等问题。

（五）永丰县三次县党代大会

第一次，民国二十年十月在藤田老圩召开，代表200多【人】，开了3天。内容是动员发展党团组织，讲解怎样对新党员加强领【导】和教育，宣传青年参军，调查监察分子、防止他们破坏。

第二次在民国二十一年七八月，【在】藤田召开（此时上溪成立区苏），代表200多人，乡干部和区干部是党团员的都出席了。

第三次民国二十二年十一月，在上溪召开，代表100余人，大会动员干部背枪当兵。

此次会后，上溪区领了10条枪，分给青年干部。在这几个月

---

① "李官香"应为"李干香"，后文写作"李干香"。见《中央革命根据地词典》，档案出版社1993年版，第278页。

② 1933年12月21日至29日，江西省第二次工农兵代表大会在博生（今宁都）县七里坪村召开。见《中央革命根据地词典》，档案出版社1993年版，第102页。

中，睡觉都要把枪放在床前。国民党进攻时，几十余〔条〕枪（区所原有枪在内）被县府埋了。

（六）发展合作社

石马合作社：两元钱一股，有钱人可以占几股。社内卖酒饭园〔圆〕桶等。

纸业合作社：横溪、坪坊、礼坊都有毛边纸制造厂，合作社由工会和区政府领导。

杀猪合作社、榨油合作社：区政府还派胆大【的】人到白区去偷贩油盐、布匹到苏区去卖。各合作社所卖的钱，除每月给工人八九元钱伙食外（有余由工人分），概做〔交给〕县总社，县总社再交财政部。

（七）出击扩军

1934 年国民党分东西北三路向苏【区】围攻，我们为了找好出路，中央人民政府组织了 1000 多人去出击突击扩军。扩军中，一方面宣传鼓动青年人参军；另一方面优待其家属，别人没有吃他要有吃，别人吃坏的他要吃好的，帮他们做新衣服、做事，出征时还要组织妇女儿童欢送。

经三四十天的活动，在兴国、龙冈、瑞金、糖城等县共组织了千多人参军（青年几乎都动员了）。后他们在瑞金集合，编入朱德军团内，随主力军北上。

（八）宁吉安 ① 反革命活动

民国二十年，宁吉安在下陂开 C.P.、C.Y. 大会。在会上宁吉安问人说"你参军了 AB 团没有"，结果他说"我参加了，某人也参加了"，就这样"我参加了……也参加了"互相牵连，当夜关起了二间人。第二日天刚亮，在下陂洲上就杀了几十个人，有几十人因事先知道而逃去了。我第二〈三〉天从大白沙开会回来后，就有人问我参加了那天晚上的 AB 团会没有。事后还〔凡〕是宁吉安召开

---

① 人名，前文写成"宁济安"。

的会，我就不参加。

第五六天，朱德派人捉起了宁吉安、朱光显。在审宁、朱大会上（共 100 多人），朱德派来的人在会上解释杀 AB 团杀错了，是真 AB 团杀革命同志。并审问这两个人是不是坏，群众说"坏呀"，"杀这两个好不好啊！""好啊！""杀得错不错？""不错！"

（九）袁子归〔规〕叛变革命

袁子规原是革命同志，在村里当过秘书等工作。宁吉安杀 AB 团时，在会上从后门蹓走，到藤田投靠国民党。国民党恢复后，在上淡〔溪〕得〔待〕了两年，后卖掉家里东西走宁都住去了。

（访问与整理：元嘉训、詹义康）

4. 访邱老陈材料整理

邱老陈，男，61 岁，中坑郭家岭人，箴匠，记忆（中）。曾任乡工会后〔候〕补委员、石马区互济会文书、区劳动部员。

（一）中坑的革命

大金竹有两个人由中村到上溪，又由上溪到中坑来，同赖石棠、温兴冬等人接头，于 1929 年冬天组织农民协会。

（二）互济会及其代表大会

（1）加入互济会，一人一个月交两个铜板，由区总押到上级。实在是困难的，冒吃冒穿或孤独的老人，无任〔论〕是不是会员，都可以给他们发救济款，由上面发下来。

（2）1932 年到瑞金开了一次互济会的代表会，开了有半个月。代表是十几县都有，共一百多人。会员内容讲发展会员，规定数目字；又讲要宣传征兵等。

（3）关于杀 AB 团吴刚等人问题

1931 年八月，在兴国古龙冈开会，杀 AB 团头子吴刚、金挪等人。各县派代表参加，一区有个把人，全永丰县有二十几个人去参加，参加开会的人数有几百个。

（4）籴谷与借谷运动

搞了个运动，不是借谷，是籴谷。一区有几个乡，有的乡田多谷多，有的乡田少谷少，谷少的乡便到谷多的乡去买米，要钱买。

（访问与整理：詹义康）

5. 访肖起生材料整理

肖起生，男，47 岁，土地革命时期任少共书记三年。

1. 革命爆发。龙冈、君埠暴动后，赤卫军去沙公坑打土豪，打资本，经过我地。一天在陈坊庙里开会，会上说："现在我们应看到资本家少，无产阶级多，我们吃了他们的亏，我们应向它斗争。"会后，各村成立农民协会，陈坊由余名华、肖昌福、黄文胜组织，冬天陈坊、礼坊成【立】村苏维埃。村苏维埃有村主席、秘书、赤卫军队长、少先队长、财政部、粮食科，村主席接受上面的一切指示而工作，秘书管各种文件，赤卫军负责打土豪、肃反，少先队长组织青年受训练、学习、放哨。

乡成立后，撤销了村机构，每村设一生产小组。小组有小组长，小组长领导和处理本村事务，每个代表又各管几户。

2. 分田。当时宣传时说："原来历史上田都是属穷人的，现在一些冒作到田，是土豪劣绅抢走了我们的缘故。而今朱德、毛泽东来给我们撑腰，打资本家〈建设〉，田又要分给穷人作。"因而各村组织了"平田委员会"。分田要插竹牌为标，在分田册上注明某人分了几多、在那里；田、岭都打乱了来平，好坏搭匀。分田以后由于人口增减，也有些人懒惰，将田作坏了，就说自己的田分得不好，因而要求分过田，结果在后来又分了一次。

当时提倡抗租抗税，所以当时作的田不完租税，只是交一些累【进税】，人民生活过得很好。

3. 中央少共书记到礼坊检查过团的工作，查问了发展团员数量，宣传动员参军的数字。工作做得不好的书记，还会开思想斗争会，被斗争后还继续担任工作。

4. 丝茅坪（陈坊）纸厂共11人，一人管棚管账。每天生产10刀纸，一月能出240刀，15次〔天〕打扫一次。纸卖给石马区政府，每刀价格五六毛钱，几元钱一担。工人食用一斤多米一天。

5. 其他

①发展党团员，有规定数字，入党入团是自愿的，但要介绍人。下村乡共有20余个团员，每村设团小组，团员要带头当兵、放哨。

②在瑞金小布老官庙开过一次××模范会，由各乡县选举支部书记参加，会议开了一天。

③上溪区委书记罗先仁，团支书杨希贤—张金生。

④下村人雷水保负责杀上溪区AB团。

（访问：元嘉训）

6. 访谢常新材料整理

谢常新，现年50岁，男，土地改革时期任礼坊乡苏主席、下村工会主任。

①暴动前后。1930年双百兵从汉下来礼坊开会，组织农协。得两个月成【立】礼坊村苏（包括红木岭、陈坊），暴动后三年成【立】上溪区，同时礼坊驻有乡苏（包括曹坊、下村）。

分田：一村一村打乱平分，每人四五担田。谷子收割时政府要到田里去秤谷，登记各人收割谷数，每担谷完十余斤公粮，后公粮改累进税。

②毛边纸合作社由工会组织，厂房是没收原地富的，全厂十余人，共两个槽。原料是竹子，每槽要浸几个月，每月生产毛边纸200多刀，产品卖给石马商人。工人有工资。纸厂成立只得了一年多。

③劳动部共五人，有正副部长、文书、会员，后编制缩为两人。劳动部培养学徒，根据工人生活情况介绍工人工作，解决工人失业。生活苦的组织他们做园〔圆〕桶、水桶，卖产品给苏区，有时挑去宁都卖。去外地卖要工会打路条，在外最多不能超过两天，卖的钱归自己掌握。某些生活较好的工人，由政府调去慰劳、运输、担架工作。

④李宪章【是】靖卫团队长，家有几千担谷田（一般中农只二三百担谷田），两只〔栋〕屋，老百姓称他家为万富。

（整理：元嘉训）

7. 访陈长兴材料整理

陈长兴，男，55岁，记忆力较差。现住上溪乡横溪社牛形村，作田，党员。曾任村政府代表、上溪区工会主任。

（一）横溪革命

1930年四月成立横溪农民协会，设归潭村，村主席黎云山（横溪牛角坑），文书罗友贵。横溪的革命是从上溪发展过来的。1930年栽禾前成立贵溪乡政府，下设下溪村，乡主席宁××。

1931年上溪区划为上溪、贵溪、龙湾、大坪、礼坊、下村，原来只有上溪、下村两个乡。

（二）工会组织和工作情况

当时的工会组织只包括做纸工人、木匠、农村一切手工业者，当时重点只在纸棚下，做纸工人组织得比较好点。工会干部到纸棚下开会时，〈一〉只是告诉工人要做好纸，并要完成任务，保证质量（每人一天做一刀纸）。在规定任务时，工人意见【有】分歧，有的表示能完成，有的说困难，最后用少数服从多数来决定。

区乡虽有工会组织形式，但由于时间短，没有做什么具体工作。纸棚下组织比较好，农村的木匠及一切手工业工人没有什么组织，只去开次把会，因此有许多工人失〈去〉业。政府曾发动过一次募捐，救济失业工人。募捐多从干部身〔先〕募，募捐是自愿，多的一两元，少的几角也有。发动募捐前，上溪区委曾开了两次会研究过。第一次会，区乡干部全部参加，县政府李干香、县工会许以茂都来主持〔参加〕，区委书记罗善仁亲自主持。罗善和①在会上说："现在有许多工人失业，我们下去要开展宣传，发动募捐，救济工人。"第二次开会，通过全体区乡干部讨论研究，确定要多宣传，不但干部要捐，群众也要发动捐。

募来的钱，村交乡工会，乡交区工会，区交县工会，然后由县工会统一处理。

（三）苏区人民生活

初建立苏维埃时，由于打了土豪，斗倒了劣绅，分到了大批银钱和粮食，生活过得很好，一日三餐吃得饱，穿也穿得暖。

到后几年，由于国民党经常来进攻苏区，使苏区的生产得不到正常发展；同时国民党又对苏区实行经济封锁，生产的粮食又要支援其他苏区，因此粮吃得较先少，机关干部吃饭包，群众要吃点粥。

对没有吃的群众，政府一般不救济，但粮食由政府发，要交钱，但如果【确】实苦的可不交。另外在群众中展开互相借谷、借钱，互相帮助解决困难，借的钱谷不计息，也不要票据，到时候有则还，冒即算【了】。

---

① 前有"罗善仁""罗先仁"，疑为同一人。

四、代表

在有村政府时，就选出了代表，约三十户选出一个代表。代表以下设小组，一个代表一般管两个小组，有的也管三个，如果地势分散，只管一个小组。

乡代表抓小组长进行具体工作，凡农村中的一切行政工作，小组长都要管。县乡代表到乡开会的时候多，小组长到乡开会时间少，在村开会时间多。

（访问与整理：王继维）

8. 访李细接等材料整理

李细接，男，46岁，上溪曹坊下村人，土地革命时期任下村少共书记、上溪区特派员，解放前任过乡丁，1949年任沙溪区代表，土改时任乡长，现任上溪乡党支书。

1. 暴动情况

陈远模1930年与严有如[①]、吴江、刘月而、曾绍三等人带兵由东固谭〔潭〕头、沙溪、寒〔汉〕下方向来，枪二十几条，人三十余个，在下村庙里开了三天会，宣传打土豪分田地，组织农民暴动，成立农民协会。下村以刘月楼为头〔首〕脑。农民协会会员要戴红手袖子，袖子上有农民协会公章和柴刀斧头。农民协会还分有小组，每村一组，小组有小组长，每一小组有一面红旗。

陈远模在分田后走了。

---

① "严有如"应为"严玉如"，后文写作"严玉如"。见危仁条等主编：《江西现代革命史辞典》，华东师范大学出版社1993年版，第218页。

2. 暴动后工作

①政区划分。1931年下村同曹坊合成下村苏维埃，属于上溪乡、石马乡〔区〕。乡苏成立后，各地无村苏维埃组织，每村只设有小组，小组有小组长，专门处理本村事务。1934年上溪成立区苏维埃，统辖太坪、礼坊、贵溪、龙元、下村、上溪六乡。1934年春上永丰县苏政府搬到上溪，县苏政府离区苏政府只有五里路，只得了半年又转移至太坪。

②肃反。肃反组织县有裁判部、政治保卫局，区有特派员。保卫局捉的人交裁判部，到裁判部的人差不多都要杀掉。一般人家作报告较少的反革命，放在区上，如果有人保，还可以放，但当时敢保的人很少。

对于一般土豪，只要有几十元钱的，不管是富农、中农，抓到就罚款。平时也监督土豪劣绅生产，听我们指挥、老老实实，坏的要经常开斗争会。五次战斗中遇有情况不对，就把土、富关在一起，由村送到乡，由乡送到区，由区解到县，再由县政治保卫局押到边区。

3. 区财政部设有仓库主任，每村设有仓库，仓库主任负责收累进税，到各地发谷给红军等食用。当时有簿记20本，把"实行财政统一、帮助红军战费、粉碎敌人五次'围【剿】'"20字分别写在各本簿上，每本簿内收据存根间写一字，字上盖公章。簿有三联收据存根。解县府的，每本100页。

4. 石马事件。两种说法：①吴保安带靖卫团夜晚围石马区委会，打死八九人，留下的一人也砍了一刀；②一个晚上，伙夫打开门，接靖卫团围区政府，杀死我们九人。

5. 上溪组织警卫队，每村有五条枪，全乡有30条枪，连伙夫共30余人，队长黄炳生，政治委员彭德彪。某年一二月打藤田、湖西、沙弯，帮助地方分田。后警卫队改警卫连，100余人，百多支枪，归藤田领导。宁吉安杀AB团时，捉了政治委【员】和队长。

6. 其他。①下村乡团员四五十人，土豪劣绅子女不得入党团，不得参军。②上溪区苏曾扎在桃源。③袁子归、雷壁凤带几十人围区政府，打死裁判部长。

（整理：元嘉训）

9. 访宁良玉记录整理

宁良玉，男，50岁。在土地革命时任乡主席。

（一）地方上革命整理

1929年正月，段月泉由汉下来这里和余名华、黄文胜、肖昌福等七人首先组织农民协会，并组织了少先队、赤卫军、游击队，但尚未分田地。

当年冬天与礼坊一起成立村苏维埃政府，农民协会同时取消。村政府成立后进行土地分配，一般按人口平分之。山岭一般不动，仍归自己有；地主、富农的山岭，交由村政府【分给】贫苦、无岭的农民。

1930年四月成立上溪乡政府。

（二）个人简历

1929年初入少先队，在村苏任几个月主席。第二年（1930）参加赤卫军，到过石马打仗，后回家一年，又参加三军团新兵连（共3个营，约1000人），到过乐安、东道林，共2个月，没有经过战斗。1933年回到家里。

下列地方成立过村苏：礼坊（包括陈坊）、下村（曹坊、小江）、冬坑（包括太平）、上溪、横溪。

（记录整理：孙德圣）

10. 访何登福记录整理

何登福，男，50岁，上溪乡礼坊社人，曾任红军班、排长。

1928年春天，段司令带兵到过这里，以后又有朱维章、李日其、刘月楼、李立亭、李立希、姚子珠、李立怀等地方上的人在这一带活动，并且成立农民协会。这一带受宁都、瑞金的影响，较罗坊乡暴动得早。革命发展路线是东固→龙冈→君埠→陂头→汉下→卢〔芦〕溪、南岭（靠宁都）→礼坊。

1929年在农协会成立半年后，即成立了村苏维埃政府，一个月以后又成立乡政府。

土地的分配是在乡苏维埃政府成立之后进行的，第一次未分均匀，第二次分配除地主、富农的坏田外，其他人好坏均搭配分之。

1930年五月参加红军第二十三师——工人师，受八军团领导（八军团政委陈毅）[1]，我任排长，后来在瑞金改编成了中央警卫师。中途有病，病愈后我被【编】入二十四军〔师〕。

参军不久，我去坐红军初级学校。共100余学员，地址设在瑞金南岗乡，学习期限一个月，毕业后的学员全部分配做班长。

1934年，红军北上抗日的主力部队已将近离开信丰时，朱总司【令】召集我们二十四师全师人开会，他问我们说："同志们，我们的部队会不会打回转来？"有的人答："会回转来！"朱总司令说："同志们，会打回转来就不好了。我们北上抗日就没有去路，你们二十四师生死都要在这里，挡阻追击我们北上红军部队的敌

---

① 中国工农红军第八军团于1934年9月21日成立。军团长周昆、政治委员黄甦，参谋长唐浚（后张云逸），政治部主任罗荣桓。见《中央革命根据地词典》，档案出版社1993年版，第222页。

人，使主力红军安全北上抗日。等我们到了云南、贵州以后，就会来接你们。"

1934 年九月间，我们【在】信丰的禾红、白鹤以及赣州上山一带进行阻击敌人的活动。后来这师人越战越少，到 1935 年三月，主力红军到达贵州、云南时，我们的队伍被敌人包围（广东军阀）在余〔于〕都、信丰之间的马岭山上。以前我们全师三四千人，这时只有百余人了。这次被围时，又被敌人打死很多，最后剩下我们十三人被捉住并解往赣州。受过审问，敌人曾盘问我们"山上还有多少人，还有多少枪支"。敌人的审问得不到结果，在赣州服劳役半年后释放回家。

（记录整理：孙德胜）

11. 访黎长寿记录整理

黎长寿，男，47 岁。上溪太平社人。在土地革命时间曾任乡少共书记、军事部长、中共区副书记、县宣传部副部长、游击队指导员，任伪乡政府保长 10 个月。

一、关于地方上的土地革命情况

从东固方面来了陈远模、邓宗继、杨文彬以后，他们找同学，黎其文、黎文彬等地方上的人共同活动。1930 年三月，我们地方上爆发了革命，组织了农民协会。一个月后成立乡革命委员会，领导礼坊、陈坊、下村、横溪、下溪、上溪、冬坑、大坪等村农民协会。

1930 年六七月分定土地，以后年年常有调整，地主、富农的好田要分给贫雇农耕种。

1930 年十月成立村苏政府。这时，农民协会被解散，由两个农民协会合并成村政府。我任过村少先队长和村主席。

1931 年成立上溪区，我任乡少共书记（黎阳性为主席，王指挥为秘书），三月调老圩乡少共书记。不久得病，休养半年。在石马事变之后，任石马区军事部长一年多。以后又担任短期的石马区中共副书记（张仁紫正书记）和永丰县委副宣传部长。

二、参加其他地区活动情况

1933 年七月，调瑞金地方干部学校受训（都是调各地副军事部长和少共书记受训）。共有学员百余人，组织乃军事化。设一连，连长由学校里的干部担任，其他班排长由学员担任。共有教师三人，包括校长李天独，政治教师赖文端，军事教师肖？[①]（兴国人）。学习主要任务是学习军事战术，另外也要学习政治。因为那时常有敌机来轰炸，所以多〔一〕般是在野外树下进行。为了很快地组织抗日先遣队，我们在学习七个星期之后，提前一个多星期结束学习，由项英主持毕业典礼。

毕业后，我们十八人被分江西军区，准备到军区后才具体分配工作。但在途中（梅交）被敌人阻止，找不到军区。我们派乐安王楚生去找中央办事处项英主任，结果项英发给每个人一支枪，叫我们继续去找军区。在途中的余〔于〕都梅高[②]地区，又有军区 30 多人因为搬运军用品而被敌人包围在那里，于是我们联合在一起一个多月。后来项英知道我们还是找不到军区，因此召集胜利县（余〔于〕都县）的干部开会，将我们这十八人分在胜利县各游击队里，加强其领导力量。我分在桥头区游击队任指导员。

1933 年十二月三十日（即年终日），【在】胜利县冈背乡山岭上住宿一夜，第二天（即 1934 年一月一日）发现被围。并且本人被捉，解到平安寨区（共 13 人），坐了几天监狱，初六释放，初十回家。

---

① 原文如此。
② 地名，前文写成"梅交"。

三、关于一些组织机构

农民协会之上受革命委员会的领导，革命委员会后设为行动委员会。革命初期，以"爱民"代替党的秘密组织代号。

（访问记录：孙德圣、元嘉训；整理：孙德圣）

12. 访黄忠信材料整理

黄忠信，男，50岁，大坪人，曾任乡代表、石马区反帝拥苏同盟部员，党员。

（一）大坪的发生革命

民国十八年八九月，由中村来了几十个人，扎在大坪山黄洪立家，领导人是中村街上"金才老子"的儿子，外号叫"港仔"（可能是姓吴）。以后串通的人多了起来，在民国十九年才开会，成立农民协会，扎在竹簝〔檐〕下。

（二）关于袁子规等人叛变问题

杀 AB 团时，袁子规、巫发亮、刘贤可、刘达可、黎孝然、黎洋兴等人不工作，组织"区步党"，率领"靖卫团"常来搬老百姓的鸡、猪等东西，三五天就来一次，还打死了两个人，又贴标语说他们的好处。

亏得共产党的计谋好，交通员孙谷发（别名孙老长）假装反水，带了石马的队伍来装投降，才把刘贤可、刘达可打死了，活捉武发亮，袁子规遁逃了。

（三）反帝拥苏改选大会

民国二十一年或二十二年（1932 或 1933 年），在博生县开了反帝拥苏同盟改选大会，会期三天，第〔共〕100 多人参加，每一区有几个人。会上谈的内容是"大家都要来参加反帝拥苏大同盟"。

原来的反帝拥苏同盟主任是欧盛，这次会议改选了另一个人。

五次【反】"围剿"时，县政府扎在大坪两个月，在上溪杀了许多从各地押来的地主、富农。

敌人来到礼坊，县政府才退到藤田去。

（访问与整理：詹义康）

（十二）石马乡调访资料

1. 访问老革命同志谈话记录

郭文发，男，70岁，层山人，曾任乡代表、农协主席和乡苏主席等职，现在潭头社敬老院；郭文保，男，65岁，层山人，曾任游击队队员、警卫连战士、乡主席等职，现在潭头社敬老院；郭祥芬，男，61岁，层山人，曾任农协主席、乡土地委员、乡主席、区副主席、难民斗争委员会事务长等职，现在光明社；郭冬生，男，58岁，层山人，现在光明社。

一、左右派的斗争和农民协会的成立

民国十六年，左派以郭荣光为首，右派是以郭死山、郭人山、郭禄堂、郭龙和与郭聂本等人为首，出走在永丰。

民国十六年五月组织了层山农民协会，是由郭荣光、郭学泮、郭清辉、郭学叶四人（候【补】党员），郭敬亭、郭敬保、郭辉标、郭志宗、郭圣发、郭学柳、郭礼恒、郭绍讦、郭庭贵、郭章焕、郭庆福、郭友宗、吴凤娇、黄娇仔、李永秀等人发动组织的。

层山农协包括层山、邹坊、西岭、游蔴、梅田、棠角、车头、院上、旱坑、蓬下、石下等村子，共有会员一千一二百人。

组织分工：中共书记郭荣光，主任郭学叶，副主任郭清辉，宣传委员郭庆福、郭友宗，组织委员郭学泮，土地委员郭礼恒、郭书林，粮食委员和军事委员等。

少先队队长郭辉标，有 50 人左右（13—19 岁）。

游击队四十人，分为四班，武器是梭镖、鸟铳、短刀、牛海枪。正队长郭皇宗，副职郭礼恒，班长郭祥昌、郭来宗、邱和尚、郭绍△。

妇女协会，主任吴凤娇，宣传李永秀、黄娇仔。

同时分了六个组：西岭、邹坊一组，游麻、石下、蓬下一组，源头二组，楼下二组。每组管十个代表，每个代表管十至十五户。

农民协会成立后的活动：

1. 端午节开了群众大会，百来人参加，大会内容是宣传农协，成立后要打土豪、分田地、抗租抗粮、抗债、打消苛捐杂税。开会以后，每人发了一张农民协会会员证（18 岁以上）。

2. 民国十六年五月中旬，在王沙溪、石背、东岭、下塘、金山、层山、严元、游麻、邹坊、西岭等地打了土豪。

3. 在层山捉了七个烟店〔痞〕，盗窃等罪犯，杀了。

4. 民国十七年正月初一，层山游击队与七、九纵队联合攻打永丰，结果失败返回。

5. 民国十七年正月分田，每个人分了两斗半禾耘田（相当于两亩）。阶级划分为：反动、富农、土豪、劣绅、中【农】、贫农、工人、反、富家属分坏田，中农分中、下田，贫农、雇农、工人分上田。实际上这次并未分田，是以原耕原作为基础，未作调整，只是不缴租、不荒田。

6. 民国十七年五月十三日，藤田、石马二区各农民协会干部和游击队集中藤田罗承开大会，3000 余人参加，由何三真①、严玉如、吴江掌握会议，内容是要攻打永丰。会后各地农协干部回去了，游击队员又集中在九都书院开会，具体研究怎样到瑶田去捉反动头子张作谋，会后旋即分三路跑步赶往瑶田（小岭过湖西一路，曾坊过

① "何三真"应为"何子珍"，后文写作"何子珍"。见《中国共产党吉安历史·第 1 卷·1921—1949》，中共党史出版社 2011 年版，第 66—68 页。

梅坑一路，烁江过祖庄新街为一路）。黑夜赶到瑶田，张作谋已逃，我们就把其财产、牲畜全部拿走，烧了一个书院，漏夜赶回各地。

二、村政府的建立

民国十七年七月成立层山村政府，包括原农协管辖的村子。

主席郭来生，副职郭友宗，秘书郭添球。

委员：粮食郭瑞明、郭绍庭；财政郭友宗（兼）；军事郭吉来、郭瑞龙；肃反①；土地郭书林、郭祥芬；宣传②；妇女主任吴凤娇，副职李永秀。

游击队 40 人，队长郭皇宗、郭礼恒；少先队 60 人，队长郭辉标。

民国十七年十月至十八年正月又分田，这次将田进行了调整，各人在自己分得的土地上耕种，分发了土地证。

三、组织乡政权

民国十八年正月组织了层山乡政府，包括村辖范围。主席郭来生，副职郭友宗，秘书郭添球，中共书记郭富祥，少共书记郭瑞玉，委员与村同。

四、藤田区的建立

民国十七年十月成立藤田区政府，包括杏严、瑶田、金鸡、石马、中林、上溪、南坑、温坊、老圩、曾坊、小岭、院前、游坊、层山、估坑③等 20 乡。

主席宁衍凡（后换为谢礼春、郭学柳、黄德明），副主席吴启发，秘书吴志仁，区委书记陈因信，【区委】有宣传部、组织部，区设财政、经济、裁判、内务、工人检查、教育、宣传、组织、粮食、土地等部，还有少共、妇女和区游击队等。

---

① 原文此处空白。

② 原文此处空白。

③ "估坑"应为"固坑"，后文写作"固坑"。见《江西省永丰县地名志》（内部资料），1985 年版，第 195 页。

五、分区

民国二十年二月，由藤田区分为藤田和石马两个区。

藤田区包括老塘、曾坊、杏严、陶唐、金鸡、小岭、烁江等乡，石马区包括层山、平政（梅田、棠角等地）、龙坊、龙湾、姚林、佐坑、严东（严元、下塘、东岭、杨因山）、济民（院前、朱屋、上垛、三家村、龙沟）、上溪、中村、南坑等乡。

石马主席郭宗柳，副职张瑞正，秘书张家圣。有中共、少共、拥苏大同盟、工会、互济会、妇女会。区设财政、工人检查、粮食、劳动、土地、军事、宣传、组织等部。

藤田主席是吴启发，副职宁衍凡，秘书吴志仁，中共书记陈因信，其他设置同石马。

分区后：①查成分，划阶级。阶级有地主、富农、中【农】、贫【农】、雇农、流氓、烟痞、迷信。②扩大红军一百万。③分屋。④缴土地税（自动缴交）。

六、再次分区

民【国】二十一年四月再次分区，当时分了上溪、中村、南坑、石马、邱坊、杏严、藤田等区。

邱坊区包括层山、陶唐、金鸡、谢坊、平政等乡，杏严区包括杏塘、严坊、佐坑、南坪等乡，石马区包括石马、龙坊、龙湾、姚林、严东等乡，藤田区包括小岭、田心、曾坊、老圩、温坊等乡。

邱坊区主席何高辉，副主席郭祥芬，总务秘书杨易东，财政部长郭保圣，军事部长董老三，教育部长吴六皇，裁判部长董党才，劳动部长邱割禾，粮食部长郭保才，工人检查部长郭炳文，工会主任谢春宗，妇女主任刘梅三、吴桂娇。

区委：书记陈进明，特派员陈□□，组织部长邱会春，宣传部长王运才，少共书记郭瑞玉。

区游击队四十人（一人一枪），队长董老三（兼）。

互济会、拥苏大同盟。

当时的中心工作是组织担架，搞运输和支前工作，每乡派四五十人搞运输，运粮和军用品，妇女做鞋，又筑碉堡，扩大红军。

七、难民斗争委员会的成立

由于国民党的"围剿"，我政府进入山区，于民国二十三年五月在龙湾成立永丰县难民斗争委员会，主任吴光发，副主任兼文书郭绍△，事务长郭祥芬，共200余人，大多是妇女和病人，其工作是搞粮食，招呼和救济遇难群众。

八、国民党对我苏区政府的累次袭击和摧毁，分左右派，国民党反动派对我苏区政府和革命干部进行了多次的袭击和摧残

1. 民国十六年五月底，伪民团由刘纯德带领到层山，农协干部都上了山，他们在村里抢光了东西，奸淫妇女。

2. 民国十七年三月上旬，国民党从藤田上来，在层山烧杀、淫、掳掠无所不为，计烧了九栋房子，东西全被抢光，杀了三人，强奸妇女。

3. 民国十七年八月又来层山，打死四五人，捉四五人罚款，奸淫妇女，抢夺民财。

4. 民国十七年十二月中旬，又来了一次，杀害一个干部，东西抢走。

国民党于民国十七年十月成立三个民团，四区（藤田）、五区（沙溪）、六区（石马），专门对付我苏区政权。

（整理：曾庆南）

2. 访问张隆保同志谈话记录

张隆保，男，现年59岁，柏林人，曾任游击队员、区革命委员会主席、乡政府副主席等职，现为柏林社社员。

（一）革命的前奏——左右派的斗争和农民协会的成立

民国十六年，蒋介石公开叛变革命，那时石马地区也相继分成

左右二派，左派的集中代表是接受了马列主义影响的知识分子，右派的集中代表是地方豪绅势力。因此，在地区上也分成了两种地区：一是左派地区柏林、姚坊、早禾陂、东门、马打坻、龙坊、大江口等地，二是右派地区石背、横江、东岭、下塘、杨因山、零元、石老背等地。左派的领导人是张美山、王子辉、邹辉山和张思贤等读书人，而右派的头目是当时的地方豪绅，如吴香古、吴于承和郑世紊等人。

民国十六年四月间，张美山等人先后在柏林（包括姚坊、早禾陂）、龙坊、大江口、东门和马打坻等地成立农民协会五个，并开了会。柏林是在张家祠开的，到会群众一百余人，内容是宣布农协的成立及农协的任务是要打土豪、分田地、抗租抗粮等。

农协成立后都没有进行分工，仅由张【美山】等四人负责。

（二）农协成立后的活动及其失败

农协成立后的两三天，由张美山等人带领各农协的人员 100 余人，到上溪、横溪的弄口地方打土豪——雷必正。到他家后，其本人已逃，遂将其家产（衣物、食用物质）全部拿回石马，分给了穷人。

然而，在打土豪后第三四天就遭到失败，农协被迫解散，张美山等人逃跑在外，结果张等家属被罚款 1500 元银洋。

其失败原因：主要是由于右派的残酷、疯狂，他们有自己的"民团"四五十人，30 余支枪；而左派仅有梭镖。同时，右派还到永丰调兵来捕捉左派人员，后来有郭荣光、邱奠坤等人被杀害了。

这次革命从组织到失败，先后只有十一二天时间。

（三）二、四团攻取石马，革命再度爆发——永丰游击队的建立

民国十八年十二月，毛主席率领的二、四团，从宁都东头经大金竹攻取了石马。"民团"即退往藤田。红军在石马过军后，于民国十九年正月初十开往藤田，十一又将"民团"打退至永丰，旋即开到沙溪。

民国十九年正月在沙溪编永丰游击队，共一百四五十人，枪支

120 余条，分为三个中队，大队长吴江，副职严玉如，指导员吴立仁。由于都是新兵，因此在潭头训练了三个月。

四月间，游击队开往中村（在中村枪毙了九个大烟痞）。

五月间开往石马，追击"民团"至层山。

（四）石马区革命委员会的建立

民国十九年四月间，游击队开往石马、中村之前，曾在上田（铁园）编了政府，名曰"石马区革命委员会"，并与游击队一道行动。其人员：主席张隆保，副主席张思贤（兼肃反委员），秘书邓宗宇，下分经济部长邹辉山，宣传部陈道凡、曾绍三、温文坛、李道仁、王承栋、王子辉、梁益新等十来人。

革命委员会的工作是：1.宣传工作，写标语口号，主持群众会议，进行鼓动工作；2.审判坏人、俘虏；3.经常派人下去协助基层工作，如组织农协，分田地等。

（五）农民协会（即村政府）的成立

民国十九年五月开始组织农协。

当时成立了以下农协：柏林、龙坊、大江口、梁吕家、龙家湾和东门等，农协都有赤卫军。

（六）乡政府的建立

民国十九年八月成立了乡政府，同时取消了村政府，各村有一名代表。

当时的乡有姚林乡（包括马打圫、柏林、东门、姚坊和早禾陂），主席习文才、姚天丁，秘书姚天新；

龙坊乡（包括龙坊、南溪、下院坑内各小村），主席龙辉生，副主席张隆保，秘书罗××；

石马乡（包括石马街、竹坊、梁吕家），主席张进才；

佐坑乡（包括佐坑、南坪、蛇形等）；

龙湾乡（包括龙家湾、下陂、东西坑、三江口、店前等），主席张之贯，秘书温金昌；

层山乡①。

每乡有个游击队（赤卫军改的）、少先队、儿童团等。

（七）区政府的成立

民国十九年十一二月成立了区政府（设在石马街，区革命委员会同时撤销）。区政府包括上溪、中村、南坑、石马、龙坊、佐坑、龙湾、姚林、层山等乡。

主席郭学禄，副职王世贤，秘书□□，少共书记郭炳南，有党的书记，内设宣传部、裁判部、组织部。

（八）分田

民国二十年正月分了田，每人分了三斗半禾耘田（相当二亩二）。

当时的阶级有富农、反动、土豪、劣绅、贪污、流氓、烟瘾、中农和贫农。

富农分坏田，中贫农分好田，其他的不分田。

（九）白匪子的烧杀、淫、掳

民国二十三年七八月，国民党由藤田上来，区政府迁入上溪。国民党来石马后，藤田、瑶田等地的老百姓都到石马来割禾（主要是柏林一带），谷子都堆在层山。牛、猪、鸡、鸭和衣物等【被】抢劫一空，"民团"在柏林烧了四栋房子，又奸死三名妇女。男人和年轻妇女不敢露面。

从此，国民党占领，直至1949年解放前夕。

（整理：曾庆南）

---

① 原文后面是空白。

3. 石马乡星充社郭炳南材料整理

郭炳南，47 岁。

一、革命办事处和农协的建立

石马革命由东固、龙冈到大金竹而来的。民国十七年，有邹辉山、张兆平，这二人是学生，和黄水生等十几人成立革命办事处，进行打土豪分田地，即着【手】成立农民协会（龙湾村农协）。龙湾农民先暴动，因为龙湾有人在东固，从东固回来的人就领导暴动，接着石马暴动。当时除龙湾以外，还有中村、上溪、邱坊，主要是中村、上溪。【民国】十七年进行了分田，但未成功，因农协亦〔一〕成立，靖卫团就来了，当时团长是符昂，李必风副团长，这样农协就被冲散了。

二、苏维埃政权的建设

民国十九年，有石马、龙湾、姚岭、石溪、陈山[①]、中村、上溪、南坑等村成立村苏维埃政府。这时藤田是游击区。

石马村政府主席张惠林，赤卫队长夏春生；石溪村政府主席李真金（正）、谭祖华（副），文书李贵春，土地委员郭老冬。

民国十九年冬成立石马乡苏维埃政府，主席范老缩，文书李桂春（兼书记），少队长郭炳南，少共书记黄玉润，妇女主任宋玉娇。石马乡的范围：东门、祝坊、梁家、吕家、傍田、石溪、石马、龙湾与龙潭等村。

民国十九年冬成立石马区苏维埃政府（情况不详）。

民国十九年冬进行分田，以村为单位，以原耕为基础，按人

---

① "陈山"应为"层山"，后文写作"层山"。见《江西省永丰县地名志》（内部资料），1985 年版，第 137 页。

口、土地来分，先打土豪，划阶级，再分田，每人平均二亩多；当时划的阶级有大富的为地主、富农，吃冤枉的为劣绅、中农、贫农、工人（手工业者）、雇农、反动地主和富农；分田时，逃亡地主不分田，地主在家的分坏田，富农分差田，中农、贫农分好田，工人、雇农分优秀田；分田的方式，由村政府发动群众，大家来分。到民国二十年，还累计费（土地费）。

三、革命活动的一般概况

民国二十年，我任石马乡少共书记。六月，我到藤田老圩参加永丰、新干、龙冈三县团代表大会，当时有两百多人参加。大会主要内容：扩军，发展组织和生产，肃反等工作。民国二十二年冬，调到龙坊乡任少共书记，主席罗九生（正）、袁老呈（副），文书兼书记雷世贵。龙坊乡的范围：姚坊、柏林、早禾陂、马△丘、塘头、山下、寨前、龙坊、人园、大坑口、东西岭、冷水井。

少共书记的工作：

1. 扩军，主要发展红军。用宣传鼓动的方法，动员年龄、体格合格的青年参加，自动报名，宣传要做到家喻户晓、五亲六戚都要宣传，做到妻送夫、父母送子女，干部、团员要亲自带头。宣传内容：敌人向苏区进行二【次】、三次、四次的"围剿"，同时进行杀掠，分到的田地不打垮敌人也是没有好日子过。同时把湘豫白鬼等革命情况也介绍。另外要做好优待工作，包耕代耕，干部要亲自带头帮助解决家庭生活困难。

2. 优待军烈属。包耕代耕，干部带头亲自下田生产；不能吃军烈属的饭，自己家里吃饭去；要帮助家庭生活困难，送年送节，经常访问和检查优待军烈属的工作。优待工作做得好，当红军的知道了就不会开小差；否则家里有困难会开小差。

3. 发展组织。巩固内部、分清敌我界限、分清社会关系，党团的对象是最穷的优秀分子，找了对象，要分工作给他做，能很好地完成任务才算对象，可以介绍入党、入团。有革命性的中农或知识分子参加革命，懂得马列主义也可参加，宣传时说〈的〉我们

【的】工作和任务。由他自己填表,乡支部研究,再把表呈交区党委批下来之后,才成为党团员,下面的党团书记还要继续培养。

4. 生产。那时人数少,因为参加担架队、运输队、赤卫队,还有在前方当红军的。生产干部要带头,干部推动,群众自己会去做,田没作得现在好。

5. 治安戒严。路上步步有哨,经常检查来往行人,还要防空防特。治安工作,农村来往的人要检查,防止化装的反革命分子混进来。如一个卖灯芯的人,挑担灯芯中放一支手枪。战争时做好警戒工作,口令、暗音〔号〕工作做好,口令一个晚上换三个。

我民国二十三年调到石马区任中共组织部长,这时区党支书谢辉宗、宣传许启通、少共书记张伟、军事部长李金生,这时全区党员有八九十人,团员两百多人。石马区范围:龙湾、严冬、石马、前华游林、龙坊、佐坑、层山等乡。

四、九烈士

民国二十一年,石马区政府被包围,石马、藤田的靖卫团从永丰来了,区政府有九人牺牲了,军事部长管文奏,文书高月明、陈金生,区主席伊炳生,副主席伊定富,少共书记温高瑞。打伤一人,捉老妇女一人,抢去公印、文件,千支枪,洋银千多块,经济建设公债几百元,苏区票子一担(千多元)。打死靖卫团一人吴士美①,后来捉他娘杀来祭九烈士。

五、国民党反动派的迫害

民国二十三年六月,敌人在层山向石马区政府进攻,石马区政府就移到龙湾,这时敌人开始五次"围剿"。当敌人到石马时,区政府从龙湾又迁到兔山,过个把礼拜又迁到南坑排的狐狸坑;敌人追来了,就迁到中村,不久又过宁都到洋礤合并。在中村组织游击队,叫永丰游击大队,下面分连、排、班,我任连指导员,因病参加难民斗争委员会,同时又休息,属永龙县领导。从洋礤又退到

---

① 文中又写作"吴士民"。

小布，离王〔黄〕陂敌人近；又退到南汉，敌人又追来了；民国二十三年退到汉口石油村，后来又退到烂泥坑，躲到枫树屋。这时意志不坚定的看到敌人这样疯狂，有的各自逃走，当时剩下的只有两百多人。南坑白军到中村，离枫树屋只七里路，白军向枫树屋包围，捉去好多，一部从长坑、沙山岭走了，各自逃去，化名到老百姓家。因为我们没有跟他们去，所以只剩下郑连生、张福周、郑禾老、郭炳南和四个妇女，一个小孩。郑连生是这里人的外甥，所以他有一个老表在枫树屋，叫吴富生。我老婆有一个妇女①嫁在这里，叫黎满秀。富生带我们四个人到深山中竹栅中躲避，派几个妇女回去了。我们只炒了六斤米，他们每天送一餐饭来吃。妇女躲在亲戚家里，我们大家说："各人逃各人，妇女逃回家。"只有连生老婆没有回去，说"要死，二人死在一块"。妇女化装回家，刚一下山，就碰到白军。白军问："你们去那里？"妇女说："我们是红军捉到的，现在回去。"就这样借关过。我老婆张万美到龙湾被捉，解到上溪，其他几个妇女回到家；上溪住了几天，要我老婆告诉我住在那里，我老婆死都不哇，过几天到我家交给我父亲，逼了身价七十块银洋。我老婆告诉父亲，说我还在，但不敢说在那里，怕家里不好的人听见了。

我们躲在山上，有时一天下山吃一餐饭，化装为樵夫下来。有一天实在饿，傍晚时下山来，刚刚吃饭，白军来了，我们不敢动。因为化装为当地老百姓，白军不晓得我们是红军。白军围起来，屋里、山上、薯窖里，到处检查，在我身上没搜到任何证件，就不晓得，认为是当地老百姓。白军问当地老百姓，说："你们这里有土匪吗？"老百姓和我们坚决地说："没有红军。"于是白军下山去了。我们又赶快上山躲起来，不敢下山吃饭，饿了五天，只是吃了几粒炒米。

过了半月之后，我老弟郭金水和郑连生兄郑祖来，郑禾老的

---

① 原文如此。

兄郑大老听到我家说在枫树屋，但不知道路，邮电局的张甫生（因他送信，知道这地方）带路，化装来寻。晚上到枫树屋问当地老百姓，问有这么几个人在这里么？当地老百姓说没有，后来这几个人把心里话告诉他们之后，才带到山上去。一见面我们大家都哭起来了，说这里没吃，当晚湾〔弯〕小路回去，（龙云）躲在家里后面山子坑山上，这时各人逃各人，四个人分散了，连生到藤田，我躲在山子坑山上。一天家里送餐把里来吃，晚上有时回来一下，个多月之后，我就躲在自己家里的三层楼上。

民国二十四年二月被反动派捉到了，捆起来从石马街上过，合街众人说："郭炳南这个老土匪，今天也捉到了，日子也满了。"送到联保办公处，一进去那拥来了好多人，把我脚一拔〔绊〕，我倒下去，连牙齿都跌坏了。保长李林生、张继用、肖德洪三人，用三根扁担争着打，打晕了之后，把我扶起来捆在楼梯上，把梯竖起来，只有脚尖落地。这几个逼我说："你的枪在哪里？有几多钱？你们的土匪到哪里去了？"我说："没有钱，没有枪。"我死都不承认，于是这几个人说我是坚决不回头的土匪。又问我是不是党员、团员，我说不是，我说只不过参加了红军，坚决不承认是党员和暴露组织。当天又送到石马区政府，区长郑钦明，一进去，两边站着八根枪，当中坐两个人，一人区长，一个符昂（守卫队长）。问我的姓名和做什么事的，我说到当土匪；又问我的枪到哪里去了，还有其他人到哪里去了，我说不知道，只晓得我自己；不承认又打，兵用扁担打，打了之后送到班房。没有饭吃，家里一天送一碗饭来。这时郑禾老也被捉来了，同我在一起。

坐了十多天时，有一天半夜点一个马灯来，叫我和郑禾老二人起来，用绳一捆，说解我们到炮楼上去。下面有人守着，守卫队的兵拿出去打掉，特别区区长吴于成在楼下听到了，说不行。第二天天光又解到石马区政府班房里，过了十多天，感到没有办法对付我们，就把我和郑禾老放回来（民二十四年三月）。

民国二十四年四月，保长李林生叫我去担东西，刚才出村，在江下李捉到我用木棒打，两腿打烂了，爬回来，休息好了以后，七月李林生、李文昌、吴国明到我家来，问我哪里去了，我老婆说到田里去了（因为这时没办法，只有这样告诉他们）。他们三个人在田里找到我，袜子不让穿就捆起来带走。李文昌的父亲是红军杀了，他说："我父亲是你杀的，你的步枪到哪里去了？"我不承认，把我反抽捆起来挂在风车上，我还是不承认，李文昌就用枪口在我腰上打了三下，背上用枪打了一下，又解到区政府，准备在中途枪毙我。这时我老婆来了，跟到我走，要打就打死两个，结果没办法，一直解到区政府，又坐了几十天的班房。

李瞒秀（反动寡妇）说你拆了我的屋，赔了40元银洋，结果我拆了2间房子，抵了5元银洋，另外再拿35元。郑禾老也拆了两间房子赔，还拿了现洋，我还赔了一只红军公牛80元银洋。后来看到我伤重，没有用了，才放回来。回来之后，家里又没有钱，自己用炒〔草〕药在身上擦。

到民国二十四年冬，我村一个人说："炳南你要走，到外面去好。"于是我走到宁都，又是半病人又没有吃，后来遇见一个阉猪的人，我问他要不要徒弟，我跟他学徒，后来就跟着他，我说是石马人，不敢说当过红军，我就这样的度日。到1949年解放后任石马乡主席，因年老退休。

（访问与整理：贺长奎）

4. 访石马乡三江社温人三材料整理

温人三，61岁。

一、革命的起源和初期活动

民国十五年上半年，王子辉、鞠肖潭、邹辉山、何子珍、张兆平、曾绍三等人在吉安阳明中学读书，那时就已入党。因学校分两级，一级有钱的人，另一级是组织共产党。因而，下半年他们没有去读书，回来在家组织共产党部，叫龙湾村党部，书记王承栋，指导员王子辉，经济巫日和，事务长黄吉枫，温人三宣传，何湛霖组织。巫日和、黄吉枫是组织党部时才入党的。党部是【民国】十五年六月成立，组织农民暴动，到中村、小塘坑打曾富金的土豪，到上溪、横溪打雷必风的土豪，得到好多东西，分别〔给〕农民，吃得的就吃了。因为打了曾富金和雷必风的土豪，所以曾家和雷家就到永丰把靖卫团叫来了，就追，见人就杀，这些人都冲散了。捉到的就罚了几百元钱。巫日和、何湛霖就反水跟靖卫团的走了（民国十六年二月），王子辉、王承栋和温人三就走到宁都，余下的黄吉枫等人就躲在山上，【民国】十六年就冲散了。

民国十五年十一月，石马成立党部，由张兆平、王庆光、邹辉山、鞠肖潭、张伟山（又名张士英）、董周威等十几人组成的，书记兼文书张士英。

民国十五年六月成立藤田党部，由吴刚、严玉如、邱奠昆、刘文安、邱连昆、何子珍等人组成的。邱坊、藤田为一党部，牌子挂藤田，实际驻在邱坊。民国十六年二月，石马党部被打垮，藤田党部也散了，【民国】十六年，党部全部垮了。

二、游击队的建立

【民国】十六年党部垮之后，这些人从小别于【民国】十八年走到东固，有曾绍生、严玉如等，我们几个人还在宁都。【民国】十六、十七年，这里都没有革命活动。【民国】十八年刘佐新化装算命的到处收编，于【民国】十八年九月全部在东固集合。这伙人就起义，成立永丰县游击大队，大队长吴刚，指导员王子辉，共有五六十人，有七八支枪。成立之后就打游击，从东固出发，到龙冈、塘下、君埠。【民国】十九年正月住在上溪，正月十九到龙湾，成立龙湾游击大队，刘佐新为队长，温人三文书兼指导，共三十二人，没有枪，全都是鸟铳、梭镖、土炮等武器。何湛霖十六年反水，【民国】十九年二月打他的土豪，把他的房子烧了。这时，永丰游击大队由上溪到中村，龙湾游击队也住在上溪，不敢在家里，还到南坑捉土豪。（【民国】十九年八月）靖卫团来了，就扩大靖卫团，有几十条枪，结果打死靖卫团李桃芳。因游击队带几百群众去捉，所以能打胜仗。

三、苏维埃政权的建设

民国十九年四月成立农民协会，七月成立村政府，主席张会林，事务长张春生，温人三文书，土地委员夏富春，经济委员夏春生。龙湾村政府的范围：下陂、西坑、龙湾、东新坑、免山、东坑、汉宿谢等村。村政府成立之后，就打土豪分田地。分田时没划阶级，地主、富农分坏田，地主走了的不分田，贫雇农分好田，红军家属分好田，还要多分一些，优待工人。

民国十九年九月，成立石马乡苏维埃政府，龙湾村政府属石马乡政府领导。十一月来了永丰县靖卫团，所以就垮了。【民国】十九年十一月成立铲共团，团长郭天△、陈生、陈富保、范美如等。这时，村政府也垮了。

民国十九年十二月初四，三军团来到石马，石马乡和龙湾村政府又再成立。这时各村都成立农民协会，如石马、严元、横公、石老背等好多地方，上溪、中村、南坑等地成立乡。这些政权的建立是十二月初四，三军团来了之后接着就成立的。这时龙湾村政府主席还是张会林，后来古之宜，宣传委员谢富生，文书温人三。民国二十年，石马乡转为区，龙湾村成立苏维埃政府。

（访问与整理：贺长奎）

5. 访问老革命张来生同志记录

张来生，男，现年54岁，石马乡柏林村人，在大革命时间任农民协会事务长、乡代表、石马区内务部副部长、互济会副主任。

1927 年十一月，张师贤从吉安读书回来，与张济周在柏林组织秘密农民协会（张济周也是知识分子，成份地主），里面没有分工。同月到上溪、横溪打土豪雷华丰、雷华飞（两兄弟）。

1928 年，石马六区民团来了，由民团队长吴平成率军来捉张济周。张济周用了 1700 元光洋才被放出来，所以这年村里没有革命活动。

1928 年八月，毛主席的第四军来了，便组织公开的农民协会（村政府）。主席张来庆，文书姚添兴，事务长张来生，经济委员张昌进，粮食委员张九皇，土地委员郭金生。

赤卫队有 30 余人，用的都是梭镖、鸟枪。少先队长是张家良。

农民协会的地域：东门、祝坊、芦下、巷头、马打丘、早禾碑、姚坊、柏林（村政府所在地）。

1930 年二月组织乡政府，叫姚林乡。乡政府在柏林，首先于本年二月在柏林召开代表大会，每村一个代表，共代表十余人，区派代表李长焕作指导。会上决议要抗租抗债抗粮、实行分田，成立乡政府，并选出了乡主席单文财，文书姚黎兴等，各部长不另设，并组织了有 40 余人【的】乡赤卫队。

1931 年才分田，每人分 5 斗，以村为单位，抽多补少，抽肥补瘦，富农分坏田。当时划有富农、中农、贫农、土豪、劣绅、贪污、流氓、烟痞，除中、贫、富农分田外，其他阶级概不分田。自分田后，便要交土地税，按人口一个一年一元（苏维埃票子）。

1931 年十月，柏林划到龙坊乡。

龙坊乡主席龙辉生，文书张九莲，党支书周有才，少共书记张九莲。有党员 5 个，少共 14 个，赤卫队 100 余人，少先队 30 余人，儿童团 20 余人。赤卫队的工作是打土豪，少先队的工作是捉烟、赌，放哨，儿童团协助之。

1923〔1932〕年张来生调到石马区工作，区政府设在石马万寿宫。区委书记张仁子，区主席郭二全，副主席张三官，少共书记曾贵福、陈明清，军事部长于文奏，财政部长杨发金、陈凤烈，裁判部长郭英福，妇女主任杨九英，内务部长张师贤，互济会主任陈明清，经济部长李桂香，宣传部长黄金子，总务处长张家战。

1931年、1932年发行建设公债。

（访问与整理：黎踊）

6. 访问老革命邱惠金同志记录

邱惠金，男性，石马乡邱坊人，现任社主任，在大革命期间曾任村农协主席、区军事部长。

1927年正月，莲花县的张中、老李，永丰的邱会岳、邱奠昆、邱惠金（邱坊）、吴新民（田心）、严玉如（严坊）、谢奎元（谢坊）、何子珍（中村）、郭勇光（层山）等18位同志，于正月初三晚上在邱坊开会，组织永丰革命委员【会】。据说他们都是从南昌陆军学校回来，除新民外，多是知识分子。这是第一次会议，会上选举了吴新民为主席；党书记郭勇光，文书何子珍。

这次会议喊出"打倒吴佩孚，打倒蒋介石，拥护苏维埃"【的口号】，提出"五抗"：抗租、抗债、抗粮、抗捐、抗税，"七杀"：杀土豪、地主（贪污）、烟痞、恶霸、流【氓】、偷棒，并决议发展党组织，组织农协会，准备五月进行暴动。会上分了各村【的任务】，回到各村发展组织游击队，向资本主义斗争，向地主捐钱买枪买子弹，不捐就没收。

会上规定，每村组织一支20人的游击队，除地、富、坏分子外，凡作田的都可以参加农民协会。游击队的成员便要选择。各村除设农民协会外，还设革命委员会。

邱坊游击队长邱惠金，分会主席彭老万，文书邱和真。

四月便组织农协会，主席邱惠金（兼游击队长），副队长邱会才。

五月一日暴动，集合各村游击队攻打石马、新街。当时只有 1 支短枪，3 支长枪，暴动后便买了 60 支枪。当暴动时，国民党军队〈便〉来镇压，这次暴动便失败了。游击队退往东固良村。

1928 年十月，国民党军队走了，游击队又回来了，组织农民协会，主席彭老万，革命委员会便变成永丰县政府，游击队也编到江西五十二军二、四团去了，各村就没有了革命委员会和游击队。十二月便组织村政府，主席彭老万，并初步分了田，原耕归原主，没有划成分。

1929 年七月，便正式划成分分田。当时成分有地主、富农、烟痞、中农、贫农、雇农、流氓、赌棒。分的田是地主的、公众的、富农的。地主不分田，富农分坏田，每人 2 担半（【1】亩 8 分），并发了土地证。这次分田到 1930 年正月才完全成功。这年发行了公债，捐款支援前线。各乡建立了合作社，卖油盐、杂货，并动员青年参加红军，也做鞋慰劳红军。

1928 年十月，藤田区政府成立，该区有层山乡、小岭乡、田心乡、谢坊乡、石马乡、南坑乡、中村乡、北坑乡、上溪乡、严坊乡、曾坊乡、老圩乡、汤坊乡、八都、院前乡。

区委书记吴泷水	区主席郭学六	副主席黄德明
粮食部长郭保温	土地部长黑水	检查部长 [1]
宣传邱惠春	教育吴启发	组织曾国行
裁判部长严有环	军事部长邱惠金	劳动部长 [2]
少共书记黄德明	工会主任郭明旺	
反帝大同盟—— [3]	互济会主任——	

区设游击队 20 余人，15 支枪，队长陈金山，他们捉犯人。

当藤田区政府成立时，国民党便成立了民团，四区（藤田区）、

---

① 原文空白。

② 原文空白。

③ 原文如此。

六区（石马）、五区（沙溪），是在永丰成立的。于 1929 年五月打到藤田。藤田区政府便搬到上溪、中村、龙冈、宁都、乐安，晚上仍然出来活动，捉地主罚款。

（访问与整理：黎踊）

7. 访问老革命吴兆武同志记录整理

人物介绍：吴兆武，男，现年 52 岁，石马乡梅田人。在大革命时，曾任乡主席，区、县、省检查部长。记忆力丙等。

1927 年正月初三，在邱坊成立永丰县革命委员会，参加者吴启行、吴贵昌、吴兆武、邱勇光、邱连昆等。

委员会设主席：吴明宝（即吴新民），书记郭勇先。

下面设委员，每部分有三人担任，宣传委员吴光、严玉如，组织委员邱连昆，经济委员吴光、谢奎元，财政委员吴明保（文中有"吴明宝"）、×××，军事委员三人，秘书何子珍，其余的同志皆组织便衣队。

1928 年十月，梅田成立农民协会。主席董沙鸣，以后是吴贵昌。财政委员张先贵，秘书吴起行，土地委员吴丁香，妇女代表陈××，经济委员吴祥宣，劳动吴玖保。

梅田农协是包括梅田、沙滩上、车头。

棠角农民协会包括院上、棠角、三千坑，主席吴赵涓，文书吴明保。

1928 年十二月成立村政府，即梅田（棠角两个农协），主席吴贵昌。（干部照原）

1929 年四月，国民党进攻。九月又起村政府，干部照原。

1930 年七月，国民党进攻。十月起平正〔政〕乡政府，即原村政府。主席吴兆武（兼书记），文书周汉生，财政委员吴丁香，土地委员沙鸡，经济委员吴兆文，劳动吴赵华，组织吴启和，粮食吴相求，宣传委员吴来宗，内务委员刘洋宗，妇女主任陈××，少共书记吴启行（有 7【个】少共团员公开的），儿童团长吴文凤。

这年分田，扩大红军，送了 14 人去当红军，要交土地税，一斗禾种 18 斤米，累进税 8 斤。乡政府设在给坪，由藤田区管。

1931 年二月初四，平政乡政府被吴皇保带反动派来包围，乡主席吴兆武被捉，杀了九刀（未死）。

藤田包括小岭、石马、田新、老圩、温坊、杏汤、陶塘、金鸡、谢坊、南坑、层山、姚村、龙坊、中村、佐坑、龙湾。

区主席郭学光，秘书吴志仁，书记陈其信，土地部长杨圆眼，裁判部长吴兆武，财政部长吴超，军事黄老三，粮食邱溪都，劳动吴海田，拥苏大同盟主任刘家福，特派员李学来、许长才，内务部×××。

（访问与整理：黎踊）

8. 石马乡严辉社、杨发金、吴金秀、郑连生谈话资料

（一）严元村、乡政府的成立

民国十七年十月，由石马革命委员会派李九生来严元组织农民协会。当时本村有吴文善、吴新会、郑发生、杨发生等人带头组织农协，农协主席吴文善，副主席吴新会，文书杨发生，赤卫队长郑发生。吴文善没有当几天的主席，就调到石马革命委员当主席。农协组织后就暴动，进行打土豪分田地。农协组织后不久，就成立了严元村政府。

（二）石马乡的建立

民国十八年成立石马乡苏维埃政府，当时管辖佐坑、龙坊、姚林、石马、龙湾、石溪、严东等村政府。

石马乡主席吴文善—郑连生，文书王承栋，少共书记吴冬生，

妇女主任周保秀，工会主席李观音，那时还未成立石马区。

（三）严东乡苏维埃政府的成立

严东乡政府是民国十九年成立的，主席吴福寿，文书杨发生，中共书记张九保，少共书记周祥新，妇女主任吴福秀，赤卫队长郭保伍，土地委员张兴△。

（四）姚林乡苏维埃政府的成立

姚林乡是民国十九年成立的，管辖姚坊、柏林、东门、早禾陂、马达坵等村政府，主席姚天真，文书郑连生，赤卫队长郭保生。

（五）石马区政府的成立

石马区政府是民国二十年一月成立的，主席郭二泉（学柳），副主席李观音，总务处长张家圣，文书鞠圣有、罗文安，土地部长郑炳山，军事部长官文坚，经济部长梁礼保，工农检查部长梁亭玉，劳动部长梁老真，文化部长郭××，裁判部长郭兴富，财政部长陈洪烈，粮食部长张定冈，内务部长张思贤。区工会主任张九保，互济会主任李官〔观〕音，区妇女主任夏庆英，区特派员陈达义。

党区委：书记宁志洲（〈以〉后发现是 AB 团分子）——张仁子，组织部长许文正，宣传部长张××，文书黄祖洪。

（六）石马事件

民国二十一年十一月间（十月革命），石马区政府文书林老三（流氓，叛徒）知道区政府有四支枪，而只有一支在家，其他三支拿下乡去了，他便到陶塘中石陂叫吴保安靖卫团，来包围区政府，来了二十多条枪。

来的时候是晚上，林老三带靖卫团往区政府的后门进去，其他的同志都睡了觉。靖卫团一进来便打死了我们九位同志，其中有区主席伊炳山、工会主任伊定富、区少共书记温家瑞、互济会主任陈金山、文书刘月梅、区委组织部长何大芳、前方来的战士李××、区通讯员（　）、官××①（沙溪人）等九人。当时中共区委书记钟贵

---

① 原文如此。

南同志扒〔爬〕窗跑掉了。当晚打死我们九位同志之后，林老三就反水了，跟着国民党靖卫团逃到中石陂去了。

当时我们也打死了靖卫团一个人，叫吴司命。事情发生以后，我们也杀了他们两个人，〈名叫〉陈老沙的母亲（石背【人】）、吴佑先（石背人）。

（访问与整理：袁隆洋）

9. 石马商店张金生同志谈话材料

张金生，苏区革命时曾任过乡少共书记、区少共宣传委员〈会〉、区少共书记等职。

（一）革命起源问题

1927年六月间，由何占邦、何占林、王承中、王子辉等人在龙湾组织农民协会，开始暴动。那时搞好比较简单，中午召开了一次会议，吃了一餐饭，晚上就开始打土豪。当时到打张道炳的土豪。这次起义没有几天就垮了，垮的原因是没有党的领导，只是一些知识分子在那里搞了一下，没有武装，遭到了反动派的迫害。

（二）政权建设问题

1930年前是藤石区，只是挂了名，没有做实际工作。1930年藤石区分开，建立了石马区。1932年石马区又分出上溪区。

石马区当时管辖佐坑、严东、钟秀、邱坊、龙坊、石马等乡，区主席郭二泉，中共书记张仁子，妇联主任邱文香，区工会主任张九保。

上溪区管辖龙湾、大坪、礼坊、下村、马溪、下溪等乡，区主席杨贵生，中共书记罗先仁，少共书记张金生，区妇女主任俞丁香，儿童团长管辉南。

佐坑乡开始时叫南坪乡，1930年被民团打散一次，打死了三个人。1931年二月迁到佐坑，叫佐坑乡了。乡主席张定仁，中共书记郑连生，中〔少〕共书记张金生。

（记录：袁隆洋）

10. 石马乡龙湾社俞呈生谈话材料

俞呈生，男，现年50岁，苏区革命时曾任龙湾乡赤卫队排长、永丰独立营排长等职。

（一）永丰县独立营的建立

民国二十三年永丰模范团在鹿冈编成永丰独立营，共有324人，成立后在七都、江口、鹿冈、水东等地打游击战争，打土豪劣绅，建立苏维埃政权等工作。

永丰独立营3个连。9个排，27个班，营长袁××（沙溪人），第一连连长王有章，指导员肖时芬。

（二）永丰独立团的建立

民国二十三年由永丰、沙溪、乐安三个独立营合并为永丰独立团。合并后就去吉水乌江打保安师，并活捉了其刘师长。

（三）石马区游击队的建立

民国二十年成立石马赤卫队，共有100多人，队长是郭××（层山人），成立不久就解散了。

（四）石马区警卫队的建立

民国二十年由各乡调来赤卫队的60多人，组织石马区警卫队，共有五十多条枪。成立后就在石马范围内同民团打仗，到各地捉土豪劣绅，维持地方治安。

（五）高虎脑战斗问题

石马高虎脑战斗是发生在民国二十年四月初七。

当时国民党的军队驻在中村、李坪年、虎润坑一带，红军是

一、三军团（彭德怀的部队）从沙溪开到石马来，驻在石马、龙坊、层山、早禾陂、柏林、东湖、严元、龙湾、上溪等地。

直接参加作战的是红军第八师（三军团），他们驻在龙湾一带。战争的时间是从四月七日中午开始，一直打到九日早上才结束。

敌人当时是想消灭石马地区的红军一、三军团，他们分了三路进攻，一路是中村—高家地—大坑—严元进攻石马，一路是从中村—里坪元—虎润坑—高虎脑—忙中坑进攻石马，一路是从中村—上溪—横溪—则安排—店前进攻石马。

红军也分三方面进军打击敌人：正面军是红军第八师，从石马—龙湾直打高虎脑；一面从石马—南坑包围中村；一面从石马—龙坊—上溪包围中村。

红军第八师是打正面的，分了三路打击驻在高虎脑等地的敌军，一路从石马—傍田—严元进攻高虎脑，一路从店前—中坑—塔白岭进攻高虎脑。

敌人先发动攻势，红军〈直〉正面反击。当三路进军到立渡空时，就与敌军相碰接火。

战争最激烈是在高虎脑，敌人在高虎脑失败后，从中村、上溪、宁都等地撤退，当时我们消灭了他 3/4 的兵力。

战斗最激烈是四月八日，当时彭德怀同志亲临前线指挥战斗，因而保证了战争的速战速决。据说彭德怀同志在火线上，亲自开枪打击敌人，其中一枪打死了两个敌人。

我那时是在第八师带路〈路〉，我带的那一路是从石马——傍田——严元进攻高虎脑这一路。

（记录：袁隆洋）

11. 石马乡东湖社张子良谈话材料

张子良，住石马东湖社，任社主任，苏区革命时曾任石马区工会青工部长、永丰县工会手工业工会主任、永丰县工会主席等职。

（一）东岭村村政府的成立

民国十九年十一月成立东岭村村政府，主席邹兴才，秘书陈汝祥——张兆辉（以后反水了），土地委员张发兴，粮食委员张栋祖，肃反委员张远发。

（二）石马区情况

三次战争后，石马区政府主席张会林，副主席梁老真，劳动部长姚子真，内务部长张思贤，军事部长曾金生。

中共区委书记钟贵南——肖佐金——张仁子，组织部长何大芳，妇女部长邱文香——吴冬秀。

（三）瑞金第一次国家【企业工会第一次代表大会】

1933 年六月在瑞金召开了国家企业工会第一次代表大会，每县派二个代表去开会，共有 100 多人开会，会期一共开了三天。在会上除全国总工会主席作了报告之外，朱德同志也到会上讲话，[①]永丰县当时去的代表是张子良，还有一个姓陈的是做长工的。

（整理：袁隆洋）

----

① 1934 年 7 月 1 日至 4 日，苏维埃国家企业工人第一次代表大会在瑞金召开，到会代表 160 余人。会议由刘少奇主持并作政治报告，博古、李德等到会致辞。见《中央革命根据地词典》，档案出版社 1993 年版，第 578 页。

（十三）中村乡调访资料

1. 访符光有材料整理

符光有，男，56 岁，中村天坑人，党员，记忆力中上。代表，区劳动部部员，北坑区副特派员。

一、中村、胡〔夫〕坑的革命

早在 1925 年、【19】26 年时，记上人何永春便在中村起了农民协会。何永春是读书人，租米收不太到，只收到些学米（地产地主）。他说是从临川接的头，到冠山（宁都）大搞，组织了队伍，带兵到东村，成立农民协会。当时叫什么国民党、革命军、右派、左派，左派是何永春和何坤冬（中村百日记人，知识分子）、陈长著（同上）、曾道生（同上），右派是记上人何永标、何永访，两人都与何永春是堂兄弟。何永标是中村头号资本家，何永访是二号资本家。左派走冠山，右派走永丰，右派带兵来打冠山，将冠山包围在屋上，打死曾道生、何坤冬。何永春带兵逃出来了，直到 1932 年才不知去向。他的儿子何发学又带兵，何发学被 AB 团杀掉了。

1926 年我们只晓得什么国民党、革命军、左派、右派。1927 年、【19】28 年才清楚了，原来左派就是红军，右派就是国民党。

1930 年八月，天〔夫〕坑胡真山、曾老门去大金竹接张英、张士贤（石马人）来。他们带了三个人来，我们杀猪买酒，办了二三十桌，爆竹都打了几块钱，张英和张士贤演了讲，接着成立夫坑农民协会。此时，中村各地也都一个接一个成立农协。

革命的最初，先给良户人出来做事。他们有势【力】，叫〔叫〕得人动；有钱，而开初的杀猪办酒等都是要钱的。因此如果一动手时不拖他们出来，就不好开场。当时只提出废债，上了一两万家财的地主才向他借些款，这些地主欢欢喜喜。过了两三个月，调掉这些人，我们穷人出来当权，就来抓他们，罚他们的款子。如夫溪农协文书何危元，罚了3000元，鱼口塘人夫溪农协主席罚了四五百元。罚得之款，押到乐安去。到了第二年，战争紧张，他们看我们好像撑不住了，就都逃走了。

二、1932年中村之战

1932年四月，第三次战争的时候，在中村一带红军同白军打了一个大仗。

我军从两路来，一路从下富田来，有两个师，朱德带领；一路从瑞金来，一师人，由彭德怀带领。敌人的军队是孙连仲的一师人，从抚州经乐安引水、大金竹、金竹过中村去宁都，彭德怀的兵由瑞金经宁都洛口，〈到〉到达南韩与白军打碰。孙连仲赶快后退，想从石马退走，哪知朱德已带两师人从沙溪小路包围上来，战争就在高虎脑打起，从中午开始，直打到第二天天光，战线移到夫坑（中村乡）后又移到大金竹，我红军直追下去。我们打了大胜仗，敌人不知死了多少，死尸堆满了山上，几多马倒在地上，老百姓捡来吃，地上武器到处都是，夫坑就拾到几十支，但都没有机柄，国民党兵真坏死了。乐安永丰县的游击队各得一挺"大机关"，百多斤重，打30粒子，用马驮。敌人被红军冲烂了，这里藏一个，那里藏一个，东奔西跑，妇女都缴到枪，隔不【到】十天半月，藏在山上的白军就左一个右一个下山来偷饭吃，偷不到就讨饭吃，都被我们捉住。敌人对他们自己"战果"评述说："只见一连一连派人上去打，上去又没有下来，上去又没有下来。"

三、北坑区苏第一次被围

1932年七月十二日晚，北村区政府第一次被敌人包围。这天晚上十时以后的深夜，吴保芳穿着羊毛衣，颈上系一个铜铃，做狗爬，通过两重哨，并用马刀杀死两个哨兵，然后带领靖卫团包围区苏扎的大祠堂。本来敌人是不得进去的，大祠堂有两重大门，重重都有碗口粗的木杠，但不知道区政府的事务长吴光进（油坊人）是反革命分子，敌人在他住的寝室外墙上拍几下墙，吴光进就起来偷偷地开门，放靖卫团进来。靖卫团来到里面，里面的人还不晓得，敌人一踢开房门就几排乱枪打去，四周的敌人就喊打喊杀，也不知道有多少敌人。区委是扎在另一祠堂，内部没有奸细，所以敌人不能进去。当一听到枪声，区委的同志都迅速起来，用区委仅有的几条枪，以及县政府参加的同志（县主席李干香也在）的枪，对区政府大祠堂窗口、门上砰砰乱打枪，也叮〔大〕喊大叫，敌人慌了，才赶快退出。由于敌人退走得快，上楼也来不及，故楼上的同志没有受害，就是因没有睡熟而躲到床下的同志也没有受害。此次，区干部牺牲 7 名，红军士兵 3 名，修养兵 27 名。财政部损失最大，6 个干部就牺【牲】4 个，银政部的银子被拿光了，有整整一箩，纸票几百元也拿了，这些纸票他们用来去乡下买东西。而牺牲的同志，记得的有下列几名：

蔡义金，区财政部长，南坑乡铁龙人；

邱足风，区财政部会计，中村茶坪人；

李××，区财政副部长，南坑人；

符和尚，士兵，中村夫坑人；

李黑孤，士兵，南坑猪屈人。

四、北坑区委、区苏第二次被围

1933 年十月四日，战争打得狠，北坑区政府移到夏君庙，又一次受险，被国民党包围。

早一天，代表就来报告，说靖卫团躲在山上，会来进攻区委、区苏，于是各部门都准备好了，有 100 多支枪，一夜直等到天亮，敌人总不来。到了早晨 7 点钟的时候，突然来了四个穿军装戴红袖的士兵，自称是西方军二十三团×营×连，通过三重哨，行到区政府门口时就停在乐安的路口上休息。不久，又来了7个同样的士兵，回答口令也与前同，通过二重哨后，行到第三重哨（区苏门口的哨）时，哨兵问口令，他们一边回答，一边就呼呼两枪把哨兵打死。登时我们就抵火，但是忽然发现四周山上都是敌人，迫击炮、机关枪嗖嗖地往下打，我们登山是不可能的了，且又是土哨〔硝〕造的子弹（自己兵工厂造的），打二枪又不会响。亏得是保卫局有一个中队30多人，扎在张家岭，他们占领了一只岭，又都是洋哨〔硝〕造的子弹，两排枪就打死10多个敌人。区政府的人就拼命冲口子，口子已被假装西方军的15个靖卫团堵住，我们打死了他们七八个人，才把路口冲开，走到中村来。

包围我们的敌人有一两万，有国民党正规部队第三十师和靖卫团，还有各村逃走的土豪富农，即所谓"难民"。这下一个口子没有办法围，才用诡计派十五人装扮西方军混进来堵塞路口。

区政府什么东西都被洗〔抢〕掉了，什么衣服、被子，连席子都被拿的一光二净。

敌人追走以后，我们回来也不客气，捉到抢了东西的和收拾东西准备走的，就杀。南北坑的地主富农特别多，有二十几个地主，十几个富农，还有不少当靖卫团的，坏极了！我们的乡政府那时经常被他们围掉。

五、特派员的工作

（一）保卫局有密察队（做特务）、侦察队等好多种组织。在各区便设特派员，北坑区有正、副两个特派员，两人共一根枪。保卫局召集特派员开会时，县主席要进来都要经过允许。

（二）特派员到各乡去串联积极可靠的分子，同他们交待任务，监视和侦察敌人活动。这种积极分子每乡最少要有一个，这个乡忠实可靠的多就找两三个也行，这样便在全区范围内组成了一个"工作网"，习惯上把这些积极分子也叫做"工作网"。"工作网"是秘密的，自己什么话也可以讲，看什么人，讲什么话，如："工作网"说红军如何如何好，对方连称是这样，并抢着说下去，这就说明这个人没有问题；若对方说"嗯，好……"，便知道他对红军不满，于是便同他扯天，反过来又同他讲红军如何不好，如何不好，引这个人说出心里话来，便向特派员报告。报告有时用信写，但名字写假的，真名字分开来写，如"符"字，分成竹和付两个字写。

一次，"工作网"告诉说 × 良户准备走藤田白区去。特派员报告县保卫局，县保卫局派密察队巫金仰同志装扮成开小差的红军，去勾引这个良户，对良户人说："当红军，苦得老子要命……"良户人说："是蛮苦的，我也想出去，就是没有条子。"巫金仰说："我有条子，就是没有铜钱"。良户【人】说："我有铜钱。"两人便说好，还杀了鸡给巫金仰吃。第二天起早吃过早饭，良户人带全家人一下跟巫金仰走，在路上被我们抓住，一家七口都被我们杀掉了。

（三）特派员常常要向县保卫局汇报，不管是好的还是坏的。保卫局将案件转给裁判部批下后，要特派员想法把这个人捉住押去。罪重的，批准死刑，但是又找这个罪徒不到，特派员便要通过"工作网"再想各种办法，探听出可靠下落，带是〔县〕保卫局去捉。区上无权杀人，但在捉反革命及坏分子中，捉不住就用枪打死，先斩后奏也可以。

（四）地主富农，分反动的和所谓"忠诚的"二种，前一种客气〔反动〕是捉和杀，对于后一种，在平时则是教育他们，交群众管制。造谣的人平时也是这种处理。到了局势〈摇〉动【荡】，便把他们集中，如果敌人来了，我们要走，就统统杀掉这些人，这时哪里还有什么人来押他们，而且搞得不好走了一个就增加了一个敌人。如果局势〈摇〉动【荡】之后转平静，就又放了他们。

（五）县保卫局驻在上溪时，特派员去上溪开会，得在半夜才能走，两个人用棍子探，像瞎子一样，一次我还掉到港〔江〕里去。走的脚步要轻，一听到上面"扑扑"声，就赶快溜走。

（六）特派员还发动广大群众来检举和监督。要捉某个人，就绘出某个人的像来，说明这个人长得怎样怎样，群众晓得这个人的下落就来检举。

六、其他

（一）有了代表后不久，村政府就并为乡。代表分"散代表"与"总代表"，散代表管小组，一个村有几个散代表，这几个散代表又归总代表管，总代表到乡开会，回来就向散代表谈。

（二）北坑区是由石马区分出来的，包括下列乡：下土来、南坑、韩溪、连塘、中村、龙高、湖溪、义溪、龙头、山星、梅山、记上。后来，龙高乡又分出夫溪乡。

（三）苏区经常有运动周，专门突击搞生产，如插禾运动周、割禾运动周……

（四）1934年八月，中村乡百日记山上扎了兵工厂，有几百人，用土硝造子弹。扎了三个月，因国民党的进攻而散走了。

（五）宁济安，是石马区主席，散〔杀〕了千多人。他是真AB团，1930年被我们在石马下背枪毙了。

（访问与整理：詹义康）

2. 访符兴年材料整理

符兴年，男，42岁，党员。住永丰县中村乡夫溪社夫坑村。苏区时任乡主席，乡工会干部。

（一）夫坑革命简况

1929年二月，夫坑村的符金生、符年（现住乐安招谕）和符丁生等9人，先到大根竹与张英处接好关系。同年二月乐安的张英、廖为成带兵到夫坑来帮助成立农民协会，最初的村主席符炳南，秘书符发年，这两个人都是大地主。等村里各种组织都成立好了以后，张英又带兵来撤了他二人的职，每人罚银洋三千元，以后本地的农民协会又罚了二百元，因此吓得他们跑到宁都去了。

赶跑了符炳南、符发年，又整顿好农协，选好干部：主席毛赛进，文书符田宗。

（二）乡村工会的组织

当时凡是在农村的手工业者都要加入工会，入会时不要什么手续，只要每月交 1 个铜板。

没有入会的不能做工，工会会员如果到别乡去工作，要乡政府写条子才能去。赚来工资归私人。

（访问与整理：王继维）

3. 访刘金文材料整理

刘金文，男，47 岁，党员，记忆力较好。中村乡龙头社，苏区任中村乡乡长。

（一）龙头暴动

1928 年前的何子珍，义溪的曾绍三，高家地的温文沄在藤田组织秘密农民协会。

1927 年冬天，朱维章、金牙齿、吴江、严玉如等带兵（严玉如带的兵多，都有枪），从乐安大根竹到龙头来。到了龙头后，召开过群众大会，由本村的刘恩远、李福生、匡阳茂主持，接着成立农协。1928 年栽早禾时成立村苏维埃，主席刘恩远，秘书李仕育，土委温万和。村政府成立后就分田。

（二）党组织情况

在 1928 年冬天就有党的秘密活动，到 1929 年至 1930 年，党的组织才公开。

组织系：区设有中共区委，乡设有中共乡支部，村设有党小组。

成立区委组织系后，就大力发展党员，还会挂起招牌来发展，特别是在"五一""七一""十月革命"等时间发展得更多。

当时发展新党员，只找个介绍人，填一个表，就算是党员，既没有发党证，也不〈收〉交党费。一个党员只要晓得内面暗语就行。

在一个地方碰到人，只要你问他是内部人还是外部人，如果他是共产党员，他就会回答C.C.P.，如果是共青团员，他就会说是C.C.Y.。通过回答，就晓得是自家或不是。

（三）北坑事变

是在1931年的六七月（吃新花生的时候）间发生的。

区委书记钟自风，组织委员符金山（夫坑人），少共书记曾道文（龙冈），少共宣委刘金文（龙头人），组织委员段达文（龙冈），妇女主任张同英。

区政府驻在大祠堂里，区委会驻在小祠堂里，区政府当时有百多人在家。

主席孔才珍，军事委员陈来生，秘书和一个特务班。区委当晚在开会，将近十一点才结束。当时，钟自风有病，开完会后，区委几个干部在煮花生吃。我先睡，到半夜睡梦中听到枪声响，慌忙起床，走到厅下，碰到一个持枪的特务班战士，忙问他："发生了什么事？"他抖抖的回答："〈被〉国民党包围了区政府。"走进书记钟自风房内，他也吓得发抖，没有主张。以后我从桌子上拿两条手枪，从后面楼上跑到屋上，伏在屋垛下。与我躲在一起的有钟自风，两个特务班战士。

在大祠堂里，楼上驻有区政府，楼下驻特务班，伙伕。敌人摸进来时，哨兵没发现，因此被打死了两个区干部，一个特务班长，四个特务班战士，拿走了七条长枪。战争几个分钟以后就结束了。记得姓名的是蔡义全（财政部长，铁龙人）、何甲仔（特务班长，中村人），尸体全被家属抬回原籍。

区政府的大部分干部，一听到枪响，就从楼上旁边屋内跑到后面山上，并带出几根枪。上了山后，和国民党接了火，民团才退却。但又从后面山上绕到下埭乡，打开下△乡，杀了一个少共书记，在下△乡杀了两个代表（是夫妇二人）。

事变发生以后，区委对此事组织全体干部开了两天会，进行讨论研究，县政府派了两个干部来协助。

附：这次包围北坑区的民团，根据各方面的材料判断，是吴保方、符礼宗的。

（访问与整理：王继维）

4. 访陈志德材料整理

陈志德，男，54岁，记忆中上，营副指导员。曾任游击队战士，中村乡副主席，杏严乡团支书，石马区裁判部长，模范营连长。

（一）黎溪革命

民国十八年八九月，张英、廖维城、张来绥枪杀乐安靖卫团头子李德贵，反水投红军〈后〉。即后，廖维城组成乐安游击队①，张英自任游击队大队长，廖维城为政治委员，张来绥为总务。

乐安游击队是由李德贵领导的靖卫团改编的，当时有〈枪〉80多【支】枪，100多人。游击队成立以后，经常到永、乐边界上来进行活动。与此同时，成立游击队的尚有永丰、南丰、宁都，永丰游击队队长吴光，政治委员严如玉；南丰游击队队长徐友生，政治委员×××。

陈道蕃的舅母是住在乐安柴木垅，她的女儿嫁给廖维城，而陈

---

① 指乐安游击大队。1929年10月，张英、廖丕文等策划乐安靖卫团起义成功后，从宁都回乐安组织地方武装。12月23日在乐安县大金竹"天机坛"组建了乐安游击大队。张英任大队长，曾友颜任政治指导员，有战士60余人，步枪10余支，短枪1支。游击大队活动于招携、刘坑、金竹一带，击溃了湖坪、善和等地"守望队"。见《中央革命根据地词典》，档案出版社1993年版，第254页。

道蕃与廖维城又是同学。在【民国】十八年冬天，陈道蕃于是写了两封信，派陈志德送到柴木坳去。信送到陈道蕃舅杨志罗手上，他对我说，新年正月间，这里游击队准备到永丰来进行活动，并告诉陈志德，张英、廖维城的兵在那个时期会到柴木坳来，那时候你来这里接。

在未接张英以前，曾绍先、陈道蕃、陈志德等人进行秘密研究。曾绍先说："现在乐安到处搞起了革命，搞起了红军，我们也要搞起来，要派人去乐安接红军来。"并决定由陈志德送信去接张英。

【民国】十九年二月，由陈志德接来了张英，到百义溪来时，打爆竹欢迎，并杀了一只猪来招待。张英等带了游击队 30 多人，枪 10 多支。挂手枪的有张英、廖组城、廖保祥、张来绥。

到百义溪后，召开了一个群众大会，廖维城大会上讲了话，他说："我们要五抗七杀（抗租、抗债、抗粮、抗税、抗捐，杀土豪、杀劣绅、杀反动派【等】)。"群众开完会后，就成立了农协。义溪成立农协后，长坑、夫坑、龙头、记上、铁头，在二三月先后成立了农协，中村也在这时期成立了农协。

【民国】十八年冬天，高家地温文沄、义溪曾洒〔绍〕先到乐安大金竹与张英等接到关系。曾绍先一到乐安大金竹以后，就挂上了短枪。陈志德去乐安接张英，是在十九年正月十九日。

石马先成立石马革命委员会办事处，秘书是王梓辉，王成栋、王世荣、刘××也在委员会。【民国】二十年六七月，成立石马区，是从藤田区分出来的。石马区成立以前，在石马街关帝庙内开了三夜会，由宁志洲主持。

【民国】二十一年二三月，又从石马区分出北坑后，石马区所属乡上溪、中村、南坑、石马、层山，以后中村、南坑、金溪划归北坑区。

【民国】十九年五六月，中村乡政府成立，主席陈国珍（浆溪人），财政陈道蕃（浆溪人），秘书温文沄（高家地）、张士贤，土地蔡仁风（铁龙人）、刘贤可，交通陈志德。

成立政府后就开始分田。

（二）鱼溪事件

【民国】十九年十月，第一次战争时，在铁龙的城上打了一个大仗。中村的特务队参加了这次战争，是由队长何永绥带领，我当时是政治委【员】，也去了。

开初只有 11 条土枪，以后靖卫团听得尽土枪响，又反身追来。我们由牛角湾退〈至〉到草鞋沟，再追到沙公坑，中途碰到敌机侦察，人被冲散。以后，由张士贤带去躲在野猪坑，一躲就躲了十几天。在野猪坑时，烟〔盐〕米【供应】很困难，到【第】14 天，和温文沄从高家池转回来，绕到在坪年山上，躲在山上听动静。以后到红军从东坑打过来，才放大胆子跑回中村乡政府去，这一次指挥作战的是彭德怀将军，红军是三、五、八军团。

在白军侵占的 15 天内，靖卫团长符九宗带领靖卫团在鱼溪、鱼溪等地组织守望队，队部设在鱼溪。

守望队是反动组织，专门扑〔捕〕杀共产党员，凡是参加过革命【的】同志的家里都被杀光。同时大批扑〔捕〕杀革命同志，被守望队杀害的同志有：黄车美、彭条林、陈林生、符林福、毛柴达、刘恩衍、李从家。

在鱼溪、夫溪的有钱有势【的人】，在此时都附依守望队，今天戴红袖，明天拿下红袖，反而扑〔捕〕杀革命同志。

这个突然事变，直到彭德怀将军领红军打退了白匪才平息。

（三）裁判工作

裁判部的工作主要是审讯地主、富农、坏人、反动分子的，凡捉到的地、富、反、坏分子都要到裁判部，先关后审。

在审问时，必须先问他住处、职业，所犯的罪状。如果捉到了反革命分子，不认识时就用刑，直到他招供才算。

当时区、乡、村都可以批准杀犯人，杀了后再呈报县政府保卫局。

裁判部有一个部长，一个政治委员，还有 10 ~ 20 个兵。

（整理：王继维）

5. 访谢永水材料整理

谢永水，男，56 岁，记忆力一般，社员。永丰县中村乡严溪社葫芦斜村人，曾任中村乡政府主席，中村苏维埃支部书记。

（一）中村乡的分田情况

这里的第一次分田是在没有成立农民协会以前，但工作做得粗糙，因此分了几次。

第一次分田（1930 年八月），是以一个村为单位来分，先进【行】一次清查田土、茶山、人口，再按人平均分。分的方法是好坏搭配，多抽少补。

开好群众【会，】评比田的好坏。这次地主冒分，富农分差田。每人分到二亩左右，田分好后插标。

第二次分田（1931 年一月），以一个村政府分成几个片来分配，把一片一片的田打拢来，根据好坏田进行搭配。【各】种公家田、祠堂公田全部没收，分给农民。

主持分田的：符锦汗、张起亮、谢永水。

第三次分田（1931 年三月），以一个乡为单位进行。村与村，田多与田少的地方进行互相调剂。先把全乡田【拿】出来，按照实有人口，互相调剂进行分配。

负责分配的：符锦汗、符祚占、张启亮、谢永水。

田分好，再插标。

第一次分田后，群众反映说：这样分法好坏不匀，多少不等，田多的地方饱死，田少的地方饿死，要分过。

第二次分田后，乡里组织八个人进行调查，发现有瞒田、分不匀现象。检查出来的瞒田、众家田，全部拿出来分。

（二）中村乡政府组织简况

中村乡政府是在 1930 年十一月【成立】。包括中村、王毛岭、李坪年、苦竹坑、杨梅坑、严溪、上坊、葫芦斜。

1930 年十月成立中村村苏维埃政府。

村主席张贵香（中村人），秘书符进财（老屋下），土委谢永水（葫芦斜），妇女【主任】温桂玉。

1931 年三月，永丰、乐安的赤卫军将近万人，集中在大根竹，准备去攻打藤田，由金牙齿指挥。以后被百多靖卫团追散了，没有打成。

1932 年冬，永丰县委在石马办政治训练班。

队长胡××（永丰人），政治委员曾××（湖田人）。

6. 访陈老尧材料整理

陈老尧，男，53 岁，社员，记忆力一般。永丰县中村乡黎溪社百义溪村人，曾任藤田革命委员会土地部长，北坑区总务处长。

（一）朝溪革命时期黎溪的影响

【民国】十八年八月十二日，由张英、廖罗生、廖保祥等人领导的朝溪革命暴动成功。

朝溪革命成功后，张英领导的乐安游击队，经常到永【丰】乐【安】交界地进行革命活动。由于乐安游击队的活动，影响到黎溪群众，【他们】积极做好革命准备。

【民国】十九年二月四日，黎溪派陈志德到大根竹去请乐安游击队，帮助搞革命。张英到黎溪后就成立起黎溪农民协会，主席洪昌文，指导员雷继春，赤卫队长陈志文。

成立农协时，由彭群茂、陈志德、陈志尧负责，曾绍三当时还在吉安读书。

张英等来时，带了百多人，八十条枪。

黎溪未成立农协前，张英领导的乐安游击队经常到永乐边界上来活动，黎溪成立农协会【后】就没有来。

黎溪成立农协后，中村才成立办事处，委员长蔡仁风，秘书温文沄。

中村乡政府在【民国】十九年七月成立，主席陈志尧，秘书温文沄，自卫委员饶文保、蔡仁风。

【民国】十九年六月，曾绍三毕业回家，分在南丰乐中路办事处工作。八月间他回家一次，住了二十多天。在家时经常召开群众会，大力鼓动群众去打土豪分田地。

同时成立农民协会的有龙来、中村、夫坑、长坑。

1934年十月，江西省苏维埃迁到黎溪苎圳，省立工厂也迁到梨树村，曾山主席也到此住过。①

（二）乐安游击队

李德贵原是乐安国民党游击队队长，张英、廖维城、廖保祥也在这个队，〈以后受在张来绥的串通下，在〉【民国】十八年八月到河内洗澡时，张英等用枪打死李德贵。打死李德贵后，就把队伍带到朝溪，改编成乐安游击队，一面领导群众进行革命暴动。

（三）永丰游击队

【永丰游击队】是在1930年二三月成立的，由吴光、吴鲁观、曾国行、徐友生等同志领导。开始时四五十人，土枪多洋枪少，以后打符昂，缴到部分枪，东固段月泉处拨来20多支枪，以后逐步扩大。

徐友生当队长，吴鲁观任政治委员。

---

① 江西苏维埃政府于1933年2月至1934年10月驻宁都县七里村。红军主力长征后，省苏机关与省委、军区机关一起撤至宁都北部小布山区，开展游击战争。见《中央革命根据地词典》，档案出版社1993年版，第176页。

第一次战争后，参军的人多，队伍扩大了，于是组织工人师、模范团、营。当时，乡有赤卫队，区有特务队，特务队一般由 20 至 40 人组成，土枪多。

（四）铲共团

【铲共团】是一个最反动的特务组织。到苏区后，就乱烧禾，家里一人革命，全家被杀。如陈志尧参加了革命，捉不到他就把他哥哥杀了。

见人就杀死，【是】铲共团最毒的手段。当时被铲共团杀死的革命同志有陈上财、彭群茂等人。

7. 访陈国珍材料整理

陈国珍，男，63 岁，社员，记忆力一般。中村乡黎溪村社人。曾任中村乡主席（叛徒）。

（一）黎溪革命的起源和发展

十五年曾绍先在吉安读书时秘密加入了党，【民国】十六年回来后，在村暗中组织共产党部。何子贞〔珍〕也是暗中组织的一个。

【民国】十六年五六月，曾绍先、何子珍和陈道蕃、陈国和，在黎溪秘密组织党部，但以后到藤田时失败了，曾绍先在家里躲了两年。

【民国】十八年冬，毛主席领红军经乐安到永丰，到石马时，毛主席写信给曾绍先，和他跟部队下永丰去。曾绍先接信后，和陈道蕃、陈国和研究。他二人【想】和他去，但曾绍先没有去，仍留在地方上搞革命暴动。

大根竹在【民国】十八年冬革命后，工作做得很好。因此在【民国】十九年二月，接信后，就带兵到黎溪来。到义溪时，用鞭炮欢迎，并杀猪，集中吃饭，接着就组织"义溪农民协会"。在黎溪住了一夜，向洪大万、洪大富、洪大宗三人借了 600 元（每人200）银洋作军用费。第二天到中村，曾绍先也跟去，在中村住了三天才回去。

义溪农协成立后，洪昌白当主席，陈志庆、张仁才、陈国珍、陈志尧为委员。同年五月改成村政府，并挂了招牌子，第一次写"义溪村政府"，第二次写"义溪村苏维埃政府"。

黎溪革命成功后，发展的方向如下：义溪—发头—中村—高家地。

民国二十一年从石马区分出北坑区，二十二年分中村区，中村区包括：义溪、发头、中村、长坑、龙高、夫溪、山神、铁龙，共八个乡。

各乡所在地：义溪—义溪，龙头—圳背，夫坑—水南塅，中村—中村街，山神—记上。

（二）战争简况

江西省苏维埃在【民国】二十四年六月迁来黎溪树〔村〕〈树〉，[①] 省兵工厂也在同时迁来。兵工厂有工人三百多，制造枪、子弹、炸弹。

第一次战争在龙冈活捉张辉瓒。

第二次战争在宁都水南活捉谭道源。

【民国】二十年四月，红军从沙溪、龙冈过来，白军从永丰上来，在石马相遇。红军动〔主力〕向白军追击，从石马追上，在高虎脑打了一个大仗，白军败退中村，从洪家门过，到王里排败退宁都，红军一直追到宁都，捉到了谭道源。

---

① 1935 年 1 月，江西省苏机关与省委、军区机关停止活动。见《中央革命根据地词典》，档案出版社 1993 年版，第 176 页。

8. 访邱启珍材料整理

邱启珍，男，59岁，中村乡记上人，纸工，记忆中。曾为赤卫军，西方军战士，组长，担架队班长。

（一）民国十八年（1929年）六、七月间，大金竹严如玉、张英、廖维城带几百枪到中村，在中村开群众大会，成立农民协会，毛金财任主席。

（二）肃反。1931年十月，在下背（石马区龙弯〔湾〕）开会杀宁济安。宁济安是真AB团，杀了400多个革命同志，捉了1000多人。一次，通知干部去开会，他说："石马的箩绳，有多少买多少！"边开会边捆人。中央派了10个干部下来，他也说是AB团，捆起来。这才发现宁济安是真AB团，捉起他本【人】。他招认国民党每月发30元薪水给他，并交了"保险费"，靖卫团捉到他，会保护他的生命。

同年11月在沙溪开"审查委员大会"，各乡派一个代表参加，坐了200多桌，审查永丰县肃反委员、AB团分子温官清。三四天后把他杀了。

9. 座谈会记录整理

黎海为，65岁，乡代表、工会干部，记忆中，现为社员；何清长，69岁，乡秘书、区收发员，记忆中下；钟福春，73岁，乡秘书，记忆中下，现为社员；何寿恩，50岁，乡主席、马区国民经济部部员，记忆中下，社员。

一、记上革命

庚午年（1930年）二月初，温文泽、陈长△、何子珍（都是知识分子）同大金竹接头，成立农民协会。第二年，吴刚、严玉如、金牙齿带了几百人从君埠经上溪到记上来，才起山星村政府，包括有记上、上下桃源等地，归中村乡管。后来由梅溪村和山星村合并为梅山乡，乡苏驻记上。

初起来时，都是知识分子掌握。他们出身有钱，打土豪打到中贫农头上来了，以后打他们自己，他们就逃走了。这批人走了以后，才打土豪分田地。

分田分得次数很多，一年一次。最初是以村为单位分的，梅子坪田少，竹麻多，就联合成梅山乡（包括记上、长坑、梅子坪），以乡为单位来分田。我们这里的田分给梅子坪。

二、竹麻生产合作社

1933年六、七月间，在梅山乡组织了一种竹麻生产合作社，直到国民党重新占领根据地才散掉了。

（一）合作社的组织

全乡为1总社，下有10个分社，依顺序为一分社、二分社……总社只设总社长一人，负责全社的业务领导与经费开支；总社社长由乡政府决定。每一分社即一纸棚（厂），由村工会决定管棚的人，即分社社长，负责对纸棚的管理，如各项开支、买米买茶、领导工人工作等。一纸棚有12个人，带管棚的在内。分社社长约在一个月内召集棚内工作人员开会，检【查】工作情况，看谁的做得好或做得不好；农忙时候哪个要去搞农业，要换工。总社与分社长会议决定，什么时候砍竹麻，钱怎么用。

山户（竹山所有主）一般是社员，也有不是社员的山户，但同样帮闷竹片，卖给纸棚。社员没有什么证书，也未开什么会。

（二）合作社的资产来源

1.厂房、家具，没收资本家的；

2.资金，政府贷款；

3. 原料，竹子是山户的，石灰用钱买。

（三）合作社的经营管理

1. 乡财政部贷款给总社。

2. 总社贷款给山户买石灰闷竹片。

3. 山户自己砍山上竹子，并用石灰闷好，将竹麻卖给纸棚，价钱大约是 100 斤竹麻给 10 到 20 益〔刀〕纸，竹山距纸棚路程远的价钱高些。

4. 纸棚将竹麻做好纸后，由总社统一卖，分社不得卖。总社与外界联系好以后，便由分社发出去，一道〔刀〕纸可卖八、九角或一元钱。卖得之钱，扣除财政部的贷款及百分之十左右的利息、给师傅的工钱、买米油盐及制家俱的百色开销，其余上缴到乡财政部去。另外，分给山红〔户〕的款，要扣除山红〔户〕向总社借的用来买石灰的钱及百分之十的利息。

（四）其他

1. 纸棚的工人，有的是山户，有的不是山户。请的工人必须是加入工会的，由村工会介绍，没有加入工会的不能做工。要定钱。

2. 分社的开销，由分社长掌握，向总社报销。

3. 有时竹蔴较少，就由总社决定并两个纸棚，将原来两个纸棚的竹麻集中给一个纸棚用，这一纸棚的工人就分出来，到有竹麻的地方去建立新的纸棚，若没有竹麻就解散，不要解散费。

三、其他

1. ××年（高虎脑战争的同年）冬天，在中村乡记上川风坳打了一个大仗。白匪在中村、牛角湾。红军前一天住宿在上溪，放哨放到牛四坳，第二次吃过早饭由上溪来到了记上。老百姓感到很突然，直到看到红袖，才知是自己的军队。来得快，去得也快，在川风坳 ① 上打了一天，记上老百姓家家户户来送饭、送水。到下午，国民党军队被打败了，退往宁川，我军跟着追上去。

---

① 前一句写成"川风坳"。

2. 乡政府吃饭的人员有两桌：正副主席、秘书、财政部、检察部、土地部、赤卫军队长、班长、特务排、妇女、小鬼等。从开始到末了，始终是有这么多人。

3. 辛未年，工会与村政府分工，工人都属村工会管理。

4. 最初工人分了一年田，后来说工人有工做，不需要田，就又不分。但是很多工人没有工做，因此就又分田。

5. 区财政部有收税员，专门到各乡去调查杀猪的数目及收取杀猪税，将收得之钱交给财政部长。

6. 区里一切干部，都要参加各项突击工作。回来之后，部员向部长汇报，再召开总会，区委书记、区主席、各部部长及部员都来，由部长向总会汇报。

（访问与整理：詹义康）

（十四）南坑乡调访资料

1. 访芦传添记录整理 [①]

芦传添，男，59 岁，南坑乡北坑村人。矿山合作社主任，石马区苏主席，永丰县监委（叛徒）。

（一）中共永公太第三次党代表大会

时间：1933 年七月，会议开了一天两晚。

地点：公略县富田区陂下。

代表：到会代表有十几桌，100 多人，其中公略县的代表多，永丰县去了代表 29 个人，其中妇女 3 名。代表产生的办法是县委指示各区派一两人去，由区委指定，没有开党员大会或党代表大会选举。永丰县委和县政府各部门都有些人去。

永丰的代表是从藤田出发，经沙溪、潭头去富田陂下，中途在沙溪和潭头等地住宿两晚，第三天才到达；会后第一天早饭后又启程回藤田。

会议进行程序：第一天晚上是开幕式，公略县的一个人报告开会意义，然后唱文明戏。

第二天上午由公略县委书记钟循仁、永丰县委书记李福怀等人作工作报告，

---

① 原标题为"南坑乡材料（原始的）"。

谈过去的工作优点和缺点；下午是代表自由演讲，要讲演的便在一本本子上签名，按签名的顺序报告，讲的内容都是拥军优属工作，因没有时间，到后来许多签名的代表都没有讲话。

第二天晚上开结束会，省委参加同志作个把钟头总结。他这时是西方军司令员，四川人，工人出身。

决议：大会决议用油印发了下来，每个代表有一份。

1. 由永丰县分出永龙县，永丰、龙冈一带和兴国的良村、莳〔枫〕边划归永龙县（再三问仍肯定是永龙县）。

2. 将中心县委由公略县移到永丰县，原因是永丰县工作搞得好，模范营去得多，是模范县。

3. 选举出永丰、公略、万太县委书记，永龙县可能是以后省委派的；还选出了各县县委的部长、监委等。

万太当时是一县，会后是否分开，不清楚。

会后传达贯彻：党代会结束，代表回到藤田，便具体分工，那哪个做什么，哪个做什么，然后各区开会传达。

附：

1. 公略县委书记本来是毛泽覃，后来因犯单纯防御路线——分兵把守，不去袭击和搞乱敌人，被撤换了，由钟循人〔仁〕（兴国人）担任公略县委书记（中心县委书记）。

2. 会后李福怀任永丰县委书记（中心县委书记），只两个月便调到乐安任中心县委书记，而调公略县委书记钟循仁来永丰担任永丰县委书记（中心县委书记）。调方正相（在公略县委工作）任永丰县委宣传部长，原宣传部长是陈声文。原永丰县委组织部长阙宗成，[①]调新淦县任县委书记，去发展新苏区；永丰县少共书记李干香调任组织部长。

钟循仁任职一月后，又调省委分配工作，省委调于都人谢荣林

---

① 1933 年 5 月，中共新干县委成立，书记阙祖信；1934 年 1 月，由周才仕任代理书记。见《中央革命根据地词典》，档案出版社 1993 年版，第 158 页。

担任永丰县委书记（中心县委书记），以后便没有再换动县委书记。当时的干部常常调动，做了几个月就要调到别个地方去。

3. 永丰县苏维埃政府主席更替情况如下：

邱兹良，后〔潭〕头人，开三次党代会时是他担任县主席，龙冈县成立后，调任龙冈县苏主席。

董良金，石马人，任期几个月；

李文焕，北坑人，任期一个月；

李干香，潭头人，直任到末了，中途没有更换人。

4. 江西省监委主席是宋国龙（三次党代会〈会〉前后）。中共永丰县监察委员会有 5 人，3 个委员 1 个干事，1 个妇女。党务委员夹金香，检查委员孔财盛，监察委员芦传添（南坑北坑人）。

（二）矿山合作社

革命前，矿山都是地主豪绅的，他们在北坑开石灰厂、煤炭厂，雇用工人烧石灰、挖煤炭。革命发生，这些人跑了，矿山没收为公有，但却停顿〔止〕了生产。因此，1931 年二三月，石马区工会便在北坑组织矿山合作社，以发展工业。北坑的矿山合作社第一任社长芦传添。

1. 合作社的生产资料，原地主私人的厂房及打好的石头。

2. 合作社的社员，北坑村中有劳动力的人每人 1 股，且只能算 1 股，全省有 100 股，这些人便是社员。入股并不要交钱，但凡集股的人要出工，写名字，轮流挑炭、挑石。当时石马区工会也要了几股。

3. 合作社的收支分配

烧石灰卖得的钱，除去工钱、挑脚费、装窑打石头、算账的工人手工钱、挑运的工人脚钱、工人伙食费，余按股平均分红，不要上交。

后来，到 1932 年九月，又在上港、芦丝排山上、高排（地名）3 个地方开了 3 吊（棚）：上港的是克字吊（棚），芦丝排的是列宁吊（棚），高排的是宁字吊（棚）。这些吊（棚）名是石马区工会干部于定夫、李观音来这里工作时搞起的，意思是马克思列宁。每个吊有10—20个工人。

最初组织矿山合作社是工人农民都混在一起加入的，以后便分成两个合作社，工人还〔是〕工人，农民还〔是〕农民，工人组织的社是矿山合作社，农民组织的是集股合作社。分开后，矿山合作社只有40股。矿山合作社派了部分工人去集股合作社工作，帮助农民解决技术困难。

合作社烧石灰，搞了两年，等原来打石灰石都用完了后，便没有继续办下去。

注：北坑附近有石灰石，又有煤矿，煤炭的质量较差，正好能烧石灰，而且煤炭矿与石灰石山相隔只有半里路程。至今南坑乡有北坑、中林、漳溪三个大队去那里大搞创业生产。

（三）南北坑等地的革命发展

1.1930年六月初十，在北坑杀猪开会，成立农民协会。

2.1930年九月十七日，红二十军一七五团在藤田老西[①]召开民众大会，有几千几万人，都打着红旗，拿梭镖。吴刚、金牙齿在会上作演说，在会上枪毙了杨黑估（打师父，抢红军马，截红军马脚）和两个封〔红〕枪会的头子（两父子）。自这个会以后，到处都起村府。

3.1930年成立藤石二区，1931年才【成立】藤石乡区。

4.1932年八九月，成立北坑区筹备处，钟桂兰、龙才贞负责。

（整理：詹义康）

[①] "老西"应为"老圩"，后文写作"老圩"。见《江西省永丰县地名志》（内部资料），1985年版，第115页。

2. 访李礼金记录整理

李礼金，男，51岁，南坑乡北坑人。乡党支书，中共党校学员，永丰县委巡视员（在鹿冈区仅一月）。

（一）中央党校

地点：瑞金城5、6里路，门口挂有中央党校的牌子。

规模与编制：全校有四五百人，分4班，高级班、甲班、乙班、丙班。高级班有200多人，【其】余3班各有100多【人】。

培养目标：高级班是培养出来当省级干部；甲班和乙班是培养出来当县、区级干部——看本事去，有的是县干部，有的当区干部；丙班是培养乡一级干部。

修业年限：高级班1年，甲乙班是6个月，丙班是3个月。

学习科目：政治课——作报告，毛泽覃常会来作报告；军事课——讲前方情【况】及如何作战，等等；文化课——识字写字，一条一条学。

学习制度和方法：早上起床洗脸后站队，上操；朝饭后上课，中饭后上一次课，便又上操；夜晚有3点钟读文件，或听讲演，毛泽覃经常来讲话。学员除讨论外，还要用笔答问题，如问"苏【维】埃政府是工人还是农民的"，答"是工人的，也是农民的"。

其他：永丰县有两个人去学习，除李孔金，另一个上学十几天便开小差回来了。乐安县去了两个，也开小差回去。后来听说这两个人进了班房。学校里学员开小差的是少数，开了小差后便开除他们。

（二）鹿江区

鹿江区是归永丰县管，区政府只是一个名目，今天到这里明天到那里，没有一天〔个〕驻扎的地方。

在鹿冈区，专有一个模范营和永丰独立第三营第三连，也

【有】十几根枪。他们到处去扰乱敌人，听到靖卫团或保安队到了那〔哪〕里，夜间便去包围，打击他们；今天在这里明天去那里，总是游击。敌人没有来就搞宣传工作，宣传红军的好处。活动地区是——鹿冈、七都、中山、水南一带。

（访问与整理：詹义康）

3. 访芦炳来材料整理

芦炳来，男，48岁，南坑乡北坑人。

（一）永丰游击队

1930年二月，永丰游击队从大金竹回来，经过北坑。当时游击队有一百来【支】枪，一百五六十个人，分三个中队，中队又分若干班，队长是徐发生，政治委员是严玉如。我是严玉如的学生，他叫我去参加游击队，当宣传员，写写标语。游击队运动的路线，是由龙冈到中村，到大金竹，再从大金竹经南北坑、石马、沙溪去龙冈。这时，曾绍三是游击队宣传队队长，袁子规也在游击队当干部。

六月，在宁都东朝，由乐安、宁都、永丰、南（丰）、广昌四个游击队编成红二十军第四团，团长黄坚，政委赵春嘉（宁都人）。全团有四五百人，三百多【支】枪，分四连，原宁都游击队为第一连，原南麻游击队为第二连，原乐安游击队为第三连，原永丰队为第四连。但活动都是以团为单位，活动范围是上述县，游击一次后又要回东朝来整理，如均匀各连的枪弹、操练。编团后徐友生和严玉如调到县政府去。

四团成立后，首先打中山坝，缴得二十几个俘房兵，接着打进宁都州，驻了两天。七月去打宜黄，在隔城少县的一个地方，靖卫团来进攻我们，我们将他们打退后，第二天便回东朝。七月就去打藤田，与靖卫团作战，碰到来了红枪会，头上扎红布，拿着梭镖、大刀呼呼呼地冲上来。我们以为枪打不到他们，便逃走了，经中沙坝①、谢坊、玉石矶、芦坑，上大金竹去。这时四团有六百多人，四百多【支】枪，但只有一半打得，一半是坏的，打不得。

我留在大金竹、藤田革命委员会，四团又回东朝去了。

（二）永丰县政府

1930 年三、四月间，永丰县政府驻在龙冈上田，游击队从大金竹便是回到这里。

当时，在县政府的负责干部有袁振亚、邓洁春、邓继美、吴刚等人，都是下永丰人，读书人出身。县委书记可能是袁振亚，县主席可能是邓继美。

（三）藤田革命委员会

1930 年七月，红二十军四团攻打藤田之后，退往大金竹，八月便在大金竹成立藤田革命委员会，由原大金竹区政府秘书吴鲁观和原永丰游【击】队副官吴保方负责，另有两个宣传员芦新和与芦炳来。革委有一个特务队，十几个人，有枪，吴盛林任队长。

九月，二十军过东朝，集拢去打吉安，十月攻下吉安。不久一、三、五军团退至藤田，藤田革委会便来藤田接头，革委就由大金竹搬到藤田。后来由于敌人的进攻，不久又先后移到石马和上溪、龙家湾等地。

藤田革委会成立不久，只得了几个月，便成立石马区政府，后革委就没有了，吴鲁观等人便到石马区工作。石马区委书记是王是清，沙溪人，知识分子。吴鲁观是区苏秘书，吴宝方是区委委员。

（四）关于几个人物的片段事情

1. 吴鲁观，藤田田心人，知识分子，又名金牙齿，因为他上排牙四个门齿〈就〉露出来了，故得名。群众都习惯叫他作金牙齿，连他原来的名字反而忘掉了，有的也仅能说出金牙齿姓吴。

---

① 本段首句有"中山坝"。

金牙齿在石马区苏担任秘书时被宁志洲（区委书记）捉住，说是 AB 团，把他杀了。

2. 严玉如，藤田严坊人，是藤田金鳌小学做〔的〕教员。他的力量弱小，是左派，吃严坊右派严子东、严子和不住，便跑到东固红军游击队里去。

（五）其他

1. 1930 年十一月成立南【坑】乡政府，主席郑辉隆，秘书陈道还。

2. 中村之战，打张辉瓒后，谭道源一师从朝〔招〕携来，经南北坑进中村，驻长坑。红军从上溪来，没有包到敌人。国民党军队打败后，退往宁都东朝走宜黄去了。红军不知是什么军团，老百姓一听说是红军来了，便讲一、三、五军团来了。

3. 写标语用竹箬扎成尺来长的一束，拿铁器将一头打烂，约二寸长，这便是笔。墨有几种，白色的是调石灰水，粘在笔上写；黑色或蓝色的，是用染布的青靛和蓝靛或用煤炭调炭水。标语的落款写上“××游击队宣”，或“××赤色游击大队宣”（当时的赤色两字表示坚固的意思），或“红二十军四团宣”。写标语只要笔画清楚就可以，写字不好不要紧。标语都是由中央发下来的，不能乱写。

宁济安杀假 AB 团问题。石马区委书记王士清调走后，由宁济安担任区委书记，吴宝方就在他的手下，杀了很多人，吴鲁观、芦焕南〈村〉、陈道远，这些人都是真革命，都是宁济安杀的。因为我曾同陈道远共一乡工作，也来区政府抓我（此转任区苏秘书处干事），说我也是 AB 团，后来被我逃出来了。

这样对叫〔所〕谓 AB 团进行逼供：一条长木凳放在地上，将“犯人”仰睡在上面，反背两手捆在一头的木凳脚上，另一头木凳脚则捆住两脚，腰下压一条扁担，将扁担扛起来，背腰便折成弓形，于是在下面填砖，一块一块的加。硬要承认是 AB 团，不承认就久久地捆，还要打。

（访问与整理：詹义康）

4. 访张兴禄材料整理

张兴禄，男，59岁，中村人，社员，记忆力中。曾任农协主席，乡肃反兼财政委员，梅山乡党支书，鹿冈区委书记。

（一）中村的革命

1.1926年何永春带兵扎在庙里，起什么党部，又不起农民协会。扎的兵，不抢东西，也不打土豪，不烧票子（契约），又不是红军，也不是白军。后来到冠山（吉水）就被围掉了。在冠山者〔的〕共产党的〔员〕，还有何子珍、吴刚、严玉如、曾绍三、陈长蕃、邱延昆、罗香山等，都是知识分子。

2.1930年二三月，张英、廖义成从大金竹带兵过来，杀了九个土豪，起农民协会。

（二）高虎脑战争

第二次战争时，在高虎脑、百义溪、夫坑等地，打了一次大大〔仗〕，国民党是谭道源部和何应钦部。我们有十几军，一下子包围住他们。

红军打仗，就像剪布做衣服一样，要剪得合合适适，不会乱剪。

（三）其他

1. 杏塘扩红会议

1921（或1922）年，在杏塘开扩军会议，区乡负责干部参加，有数百人。会上对不愿当红军的处理，有三种意见：一种是抓来杀掉，一种是捆来吊打，第三种是不杀不打，加紧后方工作，派这些人去抬担架，去搞冲锋周，不给他享福就会去。最后会议通过第三种办法。

2. 村里的代表，有的要报私仇，人家有一只大猪，就说是富农，把猪捉去杀。乡支书又不了解，问他们，他们便说："是富农嘛！"苏区里调查清楚了，但猪也杀了，肉吃了，没有什么办法，这些人是"爱吃主义"，马马虎虎。以后便决定，打土豪一定要经过批准，调查清楚，确实有老底子的，才能打富农、土豪。

3. 杀 AB 团时，我们干部是提起脑袋吃饭，一方面怕靖卫团来捉，一方面又怕杀 AB 团杀到自己头上来。

4. 第五次战争时，在瑞金开了一个会，毛主席说："我们三、五年就会回来，你们等着。"等了八年，还没有来。谁知这是个暗语，三五一十五，要十五年才会回来。真的，第十六年红军就来了！毛主席真是神家，他是弥〔如〕来佛出世，掌天盘的，专门打强盗、打压迫。

（访问与整理：詹义康）

5. 访李玉本材料整理

李玉本，男，五十几岁，南坑乡铁龙人，党员，记忆力中上。曾任赤卫军运输队、担架队，互济会主任，北坑区财政部税务科科长。

（一）铁龙革命

民国十九年（1930 年）二月六日，乐安大金竹农民协会到铁龙来打土豪，把土豪蔡老生捉去，押到乐安，要他家中派人拿钱去赎。良户人看〔着〕慌，拼命要来搞农民协会，其他人也就跟着他们，于十八日成立铁龙农民协会。

二月十九日，严玉如、廖义成从大金竹带了 200 多人（带枪的多，拿梭镖的少），到中村来开群众大会。中村和村附近的群众都来了，并拿了梭镖，共有一两千人，铁龙派了二十多个代表参加。廖义成、严玉如在会上演了讲，说要抗租抗债抗粮，不抗的就杀。会议从早饭后开始，开到午饭后散会。

成立农民协会后，我们也会到别村去打土豪。要打某个土豪，事先要经过乡政府批准，然后发交通到白区去装买东西或走亲戚家探听消息，看这个土豪在不在家，在家的话，夜间就集合成员去捉。

六月十八日，樟溪的地主胡太子胡国光，老百姓叫他胡瞎子、胡礼宗，带石马民团到铁龙来抢东西。樟溪一些老百姓，也跟着来抢，牛猪都被索〔牵〕走。铁龙的农民就请大金竹金牙齿带兵来，赤卫军跟着去踩樟溪，在樟溪杀猪宰鸡吃饭。不掉〔料〕樟溪人请来石马民团，又把铁龙的人打回来，并被杀死了两个。十一月十四日，铁龙蔡仁凤（农协文书）的儿子结婚，民团和樟溪人又来洗铁龙，捉去蔡仁凤的父亲和三个农民，家中的东西全被拿走了。铁龙与樟溪只隔一座山，几里路，但一红一白，互相踩了三四次。

（二）政策

1. 土改：1930年六七月开始分田，分青苗，三斗禾种一丁，但分得不均。良户人掌权，他们"革命"目的是要"保家财"，因此都将坏田分出来，好田仍分给自己，由他自己拨就是。到十一月，把他们赶走，农民当权，就又分过一次田。打土豪打到这批人头上，他们就跟民团跑了，以后又带民团来。

2. 屠宰税：区财政部税务科将一本一百张的完税证交给乡文书，杀一只猪就要给一张条子证明。区税务科科长便下乡去调查，看杀了多少猪，平月十天收一次屠宰税，每杀一只猪，交税五角钱，合二斤半猪肉。税务科长收齐后交给区财政部会计。瘟猪不完税。

3. 累进税：以人丁计算，一个人分得三斗禾种谷田（六石谷田，要完十三斤谷的税），两人便完二十五斤谷。红军家属可以全免。工作人员家里若有劳动力，便免其个人；若无劳动力则免其家庭之一半或全部。工人免工人本人的税。乡里将谷收好放在乡里，边收边做成米。红军来了或区政府干部要用粮，区政府就写信来说要送多少米去，乡政府赶快把米做好（糙米），送到区，打收条回来。

（三）两个重要战争

1. 中村之战

1930 年十一月十四日，在中村发生一场大战。[①]

国民党军队有两师多人，从乐安或崇仁经乐安招牺〔携〕、永丰南北坑到永丰中村，扎在中村长坑一带，司令部设在鱼溪。这是后方，炉风岭（长坑之末，永丰同宁都的边界）是前方。他们是由石马民团带来的，民团随后又回石马去了。

红军是彭德怀三军团的队伍，由王〔黄〕陂小布出发，分两路向中村一带包围敌人。一路经上溪牛屎坬（高山）、旱坑、上高排、记上（系中村乡）、苦竹坑（同上）、鼋杉、牛栏坑、蔡子脑（山岭）（以上皆今石马区内），到达今中村乡的夫溪；一路经麻陂、洛口、旱口、老子岭（山岭）（皆宁都县）、百义溪、杞林（皆今中村乡），也到达夫溪，便在夫溪镇住了〈口〉。夫溪是中村通往大金竹的要道。

战争是从早饭边（约八时）打起，双方最先在炉风岭接火。敌人想退往南坑，回大金竹去，不料已被我红军包围，于是就四处接火。打到吃中饭边就结束了，国民党军队一个也没有走掉。

2. 高虎脑之战：1931 年四月，在永丰石马区高虎脑发生一次大战。

国民党军队从大金竹过夫坑，前方扎在石马区高虎脑和犁坪年[②]，后方在鱼溪（今中村乡），屋背的蔡子佬[③]也有一两师人。

红军也是彭德怀的军队。红军由吉水白沙经大所（吉水）盘岭

---

① 1931 年 5 月 22 日，国民党第二十七师一个旅覆灭于中村之战。见唐涛主编：《反围剿战争》，远方出版社 2005 年版，第 69 页。

② "犁坪年"，地名，前文写成"李坪年"。

③ "蔡子佬"，地名，前文写成"蔡子脑"。

坑，严坊（永丰）、石马、严坑、王山岭、张家岭、铁龙、磜下、王虎岭、社公坑（山岭）到达夫坑，大部队扎在石马、横港、严坑。

战争是头天吃午饭边开始，一夜未停火，第二天午饭后打到夫溪。

首先在高虎脑接火，敌人又想追，经大金竹，但夫坑已被围住，因此在高虎脑打了一夜之后，就由百义溪（中村乡）老子岭往路口突围。没有包紧，被逃走了一半。

这次战争，国民党死了蛮多，骨头都盖满了岭。

附：1931年七月国民党来报复，到处烧屋，从招携烧过南坑、石马，从大金竹烧过夫坑、鱼坑、中村、长坑、小布、王〔黄〕陂。

（四）北坑事变

1932年七月十九日或二十一日，吴宝方带民团包围北坑，区政府牺牲八位同志，其中有县参加同志一名。记得名字的有下列几名：

张富生，赤卫军，夫坑人（中村乡）；

邱爵凤，财政部部员，夫坑人（中村乡）；

蔡义金，财政部会计，铁笼人（南坑乡）；

余有财，财政部会计，章溪人（南坑乡）。

八月北坑区政府移往中村。十一月在中村严溪开了两三天的干部大会，调换干部，区苏主席李文焕调到县苏工作。

民团包围北坑区政府后，接着又包围下土来乡政府，打死北坑区的参加同志温广金（南坑人）。

（访问：王继维、詹义康；整理：詹义康）

6. 访芦吉生材料整理

芦吉生，男，五十几岁，南坑乡北坑人，社员，记忆力中上。曾任农协主席，乡裁判部长，乡主席，伪保长。

（一）左派的活动

在永丰，左派失败后，袁振亚、聂当普下层山去找郭用光（又名郭安仁，层山人，藤田左派的首领）。在层上〔山〕站不住脚后，又走到院前，再由院【前】到北坑来，因为郭用光的妹嫁给北坑芦新民。袁振亚病了，还是用轿子抬来了。在北坑找到四个可靠的农民：芦新民、芦新和、芦玉真、芦吉生。袁、聂两人在北坑住了十几天后，他们又将两人送到乐安高排佬（地名）。

这大概是 1927 年十月间。

以后，总大概是袁振亚等说我们这里可靠，所以严玉如、吴刚、吴鲁观（金牙齿）、邱奠昆几个人就常常来北坑，并在北坑与乐安大金竹人张英、廖佩文、廖罗生（义成）、张梅生、张木生等人发生联系。双方联系，是通过芦新民家庭进行的，因为芦新民的母亲是大金竹的女子，芦新民父亲常常会去大金竹，同时他又在南坑街上开茶店，大金竹人常会来这里买茶。张英派来的人便是通过茶店来与严玉如等人联系的，所以乐安暴动的根就在这里。

张英把李德贵打掉，反水过来。大金竹便成立区政府，调查【由】李贻茂〈和〉和芦新民去掌握；又组织乐安县政府，张英任主席。[①]

[①] 1929 年 10 月，乐安革命委员会成立，主席李贻谋，副主席张英；1930 年 6 月，乐安革命委员会改称乐安县苏维埃政府，主席邓培元，副主席袁福昌。见《中央革命根据地词典》，档案出版社 1993 年版，第 190 页。

乐安游击队，队长廖佩文，政治委员廖义成。[①]

永丰游〈雲〉【击队】，队长徐发生，政治委员严玉如。[②]

东固到各处收"散失"，也到这里，才组织七、九纵队，后来编二、四团。二团团长李韶九，四团团长段月泉。

（二）北坑革命

1930年三月二十八日，严玉如带永丰和乐安两个游击队人来北坑开群众大会。探消息的人没有负到责，走到南坑吃烟去了，因此靖卫团偷偷地包围上来。游击队同靖卫团接火后，便退回乐安去了，群众大会就没有开成。

1930年四月间，大金竹派芦新民回来掌握北坑，开始进行"农民协会"的视察活动。到了五六月间，我们农协已有几十个人了，大金竹区政府来指示，要我们去大金竹打土豪，这样农民协会就公开了。国民党晓得后，便派靖卫团来捉，开始简直是十天一捉，威胁北坑区的农民，说："你们要散，不散（农协），捉到就要杀，房子要烧，以'土匪'论。"农民协会被捉得无法站脚，就召开群众大会，决定去乐安。许多人，特别是年轻人，都跟着走了，还有的走亲戚，家中只留下些女人、老人。

九月红军到了藤田，成立藤田区后，便成立南坑乡苏维埃政府，包括南坑、北坑、下土来、张家岭、根竹坑五个村政府。

（三）中村与高虎脑之战

1930年十一月，国民党十八师谭道源一个旅（旅长姓王）从潭头下来，由朝〔招〕携经南北坑开到中村，想过芦风岭去宁都。我们将各地赤卫军都集拢到芦风岭山上，一山都是红旗，时时刻刻

---

① 乐安游击大队于1929年12月23日在乐安县大金竹"天机坛"成立。张英任大队长，曾友颜任政治指导员。见《中央革命根据地词典》，档案出版社1993年版，第254页。

② 永丰县游击队队长梁一清。见《乐安县文史资料》（第五辑），1989年版，第38页。

打一些枪，敌人不知道我们有多少人，吓得不敢过芦风岭，扎在中村和长坑。红军捉到张辉瓒后，便包围上来，这一旅人全部被我们缴了，旅长没有捉到。

1931年四月，孙连仲有一师人，在高虎脑被我们打败。打仗过了两个月，农民到山上去，还随便可以拾到十多件衣服。逃兵常从山中钻出来，被我们挡住，缴了他的枪，放他回去。

这些国民党军队都是"北方佬"，穿着新棉衣，还穿毛裤子，腿上是运动鞋，手上还有手表，一个人有一把新油布雨伞，穿得真好，摆灾石，爬过山来就呆得要命。我们红军穿草鞋，又轻又快。

附：

这年七月，国民党〈就〉来大烧杀，七月十三日烧石马，七月十四日由石马来南北坑烧屋，另一面由中村烧往鱼坑、夫坑去大金竹。烧得真苦！北坑被烧掉了二十只，大砖墙房子共有四十几栋——尽拣好的烧，只留下三分之一的房子，大都是土墙矮房。留下的那个大祠堂，是因为上面有芦氏大祠，国民党那个长官也姓芦，所以才在这个房子里点了火就走，暗中交待留在村中的老年妇女去救火，这样才没烧掉。（的确，北坑看来房子极多，走进去看，只见孤壁残墙林立，瓦砾遍处！）

（四）攻打根竹村

根竹村是位于北坑西方，隔北坑十几里的一个小村，有十几户人家，但〈都〉有十个人去当民团，其中有两三个最坏。

1930年七、八月间，组织了1000多赤卫军去打根竹坑，攻打的最后目标是石马。乐安的赤卫军以及北坑、上溪、中村的赤卫军，共一千多人，组成赤卫军大队，临时性组织，政治委员是吴鲁观，宣传委员是芦新民，下面又编了三个中队。其中，乐安的赤卫军占大多数，他们都在大金竹集中。吃过早饭后开大会，严玉如作了演说动员，接着就翻山越岭经根竹坑走去，一部分人扎在根竹坑，一部分人扎在张家岭等地。正在煮稀饭的当儿（中饭），突然有几十个靖卫团带枪由石马经根竹坑来了，枪一响，我们就乱了，因为我们仅六七支枪。还亏得这几支枪抵了火，否则我们就要死好多人。赤卫军一齐后退，连夜爬山回来，又饿又累。

赤卫军的作战阵式是鸟铳带〔率〕先走第一位，拿梭镖的跟着〔在〕后面，拿短刀、铁刀的在最后。

补充（一）：芦吉生问严玉如是不是党员，他说："我们还都不是。"只有吴刚参加党最早。

（访问：王继维、詹义康；整理：詹义康）

7. 访李秀标材料整理

李秀标，男，56 岁，监察委员，记忆力尚好。永丰县南坑乡北坑社人。曾为北坑村政府便衣侦探，南坑乡主席，模范营排长，北坑区土地部部员。

（一）北坑的农民暴动

庚午年六【月】北坑农民公开组织农民协会，到处打土豪杀劣绅，因此藤田的民团反动组织，在反动头子吴保方带领下，时刻到南、北坑一带扰乱，扑〔捕〕捉革命同志。参加了农民协会的农民都不敢在家站脚，都跑到大金竹去。

早在三月前，由于家中生活困难，出走到乐安县善和乡，想谋点生意做。一到善和，那里的农民已暴动，组织了农民协会，在开始打土豪，我一走到善和，就不许我回家，怕我会走漏消息，破坏革命，因此只好在善和砍柴度日。

九月，出走的农民从大金竹回来，十月组织北坑村政府，包括北坑、柴岭、中墈。

村政府的干部是：芦信卿、芦焕南、芦新明、芦芳春、芦呈金。当时北坑村政府有 5 根牛腿枪，芦保才、邱奠坤 ① 从大金竹来到北坑，要借这 5 条枪去打土豪，芦信卿张〔装〕大交〔方〕说：枪可以借，但我们要派人去保护这 5 根枪〈就行〉。于是就派了李勇标等 5 人跟去，到层山、藤田一带打了 7 天土豪，仍背枪回来。未成立农协前，北坑派了芦信卿、芦焕南、芦新民到了大金竹去接关系，当时乐安的廖保祥刚来永丰，因此在中途会合。

1931 年十一月，从沙溪开完永丰县政治改变代表会议，回家后，一天党支部李传保【到】我家来找我，要我入党，并说："入了党，可以到处吃饭不要钱，党会保护你，不会再吃反动派的亏。"同年十二月，在南坑街背入党，入党后还是不敢公开活动，开会时，只暗暗拉一下衣袖。

五次围攻开始，但到处宣传要打到南昌、九江，以安定人心，而省政府却公开说：我们要准备坚持到底，准备牺牲。就在这个时候，部分思想不稳定的分子先开了小差，思想坚定的一直跟到省政府。

白军从乐安招携、善和、藤田、中都等地进攻，并包围了当时迁驻在梨树村的省政府。

民团特务长芦仁恩（北坑人）带领民团进攻北坑，并杀了乡主席芦蓝屋。宋昌永（南坑人）在石马捉到我，说我是土匪，抢了他们的财产，并搜去我身上 13 块银洋。他二兄弟捉到我痛打一顿，还说要拿到炮楼上去枪毙。

（二）政治改变会议

1931 年十一月，永丰县在汴溪召开了第一次政治改变代表会议，每个乡派代表 4 ~ 7 人参加，南坑乡派了 5 人。每个乡都扎了花灯（每个代表都要一盏），并准备许多花生、薯片、油煎饼献给大会。代表去时，各乡都打锣鼓把代表送到沙溪。另外，每个乡还写了许多匾、表对，制了许多锦旗。

---

① 前面写成"邱奠崑"，后面又写成"邱殿坤"。应为"邱奠昆"。

会议开了 5 天，参加会议的代表 200 多，县政府的干部全部参加了，省里也派了一位同志来参加。在会议期间，提灯游行了 3 个晚上，附近的群众都敲锣打鼓来欢庆，把沙溪街围得水泄不通。

附：

1. 南坑乡包括：北坑、张家岭、南坑。

2. 北坑区所属乡：中村、南坑、下土来、龙头、龙高。

3. 南坑村农协是在庚午年九、十月间成立的。

（访问与整理：王继维）

8. 访李执义材料整理

李执义，男，46 岁，社员，记忆力一般。永丰县南坑团南胜营人。曾为区特务班战士，红军战士。

初在北坑区政府特务班当战士，北坑区事变后，调永丰西方军司令部步兵班团部机枪连步兵班战士。

北坑区牺牲的同志：班长——袁黑古（济民人），区干【部】——蔡仁金（铁笼人），区干【部】——潘仁绥（外面调来的），战士——何甲仔（中村人），战士——符荣生（夭坑下）[①]，伙夫——卢罗汗仔（大屋内人）。

事变的发生：

当时下士来乡石老上有 2 人〔位〕群众自愿到区报名参军，但民团吴保方先躲在石老上，先和几个参加红军的老俵〔表〕商量了暗号。当晚是何甲仔放哨，但那时放哨是守犯人，坐在床上，因此睡着了。但几个参军的都睡在桌子上，吴保方带兵来叫门时，就暗中答应开门。民团一进门，先把特务班的枪收下，再开枪打。当时

---

① 原文如此。

特务班的战士都睡在厅大〔下〕，区干部睡在楼上，因此死的都是战士。

区里有一班特务班，12人，12条枪，当晚缴去了9条枪。

特务班的战士下乡时，只是催挑伕、押坏人到区。

（访问与整理：王继维）

9. 访黄春生材料整理

黄春生，男，50岁，社员，记忆力一般。永丰县南坑乡南胜社人。曾任乐安县保卫局特务连文书，大湖坪区特派员。

（一）老港革命

【民国】十七年冬，张英、廖组成①等在大金竹半坪组织官亭乡苏维埃，以后就向老港发展。老港当时是属乐安管。

在【民国】十八年二月就组织了农协，包括杨公陂、老港、桥背坑、虎形、廖册、高斜，协会设在老港。主席张老福，秘书连生、黄春生。

老港农协成立后，刻了个长条形公章"老港村政府"。【民国】十八年冬开始分田，第二年二月又分了一次。

张英到老港来是在【民国】十七年冬。

官亭乡成立后，老港就取消了村苏政府，改成立一个交通站，专门检查来往行人，转送政府文件。站长古月生，交通员古细泉。

【民国】十九年七月在大金竹召开全区群众大会，有千多【人】参加，张方说、张连生都在会上讲了话。

同年十一月，又在流金洲上召开了个有两千多人的群众大会。张连生、唐有圣先后讲了话。

---

① 前文写成"廖组城"。

（二）区特派员

区特派员主要是调查、审查坏人，捉到了坏人就要下乡去进行调查了解。

到乡下时区政府还要派干部协助，一般先从干部中了解，再找熟人证实。

区特派员的住室要挂招牌，如"湖坪区特派员室"。牌子挂起后，一般人不能随便出入，只有区委书记、区苏主席、军事部长、裁判部长可以经常进出。

（访问与整理：王继维）

10. 访刘观音材料整理

李观音，男，54 岁，食堂会计，记忆力较好。永丰县南坑乡南胜社人。曾任游坊农协干部、金溪乡主席、藤田区干部。

（一）游坊暴动的前后

1930 年旧历十二月十八日，我从乐安大金竹回家过年时，王寿祥跑到我家来，一进门就问我："李观音，你回来了，很好，不要再去棚下。"我说："不去走纸棚，哪里有饭吃？"他说："不要去，去革命！参加了可以打土豪，打倒了土豪、富农，有吃有穿，可以抗租抗粮，不再受剥削。"我说："好吧！"我就跟他去开会。

会是在游坊祠堂里开的，从先天晚上开起，开了一日两夜，全村贫雇中农都参加了。讨论时，群众都说："参加革命，省得再受反动派的压迫。前天捉兵，我还躲在岭上过夜，参加农民协会，可以打土豪，分田地，咯就好。"开完会就开始酝酿成立农民协会。

1931 年正月，东沙陂人吴生到游坊来，一到游坊，就找到王寿祥。王寿祥又来找我。正月五日，召开了第一次全村农民群众大会，到会 80 多人。王寿祥在会上宣传了组织农民协会的好处，然后问群众："你们为什么来开会，开会有什么好处？"群众当即回答说："从前农民总是受【反】动派的压迫，要租要粮，还要交扁担捐。参加革命可以抗租抗粮，打土豪，有吃有穿，不要还债、交扁担捐，又不要当兵，不再受剥削。"

正月初十，又开了个群众大会，到会 70 多人，吴生、王寿祥、王仕祥掌握开会。当晚，成立游坊农民协会，并选出了干部。主席王寿祥，秘书王仕祥，交通队长吴智仁。

1931 年三月成立游坊村政府，村苏成立后就开始分田。

1931 年二月成【立】金溪乡政府，〈设〉驻金溪街。金溪乡当时包括农协：金溪、谢坊、园南、中林、游坊。

当时藤田是游击区，敌人常常来金溪扰乱，因此乡政府时刻迁移。工作人员也不敢在乡里睡一夜，一个晚上要走几个地方睡，不然就会发生危险。

金溪乡归藤田区管，工作干部：支书吴智仁，乡主席李观音，文书郭龙光，赤卫队长谢相思，自卫委员谢学保，事务长刘学祥。

1930 年十二月，吴生到游坊，找好了几个人后，就进行秘密研究，分好工，进行串联发动。一月成立农民协后，先后到院前、中林等地打土豪。三月转成村政府，就开始分田。

同年八月，藤田民团吴保方，经常带民团到金溪、游坊一带捉杀革命干部。游老仁、王寿祥、王仕祥、游老全等同志逃躲到院前刘善盛家（住在大祠堂内），但吴保方有亲戚在院前，走漏了消息，因此被捉，第二天【被】押到藤田枪杀【了】。

（二）追悼会

1931 年四月八日，在藤田河下州上召开了有千多人参加的追悼邱奠昆、严玉如等同志的纪念大会。大会主席吴吉召，副主席李观音。吴生在会上讲话："今天这个会是纪念严玉如、邱奠昆等同志的英勇牺牲，他们为党光荣牺牲。我们要做党的儿子，跟毛主席继续革命。"

会议从早饭后开到中午 12 点多钟，敌人来了就散会。

第二天，在藤田老圩的典乐公祠召开全藤田区各乡党支部党员大会，由吴江亲自主持，他在会上讲话说："今天召开支部大会，很久没开，久不开会，你们就不了解革命情况，现在开会，使你们学习革命道理。"并且解释党员的六大守则，他说："永不叛党，只有共产党再没有第二个党；牺牲个人，只能牺牲自己，不能出卖别人；要严守秘密，不管在什么人面前都不能泄露党的组织，在老婆、父母、亲朋处也不能乱讲。我们要皮也红、骨也红，红皮红骨，才是真正的共产党。"

开会时来了9架敌机，丢下炸弹，炸掉祠堂边一间房子，炸死了一个人。

（访问与整理：王继维）

11. 访黎自生材料整理

黎自生，男，54岁，中坑人，社员，曾任赤卫军、村文书、乡支书兼文书、永丰县土地部部员、南坑区土地部长，任过伪保长。

（一）中坑的革命

1929年四五月（未栽禾）组织农民协会，这是由于曾绍三和温文沄从乐安大金竹经中村到这里来发动的。同时，朱维章又带兵从横溪来了，也是由大金竹领来的。

同年八九月成立村苏维埃。中坑没有成立村苏，是与大坪合并的。

（二）关于土地改革

1. 最初起农协时，成分有雇农、贫农、半自耕农、自耕农、富农。到了后来，最少是1932年，才分成为下列几个阶级：雇农（十二月中有八个月帮别人做，只有四个月在自己家中做）、工人（八个月在纸厂劳动的）、贫农、中农、富农、富裕中农、地主。

2.1932 年十二月初至次年正月初，在瑞金开办了一个训练班，专门训练土地部的干部。一县派一个人去参加，共三十几个人学习。省土地部长胡海专门到班上来掌握。学习的主要文件是毛主席写的关于土地改革划分阶级的指示。毛主席隔七天就来上一次课。

学习回来，就分配我去当土地部长，没有进行传达。

（三）北坑事变

1933 年二月，吴保安带靖卫团包围驻在北坑的南坑区政府和区委会，打死八位同志。当时区政府和区委都没有枪，特务连也没有，枪都拿到前方去了。

事变后，在北坑举行了追悼大会。

（四）其他

1.南坑、中村原来是两区，后来第五次战争时，因土地缩小，便合并为南坑区，区政府扎在中村严溪。南坑区分 7 乡：北坑乡、义溪乡、龙头乡、长坑乡、礁上乡、中村乡、铁龙乡。

2.1932 年县苏主席是吴泷瑞，书记李干香。

（访问与整理：詹义康）

（十五）江头乡调访资料

1. 江头乡人民革命斗争史

一、概述

20多年前，江头乡人民就进行革命活动。那时，一些觉悟的知识分子从城市来到了农村，把马克思列宁主义送到农村，于是星星之火，便燎原于广阔的山区与乡村。江头乡许多革命先烈，便很快接受马克思列宁主义真理的传播，纷纷起来组织革命活动，打土豪分田地。他们由秘密到公开，由少到多，由一地燃遍到另一地，一支革命的火焰便这样熊熊燃烧起来了，从高山到平原，从乡村到市镇，一直到苏维埃政权的建立。

许多革命先烈为了追求人类的解放，不怕辛酸的痛苦和苦难的折磨，乃至于自己的头颅和鲜血，倒了一个，唤起了更多的同志站起来，这样换来了中国人民的胜利和今天的社会主义幸福生活。为了继承老革命同志的革命传统和艰苦朴实的革命精神，使我们的子子孙孙永远不会忘记这些永垂不朽的革命先烈，我们把他们的英雄业绩记录下来，便具有它伟大的历史意义和现实意义。

二、秘密的革命活动

1927年，江头村陈远模（外地人）来此地领导李真香、李正厚、谌芳树、李积郁、有才生秘密活动，成立农协；坑头村李正祥、官为锦、谌芳树、谌芳荣、刘应香、陈风羽、陈中喜等秘密搞革命活动。

1928 年，蓝石村、教头村的宋先洋、蔡中正来秘密组织农协；六月，芳坪村罗来贻（负责）、罗香启（文书）、何学春（交通），他们 3 人组织秘密团体。五月，羊石村沈往美（秘书）、赖士珠、陈及光（常委）、赖先良（执委）、胡成煌（执委）秘密组织农协会。

三、公开农协与村苏维埃政权及地方武装的建立

1928 年：

羊石村，十月农协会公开，常委胡成煌，秘书沈往美，执委赖士珠、陈及先、赖先良，清查典契，烧毁借票。坑头村十二月组织公开农协会，主席谌芳树，书记谌芳荣，不久又组织村苏维埃政府。羊石村十月组织农协会（即村政府），主席谢山春，文书尹金玉，常委徐志左、李月兰、黄金连。

下坪村，七月由谢玉兰、罗宗念、张进、吴开清等人来组织农协会，主席罗道先。除罗道先外，他们四人都是知识分子，富农成分。这个农协包括再头、汗滩[①]、下坪、坪上、江头、罗家、王泥秋、新连排、车上、蓝石巷、破坑等 11 村。

与农协会成立的成〔同〕时，建立了一支 40 人的赤卫军对付靖卫团，他们用的都是梭镖、鸟铳、土炮。

农协会成立后，便打土豪分田地，地主不分田，富农分坏田，抽多补少，抽肥补瘦。

1929 年八月建立后头村政府，主席刘守望，宣传委员李登祥，土地委员吴英长。

汉滩村，五月李贻谋带了几十支枪来组织农协会，常委罗道先，执委张中禄、谢贤进。农协会成立后，到罗家打土豪，罗国英担了 1000 多担谷和 1000 多担木子。1929 年五月成立江头村政府，还组织了赤卫军。

坑头村，也是五月成立，包括再头、其坑、坑头。

[①] "汗滩"应为"汉滩"，后文写作"汉滩"。见《江西省永丰县地名志》（内部资料），1985 年版，第 217 页。

茅坪村，十二月罗来怡从东固接头，带头 6 人配短枪来组织农协会，主席罗来怡，委员有刘武松、何学春、罗秀启、罗香锦。同时还组织了一支 50 人，10 多支枪的赤卫军，队长罗来辉。

1929 年：

茅坪村，八月成立村政府，包括马南坪、前塘、弯陂、茅坪、蓝石，主席何学春，党书记罗来怡，文书罗香棠，妇女主任陈适英，土地委员徐云作，粮食委员王安清，互济会主任张莲香。村政府成立后便分田、山。

蓝石村，谢正才来成立村政府，与茅坪合办政府。

四、乡苏维埃政权与地方武装的建立

1929 年：

羊石乡，二月在羊石成立羊石苏维埃，这个乡包括实行坑、青山坑、羊石、王石坑、福多凹，此村分田，划分富中贫、半贫、雇农，乡苏成立后才查田查阶【级】。主席赖士珠（兼党支书），秘书陈宗德，赤卫队长赖先良，粮食兼土地委员胡成煌，文化委员陈及先，经济委员蓝相云，妇女主任钟桂英，候补委员蓝实抬、沈昇良。

茅荫①乡，包括茅坪、蓝石、南坑、春陂、前塘，主席何学春，副职罗来余，党支书张践茂，少队队长尹天进，土地委员徐志佑，少共书记余大全，互济会主任王安家，妇女主任陈俊英。并建立了一支 40 余人的游击队，有 10 支步枪，其余是梭镖，步枪分 3 班，经常到龙冈、蓝石、龙王阁活动。

蓝石乡，冬成立蓝石乡苏维埃，主席兰尚焕，土地委员罗贤华，生产委员陈开泰，妇女主任陈级英，少共书记陈立有。

1930 年四月，毛坪、羊石、枫北、王石、南龙、蓝石成立五乡中心苏维埃，叫南龙乡，乡政府设在南龙，原乡苏改为村苏维埃政府，乡主席张辉明，党支书黄绍炳，秘书兰瑞昌，宣传委员胡成

---

① "荫"疑为"坪"的误写。

煌，文化委员闵江汉，组织委员张辉明，财政委员兰瑞昆，粮食委员胡成煌，军事委员阮福召。并有一支 50 余人的赤卫军，少共团员 10 余人，少先队 20 余人。同年上半年，卧龙成立苏维埃，主席邓明文，副职邹盛玉，秘书李正风。并建立了模范营（24—45 岁者参加）及模范少队（18—23 岁参加），赤卫军便没有了。

1933 年八月，由卧龙乡分为卧龙乡与江头乡。

江头乡主席周酰友，副主席徐学宗，土地部长黄谋义，裁判部长刘宋华（又：妇女主任谌青香，党书记刘宋华）。并建立少共组织，有 60 余个少共，少共书记刘乐友，组织部长谢良仁，宣传部长 ××。当时发展少共，手续【是】先填表，找 2—3 个介绍人，还要宣誓。

（整理：黎踴）

2. 访胡成煌材料整理

胡成煌，江头毛坪社人。在土地革命时期，历任农协会常委、土地兼粮食委员、赤卫委员、宣传委员，羊石乡苏区、金竹区副书记兼组织部长，龙冈区空坑乡书记。

1928 年五月，羊石秘密组织农协，参加者沈德美、赖世珠、陈及先、胡成煌、赖先良，常委陈及先，秘书沈德美，执委赖先良、胡成煌。

1928 年十月，分开清查农契、借票，烧毁，并进行改选（每 6 个月改选一次），常委胡成煌，执委赖世珠、陈风生、赖先良，支书沈德美。

1928【年】十二月成立乡苏办事处，主任赖士珠，秘书沈德美，经济委员谢济和，副委员胡成煌。

并在此时划成分土地，当时的阶级有富农、中农、贫农、半贫农（做小买卖的）、雇农。开始分田时是同样分的，乡苏成立后才复查了两次，即富农分坏田。

1929年二月成立羊石苏【维】埃，主席赖世珠兼党支书，秘书陈德美，赤卫军队长赖友良，粮食兼土地委员胡成煌，文化委员陈风生，经济委员赖相互，妇女主任钟桂英，候补委员蓝石抬、沈升良。这个乡包括牛坑、实竹坑、青山坑、羊石、王石坑、福多凹。

1929年八月改选，主席赖士珠兼党支书，赤卫军队长胡成煌，文化委员陈及先，秘书沈德美，土地兼粮食赖德美。

1930年3月改选，主席赖先良，党支书记胡成煌，秘书黄世拔，妇女主任李金秀。

1930年四月，毛坪、羊石、枫北、王石、南龙、蓝石成立五乡南龙中心乡苏维埃，乡政府设在南龙。原乡政府为村政府，乡主席张辉明，党书记黄绍炳，秘书兰瑞昌，宣传委员胡成煌，文化委员闵江汉，组织委员张辉明，财政委员兰瑞昆，粮食委员胡成煌，军事委员阮福超，妇女主任曾××。赤卫军有50余人，少共团员10余人，少先队20余人。

1931年胡成煌调往白石五乡中心乡政府当党书记，主席邓写先，秘书刘烈村，粮食委员邓写昇，妇女主任曾仇秀，宣传委员△满委。

1931年八月，胡成煌调往白石区工作。区主席李由来，书记肖于农，宣传部长胡成煌，组织部长曾玉山。

1932年，胡成煌调往金竹区工作。党书记田成思，副书记胡成煌，宣传部长薛毛仔，组织部长胡成煌，妇女主任万程香，少共书记刘仁和，少共宣传部长曾桂升，组织部长程长真，区主席邓××。

1932年，胡成煌调往空坑乡任书记，副书记熊玉英，主席吴顺福。空坑乡包括小别、新斋、兰中坑、建田、空坑。

（记录与整理：黎踊）

3. 访江头乡坑头村谌芳荣记录整理

谌芳荣，57岁。

初李正祥、官为锦、谌芳树、谌芳荣（二兄弟）、刘应香、陈风雨、陈中喜等参加秘密工作，民国十七年十二月组织农民协会，谌芳树主席，谌芳荣书记。后来成立坑头村苏维埃政府。陈中喜在卧龙参加党组织。村政府一般七人组成。工会主任陈风羽，妇女主任尹月梅，少队队长李信有。

民国二十二年，我由村政府调到沙马区政府任文化部长，当时有上西〔溪〕、下村、大坪、龙湾、龙芳、沙马、层山、佐坑等乡在沙马。邱慈良介绍我入党。

民国二十二年闰七月调到中央师范训练学校（瑞金洋西）学习，校长徐特立（叫中央政府师范学校）。

开学典礼时，毛主席到讲话，【讲】要发展文化，新办学校，还讲前方的事，我们得到什么胜利，缴到多少大炮、【抓到】多少俘虏等。

学校是分甲、乙、丙三班，甲班程度好，乙班中等，丙班是一般的文化水平，我编入甲班学习。班有党小组、团支部，正、副班长。

课程：

地理：讲河流、山脉、五大洲、八个洋、湖、海、长江，起源，讲苏联地理。

自然（卫生）：豆子、蔬菜、树木等物，气候、天文地理、地球。

体育：上操、跳高、跳远。

图画：画家畜，画狗犬、走兽、五大洲。

语文有课本。

算术：整数、四则、珠算。

音乐：唱国际歌、少年先锋歌等。

政治：讲前后方的胜利，缴到多少枪，马列主义，苏维埃政权。

学习时间二个半月，伙食公费，一天三餐，中午稀饭。每个礼拜日帮助红军家属生产一天，铲草皮。

徐特立一礼拜报告一次，全部都来，国文、政治都讲。

毕业时又有讲话，讲分配。有三个人分别到湘赣，我没去，要回【永】丰。民国二十三年回来，办了一个训练班，我任教务主【任】（教务主任列侣，在龙冈乡足头邱）。毕业时发了毕业证书。

民国二十三年在龙冈县任财政部文书，没有〔收〕地主、富农的东西，都要解到财政部，再送到支库。正部长兰祥玉，副【部长】丁美鹏，会计周振才管来往的账目。

龙冈县政府原在龙冈小学。

（整理：贺常奎）

4. 访江头乡江头村周友成记录整理

周友成（富农），61岁。

先成立潭头乡，民国十九年成立卧龙乡，主席温丰招，分开后也是他。

民国二十一年十一月，卧龙乡分为卧龙、江头二乡，我任江头乡主席。【民国】二十二年八月，我任副主席，徐学宗当正主席，党支书张申农，主席兼文书，少共书记刘罗有，生产委员张礼仁，土地委员袁振声，妇女干部肖文秀，工会干部胡贤洋，互济会罗秀全。江头乡包括中西〔溪〕、坑头、汉滩、江头等村。

民国十七年冬成立村政府，民国十八年正月分田、抗粮、抗债。坑头村主席谌芳树，文书谌芳荣；中溪村文书张新华；江头与汉滩为村政府，主席罗道先，文书何德元。

民国十六年，由陈远模（外地人）领导李真香、李正厚二兄弟，谌芳树、李积郁、肖才生秘密活动，成立农协。

卧龙乡的范围曾家不、石古邱①、何家龙、洋头坝、谢步、昌前鱼、南坑、枫树坪、小洋滩等村。

（整理：贺常奎）

5. 访江头乡南村王安德材料整理

王安德，69 岁。

这里原来属东固管，所以革命从东固来，毛主席离开井冈山到东固。这里以前叫毛南乡，包括南沙、毛坪二个村。

张明辉（权头人）、赖要才（洋沙人）从南龙来到这里，民国十七年十月就组织农协会，即着【手】成立村政府。主席谢山春，文书尹金山，常委徐志左、李月芝、黄金连、兰上后、余文飞、陈大武。

民国十八年，毛南乡成立，主席何学春，副【主席】罗来以，党支书张盛茂，少队长尹天进，妇女主任陈俊英，后来张林娥，【土】地委员徐志左，少共书记余大金，互救会是我。

民国二十一、二十二、二十三年都在乡里担任互救会工作，乡里的救济品都是由乡里互救会发下去的，妇女做的鞋子、草鞋都交到互救会，再交到上面。民国二十三年，上面发了百多现洋到互济会，救济红军家属和烈属。穷人冒吃也要救济。民国二十二年属龙

---

① "石古坵"应为"石古丘"，后文写作"石古丘"。见《江西省永丰县地名志》（内部资料），1985 年版，第 199 页。

冈管。

民国二十二年六月到省里开土改会，约千多人，开了一个礼拜，地点在宁都。曾山在大会上讲话："同志们都是贫苦工农，要翻身，推倒地主，把帝国主义推到国外去。要认清阶级，要站在无产阶级线上，无产阶级大家要晓得。"同年十月又到中央瑞金开土改会（瑶平），出了什么是富农、地主、工商业等地目的①，我们开了【一】个礼拜会，有千多人。首长有来作报告，内容【是】："要查清阶级，无产阶级要革命全世界，打倒土豪劣绅地主。现在还在树梢上，你们不要怕，到了树蔸上就不怕。我们要到社会主义，个个有吃有穿，贫苦工农努力工作。打到〔倒〕帝国主义，全世界共产。"代表乡一个。民国十八年分田地，平均分配。

（整理：贺常奎）

6. 吴英长谈话记录

一、江头农民协会的建立

民国十七年七月，由谢玉兰、罗宗念、张进、吴开清等人发起，组织农协会。谢等四人是有产者，读了些书，后划为富农成分，谢、罗、张三人在杀 AB 团时被处死。

当时的农民协会包括再头、汉滩、下坪、坪上、江头、罗家、王泥秋、新连排、车上、蓝石巷、破坑等十一村。

农协主席是罗道先。

二、赤卫军的建立

在成立农民协会的同时，还建立了赤卫军。那时年轻后生就是赤卫军，有三四十人，他们的武器是梭镖、鸟铳、土炮等，其队长是范××。赤卫军专对付靖卫团。

---

① 原文如此。

三、农协会成立后的革命活动

1. 打土豪，先后在罗家、汉滩和车上等地打了罗国英、罗士俊、吴自昭、何起风、谢振华等土豪劣绅。

2. 分田地，农协成立后，于民国十八年正月间开始分田地。那时每家分了三亩田。有多少人家，每家分多少等，原则是地主不分，富中农坏田多，好田少。

四、江头村政府的建立

在成立农协会的基础上，于民国十八年八月建立了江头村政府，主席刘守望，宣传委员李登祥，土地委员吴英长，其他委员有陈清珍、张传达等。那时江头叫卧龙乡，属潭头区管。

五、江头乡政府的建立

卧龙乡成立不久后，又分为卧龙乡和江头乡，江头乡主席陈作望，后改为李登祥，又改徐学宗，委员有朱喜洪、汪新立等。

（整理：曾庆奉）

7. 罗春贤同志谈话记录

罗春贤，男，现年69岁，茅坪人，曾任农协代表、龙冈县委土地委员。

一、农民协会成立前的秘密组织

茅坪于民国十七年八月组织秘密团体，当时其中只有3人，罗秀启文书，罗来怡负责，何学春送信、交通。

二、农民协会和赤卫军的建立

民国十八年二月成立农民协会，主席罗来怡，副主席何学春，文书罗秀启。赤卫军有40余人，有3支步枪，29支鸟铳，队长罗来辉。农协包括前塘、马南坪、弯陂、茅坪和蓝石等村。

三、村政权的建立

民国十八年八月成立了村政府，包括前塘、马南坪、弯陂、茅坪、蓝石村。村主席何学春，党书记罗来怡，文书罗秀棠，妇女主任陈道英，土地委员徐三作，粮食委员王安清。同时也有互济会，主任张莲秀；还有少先队，队员 30 余人

民国十八年冬分田地、山岭。

四、乡政府成立

民国十八年冬成立了茅蓝乡，包括前塘、马南坪、弯陂、茅坪和蓝石，乡政府设在茅坪（民国十九年搬在蓝石），乡主席何学春，党支书兼副乡主席罗来怡。

（整理：曾庆南[①]）

8. 访问江头乡汉滩社老同志小型座谈会记录整理

人物介绍：宁德承，男性，现年 59 岁，江头汉滩人，曾任苏维埃乡代表、赤卫军等，现为汉滩社主任；黄□□，男，45 岁，汉滩人，曾任龙冈县保卫队战士、班长，江头乡少共组织部长，现在汉滩社；邓开禄，男，47 岁，汉滩人，曾任乡工会主席，现为汉滩社员。

一、农民协会的成立

民国十七年五月组织了农民协会，那是由李贻谋带了几十条枪来，指导委员钱良君。农协包括中西、坑头、其坑、再头[②]、江头、汉滩等村子。农协委员罗道先，执委张中禄、谢贤进。

---

① 前文写成"曾庆奉"。
② 永丰境内地名，前文写成"磜头"。

二、农协成立后的活动

……打了土豪分了田地。

当时在罗家打了土豪罗国英。罗有1000多担谷田，1000多担木梓，还有本租谷，家里还请了长工，做饭也是请人做。打土豪时他不在家，只留了一个老婆子在家看门。当时其坑、卧龙等好几个地方都到罗家去挑谷子吃，其数无法计算。起初还有人不敢去，钱良君说："快去呀！不要怕，在吉安打蒋介石都不怕，打得他冒地方钻，他一个小土豪你们怕什么。"

三、村政权的建立

民国十八年五月成立了江头村政府和坑头村政府。坑头包括坑头、甚〔其〕坑、再头。村政府有主席、土地委员、裁判委员等，还组织了赤卫军。

四、卧龙乡政府的成立

民国十九年上半年组织了卧龙乡政府，乡主席邓明文，副主席邹盛玉，文书李正风。同时，当时还建立了模范营（24—45岁的人参加）和模范少共队（18—23岁），此外还有赤卫军队。

五、卧龙乡的分合

民国二十二年八月，由卧龙乡分为卧龙乡和江头乡。江头乡主席周盛发，副主席徐学宗，土地部长黄谋义，裁判部长刘宋华（兼），妇女主任谌清秀，党委书记刘宋华。

六、江头乡的少共组织

江头乡成立的同时，也建立了少共组织，少共有60余人，少共书记刘乐友，组织部长谢良人，宣传部长[1]。发展少共的手续：先填表，找二至三个介绍人，还要宣誓。

七、关于龙冈县国家政治保卫局有关情况

局长彭长居，侦察科长贺光俊，执委科长郑忠善，保卫队长杨富春，保卫队政委杨传迁，保卫局有120余人，有120多条步枪。

---

① 原文如此。

9. 罗来香谈话记录整理

罗来香，男，49岁，茅坪人，曾任游击队班长，并曾任伪甲长二年，现住茅坪社。

一、农民协会的建立

民国十七年十二月成立农民协会。是由罗来怡从东固接头来的，他带了五六个人来，并有短枪。主席罗来怡，委员有刘武松、罗秀锦、何学春、刘亭拔、罗秀启等。同时还成立了赤卫军，有四五十人，10多条枪，一些鸟枪等武器，队长罗来辉。

二、茅【新】乡游击队的建立

民国十九年建立了茅新乡游击队。有40多个队员，分为三个班，第一班长罗来香，第二班长罗来寿，第三班长罗项根。游击队有七条步枪和一些鸟铳、梭镖等武器。

三、游击队的活动

游击队的任务是经常到龙冈、蓝石、龙王阁等地去游击、探消息和捉侦探。

民国二十年七月在观音栋驻扎时，被靖卫团一伙人包围，靖卫团有二三百人，我们只40多人，结果打死他们2人，我们无伤亡。

（整理：曾庆南）

10. 访问严三宣同志谈话记录

严三宣，男，现年47岁，上固乡回龙人，曾任团支部书记、团区委组织部长和书记，及县少队部队长等职，现在汉滩民校任教。

一、农协会的成立

民国十八年^① 月，回龙村成立一个农民协会。农民协会的领导人员，主席温盛怡、曾纪明，裁判委员温盛怡兼，组织委员、宣传委员、土地委员、财粮委员、妇女委员。

二、赤卫军的建立

农民协会成立后，又建立赤卫军，当时年龄在 25 岁至 45 岁的人都是赤卫军的成员。队长由曾纪明兼任。

三、党团组织的建立

民国十八年就有了党的组织，当时是由回龙、小别和空坑三个农民协会共一个支部。党支部书记王显炳（王系地主出身，是个知识分子，他是受龙冈区领导人戴汉早指示来空【坑】指导工作的，后来被我扣押在沙溪，劳死了），党员有王显炳，曾纪明、温盛怡。

成立农协的时间，还有少共组织，有团员三人王保光、严三宣和温 ×× 。

四、空坑乡政府的成立

空坑乡政府于民国十九年 × 月成立，空坑乡包括空坑、小别、回龙。乡主席王开涛，党支部书记王开凡。少共有团员八九人。

五、七都工作委员会的建立

民国 年 月^② 在游击区七都建立了工作委员会，设有四人，书记刘彦才，宣传部长贺有荣，组织部长 ×××，团区委书记严三宣。七都工作委员会设了游击队，有队员近 40 人。其工作任务是在敌后领导群众进行宣传工作，并扰乱敌人。

六、古县区政权的建立

民国二十一年正月（或民国二十年十二月）正式成立古县区政府，它包括古县、营【下】、茶口、江浍、石井和珠陂 6 个乡，区政府设在营下。正〔区〕主席毛主斗，军事部长 ××，妇女主任

---

① 原文此处空一格。

② 原文如此。

陈俊英；区委书记钟学新，宣传部长肖代玉（后为罗在先），组织部长涂全人；区妇委书记吴子清；少共组织部长李××，宣传部长李××，儿童书记陈太桂；团区委书记严三宣。当时发展团组织是由乡批准，报区备案。民国二十一年十一月，国民党进攻我苏区，古县区政府曾移至吉水县累田之大水。

七、永（丰）、龙（冈）合并

民国二十三年五月，永龙合并为永龙县，县政府设在宁都洋磜，县委书记李干香，县主席潘家苑[①]。

---

① 1934年10月，永丰县和龙冈县合并为永龙县。县委书记钟长才；县苏主席李干香，副主席潘家苑。见《中央革命根据地词典》，档案出版社1993年版，第157、187页。

（十六）藤田乡调访资料

1. 访藤田乡曾坊社曾国行材料整理

曾国行[①]，51 岁。

1926 年永丰公开捉土豪，十月成立中国共产党永丰县党部，又叫常务委员会，常务委员主任钟兆祥，宣传邓浩春，秘书薛佐唐。同时又组织永丰县总工会，工会主任邓继美，指导员聂绍闻，保间团团长高载绪。

1927 年，因为钟兆祥、薛佐唐、袁佐龙、罗奇祥、邓老春、刘泽民、傅家珍等人组织剪发，国民党反动派罗文遘、程赵南、宋居仁等带人把这些人捉到，这就是"三七事变"。三月七日把这些人捉到永丰街上游街，后来送进班房，国民党霸占永丰县党部。钟兆祥出来后不做常务委员主任，和帅克甲到南昌去了，【任】刘石磷正本女子中学校长，做常务委员主任。

1927 年 5 月 12 日武汉大学暴动打国民党政府，永丰 5 月 18 日暴动响应（农历四月十八日），邱奠昆、吴刚（武汉大学来的）、郭学南、郭学泙、吴廷瑶、何子珍、张清（吉安人）、邱仁岳、罗奇祥、邓老春、陈道坤、刘子祥、夏铭九、谢魁元、王绥之、刘泽民、戴家玉、曾绍三、陈国真等人负责带学生、农民、手工业（学

---

① 此篇材料正文有人名"曾国荇"，疑为同一人。

生是永丰县立高小学生）3000 多人，四月十八日晚开始，打到十九日，是打永丰县党部。十九日中午国民党反动派罗文△、刘明德、宋居仁带落后群众来反攻我们的党部。

1928 年四月成立藤田区革命委员会，主席吴立仁。这年农历四月，薛佐唐、罗奇祥、罗仲绳 3 个人到藤田领导暴动。农民协会和赤卫军都参加了，共几千人，在藤田杀死七八个土豪。藤田革命委员会是邓老瑞、邓寿春、何子珍、吴刚、吴海周、吴保芳、邱奠昆、郭学南、严玉如、杨显秀、徐有生、黄起凤、宁礼之、吴鲁观（又名金牙子）、吴江虎、宁雪芹等人领导成立的。五月二十三【日】（农历）永丰县保卫团来打藤田，烧藤田的房子，打死何子珍、张清。这时分薛佐唐、罗仲绳、罗奇祥 3 人到高安去搞地下工作，〈来往交通邓有保，〉詹天龙分到赣州，吴鲁观（金牙子）、吴刚、方维夏（北大教授）3 人分到乐安大金竹，袁佐龙、傅家真、严玉如、李贻谋、徐有生分在东固。

1928 年四月藤田曾坊组织农民协会（没有什么作用），主席曾振贤，秘书曾煊文，游击队队长曾振贤，共 30 多人。同时田心老圩、洲上、温坊、谢坊、邱坊、层山、湖西等地成立农民协会。

1929 年农历十二月二十九日，红军第四军到藤田，住在老圩，进行打土豪。当时打了曾兆仁、曾珍谊、曾理万、曾德志的土豪，打完土豪过年。第四军初一到永丰过年，军部在老圩宁成立家里，正月十五日第四军全部开到沙溪、龙冈。

1930 年正月初二又成立曾坊农民协会，主席曾振朝，文书曾以谦。1930 年正月，老圩成立永丰革命委员会，主席曾高春、邓继美（副），秘书邓涛春。这时袁佐龙到藤田，永丰革命委员会，跟永丰游击队走到石马，过君埠住在上田。

1930 年正月十六日，曾国荐到中村成立石马区暴动队，队长姜炳生，文书温文潭，组织、宣传兼指导曾国荐，有 90 人，4 支长枪，其他是牛海枪，3 支没枪品〔柄〕的枪。正月二十日成立石马区革命委员会（在中村成立的），主席吴保芳，事务员龙保贤，文书张希明，组织吕道春，宣传邹辉山。石马区革命委员会和石马区暴动队 1930 年二月跟永丰游击队到上田，这时开始计划成立赣西南苏维埃政府和永丰县苏维埃政府。二月初七八日在上田开会，成立永丰县苏维埃政府，选举吴立仁做主席，县委书记袁佐龙，县妇主席柳清娥，文化部长曾绍三，财政部长罗松山，裁判部长邓涛春、陈道坤（副）兼审讯，宣传部长宁志洲，县委特办员傅家珍。

县武装是游击队队长徐友生，政委严玉如，参谋长李贻谋，文书李秀百。

1930 年二月赣西南在上田办党训练班，袁佐龙班主任，曾绍三和邓涛春等 3 人负责，有 86 人，学习时间 3 个月。

1930 年农历七月在乐安罗陂成立藤田区暴动队，队长朱春望、朱一豪（副）、教导员罗国宾、曾国荇指导员。农历八月成立藤田区革命委员会，主席吴保芳、文书吴容观、军事委员邱会端，在乐安曲江成立的，和藤田暴动队驻在大金竹。八月十一日有邱会端、吴老有、吴保芳 3 个人向藤田进攻，十三日晚在东沙洲上杀死洲上吴静安土豪。

1930 年九月二十日红军第四军在吉安成立中央革命委员会，十月初二藤田革命委员会和暴动队驻在藤田领导革命。十月永丰县苏维埃政府由上田迁到藤田老圩迨乐公祠，游击队也住在藤田老圩。十月在藤田成立藤石区苏维埃政府，主席吴保芳、秘书杨正源兼中共书记，范围：南坑、中村、南坪、龙湾、洲上、老圩、杏唐〔塘〕、温坊、层山、瑶岭、湖西、梅溪、游坊、龙坊、田心、园内、金溪、谢坊、石马、小岭、严坊、老圩等乡。

区武装：特务队队长宁天明、指导员曾国荇、财政张家善，共 180 人，30 多支枪。

藤田分区后，藤田区主席郭学柳、刘大生（副）、吴文济（副），总务秘书吴志仁，文书王天启，区妇指导员黎水秀，裁判部长陈洪辉，财政吴文宣，军事部长邱会瑞[1]，土地部长董良珍，特办员董党万；区委书记毛仙山，组织委员袁干，宣传委员陈××，区特务队队长曾廷蓝，共30人，各人有枪，指导员吴党才。

范围：曾坊、田心、老圩、小岭、园内、洲上、温坊、杏唐〔塘〕、严坊、金溪、谢坊、煤坑等乡。

1931年成立曾坊乡，主席曾庆昌，文书吴文安，宣传委员曾国鉴，财政委员吴理安，裁判吴中安。

1931年五月改选曾坊乡主席曾老太、曾正标（副，兼伙夫）、刘冬瓜（副，兼交通），互济主任曾国鉴，少共书记曾△恩，乡文书兼中共书记曾国荇（当时少共9人，党员17人），儿童书记曾有生，土地委员曾国鉴兼。

1931年五月分田地，一个人分2斗2升（1亩7分田），以曾坊村为单位，先划阶级，雇、贫、中农、富裕中农、富农、地主、土豪劣绅，查田插标（写姓名、登号簿）。贫雇中农一样分好田，军烈属先分，要分好田，并且多分五分之一，富裕中农和富农分坏田，地主、土豪、劣绅、流氓都不分田。还累计费，贫农1斗还6斤，中农9斤，富农15斤谷子。

1932年永龙分开后，藤田、邱坊、八都划为3个区。

藤田区范围：曾坊、田心、老圩、温坊、杏唐〔塘〕、严坊。主席宁负凡。（石马分中村、南坑、石马3个区。）

邱坊区主席郭学洲，范围：梅田、园内洲上、金溪、谢坊、游坊、层山等乡。

八都区主席罗文光，范围：湖西、祖庄、水心、高家、良坊、三湾、梅苍等乡。

1932年分区后，查田查阶级。

1933年因靖卫团吴保芳常来扰乱，【为】搞巩固工作，稳定群众情绪，加紧肃反工作。

---

[1]　前文为"邱会端"。

1933 年九月我调到永丰县政治保卫局工作，局长孔德政、文书李超群、审讯科长李德贻、检巡科长毕苏万、侦察科长刘谋魁、武装政治保卫队队长黄国宾，共 90 人，每人有枪。

1933 年六月十六日，一、三、三五军团在缠江第一次阅兵，一连两个代表，另外连排长要来，共 13 万人，总指导朱德，司令部在洲上。会场布置，中央一个中央台，四面四个响应台，还有一个讲演台，台前插 12 面军旗，800 多号兵，60 多个冷水桶，供应吃。16 日晚上开，晚上有月亮。

开会程序：

1. 宣布开会，放爆竹，奏军乐。

2. 向马列敬礼。

3. 唱国【际】歌。

4. 主席讲话（朱总司令到中央台上讲话）。

讲话内容：总结一、二、三次战争的战果，用一、二、三次战争的精神获得四次战争的胜利。其次〈讲〉颁发奖章。

5. 发金银奖章。

金银奖章 5 个，获得者：毛主席、朱总司令、彭德怀、萧克（独立五师师长）、胡 × ×（三军八师副师长）。

发完奖章之后演戏，内容从 1930 年—1933 年，演完戏快天亮才散会。

1933 年十月白军开始占领藤田，当时国民党的九十、八十三、十师来进攻，后来十三师又来了，最后来了五十一师，这时往南坪、佐坑、石马、大坑上，进到中村。1934 年二月在中村解散乡一级政府，乡县互济会留下来未解散，这些干部编到地方武装，即永丰独立营，原来的独立营编到前方去了。当时地方武装有五六个连，一个区一个连，其他属独立营，独立营四连连长董老三，独立营一千人左右，每人有枪。这时永丰县苏主席李干香、郭学柳（副），县委书记谢荣廷，政治局还是以前的人员，未变动。红军于1934 年四月北上。

1934年十月，敌人由宁都东石坝打宁都州（敌人由南丰、广昌来），省政府、省委、省公安都在这里，这时退在黄陂小别。十一月组织江西军区二四团，由永丰独立营、永龙团编成的，曾山留下来了。

1934年十一月底，在上溪只有省政府和江西军区，其余都解散了。[1]

2. 访问老革命吴文沣同志谈话记录

吴文沣，男，57岁，田心人，现在田心社。

民国十五年十月在老圩典乐公祠秘密组织青年学会，参加青年学会的都是一班学生。主任吴江，文书邱奠昆，委员有宁礼之[2]、吴腾举、吴冈斧、吴文沣，还【有】一个不记得名字。当时受七、九纵队詹天龙指示，但组织后都回校念书去了。

民国十五年十月至十二月成立藤田区党部。常务委员会主任郭用光，组织委员严玉如，宣传委员黄乐贞，工农委员黄鉴卿，监定委员吴文沣、宁礼之，文书郭敬亭。其主要工作是宣扬马列主义，发动组织农民协会。

民国十六年正月在田心文祥公祠成立平民夜校（公开的），校长吴江，教员有吴文沣、吴鲁观、吴克清等，共有40多名学生，都是贫穷子弟（12至22岁）。教学内容是平民千字课，也有一点算术，同时也会讲些革命道理。每晚上2小时课。

---

① 江西军区新编独立第二团，于1934年12月24日在乐安坪坑村成立，由江西军区一、二分区的地方武装与宜乐苏区的地方干部混编而成。曾德恒（后刘汉雄）任团长，李福槐兼政治委员。见《中央革命根据地词典》，档案出版社1993年版，第237页。

② 也可能是"宁礼三"。

二月首先在学生家属中成立农民协会（仅仅是形式）。

三月在整个田心村内成立农民协会，主席是吴文定，文书吴茂珍，会计吴文沣，没有委员。

四月成立"红色游击队"（40人，都是用梭镖），队长吴立仁。

五月到秋江、瑶田等地打土豪。

五月二十三日永丰、乐安和吉水三县的民团与铲共团、守望队进攻田心，其头目是张作谋、曾德芝、吴步颜、吴献之。

民国十六年三月在邱坊成立永丰县革命委员会，主席是吴立仁，五月二十三日天亮以前迁来藤田。（当时革委会有三支驳壳，一支左轮，一支白朗宁，五支长枪。）天亮后敌人〈就〉打进了田心，当时何子珍被打死，缴去短枪一支，其他人都四处分散逃走了。敌人烧了55栋房子，杀了4个人。对于其他领导人还悬赏提拿：邱奠昆200元银洋，吴文沣100元银洋，吴江500元银洋……后来民团就扎在金鳌，天天出来捉"土匪"，也逼家属出来招回去，这样一直到十一二月。

民国十七年十二月底，第四军由大金竹来藤田。

民国十八年正月成立田心村政府，包括田心，秋溪，上、下洋坊，藤田等村子，组织了红色游击队，四十人。

正月十三日第四军往白沙去了。

二月村政府又被迫解散。

民国十九年三月，因七、九纵队从大金竹来藤田，四月成立田心乡政府，包括田心，秋溪，上、下洋坊、藤田。主席吴瞎眼，文书吴文沣，分宣传、组织、财粮、土地、军事、经济等委员。

六月又成立了田心、秋溪、藤田、洋坊四个村政府，田心村主席吴有庆，秋溪村主席吴杨宗，藤田村主席王发生，洋坊村主席□□□（木匠）。

其中藤田村在一月后改为藤田乡工会，主任王发生，分组织、宣传和经济等委员。同时成立了工人纠察队，30人，队长□□□，政委吴如天。

民国十八年冬开始分田，当时划了阶级：地主、富农、中农、贫农、雇农。那时地主不分田，富农分坏田，其他人分好田，每人分了二斗七升禾种（相当于二亩一分）。还到乐安打了土豪。

民国十七年七月在邱坊成立区政府（藤田区）。

十月在石马成立藤田区政府。

民国十八年二月分为藤田、石马两个区。

民国二十年第二次战争打高虎脑时，曾做了坚壁清野工作：打掉砻，在井内放毒，组织担架、运输、慰劳、洗衣等队。

从民国十九年三月开始，民团就经常来扰乱，他们扎在秋江、瑶田一带。我区、乡、村政府扎在邱坊、层山一带，经常派侦探到界首去探消息，如果他们来得少，我们就去打，若来得多我们就走。

这样，一直到1934年红军北上抗日，政府在宁都解散止。

（整理：曾庆南）

3. 小岭老革命同志座谈记录

王海书，男，60岁，曾任乡主席、军需长、区财政副部长等职，现在小岭食堂；王立万，男，64岁，曾任乡主席、土地委员，现在小岭；王黑春，男，58岁，曾任宣传员、乡代表、乡土地委员，现在小岭食堂；王进祥，男，61岁，曾任军需长、乡粮食委员，现在小岭。

小岭最早的革命活动发生于民国十七年。那年六七月间，吴江就经常来开会，最初是与王国祥、王祥富等人接头。八月就成立了农民协会，包括小岭、易溪、白泥塘，主席王水鑫，文书王洪祥，有委员。

同时组织了游击队，有四十余人（都是用梭镖、鸟铳），队长王立恩。曾先后在小岭、祖庄、湖西、瑶田等地打土豪。

民国十八年正月成立小岭乡政府，范围同前。主席王水鑫，秘书王洪祥，委员有：粮食——王进祥，土地——王世祥，军需长——王海书，宣传——王黑春，政治□□□。

也成立了赤卫军，有五六十人，队长袁逃芳，政委王立恩。成立后，打反动，捉土豪。当时乡政府不能扎在村里，经常派人出去侦察，靖卫团来了就进山，有时晚上进山，白天出来。

民国十九年四月分田，那时划分了阶级：地主、富农、中农、贫农、雇农、土豪、劣绅。那次并未分好田，仅仅插了牌子，没有在应分得的土地上耕作，但互相缴了租。当时每人分了二斗半禾种。

民国二十年二月成立了小岭（白泥塘）、易溪等村政府。小岭村主席王瞒仔，文书王立介，有委员和赤卫军。易溪村主席王细新夫。

八九月第二次分田，但未分好，反动派又来了。

（整理：曾庆南）

4. 老圩老同志座谈记录

宁明成，男，59岁，老圩人，曾任红军班长和乡主席；李清猷，男，73岁，老圩人；宁天生，男，62岁，老圩人；黄金秀，男，52岁，杏塘人；宁知章，男，66岁，老圩人，曾任乡主席。

民国十七年秘密成立党部。

民国十七年十一月吴江到老圩来组织农民协会，是由宁志洲、宁雪晴、宁志周三人负责，未具体分工。当时还组织了游击队，共四十人，队长宁钟仔。

民国十八年八月由农协领导人带领二百余人在藤田街上游行。当天游击队与田心、曾坊、杏塘和层山等地游击队共1000余人到瑶田打土豪。是由吴江、邱奠昆、严玉如等人领导的。

十一月，永丰靖卫团来了，团长张作谋，共100余人，80多支枪。来藤田后杀了几十个人，革命组织遭受破坏，农协被迫解散，人员全部走入山区。从此，白匪便成立五区民团，团长张作谋，一百余人，八十多支枪，专门驻扎在藤田。

民国十八年十二月三十日，第四军由宁都、乐安来藤田。

民国十九年正月初一攻打永丰，初二回藤田，初三四部队打了土豪。同时，成立了农民协会（老圩），主席宁志洲，但组织不健全。也组织了游击队，队长宁钟仔，四十余人。

正月十三日第四军离开藤田往石马、沙溪去了，并带了一百三四十个赤卫队员一道走，队长罗松山，结果在路上开小差，走了大部分。

第四军走后，五区民团又占领了藤田，革命组织再度被迫解体。

民国十九年十一月独立团和红色游击队来藤田，又成立乡、村政府。

老圩乡政府主席宁明成，秘书木扬仔，粮食委员宁天生，经济委员宁德行，土地委员刘老权，军事委员宁志明，宣传委员何太友，交通、互济委员①。

民国二十年正月成立三个村政府（主席兼土地委员负责分田）：老圩村政府，主席宁三木匠，包括老圩村里；中西山村政府，主席何太友，包括中西山、姚光荫；石陂村政府，主席李月谦，包括石陂、下洋坊。

民国二十年三月二十八日，匪五十四师进攻藤田，乡、村政府就迁往石马、上溪一带。直至民国二十一年二月才回来，当时取消了村政府。

十月以村为单位分田，没有分阶级，上、下等田平均搭配，每人分了二斗三升禾种（相当于一亩六分）。在分得的土地上耕作了一年，而且有收成，因此，年冬还缴了土地税，每人1000个铜板。

民国二十一年十二月在梅田成立藤石二区政府，主席谢礼春，

---

① 原文如此。

区委书记吴志仁。

民国二十二年八月，匪五十四师又来藤田，并烧了石马、中村等地。

（整理：曾庆南）

5. 访温坊社杨兴年记录整理

杨兴年，48岁。

民国十八年八月组织农民协会，叫温坊村农民协会，主席杨地仓，秘书杨兴望，执委杨善昌、杨隆仁、杨来寿、杨锡明、杨显贞、杨金春、杨新万等7个委员。游击队长杨显贞，20多人，没有枪，只有梭镖。当时打了杨显科、杨显清的土豪。

成立农协时，同时又成立村政府，主席杨地仓，干部也未变，只是把农协改为村政府。

民国十八年成立泉湖乡，范围：严坊、杏塘、温坊村。主席黄国宾，秘书黄文才，妇女主任金秀。

严坊村政府：主席严罗伯，文书严冬瓜。

杏塘村政府：主席黄德明，副主席细长仔。

民国二十年成立藤田区，这时泉塘乡分为温坊、杏塘、严坊三个乡。

温坊乡主席龚同元、杨光庭（副），秘书杨金书（兼中共书记），少共书记杨兴年，分田委员（土地委员）（邱）大和尚，少队长杨光日，妇女主任郭冬秀，反帝大同盟杨光庭，互济会曾黑姑，儿童团长杨春洪。乡里有赤卫队20多人，没有枪。

成立温坊乡后分田，一个人分二斗五升（二亩二分），以自然村为单位，先划阶级后分田。

1933年十月国民党第十师、九十师、八十三师向苏区进攻。

（十七）下庄乡调访资料

1. 杨九辉访问记录整理

杨九辉，男，51岁。住沙溪区下庄乡中罗社中岸村。苏区曾任乡雇农工会之文书、区国民经济部文书。

（一）中岸革命之发生到人民政权的建立，及行政区域之变化

李贻谋、北岸李怀远、严坑杨正源找地方上比较活动的人在少白沙开会。1929年七月成立农协，大打土豪。1930年三月起村苏——中岸村苏，正主任傅道慈、副主任张年栏、文书叶春荣，外有粮食、土地等几委员。

我□叶春荣任文书。1930年起严坑乡，中岸村苏属严坑，外有贷源[①]、上带、严坑。1930年在乡苏成立后，二月成立沙溪区苏，于这时撤销严坑乡，并入水浆乡。1931年四月又将水浆乡划为严坑、下庄、水浆三乡。这时沙溪区有十乡，落田、八石、北岸、牛埠、下庄、水浆、严坑、破坑、蝉田、××[②]，共10乡。

（二）如下机关之职责

（1）乡苏维埃政府：为政权之机关，处理本乡一切行政事务。

---

① "贷源"应为"带源"，后文写作"带源"。见《江西省永丰县地名志》（内部资料），1985年版，第43、76、260页。

② 原文如此。

战时分成前后方，前方部离【开】乡府，专为前方做事，如调动担架队员、送粮食；后方部维持治安，把地、富、坏集中，禁止自由，丝毫不准乱跑乱动。百姓亦不准乱走动，未经许可，不得离此去他地。

（2）工会：我于1931年七月去沙溪区工会任文书。工会管收月费，禁止包头、包工剥削工人；听政府分配，协助政府做各种工作。

（3）区府国民经济部：管经济及街上的合作社，将打土豪的钱解到省，及管理本区各部门经济所需。

（4）互济会：专管优待红军及烈士家属，如募捐给他们；协助政府工作。

（整理：张扬球）

2. 水源社老革命座谈会——下庄乡主要材料

匡子梭，男，61岁，村文书，列宁小学教员、独立团中共书记；邓祯道，男，63岁，区土地部长；谢训桂，男，66岁，村代表；邓文顺，男，42岁，儿童团长。现在住址：下庄乡水源社鱼良村、杨家洲、下罗、水源（按上面之顺序）

（一）陈家"三老虎"

在大白沙住着个恶霸陈家秋。他有两个儿子，长子叫陈兆甲，奶名欧阳子；次子陈臣祥，奶名金生子。三人皆号为"地老虎"，父子三人合起来就叫"三老虎"了。陈家田岭多，债方多，对地方上的剥削也残酷。不但是这样，他还是地方上的"土皇帝"，一些小土豪也在他的掌心中。

（二）动荡的年代

民国十六年有一个何司令，就带领七纵〈部〉队、八纵队来这一带"抢劫",专作〔捉〕有钱的人。他们并没有向老百姓宣传革命。有钱人说他们是"土匪",老百姓也就不知道他们是什么了。民国十七年又有六个土匪在这一带山中活动,打劫有钱的人,起了农民协会的他们就不抢,后来在宁都地方被人捉掉了,带队的姓马。

"在这动荡的年代,土豪的势力削弱了,封建的社会秩序被打乱了,可能也留下了一些革命的影响。"

——笔者

(三)水浆之革命及"三虎"被杀

严玉如(杏严乡,严坊人)是一个读书人,看了秘密的书报,懂得革命的道理。他和谢登高(江头人,焦坑人)联合起来了,玉如遣【登】高来水浆附近搞革命。

在动荡的年代,老百姓心情也是慌的,多半怕事,对革命并不太懂,要发动革命也是比较难的。所以谢登高先从水浆这一条水之"话事"人着手。

蔡桂生、肖光汉是这一条水的"话事"人(在陈三虎之面前当然就不灵了),他们也是读书人,家中也皆有钱,但是他们都是"三虎"掌中之物。他们也想跳出陈家之掌心,借革命之机团结其他小土豪打倒陈家。革命成功,他既打倒了陈家,也保全了自己;革命失败也不怕,那时再倒也还不迟。

谢登高就找到了蔡桂生、肖光汉,他也知道他们和陈家的利害关系。蔡、肖就到地方上活动。1929【年】六月,蔡桂生在各村点一个人,开会研究成立农民协会的问题。被点的也是各村之话事人,都和陈家不对的,因此真正的贫苦工农被排挤而不得登台。会上研究要成立农协,不成立别人就会到我们这里来打抢,决定一成立就打陈家秋的土豪。在这个会后,"农民协会"即于1929年六月成立了。蔡桂生、肖光汉把持了一切。农会由蔡桂生负责,文书肖光汉,并没有具体的分工。

农民协会一成立,陈家就被打垮了。陈家秋被扛到沙溪革命委员会，看他已八十多岁了，不杀也无用，放回不久就死了；他的两个儿子，当即用鸟铳击毙，"三虎"变成"三魂"了。

（四）贫雇农真正当家，村政府宣告成立

领导水浆附近革命的几个头头人物，不久纷纷退出舞台了。蔡桂生之侄，农协之土地委员（分田时补选）——蔡由平于八月间首先往藤田返匪了。蔡桂生、肖光汉等皆被捕杀，罪名是 AB 团。

水源村苏维埃政府于 1929 年九月开民众大会宣告成立，一切干部由民众提名举手通过选出。村政府扎水源，主席赖嗣祥，文书匡子梭，赤卫队长罗兴进，外有几个委员。

（五）乡苏之建立及其行政区划

1928 年成立水浆乡苏，扎严坑，后移东王坑，所辖十村苏：水源、下庄、下罗、水浆、大白沙、东王坑、少白沙、严坑、带源、破坑（中岸村苏肯定说是其中的一个——附）。1930 年三月成立沙溪〈溪〉区，于此时水浆乡划为三乡：水浆、下罗、严坑。沙溪区有十乡：落田、八石、北岸、中埠、下罗、水浆、严坑、破坑、蝉田、梅南。

（六）平田岭

1929 年六月成立农协就分了田。分田由蔡由平把持，他是土地委员。名义上是以村为单位按人口平均分配，实际上是不平等的，有田多的人拿出来的田都是熊田。和蔡由平好的就分给好田，和他不好的就任意分给熊田，有的老百姓不要，他就说你不要就到藤田去（匪区）！岭是按常产平均每人分给多少石木子。

分田以后老百姓都有意见，有的田少岭多，有的反之，田少则吃岭〔饭〕不够，岭多则茶油有余，所以老百姓要分过。1930 年二月，以乡为单位重分，按人口均分，好坏搭配，田岭搭配。

（七）苏区时人民生活（简）

人民劳动所获全归为己，不完粮，不纳任何税属。家中有饭吃，户户有余粮。

小孩上学堂（列宁小学），成人进识字班（和铁园、空坑、同详见之）。

（八）苏区失去，地主反把〔攻〕倒算

苏区失去，"难民"李太文回来了，他成了联保办公处的负责人。分得的东西要送还土豪了，田岭失掉了；看你好一点的，还要补交这几年的租子；旧债利计利，要逼还。一句话，他要算得你连衫也无存一件！

革命斗士被诬为"土匪"，还得出钱买他的佩章呢，而且得找十几人为"保"。最初几年我革命同志连门也不敢出。

3. 叶秀来、叶志诸两人座谈会材料整理

叶秀来，男，65岁，村土地委员，现为老革命，革命时住少白沙；叛徒叶志诸，男，57岁，乡主席、乡中共书记、区组织副部长、县组织部副部长，现住下庄乡中罗社少白沙。

（一）起源

严坑杨正严、杨桃德是读书人，早就受了共产主义思想之影响。民国十七年五月，杨桃德来少白沙做秘密革命活动，宣传穷人要团结起来，团结起来就可抗租、债、粮，还可平田岭。相信的就自愿报名，不愿的亦不强迫。当时有些老百姓不相信，后来听到俄国已平田十几年了，大家才相信。这时，坏分子又出来造谣，说俄国田地荒芜，老百姓冒饭吃。

（二）公开暴动

民国十八年清明边，李贻谋带兵来，找到叶秀来几人接头，进行宣传，说要开民众大会。叶秀来等〈叫〉召集人在少白沙开了民众大会，李贻谋等讲了话。最后他就叫大家推选干部，选出三个人：一个执委，一个常委，一个主席。由大家通过，他再登记名字。这三人都要最穷最苦的，所以都不认得字，后又选一个秘书。

农民协会就这样成立。

（三）打土豪

农协成立就打土豪。初因无乡府，打土豪只要农协批准就行，并先由农协几【个】干部研究确定对象。钱解上，衣物等分给穷人，贵重的物件是要钱的。

（四）村、乡政府的成立及行政区划

民国十八年冬，村政府成立，少白沙和中岸组成中岸村政府。十九年四月间起乡苏——水浆乡（杨九辉同志说，是初起严坑乡，仅隔两个月沙溪区成立，撤销并于水浆。1931年又从水浆划为三乡：水浆、下庄、严坑。九辉现在沙溪乡拱江背住，见我整之〔理〕杨九辉材料），区是稍后成立的，曰沙溪区。1931年水浆乡划为三乡：水浆、下庄、严坑。从此沙溪区有十乡：落田、八石、北岸、中埠、下庄、水浆、严坑、破坑、蝉田、梅南乡。

（五）平田岭

民国十八年冬就以村为单位进行分田，按人口均分，好、熊搭配均。我少白沙田多岭少，岭的出息比田大；别的村又有岭多田多之现象，至无〈吃〉谷【吃】，老百姓有意见。[①]于民国十九年四月，又以乡为单位，按人口均分。

补【充】：民【国】十八年未分田，谁种的谁割。

4.访游子安记录整理

游子安，男，46岁。现住永丰下庄乡坪上社管源队，现为社党副支书，党员。参加过红军。

---

① 此句原文如此。

（一）关于地方上的革命情况

1929 年二三月间，严玉如、吴光到过石马，起了农民协会，但是躲躲藏藏的，处于半公开半秘密状态。约一年之后，这些人走了，不知去向（他们在这里的期间只是谈论了要打土豪，分田地，并且也宣传大家抗租、抗粮、抗债）。

1931 年藤田以上暴动（古县以下为白区），在成立村、乡苏以后，以村为单位进行了分田地。

（二）关于"石马事变"的一些情况

当地人包围住石马区苏以后，政府工作人员还有一部分在区政府的楼上。敌人兵士追上楼，军事部长温高圣开枪打死上来的第一个敌人，结果后面的敌军一齐跑上来，把温高圣打死在楼上。据说，温高圣在被打出肠子以后，还继续开枪，与敌人斗争。钟贵兰（粮食部长，去年已故）跳窗而出，逃出了危险。这次牺牲的还有尹定富、尹炳山等九人。

（三）敌人文肃信师（国民党大队伍，可能是北方人）

曾经从乐安—沙溪—下庄—水浆—下溪—石马龙家弯，追打红军后，企图又从石马龙家弯又回乐安去，结果在该地被红军歼灭很多【人】，有好多逃跑【了】。

（四）个人简历

1929 年一起农民协会，就参加赤卫军，1932 年时参加少共国际师，后来得病，请假回家。1933 年参加永丰游击队，在古县至石马以及靠乐安一带打游击，后由游击队编成为独立营，仍在这一带地方作战，保卫着地方政权。

（记录整理：孙德盛）

5. 四人小座谈记录整理

曾金贵，59岁，男，乡村主席、赤卫排长、红军，社党副支书、监委；黄礼贵，61岁，男，乡主席、村文书、通讯员（几天）后当过伪保长；李其贵，67岁，男，农协常委、村干、列宁小学教员、乡文书，后当过伪保长；李学兵，40多岁，男，红军，后当过乡丁、区丁。

（一）当地暴动前的一些社会情况

1926、1927年间，黄学龙（下庄村人）原先在沙溪区起党部，他当常委。他的哥哥很害怕，不敢在家，跑往外面去"飘〔漂〕洋"——湖南读书。那时在沙溪起党部的还有赖昌蓬、李怀远等人。起党部的目的是想用以抗租、抗债、抗税、抗捐（当时有国民党派来沙溪收苛捐杂税的人），和老绅士作斗争。另外，他们在起党部时说："起了党部，将来才好投靠共产党。"以后，国民党即离开了沙溪到藤田一带去，靖卫团时常来些兵扰乱。

后来，清党军来捉党部（他们与地方上的绅士武装靖卫团合作），没有捉到，结果就走了。其中还有六个人没有回去，躲在山上作土匪，每天晚上都出来抢东西。黄学龙的弟弟黄学保和侄子黄传苏被捉去，黄学龙就带党部去捉六土匪，结果黄学龙被打死。他死了，党部也就散了。

李镇南（沙溪人）、吴光（田心人）、严玉如（严坑人）等人到东固去，五六个月后他们就组织了游击队，分为了七、九纵队（何排长由当国军到当土匪，后转向革命，编为八纵队）。严、吴二人都是在七纵队首领段月全〔泉〕的手下，各带一连人，回到我们这一带来活动（因为他们原来〔是〕这附近人，而且活动过，【对】地势等较熟悉）。

（二）革命的开始及其发展

严玉如带兵到这一带来了，就要各地组织起来，成立农民协会。唐队长在沙溪起了革命委员会，其中还有李春生、杨还元、李镇南。后来找到了李其贵和黄学神、李其惠三人开会，我们说："这么几个人怎样搞得起来呢？"李春生就对我们说："你们搞了还是会搞起来的。"那次开会要李其贵当常委（在起革命委员会时，严玉如他们已去东固，活动组织还不敢公开）。

后来谢登高到这里来指示了一下，说你们这里要组织农民协会。李春生又带来了一些人宣传："我们只要组织起来，将来无田的有田，无岭的有岭，无钱娶不起老婆的可以娶得到老婆，实行自由结婚。"〈等。〉——这是在下庄、狐狸坑以及周围一带小村人家的民众在庙下开大会时讲的。后来，就组织起来了，由一个常委会领导，李其贵为常委，其〔黄〕学神为书记，李其×为宣传。

1929 年二三月起农民协会（比水源以及周围其他一些地方较早一些），名称叫做下庄农民协会。一起农民协会，就由赤卫军排长曾金贵领导赤卫军去打土豪，其中打了竹仔蓬的赖书发，并捉了他的儿子。

五月间，在严坑成立了水浆乡苏。

七八月〈多手指〉李长生来我们这里成立村苏，村主席是李昌清，秘书是黄学神，另外，还设有土地委员、裁判委员等。

1929 年四月，以村为单位第一次分田地。

1930 年二月，以乡为单位第二次分田地。

（记录：孙德盛、张扬球；整理：孙德盛）

6. 访李金财记录整理

李金财，男，44岁。住下庄乡坪上社管沅[1]村。曾做过红军战士。

（一）关于地方上的革命暴〔爆〕发及发展情况

1927年五六月，谢登高、严玉如他们背着用布包着的屠刀来到我们地方上，首先与大白石陈永炳、陈连魁、陈传荣、陈永瑞等秘密组织暴动，并且依靠了他们发动其他群众，成立农民协会。这一次打了陈家秋的土豪，杀了他的两个儿子陈欧阳（又名陈兆甲）和陈臣祥，没收了他家里的全部财产，宰吃掉了他家的猪和牛，并将陈家秋本人解往沙溪，后因他的年纪多〔大〕（80多岁）才不至被杀，而被释放出来。中途因为敌人来扰乱而停止了一年。

1929年八九月开始大暴动，李亿苗、吴光、严玉如以及地方上的游昆年、周圣福、罗来满、范家荣等人，在这里组织农民协会，并且组织了赤卫军、游击队、少先队、儿童团等。另外，还搞扩大红军工作。我们水浆一带，除地主、富农以外，一般的都参加了红军，因而在一次区的大会上获得了县送给我区三头耕牛中的一头水牛（大白石得一头黄牛，严坑得一头）。

（二）分配土地

1929年冬至1930年正月，进行了分配土地工作，以村为分配田地的大单位，按照人口平均分配，每人可得五担谷田（一亩二分五厘），分不掉的，留下来作为公田。当时在外面当红军的，也可以分得田地，并且有人代耕，他们的家庭还可以得到优待。后方的老百姓为了照顾与优待红军家属，他们先帮家属做完事，再为自己

---

[1] "管沅"，应为"管源"，后文写作"管源"。见《江西省永丰县地名志》（内部资料），1985年版，第158页。

做。分完田后，1930 年就搞组织学校、组织合作社，及继续搞扩大红军等工作。

（三）汉奸、敌人的破坏与残害革命

1930 年，王维汉曾带靖卫团一连人化装为红军召集大家开会，在会上找好了残害对象之后，立即将赖 × ×、蔡 × ×、罗 × × 三人杀死，其他人一起逃跑掉。后来被妇女认出，大家才又回来，重新组织起来。王维汉他们在当日早晨来，吃了一顿饭后，中午亦便走了，以后也不敢假充红军。

1931 年六七月，坪上蔡有品、蔡有国，石马刘铭宗这些人带靖卫团来围攻我们的政府。没有围攻到我们的政府（在龙石头—大白石—水浆—管源一带），结果将百姓的衣物、铺盖、耕牛（十八只）等财物抢劫一空，并且杀了徐水平的父亲（水浆人），捉去并打伤了杨欸根一人。

（四）关于学文化

为了便利于在革命工作中阅读文件等等，总之，为了便利于一切，当时通过向群众进行宣传后，掀起了一个学习文化的高潮，各地都办了列宁小学。有两种：一种为日校，只水浆一个；另一种是夜校，各村都办有一个。办校经费从打土豪所得中抽之，不够，则由农民摊派。教师来源：从群众中找识字的人，教师无工薪。教师所得的田地，由当地群众代耕。除去业务工作外，教师还要作时事宣传（如写标语等）工作。

（五）关于合作社

组织合作社是以入股的形式搞起来的，每股股金为一元。除掉土豪、富农以外，其他成分的，都可以按照家庭经济情况自愿入股。每户入股数不受限制，可以来几股，也可以来一股，经济困难的也可以不入股。当时全区只办一个合作社，设在沙溪，其布匹、盐、药材等都是由白区运进来的，计划在每年春、冬两季结账、分红（入股后可否自愿随时退出，当时无规定）。但是在办了约一年之后，全部入股金还没有收齐，就因为国民党来进攻而弄垮了，财产也〈被〉【受到】损失。

（六）关于建设公债

1933 年，普遍发行了建设公债，通过向群众算细账和宣传后（如宣传道：我们现在大家都分得了田地，每年不要向国家交纳什么税，又不要向地主、富农交租等。我们现在每户买这么一些公债所要拿出来的钱，还不及大家以前欠交租的利息那么多等），于是，大家都很愿意购买公债。当时每户一般的认购五元，干部除了家里购买外，自己还须另外购买。由于大家都很愿意购买公债，所以，分给我们村上的任务一次就完成。

（七）关于区、乡的范围

沙溪区包括下面乡：严坑、水浆、下罗、破坑、水村、东埠、北安、汉下、梅兰、八社〈等乡〉。

水浆乡包括下列四个村：水浆、大白石、统王坑、东王坑。

下罗乡包括水沅①、下庄、下罗、劣门、梅林。

严坑乡包括小白石、下溪。

（记录整理：孙德盛）

7. 访朱居坎记录整理

朱居坎，男，60 岁。现住下庄乡中罗社敬老院。曾在二次革命时当过红军。

（一）革命来由及发展情况

1929 年二三月，有李亿苗、吴光、严玉如、李荣章、李怀衍等人带兵约六七十人来我们这一带，召集民众开大会。李亿苗对

---

① "水沅"，应为"水源"，后文写作"水源"。见《江西省永丰县地名志》（内部资料），1985 年版，第 160 页。

群众讲了话，号召大家组织起来，划分阶级，打土豪分田地，等等。会后，李亿苗他们返回东固，由地方上的人，例如李世发、杨道德等人领导，组织了农民协会，并且组织了担架队、运输队、妇女洗衣队、游击队、赤卫军、儿童团、少先队、贫雇农工会、妇女协会、慰问队等。首先作领导干部的有：主席李世发，副主席黄福照，工会委员长曾王碧，秘书（文书）杨道德，书记杨正年。另外，还要扩大红军，农民、工人、妇女中，每月各要【动员】一名参加红军。

1929 年冬，在严坑成立了水浆苏维埃政府（村苏较早一点时成立），后来，地址由严坑迁至东王坑。约在第二年的春天进行了第一次分配土地：这次是以村为单位，按人口平均分配，每人分得六担谷田（较水浆、管源乡多一担谷田）。茶梓山也是按人口平分，但在分配之前应当估计好产量（以连续三年的平均产量为准），然后再分之。后来，很多青年都出外参加红军，为了照顾和优待他们的家属，进行了第二次分配土地。这次分配的情况是：红军及其家属得好田好岭，贫雇农次之，地主、富农得劣田。当年收割后，以乡为单位进行了第三次分配。这次由群众自愿得田岭，可以要求多得田少分岭，也可以多得岭少分田，也可以田岭各得一半。

（二）关于文化学习

在二次国内革命战争时期，通过宣传教育，还掀起了学习文化的高潮，各地的农民、妇女、赤卫军、游击队等都根据自愿原则组织了"识字运动班"，由识字者负责教育人。初学写字时，多半以树枝当笔，以沙地当纸，进行练习；学会了一些以后，再买毛边纸练写。这对当时革命联系等工作起过了作用。

（三）公债的发行

公债的任务是由上至下层层分配下来的。当乡苏政府确定了各村的任务以后，村里事先召集贫苦农民群众会（不许土豪、富农参加），在会中经过群众的同意，同意确定各土豪、富农的购买公债的数字，而后在下一次群众会中宣布，剩下的公债任务由农民自愿在会上认购。当时的群众觉悟很高，一次就完成了任务，无须再动员再认购。

（四）反革命对革命同志残杀情况

在肃反时，罗焕南以杀 AB 团为名，杀害了许多真正革命的同志。他的部下△文安在水浆乡即杀了一百余人。

注：这份材料参考〈经过〉龙石头社河湖罗凤英的口叙原始记录。

（记录整理：孙德盛）

（十八）杏严乡调访资料

1. 访杏塘黄日桂材料整理

黄日桂，现年 46 岁，生于民国二年，杏塘人。曾参加赤卫队、区苏土地部长、工作委员会主任，曾参加过中国共产党，1935 年一月回家。

（一）黄日桂同志个人参加革命的活动情形

我生于民国二年，18 岁【那年】十月间（今年 46 岁）参加乡（泉湖乡）的赤卫队。赤卫队我当了两三个月，出来在家作田。1932 年十一月间（藤田早已起了区苏维埃政府），这年召开了区苏维埃代表大会，我参加了这次会。当时代表产生是由乡选到区，区选到县，区代表会选了我当执委委员。1933 年二月调到区当土地部长（不是选举产生的，是县委调去的），1933 年十二月参加了中国共产党。到 1934 年一月又改选，我就任藤田区苏主席。后来敌人〈就〉进攻，五次战争爆发，二月份敌人进攻。我们就到石马去帮助石马成立工作委员会，区委书记刘福山（现住龙冈），我担任区工作委员会主任，并领导了一个游击组，有四十多人，十多条枪。晚上游击组【出】发去捉国民党的俘房兵，捉到了俘房兵送省；我们还到温坊抓了一个反动富农，是过敌人的碉堡去捉的，当时省里还表扬了我们邱（坊）藤（田）游击组；还缴到国民党的枪。

1934 年（古）六月我就调动到宁都学习——我走后是刘家福

负责——到宁都州东门的会重去搞工作。当时这地方的大刀会最多（都是地主、流氓等反动分子），主要是去捉大刀会。在这里搞了【一】个多月工作，回到宁都大路口训练班学习。学习时是由陈大生领导（兴国人，20多岁的知识分子）。这个训练班叫江西省委党校，参加学习的人有六十七八人。

在省委党校学习时，清早学文化，学习《战斗报》（是党报），学习时还要摘笔记。上午就上课，样样都讲，不过主要是讲破坏敌人的公路、剪电线，是由省保卫局作报告。这时的省委书记姓张，省苏主席也姓张〈××〉，曾山已调中央去了。下午是休息，或者是做游戏。礼拜日就全部上山去砍柴。晚上讨论到八点钟就睡觉（因为工人一般都八小时工作）。学习了两个月，主要是学习破坏敌人交通，剪电线。

1934年十一月学习完就分到本县（当时我是不愿回来的，结果经过动员后才回来了），在县里支库里当出纳【做】收发工作，一直做到同年十二月县苏政府解散为止。1935年一月就回到家里生产，帮人打长工。

1936年和我老兄剪了两次电线，在松山前〔剪〕一次，在丰宜前〔剪〕一次，共剪几十丈铁线拿回家来，没有一个人知道。剪电话线使国民党反动派打不通电话，过了两三天国民党来查，国民党的警察就到严坊伪区政府，伪区政府便和严坊的伪保长到严坊家家户户搜查，发现那一家有铁线的，说人家剪了电线，压迫赔偿。有很多家都赔了钱，有几家是20块银洋。这次老表们都吃了苦，以后我就没有剪了。

（二）永丰县基本情况

永丰县所管辖的区：藤田、石马、鹿冈、古县、中村、上溪、摇〔瑶〕田、沙溪、龙冈、君埠、南坑、良村、汉下、邱坊等十四区。

1933年（古）十月，永丰县划为永丰、龙冈二县。永丰所管的区是藤田、石马、鹿冈、古县、中村、上溪、瑶田、邱坊、北坑九个区，龙冈包括【的】区【是】龙冈、沙基〔溪〕、潭头、南坑、汉下、君埠、良村等七区。①

永丰县苏、县委在杏塘二年多，从【19】31 年七月（古）到【19】33 年（古）十二月。

1932 年（古）三月永丰中共县委在杏塘仲魁公祠开了一次党代会议，是由县委书记李富槐主持的。李富槐是留洋生，当时在杏塘，经常会到杏塘乡支部参加会议，李人不高，人不胖（注：黄日桂同志说他是福建人，而田心人都说他是永丰沙溪北安人），后是崇、宜、乐三县合并的县委书记，被国民党捉在九江坐监牺牲了。②这次会开了三天，在会场前面门口写永丰县党代表大会（不知是第二还是第三次）。会场布置了，搭了一个台，是用长凳横在地面下，上面就放被子，搭起来的台，台上摆了两个桌子，下面一边摆一个桌作记录。还唱了文明戏，唱慰劳红军戏，唱戏时还有唱歌（是石溪一个妇女唱的）。会议选举李富怀〔槐〕【为】县委书记。

永丰县苏维埃政府在【19】33 年 × 月在藤田老圩大祠堂召开县苏维埃代表会议，大会由原县苏主席吴泷水主持会议。开了会以后，就调省里去当土地部长。

这次会议选举了邱慈良为县苏主席，罗圣辉为副苏主席（后为龙冈县苏主席）。

詹天龙与吴刚、严玉如经常在一起，詹天龙最会讲话，是吉安人。他们通信都是（起农协时）用药水写在草纸上，浸湿以后就可

---

① 1933 年 8 月，龙冈县成立，管辖永丰县瑶岭以南的龙冈、君埠、沙溪、上固、潭头和良村、南坑（现属兴国县），以及兴国县的枫边共 8 个区。见《中央革命根据地词典》，档案出版社 1993 年版，第 157 页。

② 李福槐，福建连城人，原名佛淮，又名福槐，后改名瑞珊。1931 年 9 月任中共公略县委组织部长，后任县委副书记。1932 年 2 月任中共永丰县委书记。1933 年 8 月任中共永丰中心县委书记，9 月任中共乐安中心县委书记兼江西省第二作战分区政治委员。1947 年 11 月 16 日被国民党杀害于南昌。见《中央革命根据地词典》，档案出版社 1993 年版，第 429 页。

以看清楚。

1934 年十二月前，县苏主席刘干香（潭头人），县委书记罗国棹，县委、县苏设在杨磜（永、宁交界之处），后【在八月几】来搬永丰中村〈八月几〉。这时中央、省苏维埃政府也在这里——八月几，共有几千人，有 1000 多支枪，还有枪炮厂（是原来省苏搬来的）。枪炮厂的厂长【是】黄桂荣（叛变）。

（三）藤田大革命时期的革命活动情况（1925 年三四月——1927 年）

藤田是在 1925 年三四月起党部。

当时参加党部的人都是一些地主、富农、知识分子，农民没有参加。在藤田地区的每个村都有党部——田心、藤田、杏塘、谢坊、严坊、湖西、邱坊都起了党支部，而且在各地党部都有领导人。藤田党的负责人是郭用光（牺牲），田心吴刚（私立武昌大学毕业，被〔在〕杀 AB 团错杀了），谢坊谢魁元（牺牲），邱坊邱奠昆，湖西罗松山（叛徒），杏塘黄乐真（当革命群众起来时便退却，所以后来脱离革命，成分是地主），严坊严玉如（打 AB 团打死了）。各村的党部门口一边插了一面红旗。

起了党部后，党部没有开过群众大会。党部当时宣传要妇女剪头发，不要信迷信，说菩萨是木头做的，不会显灵。禁止吃鸦片，如杏塘种的鸦片长了一尺多长都被党部拔掉了。妇女要放脚，脚小不能走路。

在【19】26 年时，因上面（指国民党反动派）逼得紧，党部就不公开，转入秘密活动。〈反革命有〉靖卫团经常来捉党部的人。

【19】27 年六月又公开了，这时就咕咕叫（即革命很快，声势壮大了），到处都起农民协会。这时主要领导人是吴刚、严玉如等三人负责领导。

在杏塘村学堂门口开了一次大会，有 1000 多人参加，杏塘附近的小村庄都来参加这次会（会场是搭一个台子）。黄乐真（留洋生）在会上讲了话，讲要实行土改、分田地，实行抗租抗债，要打倒土豪劣绅。大会成立了杏塘农民协会,并选举了黄乐真为农协主席,还选了委员,都是地主、富农和知识分子,农民也有。后来黄乐真因看到贫苦农民真正的起来革命,就害怕起来,〈退〉都溜走了,因此农民协会又换黄德明为主席。

农协成立时,还有少先队,主要是放哨,打土豪。农协成立后杀了四五个〔头〕猪吃,并且开会决定要打哪几家〈是〉土豪。当时准备去捉黄维华(大土豪),邱奠昆便写了一张纸条,拿到哨岗去给黄希忠(他正在放哨),可是黄希忠正是黄维华的儿子(因邱奠昆不知他是黄维华的儿子),结果黄希忠赶快跑到家里去告诉他爸爸黄维华逃走,所以没有捉到。杏塘农协捉到了四个贪污的人,没有杀,放走了。

×年×月永丰、吉水、乐安三县民团到藤田一带来捉农协的人,农协的人都跑了,三县的民团在藤田烧了房子。

(四)土地革命时期的革命活动情况

靖卫团(?)走后,【19】28年×月吴刚在藤田又暴动,当时龙江、沙溪、藤田都由吴刚、严玉如、邱连〔奠〕坤等人领导。土改时有三支枪(1927年搞到的),后来愈搞愈多了。那时还有一个詹天龙和吴刚、严玉如在一起,詹最会讲话(吉安人)。

1927年杏塘农协起了以后,在1928年十一月间又起乡苏维埃政府。当时杏塘的黄德明、黄国彬二人从宁都当红军回来,便组织农民协会起来暴动,同时在杏塘建立了苏维埃政府,命名为"泉湖乡苏维埃政府",这时还未听说建立党支部,其管辖范围杏塘、严坊、温坊三个村苏维埃。乡苏主席黄国彬,妇女主席黄金秀(脱产)。

妇女会宣传妇女要剪发、放脚,妇女不受家婆、丈夫的打骂,如果受了打骂,家婆或丈夫就要戴高帽子游街。不准带童养媳。妇女也要参加打土豪。

赤卫队,乡苏有一个排,村苏也有赤卫队,乡苏、村苏共有五六十个赤卫队员。但是,没有工薪,只有饭吃,一角钱一天,还有钱分。是跟乡政府走，使用的武器是梭镖、鸟枪等，没有枪。

少先队长黄清鉴，其工作主要是放哨，放哨时可在乡苏吃饭。参加的人是 16—18 岁的贫雇农子弟，地主、富农的子女不得参加。

乡苏政府的工作是发动群众抗租抗债，打土豪分田地，自由结婚、不要钱。当时群众都自觉地帮助政府去探敌情，乡政府也派了很多人到摇田[①]、藤田、古县等附近的地区去探敌人的情况，如果有消息就赶快回乡政府报告，派去探敌情的人都是可靠的。

乡苏成立后，领导了农民打了十五家土豪，并杀掉了几个地主、反革命。打土豪的衣服、谷子、家具都分给老百姓，钱就留给政府用。

当时吴刚经常会到泉湖乡苏维埃来。

1930 年九月时国民党永丰靖卫团来进攻乡苏，并杀掉了我乡苏十个主要干部，靖卫团并且见到人就打，泉湖乡苏从此被解散了。同年十月又重新建立了乡苏维埃政府。

1930 年（古）七八月间成立了藤田区苏维埃政府。

区苏主席吴保管，后换宁志洲（家庭是地主，真正的 AB 团，错杀了我革命干部千多人），又换谢里春（牺牲），换郭学柳（牺牲），换吴启发（当伪保长），换宁衍凡（现管制劳动），最后 1934 年区苏主席是黄日桂（现在泉严乡任会计）。妇女主席邱年秀（现在藤田住）；裁判部长陈洪辉（现在地主），后换刘大生（现在沙溪）；土地部长×××，后换黄日桂，又换杨礼才（牺牲）；国民经济部黄圣菊（已病死）；财政部长吴元宣（病死）—吴三生（叛变）—吴北棹（病死）；工农检查部长严有褡[②]（牺牲）；军事部长黄德明（牺牲）—邱惠端（病死）—黄兆瘟（当过伪保长，病死）；内务部长吴元和（现在杏严奉新社住，开小差，在家作田）；劳动

---

① "摇田"即"瑶田"，后文写作"瑶田"。见《江西省永丰县地名志》（内部资料），1985 年版，第 108 页。

② 原文为"衤"右边一个"昏"字。

部长陈金山（现做木匠，潭头人）；文化部长毛××（沙溪长坑人），换严兆林（叛徒）；特派员董长才（现住石马，煤田石住），换陈××（现住沙溪）；工会主席陈××（现在宁都寒坑乡）；互济会主任刘××（石马乡人还在，寒坑人）；反帝大同盟×××。

区委会组织：书记毛陆山（东固人）—罗吉章（永丰人）—刘家福（龙冈人）；组织部长谢辉宗（牺牲）后调县—张国泰（吉水人，牺牲）；妇女部长林英方（潭头人），换吴高秀（现在地主），又换罗玉秀（在佐龙乡）；少共书记黄永麟（富田人）—黄阡熊（死）；少队队长张金生（吉水人）—黄清林（当伪保甲数年）。

藤田区苏管辖：杏塘乡〔主席黄质恒（在），支部书记黄兆振（在）〕，严坊乡〔主席×××，支部书记严达夫（当过伪保长）〕，温坊乡〔主席杨圣保（牺牲），支部书记杨兴年〕，△岭乡〔主席王立万（在），支部书记宁文秀（病死）〕，

田心乡〔主席吴子学（在），支部书记吴志才（病死）〕，坑坊乡〔主席曾振真（在），支部书记×××〕，平正乡〔主席×××，支部书记吴兆端（当过伪保甲，病死）〕，老圩乡（主席×××，支部书记×××），园内乡（主席×××，支部书记×××），洲上乡（主席×××，支部书记×××），谢坊乡（主席×××，支部书记×××），金溪乡（主席×××，支部书记×××），藤田乡（主席祝××，支部书记××）等13个乡苏维埃政府。

全区有党员300名左右，团员300名左右，党员多于团员。杏塘村团员、党员最多，杏塘团员有30多个，党员有30多个，党【员】比团员要【多】一点。

区苏维埃代表会一年一次。1930年成立区苏，开了一次代表大会，地点、内容不详。第一次区苏代表会〈在〉1931年（古）八月在藤田召开，每乡有十几个代表，共有200多代表参加，开了三天。会议由区委书记毛六三作了报告，总结了一年的成绩，肃反，讲打土豪，捉了多少地主、富农，处决了多少个反革命分子。

会议选举了郭学周为主席，副主席不记得了。

第一次区苏代表会在 1932 年（古）八月也在藤田召开，有 200 多【名】代表，由毛六山主持会议，开了三天。首先讲一年来的工作总结，打了多少土豪，处理了多少反革命案件，土改分田地的情况，公债、累进税、查田查阶级得到了那些成绩。藤田区在同年早已分了田，杏塘每人平均三亩多。会议选举了委员：吴君发、宁衍凡、吴三生、严有福、陈金山、吴志仁、刘其生、张国大、毛玉山、邱年秀、陈×× 等 13 人。

第三次区苏维埃代表会是在 1933 年十一月在杏塘村开，有代表一百多，会议开了两天。当时因为敌人的进攻，这次会议开得很简单，只总结了工作，选举了区委委员：吴三生、吴兆军、黄圣鞠、黄桂发、吴元和、吴家福、黄日贵、严任生、黄兆店、陈金山、曾广兴、严有福。

2. 访杏严陈木生材料整理

陈木生，永丰县渝洲人，现年 49 岁，从十多岁时就帮人做长工，1930 年参加工农红军，1933 年回家[①]，1948 年参加地下革命活动，现任永丰严坊国营煤矿厂党支部书记。

（一）地下活动情况（1948 年 7 月—1949 年 6 月）

我党的地下工作队，在 1944 年就【在】吉水、永丰、峡江一带进行革命活动。

我是 1948 年（古历）七月十二三日到吉水、峡江、永丰交界地方杨岭一个山棚里和我们地下工作队接上头。由罗增光介绍。罗增光是吉水人，在土地革命时当过红军。我 1935 年回家，在 1936 年就和他有来往。他会做篾匠。他与地下工作队接上头是同年五

---

① 存疑。正文中说"1935 年回家"。

月，七月就以帮人割禾为名来到我这里，实际上是来找我。那时他就对我说先去藤田当天街，第二天再去割禾，我说好，两人就在路上谈起来了。他首先说："老陈（木生），我有一件事想和你商量。"我说："你讲嘛！你还不晓得我的事情吗？"罗增光又支支吾吾不敢讲，我又补充说："你还不相信我吗？"于是他就告诉我，他那里有地下同志来搞活动。我就说那好哇。我和他谈好了以后，回来就要他假装有病，肚子痛。我并且装着不认识他，就和他说，你既然有病，那就回家去吧。这样罗增光同志就回杨岭去了。

同年（古历）七月十五日，我就到他那里去找罗增光。当时有一个姓刘同志（是蔡敏的化名）负责，共有十多个人，都是二三十岁的人，都是知识分子。这样我就与他们接上了关系。

我和他们发生关系后，也搞过一些米给他们。我回来后就找了几个可靠的贫雇农，和他们谈谈这个问题。以后发展到 20 多人，计：

渝洲村唐福康、刘九贵、刘可松、刘保贵、陈木生（现党员）；

洲头刘晋亨（党员）、刘培福（死）、丁容光、刘才亨、刘春亨（现为藤田乡党委书记）、刘取珍，彭吉祥、彭取明、彭××（死）；

井坑刘富高、李吉亨、曾洪春、肖顺才、谢振才（党员）、肖培才、苏象有、张可仁、周××。

当时这二十多个人都发了临时党证，党证外面写了中国共产党临时党证，党证盖了蓝色的印，蔡敏也盖了章。当时叫"中国人民解放【军】赣江纵队"，分了两个支部：吉水是第一支部，罗增光的〔是〕支部书记；永丰是第二支部，支部书记陈木生。

我们的工作主要是宣传革命委员会，并了解国民党二十三军有多【少】枪、多少人等，了解的情报都送给蔡敏。当时肖顺才经常把文件从杨岭送到新淦去，晚上送去，白天睡觉，并向老百姓宣传，解放军来了不要害怕，要妇女做鞋子。本地老百姓当时都知道解放军是以前的红军。我们这三村解放军来的时候，老百姓连鸡都没杀一只；别的地方就不同。当时因为国民党反动派造谣，说解放军来了连禾都要割走，妇女也有带走等等谣言，同时老百姓对解放军又不了解，所以对解放军产生害怕的思想。可是我们这三村老百姓就没有这个思想。

我们在【19】48年九十月缴了两根枪，是缴得佐龙乡大恶霸宋居仁（当过伪县长）的。我们到他家里去，一个同志就和他讲，约法八章，要他把枪交出来，将功赎罪。他当时也想保住自己的生命财产，就自动把两支枪交到〔给〕我（一枝是短枪"左轮"，一枝是长枪）。

我们搞地下活动时，在1949年被国民党知道了，他们只知道杨岭有共产党在活动，但不知道是红军还是解放军。国民党反动派想来抓我们，但又不敢来，因他们不知道我们有多少人、有多少枪。

这时我们在家里也站不住脚，都跑到吉水八都去了。解放军是在1949年（古历）六月初四解放八都。我就带解放军到永丰来，永丰县是（古历）六月十八日解放的。初解放永丰县委书记是姓游，我和游政委搞了几天就调出来。

（二）抗兵活动的情况（1935—1938年）

1935年到1938年国民党就抓壮丁，抓得很厉害。1938年是抗日时期。当时我们组织地下活动，开会讨论。负责抗兵的主要是刘培福（1927年就加了中国共产党，是专门在地方上做工作），还有唐福康、刘可松和我（陈木生），四人经常联系。

国民党反动派来抓壮丁，我们就商量，要反抗，叫有兄弟的人跑走。抗兵还宣传红军的好处，动员大家起来反抗抓壮丁等，所以我们这里的老百姓都希望红军回来。

我们抗兵队只与吉水罗增光有些联系。

我村有个刘燕林，过去是雇农出身，当过红军，在红军北上抗日后，便摇身一变，做起伪保长情报工作等等，参加了国民党、红帮，是红帮头子，王子增介绍他入的。当时被刘燕林发现了，他便跑到王子增那里去报告，说我们渝州、洲头又在搞"土匪"组织。

后来就天天派人来抓。当时抗日是国共合作，所以王子增就告诉刘燕林要先找到证据再抓。

后来刘燕林又来逼我们参加"红帮"，我们不肯参加，因为我们知道这是反动组织。但是国民党反动派又经常来抓，实在站不住脚，于是就大家在山上开会商量。商量结果【是】集体参加。可是参加时又要我们每人出一块银洋，我说我没有钱，就出 20 个铜板，八九个人就表面参加了。我们参加了"红帮"以后，还是进行了革命活动（抗兵），从此他（刘燕林）就不管这个事了。我们参加"红帮"半年脱离关系。

1939 年、1940 年就完全与"红帮"脱离了关系。

（整理：郭子文）

3. 访田心吴鲁观材料整理

吴鲁观（由于嵌了两个金牙齿，所以，外号又叫金牙齿），永丰县田心人，生于 1901 年（辛丑，光绪二十七年）。家中贫苦，家有五兄弟，他是最小的一个。父亲是有名的秀才、老先生，在乡下教书（私塾），家中是以种田和织夏布为生。吴鲁观会种田，也会织夏布，但挑担不行。小学毕业后停学在家，帮助家里劳动生产，在家时还娶了老婆（已嫁在藤田上街头）。

吴鲁观

民国十五年四月间，在老圩典乐公祠起青年学会，由吴江负责。同年九月开始起党部，由吴江负责。当时有区党部、县党部，南昌市有市党部。吴鲁观在区党部当事务员（主要是搞买办工作）。这时吴江随叶挺部队到河南开封打北洋军阀去了，党部便由郭用光负责（南昌第一师范毕业），严玉如（严坊人，是中学生，杀 AB

团时【被】杀掉了）。①

民国十六年（1927 年），蒋介石叛变革命，疯狂地屠杀共产党员和进步的革命人士。因此永丰县党部也就此解散，许多共产党人转入地下，进行秘密工作。党部的进步人士，也是站不住脚，时刻有被国民党反动【派】抓去的危险。

吴鲁观同年六月（古历）逃往乐安大金竹张来绥家里。张来绥家里请人织夏布（张来绥身为夏布店老板，后来也参加革命活动）。

吴鲁观到乐安大金竹去，一方面是怕敌人捉，另一方面是到大金竹去找邱汉杰（反革命分子）起暴动队。邱汉杰当暴动队指导员，曾国衡当政委，吴寿 ×（吴只眼）当队长。那时做地下工作的人员都活动得很好。首先是做好张英（是乐安伪靖卫团队长）的工作。张英当时与李德贵（伪乐安靖卫团队长）不和，在 1928年六月买通勤务兵，在洗澡时就把李德贵打死，张英作队长，同年起义。

吴鲁观在民国十六年六月在张来绥家里织了两个月夏布，由于国民党反动派永丰、乐安、吉水三县民团（200 多人，100 多条枪，头子是张帮杰、曾德志、曾振甫、吴步颜）下通帖：抓到吴江赏500 元银洋，吴鲁观 200 块银洋，吴文沣 100 块银洋等等。便从大金竹到大树岭过宁都、黎川到福建。这时吴鲁观的四个哥哥都在福建挑担，吴鲁观不会挑担，只会种田、织夏布，因此在福建时，便靠他四个哥哥挑担得来的钱，来维【持】他在福建的生活费用。

× × 年 × 月② 吴鲁观从福建回来，在大金竹与张英会面，并参加了七纵队。是由梁林杰负责，吴鲁观在七纵队当宣传。东固是九纵队。七纵队到东固与九纵队合并，编成二、四团。

吴鲁观后又编到永丰县警卫营，这时吴鲁观已入党，在警卫营第二连当政治委员。

---

① 原文如此。
② 原文此处无字，以下划线表示。

1931 年调石马当特派员。这时正值打 AB 团，由于石马区委书记宁志洲是 AB 团分子，杀掉了我们 100 多人，所以吴鲁观在这时也被打 AB 团打掉了。吴鲁观【被】打 AB 团打掉了，据群众反映是打错了。

吴江

永丰藤田乡田心人，生于 1901 年（辛丑光绪二十七年），家庭贫苦，开了一个小铺子，主要卖饼、面等，家有父亲、母亲。父亲是白生（即一生没有考取过秀才，教私塾），有学问，后因吴江及兄参加革命之故，被反动派靖卫团杀死了。吴江有兄弟四人，他是其中最小的小〔一〕个，三个哥哥都是种田，也都被反动派杀害了。

吴江从小就有志气，性格刚强。一次他在外面打牌，被他父亲知道了，回到家里他父亲打了他一巴掌，从此以后便坚决不打牌了。另一次家里掉了钱，本来是他两个哥哥卖饼的时候偷去了。他两个哥哥发现家里知道掉了钱，便跑到外面去了，他父亲便拿了一根棍子坐在门边等他两个哥哥回来，最后他父亲等起气来了，便捉到吴江打了一顿。吴江挨了父亲的打，当时也拿石头死命地打自己胸前，他说又不是我拿的钱，还捉到我来打，并且气得两餐不吃饭。

吴江曾在南昌第一师范附小读书，毕业后在南昌鸿声中学，后又在私立武昌大学读书。吴江从小就好读书，很用功，成绩也很好，总是考一二名，他的英文很好。在家读书总是读得很晚，不睡觉。但他的身体好，个子不高，比较胖。他在外面读书用钱非常节省，别人半年要七八十块银洋，他一年只要七十块银洋就可以。家里没有钱也要借钱和邀会去读书，另外还有众钱给他读书。

吴江在私立武昌大学毕业后，民国十五年就派到南昌来，在叶挺、贺龙部下，当二、四团的指导员。据说他在私立武昌大学就加入了中国共产党。

民国十六年（1927年，国共分家），他回到永丰县，在党部里，是当前方部队的团长。后来回到家里组织暴动队。

民国十七年正月在田心成立平民夜校。夜校里有四十多人，两个月毕业。参加夜校的人，都是贫苦农民及其子女。不久就组织夜校里的人，成立农民协会，后来田心全村都参加了农民协会。在农民协会中，挑选了 40 个积极分子，身壮力强的人，编成游击队，当时没有枪，都是梭镖、鸟枪。同年五月在藤田进行暴动，打了土豪，没收了秋江刘国华土豪的鸦片及其财产。吴江的父亲看到他搞农民协会很勇敢，他父亲很高兴，并且说我有个这样好的儿子（指吴江）就不错了。

吴江在藤田组织暴动后，便回县革命委员会。当时永丰县革命委员会主席是吴立仁，袁振亚和吴江也都是革命委员会的负责人。

吴江当时在革命委员会时，大家看到他胆大勇敢，喜欢唱京戏，因此大家听到他唱京戏时，便和他开玩笑说："吴江你就是薛刚。"他就是点头笑笑回答大家。

民国十七年（1928 年）五月革命委员会在邱坊时，杀掉了一个劣绅吴德智（田心人，吴宪志劣绅的儿子）。因为这个家伙帮反动派的"亲〔清〕乡剿匪"营长买鸦片，结果被我革命委员会的负责人翻簿账时看到了，便派游击队捉来杀掉了。所以有人说吴江杀老弟进行暴动，其实不是这样。

同年五月二十三日县革命委员会迁到田心。这时吴江已到吉水白沙去工作，当吉水县县委书记，改姓刘，又改胡老伯。[①]1930 年抓 AB 团，把吴江捉回永丰，说他是 AB 团。捉到永丰县最初是叫他"反省"，在"反省"时还没有关起来。当时吴保芳（后叛变当靖卫团，解放后镇压了）要他走，吴江不肯走，他说："我相信党。"

吴江在坐牢时一人坐一间，是他本村（田心）吴林芳看守犯人。吴江在牢里对吴林芳说："我根本没有参加过什么反动组织，我是全心全意为党工作，或多或少对党总有点贡献。我吴江没有功

---

① 中共吉水县委于 1928 年夏在吉水醪桥成立。书记先后为曾山、刘启勋、刘作抚、刘明潭、杜然、周绍仪、曾凯然。见《中央革命根据地词典》，档案出版社 1993 年版，第 154 页。

劳，也有苦劳，你看我现在还是这样下场。真正共产党并不是这样的。"吴江便要吴林芳回家去，在家里生产还更安全。

吴江解到藤田时，当时田心人听到吴江说是 AB 团，从吉水被捉回时，大家的【心】都是软的，田心全村的人都说要去保他出来，并且说要从牢里抢出来。后来他嫂子杀了一只鸡去，送给吴江吃。吴江见了一面嫂子，只是站在那里抬起头，挺胸摇了几下头，没有讲一句话。鸡拿给看守的人去〔吃〕了。吴江和他嫂子见了这回面〈后〉，从此就不知道吴江【被】杀到哪里。

1931 年八月，在兴国古龙冈开会，杀 AB 团头子吴刚、金万邦等人。各县派代表参加，一区有个把人，全永丰县有二十几人去参加。参加开会的人数有几百个。〔邱老陈（中坑郭家岭人）口述，詹义康整理〕①

吴立仁

永丰县藤田乡田心村人，生于 1902 年（壬寅光绪二十八年），家庭贫苦，农民出身，八岁时就死掉了母亲，12 岁就死了父亲，便住在叔父家里，由叔父供养。叔父家里是开店，生活还好，叔父送他读了几年书。由于吴立仁人很聪明，所以读书成绩也很好。

叔父 20 岁给他讨了老婆，21 岁就生孩子。讨老婆两年就和叔父分开，帮人挑担，并帮人做了一年长工。在他 27 岁时就红军来了。民国十六年正月在夜校，起农民协会时当宣传，以后编入游击队当班长，后又提升为队长。

民国十八？②年十一月到乐安县大金竹和张英、张来绥、康培文、康维成起〔取〕得联系。当时大金竹那边有 20 多条枪〈了机柄来〉，在 1929 年上半年成立永丰革命委员会，吴立仁任主席，袁

---

① 此段内容为后来另外粘贴上去的。
② 原文如此。

振亚任书记。① 吴立仁后又调红二十军任五十八团团长，打长沙的时候牺牲了，牺牲的时候是 29 岁。

几个片段材料：

1. 永丰县苏维埃政府成立于 1930 年，县苏设在宁都商田。县委书记是邓志瑞，后换吴江，吴江调吉水去后，又换薛佐唐。

2.1931 年在藤田缠江举行过一次阅兵，有十几万军队。参加阅兵的有苏联顾问鲍罗廷，毛主席、朱总司令、周恩来、董必武、林彪、李韶九（是政治部主任）。阅兵时鲍罗廷讲了话，是讲中国话。阅兵后就分开，开始进行第四次反敌人的"围剿"。

3. 打 AB 团时，用坐飞机、香烧、用烙铁烧红等刑罚。当时当红军的人，都不敢坐在一起，一人坐在一个地方，若坐在一起就说是 AB 团在开会。因此打 AB 团时错杀了很多好革命干部，所以大家叫"AB 团"是"巴皮团"（即你说他是，他说你是）。

罗焕南（AB 团分子）手上杀掉了我们 100 多革命干部。他家是地主，后来调查结果这家伙是真正的 AB 团分子，潜入我革命队伍，残杀我大批的优秀革命干部。用刀子、梭镖，你刺一刀，他刺一梭镖，便把他杀掉了。

4. 藤田一带分田是在民国十九年（古历）五月分的，田心每人分二斗一升。

（此上全部材料均为吴文沣、吴子学、吴江嫂子、吴立仁儿子等口述）

（整理：郭子文）

---

① 1928 年 1 月 25 日，在永丰邱坊村秘密成立永丰县革命委员会，主席吴立仁。见《中央革命根据地词典》，档案出版社 1993 年版，第 187 页。

（十九）陶唐乡调访资料

1.陶唐乡谢坊座谈会材料整理

人物：谢香恩、谢九春、谢生才、谢洪熙、谢月新、谢新发

民国十六年正月，吴江、邱奠昆到谢坊来组织农民协会，谢坊村农民协会主席谢理春，秘书谢辉宗，执行委员谢国族，政治委员谢仁才。还成立了游击队，队长谢新发，有四十多人，这时只有梭镖、马刀。组织后去打土豪，是谢坊村的谢茂富、谢开祥，这二人结果【被】杀了。打土豪得到的东西分给农民，杀了猪就打锣叫群众〈大家〉来吃。七月就国民党的靖卫团来了，团长张作谋，队长梁澄清。靖卫团杀了谢国族、谢长保、谢仁才三个人，捉到十几个人。捉到了的和没有捉到的都要罚款12元，还要安埋谢茂富、谢开祥二〈个〉人。

民国十七年十二月二十八日，毛主席的兵从宁都来了，包围永丰县。民国十八年正月初二，红军里的一个李政治委员（三军团）带一连人来了，住在谢坊，开群众大会成立村政府，主席谢九春，秘书谢辉宗。还成立了游击队，队长谢洪昌，20人组成的。还到打土豪，村里有70多个人参加，打吴桂才的土豪。六月十九日，国民党又来了，这70多个人都罚了款，多的罚100元，少的4元，烧了8间房子，捉了18只牛，70多只猪。

民国十八年十月来了七、九纵队到藤田，成立藤田区苏维埃政

府（在煤田），十一月成立的，主席谢理春，秘书吴之仁。还组织了一个游击队。还有一个特务排，30支枪，30多人，排长谢天才。

民国十九年正月成立金溪乡，主席吴吉草、李官英（副），秘书吴生，少共书记徐雄才。游击队长郭坳仔，30多支枪，50多个人。

民国十九年正月成立谢坊村政府，主席谢七老，文书谢辉宗，少队长谢庆善。游击队长谢香恩，20支枪，三十几个人。正月十六日，吴保安的靖卫团三四百条枪来了，我们的哨放得紧，没有进村，到北坑包围南坑区政府（区政府住在北坑），杀了9个人，又围下△村政府，杀了1个妇女、1个主席。

民国二十年，永丰县分为永丰和龙冈县，成立藤田区。二十年十月成立谢坊乡政府（从金溪乡中分出来的，分为金溪、谢坊、连亢三个乡），主席谢元面，秘书谢辉宗，少共书记谢庆善，妇女主任郭瞒桂。二十年开始分田，分到二十二年为止，一人分三亩多，田好的分一亩多，以永丰、龙冈分开前的金溪乡为单位来进行分田，地主、富农分坏田。这时买米票（还土地费）、买公债。慰劳红军家属，每人代红军作一亩或二亩田。

民国二十一年正月成立邱坊区政府，范围：洲上、园内、平正、谢坊、金溪、层山等乡。主席何高辉，少共书记李××，少队部参谋长吴辉昌，少队长谢元春，军事部长邱会清，财政部长黄老三，肃反委员董长才，粮食委员谢湖南，工农检察部何老三，文化教育部长吴士桂（副），中共书记何老瞒，工会主席谢春宗。成立区后杀了六个反动派。

补充材料：金溪乡分为三个乡之后，金溪乡的主席徐兆凡，秘书徐守名（兼中共书记），少共书记徐雄才。范围：上行、老三、元兰、新山、南沙等村。党员七人，团员七八人。

永龙分开以前金溪乡范围：元兰、金溪、谢坊、中村、兰田、游坊、石岭。

金溪乡分乡后不久没有乡了，成立村政府。村里设组长、代表，一个组长管四个代表，一个代表管四五十个人。

（整理：贺常奎）

2. 访问老革命同志吴启发记录

吴启发，男，66 岁，陶塘乡洲上人，在大革命时期当过村政府事务长、区政府事务长、藤田区主席，以后又做反动派的奴才，当伪保长。

1927 年七月起洲上农协会，由吴保芳、吴海洲负责领导的，并开了群众大会。吴海洲发了话："毛泽东的军队从井冈山下来了，我们要组织农民协会，要放哨……"组织后仅得一月有余，五区（藤田）、六区（石马）、七区（沙溪）三个民团便包围来了，于是农协会被冲散了。【民国】十八年十月又起洲上村政府，管辖范围：园内、邱坊、缠江、洲上四村。主席吴水生，秘书吴老正。并组织了有 30 人的游击队，队长吴有仔，组织后便打土豪，把东西分给老百姓。

【民国】十八年十二月组织了中石乡苏维埃，管辖洲上、湖坊、邱坊、缠江、河下、东门寨，主席邱仁浪（邱牙兴），秘书邱武保。

乡政府建立后便插牌子丈田，没有分。乡政府设经济委员、土地委员、粮食委员、裁判委员，少先队、中共、少共。

1931 年十月、十一月间，藤田区与石马区分开了。

藤田区有特务连，人数 90 个之多。

（记录与整理：黎踶）

3. 访问老革命同志饶七皇记录

饶七皇，男，现年 66 岁，陶唐乡缠江村，在第二次革命战争中任村主席。

1927 年四月二十三日在邱坊成立永丰革命委员会。

1929 年九月起农协会，管辖河下、东门寨、缠江，主席饶七皇。并组织了赤卫队，队长吴金山，25 个人。政治委员吴美贵，粮食委员吴保义（兼经济委员），土地委员邹园面，秘书吴四明。初步分田，每人 6 亩，划了富农、中农、贫农、雇农阶级，原耕者原作。

【民国】十八年十一月起洲上乡苏维埃政府。

（记录与整理：黎踬）

4. 访问老革命同志邱仁浪同志记录

邱仁浪，男，55 岁，曾任县革命委员会委员，乡主席，区土地部副部长，现为邱坊社支部书记。

（一）革命前的秘密活动。

早在民国十五年八九月间，郭用光、吴江、严玉如、何子珍、吴鲁观（金牙齿）、吴立仁、邱维岳、邱奠昆、谢奎元、邱仁浪等人经常在邱坊邱奠昆家里开会。内容是说：我们吃土豪劣绅的亏，要团结起来，就不怕他们。并用一盘散沙来比喻。这些人经常是晚上来开会，开完当晚就回去。其中郭用光是永丰某校教员，吴江、严玉如、邱奠昆、邱维岳和何子珍等是永丰某校学生。

（二）革命委员会的成立

民国十六年正月初三，这些人扮作到邱坊来拜年，又开了会，会上商议了在这天举行游行，并要各人回各地后可开始召开农民开会，团结起来进行革命，也酝酿要成立游击队，然而当时并未行动。当天秘密成立了永丰县革命委员会，分了工，主席吴立仁，文书张忠（吉安人），委员邱奠昆、严玉如、吴江、吴鲁观、吴江虎（友保）、吴海周、邱仁浪、何子珍、谢奎元、刘月楼、郭用光、李××（莲花人，专用化学药品，整天在房子里写东西）。

当天下午，在邱坊村内举行了游行，参加人员七八十人，每人拿把三角红旗，上面写着"打倒反革命""打倒土豪劣绅""拥护共产党"等口号，同时到处贴了标语。游行时由郭荣光领着叫口号，当时有些群众、豪绅也跟在里面（不晓得是什么名堂）。

民国十六年四月二十三日，革命委员会组织公开了，用纸写了招牌贴出来。

（三）农民协会的成立

民国十六年四月二十三日成立了邱坊农民协会，包括邱坊、富坊。主席邱和尚，秘书邱林福，干部有：邱惠才、邱惠春、邱仁浪、邱惠金、邱惠发等。并挑选了24人成立游击队，队长邱惠金，副职邱仁浪。农协成立后打了土豪，杀反动。

数天以后，洲上、园内、谢坊、缠江、金溪等地也成立了农协。同时，革命委员会还派人到各地去开会，帮助组织。

五月间，藤田、石马二地区的游击队集中在藤田开会，去瑶田打张作谋，共1000余人，都是梭镖、鸟铳（100余人参加）。

农协成立十来天后迁到洲上，后又迁到田心。在田心扎了几天后，被吉水、永丰、乐安三县靖卫团包围，何子珍被打死，缴去短枪一支，其他人都脱逃了。即走往层山一带，并遣人送信到沙溪七、九纵队，结果没有来就往下庄、汉下过宁都。但在宁都边境又被伪军冲散，当时有部分人跟七、九纵队走到东固去了。

（四）村政权的建立。

民国十八年十月，七、九纵队编入二、四团，打回藤田。十月成立邱坊村政府，包括邱坊、富坊，主席邱万兴，秘书邱明新。游击队长邱惠金，七八人；少先队（15 至 18 岁）20 余人，邱惠瑞任队长；儿童团（15 岁下），团长邱九皇；妇女协会主任邱元秀。工作是打土豪等。

（五）乡政府的成立

民国十八年十一月在洲上开群众大会（100 余人），成立洲上乡政府，包括：洲上、邱坊、缠江三个村政府。主席邱仁浪，秘书吴五保，委员：经济委员吴启发，土地兼粮食吴六皇，互济委员吴启发兼，妇女主任黎水秀。游击队长吴有仔，10 余人。

（六）区政府的成立

民国十八年十二月在梅田成立藤田区政府，（召集了各乡干部开会）包括洲上、园内、层山、平政、谢坊（最初的，后来又有十多【个】乡）。区主席谢礼春，秘书吴志仁，内分为土地、粮食、财政、军事等部。

有妇女协会和游击队（10 余人）。

当时区政府没有扎在固定地方。

民国十九年三月，区政府搬到藤田，成立了区委，区委书记毛育三，副职袁干，组织部长杨金书，宣传部长谢辉宗。

少共书记严长敬，也有组织、宣传、妇女。

当时的区主席郭学柳，增加了教育部、裁判部长陈逢飞，肃反委员会主任刘太生，互济会主任董党才。

当时藤田包括金溪、平政、谢坊、园内、洲上、杏塘、严坊、温坊、老圩、田心、小岭、曾坊等乡。

这时，洲上乡建立了党支部，支书邱仁浪，组织吴启发，宣传林新。

当时的中心工作是查田、扩大红军和支前。

民国二十一年四月，藤田区的主席宁衍凡，教育部长陈天其，粮食部长王海书，土地部长黄日贵，其他均同。

其区中心工作：搞生产，优待红军家属，征纳土地税，发行公债。

（七）分田

民国十九年四月开始分田，是以村为单位进行的。首先是查田，插竹片，每人分了三斗半禾种（相当于二亩）。当时划分阶级：地主、富农、中、贫、雇农、流氓、烟痞。

红军家属、中、贫、雇分好田，地主家属、富农分坏田。这时分田只是形式上搞了一下。民国十九年十月第二次分田，是以乡为单位进行的，这一次进行了土地调整和阶级调整。

（八）五次战争前的武装组织

民国二十三年五次战争前，藤田、石马、邱坊三区在石马流沅〔坑〕编成游击组，一区一个组。藤田区一个组，10余人（10余支枪），组长郭学梅，活动在石马一带。一月后改为游击队（包括三个区），队长谢贵才，有一百余人和枪。

十天后编为独立营，营长温绵圣。受独立师领导，师长帅宗仁，师部设宁都小布。当时活动于南坑、石马一带。

（九）关于七、九纵队

七、九纵队原是专劫富的"土匪"，民国十五年八月，革命委员会曾派邱奠昆、吴江等人先后到东固去做工作，争取他们过来。民国十六年三四月间，他们先在东固暴动，然后在四月二十三日派了100余人（枪）来藤田暴动。革命委员会也就在这个情况下公开了组织。

（整理：曾庆南）

（二十）瑶田乡调访资料

1. 瑶田乡湖西营湖西、南边、都西三村老革命同志座谈会记录

邹福厚，55 岁曾任湖西乡主席、支部书记，八都区政府宣传部、区主席；罗珍龙，60 岁，湖西乡主席；罗金水，64 岁，县交通、赤卫军连长，湖西乡主席；邹福珍，68 岁，湖西乡宣传、八都区宣传、区财政部工作；罗保华，62 岁，乡代表；陈年保，52 岁，村政府、煤坑乡支书；罗显忠，68 岁，乡军需部长，红军事务员；黄天喜，47 岁，万方区肃反委员；朱云娇（女），52 岁，区妇女主任；张有连（女），50 岁，区妇女主任。

民国十四年，在恩江小学，谢四和、罗元凤、罗通善三人组织永丰县党部，后来张作茂捉到谢四和杀了。【民国】十四年冬，谢四和、罗元凤、罗通善 3 人组织湖西农民协会（秘密的），一村 3 个筹备委员，湖西、南边村 6 个：罗从望、罗寿仁、唐禄魁、罗跃忠、朱海清、张升之，加上前面 3 个人，共 9 人。同时又组织游击队，队长罗时康，共 30 人。

民国十五年十一月成立湖西农民协会，范围：湖西、南边、都西三个村。主席唐富元，文书朱海清，9 个筹备委员是农协的委员，组织游击队队长罗时康，一共 36 人。检查路条，到祖庄、三湾、古县、岭背等地打土豪。

民国十六年正月二十九日组织湖西乡政府，主席罗寿仁，文书罗祥贞，土地委员唐宁都，粮食委员罗保华，肃反委员罗祥林，经济部长朱善才，军事部长罗凤仔，宣传部长朱海清，工会主任邹福厚，妇女主任张有连，党支书朱升之，少共书记罗树太。

乡有赤卫队30人（一排），队长罗家宾，政治委员兼指导员罗祥林，宣传委员罗同华，组织委员罗元凤、罗通善，共有十四支枪。

民国十八年正月成立湖西村政府，主席罗珍龙，秘书罗春来，土地委员戴细牙。

民国十八年正月成立南边村政府，主席罗意吉，秘书罗之英，土地委员罗严元。

民国十八年正月成立都溪村政府，主席邱四贵，秘书陈文来，土地委员陈年保。

民国十八年三月分田，以村政府为单位分，划阶级后分田，富农地主不分田，中上田贫雇农分，中农没划。湖西每人分五斗，南边一人分五斗五升（上田二斗，中田二斗多），都溪每人分四斗八升（一亩等于一斗三升）。

民国十九年二月成立八都革命委员会，主席朱春望，秘书罗祥珍，中共书记罗先仁，组织委员罗辉球。

民国十九年八月成立八都区政府，主席朱春望，文书罗祥贞。范围：湖西、新街、高家、良坊、三湾、梅坑等乡。土地部长张国镇，裁判部长模金汉，财政部长宋子恩，粮食部长余长保，工农检查部①，军事委员戴洪生，妇女主任李德美、救济所严玉如。区委书记罗先仁、曾力行（副），宣传邹福厚，组织罗辉球，少共书记戴学全，妇女主任胡兰英。特务排四五十人，每人有枪，队长万胡志。

民国二十年五月十五日包围湖西乡政府，靖卫团100多人来了，每人有枪，军事委员罗凤仔、少共书记罗树太等二十多人被杀

---

① 原文如此。

了，犁耙等东西都拿去了，拿不动的【就被】敌人〈就〉打〔砸〕了。老百姓走到石马、中村、善和、上溪、里坊、小布，乐安的招携、大金竹。【敌人】见到人就杀，大的 80 岁，小的 3 岁的都杀。

民国二十年组织洗衣、担架、破坏（破坏路）、运输队。这是在外面组织的，宣传十七八岁的青年当红军，妇女做鞋子。

民国二十一年十二月，又回来组织湖西乡，主席罗金水，文书陈桂才。范围：湖西、南边、都溪、桥下、谢塘、凡坡、坪新、缺家等地。

民国二十年合并成立藤石区，八都没成立区政府，藤田成立了。

民国二十二年又回来，政府也回来，组织未散。民国二十三年十二月，【敌人】在中村把政府包围，政府散了，各人逃各人的。

2. 访问老革命同志谈话记录

陈召才，男，46 岁，曾任红军战士；陈玉来，男，57 岁，曾任游击队班长、村主席。

1927 年九月，陈孝忠到田心跟吴江、郭用光等人接头，回来后就成立了祖庄农民协会。主席陈排生，文书陈孝忠，游击队长陈贤才，有队员 20 余人，都是用梭镖。

农协成立后打了土豪，如陈国贤，他有数百亩田，又是债主，还请长工一人。一共打了十来个。

十月白匪来了（永丰靖卫团），农民协会也散了。

1929 年十月，一、三、五军团由永丰去藤田经过祖庄，祖庄又成立了农民协会。主席陈桂生〈保〉，文书陈孝忠，宣传兼财务陈禄来，土地委员陈行建，游击队长陈贤才。农协成立后打了土豪，查了土地，准备分田。

十一月，靖卫团又来了，组织再度解散。

1931 年一月十三日，永丰红色警卫营来新街包围靖卫团，正月又成立农民协会。主席陈玉来，文书陈孝忠，委员有：财务陈禄来，宣传邹长根，土地陈行建。赤卫队队长李林川，有队员 20 余人，分为 3 个班。

二月就开始分田，但只是查了田，牌子都冒插。靖卫团又来了，这次农民协会并未解散，全部走到小岭、楼元、上溪等地去了（有五六十人）。

到四月间才回来，回来以后又打了土豪，准备分田。可是到五月间靖卫团又来了，农民协会又走到石马、上溪等地。

六月在石马收编，农民协会留了 3 个人，成立了祖庄村政府，主席陈玉来，文书陈孝忠，宣传员陈禄来，其他人都分别编入"新编游击队""红色游击队"。

1932 年以前，祖庄都是属湖西管。

到了 1932 年冬，成立了瑶田乡政府，包括祖庄、水心、清水塘、新街、太禾川等村子。主席枧仔（是古县东毛坑人），以后换为林寿宗，文书吴炳宗，委员有：肃反罗湖南，宣传①，财务枧仔，妇女主任枧仔老婆。游击队有十八九人。

这时祖庄也成立了村政府，只有 6 个代表，1 个总代表，有陈杏富、陈行建、林生保、陈魁光等。

1933 年初又来分田，结果还是冒分好，照常要交租子。

（整理：曾庆南）

---

① 原文如此。